HANGIL
GREAT BOOKS
142

도덕감정론

애덤 스미스 지음 | 김광수 옮김

한길사

Adam Smith
The Theory of Moral Sentiments
Translated by Kim Kwangsu

Published by Hangilsa Publishing Co., Ltd., Korea, 2016

런던 대학교에 있는 애덤 스미스 입상

동서양을 막론하고 사람과 사회의 운영 및 번영은 매우 중요하게 논의되었다. 특히 서양사상사에서 이러한 유형의 인간학은 도덕철학(moral philosophy)의 틀 속에서 논의되었으며, 스미스의 경우도 예외가 아니다. 그에 따르면, 사회공동체-정치와 법-경제 영역 사이에서 상호작용하는 여러 힘과 제도가 적정성(propriety)을 가지고 인류에게 영향을 미칠 때 더 좋은 삶과 더 많은 행복이 성취될 가능성이 커진다.

애덤 스미스와 데이비드 흄

도덕철학의 역사적 배경 속에서 스미스의 도덕철학이 지닌 특이성과 기여도는 무엇인가?
그는 흄이 주장한 바 있는 별도의 고유한 외부감각처럼 존재하는 동감능력이나
도덕감각의 존재를 부인한다. 그렇지만 스미스는 언어로 알려진 감성체계 가운데
도덕 판단의 기능을 수행하는 여러 감정이 있다고 하면서, 흄과 마찬가지로 도덕성의
판단과 구별에서 윤리적 정서주의를 채택하고 강화한다.

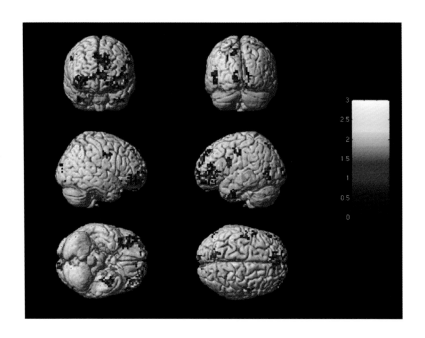

2013년 6월 카네기 멜런 대학교 연구팀이 발표한 fMRI 영상

카네기 멜런 대학교 연구팀은 뇌 영상기법을 활용해 감정(emotion)과 뇌의 활성화
패턴 사이의 연관성을 입증했다. 인지과학의 발전은 인문학과 사회과학계에서 감정을
새롭고 중심적인 연구대상으로 부각시켰다. 인지과학의 관점에서 인간의 다양한
본성, 이해력과 의지력의 취약성을 전제로 하는 행동경제학 연구도 활발하다. 특히
행동경제학의 기원과 관련해『도덕감정론』을 새롭게 조명하는 점도 주목할 만하다.

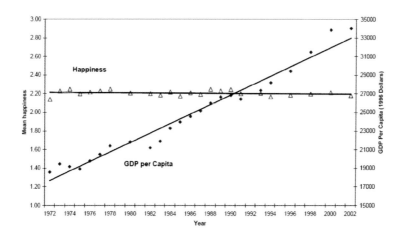

미국 남가주대학교의 이스털린 교수가 2007년 발표한 그래프

1972~2002년 미국에서의 1인당 실질 GDP(real GDP per capita) 변화와
행복(happiness) 사이의 연관성을 보여준다. 1인당 실질 GDP가 올라도
행복감에는 큰 변화가 없다는 걸 알 수 있다. 이처럼 물질적으로 풍요로운데도
행복이 증가하지 않는 현상에 주목하는 경제학 영역을 '행복경제학'이라 하는데
스미스의 『도덕감정론』은 행복경제학의 관심 대상이다.

HANGIL GREAT BOOKS 142

도덕감정론

애덤 스미스 지음 | 김광수 옮김

한길사

도덕감정론

제1부 행위의 적정성

제3부 우리 자신의 감정과 행위에 관한 판단의 기초 및 의무감

제4부 효용이 승인의 감정에 미치는 효과

제5부 관습과 유행이 도덕적 승인과 부인의 감정에 미치는 영향

제6부 덕성의 성격

제7부 도덕철학의 여러 체계

도덕철학체계와 그 역사적 맥락[1]

김광수 성균관대학교 교수 · 경제학

1. 스미스의 생애 및 연구계획

1.1. 생애

스미스는 1723년 영국 스코틀랜드의 당시 수도인 에든버러에서 멀지 않은 북쪽에 위치한, 어업, 제염, 탄광업이 주력 업종인 북해 항구 소도시 커콜디(Kirkcaldy)에서 출생했다. 스미스는 세관관리의 가정에서 유복자로 태어나 성장했고, 이후 목사가 되기를 소망하는 어머니의 뜻에 따라 만 14세인 1737년에 글래스고 대학교(University of Glasgow)에 입학했다. 대학을 졸업한 후 스미스는 당시 장로교를 국교로 삼은 스코틀랜드에서 잉글랜드 성공회의 전도를 장려할 목적으로 만들어진 스넬 장학생(Snell Exhibitioner)으로 선발되었다.

---

1) 이 해제에서 스미스 저술의 인용 출처는『도덕감정론』을 제외하고는 글래스고 판본(The Glasgow Edition of the Works of Adam Smith)이다. 또한 흄(David Hume)의 저술은 다음을 활용한다.『인성론』: *A Treatise of Human Nature*, edited by L.A. Selby-Bigge, Oxford: Clarendon Press, 1739~40[1960].『인간오성론』및『도덕원리론』: *Enquiries Concerning Human Understanding and Concerning the Principles of Morals*, edited by L.A. Selby-Bigge, Oxford: Clarendon Press, 1777[1975].

스넬 장학생으로 선발된 덕택에 스미스는 1740년부터 46년까지 옥스퍼드 베일리얼 칼리지에서 대학원 과정을 이수할 수 있었다. 그러나 스미스는 당시 베일리얼 칼리지의 교수들이 타성과 나태에 젖어 교육에 무관심한 환경에서 독학으로 공부하면서 성공회 성직자란 직업에 대한 관심이 멀어졌다. 스미스는 그리스 및 로마의 고전과 언어학 등을 독학으로 공부한 후 학업을 중단하고 스코틀랜드로 돌아왔다.

고향으로 돌아온 스미스는 이후 스코틀랜드 문화운동의 후원자였던 케임즈 경(Lord Kames)의 지원을 받아 1748년부터 51년까지 에든버러에서 수사학과 문예비평, 법의 역사 등에 관한 강의를 했다. 이러한 에든버러 공개 강의가 명성을 얻으면서 1751년에 스미스는 모교인 글래스고 대학교에서 논리학 강좌 교수에 임명되었다. 그때 마침 도덕철학 교수였던 크레이기(Craigie)가 사망하면서 1752년부터 도덕철학 강좌로 자리를 옮겨 1764년 초까지 도덕철학을 강의했다. 또한 도덕철학 강좌를 운영하면서 일주일에 세 번 정도는 수사학 강의도 병행했다. 그는 이때의 강의 내용을 바탕으로 윤리학 분야의 저서인 『도덕감정론』(1759)을 출간했다. 스미스의 도덕철학체계의 첫 번째 주저(主著)인 이 책은 출간 후 곧 호평을 받았으며, 1764년에 프랑스어 번역, 이후에 독일어 번역이 나올 정도로 당시 유럽에서 대중적인 명성을 얻었다. 이 때문에 유럽의 변방인 러시아에 새로 생긴 모스크바 대학교에서 두 명의 학생이 글래스고 대학교로 유학을 왔다고 전해진다.

1764년 초 스미스는 대학교수직을 사임한 후 당시 한 귀족 자제의 그랜드투어 개인지도를 맡아 1766년까지 프랑스에 체류했다. 프랑스 남부도시 툴루즈에 체류하면서 볼테르 같은 계몽주의자와 친숙해졌고 유럽의 자유주의와 합리주의 사상을 체험했다. 파리에서는 케네(François Quesnay)와 튀르고(A.R.J. Turgot)를 비롯한 몇몇 주요 중농주의 경제학자와 교류를 하면서 국민경제의 거시적 순환과정에 대한 아이디어를 얻었다. 이 시기에 스미스는 글래스고 대학교 도덕철학 강의 가운데 법학 및 정치경제학 부분을 근간으로『국부론』을 집필하기 위해 여러 자료를 수집했다.

스미스는 1766년 귀국 후 귀족 자제의 개인지도교수 대가로 지급된 평생연금을 물적 토대로 삼아 고향과 런던에서 10년 동안 연구와 집필만을 하면서『국부론』(1776)을 출판했다. 이 두 번째 대작은 당시의 물가와 비교했을 때 매우 비싼 책이었지만 초판이 반년 만에 품절될 정도로 호평을 받았다. 곧 독일어, 불어 등 6개 외국어로 빠르게 번역되어 유럽의 지식엘리트 사회에서 상당한 영향력을 발휘했다. 또한『국부론』출간 이후 의회의 업무에 관한 경제자문 등 국가의 경제정책에 기여한 공로로 영국 정부로부터 세관위원직(Commissioner of Customs) 제안을 받았으며, 1778년부터 남은 생애는 세관업무에 성실하게 종사했다.

한편 스미스는 에든버러에 체류하며 세관업무를 꾸준히 수행하는 와중에도 젊은 학자 시절부터 관심을 가져왔던 법학 및 인문학 관련 연구계획을 추진하는 데도 열심이었다. 또한 1787~89년 기간에는 글래스고 대학교 교수와 재학생의 직접투표로 선출되는 대학 명예이사(Lord Rector)로 선출되기도 했다.[2]

---

2) (대학행정의 수장인 총장과는 달리) 대학의 명예이사 직무의 기원은 이사회에서 학생들의 권익을 보호하고 사정을 대변하는 목적에 있었다. 대학의 명예이사 제도는 역사가 유구한 스코틀랜드 주요 대학교(글래스고, 에든버러, 세인트앤드루스, 애버딘)에서 여러 차례 제도의 변화가 있었지만 오늘날에도 명맥과 전통을 유지하고 있다. (오늘날에는 재학생만의 투표로 선임하지만) 18세기 당시 대학의 명예이사는 유권자 다수를 구성하는 재학생들의 투표로 선출되었으며, 대학 이사회의 의장직을 맡았다.

출판된 저술의 개정과 관련해 스미스는 1784년에는 『국부론』 제3판을 펴내며 대폭적인 개정 증보를 행했다. 그렇지만 평생 저술의 꿈을 간직했거나 공간(公刊)을 약속했던 문학, 철학, 시학, 수사학을 포괄하는 인문학과 법과 정부의 이론 및 역사에 관한 연구에는 출판의 결과물을 내지 못했다. 그는 1790년 『도덕감정론』 제6판의 대대적 수정 출간을 마친 후 얼마 지나지 않아 사망했으며 에든버러 성에서 내려다보이는 캐넌게이트 교회 묘지에 묻혔다.

1.2. 저술

스미스는 일생 동안 도덕철학체계를 구성하는 두 주요 저술인 『도덕감정론』과 『국부론』을 출간했다. 그리고 글래스고 대학교 재직 초기인 1755년 『에든버러 리뷰』(*Edinburgh Review*)의 창간호에 사무엘 존슨의 『사전』(*Dictionary*) 및 루소의 『불평등기원론』(*Second Discourse*)에 관한 논평 논문을 게재했다(글래스고 판본 『철학논집』에 포함). 또한 1761년 『도덕감정론』 제2판 개정 시에는 「언어의 최초 형성에 관한 고찰」이라는 논고를 부록으로 추가해 출판했다(글래스고 판본 『수사학강의』에 포함).

하지만 문학, 수사학, 철학, 법학 등 평생 동안 집필을 위해 준비한 대부분의 원고는 사망 직전 그의 지시로 소각되었다. 이때 다행히도 제외된 원고는 1795년 유언을 집행한 친구들에 의해 유고집인 『철학논집』으로 발간되었다. 여기에는 고대 천동설에서부터 17세기 뉴턴의 천문학 이론체계에 이르기까지 주요 천문학 가설들을 정리하여 기술한 후 과학철학적인 관점에서 평가한 「천문학사」, 「외부감각에 관한 논고」 등이 수록되어 있다.

한편 스미스가 글래스고 대학교에 재직할 당시 도덕철학 강좌를 수강한 학생이 법학 강의 수업 내용을 받아 적은 필기노트가 19세기 말과 20세기 중반에 각각 발견되었다. 이것들 중 1766년 강의 날짜로 기록된 내용은 1876년에 발견되어 1896년 캐넌 교수에 의해『법학 강의록』으로 출간된 적이 있다. 1958년에는 스코틀랜드 애버딘 대학교 로디언 교수가 글래스고 대학교 재직 당시 스미스의 두 강의노트를 추가로 발견해냈다. 1762~63년으로 날짜가 기록된 법학 강의노트와 수사학 강의노트는『국부론』출간 200주년을 맞아 간행된 글래스고 판본에 통합되어『법학강의』및『수사학강의』로 각각 출판되었다.

1976년 이후 글래스고 판본으로 순차적으로 간행된 스미스의 저술은 다음과 같다.

Vol. 1. *The Theory of Moral Sentiments*(1759[1976]) :『도덕감정론』

Vol. 2. *An Inquiry into the Nature and Causes of the Wealth of Nations*(1776[1976]) :『국부론』

Vol. 3. *Essays on Philosophical Subjects*(1795[1980]) :『철학논집』

Vol. 4. *Lectures on Rhetoric and Belles Lettres*(1983) :『수사학강의』

Vol. 5. *Lectures on Jurisprudence*(1978) :『법학강의』

Vol. 6. *The Correspondence of Adam Smith*(1977) :『애덤 스미스 서간』

2. 스미스의 도덕철학체계 개관

2.1. 일반 독자를 위한 서설

서양과 동양을 막론하고 사람들의 간절하고 변함없는 소망은 '좋은 삶'을 살면서 행복을 느끼는 것이다. 아리스토텔레스에 따르면,

"정치공동체는 단지 생존을 위해 형성되었지만, 완전한 삶을 위해 존립한다." 이러한 맥락에서 그는 사회공동체적 가치로서 중용(온화, 관용, 진실, 용기, 절제 등)의 습관화가 이상적이고 행복한 삶을 영위하는 데 핵심적이며 실현 가능한 덕목임을 강조했다.

마찬가지로 공자(孔子)도 도덕적 가치의 내면화와 실현을 사회공동체 속의 이상적 인간의 전형으로 거론했다. 사회 속에서 훌륭한 인간적 삶과 도덕적 이상을 성취하기 위해서는 기본적으로 인의(仁義)와 중용의 덕목을 실현하는 것이 중요하고 가능하다.[3] 그러므로 동서양을 초월해 사람과 사회의 존재 목적과 그 원리를 탐구해온 인간학(人間學)이 완전하며 좋은 삶을 구성하는 요건은 무엇이며 행복을 위해 이를 어떻게 실현할 것인가에 기본적으로 지향된 점은 당연하고 불가결한 것이었다.

오늘날 대부분의 사람들이 널리 이해하고 있듯이, 좋은 삶을 향유하기 위한 요건 가운데 물질적인 풍요는 간과될 수 없는 유의미한 부분이다. 사람이 생존하기 위해서는 의식주의 영역에서 기본 생활 자료가 필요하며, 더 나아가 문명사회의 품격을 높이는 다양한 유무형의 과제에 풍부한 재력이 요구된다는 점은 자명하다. 서양사상사에서 스미스의 가장 대표적이고 핵심적인 기여 때문에 회자되는 『국부론』은 바로 사람들의 좋은 삶을 위해 필요한 요건인 경제적 풍요가 실제로 어떻게 창출되고 있으며 어떤 방식으로 문명의 진보를 이끌어왔는가를 면밀하게 제시한다.

---

3) 20세기 미국의 유명한 심리학자인 매슬로(Abraham Maslow)는 욕구 5단계설에 따라 사람의 욕구에 여러 위계가 있음을 제시한다. 이러한 견해에 따르면, 사람은 생존을 위한 생리적 욕구로부터 출발하여 사회적 인정을 갈망하는 소속감과 애정의 욕구를 실현하고자 노력하고, 최종적으로 숭고한 도덕성의 구현을 의미하는 자아실현의 욕구를 충족하고자 한다.

그렇지만 동서양의 거인 사상가들이 꾸준히 역설해왔듯이, 역사적 현실에서 훌륭한 삶을 지향하면서 잘 산다는 것이 단지 경제적으로 부유한 삶을 향유한다는 의미가 될 수만은 없다. 왜냐하면 물질적으로 풍요로운 삶을 위해 불가결한 경제활동은 홀로 그리고 개별적으로 분리되어 수행되는 것이 아니라 수많은 개인으로 구성된 사회공동체 내에서 뿌리를 박고 배태되어 협력적으로 이루어지기 때문이다. 이러한 연유 때문에 함께 살아가는 사회구성원들의 공감, 도덕적 승인과 협력을 얻는 과제가 필연적으로 요구된다. 그리고 사회공동체에서 형성된 핵심적 가치를 존중하고 신뢰와 명성을 꾸준히 쌓는 행위가 우선적으로 의미를 지닌다.

하지만 이와 동시에 사회구성원 사이에 때때로 서로 상반되고 상충하는 동기와 행동 때문에 불신, 갈등, 폭력, 위기가 증폭되고 이에 따라 사회공동체는 쇠락의 경로를 밟는 일이 빈번히 발생해왔다. 바로 이러한 현실 때문에 거인 사상가들은 정의의 덕목을 중시했으며, 역사 속에서 정의의 가치에 근거한 법제도의 고안과 사법질서를 의무적으로 구현하려는 정치적, 법률적 시도를 없어서는 안 될 것으로 인식했다.

이처럼 사회공동체 속에서 좋은 삶을 이루고 지향하기 위한 주요 여건을 살펴보면, 경제-사회-법과 정치의 영역은 각각 완전하게 독립적으로 존재하지 않는다. 직관적으로 볼 때 그러한 차원들은 긴밀하게 상호 연결되어 있으며 서로 엄밀한 분리가 쉽지 않을 정도로 유기체적 구조를 이룬다. 예를 들면 현대경제에서 기업활동은 경제적 차원에서 물질적 부를 창출하는 데 매우 핵심적인 역할을 담당한다. 그러한 기업조직이 자기 목적을 달성하기 위한 이윤추구와 생존을 추구하는 과정에서 사회의 규범과 질서를 존중하고 신뢰성과 책임성, 정당성과 합법성을 준수하는 한, 그러한 경제활동은 사회적으로 인정받고 호평을 받게 되며 별개의 사회적 문제를 야기하지 않는다. 이러한 사회규범 친화적이고 공정한 기업활동은 기업 자체의 이윤을 추구하는 데에 유익함은 말할 것도 없을뿐더러, 자원배분 과정에서의 낭비를 줄이고 파이의 확대와 경제성장을 촉진한다. 또한 그것은 사회공동체의 품격과 정치질서의 수준을 높이는 데도 주요한 역할을 한다.

하지만 기업의 활동과정에서 그 일부가 부당한 담합과 가격조작, 불량상품 제조와 유통, 환경오염, 반사회적 투기 행위 등으로 사회적 정당성을 훼손하면서 소비자 및 다수 국민에게 손실과 피해를 입히거나, 탈세, 뇌물공여, 정경유착을 통한 탈법적 행위가 발생하는 경우가 있다. 더 나아가 그러한 탐욕적 활동의 결과로 지나친 부의 편중과 극심한 빈부격차가 초래됨에 따라 효율적 자원배분과 경제성장의 선순환이 방해되고 사회의 통합능력이 현저히 떨어지는 경우도 있다. 이러한 여러 경우에서 기업의 극히 이기적이고 탐욕적인 경제활동은 반사회적이고 반합법적이며 경제적 효율성에도 반하기 때문에, 종종 사회적 비난과 지탄, 법적 규제와 형사적 처벌의 대상이 되곤 한다.

따라서 이처럼 사회 속에서 명확히 존재하는 사회공동체-법과 정치-경제 사이의 복합 다층적이고 중첩적인 영역의 상호관계는 당연하게도 인간학을 구성하는 현대의 수많은 연구주제가 되어왔다. 예컨대 미국의 저명한 역사철학자인 후쿠야마 교수에 따르면, 정직, 책임감, 상호협력 등 사회공동체의 윤리규범과 가치에 토대를 둔 신뢰라는 문화적 요인은 도덕적 또는 사회적 자본으로서 경제성장에 유의미한 영향을 미친다. 그러므로 신뢰가 낮은 사회에서는 가족과 혈연에 기초한 중소규모의 가족기업이 주축을 이룰 수밖에 없다. 반면에 신뢰가 높은 사회에서는 가족기업을 넘어선 대기업이 손쉽게 창

조되고, 그 기업들은 효과적이고 효율적인 운영능력과 상대적으로 높은 경쟁우위를 확보한다.[4]

한편 정치적 그리고 법률적 차원의 정의로운 질서와 안정성이 경제성과에 미치는 영향도 동일한 맥락에서 흥미롭다. 20세기 말 노벨 경제학상을 수상한 바 있는 노스에 따르면, 다양성을 수용하는 사회적 가치와 문화적 유산을 지닌 국가뿐만 아니라 정치적 안정성, 투명성, 정부 효율성, 폭력의 부재, 부패의 통제 등 법과 정의의 지배가 탁월한 여러 국가는 그렇지 못한 나라들과 비교해서 역사상 상대적으로 빠른 경제성장을 시현해왔다.[5]

이상에서처럼 사람과 사회의 운영 및 번영을 가능하게 하는 제반 요건과 질서에 관한 각각의 논의가 실상 동서양의 인간학을 진지하게 탐구한 다양한 학자의 학문적 세계를 이루고 있음을 이해할 필요가 있다. 특히 서양사상사에서 이러한 유형의 인간학은 도덕철학(moral philosophy)의 틀 속에서 논의되었으며, 18세기의 스미스도 예외가 아니다.

도덕철학의 윤리학적인 내용을 다루는 『도덕감정론』을 포함해 스미스의 저술에 관한 고전읽기를 제대로 하자면, 이처럼 사회 속에서 존재하는 사회공동체-정치와 법-경제의 영역 사이의 부분적 자율성 및 상호 긴밀한 관계를 적확하게 인식하고 조망하는 일이 요구된다. 이하에서 시사되는 바와 같이, 스미스에 따르면, 이러한 주요 영역에서 상호작용하는 여러 힘과 제도가 규범적 덕목인 적정성(propriety)

---

4) Fukuyama, F., *Trust: The Social Virtues and the Creation of Prosperity*, Free Press, 1995(구승회 옮김, 『트러스트』, 한국경제신문사, 1996).

5) 예를 들면 North, D., *Understanding the Process of Economics Change*, Princeton University Press, 2005(조석곤 옮김, 『경제변화과정에 관한 새로운 이해』, 도서출판 해남, 2007).

에 따라 인류의 행위와 태도에 영향을 주게 될 때 사람들의 간절한 소망인 더 좋은 삶과 더 많은 행복이 성취될 가능성이 높다.[6)]

2.2. 스미스의 과학철학

스미스 사후에 발간된 『철학논집』에 실린 여러 논고는 젊은 연구자 시절부터 스미스가 자연과학에 관한 관심 정도가 어느 정도였는지를 잘 보여준다. 이러한 논고 가운데 특히 「천문학사」는 존재론, 인식론 및 과학관 등을 나름대로 고찰할 수 있는 주요한 논고에 속한다. 이 부분에는 지식이나 과학적 탐구의 동기로 작용하는 인간의 여러 본성, 외부 세계의 존재론, 상식과 대비되는 과학적 지식의 특성, 과학가설의 제기와 이에 대한 평가 등에 관한 견해가 비교적 잘 표명되어 있다. 이 때문에 저명한 경제학자이자 학설사가인 슘페터는 『철학논집』의 과학 관련 논고에 대해 다음과 같이 높이 평가한 적이 있다.

"이러한 논고들에 대해 알지 못하는 사람은 그 누구도 [……] 스미스의 지적 위업에 관한 정확한 지식을 가졌다고 할 수 없다. 만일 [스미스가 그 논고의 저자라는] 부정될 수 없는 사실이 없었다면,

---

6) 스미스는 고대 스토아학파의 견해에 부분적으로 동의하면서 행복의 추구에 마음의 평정, 그리고 이를 위한 덕 윤리로서의 적정성이 중요함을 강조한다. "행복은 평정심과 인생을 즐기는 것에 있다. 평정심 없이는 즐김이 있을 수 없으며, 완전한 평정이 있는 곳에 흥겹지 않을 수 없는 것이란 거의 없다. [……] 인생의 불행과 혼란 모두를 자초하는 커다란 원인은 하나의 영속적 상황과 다른 상황의 차이를 과대평가하는 것에서 기인하는 듯하다. 탐욕은 빈곤과 부유의 차이를 과대평가하고, 야심은 사적 지위와 공적 지위의 차이를 과대평가하며, 허영은 무명과 광범위한 명성의 차이를 과대평가한다"(이 책 349쪽). 스미스의 인간학은 이러한 측면에서 여러 고대 덕 윤리철학과 궤를 같이하면서도, 사회적 존엄성의 확보에 불가피한 일정한 소득과 부, 이를 도모하기 위한 정치적 차원의 자유와 안전을 동시에 균형감 있게 강조한다.

『국부론』의 저자가 이를 저술할 능력이 있다고 아무도 생각하지 않았을 것이다."[7]

주로 「천문학사」 및 과학 관련 논고에서 나타나는 스미스의 과학관을 요약하면, 과학적 연구는 복합적이고 다면적인 측면을 지닌다. 스미스에 따르면, 세계는 존재론적으로 복합 다층적이고 중첩적이며 상호연계성을 지닌다. 즉 감각적으로 느낄 수 있는 경험적 세계와 상상력, 이성, 직관, 영감 등의 작용을 통해서만 비로소 추론이 가능한 심층적 세계가 있다. 그리고 후자는 사물 특유의 본질 또는 실재의 세계로서, 이러한 세계에서 작용하는 힘들이 경험적 세계를 배후에서 움직인다. "각 부류의 특유의 사물에 보이지 않게 내포된 고유의 본질 또는 보편적 특성은 그 자체로는 우리의 감각의 대상은 아니며, 오성(지성)에 의해서만 인식될 수 있다. 감지될 수 있는 속성에 의해서 우리는 각 사물의 고유의 본질에 대해 판단한다"(『철학논집』, 128~129쪽).

한편 스미스에 따르면, 과학의 과제는 이처럼 모든 경험적 현상의 이면에 존재하는 사물 고유의 객관적 본질을 파악하는 것이고, 이에 의거해서 향후 발생할 변화를 예견하는 것이다. "어떠한 변화 또는 변혁이 각 사물의 고유의 본질로부터 기대될 수 있는가를 예측할 목적으로 각 사물의 고유의 본질이 무엇인가를 결정하는 과제가 세계에서 발생하는 모든 서로 다른 변화를 연결(설명)하려고 노력하는 과학, 즉 철학의 과제이어야 한다"(『철학논집』, 119쪽).

스미스는 이러한 과학의 개념을 염두에 두면서, 「천문학사」를 통해 우주와 지구의 운동을 설명하고자 시도한 천문학의 여러 이론, 즉

---

7) Schumpeter, J. A., *History of Economic Analysis*, Oxford University Press, 1954, p.182.

고대 천동설에서 근대 뉴턴의 천문학 체계에 이르는 주요 체계를 고찰한다. 여기서 관찰되는 실재주의 과학관에 따르면, 이론의 평가와 합리화 과정에서 기본적으로 과학이론은 현상설명력과 예측력으로 평가된다. 동시에 그것이 중층적 세계의 운영원리에 관한 배경지식과 정합성과 일관성을 유지하고 있는가는 또 다른 유의미한 평가기준이 된다. 더 나아가 과학지식 역시 사람의 본성과 역량의 산물이며 외부세계의 직접적 반영물이라기보다는 상상물의 산물로서 언어로 표현되고 있음에 주목할 필요가 있다. (과학 가설의 평가에 경험적 기준의 충족이 비록 핵심적인 부분이라고 할지라도) 바로 이 점이 수사학적, 사회학적, 미학적 요소의 개입을 또한 종종 허용하는 연유다.

과학은 경험적 평가기준에 의한 검증과정을 통해 진리를 향해 극히 점진적으로 진보한다. 하지만 인간 본성에서 감성체계 및 제한된 합리성이 동시에 작용하고 있으며, 과학자 커뮤니티 내지는 사회 내에서의 의사소통 역시 이러한 불확실하고 불안정한 여건을 토대로 행해져야 하는 특성이 나타난다.[8]

2.3. 스미스의 도덕철학체계 구상

이상의 과학철학의 방법론을 토대로 스미스는 도덕철학체계(현대용어로는 사회과학체계)를 구축한다. 그 도덕철학체계는 사물이 존재하는 목적(아리스토텔레스의 목적인)을 다루는 자연신학을 제

---

8) 다음의 연구논문을 참조하라. Kim, K., "Adam Smith's 'History of Astronomy' and View of Science," *Cambridge Journal of Economics*, vol. 36, 2012, pp.799~820; 김광수, 「현대 과학철학 및 경제철학의 흐름과 스미스의 과학 방법론에 관한 연구」, 『경제학연구』 제62집 제1호, 한국경제학회, 2014, 133~170쪽.

외하면, 인문현상의 과학적 분석 및 인과관계 탐구에 치중하는 윤리학, 법학, 경제학의 세 부문으로 구성된다. 이는 상호연관성을 지니지만 부분적으로 자율성과 독립성을 지닌 사회(공동체)의 세계, 법과 통치의 세계, 경제의 세계를 존재론적으로 상정한 것이다. 그리고 외부 세계의 보이지 않는 배후의 메커니즘이 자연과학자들에 의해 탐구되는 것처럼, 인문환경을 구성하는 이 세 가지 단면은 각각 '과학적' 분석의 대상이 된다.[9]

글래스고 대학교 도덕철학 강좌의 핵심부분인 윤리학은 도덕에 관한 일반이론을 다루며, 자연법학의 근간이 되는 정의론의 서설을 포함한다. 윤리학 저서인 『도덕감정론』의 중심 주제는 사회에서 사람들의 모든 행동(정치의 세계 및 경제의 세계 포함)에 관한 일상적인 도덕 판단의 배후에서 작용하는 매개적 연결고리, 즉 도덕 판단 이면의 자연주의적 사회심리 메커니즘을 파악하고 이를 통해 사회의 존립과 운영원리를 해명하는 과제다.

스미스에 따르면, 공정한 관찰자의 시각에 근거한 동감의 원리에 의해 인간 내면의 윤리적 작용이 이루어지고, 이를 통해 자발적인 사회질서가 성립되고 유지된다. 사회구성원들에게서 동감과 사회적 승인을 얻으려는 사람들의 근본 노력은 사회를 기품 있고 우아하게 만드는 모든 덕목을 낳는다. 즉 사회공동체 속에서 자기통제, 신중 이외에도 '적절한' 박애와 자혜의 덕목이 자연스럽게 존중된다. 이와 동시에 도덕의 세계는 한편으로 정치와 법의 세계에서 다른 사람

---

9) 근자에 영국의 유수 대학출판사에서 간행된 일부 연구시리즈는 도덕철학체계 내의 주제 이외에도 스미스가 관심을 가졌던 다양한 영역에서의 연구내용과 그 동향을 잘 보여준다. 예를 들어 Haakonssen, K.(ed.), *The Cambridge Companion to Adam Smith*, Cambridge: Cambridge University Press, 2006; Berry, C.J., Paganelli, M.P. and Smith, C.(eds.), *The Oxford Handbook of Adam Smith*, Oxford: Oxford University Press, 2013.

들의 권리 및 정의의 사회질서를 존중하도록 부분적으로 강제하는 이념의 토대를 쌓고, 다른 한편으로 경제의 세계에서도 자기중심적 이기심과 탐욕의 지나친 행사보다는 사회적 준거를 갖는 경제활동을 지향하도록 만든다. 이러한 체계에서 사회(공동체)적 세계는 존재론적으로 유의미할 뿐만 아니라, 다른 여타의 세계를 통제하고 조율하는 기능을 맡고 있는 가장 포괄적이고 핵심적인 차원이 된다.[10]

스미스의 체계에서 인문환경을 구성하는 또 다른 주요한 존재론적 구조는 정치적 세계다. 인간의 천성에 내재되어 있는 도덕 판단과 윤리의식이 작용함으로써 상당 부분 사회질서가 정립되며 유지되고 있지만, 다른 한편으론 사람들의 자기중심적 성향과 과도한 탐욕이 작용해 사회공동체 속에서 종종 타인의 신체, 재산, 명예 등에 대한 피해가 빈번하게 발생한다. 타인의 권리를 침해하는 가해자의 행위는 필연적으로 피해자의 자연스런 분개의 감정을 유발하고 공정한 관찰자의 피해자에 대한 동감 또는 가해자에 대한 반감의 감정을 수반한다. 스미스에 따르면, 분개심에 관한 관찰자의 동감의 작용에 따라 정의의 감정은 승인된다. 이 때문에 정치적 세계에서 국가는 시민들의 동감정의를 반영해 법과 통치에 따라 정의의 덕목을 구현할 필요가 있다. 국가통치 가운데 이러한 동감정의에 기초해 이루어지는 원리에 대한 탐구가 자연법학의 주요 부분을 구성한다.

인류역사에서 그 기원상 공정한 관찰자의 동감정의에 기초한 국가의 과제는 또한 역사의 흐름과 변화, 발전에 따라 공리(효용)의 원리에 근거하는 행정일반, 세입, 국방 등과 관련된 법과 통치로 확장된다. 인문환경의 또 다른 존재론적 구조에 해당하는 정치적 세계를

10) 스미스의 윤리학에 관한 주요 저술로는 Campbell, T., *Adam Smith's Science of Morals*, London: Allen & Unwin, 1971; Raphael, D.D., *The Impartial Spectator*, Oxford University Press, 2007.

염두에 두면서, 스미스는 향후 만민법의 기초를 이루는 자연법학에 관한 탐구, 즉 "법과 통치의 일반원리"에 대해 논의할 생각을 지니고 있었다. 즉 모든 시대에 걸친 실정법의 역사에서 동감정의가 어떻게 적용되고 왜곡되어왔는가를 고찰하고, 동시에 사회변화에 따라 공리의 원리가 행정, 세입, 국방 등에 관한 법률에서도 어떻게 적용되었는가를 별도의 연구계획을 통해 제시하고자 했다.[11] 이러한 후자의 영역은 특히 경제의 세계와 매우 밀접히 연관돼 있다.

마지막으로 스미스의 도덕철학체계에서 인문환경의 제3의 주요 존재론적 구조를 형성하는 것은 경제의 세계다. 그리고 이는 정치경제학의 저술인 『국부론』에서 상세하게 기술되었다. 스미스에 따르면, 무엇보다도 사람과 사회의 생존은 기본적으로 물질적 토대 위에서 성립하기 때문에 이를 도모하기 위한 선천적 본능 역시 매우 강력하다. 경제의 세계와 관련된 사람들의 매우 강한 동기는 자기애(自己愛)의 하위 유형인 '생활개선의 본능'과 '교환의 본능'이다. 이러한 본능들은 역사적으로 부의 진보를 이루어내는 마음의 원천이다.

생산과 분배, 교환과 지출(소비)의 과정을 거치며 반복되는 경제활동은 기본적 물질 욕구를 충족시키는 방향으로 지향된다. 그러나 역사적 선상에서 생존단계를 넘어서게 되면 경제활동은 인간의 섬세한 욕구와 취향을 반영해 생활의 품격을 제고하고 문명화를 도모

---

11) 스미스의 학문체계에서 정치와 법의 세계와 관련된 주요 저술로는 Winch, D., *Adam Smith's Politics,* Cambridge: Cambridge University Press, 1978; Haakonssen, K., *The Science of a Legislator,* Cambridge: Cambridge University Press, 1981. 한편 스미스의 정치학이 고전적 자유주의를 넘어서서 현대 복지국가관 내지는 사회민주주의 정책과 합치하는 정도에까지 이르고 있다고 주장하는 학자도 있다. 이러한 주제에 학문적 관심을 집중한 저술은 Kennedy, G., *Adam Smith's Lost Legacy,* London: Palgrave MacMillan, 2005; McLean, I., *Adam Smith, Radical and Egalitarian,* Edinburgh University Press, 2007 등이다.

[표 1] 스미스의 도덕철학: 사회의 존재론, 분석과 종합의 학문 체계

존재론적 사회구조	사회구조의 특성	핵심 행위원리: 인간본성	주요 덕목과 가치	주요 문헌
차원 1: 공동체 (사회)	- 자생적 질서 - 사회가치 및 규범 - 사회통합(협력, 호혜, 평판)	동감	- 인애: 이다심, 자혜 - 공동체 유지의 덕목 (의무 이상의 덕)	『도덕 감정론』
↓ ↑				
차원 2: 국가(법)	- 조직된 질서 - 법제도 - 사회질서(공동선)	(동감) 정의감 (분개심) 사회효용	- 정의, 자유, 평등, 안전 - 공동체 존립의 덕목 (의무의 덕)	『법학 강의』
↓ ↑				
차원 3: 경제 (시장)	- 경쟁적 질서 - 자유교역 - 경제번영(효율, 성장)	(동감) 자기애 (교환본능, 생 활개선 본능)	- 신중 - 개인적 번영의 덕목 (근면, 성실, 절약)	『국부론』

* 인용: 김광수, 『애덤 스미스』, 한길사, 인문고전 깊이읽기 16, 2015, 60쪽.

하는 수단을 제공한다. 이러한 측면에서 경제의 세계를 탐구하는 정치경제학의 목적은 생계의 원천과 풍부한 수입을 공급함으로써 부국강병을 이루고 문명화를 촉진하는 것에 있다. "모든 나라의 정치경제학의 위대한 목적은 부와 국력을 증가시키는 것이다"(『국부론』, 372쪽). 사회구성원 사이에 규범적으로 상호 침해를 방지하는 문화가 작동하거나 이를 유지하기 위한 국가의 규제가 안정적으로 이루어지는 경우에, 사람들은 자기애와 생활개선의 본능에 따라 경제활동을 수행하면서 상호 경쟁에 의해 경제적 효율성을 제고하고 효과적으로 부의 축적과 경제발전을 이루는 계기를 만든다.[12]

---

12) 글래스고 판본 편집인인 스키너 교수의 저서는 스미스의 학문 전체 체계, 즉 방법론, 윤리학, 정치학, 경제학, 국제관계 등에 관해 일반인들이 손쉽

이처럼 스미스의 학문체계에서 인문환경의 존재론적 구조는 단일의 요소로 환원 가능하지 않은 복합다층성을 보인다(표 1 참조). 이 때문에 일종의 사회과학자로서 스미스는 먼저 분석적 방법(analysis)에 따라 이 같은 각 차원의 힘을 가상적으로 분리하고 그 고유의 운동법칙을 고찰하려는 시도를 한다. 이와 아울러 역사적 시간의 차원과 선상에서 구현되는 현실사회의 총체적 운동 가운데서 각 차원의 고유한 힘들은 서로 결합하고 복합적으로 상호작용하면서 공진화 및 일정한 경향성을 창출해낸다. 따라서 역사적 고찰을 하려면 일차적으로 분석이라는 가상적 방법에 의해 상대적으로 자율적인 운동 또는 환원 가능한 것처럼 고찰된 복합다층적인 세계의 운동을 융합적 방식으로 통합해 총괄적으로 판단하는 종합적 방법(synthesis)이 요구된다.[13]

이러한 스미스의 과학방법론을 상정하는 경우에, 인문환경에 관한 한 부분적으로 미래 현상의 흐름에 대한 개연적인 예견 정도는 가능하지만 정확한 예측은 불가능하다. 스미스는 역사 속에서 각 인문환경의 존재론적 구조에 대응하는 인간 고유의 주요 본능들이 사회적 차원의 행동규범 및 덕목, 정치적 차원의 국가통치와 법제도, 경

게 이해하는 데 유용하다. Skinner, A.S., *A System of Social Science*, Oxford: Clarendon Press, 1996. 또한 한길사의 인문고전 깊이읽기 연구기획물인 『애덤 스미스』(2015)를 참조하라. 그리고 스미스의 학문과 사상에 관한 주요 국내 연구서로는 이근식, 『자유주의 사회경제사상』(한길사, 1999); 박순성, 『아담 스미스와 자유주의』(풀빛, 2003); 김광수, 『애덤 스미스의 학문과 사상』(도서출판 해남, 2005)을 보라.

13) 근대 사회과학에서의 분석과 종합의 방법은 홉스가 전통철학의 방법론적 결핍을 비판하면서 도입해서 활용했다. 근대 초기 자연과학과 사회과학에서 활용된 분석과 종합의 방법론에 관한 설명에 대해서는 Redman, D.A., *The Rise of Political Economy as a Science: Methodology and the Classical Economists*, London: The MIT Press, 1997.

제 세계의 자유와 경쟁의 유효성 등 그러한 환경을 구성하는 여러 인공물과 교호작용을 하면서 사회공동체의 흥망성쇠를 일궈낸다고 보았다. 이러한 측면에서 스미스의 사상을 한마디로 요약하는 키워드는 널리 알려진 '보이지 않는 손'이 아니라 다음과 같다. "완전한 정의, 완전한 자유, 완전한 평등을 확립하는 것이 모든 계층의 최고도의 번영을 가장 효과적으로 보증하는 매우 단순한 비밀이다"14) (『국부론』, 669쪽).

역사적으로 생존과 번영을 이루어내며 인류에게 좋은 삶과 행복을 느끼게 하는 지속 가능한 사회는 과연 어떤 조건하에서 성립하는가? 이와 같은 문제의식이 도덕철학, 융합학문화와 역사연구를 통해 스미스가 수행하고자 했던 핵심 연구 과제를 구성한다.

---

14) 사회공동체, 법과 정치 그리고 (특히) 경제활동을 중심으로 여러 차원의 부분적 자립성과 그 상호작용을 보여주는 스미스의 '사회과학 모형'은 서구사상사에서 성취된 나름의 독특한 기여라고 볼 수 있다. 18세기 이후 현 21세기까지의 역사의 추세적 변화와 그가 제시한 중층적 모형의 결과를 비교해보면, 경험적 측면에서 타당성이 크다는 점이 발견된다. 『도덕감정론』에 따르면, 사회발전 단계에 따라 도덕률과 덕목의 진보가 이루어진다. 예컨대 스미스는 『도덕감정론』 제5부에서 미개사회에서 문명사회로 발전해나가는 데 따른 도덕률의 변화를 거론한다. 여기서 전통사회에서의 주요 덕성은 한층 차원이 낮은 차원의 극기 또는 자기통제였던 반면에, 시민사회에서 칭송되는 미덕은 매우 숭고한 박애나 이타심이라고 언급한다. 한편 사회발전 단계에 따른 법제의 변화와 역사를 다루고 있는 『법학강의』에 따르면, 시장경제의 발전이 두드러진 근대 시민사회에 들어서서야 비로소 공민의 자유와 권리가 크게 회복되고 진보한다. 그리고 『국부론』에서 부의 역사적 발전은 오랜 기간에 걸쳐서 대체로 자연적 진보의 과정을 따라 이루어져왔다고 제시된다. 부의 획기적 진보는 정치혁명이 이루어지고 정의의 체계가 정착되기 시작한 근대 시기에 들어서서야 비로소 성취된다.

3. 『도덕감정론』의 구성과 내용

3.1. 목적과 구성

앞서 거론했듯이 스미스가 바라보는 인문환경은 복합다층적인 차원이 서로 중첩적으로 얽혀 있지만 기본적으로 도덕적 세계와 그 질서에 근거하고 연계되어 운동하고 있다. 『도덕감정론』을 통해 해부되는 도덕의 세계는 인간본성에 내재하고 있는 동감과 공정한 관찰자의 원리에 의해 작동되면서 인간의 사회적 행위 전반에 걸쳐 있는 영역이다. 이러한 도덕의 세계는 사회공동체의 가치와 규범에 의존하는 좁은 의미의 사회적 영역만이 아니라, 정의와 공리에 크게 의존하는 정치와 법의 세계, 사익(私益)과 경쟁에 따라 움직이는 경제의 세계를 모두 포괄하면서 조율하는 영역으로 인식된다.

『도덕감정론』에서 스미스가 가장 명시적이고 거론하는 주요 목적은 도덕적 세계를 규범윤리학적인 관점에서 조명하기보다는 주어진 인간본성에 의해 과학적으로 설명하는 것이다. 다시 말해서 경험론자인 흄이 명백히 기술한 "실험적 추론방법을 여러 도덕적 주제에 도입하려는 시도"(『인성론』의 부제)를 통해 사람들이 실제로 도덕판단을 어떤 식으로 수행하고 도덕규범을 형성해나가며 반응하는가를 탐구하는 도덕과학 내지는 도덕심리학의 과제를 풀어가는 것이다. 하지만 규범윤리학으로서의 덕 윤리 역시 도덕적으로 선량한 인성과 성품을 배양하기 위한 고유의 목적에 적합하기 때문에 진지한 논의가 이루어지고 있다는 점이 간과되어서는 안 된다.

이러한 목적을 지닌 『도덕감정론』의 전체적인 구성을 보면, 스미스가 사망하기 직전에 수정과 보완을 마친 제6판(1790)은 총 7부로 이루어져 있다. 제1부에서 제3부까지는 스미스의 도덕에 관한 사회심리학적인 이론이 논의되는 부분이다.

제1부는 동감과 공정한 관찰자의 개념을 중심으로 행위의 '동기'와 관련된 적정성의 문제를 다룬다. 타인에 관한 판단을 다루는 이러한 논의는 도덕 판단의 핵심적 기초가 되는 주제에 해당한다. 여기서 스미스의 윤리이론의 핵심 개념인 동감은 감성의 작용에서 비롯된다. 그런데 이 경우 윤리적 정서주의에 관한 전통적 의문이 제기된다. 즉 주관적인 감정이 어떻게 도덕 판단의 준거가 될 수 있으며 윤리적 판단의 객관성과 일반성의 확보가 어떻게 가능한가? 이러한 맥락에서 공정한 관찰자의 개념은 의미를 지닌다.

제2부에서는 행위의 '결과'에 대한 도덕적 평가인 공로 및 과오에 대한 논의가 전개된다. 공로에 관한 이러한 논의는 행위의 결과만이 아니라 동기와 결부된 선행적 분석을 요구하기 때문에 복합적인 감정을 다루는 것이 되고, 그만큼 이론과 현상에서 복잡한 측면이 나타난다. 그리고 공과에 대한 도덕적 평가와 관련해 자혜와 정의의 두 가지 중요한 덕성이 비교 검토된다.

제3부는 우리 자신의 감정과 행위에 관한 도덕적 판단과 관련된 부분이며, 동감 및 공정한 관찰자의 원리가 타인뿐만이 아니라 우리 자신의 행위에 관한 판단에도 확장되어 적용되고 있음을 보여준다. 이러한 논의는 자기중심적인 본성이 기본적으로 강한 인류 사이에 사회적 상호작용이 이루어지는 가운데 마음 내의 공정한 관찰자의 관점이 일종의 변증법적인 상승작용을 거치게 됨을 보여준다. 그리고 이를 통해 정서에 입각한 도덕 판단이 개인적이고 주관적 차원을 탈피해 사회적인 도덕원리로 고양되고 있음을 제시한다. 이런 맥락에서 사회 속에서 양심의 형성과 진화, 도덕의 일반율의 출현과 진보, 의무감 등이 논의된다.

제4부에서는 경험론 철학의 거두인 흄의 윤리이론에서 제창된 주요한 원리, 즉 효용이 도덕적 승인을 좌우하는 요소인가에 대해 구체

적으로 논의하고 비판하는 부분이다. 흄의 높은 명성 때문에 그 아류로 인식되곤 했지만, 흄의 이론을 비판하면서 그것과 어떤 차이점이 있는지를 제시하고자 했다. 제5부에서는 관습과 유행이 도덕적 승인에 미치는 영향을 검토한다. 한편 사망 직전에 수정 증보한 제6판에서 새로이 추가된 제6부는 덕성의 성격 또는 덕 윤리와 관련된 내용을 심도 있게 논의하고 있다. 스미스가 노년에 들어서 자본주의 사회의 점증하는 여러 문제점(예컨대 탐욕, 불신, 소외, 고독 등)을 직시한 후, 사회공동체의 차원에서 이를 보완하기 위해 규범윤리로서의 덕 윤리와 도덕교육을 한층 더 중시하게 되었음을 보여주는 부분으로 해석된다. 제7부는 윤리학의 학설체계에 관한 논의로서 고대 그리스 시대로부터 18세기에 이르기까지 다양한 학설체계, 즉 덕 윤리 및 도덕과학의 학설에 대한 검토와 비판을 다룬다.

3.2. 주요 내용

● 제1부: 행위의 적정성

인간 본성 가운데 매우 지배적인 위치를 차지하는 자기보존 본능과는 별개로 사회의 보존과 질서유지를 위해 자연에 의해 부여된 도덕감정이 있다. 독자들이 종종 혼동하는 경향이 있지만, 동감은 이타적 감정인 연민이나 동정, 타인과의 감정교류에 해당하는 감정이입과는 전혀 다르다. 동감의 본성은 감성적인 능력체계에 속하면서 사람들에게 내재된 보편적인 도덕감정이다. 그러므로 동감은 이기적 동기에서 비롯되든지 이타적 동기에서 기원하든지 간에 모든 행위에 개입하여 도덕적 판단을 내리는 데 쓰이는 도덕적인 기능이다.

예컨대 자신의 삶도 남의 도움 없이는 주체하기 어려운 거지가 아무리 이타적인 행동을 한다고 해도 관찰자에 의한 동감의 원리는 그러한 행동을 보통 적정한 것으로 승인하지 않는다. 반면 비록 이기적인 동기에서 비롯된 행동이라도 다른 사람에게 침해를 주지 않고 정성과 혼신의 노력을 통해 물질적 성과를 이루어내는 경우에는 동감의 원리는 이를 청부(淸富)로서 인식하고 사회적 승인을 부여한다.

좀더 구체적으로 말하면, 동감은 관찰자가 행위자의 상황과 동일한 처지에 있다고 가정할 때 그 행위자가 느끼는 감정을 감지하고 도덕적 판단을 할 수 있는 능력, 즉 상상을 통한 상황의 전환, 공감, 더 나아가 승인하는 능력을 의미한다. 즉 동감은 관찰 대상자의 어떤 행동에 대해 제삼자가 느끼는 동료감정을 지칭하며, 관찰자가 자신의 상상력을 동원하여 행위자가 직면한 상황과 처지에서 느끼는 감정과 판단을 공정하고 객관적으로 반추하는 능력이다. 그리고 이러한 동감은 어떤 관찰자가 반추하는 제2차적 감정에 해당하는 동감적인 판단에 대해 또 다른 평가대상으로 삼아 제삼의 관찰자가 동감적인 판단을 하는 경우에도 그 기능을 수행한다.

이처럼 동감이 작용하는 모든 경우에 제삼자적 관점에서 공정하게 사안을 고찰하거나 평가하고자 하는 마음의 성향이 존재한다. 이처럼 반추하는 제삼의 관찰자는 "상상 속의 공정한 관찰자" 또는 "마음 내면의 이상적 인간"이다.

첫째, 공정한 관찰자는 사회관계 속에서 발생하는 모든 행위 당사자의 본원적 감정에 동감의 능력을 발휘한다. 둘째, 공정한 관찰자는 판단의 대상이 되는 당사자들과는 별개의 제삼자로서 사정에 정통하고 공정하며 합당한 판정을 내리는 주체다. 사정에 정통한 공정한 관찰자는 합당한 도덕 판단을 위해 사람들의 통상적 감정에 맞추어 동감의 능력을 발휘하면서도, '냉철한 이성'과 '자기통제'에 의거한 적정하고 합리적이며 균형 잡힌 시각을 견지하고자 한다. 셋째, 이러한 연유 때문에 공정한 관찰자는 사회의 집단적 동감을 대변하며, 그가 견지하는 감정의 수준과 정도는 덕목의 기준, 사회규범과 법제도에서 적정성의 기준이 된다. 자신에 대한 판단을 포함해 제2 및 제3의 관찰자의 관점을 도입함으로써 동감의 원리는 단지 당사자와 관찰자라고 하는 이른바 개인적 도덕원리에서 사회적 도덕원리로 고양되는 계기를 갖는다.

사회적 관계에서 존재하는 모든 행위에 대한 도덕 판단과 사회적 승인은 '특정하고 구체적인 상황'에 반응하는 행위 당사자의 감정(판단의 대상)과 관찰자의 동감에 의한 감정(판단의 기준) 사이를 비교함으로써 시작된다. 실상 흄의 동감 개념과의 결정적 차이는 바로 이러한 점에 있다. 즉 스미스의 동감은 '상황적 적정성'에 대해 우선적으로 공감하는 행위다. "동감은 어떤 열정에 대한 고려로부터 일어나기보다는 이를 야기하는 특정 상황에 대한 고려로부터 일어난다"(이 책 93쪽).

관찰자의 동감의 감정과 행위자의 감정이 내용과 수준에서 일치할 경우에는 관찰자는 행위자의 감정과 행위를 적정성이 있다고 승인한다. 또한 이처럼 관찰자의 동감의 감정과 당사자의 감정이 일치할 때 동감의 상호쾌감이 발생한다. 반대로 관찰자의 동감의 감정과 당사자의 감정 간에 불일치가 발생할 때 관찰자는 행위자의 감정과 판단이 적정성을 지니지 못한 것으로 판단하여 도덕적으로 승인하지 않는다. 이는 스미스의 덕 윤리에서 적정성의 덕목이 기본적으로 중시되는 이유가 된다.

관찰자에 의한 동감의 작용에는 몇 가지 경향성이나 법칙이 존재한다. 첫째, 관찰자가 느끼는 동감의 감정은 상상의 관념이기 때문에 행위 당사자의 본원적 감정과 비교할 때 정도 내지는 강도의 측면에서는 미약하다. "세상 사람들이 비록 본래 동감 성향을 지니기는 해도 타인이 겪고 있는 일에 대해서는 필연적으로 당사자를 움직이게 하는 열정의 강도만큼 결코 느끼지는 못한다"(이 책 112쪽). 이는 동감이 상상을 통한 관점의 교환임과 동시에 관찰자 본인과는 직접적으로 관련되지 않은 사안에 대한 순간적인 감정이기 때문이다.

둘째, 당사자의 본원적 감정의 유형에 따라 이에 대한 관찰자의 동감의 수준이 각각 다르며, 결과적으로 적정성의 수준도 달라진다. "적정성의 기준점이 존재하게 되는 감정의 중용의 정도는 각각의 열정마다 서로 다르다"(이 책 123쪽). 먼저 사회적인 열정(관대, 인간애, 친절, 우정, 존경)에 대해서는 본원적 감정을 느끼는 당사자와 그 감정의 대상이 되는 당사자 모두의 만족에 관찰자가 이중으로 공감하기 때문에 감정의 정도가 높아도 관찰자의 동감이 가능하다. 하지만 비사회적인 열정(분개심, 증오심)의 당사자들은 이해관계가 서로 상반되므로 관찰자의 동감이 분할된다. 따라서 행위의 당사자들이 자신들이 표현하는 감정의 수준을 상당히 절제하지 않는다면 관찰자의 동감을 얻고 행위의 적정성을 확보하기가 어렵다. 마지막으로 사람들의 개인적인 행운과 불운을 표현하는 이기적인 열정(환희, 비애)의 경우에는 당사자가 표현하는 작은 환희감과 깊은 비애감에 관찰자가 동감하는 경향이 있다. 이는 이기적 열정이 사회적 열정처럼 우아하지도 않고 비사회적 열정처럼 불쾌하지도 않으며, 배가된 동감이나 분할된 동감도 존재하지 않는 중간적 성격의 감정이라는 점에서 비롯된다.

셋째, 사람들의 '시기심이 작용하지 않는' 경우에는 환희에 동감하는 성향이 비애에 동감하는 성향보다 훨씬 더 강력하다. 즉 사람들은 고통스러운 감정보다는 유쾌한 감정에 좀더 동감하기 쉬운 경향이 있다. "시기심이 전혀 작용하지 않는 경우에는 환희에 동감하는 우리의 성향이 비애에 동감하는 우리의 성향보다도 훨씬 더 강하다"(이 책 158~159쪽).

동감의 법칙의 적용과 관련한 『도덕감정론』 제1부 3편 2장 "야심의 기원 및 신분의 구분"은 부와 권세에 관한 사회심리학적 설명(빈곤의 사회학)을 제시한다. 인류역사에서 끊임없이 관찰되고 있는 재력과 권력의 추구는 사회적으로 인정을 받으려는 사람들의 욕구와 매우 긴밀히 연관돼 있다. 부의 추구 내지는 경제활동의 이면에서 작용하는 사회적인 동기는 환희와 비애 같은 이기적인 열정에 대한 사람들의 동감에 근거를 두고 있다. "세상 사람들이 비애보다는 환희에 한층 더 동감하는 성향을 가지고 있기 때문에, 우리는 자신의 부유함을 과시하고 가난을 숨기려고 한다"(이 책 168쪽).

이와 같이 고통스러운 감정보다는 유쾌한 감정에 더욱 동감하고자 하는 사람들의 비대칭적 성향이 인류 역사에서 부와 권세에 감탄하고 빈곤과 유약함에는 경멸과 무시의 태도를 보이는 경향성을 만들어낸다. 세속적, 물질적 경쟁에서 남들보다 더 부유하기를 갈구하거나 과시하고자 하는 경향은 이 같은 동감의 법칙과 사회적 승인의 욕구에서 비롯된다.[15)]

- 제2부: 공로와 과오, 또는 보상과 처벌의 대상
어떤 행위의 수혜자 또는 피해자가 그 행위자(후원자 또는 가해

---

15) 이것은 스미스의 도덕철학체계 내에서 윤리학과 경제학의 긴밀한 연관성이 드러나는 대표적인 부분의 하나다. 이러한 연관성에 주목하는 주요 연구로는 다음을 참조하라. Griswold, C.L., *Adam Smith and the Virtues of Enlightenment,* Cambridge: Cambridge University Press, 1999; Rothschild, E., *Economic Sentiments: Adam Smith, Condorcet, and the Enlightenment,* Cambridge: Harvard University Press, 2001; Otteson, J.R., *Adam Smith's Market Place of Life,* Cambridge: Cambridge University Press, 2002; Fleischacker, S., *On Adam Smith's Wealth of Nations,* Princeton University Press, 2004; Evensky, J., *Adam Smith's Moral Philosophy*, Cambridge: Cambridge University Press, 2005.

자)의 행동에 대해 느끼는 감사 내지는 분노의 감정에 대한 도덕적 평가는 공로와 과오에 관한 문제에 속한다. 그런데 이러한 공과에 대한 판단과 평가는 앞서 논의한 행위의 적정성 판단보다도 좀더 복잡하다. "우리가 후원자의 동기를 먼저 승인하지 않는 한, 실상 혜택을 받은 사람의 감사에 철저히 공감할 수 없기 때문에, 이 점을 생각하면 공로의 감각은 일종의 복합감정으로서 두 개의 서로 다른 정서로 이루어져 있는 것으로 보인다"(이 책 213쪽). 그러므로 수혜자의 감사나 피해자의 분개심에 공정한 관찰자가 동감하기에 앞서서 후원자의 동기의 적정성을 살피는 것이 우선적이고 일차적 과정이다. 관찰자는 후원자의 동기가 상황적 적정성에 부합할 때 비로소 수혜자의 감사의 감정에 동감하고 공로감각을 느낀다. 이때 후원자는 보상의 적절한 대상으로 평가된다.

한편 가해자의 동기에 관해 공정한 관찰자의 동감이 가능한 경우에는 단순히 행위자가 저지른 어떤 행동 때문에 피해를 입었다는 이유만으로 피해자의 분개심에 관찰자는 동감하지 않는다. 그러므로 피해자의 분개심을 도덕적으로 승인하고 가해자를 처벌하려면 이에 선행하여 가해자의 동기가 도덕적으로 부인되어야만 한다.

이와 같은 판단논리에 따르면, 타인에게 순수한 의도를 가지고 혜택을 전하는 자혜의 덕목은 승인의 대상이며 감사와 보상의 대상이 된다. 이러한 의미에서 타인에게 이익을 베푸는 경우에 성립하는 자혜의 덕은 적극적인 덕목이다. 반면에 정의의 덕은 타인에게 침해를 끼치지 않는 것으로서 이러한 사정만으로는 감사와 보상의 대상이 되지 않는다. 이러한 이유로 정의의 덕은 소극적인 덕목이다.

한편 자혜, 관대, 우정, 신중 등과 같은 덕목은 숭고하고 우아하지만, 이것들에 대해 경험적으로 상세하게 분류하고 체계화해 일반적으로 활용할 수 있는 정확한 일반규칙을 설정하는 것이 불가능하다.

특히 이러한 사정 때문에 자혜는 상위의 덕목이지만 그 부족에 대해서 강제력을 동원하여 처벌할 수는 없다. 반면에 정의의 덕목의 일반원칙은 침해를 방지하는 것으로서 모든 외부적 행동을 최대의 정확성을 가지고 규정하는 것이 가능하다. 이 때문에 정의의 규칙들은 "문법의 원칙"에 비유될 수 있고, 여러 다른 덕성은 문체의 아름다움을 더해주는 수사학적인 원칙에 비유될 수 있다. 따라서 정의의 덕목과 그 일반규칙이 준수되지 않을 때에는 불의가 행해진 것으로서 강제력에 의한 처벌의 대상이 된다.

사회유지에 필요한 핵심적인 의무의 덕인 정의는 첫째, 타인에게 위해를 가하지 않으면 성립하는 소극적 미덕이다. 둘째, 정의는 옳고 그름에 관한 자연적인 분개심의 감정과 행위자의 처벌에 대한 동감에 근거하고 있다. 셋째, 정의의 준수 및 구현은 정확성과 엄격성을 지녀야 하는 관계로, 정의를 집행하고 불의를 예방할 제삼자적 집단으로서의 국가의 존재 및 활동은 불가피하다. "그 준수 여부가 우리의 의지의 자유에 맡겨져 있지 않고 강제력으로 강요될 수 있으며, 그것을 위반할 때에는 분개심을 불러와 결국은 처벌의 대상이 되는 또 다른 덕목이 있다. 이러한 덕목이 정의다"(이 책 225쪽). 정의가 국가의 법률과 정책에 의해 고도의 정확성과 엄밀성을 가지고 실행되어야 하는 문제, 즉 국가에 의한 "법과 통치"의 문제는 이러한 연유에서 성립한다.[16)]

제2부의 3편은 공과에 관한 판단의 측면에서 운명이나 우연이 도덕감정에 미치는 영향에 대해 거론하고 있다. 전술한 대로 도덕적 공

---

16) 스미스에 따르면 "도덕철학의 두 가지 유용한 부분"은 윤리학과 자연법학 (이 책 722쪽)이며, "입법가의 과학"은 법학과 정치경제학으로 구성된다. 그는 이 같은 윤리학의 동감정의론을 자연법학의 핵심 이론으로 삼아 역사 속의 법과 통치의 현상을 설명하고 비판적으로 평가하려 했다.

과와 관련하여 이론상으로만 보면, 행위의 동기가 적정성을 지니는지 여부가 도덕적 승인이나 부인에서 가장 핵심적인 기준이다. "모든 사람은 결과가 행위자에 의존하지 않기 때문에 그가 수행한 행위의 공로와 적정성에 대한 우리의 감정에 어떠한 영향도 미쳐서는 안된다는 일반적인 격언에 동의한다." 하지만 세상 현실에서 도덕적 승인이나 부인은 운명이나 우연(fortune)에 의해서도 큰 영향을 받는다. "세상은 결과로 판단하고 의도로는 판단하지 않는다는 사실이 모든 시대에 걸쳐 불만의 대상이었고 미덕을 가로막는 거대한 낙담의 원인이었다"(이 책 273쪽).

세상사에서 운명이나 우연은 현실의 동기와 결과의 불일치를 초래하는 원인이 되며, 이 때문에 선의의 행위가 유해한 결과로 이어지는 경우가 종종 발생한다. 세상 사람들에게는 마음속에서 불확실성을 지닌 행위의 동기보다 명시적으로 드러난 결과가 중시되는 경향이 있다. 이것은 도덕감정의 불규칙성이다.

또한 사람들은 빈번히도 동기보다는 결과에 훨씬 더 큰 가중치를 부여하기 때문에, 선의의 행동이라도 유익한 결과가 나타나지 않으면 거의 칭찬하지 않는다. 반면에 악의를 가지고 저지른 행위라도 유해한 결과로 이어지지 않을 때에는 비난을 면한다. 이러한 현상은 많은 국가의 형법에서 살인과 살인미수가 실제로 형벌의 차이를 낳는다는 점에서 잘 드러난다. 그런데 공과에 관한 이러한 도덕감정의 불규칙성이 주는 사회적인 유용성은 사람들로 하여금 좋은 결과가 도출되도록 자신의 일에 최선을 다하거나 조그마한 과실마저도 발생하지 않도록 세심한 주의를 기울이게 만든다는 점에 있다.

● 제3부: 우리 자신의 감정과 행위에 관한 판단의 기초 및 의무감

앞서 관찰자와 타인인 행위자의 관계에 성립하는 동감의 원리는

자기 자신의 감정과 행위를 스스로 판단할 때에도 성립한다. 제삼의 공정한 관찰자의 동감에 의해 도덕적 승인이 행해지므로 행위 당사자는 통상적으로 자신의 감정을 관찰자의 판단과 일치하려는 시도를 한다. 자기 자신에 관해 판단할 때에는 행동의 직접 당사자에 해당하는 자기 자신 및 상상에 의해 자신의 행위를 반추하는 관찰자의 관점으로 구분된다.

사회 속의 사람들에게 천성적인 동감 성향이 존재한다고 해도 복잡다층적인 현실에서는 그 성향의 균등성과 공정한 관점이 유지되지 않는 경우가 빈번히 발생한다. 먼저 사람의 본래적 심성 가운데 강력한 이기적 성향은 종종 공정한 관찰자적인 판단을 흐려놓는다. 또한 동감 성향의 작용에는 일정 부분 편향성이 존재한다. 즉 친숙성의 법칙이 작용하여 자기 자신 및 가족, 친지 등에게는 동감의 경향이 강한 반면에 사회관계상 거리가 먼 타인이나 접촉이 없는 주변인에게는 그 경향성이 매우 미약하다.

그리고 동감의 감정은 상상의 관념이기 때문에 본원적 감정과 비교하여 강도가 약하다. 특히 객관성의 토대인 공정한 관찰자의 관점은 개인적인 상상력에 의해 파생되고 그 지식의 한계에 의해 제약을 받을 수밖에 없다. 이처럼 본래적인 자기중심성 및 내적 편향성이 존재하거나, 지식과 정보의 불확실성이 존재할 때에는 제삼자로서의 공정하고 합당한 판단을 기대하기 어렵다.

이러한 과정에서 본래적인 편향성을 지양하고 공정한 관찰자의 관점을 취하고자 시도하는 마음의 작용이 바로 양심의 본질을 구성한다. 인류에게는 타인에게 칭찬을 받고자 하는 동기와 아울러, 어떤 절대적 수준에서 '칭찬받을 수밖에 없는 자질'을 갖추고자 하는 마음의 숭고한 동기가 별개로 존재하고 있다. 종종 후자의 동기가 작용하여 자기 자신에 관한 판단에서 공정한 관찰자의 관점을 채택하고 명예와 숭고함을 존중하여 행동하도록 부단히 자극하게 되는데, 이것이 양심의 본질이 된다. "자기애의 가장 강력한 충동에 대항력으로 작용할 수 있는 것은 인간애라는 온화한 힘도 아니고, 자연이 인간의 마음속에 점화한 박애심이라는 연약한 불꽃도 아니다. 그런 경우에 작용하는 것은 좀더 강력한 힘이고 좀더 설득력 있는 동기다. 그것은 이성, 원칙, 양심, 마음속의 거주자, 내면의 인간, 우리의 행위의 위대한 재판관 및 중재인이다"(이 책 327쪽).

한편 사람들의 일상생활 속에서 도덕적 규범이 행위의 기준 내지는 가치판단의 준거로 출현하게 되는 이유, 즉 "도덕의 일반율"의 기원은 이처럼 사람들의 동감 작용에서 일탈적인 영향력을 행사하는 자기중심적 편향성과 지식의 한계에서 비롯된 불확실성에서 기인한다. 도덕의 일반율 또는 사회적 가치규범의 출현과 형성은 특정 행위가 발생할 경우 행위자 및 관찰자의 동감의 감정과 그에 따른 도덕적 승인이나 부인이 경험적으로 축적된 결과에 의거한다.

역사상 일정 시점에서 공정한 관찰자의 반복적 승인을 얻은 일정한 유형의 특정 행위는 사회적 차원에서 적정성과 도덕성을 가지는 것으로 인식된다. 역사적 시간의 경과와 더불어 이러한 행동 유형이 관습적으로 반복되면 이성에 기초한 귀납과 일반화에 의해 누적적, 집합적으로 도덕의 일반율과 사회적 가치규범이 점진적으로 형성되고 진화한다.

이처럼 동감에 따라 공정한 관찰자의 승인을 반영한 도덕의 일반율과 사회규범은 사람들의 일상생활 속에서 통상적으로 행위의 기준 내지는 가치판단의 준거로서 작용한다. 역사와 관습을 통해 오랜 기간 사회공동체에서 배태되고 착근한 도덕률은 사회적 승인을 얻기 위한 덕목과 판단기준으로서 공정하고 합당한 판단을 유인하는 제도화된 행동규범의 역할을 수행한다. 이러한 도덕의 일반율은 (정치와 경제를 포함하는) 현실의 수많은 여건 속에서 타인과 자신의 행위를 판단하고 억제하며 교정하는 역할을 수행하게 된다. 이와 같은 도덕의 일반율에 대한 고려가 바로 의무감(義務感)이다.

이러한 의무감이 사회생활에서 매우 중요한 행동지침 원리가 되는 이유는 인간 본성의 체계에서 도덕감정과 능력이 자립적 지위를 지닌 모든 열정의 통제 및 조율 기능을 담당하고 있기 때문이다. 또한 이러한 도덕적 능력으로부터 행위의 일반율과 사회규범이 도출되는 사정 때문이다.

스미스에 따르면, 동감과 공정한 관찰자의 원리 같은 인류의 도덕적 능력은 상위의 감각으로서 다른 본성이나 열정을 통제하고 억제할 능력과 권리를 지닌다. 이 같은 인류 본래의 도덕적 능력은, 예컨대 본능적 욕망, 기쁨, 분노, 슬픔 같은 여러 열정, 그리고 사익을 우선시하는 이기심 등을 제어할 수 있지만, 그 역은 성립하지 않는다. 그러므로 사람들이 자연적 도덕감정에 따라 행동하는 것은 올바르며 적정하고 정의에 부합하는 것이며, 반대의 경우는 올바르지 않고 부적절하며 해악과 침해를 끼치는 행위들이다. 그러므로 "이러한 도덕적 능력이 인간 본성의 지배적 원리로 분명히 의도되었기 때문에, 이들이 규정하는 원칙들은 신이 우리의 내면에 설정해놓은 대리인들이 공표하는 신의 명령과 신법으로 간주되어야 한다"(이 책 380쪽).

• 제4부: 효용이 승인의 감정에 미치는 효과

윤리적 정서주의 계열에 속하는 허치슨이 도덕감각의 존재를 상정했다면, 흄은 동감이 이와 동일한 역할을 수행한다고 주장했다. 그런데 흄은 행위의 도덕적 승인과 부인의 원리를 (상황적 적정성이 아니라) 효용에 관한 동감의 개념에 근거해서 설명하려고 시도했다.

즉 흄에게 도덕적 적합성과 부적합성이 판별되는 토대는 기본적으로 어떤 행위가 우리를 즐겁게 하거나 불쾌하게 하는 점에 있다. 미덕은 당사자에게 기쁨을 주며 이것이 주는 유용성과 호감에 대한 동감이 행위자의 동기에 관한 도덕적 승인이 된다.

스미스에 따르면, 사회에서 통용되는 정의(正義)의 개념에 관한 한, 흄의 이론처럼 사회 일반의 이익과 효용성이 도덕 판단의 과정에 부분적으로 개입하는 경우가 부분적으로 존재한다.[17] 예컨대 사회는 어떤 개인의 행동이 공동체의 미래의 안전을 훼손하거나 상당한 불편을 초래할 것이라고 예상될 때 그 개인의 처벌을 요구한다. "예를 들면 경계 근무 중에 잠이 든 보초병은 자신의 근무태만이 군대 전체를 위태롭게 할 수 있기 때문에 전시 법규에 따라서 사형에 처해진다. 많은 경우에 그러한 엄격함은 필요하며, 이러한 이유 때문에 정당하고 타당한 것으로 보인다. 어느 개인의 생존이 다수 대중의 안전과 양립하지 않을 때 다수가 한 사람보다 우선시되어야 한다는 원리보다 더욱 정당한 것은 없다"(이 책 246쪽).

이러한 사례에서 나타난 대로 보초병의 경계소홀이 즉각적으로 다른 사람에게 위해를 가하거나 그 권리를 침해한 것은 아니다. 하지만 미래 시점에 언제든지 사회를 잠재적으로 심각한 위험에 빠뜨릴 수 있는 행위일 때에는 사람들은 이러한 유형의 행위를 규제하려고 하며 처벌의 대상으로 승인을 한다.

그런데 흄의 이론처럼 만일 행위의 유용성에 관한 동감에 근거하

---

17) 스미스의 사상에서 정의와 효용 및 효율성에 관한 초기 연구에 대해 다음을 참조하라. Campbell, T.D., "Adam Smith and the Economic Analysis of Law," V. Hope(ed.), *Philosophers of the Scottish Enlightenment*, Edinburgh University Press, 1984, pp.133~156; Posner, R.A., "Law and Economics is Moral," Malloy and Evensky(eds.), *Adam Smith and the Philosophy of Law and Economics*, Kluwer Academic Publisher, 1994, pp.167~177.

여 모든 덕성의 승인과 악덕의 부인이 이루어진다고 하면, 이러한 도덕 판단의 과정은 사물에 관한 취미나 기호의 문제와 크게 다르지 않을 것이다. 일상생활에서 널리 알려져 있듯이, 사람들은 잘 고안되고 정돈된 건축물의 유용성과 아름다움에 대해 손쉽게 승인한다. 또한 질서정연한 정치체계의 아름다움에 관한 공리주의적 고려, 부와 권세에 관한 사람들의 애호, 편향성 및 착각도 그 수단적 유용성과 아름다움을 과대평가하는 성향에서 비롯된다. 그런데 유용성에 관한 동감이 도덕 판단의 준거로 작용한다고 주장하는 것의 의미는 사람들이 미덕에 대해 느끼는 아름다움이나 악덕에 대해 느끼는 추함이 마치 건축물을 승인하는 과정과 다르지 않다고 말하는 것과 동일한 것이다.[18]

그러나 앞서 제1부와 제2부에서 지적한 바와 같이, 마음의 내면에서 도덕적 승인과 부인이 이루어지는 '최초의' 원천은 행위의 동기에 관한 동감(행위의 적정성)이다. 예컨대 정의가 침해된 경우에는 당사자의 분개심과 응분의 처벌의 당위성에 관한 동감이 발생하며 이것이 우선적이고 일차적으로 도덕적 판단과 승인을 구성한다. 취미나 기호의 문제에서 이루어지는 것처럼 어떤 효용과 아름다움에 관한 동감은 이러한 최초의 도덕적 판단이 종료된 이후에, 이성의 기능이 추가적으로 작동하여 여러 사안을 합리적으로 재고(再考)하는 과정에서 발생할 뿐이다.

결국 도덕적 승인을 유용성에 관한 동감에서 비롯된다고 보는 흄의 설명은 인과관계에 의한 설명과 목적론적 설명을 혼동한 것과 같다. 앞서 제2부에서 지적한 바대로 "비록 신체의 기능을 설명하는 데

---

18) 흄은 『인성론』 제3권 1편 2부에서 덕성에 관한 판단은 "모든 유형의 아름다움, 취미 및 감각작용에 관한 사람들의 판단에서 이루어지는 것과 동일하다"(471쪽)고 말한다.

우리는 이처럼 작용인과 목적인을 분명하게 구별하고 있지만, 마음의 기능을 설명하는 데에 우리는 이 두 가지의 서로 다른 원인을 혼동하기가 매우 쉽다. 우리가 여러 자연적 원리에 근거해서 세련되고 계몽된 이성이 권고하는 그런 목적을 촉진하도록 인도되는 경우에, 우리는 이 같은 목적을 촉진하는 모든 감정과 행위를 자연적 원리라는 작용인 대신에 인간의 이성에 귀속시킨다"(이 책 240쪽).

● 제5부: 관습과 유행이 도덕적 승인과 부인의 감정에 미치는 영향

인식론적인 차원에서 흄은 관습과 습관이 일상생활에서 인과율의 성립 근거가 되며, 따라서 사람들이 수없이 시도하는 많은 상식적 판단과 결정을 인도하는 안내자임을 제시한 바 있다.[19] 실상 관습과 유행이 어떤 '특정한' 행위의 자연적 적정성에 부분적으로 영향을 행사하는 정도로 도덕적 승인과 부인에도 일정 정도 영향력을 갖는 점은 역사적으로 사실이다. 하지만 관습과 유행이 행위 '일반'의 자연적 적정성의 이탈을 초래하고 이에 따른 행위 일반의 도덕적 승인과 부인의 왜곡을 야기하는 일은 발생하지 않는다.

● 제6부: 덕성의 성격

고대와 중세의 덕 윤리는 존재의 완성을 위한 개인의 성품과 덕성에 주목해왔다. 스미스가 고안한 자체 범주에 따르면, 덕성과 덕 윤리에 관해 고려할 때 사람의 본성을 중심으로 두 가지 다른 측면, 즉 자기 자신의 행복과 타인의 행복에 관심을 갖는 문제가 관심의 대상

---

19) 흄은 『인간오성론』 제5편 1부 36절(및 『인성론』 제2권 3편 5부)에서 습관의 영향력을 논하면서, "경험으로부터 이루어지는 모든 추론은 습관의 효과이지 이성에 의한 추리의 효과가 아니다"(43쪽)라고 언급한다.

이 된다.[20)]

인간의 본성 중에서 가장 중요하고 민감한 부분은 첫 번째, 자기 자신에 대한 관심과 자기보존 욕구다. 인간은 기본적으로 자신의 행복에 가장 큰 관심을 가지고 있으며, 자기보존을 위해 쾌락을 추구하고 고통을 회피하려고 한다. 이와 같이 자신의 보존 그리고 자신의 행복 추구와 관련된 덕목이 신중의 덕성이다. 자기 자신의 행복, 보존과 안락에 관여하는 신중의 덕목의 대상은 건강, 재산, 지위, 평판 등이다. 신중한 사람은 미래의 더 큰 안락과 행복을 위해 현재의 직접적인 쾌락과 기쁨을 절제할 수 있으며, 자신의 행복을 위해 의무가 요구되는 본인의 일에 몰두한다. 또한 이와 같은 관점에서 인간은 자신의 가족(부모, 자식, 형제자매)과 친구에 대해 먼저 동감을 느끼게 된다. 하지만 이처럼 자신의 건강, 재산, 지위, 평판에만 관심을 기울이는 신중은 가장 고상한 덕성도 상위의 덕목도 아니다.

두 번째, 인간 본성 가운데 자기보존의 욕구보다는 훨씬 덜하지만 사람들은 자신이 속한 사회에 대한 관심과 애정을 본능적으로 갖는다. 인간은 자신의 행복만을 유일하게 추구하는 것이 아니라, 비록 제한적이지만 본성적으로 지니고 있는 이타심의 원리에 기초하여 다른 사람들의 행복에도 관심을 갖는다. 이처럼 다른 사람들의 행복과 관련해서 중요한 덕성은 의무의 덕인 정의와 의무 이상의 덕인 자혜로 구분할 수 있다.

인간은 자신이 속한 사회에 영향을 받는다. 개인은 자기 자신뿐만

---

20) 스미스에 따르면, 개인과 사회에 관한 이 같은 자연적 애정체계(사익과 사회의 이익 간의 내재적 관계)는 이성에 의해 권고되는 것이 아니라 자연이 부여한 본능의 체계에 속한다. 신중, 정의 및 자혜 그리고 자기통제 등 덕성에 관한 스미스의 논의는 사회생물학적, 사회심리학적, 자연주의적인 접근방식에 근거하고 있다.

아니라 가장 가깝고 친근한 대상인 가족, 친척, 친구들이 여러 사회 조직에 소속되어 있음을 알고 있으며 그들의 번영이 그 사회의 번영과 밀접히 연관되어 있음을 인식하고 있다. 그러므로 인간은 자신이 속한 사회나 국가가 다른 사회나 국가보다 우월하다고 생각하며, 때로는 사회와 국가의 안전을 위해 자신의 생명을 기꺼이 내놓기도 한다. 이와 같은 식으로 사회에 관한 사람들의 자연적 애정체계는 가장 친근한 대상인 친척, 친구, 자신이 속한 사회나 국가 등의 순서로 비록 정도는 약화되지만 범위는 점차 확대된다.

그러므로 "우리 자신의 행복에 관한 관심은 우리에게 신중의 덕성을 권장하고, 다른 사람의 행복에 관한 관심은 정의와 자혜의 덕성을 권장한다. 후자의 미덕 가운데 정의는 우리가 타인에게 침해를 끼치지 않도록 억제하며, 자혜는 타인의 행복을 촉진하도록 고무시킨다. 다른 사람들의 감정은 어떠하며 어떠해야 하는가, 일정 조건하에서는 어떻게 될 것인가에 대한 고려와는 관계없이 이상의 세 가지 가운데 첫 번째 덕성은 본래 우리의 이기적인 성정 때문에 권장된 것이고, 다른 두 개의 덕성은 우리의 자혜적인 성정 때문에 권장된 것이다"(이 책 572쪽).

한편 이상과 같은 여러 덕성을 실행하는 가운데 '완전한' 신중, '엄격한' 정의, '적절한' 자혜에 따라 행동하는 사람은 그 이면에 철저하게 자기통제의 덕목을 실천하는 것이다. 자신과 사회에 유익한 여러 덕목을 알고 있어도 자기통제에 의해 뒷받침되지 못한다면 개인의 덕과 의무를 완벽하게 수행하는 것은 어렵다. 이러한 자기통제의 덕성들은 기본적으로 적정성의 감각, 즉 공정한 관찰자의 감정에 대한 고려에 기초하고 있다.

• 제7부: 도덕철학의 여러 체계

제7부에서는 18세기까지 제시된 덕 윤리 및 도덕과학의 모든 도덕철학체계가 분류되고 평가된다. 스미스에 따르면, 윤리학의 전통을 고찰하는 경우에 모두 다른 내용과 방식으로 제시되고 있지만 덕의 윤리는 크게 세 가지로 분류 가능하다(표 2 참조). 첫 번째는 덕성이 모든 감정에 대한 적절한 지배와 통제에 관여하는 적정성에 있다고 보는 관점이다. 두 번째는 개인의 사적인 이익과 행복을 사려 깊고 현명하게 추구하는 데 관여하는 신중에서 덕성을 찾는 관점이다. 세 번째는 타인들의 행복을 추구하는 감정인 자혜에서 덕성을 발견하는 시각이다.

행위의 적정성, 즉 동기가 되는 감정과 이 감정을 일으키는 대상과의 부합 여부에서 덕성을 구하는 학자들은 플라톤, 아리스토텔레스, 제논 등이다. 고대 그리스에서 정의 개념은 세 가지 의미로 사용되었다. 첫 번째는 교환적 정의로서 사회구성원의 신체, 인격, 재산, 명예에 피해를 입히거나 훼손하지 않는 것이다. 이를 준수하는 의무는 강제로 개인들에게 부과될 수 있고 위반 시에는 처벌의 대상이 된다.

두 번째 정의의 개념에는 교환적 정의보다 더 적극적 의미를 지닌 분배적 정의가 포함되기도 한다. 이는 자혜나 관대함의 목적을 가지고 소유물을 가장 적합한 대상을 적절히 돕는 것에 있다. 세 번째의 정의 개념은 가장 포괄적인 의미를 지니고 있으며 행위의 완벽한 적정성을 지칭한다. 여기에는 교환적 정의, 분배적 정의뿐만 아니라 불굴의 정신, 신중함과 절제의 덕성이 내포되어 있다. 이는 플라톤이 정립했던 정의의 개념으로서, 그는 이성에 근거하여 절제 있고 올바른 감정을 유지함으로써 완벽한 적정성이 구현될 수 있다고 보았다.

반면 플라톤과 달리 아리스토텔레스는 이성에 의해 결정되는 중용의 습관화에서 적정성을 찾는다. 그에 따르면, 덕성은 이성적이고 보편적인 지식에서 기인한다기보다는 합리적인 판단에 근거하여 적정성을 가진 속성을 실천적 습관을 통해 꾸준히 형성함으로써 성취된다. 한편 스토아학파의 창시자인 제논에 따르면, 덕성의 본질은 자연이 규정한 법칙에 따른 일관된 삶과 순응적 생활에 있다. 그러므로 행위의 적정성은 자연에 의해 선택(건강, 체력, 편안함, 부, 명예, 권력)이나 거부의 대상(육체적 고통, 빈곤, 권위의 결핍, 경멸)으로 제공된 상황을 올바르고 정확한 분별력을 가지고 적절하게 선택하거나 거부하는 데에 있다.

한편 덕 윤리의 측면에서 고대의 에피쿠로스는 덕성이 신중에 있다고 보았다. 개인의 이익과 행복을 사려 깊게 추구하기 위해서는 이기적인 본능들을 적절히 지배하고 지도하는 것이 중요하다. 그리고 중세 및 근대의 일부 도덕철학자들은 덕성을 자혜에 있다고 본다. 그러므로 덕성은 우리 자신의 행복이 아니라 사심 없이 타인들의 행복을 추구하는 성정에 존재한다.

그런데 이처럼 도덕철학자들이 전통적으로 관심을 표명해온 덕 윤리 이론은 일반적으로 악덕과 미덕을 묘사하면서 미덕이 주는 적절함과 행복뿐만 아니라 악덕이 주는 결함과 고통을 거론하는 것이다. 이러한 덕 윤리 이론은 어떤 유형의 성격과 행위가 도덕적 승인과 부인의 대상임을 지적해준다. 그런데 이 같은 도덕적 승인과 부인의 근거와 원리에 대한 사회심리적인 논의, 즉 도덕 판단과 승인의 배후에서 이를 좌우하는 마음 내부의 메커니즘이 무엇인가에 관한 탐구는 인류사의 근대 시기에 출현하여 본격화한 것이다. "덕성의 성격이 어떠한 것이든 그것을 우리에게 추천하는 마음 내부의 힘이나 기능은 무엇인가?"(이 책 582쪽).

도덕철학에서 이러한 주제를 다루는 도덕과학(moral science)의 학설체계도 세 가지로 분류된다(표 2 참조). 이 세 가지 학설체계는 자기애, 이성 그리고 감정에서 각각 덕성을 승인하는 원리를 찾는다. 첫째, 승인의 원리를 자기애에서 찾는 철학자는 홉스, 푸펜도르프, 맨더빌 등이다. 여기서 모든 인간 행위의 동기와 승인의 근거는 자기애로 환원된다. 인류는 자연 상태에서 자기보존과 이익을 위해 투쟁하며 이 목적을 안전하게 보장받기 위해 사회와 국가를 필요한 대상으로 판단한다. 사회 내부에서의 협력과 공존, 국가적 차원의 정의나 법은 개인의 자기애에 근거한 필요성에 의해서 형성된 것이다. 그러나 스미스의 관점에서 볼 때 도덕 판단의 토대가 되는 동감의 감정은 이기적 원리로 환원할 수 없는 원리다.

둘째, 윤리적 합리주의를 지지하는 커드워스(Cudworth)는 승인의 원리를 이성에서 비롯되는 것으로 보았다. 이에 따르면, 시민정부의 모든 법제도에 선행하여 도덕적으로 옳고 그름을 판단하는 인간본성은 역시 마찬가지로 사실의 진위를 판단하는 역할을 수행하는 이성이 맡고 있다. 도덕적 판단은 빈번히 불확실한 정보를 통해서 이루어지며 이 경우 가변적인 직접적 감정과 경험에만 전적으로 의존할 수 없기 때문에 도덕의 일반원칙이 필요하다. 이성의 작용은 오랜 경험과 귀납에 근거하여 행위의 승인과 부인을 판단해주는 일반규칙을 확립한다. 하지만 스미스가 판단하기에 옳고 그름에 대한 최초의 지각은 동감에 따른 적정성 판단과 공과에 기초한 도덕감정이며 이성은 결코 아니다.

셋째, 감정을 승인의 원리로 인식하는 도덕철학체계는 허치슨이 제기했다. 허치슨에 따르면, 도덕적 승인과 관련하여 외부감각과 유사한 기능을 하는 하나의 특수한 지각 능력인 도덕감각(moral sense)이 별도로 존재한다. 이 도덕감각은, 마치 신체가 외부세계의 사물을 감지하는 데 활용되는 다른 감각들처럼, 모든 특수한 상황과 감정에 직면하여 도덕적으로 옳고 그름을 구분하고 판단할 수 있는 인간의 내적인 능력이다.

이 같은 도덕감각은 미덕이 내포하고 있는 특성들에 대해서는 보편적으로 즐거움이나 유용성을 느끼는 반면에, 악덕이 내포하고 있는 특성들에 대해서는 혐오감이나 무용성을 느낀다. 또한 흄의 동감 이론도 감정을 승인원리로 파악하는 계열에 속하며, 여기서 동감은 일종의 도덕감각으로 간주된다. 하지만 스미스는 도덕감각이 진실로 인류의 도덕 판단을 위한 특수한 감각기관의 역할을 수행하고 있다면 왜 인류의 언어에서 도덕감각이란 명칭이 배제되었는지에 대해 의문을 제기한다.

[표 2] 스미스의 윤리학: 규범윤리와 도덕과학에 관한 견해

규범윤리 (normative ethics)			도덕과학 (moral science)		
덕의 성격	덕 윤리	윤리학계 지지자	덕목 승인 심리모델 (원리)	윤리학계 지지자	스미스의 도덕과학
공동체(타인)의 행복	인애심 (관대, 아량, 박애)	가톨릭교부, 커드워스, 허치슨	자기애	홉스, 푸펜도르프, 맨더빌	-이성: 옳고 그름에 관한 귀납적 지각 (도덕성의 일반원리 도출) -동감: 옳고 그름에 관한 '최초의 직관적' 지각
	적정성 (중용, 정의)	플라톤, 아리스토텔레스, 제논, 섀프츠베리	이성	커드워스	
개인(자신)의 행복	신중 (절약, 근면, 사리분별, 주의, 조심성, 심사숙고)	에피쿠로스	감정 (도덕감각, 동감)	허치슨, 흄	

* 인용: 김광수, 『애덤 스미스』, 한길사, 인문고전 깊이읽기 16, 2015, 103쪽.

3.3. 현대 규범윤리학과의 연관성: 덕 윤리, 의무론 및 결과론

현대 윤리학의 핵심을 이루는 규범윤리학은 도덕적으로 타당한 기준의 정립을 다루는 영역이다. 그 주요 이론인 의무론과 결과론은 인간행위와 생활방식이 근거해야 하는 올바른 행위의 보편적 원리 및 규칙이 무엇인가를 탐구한다. 또한 덕 윤리도 존재의 완성을 위해서 도덕적으로 선량한 성향과 성품이 무엇인가를 정식화하는 데 관심을 갖는다. 따라서 현대의 규범윤리학은 보편적으로 타당한 규범적인 원리가 무엇인가, 즉 무엇이 사람에게 옳거나 선량한 원리와 규칙을 구성하는가에 초점을 맞춘다.

앞서 거론한 것처럼, 스미스는 도덕과학적인 시도로서 일상생활에서 관측되는 도덕 판단과 사회규범의 형성 등 도덕의 현상을 인간 본성으로부터 과학적으로 기술하고 설명하는 부분에 우선적이고 명시적인 목표를 설정한다. 그런데 '도덕과학자'로서의 스미스의 출발점은 사회윤리의 현상이나 표층 세계에서 관찰되고 일반화된 사실, 즉 현실에서 관찰되고 있는 인간행위와 도덕 판단의 결과 사이의 규칙적 관계, 즉 덕 윤리로서의 규범윤리다.

이러한 덕 윤리 또는 덕성의 이론은 표층 세계에서 관찰될 수 있는 어떤 유형의 행위(원인)와 계기적으로 수반되는 도덕 판단(결과) 간에 존재하는 규칙적 관계의 일반화에서 비롯된 것이다. 고대 그리스 철학 이후 근대에 이르기까지 덕성의 본질을 탐구한 도덕철학자들은 바로 이러한 유형의 행위관찰에 근거한 일반규칙이 무엇인가에 주된 관심을 기울였다. 이러한 덕성의 분류 및 일반화의 결과가 『도덕감정론』의 제7부 2편에서 검토되고 있는 덕성의 본질에 관한 설명 또는, 스미스가 표현하는 바대로, "덕성은 어디에 있는가?"에 대한 탐구다. 그러므로 덕 윤리의 내용은 도덕과학의 분석을 위한 토대가 된다.

그런데 스미스의 분류법으로 보면, 윤리학의 역사에서 주창된 여러 덕 윤리 이론은 궁극적으로 인간 본성의 몇몇 기본 요소에 주목한 것이다. 스미스가 분류한 세 가지 유형의 덕 윤리 이론은 인간 본성이 타인의 행복만을 추구하는 자혜에 있는가, 다른 한편으로 신중한 자기애에 있는가, 혹은 두 극단적 관점보다는 모든 감정과 행동을 그 원인에 대해 적정하게 수행하는가 등에 주목한 이론들이다.

　역사적으로 도덕철학자들이 사회적 덕목으로 추천한 인애(관대, 아량, 박애), 적정성(중용, 정의), 신중(절약, 근면, 분별, 주의, 조심성, 심사숙고), 자기통제(절제, 겸허, 품위, 용기, 강인, 확고부동) 등의 특성은 사람들의 구체적이고 다양한 행동에 대한 도덕 판단의 결과를 귀납적으로 관찰한 것에서 비롯된다. 이러한 측면에서 도덕과학과 덕 윤리는 상호연관성을 지닌다.

　한편 현대 규범윤리학을 주도하는 관점인 의무론은 행위의 옳고 그름이 보편적인 도덕법칙인 행위의 동기에 따라서 결정되기 때문에, 결과에 관계없이 그런 보편적 도덕법칙을 준수하는 것이 선한 행위이며 의무라고 본다. 스미스는 도덕률의 형성과 의무감에 관한 논의에서 현대 의무론의 선구자적인 관점을 제시한다. "이러한 행위의 일반원칙에 대한 고려는 의무감이라고 적절히 불릴 수 있는 것으로서 인간 생활에서 가장 중요한 하나의 원리이며, 대다수의 세상 사람들이 이것을 기준으로 자신들의 행동을 관리할 수 있는 유일한 원리다. 많은 사람은 매우 예의바르게 행동하며 전 생애에 걸쳐 어떤 식으로든 상당한 정도의 비난을 모면한다"(이 책 372~373쪽).

　또한 현대 규범윤리학을 견인하는 또 다른 거대한 축인 공리주의는 행위의 결과가 판단의 기준이다. 그러므로 행위의 옳고 그름은 그 행동이 갖는 결과의 좋음과 나쁨에 있으며, 최선의 결과를 수반하는 행위가 바로 덕목이며 의무다. 그런데 스미스의 판단에 따르면, 유용성이나 효용의 기준이 도덕적 승인의 최초의 핵심적 요인이 아닌 경우가 거의 대부분이다. "나는 이 유용성이나 유해성에 관한 견해가 우리의 승인과 부인의 최초의 원천도 아니고 주요한 원천도 아니라고 확언한다"(이 책 425쪽).

그런데도 사회공동체와 국가의 운영에서 일부 사안에는 효용과 사회의 일반적 이해가 우선적인 판단기준으로 적용되기도 한다. "실제로 일부 사안에서 우리는 단지 다른 방식으로는 그 안전이 보장될 수 없다고 판단되는 그러한 사회의 일반적 이해를 도모하려는 목적에 근거해서만 처벌하거나 처벌을 승인한다. 이러한 유형에 속하는 처벌은 소위 공공의 행정이나 군대 규율을 위반한 이유로 가해지는 처벌이다. 이러한 범죄는 어떤 특정한 개인에게 즉각적이거나 직접적으로 침해를 끼치지는 않는다. 그러나 이러한 범죄가 먼 장래에 미치는 결과에 따라 사회의 상당한 불편이나 심각한 혼란이 야기되거나 야기될 수 있다고 추정되고 있다"(이 책 246쪽).

이처럼 공공정책과 연관된 일부 경우를 제외한다면, 일상생활에서 사람들에게 효용이 중시되는 사례의 대부분은 사회의 일반적 이해추구와 같은 목적효용성(end utility)보다는 수단효용성(means utility)에 관한 집착 성향과 관련되어 있다.[21]

---

21) 다음의 표현은 수단효용성을 중시하는 사람들의 성향에 관한 예리한 경험론자의 시각을 잘 드러낸다. "왜 관찰자가 부자와 권세가의 상황을 그런 감탄의 마음으로 판별하는가를 검토한다면, 우리는 그들이 누리고 있다고 상정되는 우월한 안락이나 즐거움 때문이라기보다는 그 안락이나 즐거움을 촉진하기 위한 목적을 가진 인위적으로 우아한 고안품이 무수히 많기 때문이라는 점을 발견하게 된다"(이 책 414쪽).

4.『도덕감정론』의 역사적 배경과 현대 철학 조류의 연관성

4.1. 도덕철학의 역사적 흐름과 『도덕감정론』의 위상

도덕철학의 역사 속에서 『도덕감정론』이 차지하는 기여와 위상을 판단해볼 수 있는 몇몇 핵심어는 첫째, 윤리적 합리주의와 윤리적 정서주의의 대립, 둘째, 규범윤리학과 구분되는 도덕과학의 출현과 기여, 셋째, 근대 초기 정치철학으로서의 사회계약론에 관한 반론 등이다. 도덕철학의 전통 가운데 주류적 흐름에 해당하는 윤리적 합리주의는 마음의 작용 가운데 감각적이고 주관적이며 비논리적인 것으로 판단되는 감성에 대한 이성의 지배와 통제를 촉구했다. 그러므로 사람의 행복, 완전성, 공공선에 기여하는 도덕적 특성과 행위의 보편성과 객관성은 지성과 이성에 의해서만 정립된다.

현대 규범경제학의 대표적 체계인 공리주의나 칸트의 의무론에서도 잘 드러나듯이, 이성은 보편적 도덕 법칙을 발견하거나 추구하는 데 핵심적이다. 반면에 도덕과 행위의 근거를 사람의 감정과 정서에서 구하는 윤리적 정서주의는 상대성과 주관성의 논란 때문에 소수의 철학자의 관심을 끈 경우를 제외하고는 전반적으로 무시되는 경향이 있었다.

또한 덕 윤리로서의 전통적 규범윤리학과는 별개로 사람의 내재된 본성으로부터 도덕행위를 설명하고자 하는 움직임이 근대 초기에 형성되었다. 근대 자연과학이 자연의 세계에 대해 시도한 것처럼, 근대의 도덕과학 또는 도덕심리학은 도덕적 구분과 판단의 근원적 원리에 관한 해명을 신의 계시와 같은 외재적 요인이 아니라 인간이 지닌 본성과 자연주의적 접근법 위에서 정초하고자 했다.

이와 방법론적으로 동일한 맥락에서 근대 초기 새롭게 등장한 정치철학인 사회계약론은 근대 시민사회 정치공동체 형성의 근거와 정당성의 원천을 인간의 본성으로부터 해명하고자 했다. 국가권력은 신으로부터 위임받은 것인가, 아니면 일반인의 의지의 결과로 합의된 협약이나 관습에서 비롯된 것인가 또는 세계에 내재하는 본래적, 실재적 도덕성에 기초한 것인가?

4.1.1. 고대 그리스 및 헬레니즘 시대 윤리학[22)]

윤리학의 기원은 고대 그리스로 거슬러 올라간다. 고대 그리스의 폴리스 시대에 소피스트는 감정 중심적인 인간을 상정하고 상대주의적 관점의 윤리를 제시했으며 정의를 관습적인 속성을 지닌 것으로 인식했다. 반면에 소크라테스에서 본격적으로 비롯되는 그리스 철학에서 윤리적 합리주의, 즉 감정에 대한 이성의 지배는 철학과 덕 윤리의 기본적 출발점으로 자리를 잡았다.

플라톤과 아리스토텔레스의 도덕철학에서는 마음 내의 감각작용, 모든 정서 및 직관 등을 감성으로 구분하고 인간의 이성에 의해 통제될 필요가 있는 영역으로 인식했다. 이들에 따르면, 사회공동체 속에서 도덕적으로 좋은 자질을 배양하고 좋은 삶을 영위하기 위해서는 비도덕적인 결과를 야기하는 감정과 욕망을 이성에 의해 통제하는 것이 근본적으로 중요하다. 그러므로 플라톤은 지혜, 용기, 절제와 이 덕목들의 적절한 조화에 있다고 보는 사회적 차원의 정의의 덕목이 사람의 이상적인 삶과 궁극적 행복을 성취하기 위한 덕성이라고 판단했다.

반면에 아리스토텔레스는 참된 앎을 실천하려는 의지와 중용의

---

22) 서양철학의 역사에서 고대에서부터 현대에 이르기까지 주요 윤리학 이론을 개관하는 저술로는 Arrington, R., *Western Ethics: A Historical Introduction*, Wiley-Blackwell, 1997(김성호 옮김, 『서양윤리학사』, 서광사, 2003)을 참조하라.

덕성을 습관화해 체현할 때 근본적으로 좋은 삶을 이룰 수 있다고 보았다. 그리고 이 철학자들에게는 도덕의 영역에서 존재하는 절대적이고 보편타당한 진리와 정의의 본질은 모든 이성적 인간이 파악하여 실행할 수 있는 것이었다.

한편 그리스와 동방이 융합한 대제국으로 정치무대가 확장되는 헬레니즘 시대의 덕 윤리로는 스토아학파와 에피쿠로스학파의 견해가 대표적이다. 스토아학파의 견해에 따르면, 우주만물에는 이를 지배하는 자연법칙이 존재하고 있으며, 보편적 이성을 통해 이러한 필연적인 이법과 이치를 이해하고, 이러한 자연법에 순응하는 것이 도덕적이고 덕망 있는 삶이다. 이러한 자연법은 인간이 만든 정치와 법제도에 선행한다. 그러므로 충동, 욕구와 정념에 동요하지 않고 초연한 태도를 지닐 수 있는 절제와 자기통제의 덕목이 중요하다.

반면에 에피쿠로스학파에 따르면, 사람은 본래 쾌락을 유일하게 가치 있는 것으로 판단한다. 그러므로 바람직하고 훌륭한 삶은 쾌락을 추구하는 것에 있다. 그렇지만 순간적, 감각적 쾌락을 추구하는 것은 미래 시점에서 보면 오히려 당사자에게 역설적인 상황을 초래하는 경우가 많다. 따라서 정신적 불안과 육체적 고통을 줄이면서 최소한도의 필수적 욕구를 충족하는 것에 만족하는 소극적 쾌락추구, 이를 위한 신중이나 사려의 덕목이 좋은 삶을 영위하기 위해서 바람직하다. 따라서 이 학파에 따르면 도덕규범은 사람의 쾌락추구 및 이기적 속성에 의해 대립과 충돌이 빚어지고 사회공동체가 공멸하는 것을 방지하도록 인위적으로 만들어진 장치다.

4.1.2. 근대 초기 사회계약론

한편 도덕철학의 역사에서 근대 시기는 전통사회와는 기본적으로 다른 인문환경을 만들어낸다. 봉건체제인 중세에서 근대로 이행하는 초기 무렵에 부와 상업 질서의 확대가 이루어지고 르네상스 운동이 격화되면서 도덕과 정치에서 개인의 자유와 권리를 중시하는 개인주의가 강하게 나타났다. 동시에 봉건체제의 지지 세력인 교회와 절대왕정을 도모하는 국가세력 사이의 갈등과 대립이 심화되었고, 이는 종교개혁과 세속화를 촉발하는 주요한 계기가 되었다.

이러한 다양한 요인은 신분에 따라 사회적 지위, 특권, 의무를 규정했던 전통사회와 중세의 위계적 가치질서에 관한 의식의 변화와 사회구조의 변화를 초래했다. 이러한 혼란과 변혁의 시대에 중세적인 국가관에서 벗어나서 자기보존과 자유를 추구하는 독립된 개인들은 새로운 틀의 정치사회를 필요로 했다. 새로운 인문환경 속에서 사회질서를 유지하고 생존과 번영을 이룰 수 있는 정치사회의 특성은 무엇인가?

17세기에 들어서서 그로티우스, 홉스, 푸펜도르프, 로크 등에 의해 유럽에서 나양하게 전개된 도덕철학과 사회계약론은 이러한 시대적 과제에 대한 학문적, 실천적 대응이었다.[23] 대체로 자연법사상을 배경으로 한 이러한 사회계약론은 군주에 의한 강요적인 통제라든가 신의 의지에 기초하는 것 대신에 인간의 본성과 자유의지를 지닌 수평적인 사회구성원 개개인의 동의와 계약에 초점을 맞춘다. 이들에 따르면, 자연 상태에서 인간은 자유롭고 평등한 존재이지만 그런 상태에서 야기될 수 있는 자기보존의 사회적 문제는 개인적 권리의 일부 양도와 정부의 설립에 의해 시민사회로 이행함으로써 해결할 수 있다. 그렇다면 자연 상태에서 개인들이 이루어낸 동의와 계약, 그리

---

23) 근대 자연법사상의 연원과 발전과정을 17세기 그로티우스로부터 18세기 스코틀랜드 계몽주의 사상가까지 검토하는 주요 저술로는 Haakonssen, K., *Natural Law and Moral Philosophy*, Cambridge: Cambridge University Press, 1998을 참조하라.

고 이에 따라 시민사회에서 발생하는 군주의 정치적 권위나 신민의 복종에 구속력이 존재하는 근거와 그 정당성은 무엇인가?

이러한 과제는 정치철학과 법철학의 논의주제였을 뿐만 아니라, 궁극적으로 도덕 세계의 운동을 이해하는 것과 결부되어 있었기 때문에 이후 18세기에 이르기까지 유럽의 모든 도덕철학자 사이에서 활발한 논쟁을 불러일으켰다. 이와 관련하여 근대 신 에피쿠로스학파(홉스, 푸펜도르프, 맨더빌 등)로 지칭되는 사상가들에 따르면, 도덕 판단과 도덕규범은 세계에 실재하는 보편적이고 객관적인 가치라기보다는 주로 개인의 이기심을 통제하기 위한 사회의 고안물(협약이나 규약)과 다름이 없다.

예컨대 홉스는 자연 상태에서는 본래적으로 옳거나 타당한 고유의 선악과 도덕률은 없고, 도덕성은 오히려 계약의 결과로서 인위적으로 생겨난다고 본다. 도덕규범은 물론 국가에 의해 운영되는 법과 정치제도 역시 인간의 이기적 속성을 반영한 사회적 협약이나 계약의 산물로서 출현하고 진화한다.

이러한 홉스 식의 사회계약론에 근거한 주장과 대조적으로, 일단의 근대 윤리적 합리주의자들은 플라톤과 스토아학파의 도덕철학을 계승하는 선상에서 모든 실정적인 법률과 제도에 선행하여 사람에게 본래적으로 고유한 도덕성의 관념이 있다고 주장했다. 또한 일부는 중세의 기독교적 관점에 입각하여 자연적 도덕성을 신의 선물이나 신의 의지의 반영이라고 보기도 했다.

이러한 견해에 따르면, 사람들은 명석한 이성을 활용하여 신이 부여한 도덕적 진리와 행위의 옳고 그름을 확인할 수 있다. 사람들은 본래 이성적 판단에 의해 미덕과 악덕, 선과 악에 관한 도덕적 구별을 자명하게 할 수 있으며, 따라서 의무와 행위규칙이 자연적 도덕성에 부합하는가를 명백히 판단할 수 있다.

4.1.3. 흄의 도덕철학

이상과 같은 도덕철학과 정치철학의 역사적 지형 가운데 도덕적 이기주의와 윤리적 합리주의에 대응한 흄의 견해는 특히 주목할 만하다. 스미스의 도덕철학에도 상당한 영향력을 행사한 흄은 전통적인 윤리학의 문제뿐만이 아니라 당시 정치철학적인 논쟁과 관련하여 대안적인 설명을 시도했다.[24]

먼저 흄은 신학적, 형이상학적 요소를 엄밀히 제거한 보편적인 인간 본성만으로 도덕철학의 원리를 마련하고 그 토대를 구축하고자 했다. 또한 흄은 윤리학계의 전통적 흐름이었던 윤리적 합리주의에 반기를 들면서 섀프츠베리와 허치슨의 정서주의 관점을 수용하고 발전시켰다. 흄에 따르면, 인간 본성 가운데 감정의 능력은 도덕적 판단과 인식에 작용하는 가장 근원적인 원리이며, 이성은 감정이나 욕망에 예속되어 간접적으로만 봉사하는 기능을 한다. 그러므로 흄에 따르면, 미덕과 악덕, 선과 악에 관한 도덕적 구별 및 승인은 행위 당사자가 느끼거나 타인에게 수반하는 호감과 쾌락에 대해서 관찰자가 상상력에 의해 이러한 호감, 쾌락, 유용성을 정서적으로 공유하는 능력에 근거하고 있다.[25]

그리고 이처럼 쾌락 및 효용을 정서적으로 공유하고 있는 도덕 판단이 단순히 개인적, 주관적 감정에 그치지 않고 도덕의 보편성으로 귀결되는 이유는 도덕감각과 같은 기능을 수행하는 동감의 능력 때

---

24) 흄과 스미스의 윤리학의 비교(및 후자의 법리학에 관한 고찰)로는 다음을 참조하라. Haakonssen, K., *The Science of a Legislator: The Natural Jurisprudence of David Hume and Adam Smith*, Cambridge: Cambridge University Press, 1981.

25) 흄에 따르면, 도덕적 승인은 행위자의 속성이 당사자나 다른 사람에게 결과의 측면에서 유용하거나 호감을 줄 때 발생한다. 예컨대 『인성론』제3권 1편 2부(470~472쪽) 및 『도덕원리론』217~218절(268~270쪽)을 보라.

문이다. 흄에게 동감은 모든 사람이 불편부당하게 공감하게 되는 승인과 부인을 형성하는 소통의 원리이며 일종의 도덕감각이다.

한편 흄에 따르면, 홉스, 로크 등 근대 자연법 이론가에 의한 자연상태에서의 사회적 동의와 계약은 역사 속에서 경험적으로 발견할 수 없는 허구에 불과하다. 다른 모든 덕목에 관한 도덕적 승인과 마찬가지로 국가의 수행 임무인 정의의 덕성 역시 효용이 쾌락을 간접적으로 증진하는 효과를 가지기 때문에 사람들에게 승인된다. 정의의 목적은 침해로부터의 안전을 의미하며, 정의는 타인을 침해하지 않을 경우에 그 덕목의 특성이 드러나는 소극적 덕성이다.

그 기원을 따져보면, 정의의 제도에서 부여된 권리와 의무는 사람의 이기심 및 제한된 이타심의 본성에서 비롯되어 형성된 것이다. 즉 가족 및 친지 같은 소규모 공동체에는 적극적 미덕(인애, 관대)이 작용하지만, 국가 같은 대규모 사회에서는 이기심의 과도한 추구를 억제하기 위해서 소극적 미덕인 정의가 요망된다. 또한 정의의 재산권 제도가 사회구성원에게 주는 효과는 즉각적이기보다는 일정 시간에 걸쳐 간접적으로 쾌락 및 유용성을 전달하는 것이다.

박애, 자비, 관대함이 인간 고유의 본능에 따른 자연적 덕목인 반면에, 재산권 보호를 담당하는 정의의 제도는 이성을 활용하여 어떤 바람직한 의도 내지는 목적을 관철하기 위한 '인위적' 덕목이다. 이처럼 간접적으로 효용을 증진하는 속성 때문에 정의의 재산권 제도는 동감에 의해 승인되며, 교육에 의해 강화되고 관습과 사회적 전통에 의거해서 계승되는 인위적 특성을 지닌다.

4.1.4. 스미스 윤리학의 위상
그렇다면 이러한 도덕철학의 역사적 배경 속에서 스미스의 도덕철학이 지닌 특이성과 기여도는 무엇인가? 그는 흄과 마찬가지로 자연 상태에서 원초적 계약의 실재성 문제에 대해 사회계약의 역사성을 부인했다. 한편 스미스는 흄과 허치슨이 주장한 바 있는 별도의 고유한 외부감각처럼 존재하는 동감능력이나 도덕감각의 존재를 부인하는 시각을 취하고 있다. 그에 따르면, 언어로 알려진 사람의 감성체계 가운데 도덕감각이라는 용어는 아주 생소한 것이다. 그렇지만 스미스는 언어로 알려진 감성체계 가운데 도덕 판단의 기능을 수행하는 여러 감정이 있다고 하면서, 허치슨과 흄과 마찬가지로 도덕성의 판단과 구별에서 윤리적 정서주의를 채택하고 강화한다.

먼저 도덕 판단은 동감 기능과 상상력을 통해 행위 당사자가 접하고 있는 구체적이고 특수한 문맥적 상황 그리고 이에 대한 반응을 (사회공동체 내의 상호작용을 통해 체득하게 되는) 공정한 관찰자의 시각에서 공유하는 인식행위에서 비롯된다. 다시 말해서 동감 기능을 통해 일차적으로 행위자 동기의 '상황적 적정성'(situational propriety) 평가에 따라 특정 행위의 도덕적 승인과 부인이 결정된다. 그리고 이처럼 상황적 적정성 동감에 따른 도덕적 승인이 존재할 때 비로소 상호 동감의 기쁨이 발생한다.

이러한 도덕 판단의 과정은 행위의 결과에 관한 판단, 즉 공과(功過) 내지는 보상과 처벌에 관한 결정에도 동일하게 적용된다. 또한 마음의 내면에서 점진적으로 이루어지는 양심의 발전도 동일한 과정에 따라 이루어진다.

스미스에게 감성체계에 속하는 마음 내의 주요 원리인 동감은 모든 사회적 덕목과 자연적 정의감을 승인하는 데 작용하는 일차적인 원천이다. 또한 이성은 주로 도덕 판단에 관한 구체적이고 개인적, 개별적 사례로부터 사회적 경험과 축적을 거쳐 귀납적으로 도덕의 일반원칙을 구성하는 데 이차적으로 작용한다. 한편 이러한 과정에서 사회적으로 형성된 도덕률과 덕 윤리는 "도덕의 실천적 체계"에 해당하며, 사람의 존재의 완성을 위한 특정한 성향과 성품의 함양과 연마에 유용하게 활용된다.

스미스에 따르면, 전통적으로 윤리학에서 승인해온 여러 덕성을 사람의 본성 및 도덕 심리에 의거해서 재분류할 수 있다. 자기 자신의 보존을 위한 신중의 미덕으로부터 타인의 행복을 위한 정의와 자혜의 미덕, 그리고 여러 덕목의 실행의 완전성의 토대가 되는 자기통제 및 이에 근거한 적정성의 덕목이 그것이다.

여기서 타인의 행복에 관계되는 부류인 자혜의 덕목은 사회적 삶을 품위 있게 만들어주는 최상의 덕목이지만 정확한 규율이 마련될 수 없고 강제하기도 어렵다. 반면에 정의는 소극적 덕목으로서 정확성과 엄격성을 가지고 국가의 강제력이 개입해야 하는 의무의 덕목이다.

전통적으로 정치철학과 법철학의 영역에서 정의에 관한 주제는 핵심적이고 중요하다. 스미스의 경우에 정의는 소극적 덕목이지만 (신 에피쿠로스학파와) 흄이 주장한 것처럼 관습에 기초하고 있는 인위적 덕목은 결코 아니다. 즉 정의는 이성의 의도나 목적에 의거하여 정초되기보다는 사람의 본래적이고 내재적 감정에 직접적으로 의존할 뿐만 아니라 관찰자에게도 '즉각적으로' 공유되는 자연적인 덕목이다.

생명, 자유, 재산의 범주에 걸쳐 전혀 이유 없이 침해가 발생할 때는 당사자의 내재적 감정, 즉 분개심이 계기적으로 발생한다. 그런데 스미스에 따르면 사람의 본성에는 본래 자연적 사회성이 존재한다. "인간은 사회에 대해 자연적 애정을 갖고 있으며, 이 때문에 세상 사람들의 결합은 설령 자기 자신이 사회로부터 어떠한 편익을 도출하지 못하더라도 결합 그 자체를 위해서 보존되기를 희망한다"(이 책 241쪽).

이 같은 자연적인 사회성의 속성을 지니고 있기 때문에, 사회 속의 관찰자들은 자신의 이익과 직접적으로 무관하다고 해도 상황적 적정성의 판단에 근거하여 당사자가 표출하는 정당한 분개심에 관한 동감을 통해 도덕적 승인을 표명한다. 자연적 정의감은 이러한 본성상의 감정적 기제에 의거해서 성립한다.

그러므로 도덕과학의 영역에서 이러한 사회심리적인 메커니즘이 타당성을 지닌 것이라면, 효용에 대한 동감을 통해 성립하는 인위적 덕목으로서의 정의론은 특히 그 개연성이 약화된다. 스미스의 견해에 따르면, 사회적 효용의 관점에서 정의의 준수와 도덕적 승인을 연결하는 흄의 견해는 좀더 엄밀한 자연주의적이고 감성체계에 의한 분석을 간과했다.

흄의 이론과 논지는 사변에 의한 사후적 합리화를 중시한 것이며, 인과관계에 의한 설명과 목적론적 설명을 혼동한 것이다. 실상 흄은 윤리적 정서주의를 허치슨에게서 물려받아 발전시켰으며, 이를 한마디로 대변하는 그의 도덕인식론은 "이성이 열정의 노예"(『인성론』, 415쪽)라는 선언에 담겨 있다.

하지만 정의의 덕목의 승인에 관한 흄의 논의에서는 (인과관계의 원천에 해당하는 감정에 관한 논의는 간과되고) 이성의 의도 및 효용의 역할, 즉 공리성이 지배적으로 작용하여 사회의 존립 및 운영이 이루어지는 것으로 나타난다. 스미스가 판단하기에 흄의 정서주의는 특히 정의론에 관한 부분에서 자기 핵심논리의 취약성을 노정했다. 스미스는 정의의 근거를 인간의 감성과 자연적 정의감(공정한 관찰자의 분개심)에 의거하여 정초함으로써 흄이 간과한 정서주의적 정의론을 강화하고 있는 셈이다.

4.2. 인지과학과 감정의 철학:

인간 본성의 다면성, 동감과 감성체계, 교환과 도덕

서양철학의 전통에서 17세기 프랑스의 파스칼(Blaise Pascal), 18세기 스코틀랜드 계몽주의 시기 일부 사상가를 제외하고는 감정은 대체로 이성 우위의 관점에 밀려 비합리적이고 체계가 없으며 일반화가 가능하지 않은 교란요인으로서 통제의 대상으로 간주되어왔다. 20세기 초반에 독일의 현상학 철학자 셸러(Max Scheler)가 심리학적 관점에서 『동감의 본질과 형식들』(*Wesen und Formen der Sympathie*, 1923)을 통해 감정과 동감의 체계를 상당히 정교화하면서 감정이 인식의 진정한 근원이자 윤리의 토대라고 주장했지만 철학계의 큰 흐름을 바꾸지는 못했다.

그러한 감정의 기능과 역할에 관한 논변은 20세기 후반 이후 인지과학계에서 인지주의 감정론이 등장하고 '감정으로의 전회' (emotional turn)에 따라서 학계에서 새로운 주목을 받고 있다.[26] 특히 인지과학의 영역에서 뇌 영상기법의 발전을 기반으로 1990년대 초 인지신경과학이 새로운 학문의 세부영역으로 부상한 바 있다. 이에 따르면, 인간의 두뇌 구조는 감성을 관할하는 체제와 인지를 관할하는 두 가지 체제로 구성되어 있다(표 3 참조).

여기서 감정은 인간정신의 부차적인 요소나 파생물이 아니라 일정한 질서와 원리에 의해 형성되고 움직이는 감성체계에 귀속되어 있다. 이러한 감성체계 역시 자동적 정보처리 과정뿐만이 아니라 분

---

26) 최근 서양철학에서 그간 소외되어온 인간의 감정철학 및 이와 연관된 문학, 심리학, 인지과학, 예술, 동물행동학 등을 총체적으로 연구한 다음 저술을 참조하라. Nussbaum, M.C., *Upheavals of Thought: The Intelligence of Emotions*, Cambridge University Press, 2003(조형준 옮김, 『감정의 격동』, 새물결, 2015); Gross, D.M., *The Secret History of Emotion: from Aristotle's Rhetoric to Modern Brain Science*, The University of Chicago Press, 2006.

석적이고 통제적인 정보처리 과정을 통해 정보를 처리한다. 또한 이처럼 반성적이고 관조적인 체계적 속성을 지니면서 적절히 통제되고 조율된 감성체계의 기능과 역할이 존재하지 않는다면 고차적인 신중한 인지체계의 작동, 즉 기억과 학습, 고도로 합리적인 판단과 평가 또한 이루어지지 않는다. 이러한 모형에 따르면, 스미스의 동감과 공정한 관찰자의 원리는 ①영역과 ②영역의 활동에 속한다.

이와 같이 근래의 인지과학에서 마음의 구체적인 인지과정, 일상의 행위기제 및 생활양식의 원천이 이성과 감정의 상호작용에 따른 의사결정에서 비롯된다는 사실이 밝혀지면서 전 세계의 인문학과 사회과학계에서 감정은 새롭고 중심적인 연구대상과 주제로 부각되고 있다. 여러 문화연구와 윤리학의 영역에서만이 아니라 경제학, 사회학, 정치학을 포함한 사회과학의 영역에서도 그러한 추세가 이어

[표 3] 두뇌의 정보처리 구조: 신경망 기능의 2원-2체계 모형

신경망 구분	기능	I. 감정체계	II. 인지체계
A. 통제 정보처리 과정	중앙집중적 과정과 단계적 사고	①영역	②영역
• 직렬처리	영역 일반적, 체계적 정보처리		
• 의식적	의식적 규칙에 의거한 정보처리		
• 반성적	반성적 판단과 의사결정		
• 관조적	명시적 추론과 분석적 사고		
B. 자동 정보처리 과정	모듈에 의한 과정과 인지	③영역	④영역
• 병렬처리	영역 특정적, 휴리스틱에 의거한 정보처리		
• 자동적	자동적, 연상에 의거한 정보처리		
• 반사적	충동적 판단과 의사결정		
• 직관적	암묵적 추론과 직관적 사고		

*재인용: 김광수 외, 『융합인지과학의 프런티어』, 성균관대출판부, 2012, 225쪽.

져왔다.

윤리적 정서주의 관점에서 스미스는 사회적 승인을 얻기 위한 동감의 작용이 정치와 법의 세계에서 타인의 권리 및 질서를 존중하는 경향을 수반하고, 경제의 세계에서는 사회적 준거와 평판 유지에 관심을 갖는 경제활동을 지향하도록 만든다고 본다. 이러한 맥락에서 시장과 교환에서 도덕적 가치가 수행하는 중추적 역할을 조명하는『도덕 시장』(Moral Markets, 2008)의 다수의 연구는 주목할 만하다.[27] 신경생리학적인 관점에서 뇌의 작용을 다루고 있는 이 연구들은 동감을 중심으로 한 도덕감정의 메커니즘에 관한 분석에 호의적 평가를 내린다. 이러한 연구들에 따르면, 도덕 판단은 외부세계에 대한 정보처리를 목적으로 두뇌의 인지감정 체계가 수행하는 역할에 근거를 두고 있으며, 경제활동을 포함한 사회생활의 기본적 토대가 된다.

한편 주류경제학에서는 합리성 가정을 중심으로 사람을 매우 단순하게 취급해왔지만, 근래에 인지과학의 관점에서 인간의 다양한 본성, 이해력과 의지력의 취약성을 전제로 하는 행동경제학과 행동법학의 연구도 활발하게 이루어지고 있다. 또한 행동경제학의 기원과 관련하여『도덕감정론』에 관해 새로운 조명이 이루어진 점도 주목할 만하다.[28]

---

27) Zak, P.(ed.), *Moral Markets: The Critical Role of Values in the Economy*, Princeton: Princeton University Press, 2008. 또한 이 책은 최근 학계에서 논쟁 중인 상호성(reciprocity) 규범의 형성을 조명한다.

28) 예컨대 Ashraf, N., Camerer, C. and Loewenstein, G., "Adam Smith, Behavioral Economist," *Journal of Economic Perspectives*, vol.19, 2005, pp.131~145. 스미스의 행동경제학과 행동법학의 연관성에 관해서는 김광수, 「애덤 스미스의 법과 경제: 행동경제학-행동법학적 관점을 중심으로」, 『국제경제연구』 제18권 4호, 한국국제경제학회, 2012, 25~53쪽을 참조하라.

스미스에 따르면, 사람들은 일상생활 속의 인지적 판단에서 자기 본위적인 성향을 바탕으로 신중한 합리성을 유지하고자 하는 성향이 있다. 하지만 그들은 동시에 과도한 낙관성, 절제력의 한계, 현재 시점에 근접한 사안 중시의 근시안적 마음, 손실회피 성향 등 제한된 합리성을 보이며, 공정성, 시기심, 분노 등의 감정이 의사결정에 영향을 미치는 등 감정체계와 인지체계의 통합원리에 따라 판단하고 행동한다.

4.3. 현대 정치철학: 자유주의 대 공동체주의 논쟁

앞서 거론한 바대로 근대 초기에 전통사회의 위계질서에서 해방된 평등한 위상을 지닌 개인들이 어떤 방식으로 새로운 질서를 마련하고 공동의 이익을 추구할 수 있는가 하는 문제는 17~18세기 도덕철학과 정치철학의 주요한 논의 과제였다. 개인의 기본권을 기초로 이성에 따른 자발적 합의를 통해 정치권력의 정당성을 확보하고, 이러한 권력이 개인의 생명, 자유, 재산의 보호를 위해 행사되어야 한다는 사상은 고전적 자유주의의 토대가 되었고 근대 시민사회의 이념으로 자리 잡았다. 이러한 고전적 자유주의는 이후 서구 사회의 역사적 변화와 더불어 여러 형태로 변화와 진화를 거쳤지만 꾸준히 정치사상의 기본 골격을 형성해왔다.

그런데 20세기 말에 고전적 자유주의의 핵심 가치인 자유의 구현 및 공동체의 가치와 평등의 이념이 어떻게 조화를 이룰 수 있는가에 대한 논쟁이 도덕철학과 정치철학에서 부활했다. 1970년대 초 롤스(John Rawls)가 19세기 이후 꾸준히 진화해온 선진국 자본주의 체제가 직면한 현실을 염두에 두고 정의론을 통해 제기한 문제의식이 새로운 논쟁의 출발점이 되었다. 서로 수평적 관계를 형성하고 있는 다양하고 복합적인 가치관을 가진 사람들이 어떻게 특정 정치공동체 내에서 사회적 정의(기본적 사회 가치재의 제공)에 합의하고 불평등을 완화함으로써 평화적으로 공존하며 공동선을 추구할 수 있는가? 자유주의적 평등주의의 관점에서 제기된 이러한 주제를 중심으로 1980년대 초부터 자유주의와 공동체주의 진영 사이에 활발한 논쟁이 전개된 바 있다.[29]

아리스토텔레스와 헤겔 철학에 기반을 둔 매킨타이어, 센델 등의 공동체주의자들은 먼저 인간의 본성에 관한 자유주의자들의 가정을 근본적으로 문제 삼았다. 공동체주의자들에 따르면, 자유주의자들의 개인은 사회적 맥락과 체화된 경험이 결여된 채 자유와 권리를 소유하고 있는 '무연고적 자아'와 다름없으며, 존재론적, 인식론적으로 현실에 뿌리박고 있는 실제의 자아와 배치된다. 그리고 이러한 개인의 정체성과 가치에 기초를 둔 자유주의는 도덕적 주관주의에 빠질 가능성이 농후하다는 것이다. 다시 말해서 개인과 공동체 사이에 존재하는 사회적 관계와 상호의존성, 공동선과 사회적 책무에 관한 개인들의 존중과 헌신을 전제로 하지 않은 채 추상적 개인의 자유와 권리를 절대시하는 관점과 태도는 사회계약의 가능성과 국가의 역할마저도 의문시하게 만든다.

더 나아가서 현실적 문제와 관련해서 보면, 방법론적으로 개인의 자유와 권리에 토대를 둔 이론적 담론은 공동체의 가치와 공동선에 대한 무관심을 촉진하고 과도한 다원주의와 도덕적 상대주의로 몰고 갈 개연성이 크다. 그러므로 이러한 식의 자유주의 철학이 옹호해 온 개인주의의 문화는 주관주의와 이기주의를 강화함으로써 개인을

---

29) 1980년대 자유주의와 공동체주의 논쟁을 종합적으로 해설한 문헌으로는 Mulhall, S. and Swift, A., *Liberals and Communitarians*, New York: Blackwell Publishers, 1992(김해성 · 조영달 옮김, 『자유주의와 공동체주의』, 한울, 2001)가 있다.

파편화시키고 공동체와의 유대감의 상실을 불러일으키며, 현실사회에서 불신, 소외, 고독, 타락을 더욱 만연하게 만든다.

이러한 논쟁을 거치면서, 개인의 자유와 권리를 공동체의 가치와 연대성 문화와 접목하려는 변증법적 시도가 있어왔다. 이러한 맥락에서 테일러, 왈처, 에치오니 등 현대의 여러 공동체주의자의 사상은 자유주의적 공동체주의 또는 신공동체주의라고 불린다. 이들은 공동체성 기반의 공동선 및 개체성 기반의 자유와 권리를 인간다운 삶을 위한 필수 가치라고 보면서 도덕적 다원주의를 수용한다.[30] 이러한 관점에 따르면, 개인의 권리와 공동선이 상호대립하기보다는 전자가 후자에 배태된 가치이며, 자유주의와 공동체주의는 상호 양립 불가능한 정치사상이라기보다는 균형과 조화를 통해 상호의존적 관계를 형성할 수 있는 상보적인 사상이다.

신공동체주의 관점 속에서 공동체의 특정 가치, 규범, 정체성을 공유하는 상호의존적인 개인들은 자유와 자율성을 가지고 각각 공론장과 공동의 의사결정 과정에 참여하여 공동선을 창출하고 강화해 나간다. 여기서 공동체의 삶, 의식, 정체성 가운데 배태되어 있는 도덕적 선은 공동체의 역할과 실천적 목적에 요구되고 있는 공유된 도덕적, 사회적 가치를 표현하는 것이다. 그러므로 공동체의 공유된 도덕적 가치를 표명하는 덕 윤리는 지속 가능한 사회를 위해 가장 우선적으로 필요한 부분이다. 그리고 이어서 공동체 구성원들이 기본적인 필요와 욕구를 성취하고 사회적 유대감을 강화할 수 있도록 사회

---

30) 예컨대 Taylor, C., *Sources of the Self: The Making of the Modern Identity*, Cambridge: Harvard University Press, 1989; Walzer, M., "The Communitarian Critique of Liberalism," *Political Theory*, vol. 18, 1990, pp.6~23; Etzioni, A., *The Spirit of Community*, New York: Crown Publishers, 1993.

적, 정치적 과정과 삶 속에서 문제를 공론화하고 참여할 수 있는 여러 장치를 마련하는 것이 요구된다.

스미스의 정치철학과 경제사상에 관한 과거의 전통적 접근방식은 맥락적인 접근법의 배제는 물론, 주된 텍스트를 경제의 세계를 다루는『국부론』에 한정하는 방식이 지배적이었다. 이러한 접근방법에 따라 스미스의 정치철학은 소유집착적인 개인과 고전적 자유주의의 연장선상에서 마치 현대의 자유지상주의(libertarianism)와 전적으로 부합하는 것처럼 해석되는 경우가 종종 있었다. 그러나 20세기 말 이후 전문 연구자의 대부분은 소위 "애덤 스미스 문제"가 전혀 근거가 없으며,[31] 도덕철학체계 내에서의 윤리학의 위상과 다른 영역의 연관성을 전제하고 사상체계를 총체적으로 검토하는 것이 바람직하다는 시각을 견지해왔다.

앞서 거론한 바대로 스미스의 도덕철학에서 도덕의 세계는 사회적 영역뿐만이 아니라 정치와 법의 세계, 경제의 세계를 포괄하고 조율하는 영역이다.『도덕감정론』을 중심으로 바라본 스미스의 도덕철학과 정치철학은 오늘날 '자유주의적 공동체주의'의 관점과 공유하

---

31) "애덤 스미스 문제"(Das Adam Smith Problem)는 19세기 중반 독일 학자들 사이에서 쟁점화한 이후 스미스 연구사에서 꾸준히 거론되어온 대표적인 논쟁이다. 이 주장에 따르면, 30대 청년기의 스미스는『도덕감정론』을 통해 이타적 인간을 기본적으로 부각시킨 반면, 중장년기의『국부론』을 통해서는 이기심을 핵심적 동기로 삼는다. 결국 스미스의 인간관은 본인 스스로 역사적 경험을 통해 현실적으로 변화했으며, 따라서 주요 두 저술 간에는 화합할 수 없는 불일치가 있다는 것이다. 한편 '새로운' 애덤 스미스 문제를 제기하는 학자들도 있다. 이들의 의문은, 비록 동감과 이기심의 원리가 상호 모순되지는 않는다고 해도, 자본주의 사회의 속성상 탐욕이 끊임없이 자극된다면 과연 실질적으로 두 원리 내지는 윤리학과 경제학의 체계가 조화 또는 성립 가능한 것인지에 대한 것이다. 후자는 스미스의 이론체계 내부의 일관성이나 정합성 여부보다는 그 이론체계의 경험적인 타당성이나 적합성에 대해 의문을 제기하는 것이라고 할 수 있다.

는 내용이 적지 않다.[32]

4.4. 현대 경제철학: 센의 공정한 관찰자 개념

앞서 거론한 롤스의 사회계약론을 포함한 현대의 다양한 정의론은 21세기를 살아가는 사회공동체 구성원들이 기본적으로 배분받아 마땅한 합당한 몫은 무엇인가의 문제와 직접적 관련이 있다. 노벨 경제학상 수상자인 센(Amartya Sen)은 인간의 불평등과 빈곤문제를 해결하는 데에 꾸준히 관심을 표명해왔으며, 정의론에 관한 연구가 이를 위해 불가결한 토대임을 인정한다.

센에 따르면, 사회적 존재로서의 인간 본질의 실현을 위한 복지나 삶의 질의 개선은 부와 소득(경제적 자원)만이 아니라 사람들의 생활세계를 구성하고 있는 바람직하고 가치 있는 다양한 요인(안전, 자유, 교육 및 보건 같은 사회적 기회, 사회적 안전망 등)을 향유하거나 구현할 수 있는 개인의 기본적 능력(basic capabilities)을 고양시키는 데에 있다.

그런데 센의 견해에 따르면, 기존에 제시된 다양한 정의론은 이 같은 능력집합을 구성하는 대상과 공간에 대해 획일적이고 특정한 관점(예컨대 자원이나 권리의 평등)을 선택한다. 그리고 그 특정 공간을 중심으로 이론적 차원에서 옳고 그름을 논의함으로써 이에 대한 완벽한 정의를 추구하는 경향이 있다. 하지만 이러한 획일적 접근법들에 의한 제도, 정책과 재분배가 이루어지는 경우에, 현실세계에서

---

32) 예컨대 Hanley, R.P., *Adam Smith and the Character of Virtue*, Cambridge: Cambridge University Press, 2009; Herzog, L., *Inventing the Market: Smith, Hegel, and Political Theory*, Oxford University Press, 2013. 헤어초크는 현대 정치철학자들이 어느 측면에서 예전의 구식 논쟁을 재연해온 것이라는 평가마저도 내놓는다.

는 또 다른 공간에서의 불평등이 야기되거나 개인적 능력과 실질적 자유의 훼손이 초래될 수밖에 없다. 특히 21세기 현대 사회에서는 세계화에 따라 변화요인이 복잡다단해지고 있기 때문에, 환경적, 개인적 특성의 차이와 다양성은 이러한 문제를 더욱 악화시킬 가능성이 크다.

그러므로 특정한 공간이나 차원에 한정하는 정의론이 채택하는 획일적인 관점과 이에 의거한 완벽한 가상적 제도에 대한 관심보다는 이러한 특정 관점에 따른 정의로운 제도와 정책이 다른 공간과 대상에 복잡하게 미치는 결과를 동시에 종합적으로 고려하는 것이 필요하다. 공리주의나 사회계약론이 주장하듯이 정의의 원리가 존재론적으로 유일하고 절대적이지 않다면, 불의에 관한 사람들의 도덕적 지각을 바탕으로 삼는 것이 필요하다. 이에 근거하여 나름대로 일관성이 있고 합당한 정의의 여러 원리를 공공의 이성으로 종합적으로 평가하고 합의하여 인간의 삶에 도움이 되는 현실 중심의 정의를 지향하는 것이 바람직하다.

센은 이처럼 획일적이고 폐쇄적인 정의관에서 탈피하여 새로운 접근법을 모색하는 것이 실용적이라고 판단한다. 이러한 문맥에서 센은 스미스의 공정한 관찰자(impartial spectator)의 관점이 아주 유용할 수 있음을 지적한다. 스미스가 제시한 공정한 관찰자의 이론적 관점은 다양한 내부-외부 관찰자의 시각이 변증법적으로 상호작용하는 과정에서 더욱 성숙해가며, 글로벌화가 빠르게 진행되는 21세기 세계에서 정의 원칙의 개방적 공정성과 보편성의 달성에 필요하고 유용한 접근법이 된다.[33]

---

33) Sen, A., *The Idea of Justice*, Cambridge: Belknap Press, 2009.

4.5. 행복경제학: 사회관계 속 인간성의 실현, 사회적 교환 및 관계재

　현대 경제학과 사회과학의 역사에서 행복경제학은 지극히 근자에 등장한 학문 조류다. 20세기 후반에 들어서서 서구 사회는 물질의 풍요로움 속에서도 사람들의 행복이 증가하지 않는 현상, 즉 이스털린 역설(Easterlin Paradox)이 대두되면서 행복경제학은 사회과학의 새로운 탐구 분야로 부상해왔다.

　물론 근현대 경제학의 전통 가운데 행복이라는 개념은 전혀 생소한 것이 아니다. 19세기 초 벤담의 공리주의가 고전파 경제학의 철학적 토대를 제공한 이후에 현대 주류경제학에서 행복은 주로 효용이나 선호의 충족을 의미하는 것으로 이해되었다. 벤담의 공리주의는 쾌락의 심리학에 기초하고 있으며, 흔히 "최대다수의 최대의 행복"으로 요약되곤 한다. 그런데 이러한 격언은 스미스의 스승인 허치슨의 저서『미와 덕의 관념의 기원』(1725)에서 이미 거론된 어구다. 그리고 허치슨과 흄에서 발견되는 공리주의의 선구자적인 사상인 쾌락주의는 고대 서양철학의 에피쿠로스 전통과 맞물려 있다.

　이처럼 행복경제학 그리고 그 전통을 고찰하는 일부 연구에서『도덕감정론』이 주목을 받고 있다.[34] 흄과 마찬가지로 스미스를 공리주의의 선구자로 인식한 경우도 있었지만, 좀더 근본적이고 엄밀한 관점에서 볼 때 그가 의미하는 행복의 개념은 아리스토텔레스의 철학에 기원을 두는 행복(eudaimonia)에 관한 전통과 맥락이 닿아 있다.

　아리스토텔레스의 행복은 '좋은 삶'을 실현하는 것에서 비롯된다. 아리스토텔레스적인 전통에서 좋은 삶은 많은 부를 축적하고 쾌락

---

34) 이에 관한 선구자적인 논의로서 예컨대 Bruni, L. and Porta, P.L.(eds.) *Economics and Happiness*, Oxford: Oxford University Press, 2005; Gui, B. and Sugden, R.(eds.), *Economics and Social Interaction*, Cambridge: Cambridge University Press, 2005.

과 효용을 최대화하는 것같이 물질적, 감정적으로 잘 사는 것에 궁극적 지향점을 두고 있지 않다. 아리스토텔레스에게 물질적, 쾌락적 만족을 추구하는 과제는 인간이 고유하게 보유한 내재적 잠재가능성의 실현을 위한 수단적인 가치에 불과하다. 그리고 좋은 삶과 행복의 성취는 개인적인 쾌락의 충족에 제한되기보다는 사회적 상호교류 속에서 덕 윤리를 내면화함으로써 잠재적인 본연의 인간성을 실현하는 과정에서 일어난다.

다시 말해서 사회적으로 상호관계를 맺고 있는 공동체의 공적 과제에 사람들이 어떠한 방식으로든 능동적으로 참여하고 상호배려, 호혜와 협력, 애정, 우정, 선행으로 헌신하면서 숭고한 도덕성과 사회적 덕목을 체화하고 실천할 때 비로소 인간성의 완전한 실현과 행복은 성취된다.

크게 개인주의와 자유주의로 대변되는 근현대의 사회정치사상의 흐름과 병행해온 물질주의에 의한 사회후생 차원의 기여에도 불구하고, 물질적 풍요와 행복의 불비례 관계는 (앞서 논의된 공동체주의 사회·정치철학의 현대적 귀환과 마찬가지로) 아리스토텔레스의 철학에서 그 기원을 보인 행복경제학을 낳도록 만들었다.

아리스토텔레스적인 전통하에서 행복은 사회적 교류를 통해 성취되고 사회적 덕목의 체화를 통해 완성을 향해 나아가고 확대된다. 이와 같은 철학적 계보에 기반하고 있는 행복경제학은 로빈슨 크루소 같은 고립되고 '무연고적인 자아'가 아니라 상호의존적이고 공동선을 존중하는 인류를 상정하고 있다.

행복경제학이 채택하는 이러한 틀 속에서 사회적 교환(social exchange)이나 관계재(relational goods)에 관한 논의가 이루어지고 정책적 대안이 제시되고 있다. 매슬로(A.H. Maslow) 같은 현대 심리학자들이 욕구단계설로 적절히 정리해왔듯이, (의식주와 안전에 관한 욕구를 넘어서서) 사회적 승인과 인정을 받고자 하는 욕구는 인류가 지닌 주요한 동기 가운데 하나다. 더 나아가 인류의 최고의 욕구 단계를 구성하는 자아실현(self-actualization) 역시 사회적 관계 속에서 형성되고 전수된 숭고한 도덕성의 내면적 체화와 직접적으로 연결되어 있다. 이러한 인류의 여러 사회적 동기를 고려한다면, 더불어 살아가는 사회구성원과의 관계 그리고 그러한 관계 속의 교류와 교환이 창출해내는 행복의 크기와 비중은 클 수밖에 없다.

스미스는 서구사상사에서 어느 누구보다 경제의 세계에서 달성된 시장의 효율성과 물질생산력이 사회공동체 및 국가의 현상에 미치는 긍정적인 기제를 밝히고, 이에 따른 바람직한 사회후생효과와 행복의 단계적 실현 정도를 분명하게 제시했다. 하지만 이러한 물질주의적 측면에 유일한 방점이 두어져서는 안 된다.

앞서 거론한 대로 스미스는 자신의 도덕철학체계를 통해 근대의 자본주의 세계를 경제(시장)-국가-사회공동체의 세 가지 중층으로 해부하여 분석했으며, 이들 단면의 상호 중첩적인 작용과 효과를 종합하여 역사적 비전을 제시했다. 인류가 좋은 삶을 점진적으로 이루고 지향해가기 위한 핵심적 필요요건은 이들 세 가지 차원의 복합중층적 상호작용을 망라한다. 역사 속에서 이것들은 각각 완전 독립적으로 존재하는 것이 아니라 서로 중첩적이고 유기체적 구조를 형성하면서 특정 사회의 흥망성쇠와 사회구성원들의 행복에 결정적으로 영향을 미친다.

그럼에도 『도덕감정론』에서 다루는 도덕의 세계는 사회적 관계와 그 단면을 총체적으로 고찰하는 목적을 지니는 동시에, 이러한 특성 때문에 한편으로 국가 및 경제의 세계의 운동에 관한 지배적 지위를 지닌다.[35]

스미스의 관점에서 볼 때 인류의 행복에 관한 물질세계의 역할은 낮은 욕구단계에서 불가피하고 당연한 것이지만, 신중의 덕에 기초한 물질적 풍요가 가장 고차원적인 행복의 원천은 아니다. 사회적인 본능인 동감이 자기애를 비롯하여 모든 다양한 열정을 적정성 있게 조율하면서 한층 더 기품 있고 고차원적인 사회적 덕목과 규범을 체화하도록 유인하는 것이 행복의 실현에 특히 중요하다. 문명의 진보와 더불어 이런 방식으로 동감의 본능이 정의는 물론 상호배려와 호혜 및 선행의 가치를 확대 유인하는 경우에 사회구성원들은 더 큰 행복을 느끼고 지속 가능한 사회번영은 가능해진다.

스미스에 따르면, "오로지 사회에서만 생존할 수 있는 사람은 본래 그가 창조된 그런 상황에 적합하도록 되어 있다. 인간 사회의 모든 구성원은 서로의 조력을 필요로 하지만, 마찬가지로 상호 침해에 노출되기도 한다. 그와 같은 필요불가결한 조력이 상호성을 기초로 애정, 우정, 존경 등으로부터 제공될 때 그 사회는 번영하고 행복하게 된다. 이러한 사회의 모든 서로 다른 구성원은 애정과 애착의 유쾌한 유대로 연결되어 있고, 말하자면 상호 선행이라는 하나의 공통된 중심점으로 이끌리게 된다"(이 책 237쪽).

---

35) 다음과 같은 주장을 보라. 우리의 도덕적 능력이 "현세에서의 우리의 행동을 안내하고 있다는 점은 믿어 의심될 수 없다. 도덕적 능력에는 이러한 권위를 나타내는 가장 명백한 증표들이 내포돼 있다. 이 증표들은 그것들이 우리의 모든 행동의 최고의 중재인이 되도록, 우리의 모든 감각, 열정, 욕구를 감독하도록, 이러한 감정들이 각각 어느 정도 만족되거나 억제되어야 하는지를 판단하도록 하기 위해서 우리의 내면에 설정되었음을 의미한다. 우리의 도덕적 능력은 이러한 점에서 일부 학자들이 주장하듯이 인간 본성의 다른 능력이나 욕구와 결코 동일한 수준에 있지 않다"(이 책 378쪽).

도덕감정론

The Theory of Moral Sentiments

일러두기

- 이 책은 Adam Smith가 쓴 *The Theory of Moral Sentiments*(The Glasgow Edition of the Works of Adam Smith)를 옮긴 것이다. 이 글래스고 판본은 『도덕감정론』 제6판(1790)을 기초로 라파엘(Raphael)과 맥파이(Macfie) 두 교수가 1976년 새롭게 편집해 출간했다.
- 『도덕감정론』 본문은 영문 원문을 가능한 한 그 의미대로 충실하게 반영해 옮기고자 했다. 스미스가 직접 덧붙인 주석은 '원주'(原註)로 표시했다. 원주에 옮긴이의 주석을 추가할 때는 [ ]로 표기했다.
- 본문의 내용상 출처 및 해설과 관련해 영문판 편집인이 제공한 주석을 많이 참고했지만, 그대로 반영하기보다는 우리나라 독자의 사정에 맞추어 여러모로 조정했다. 또한 독자들이 이해하기에 부족한 여타 사항에 관해서는 옮긴이가 새롭게 주석을 추가했다.
- 영어 원문에는 각 절 내에 단락이 없지만, 우리나라 독자의 편의를 위해 필요할 때마다 단락을 나누었다.

공지(公知)[1]

1

아주 오래전인 1759년 초『도덕감정론』의 첫 출판 이후, 나는 여러 번 수정을 했고 이 책에 포함된 여러 이론을 설명하기 위해 매우 많은 실례를 추가했다. 그러나 내 인생의 여러 일 때문에 불가피하게 연루된 다양한 활동 때문에 나는 지금까지 이 책을 늘 의도했던 바대로 배려와 관심을 가지고 개정하지는 못했다. 독자들은 이 개정신판에서 내가 중요한 수정을 했다는 사실을 발견할 것이다.

그 주요 수정 부분은 제1부 3편의 마지막 장, 제3부의 초반 네 개장이다. 그리고 이 개정신판에 나타난 바와 같이 제6부는 전적으로 새로 쓴 것이다.

이 책의 이전 개정판의 서로 다른 부분에 흩어져 있던 스토아철학에 관한 다양한 구절 대부분을 제7부에 불러모았다. 또한 유명한 학파의 학설 일부를 한층 더 완벽하게 설명하고, 한층 더 명확하게 검토하고자 시도했다. 또한 제7부의 마지막 편인 제4편에서는 의무와 진실성의 원리에 관해 몇 가지 소견을 추가했다. 그뿐만 아니라 다른

---

1) 이하의 공지는 1790년 제6판을 개정할 때에 추가되었다.

부분에서도 몇 가지 변화를 주고 수정한 것이 있기는 하지만 그리 중요한 것은 아니다.

2

이 책 초판의 마지막 문단에서 나는 다른 저서를 통해 법과 통치의 일반원리에 관한 설명뿐 아니라, 정의에 관한 분야와 행정일반, 국가수입, 군비 등 법의 대상인 모든 분야에서 사회의 각기 다른 시대와 시기에서 그러한 일반원리들이 적용된 서로 다른 변화를 설명할 것이라고 언급한 적이 있다. 적어도 행정일반, 국가수입, 군비에 관한 한,『국부의 성격과 원인에 대한 연구』(*Enquiry concerning the Nature and Causes of the Wealth of Nations*)에서 나는 상기의 약속을 부분적이나마 이행했다.

지금까지 이 책을 개정하지 못하게 가로막은 그 동일한 여러 가지 활동 때문에 나머지 부분, 즉 내가 오래전에 계획했던 법학이론에 관한 약속을 이제까지 이행하지 못하고 있다. 이제는 내가 아주 나이가 많아 이 거대한 작업을 만족스럽게 이행할 수 있으리라는 기대가 거의 없음을 인정할 수밖에 없다.

하지만 나는 아직까지 이 계획을 전적으로 포기하지는 않았고, 내가 할 수 있는 것을 해야겠다는 의무감을 갖고 여전히 계속하고 싶기 때문에, 공언한 모든 것을 내가 이행할 수 있으리라고 믿어 의심치 않았던 때인 30년 전 이상 동안 공표된 대로 있는 그 문구를 남겨두기로 했다.

제1부
행위의 적정성

"동감의 원인이 무엇이든 또는 어떤 식으로
그것이 유발되든지 간에,
다른 사람들 가운데 우리 마음의 모든 정서에 대한
동료감정을 보는 것만큼 우리를 한층 더 기쁘게 하는
어떤 것도 없다.

다른 사람들을 위해
많은 것을 느끼고 우리 스스로를 위해서는 적게 느끼며,
우리의 이기적인 감정을 억제하고
우리의 자혜적인 성정을 개방하는 것이
인간 본성의 완성을 구성한다는 것은 이 때문이다.
그것만이 세상 사람들 가운데
감정과 열정의 조화를 만들어낼 수 있으며,
이에 의거해서 사회 전반의
품위와 적정성이 확보될 것이다."

제1편 적정성의 감각

제1장 동감

1

사람의 이기심이 아무리 특징적인 것으로 상정된다고 해도, 인간의 본성 가운데는 타인의 운명에 관심을 가지며, 설령 타인들의 행복을 지켜보는 즐거움을 제외하고는 아무것도 얻지 못할지라도 그들의 행복을 자신에게 필요불가결한 것으로 만드는 일부 원리들이 분명히 존재한다. 연민이나 동정심이 바로 이러한 유형의 원리에 속하는데, 다른 사람의 불행을 직접 목격하거나 아주 생생한 방식으로 상상할 때 우리는 이러한 정서를 느끼게 된다.

우리가 타인의 슬픔에 근거하여 빈번히 슬픔을 느낀다는 것은 입증할 필요가 없는 매우 자명한 사실이다. 왜냐하면 이러한 감정은 아마 덕망이 높은 사람과 인간애가 풍부한 사람이 가장 민감하게 느낀다고는 해도 인간 본성을 구성하는 다른 모든 본원적 열정과 마찬가지로 결코 이들에게만 국한되지 않기 때문이다. 사회의 법률을 가장 심각하게 위반하는 가장 극악무도한 악한조차도 이런 감정이 전혀 없지는 않다.

2

우리는 타인들이 느끼는 감정이 무엇인가를 직접적으로 경험하지는 못하기 때문에, 그들과 동일한 상황에서 우리가 무엇을 느끼게 될 것인가를 상상하지 않으면 그들이 느끼는 방식에 관해서 어떤 관념도 형성할 수 없다. 설령 우리 형제가 고문대 위에 있다고 해도 우리가 편안한 상태에 머무르는 한, 우리의 감각은 그가 겪는 고통을 알려주지 않는다. 감각은 우리 자신의 신체를 벗어나 경험하도록 한 적이 결코 없으며 그렇게 할 수도 없다. 단지 상상력을 통해서만 우리는 그가 느끼는 감각이 무엇인가에 관한 관념을 형성할 수 있다.

그러한 능력도 만일 우리가 그의 처지라면 우리의 느낌이 무엇인가를 재현하는 것 이외의 다른 어떤 방식으로 도움을 주는 것은 아니다. 우리의 상상력이 마음에서 그리는 것은 우리의 감각이 얻는 인상(印象)이며, 그의 감각이 얻은 인상이 아니다. 상상력을 통해 우리는 스스로를 그의 처지에 바꿔놓고, 스스로 모든 동일한 고통을 겪는 것처럼 상상한다. 말하자면 타인의 신체에 들어가서 어느 정도 그와 동일한 인물이 된다.

이것으로부터 우리는 그가 느끼는 감각이 무엇인가에 관한 일부 관념을 형성하며, 비록 강도는 약하지만 그가 느낀 감각과 거의 다르지 않은 어떤 기분을 느끼기조차 한다. 그러므로 우리가 그의 고통을 절실히 느끼고 이를 채택하여 우리 자신의 것으로 삼을 때 그 고통은 마침내 우리에게 영향을 미치기 시작하며, 이때 우리는 그가 느끼고 있는 것을 생각하고는 전율하며 몸서리친다.

왜냐하면 어떠한 형태든 고통이나 곤란한 상태에 빠지는 것이 가장 과도한 슬픔을 유발하는 것과 마찬가지로, 우리가 그러한 상황에 빠져 있다고 생각하거나 상상하는 것은 그 관념의 생생함이나 둔감성에 비례하여 어느 정도 동일한 정서를 유발하기 때문이다.

3

이것이 타인의 불행에 대해 느끼는 우리의 동료감정의 원천이라는 사실, 상상 속에서 고통을 받고 있는 사람과 상황을 전환함으로써 우리는 그가 느끼는 것을 상상하거나 이것의 영향을 받게 된다는 사실은, 만일 그 자체로 충분히 자명하게 생각되지 않는다면, 많은 명백한 관찰로도 입증될 수 있다.

어떤 무기가 타인의 다리나 팔에 겨누어지고 막 타격이 가해지려는 광경을 본 경우 우리는 자연스럽게 자신의 다리나 팔을 움츠리거나 뒤로 끌어당긴다. 그리고 실제로 그 타격이 가해지면, 고통을 겪고 있는 사람뿐만 아니라 우리 역시 어느 정도 그것을 느끼고 상처를 입는다.

대중들이 느슨한 밧줄 위에서 춤을 추는 무용수를 지켜보는 경우 그들은 자연스럽게 자신들의 몸을 비틀어 꼬면서 균형을 맞춘다. 이는 무용수의 행동을 보면서 만일 그 무용수의 처지가 된다면 그들도 그렇게 할 수밖에 없다는 것을 느끼기 때문이다. 성격이 예민한 사람과 체질적으로 나약한 사람은 거리의 걸인이 드러내 보이고 있는 상처와 궤양을 보면 자신의 신체 가운데 상응하는 부분이 가렵거나 거북한 느낌을 받는다고 불평한다. 이렇듯 그 불쌍한 사람들의 비참함을 보고 상상하는 전율감이 신체의 다른 어떤 부분보다도 그 특정한 부분에 한층 더 영향을 미친다.

그리고 이러한 전율감은 만일 그들 자신이 실제로 지켜보고 있는 그 불쌍한 사람이고 자신의 신체의 그 특정 부분이 실제로 그처럼 비참하게 병에 걸렸다고 한다면 그들 자신이 겪는 고통이 무엇일까를 상상함으로써 일어난다. 바로 이렇듯이 상상하는 힘만으로도 그들의 연약한 신체에는 그들이 불평하는 가려움이나 거북한 느낌이 일어나기에 충분하다.

신체가 매우 건장한 사람도 염증이 난 타인의 눈을 바라볼 때 자신의 눈에 매우 민감한 통증을 느끼는 일이 빈번하게 발생함을 알게 되는데, 이것도 동일한 이유에서 비롯된다. 신체가 매우 건장한 사람의 기관인 그 눈은 가장 허약한 사람의 신체의 다른 어떤 부분에 비해서도 훨씬 민감하기 때문이다.

4

고통이나 슬픔을 유발하는 그러한 상황만이 우리의 동료감정을 불러일으키는 것은 아니다. 어떤 대상이 당사자에게 유발하는 열정이 무엇이든 간에 그가 직면한 상황을 생각할 때 모든 주의 깊은 관찰자의 마음속에는 어떤 유사한 정서가 생긴다. 우리에게 흥미로운 비극이나 연애소설의 주인공들이 구출될 때 우리가 느끼는 기쁨은 그들의 고난에 대해 느끼는 슬픔만큼이나 진지하며, 그들의 비참함에 대해 느끼는 우리의 동료감정은 그들의 행복에 대해 느끼는 동료감정만큼이나 실질적이다.

우리는 어려움 속에서도 그들을 저버리지 않은 성실한 친구들에게 전해지는 주인공들의 감사의 마음에 공감한다. 그리고 그들에게 침해를 입히고 방치하며 기만하고자 했던 불성실한 배반자들에게 쏟아지는 주인공들의 분개심에 진심으로 동조한다. 사람의 마음이 허용하는 모든 열정 가운데 관찰자의 정서는 타인의 상황을 자신의 상황처럼 진지하게 고려하는 경우에 고통을 겪은 사람의 감정일 것이라고 상상하는 감정에 언제나 상응하게 된다.

5

연민과 동정심은 타인의 슬픔에 대해서 우리가 갖는 동료감정을 나타내기에 적당한 단어다. 그런데 동감은 아마 그 의미는 본래 동일할지라도, 오늘날에는 어떠한 종류의 열정이든 그러한 열정에 대해서 우리가 느끼는 동료감정을 표현하기 위해 사용해도 크게 부적절하지 않을 것이다.[1]

6

어느 경우에는 동감은 타인이 느끼는 어떤 정서를 고려하는 것만으로도 일어나는 것처럼 보인다. 또 다른 경우에 일부 열정들은 순식간에 그리고 당사자의 내부에서 이를 유발한 원인이 무엇인지 알려지기도 전에 어느 한 사람으로부터 다른 사람들에게 전파되는 것처럼 보인다. 예를 들면 어떤 사람의 표정과 동작에 강하게 표현된 비애와 환희는 즉각적으로 관찰자에게 어느 정도 유사한 고통이나 유쾌한 정서에 영향을 준다. 미소 짓는 얼굴은 그것을 지켜보는 모든 사람에게 유쾌한 대상이 되고, 반면 슬픈 표정은 우울한 대상이 된다.

7

하지만 이와 같은 현상은 어떠한 경우에나 모든 열정에 대해서나 보편적으로 타당한 것은 아니다. 몇몇 열정은 그것이 표출되어도 아무런 동감을 불러일으키지 않으며, 이것들을 유발한 원인을 알기 전까지는 우리는 오히려 이에 대해 혐오감이나 격분을 느낀다. 분노한 사람의 광포한 행동은 그의 적들에 대해서보다는 오히려 그 당사자에 대한 우리의 감정을 악화시킬 가능성이 한층 더 크다. 우리는 그

---

1) 스미스의 윤리이론에서 동감은 보편적인 사회적 본능으로서 이기적 동기나 이타적 동기 모두에 이입하여 감정을 비교하고 판단하며 승인한다. 이처럼 동감은 광의로 정의되고 있으므로, 단순히 감정이입, 공감, 인애심, 자혜 등과 혼동해서는 안 된다.

가 격분한 이유를 전혀 모르기 때문에, 그의 상황을 우리의 상황처럼 절실히 느낄 수 없으며 그 분노의 원인이 유발하는 열정과 비슷한 그 어떤 것도 상상할 수 없다.

대신에 우리는 그의 분노의 대상이 된 사람들이 직면한 상황이 어떠하며, 그렇듯이 격노한 당사자로부터 어느 정도의 폭력에 노출되어 있는가를 분명히 주시하게 된다. 그러므로 우리는 격분의 대상이 된 사람들이 느끼는 공포감이나 분개심에 대해서 동감하기 쉬우며, 그들을 그토록 위험에 처하게 한 것으로 보이는 그 광포한 행위자에게 즉시 반대하고 싶은 심정을 느끼게 된다.

8

만일 비애와 환희의 외관에 의해 고무되어 우리가 이와 유사한 정서를 어느 정도 느끼고 있다면, 이는 우리가 지켜보는 당사자가 겪고 있는 행운이나 불운에 관한 일반 관념을 그러한 외관이 제시하기 때문이다. 그런데 이러한 열정들의 경우에 그 일반 관념은 우리에게 일부 극히 사소한 영향을 줄 정도에 지나지 않는다. 비애와 환희의 여러 효과는 이러한 감정을 느끼는 당사자에게서 마무리된다. 비애와 환희라는 정서의 표출은 분개심이 표출되는 경우 우리의 관심이 지향되는 또 다른 사람들, 즉 분개하는 당사자와 이해관계가 정반대인 사람들이 있다는 관념을 제시하지 않는다.

그러므로 행운이나 불운에 관한 일반 관념은 이에 직면한 사람에게 어떤 관심을 야기하지만, 분개에 관한 일반 관념은 그렇게 도발한 사람의 격분에 대한 동감을 전혀 야기하지 않는다. 자연의 가르침에 따라 우리는 그러한 분노의 열정에 공감하는 것에 더 큰 거부감을 가지며, 그 원인이 공지되기까지는 오히려 그 반대 측의 상황에 서는 성향을 가지는 듯하다.

9

타인의 비애나 환희에 대한 동감조차도 어느 경우든 그 원인이 알려지기 전까지는 언제나 극히 불완전하다. 고통받는 사람의 괴로움만이 표출되는 현상인 일반적 탄식을 듣는 경우에 우리는 동감하려는 약간의 성향은 지니지만 매우 의미 있는 동감을 실제로 하기보다는 차라리 그가 직면한 상황을 탐색하려는 호기심을 갖는다. 우리의 첫 번째 질문은 그대의 신상에 무슨 일이 발생한 것인가다. 이에 대한 답변이 주어지기 전까지는, 비록 그의 불행에 관한 막연한 생각과 과연 그 불행이 무엇일까에 관한 추측으로 한층 더 번민이 커짐에 따라 불편한 마음이 생길지라도, 아직 우리의 동료감정은 그다지 크지 않다.

10

따라서 동감은 어떤 열정에 대한 고려로부터 일어나기보다는 이를 야기하는 특정 상황에 대한 고려로부터 일어난다. 행위자 본인은 전혀 느낄 수 없을 것 같은 어떤 열정을 그를 위해 우리가 느낄 때가 종종 있다. 왜냐하면 설령 실제 현실에서는 그 행위자의 마음에서 그것이 일어나지 않더라도 만일 우리가 그의 상황에 처해 있다고 설정할 때 상상 속에서 그 열정이 우리의 마음에 생기기 때문이다. 비록 타인이 행하는 무례하고 교양 없는 행동에 대해 당사자가 부적절하다는 감각을 전혀 갖지 않는 것처럼 보일 때에도 우리는 그의 행동에 얼굴을 붉힌다. 왜냐하면 우리가 그와 같이 터무니없는 태도로 행동했을 때 우리 자신이 얼마나 난감할까를 느끼지 않을 수 없기 때문이다.

11

죽음을 맞게 될 운명이라는 조건 때문에 세상 사람들이 직면하는 모든 재난 가운데서 이성(理性)을 상실하는 점이 최소한의 인간애라도 갖춘 사람에게는 무척이나 가장 두려운 것으로 보인다. 그들은 인간적 비참함의 마지막 단계를 다른 어떤 순간보다 한층 더 깊은 동정심의 눈길로 바라본다. 그러나 이러한 상황에 처한 그 불쌍한 당사자는 웃거나 아마 노래하기도 하면서 자신의 비참함을 거의 느낄 수 없다. 그러므로 그러한 대상을 보고 인간애를 지닌 사람이 느끼는 비통함은 고통받는 사람이 느끼는 어떠한 감정의 반영일 수는 없다.

관찰자의 동정심은 만일 관찰자 자신이 그 불행한 상황에 동일하게 처해 있고 동시에, 아마 불가능할지도 모르나, 현재의 이성과 판단력을 가지고 생각할 때 어떠한 느낌을 가질 것인가를 성찰하는 것으로부터 전적으로 생겨날 것임이 분명하다.

12

질병의 고통 가운데서 스스로 느끼는 것을 표현할 수 없는 갓난아기의 신음소리를 들을 때 어머니의 상심은 얼마나 크겠는가? 그 갓난아기의 고통에 관한 어머니의 상념 속에서는 갓난아기가 실제로 처한 무기력한 상태, 그 상태에 대한 그녀의 의식, 그 질환 때문에 예상치 못한 결과가 있을지도 모른다는 그녀의 공포감이 서로 결부된다. 그리고 이 모든 것으로부터 그녀의 슬픔을 위한 불행과 고통의 가장 완벽한 이미지가 형성된다.

그러나 그 갓난아기는 결코 크다고 할 수 없는 지금 이 순간의 불편함만을 느끼고 있을 뿐이다. 자신의 미래에 대해 그 갓난아기 스스로는 철저히 안심하고 있으며, 생각이 부족하고 미래를 예견할 능력이 없어서 그 갓난아기는 공포와 걱정에 대한 어떤 해독제를 갖고 있는 셈이다.

그런데 이러한 공포와 걱정은 유아가 성인으로 성장하면서 이성과 철학에 의거해 이로부터 자신을 방어하기 위해 노력을 기울여도 이를 부질없게 만드는 그런 마음 내의 거대한 가해자다.

13

우리들은 심지어 사망한 사람에게조차 동감한다. 우리는 사망한 사람의 상황에서 진정으로 중요한 것, 즉 그들을 기다리고 있는 그런 두려운 미래를 간과하는 반면에, 우리의 감각을 자극하지만 사망한 사람의 행복에는 어떠한 영향도 줄 수 없는 여러 상황에 의해 주로 마음이 움직인다.

햇빛을 볼 수 없게 되는 것, 삶과 대화로부터 차단되는 것, 차가운 무덤 속에 묻혀 부패되고 땅속 벌레들의 먹이가 되는 것, 이 세상에서는 더 이상 생각되지 않고 얼마 못 가서 가장 친한 친구 및 친척들의 애착과 기억으로부터도 거의 망각되는 것 등을 우리는 비참하다고 생각한다. 우리가 상상하기에 이렇듯이 두려운 재난을 겪고 있는 사람들을 위해서 우리가 지나치게 큰 동감을 결코 느낄 수 없음은 확실하다.

이제 우리의 동료감정의 표시는 망자들에게 두 차례 마땅히 이루어지는 듯하다. 망자들이 모든 사람에게 망각될 위험에 처해 있음을 떠올리는 순간에 그러하다. 또한 우리 자신이 비참함을 맞을 때를 생각하면서 그들을 향한 추억에 바치는 공허한 명예의 찬사에 따라 그들의 불행에 관한 우울한 회상을 생생하게 간직하려고 억지로 노력하는 순간에 그러하다.

우리의 동감이 그들에게 어떤 위안도 줄 수 없다는 점이 그들이 겪는 재난을 증가시키는 듯하다. 그리고 우리가 해줄 수 있는 그 어떤 것도 아무런 쓸모가 없고, 다른 모든 고난을 경감시키는 것, 즉 친구들의 회한, 애정, 비탄 등도 그들에게 아무런 위안이 되지 못한다는 점은 그들의 비참함에 대한 우리의 감각을 격화시킬 뿐이다.

그러나 사망한 사람의 행복이 이러한 상황들의 어느 것에 의해서도 영향을 받지 않는다는 점은 매우 분명하다. 또한 이러한 사정들을 생각한다고 해서 영면(永眠)을 통한 그들의 완전한 안전이 결코 방해받을 수 없다. 상상을 통해 자연스럽게 망자들의 상태라고 인식되는 그 황량하고 끝이 없는 우울함에 대한 관념은 그들에게 일어난 변화와 그 변화에 대한 우리의 의식을 함께 결부하는 데서 전적으로 일어난다.

우리 자신을 그들의 상황에 이입함으로써, 달리 표현하면 우리의 살아 있는 영혼을 생기가 전혀 없는 그들의 신체에 머무르게 한 후 이런 경우에 우리가 느끼는 정서가 무엇인가를 상상하는 것으로부터 그러한 관념은 발생한다.

상상력에 따른 바로 이러한 환상 때문에 사멸에 관한 통찰은 우리에게 두려움을 느끼게 하고, 우리의 사망의 경우에 확실히 아무런 고통도 줄 수 없는 그 상황들에 대한 관념이 생전에 우리로 하여금 비참함을 느끼게 한다. 그리고 여기서 인간 본성의 가장 중요한 하나의 원리인 죽음에 대한 공포가 생겨난다. 죽음에 대한 공포는 행복을 억제하는 큰 독소이긴 하지만, 세상 사람들의 불의를 통제하는 위대한 억제책으로서 개인에게는 몹시 괴롭게 하고 굴욕감을 주는 반면에 사회를 방위하고 보호하는 것이다.

제2장 상호 동감의 즐거움

1

그러나 동감의 원인이 무엇이든 또는 어떤 식으로 그것이 유발되든지 간에, 다른 사람들 가운데 우리 마음의 모든 정서에 대한 동료 감정을 보는 것만큼 우리를 한층 더 기쁘게 하는 어떤 것도 없다. 또한 그 반대의 외형만큼 우리를 한층 더 놀라게 하는 것도 없다. 우리의 모든 감정을 자기애(自己愛)의 일정한 세련화로부터 도출하기 좋아하는 사람들은 이런 유형의 기쁨과 고통을 모두 자신들이 제시한 원리에 따라서 설명하는 것이 전혀 당황스러운 일이 아니라고 생각한다.

그들이 말하건대, 자신이 나약해서 타인들의 도움이 필요하다는 점을 의식하는 사람은 그들이 자신의 열정을 채택하는 것을 볼 때마다 기뻐한다. 왜냐하면 그는 그 경우에 그러한 도움을 받을 수 있다고 확신하기 때문이다. 반면에 그 반대의 경우를 주목할 때마다 그는 슬퍼한다. 그 이유는 그러한 도움을 주지 않을 것이라는 점을 확신하기 때문이다.

그러나 이러한 유형의 기쁨과 고통은 모두 언제나 순간적으로 그리고 흔히 사소한 경우에 느껴지기 때문에 그것 가운데 어느 감정도 자기애를 고려한 것에서 도출될 수 없음이 분명한 듯하다. 어느 사람이 동석자를 즐겁게 하기 위해 노력했음에도 주위를 돌아보니 그 외에 아무도 자신의 농담에 웃지 않는다는 것을 보게 되면 굴욕감을 느낀다. 반대로 동석자의 명랑함은 그를 매우 유쾌하게 하며, 그는 동석자와 자신의 감정의 이러한 일치를 최대의 찬사로 간주한다.

2

그의 기쁨이 동석자의 동감을 통해 받게 될 그런 추가적인 쾌활함에서 전적으로 비롯되지는 않으며, 그의 고통도 이러한 유쾌함을 놓친 데서 마주치는 그러한 실망의 고통에서 유래하지는 않는 듯하다. 다만, 전자나 후자의 상황 모두가 그의 기쁨과 고통에 어느 정도 영향을 준다는 점은 의심할 여지가 없다.

어떤 책이나 시를 너무 자주 읽어서 이제 혼자 읽는 것만으로는 아무런 재미를 느낄 수 없을 때에도 그것을 동료에게 읽어줌으로써 여전히 즐거움을 느낄 수 있다. 이를 통해 그는 새로운 것이 주는 여러 매력을 느끼며, 우리에게는 더 이상 일어날 수 없지만 그의 마음속에는 자연스럽게 일어나는 놀라움과 감탄에 우리는 공감한다. 우리들은 그 책이 제시하는 모든 관념을 그 관념이 우리에게 나타나는 관점보다는 오히려 그에게 나타나는 관점에서 생각한다. 그리고 우리의 즐거움을 북돋운 그의 즐거움에 동감함으로써 우리는 기쁨을 느낀다.

반대로 만일 그가 재미를 느끼지 못한다면, 우리는 당혹스러워지고, 그에게 책을 읽어주는 일에서 즐거움을 느끼지 못한다. 이것은 앞의 경우와 마찬가지다. 동석자의 명랑함이 우리의 유쾌함을 북돋우고, 그들의 침묵은 우리를 실망시키는 것이 확실하다. 그러나 이것이 전자로부터 도출하는 기쁨과 후자로부터 도출하는 고통 모두에 기여할지라도, 이것이 기쁨과 고통의 유일한 원인은 결코 아니다.

타인의 감정과 우리의 감정의 이러한 일치가 기쁨을 낳는 하나의 원인으로 보이고 그 일치의 결여가 고통을 낳는 하나의 원인인 것처럼 보이지만, 모든 기쁨과 고통이 이러한 식으로 설명될 수는 없다.

친구들이 나의 환희에 대해 표명하는 동감은 진정으로 나의 환희를 북돋움으로써 나에게 기쁨을 줄지 모른다. 그러나 그들이 나의 비애에 관해 표명하는 동감은 이 비애를 생생하게 하는 역할을 하지만 나에게 그 어떤 비애를 줄 수는 없다. 그런데 동감은 환희를 활기차게 만들고 비애를 경감시킨다. 동감은 만족의 또 다른 원천을 제공함으로써 환희를 활기차게 만들고, 다른 한편으로 마음이 그 비애의 순간에 거의 유일하게 수용할 수 있는 유쾌한 기분을 심어줌으로써 비애를 경감시킨다.

3

따라서 주목해야 할 점은 우리는 자신의 유쾌한 열정보다는 불쾌한 열정을 친구들에게 소통하고자 훨씬 더 노심초사하고, 유쾌한 열정에 대한 동감보다는 불쾌한 열정에 대한 친구들의 동감에서 더 많은 만족을 도출하게 되며, 불쾌한 열정에 대한 동감의 결여 때문에 훨씬 더 큰 충격을 받는다.

4

불운에 처한 사람들이 그들이 가진 슬픔의 원인을 소통할 수 있는 어떤 사람을 발견했을 때 얼마나 안도감을 갖게 될 것인가? 그 사람의 동감 때문에 그들은 자신들이 겪고 있는 고통의 일부를 덜어내는 것처럼 보인다. 그가 그들과 고통을 분담했다고 말해도 그리 부적절하지 않다. 그는 그들과 같은 종류의 슬픔을 느낄 뿐만 아니라, 마치 그 슬픔의 일부분을 스스로 떠맡은 것처럼 함으로써 그가 느끼는 것은 그들이 느끼는 고통의 무게를 경감시키는 듯하다.

그러나 자신들의 불행을 이야기함으로서 그들은 그 비애를 어느 정도 되살리게 된다. 그리고 기억 속에서 그 고통을 야기했던 여러 정황을 떠올린다. 그러므로 그들의 눈물은 이전보다 한층 더 빠르게 흐르고, 그들은 슬픔이 주는 심약한 기분에 사로잡히기 쉽다. 그러나 그들은 이 모든 것에서 즐거움을 얻으며, 이를 통해 상당히 안도감을 누리는 것이 분명하다. 왜냐하면 그의 동감이 주는 감미로움이 이 동감을 얻기 위해 당사자들이 생생하게 기억을 되살려야 했던 그 슬픔의 쓰라림을 보상하고도 남기 때문이다.

반대로 불운한 사람에게 행할 수 있는 가장 잔혹한 모욕은 그가 겪은 불행을 경시하는 것처럼 하는 것이다. 동료가 느끼는 환희에 영향을 받지 않는 듯이 보이는 것은 정중함이 결여된 태도일 뿐이다. 그러나 동료가 고통을 털어놓을 때 진지한 표정을 짓지 않는 것은 진정으로 엄청난 몰인정한 태도다.

5

사랑은 유쾌한 열정이지만 분개심은 불쾌한 열정이다. 따라서 친구들이 우리의 우정을 선택해주길 바라는 소망은 그들이 우리의 분개심에 공감해주길 바라는 소망의 절반 정도도 안 된다.

우리가 받아왔을 수 있는 누군가의 호의에 대해 설령 그들이 무심한 듯이 보인다고 해도 우리는 그들을 용서할 수 있다. 그러나 만일 우리에게 가해질 수 있는 침해에 그들이 무관심한 것처럼 보이면 참을성을 잃게 된다. 우리가 표시하는 감사에 공감하지 않는 점 때문에 우리가 느끼는 노여움은 우리의 분개심에 공감하지 않는 점 때문에 우리가 느끼는 노여움의 절반도 되지 않는다. 그들이 우리의 친구의 친구가 되는 것은 쉽게 피할 수 있다. 하지만 그들이 우리와 사이가 좋지 않은 사람들과 적대자가 되는 것은 거의 피할 수 없는 일이 된다. 우리는 그들이 우리의 친구와 적대적 관계에 있다는 점 때문에, 비록 그들과 어색한 말다툼을 벌이는 시늉을 할 수는 있겠지만, 분개하는 일은 거의 없다. 그런데 만일 그들이 우리가 반목하는 사람들과 친하게 지내고 있다면 우리는 그들과 진지한 다툼을 벌이게 된다.

사랑과 환희라는 유쾌한 열정은 아무런 보조적인 즐거움이 없어도 마음을 만족시키고 뒷받침할 수 있다. 비애와 분개심과 같이 쓰라리고 고통스러운 정서는 동감이 주는 치유적인 위안이 한층 더 강력하게 필요하다.

6

어느 사안에서 주요 관심을 갖는 당사자가 우리의 동감에 즐거워하고 동감의 결여에 기분이 상하는 것처럼, 우리 역시 그에게 동감할 수 있을 때 기쁨을 느끼고 동감할 수 없을 때 마음이 상하게 된다. 우리는 성공한 사람을 축하하기 위해서뿐만 아니라 고통당하고 있는 사람을 위로하기 위해서도 움직인다. 그리고 마음의 모든 열정과 관련하여 우리가 완전히 동감할 수 있는 사람과의 대화 가운데 발견하는 즐거움은 그가 처한 상황을 보고 우리가 느끼는 슬픔의 고통스러움을 보상하고도 남는 것 같다.

반대로 우리가 그에게 동감할 수 없다고 느끼는 것은 언제나 불쾌하다. 우리는 동감으로 인한 고통을 면제받은 점에 즐거워하기보다는 그의 불안감을 분담할 수 없다는 점을 알고 상심하게 된다. 만일 어떤 사람이 큰 소리로 불운을 탄식하는 것을 들은 후 그의 상황을 우리의 상황처럼 진지하게 고려했지만 우리에게 그러한 격렬한 효과를 낳을 수 없음을 느낄 때 우리는 그의 비탄에 충격을 받는다. 우리는 그것에 공감할 수 없기 때문에 그러한 행동을 소심하고 심약하다고 한다.

다른 한편 우리는 어느 인물이 한낱 작은 행운에 지나치게 행복해하거나 기분이 들떠 있을 때에도 불쾌감을 느낀다. 우리는 심지어 그의 환희에조차 불쾌감을 느낀다. 우리는 이것에 동조할 수 없기 때문에 이를 경솔하고 우둔한 행동이라고 한다. 만일 농담을 건넸는데 적당하다고 생각하는 수준 이상으로, 즉 우리가 웃을 만하다고 느끼는 수준을 넘어서서 우리 동료가 더 크거나 더 오랫동안 웃으면 우리의 기분이 나빠지기조차 한다.

제3장 우리의 성정과의 일치 또는 불일치에 근거하여 타인의 성정의 적정성 또는 비적정성을 판단하는 방식

1

당사자의 본원적 열정이 관찰자의 동감적인 정서와 완전히 일치할 때 그 감정은 당연히 관찰자에게는 정당하고 적당하며 그 대상에 적합한 것이라고 보인다. 반대로 당사자의 상황을 자신의 상황처럼 진지하게 고려해도 그 감정이 관찰자의 느낌과 일치하지 않는다면 그 감정은 관찰자에게는 부당하고 부적당하며 그 감정을 야기한 원인에 부적합한 것으로 보인다. 그러므로 타인의 열정을 그 대상에 적합한 것으로 승인하는 것은 우리가 그 열정에 완전히 동감한다고 말하는 것과 동일하다.

또한 그 열정을 이런 식으로 승인하지 않는 것은 그것에 우리가 완전히 동감하지 않는다고 말하는 것과 동일하다. 내가 겪은 침해에 분개하면서 그가 분개하는 정도로 내가 분개심을 갖고 있는 것을 지켜보는 어떤 사람은 필연적으로 나의 분개심을 승인하게 된다. 내가 갖는 비애에 보조를 맞추어 동감을 느끼는 사람은 나의 슬픔이 지닌 합당성을 인정하지 않을 수 없다.

동일한 시와 그림을 보면서 내가 감탄하는 것과 똑같은 정도로 감탄하는 사람은 나의 감탄의 정당성을 분명히 인정함에 틀림없다. 동일한 농담을 듣고 웃으면서 또한 나와 함께 같이 웃는 사람은 나의 웃음의 적정성을 도저히 부인할 수 없을 것이다.

반대로 이상과 같은 여러 경우에 내가 느끼는 것과 같은 그러한 정서를 조금도 느끼지 않거나 나의 감정에 비례적으로 호응하는 어떤 정서를 전혀 갖지 못한 사람은 자신의 감정과 일치하지 않는다는 이유로 나의 감정을 부인할 수밖에 없다.

만일 나의 적개심이 내 친구의 분노가 호응할 수 있는 정도를 넘어선다면, 만일 나의 비애가 그의 가장 온화한 동정심이 동조할 수 있는 정도를 넘어선다면, 만일 나의 감탄이 그의 감탄과 부합하지 않을 정도로 아주 크거나 아주 작다면, 만일 그가 단지 미소 짓고 있을 뿐인데 내가 지나치게 크게 웃거나, 반대로 크게 진정으로 소리 내어 웃을 때 내가 단지 미소만 짓고 있다면, 이 모든 경우에서 그는 그 대상에 근거하여 내가 느끼는 감정이 어떤 것인가를 살펴본 후, 그와 나의 감정 사이에 존재하는 불일치의 정도에 따라서 크든 적든 나의 감정에 대한 부인이 이루어짐에 틀림없다. 이 모든 경우에서 그의 감정은 그가 나의 감정을 판단하는 데 활용하는 기준과 척도가 된다.

2

타인의 의견을 승인하는 것은 그 의견을 채택하는 것이며, 이를 채택하는 것은 이를 승인하는 것이다. 만일 여러분을 설득한 동일한 논거가 마찬가지로 나를 설득한다면 나는 필연적으로 여러분의 확신을 승인하게 된다. 만일 내가 그 논거에 납득할 수 없다면 나는 여러분의 확신을 부인하게 된다. 내가 후자의 행위 없이 전자의 행위를 수행해야만 한다는 것은 아마도 상상할 수 없다. 그러므로 모든 사람의 인식에 따르면, 타인들의 의견을 승인하거나 부인하는 것은 단지 그들의 의견과 우리의 의견의 일치나 불일치를 관측하는 것을 의미한다. 그렇지만 이러한 기준은 타인의 감정이나 열정에 대한 우리의 승인이나 부인에 관해서도 마찬가지로 타당하다.

3

감정에 대한 어떤 식의 동감이나 일치 없이도 우리가 승인하는 것처럼 보이는 몇몇 사례가 실로 존재하며, 따라서 이 경우에는 승인의 감정은 이러한 일치의 인식과는 다른 것처럼 보인다. 그렇지만 조금만 주의를 기울이면 우리는 이러한 경우에서조차 우리의 승인이 이러한 유형의 동감이나 일치에 궁극적으로 근거하고 있음을 납득하게 될 것이다.

나는 아주 사소한 경우 가운데서 한 가지 예를 들고자 한다. 왜냐하면 이런 사소한 사례들에서 세상 사람들의 판단이 그릇된 사고체계에 의해 왜곡되는 경향이 한층 적기 때문이다. 아마 우리가 진중한 농담을 즐긴다거나 우연히 우리의 관심이 다른 대상에 몰입되어 있었기 때문에 비록 우리 자신은 소리 내어 웃지 않아도 어떤 농담을 승인하면서 동석자의 웃음을 아주 정당하고 적절하다고 생각하는 경우가 종종 있다.

우리는 경험으로부터 어떤 농담이 대체로 우리에게 웃음을 줄 수 있는가를 알고 있으며, 바로 이 경우가 그러한 유형의 하나라고 판단한다. 따라서 우리는 동석자의 웃음을 승인하고 그 웃음이 그 대상에 자연스러우며 적합하다고 느낀다. 우리가 비록 현재의 기분으로는 쉽사리 공감할 수는 없어도, 대개의 경우 아주 진정으로 동참하여 함께 웃음을 나눌 수 있음을 잘 알고 있기 때문이다.

4

이와 동일한 내용이 모든 서로 다른 열정에 관해서도 빈번히 발생한다. 거리에서 어떤 낯선 사람이 아주 심각한 고뇌의 표시를 하면서 우리를 스쳐 지나가고 있다. 그리고 방금 전에 그가 부친이 사망했다는 소식을 들었음을 우리는 전해 듣는다. 이 경우에 우리가 그의 비애를 승인해서는 안 된다는 것은 불가능하다.

그런데 우리의 형편에서 어떤 식으로든 인간애를 결여한 것은 아니지만, 우리는 그가 겪는 비애의 격렬함에 공감하기는커녕 그의 상황에서 최초로 관심을 갖는 상상의 움직임조차 거의 행하지 않을 때가 종종 발생할 수 있다. 아마 우리가 그와 그의 아버지 모두를 전혀 알지 못하거나, 우리가 우연히 다른 일에 몰입하고 있어서 그에게 틀림없이 발생했던 고난의 여러 사정을 상상 속에 그려낼 시간을 갖지 못했을 것이다. 그러나 우리는 경험으로부터 그러한 불행이 당연히 어느 정도의 슬픔을 자아내는지를 알고 있으며, 만일 그가 처한 상황을 충분하고도 남김없이 고려할 여력을 갖는다면 가장 진지하게 그에게 동감할 것이라는 점에는 의심할 여지가 없다.

그 동감이 실제로 발생하지 않는 그런 경우에서도 바로 이 조건부 동감에 관한 의식이 그의 비애에 관한 우리의 승인의 기초에 자리 잡고 있다. 일반적 준칙은 흔히 우리의 감정이 부합하게 되는 선행 경험으로부터 도출되는데, 그 일반적 준칙이 다른 많은 경우에서처럼 이 경우에도 우리가 갖는 현재의 정서의 부적정성을 교정한다.

5

어떤 행위가 유래하는 원천일 뿐만 아니라 그 행위 전체의 미덕이나 악덕이 궁극적으로 의존하는 것이 틀림없는 마음의 감정이나 성정은 두 가지 상이한 측면에서, 즉 두 가지 서로 다른 관계 속에서 고찰될 수 있다. 첫 번째 관점은 그것을 야기한 원인 또는 그것을 불러일으킨 동기와 관련된 것이며, 두 번째 관점은 그것이 의도하는 목적 또는 발생시키는 경향이 있는 결과와 관련된 것이다.

6

결과로써 얻어지는 어떤 행위의 적정성이나 부적정성, 또는 기품이나 천박함은 어떤 성정을 유발한 원인이나 대상에 대해 그 성정이 지니는 적합성이나 부적합성, 또는 균형성이나 불균형성에 있다.

7

어떤 행위의 공로나 과오, 또는 보답이나 처벌 받아 마땅한 자질은 그 성정이 목표로 하거나 발생시키는 경향이 있는 여러 결과가 지니는 유익하거나 유해한 성질에 있다.

8

근년의 철학자들은 여러 성정이 결과적으로 초래하는 경향성을 주로 고찰해왔으나, 성정을 유발하는 원인에 대해 성정이 갖게 되는 관계에 대해서는 거의 주목하지 않았다. 그러나 일상생활에서 어떤 인물의 행동 및 그 행동을 지휘한 감정에 대해 판단할 때, 우리는 항상 이러한 두 가지 측면을 염두에 두고 이 판단을 수행한다.

우리는 타인이 행하는 사랑, 비애, 분개심이 과도하다고 비난할 때, 그 과도함이 경향적으로 초래하는 파괴적인 효과뿐만 아니라 이를 유발한 원인이 사소했다는 점을 동시에 감안한다. 말하자면 그가 편애하는 사람의 공로는 그리 대단하지 않고, 그의 불운이 그렇게 두려워할 정도는 아니며, 그의 격노는 그처럼 강렬한 열정을 정당화할 정도로 특이한 것이 아니다.

만일 모든 측면에서 그 열정의 격렬함이 그 원인에 대해 균형을 유지했다면, 우리는 감정이입을 시도했을 것이고 아마도 그의 정서의 격렬함을 승인했을 것이다.

9

이처럼 어떤 성정이 이를 유발한 원인에 비례하거나 불비례한 것에 비추어 그 성정을 판단할 때, 우리는 마음 내부의 상응하는 성정을 제외한 어떤 규칙이나 준칙도 거의 사용할 수 없다. 만일 타인의 처지를 우리의 상황처럼 진지하게 고려해서 그 상황이 유발시킨 감정이 우리의 감정과 일치하고 부합함을 알게 되면, 우리는 필연적으로 그러한 감정이 그 대상과 비례하여 적합성을 지닌 것으로 승인하게 된다. 만일 그렇지 못하다면 우리는 그 감정이 과도하거나 비례성을 벗어난 것으로서 부인하게 된다.

10

한 사람이 가진 모든 신체의 기능은 그가 타인이 지닌 유사한 신체의 기능에 대해 판단하는 데 활용하는 척도가 된다. 나의 시각에 의해 여러분의 시각을, 나의 청각에 의해 여러분의 청각을, 나의 이성에 의해 여러분의 이성을, 나의 분개심에 의해 여러분의 분개심을, 나의 애정에 의해 여러분의 애정을 판단한다. 나는 그것들에 대해 판단할 다른 어떠한 방법도 가지고 있지 않으며 가질 수도 없다.

제4장 동일 주제의 연속

1

다음과 같은 두 가지 서로 다른 경우에 우리 자신과 타인의 감정 간의 일치나 불일치에 따라 타인이 표현하는 감정의 적정성이나 부적정성이 판단될 수 있다. 첫 번째는 감정을 유발시킨 대상이 우리 자신 및 감정 판단의 대상이 되는 사람과 특별한 관계없이 고려되는 경우다. 두 번째는 그 대상이 우리 자신이나 타인의 한쪽에 특별히 영향을 미치는 것으로 고려되는 경우다.

2

I. 우리 자신 및 감정 판단의 대상이 되고 있는 사람과 특별한 관계가 전혀 없어 보이는 대상을 상정해보자. 이 경우 그의 감정이 우리 자신의 감정과 완전히 일치할 때마다 우리는 그가 고상한 취향과 훌륭한 판단의 자질을 지닌다고 생각한다. 평야의 아름다움, 산악의 장엄함, 건물의 장식물, 회화의 표현, 담론의 구성, 제삼자의 행동, 상이한 수량의 조화, 우주라는 거대한 기계가 그 숨겨진 톱니바퀴와 용수철을 통해 영원 속에서 보여주고 있는 다양한 현상, 즉 과학과 취미의 대상이 되는 모든 일반적 주제는 우리 및 우리의 동료들이 우리 가운데 어느 누구와도 특별한 관계가 전혀 없다고 간주하는 대상들이다. 우리 모두는 이러한 대상들을 동일한 관점에서 바라보며, 이들에 대한 감정과 성향의 가장 완전한 조화를 이루기 위해 요구되는 동감 또는 동감을 수행하기 위해 상상에 의한 상황의 전환을 할 이유가 전혀 없다.

그런데도 만일 우리가 서로 다르게 판단할 때가 종종 있다면, 그것은 서로 다른 생활습관 때문에 그 복잡한 대상의 몇몇 부분에만 쉽사리 관심을 두게 되는 주의력의 정도의 차이, 또는 그 대상을 인식하는 마음 내부 기능의 자연적 감수성의 정도의 차이가 존재하기 때문이다.

3

이러한 종류의 명백하고 손쉬운 대상들, 그리고 아마 서로 의견이 다른 사람이 단 하나도 없는 대상들에서는 동료들의 감정이 우리 자신의 감정과 일치했을 때, 비록 우리가 그 감정을 승인하는 것은 분명하지만 이것이 찬사나 감탄을 받을 자격이 있다고 보지는 않는다. 그러나 우리의 감정과 일치하는 동시에 이를 지도하고 안내하는 경우에, 그리고 우리들이 간과해온 여러 사안에도 주의를 기울였으며 그 대상이 가진 모든 다양한 측면 역시 적절히 감안되어 그 감정이 형성되었을 때, 우리는 그 감정을 승인할 뿐만 아니라 그 비범하고 예상을 뛰어넘는 감수성과 포괄성에 경탄하고 놀라움을 표시하는 동시에 그가 최상의 감탄과 갈채를 받을 자격이 있다고 본다.

왜냐하면 경탄과 경이에 의해 고조된 승인은 우리가 감탄이라고 적절히 표현하는 감정을 구성하며, 갈채는 감탄의 자연적 표현이기 때문이다. 정교한 아름다움이 가장 조잡한 추함보다 선호된다거나 $2 \times 2 = 4$라고 알고 있는 사람의 판단은 세상 모든 사람이 승인해야 함은 분명하지만, 감탄의 대상이 거의 되지 못할 것이라는 점도 확실하다. 고상한 취향을 가진 사람의 예리하고 섬세한 식별력이 바로 아름다움과 추함 사이의 미세하고 거의 지각할 수 없는 차이를 구별해낸다.

경험 있는 수학자의 포괄적인 정확성이 바로 가장 복잡하고 난해한 비례식을 쉽사리 풀어내게 한다. 과학과 취미 분야의 위대한 지도자, 우리의 감정을 지도하고 안내하는 사람, 보유한 재능의 광범위하고 탁월한 정확성에 의해 경탄 및 경이와 함께 우리를 깜짝 놀라게 만드는 사람이 바로 감탄을 자아내고 갈채를 받을 만한 듯하다. 지성적 미덕[智德]이라고 지칭되는 것들에 부여되는 찬사의 대부분은 이러한 토대 위에서 마련되고 있다.

4

이러한 자질들이 수반하는 효용이 우리가 이것에 매력을 갖게 되는 일차적인 이유라고 생각해볼 수 있다.[2] 주의 깊게 살펴보면, 이러한 효용이 고려될 때 그 자질들이 새로운 가치를 부여받게 된다는 점은 틀림이 없다. 그렇지만 본래 우리가 타인의 판단을 승인하는 것은 그것이 유용성을 가지기 때문이 아니라 옳고 정확하며 진리와 현실에 부합하는 어떤 속성을 갖기 때문이다. 그리고 위에서 거론한 자질들이 이 같은 속성을 지닌다고 보는 이유도 다른 데에 있는 것이 아니라 바로 이 속성이 우리 자신의 판단과 부합하기 때문이라는 것은 분명하다. 마찬가지로 본래 취미도 그 유용성 때문에 승인되는 것이 아니라 타당하고 섬세하며 대상에 정확히 어울리기 때문에 승인된다. 이러한 유형의 모든 자질이 가져다주는 효용이라는 관념은 명백히 숙고(熟考)에 의해 추가되는 부분이며, 우리의 승인을 위해 일차적으로 추천되는 어떤 원천은 아니다.

5

II. 우리 자신에게나 감정 판단의 대상이 되는 사람에게 특별한 방식으로 영향을 미치는 대상과 관련해서, 이상과 같은 감정의 조화와 일치를 유지하는 것이 훨씬 더 어렵기도 하거니와 동시에 아주 훨씬 더 중요한 문제가 된다.

나의 동료는 내게 일어난 불운이나 내가 당한 침해를 내가 고려하는 것과 동일한 관점에서 당연히 바라보지 않는다. 그것은 나에게 훨씬 더 밀접하게 영향을 미친다. 우리는 그것을 한 편의 그림이나 시 또한 철학체계를 접근할 때와 동일한 관점에서 바라보지 않으며, 이

---

2) 흄의 윤리이론에 대한 비판은 이 책 제4부 2장에서 제대로 이루어진다.

때문에 그것에 의해서 매우 서로 다른 영향을 받기 쉽다.

그러나 이처럼 감정의 일치가 결여된 일이 생겨도, 내게 일어난 불운이나 침해처럼 이해관계가 있는 대상에서 벌어진 일과 비교해서 나 자신 및 동료 어느 쪽에도 전혀 관계가 없는 그런 대수롭지 않은 대상에서 벌어질 때 훨씬 더 쉽사리 무시될 수 있다. 설령 여러분이 내가 감탄하는 그림이나 시 혹은 심지어 철학체계마저 경멸한다고 해도 우리가 그것 때문에 서로 다툴 위험은 거의 없다. 당연하게도 우리 가운데 누구도 그것들에 대해 별 이해관계가 없기 때문이다. 그러한 것들은 전부 우리 모두에게 아주 대수롭지 않은 문제임이 틀림없다. 그러므로 우리의 의견이 서로 대립할 때도 우리의 감정은 여전히 아주 동일할 수 있다.

그러나 여러분과 나에게 특별히 영향을 미치고 있는 대상에 대해서는 이와 사정이 매우 다르다. 비록 사색하는 문제에서 여러분의 판단과 취미의 문제에서 여러분의 감정이 나의 것과 아주 정반대라고 해도 나는 이 대립을 손쉽게 무시해버릴 수 있다. 그리고 만일 내가 어느 정도의 평정심만 가지고 있으면 그 주제에 관해서조차 여러분과 대화를 나누면서 어떤 즐거움을 얻을 수 있다. 그러나 여러분이 내가 겪고 있는 불운에 대해서나 나를 괴롭히는 비애에 대해 어느 정도 균형감을 가진 동료감정을 전혀 보이지 않는다면, 또는 여러분이 내가 당한 침해에 대해서나 나의 넋을 잃게 만드는 분개심에 대해 어느 정도 균형감을 가진 의분을 전혀 느끼지 않는다면, 우리는 더 이상 이러한 주제들을 가지고 대화할 수 없다. 우리는 서로에 대해 인내심을 가질 수 없게 된다. 내가 여러분의 동행자이고 여러분 역시 나의 동행자라는 점을 결코 참을 수 없게 된다. 여러분은 나의 격렬한 열정의 분출에 당혹감을 느끼고, 나는 여러분의 냉담한 무감각과 감성의 결여에 격분하게 된다.

6

관찰자와 당사자 사이에 어떤 감정의 일치가 있을 수 있는 그러한 모든 경우에서, 관찰자는 무엇보다도 가능한 한 당사자의 상황에 서서 곤란에 처한 사람에게 발생할 수 있는 모든 사소한 고통의 사정마저도 진지하게 자신의 일처럼 느끼고자 노력해야만 한다. 관찰자는 아주 사소한 사건들마저 염두에 두면서 그의 동료가 처한 모든 경우를 진지하게 고려해야 하며, 그의 동감의 기초가 되는 상상을 통한 상황의 교환을 가능한 한 완벽하게 수행하려고 노력해야 한다.

7

그러나 이러한 모든 노력이 행해진 이후에도 관찰자의 정서는 곤란에 처한 사람이 갖는 감정의 격렬함에는 여전히 미치지 못하는 경향이 있다. 세상 사람들이 비록 본래 동감 성향을 지니기는 해도 타인이 겪고 있는 일에 대해서는 필연적으로 당사자를 움직이게 하는 열정의 강도만큼 결코 느끼지는 못한다. 사람의 동감이 기초하고 있는 상상을 통한 상황의 교환은 순간적인 것에 불과하다. 그들 스스로는 안전하며 자신이 실제로 곤란을 겪는 사람이 아니라는 생각이 계속해서 마음에 밀려들어온다.

이러한 관념이 비록 곤란을 겪는 사람이 느끼는 고통과 다소 유사한 열정을 상상하는 것까지 방해하지는 않더라도, 수난을 겪는 사람이 느끼는 것과 동일한 수준의 격렬함에 접근하는 것을 방해한다. 당사자는 이 점을 알고 있으며, 동시에 더욱 완전한 동감을 열렬히 희구한다. 그는 관찰자와 자신의 감정의 완전한 일치 이외에는 어떠한 것도 해줄 수 없는 어떤 위안을 갈망한다. 모든 측면에서 볼 때 격렬하고 불쾌한 열정에서도 관찰자의 정서가 자신의 정서와 박자를 맞추고 있음을 보는 것이 그의 유일한 위안을 구성한다.

그러나 그는 관찰자가 동조할 수 있는 정도까지 그의 열정을 낮춤으로써만 이러한 감정의 일치에 도달하기를 비로소 희망할 수 있다. 자기 주변의 사람들의 정서와 조화하고 일치하는 점까지 감정을 낮추기 위해서는, 말하자면, 그는 그러한 감정이 본래 갖고 있는 음색의 날카로움을 무디게 해야 한다. 실제로 관찰자가 느끼는 것은 그가 느끼는 것과는 몇몇 측면에서 항상 다르며, 관찰자의 동정심은 그가 느끼는 본원적 비애와 결코 정확하게 일치할 수 없다. 왜냐하면 동감적인 감정이 비롯되는 상황의 교환은 상상에 의한 것일 뿐이라는 은밀한 내면의식이 그 감정의 강도를 낮출 뿐만 아니라 어느 정도는 그 유형까지도 변화시켜서 완전히 상이한 변이를 초래하기 때문이다.

그렇지만 관찰자와 당사자가 갖는 이 두 가지 감정은 사회의 조화를 유지하기 위해 충분한 정도의 상호 간 일치에 도달할 수 있는 것은 분명하다. 비록 그 감정들은 동조음(同調音)은 결코 아니지만 화음일 수 있으며, 이것이 사회에서 필요하거나 요구되는 모든 것이다.

8

이러한 일치를 이루기 위해 자연은 관찰자에게 당사자의 여러 사정을 자신의 것처럼 여기도록 가르치는 것과 마찬가지로, 당사자에게는 관찰자의 여러 사정을 어느 정도 자신의 것처럼 여기도록 가르친다. 관찰자들이 부단히 당사자의 상황에 서서 그가 느끼는 것과 유사한 정서를 상상하는 것처럼, 당사자 역시 부단히 관찰자들의 상황에 선 후 이들이 세상사를 바라보는 관점으로 알고 있는 그런 어느 정도의 냉정함을 견지하면서 자신이 겪는 운명의 기복을 상정하려고 한다.

관찰자들이 만일 자신이 실제로 고통받는 사람이었다면 느꼈을 어떤 감정에 대해 부단히 생각하는 것처럼, 당사자는 만일 자신이 이 상황을 지켜보는 관찰자 가운데 한 사람에 불과했다면 어떤 감정을 느꼈을까를 상상하도록 끊임없이 요구받는다. 관찰자의 동감이 어느 정도 당사자의 시각으로 그가 처한 상황을 보도록 만들듯이 당사자의 동감도 어느 정도 관찰자의 시각으로, 특히 관찰자가 같이 있으며 이들이 지켜보는 여건에서 행동할 때처럼, 자신의 상황을 지켜보도록 만든다.

그리고 이렇듯 반추를 통해 당사자가 느끼는 열정이 본래의 열정보다 훨씬 미약하기 때문에, 관찰자를 상정하지 않은 상황에서 당사자가 느꼈던 본래의 감정, 즉 솔직하고 공정한 시각으로 관찰자는 어떠한 감정을 느낄까 상상하기 이전에 당사자가 느꼈던 본래의 감정의 격렬함은 필연적으로 완화된다.

9

따라서 이렇듯 마음의 동요는 거의 사라지게 되고, 한 친구가 같이 있게 됨으로써 마음은 어느 정도의 평온과 차분함을 회복하게 된다. 그 친구가 우리와 함께하는 순간에 마음은 일정한 정도 평정을 찾고 침착해진다. 우리는 즉시 그가 우리의 상황을 바라볼 관점을 상정해 본 후, 그러한 관점에서 우리 자신을 바라보기 시작한다. 왜냐하면 동감의 효과는 순간적이기 때문이다.

우리는 친구의 동감과 비교해서 그저 안면 정도만 있는 사람의 동감이 훨씬 적을 것이라고 기대한다. 친구에게 펼쳐 보일 수 있는 모든 세세한 사정을 통상 안면 정도만 있는 사람에게 공개할 수는 없다. 우리는 그의 면전에서는 더 평온한 것처럼 행동하며, 그가 기꺼이 고려하려고 하는 우리의 상황에 대한 일반적인 윤곽에 우리의 사고를 맞추려고 한다. 그리고 우리는 낯선 사람들의 집단한테는 훨씬 더 적은 동감을 기대한다. 그들의 면전에서 우리는 훨씬 더 평온한 것처럼 행세하며, 그 특정 집단이 함께 동조할 것이라고 예상되는 정도까지 우리의 열정을 낮추려고 항상 노력한다.

이러한 행동이 가장된 외형에 불과한 것은 아니다. 왜냐하면 만일 우리가 우리 자신의 주인이라면, 통상적 안면이 있는 사람과 동석할 때가 친구와 동석할 때보다 실제로 훨씬 더 마음을 차분하게 진정시키고, 낯선 사람들의 집단과 동석할 때가 통상적 안면이 있는 사람과 동석할 때보다 한층 더 마음을 진정시키기 때문이다.

10

그러므로 사교와 대화는 마음이 어느 순간에 불행히도 평정심을 잃더라도 그것을 원래의 위치로 회복시키기 위한 가장 강력한 구제 수단이다. 또한 이것들은 자기만족과 즐거움에 아주 필요한 평정과 행복의 기분을 유지하게 만드는 최선의 방부제 역할을 한다. 집에 틀어박혀서 비애나 분개심을 곰곰이 생각하기를 좋아하는 칩기와 사색의 인간은, 설령 인간애, 관대함, 유머감각이 더 나은 경우도 종종 있을지 모르지만, 세상 사람들 대부분에게서 흔히 볼 수 있는 성격의 평정심을 지닌 경우는 드물다.

제5장 호감을 주는 덕성과 존경할 만한 덕성

1

이러한 두 가지 서로 다른 노력, 즉 당사자의 감정에 공감하고자 하는 관찰자의 노력 및 자신의 정서를 관찰자가 함께 동조할 수 있는 수준까지 낮추려는 당사자의 노력을 통해서 두 가지 서로 다른 덕목이 성립한다. 부드럽고 온화하며 호감을 주는 덕목, 솔직한 겸손과 관대한 인간애의 덕목은 전자 위에 기초하고 있다. 그리고 위대하고 경외심을 일으키며 존경할 만한, 자기부정의 덕목, 자기통제의 덕목, 우리 본성의 움직임을 우리 자신의 존엄, 명예 및 행위의 적정성의 요구에 따르도록 하는 그러한 열정 통제의 덕목은 후자에서 그 기원을 취하고 있다.[3]

2

어떤 사람의 동감하는 마음이 그와 대화하는 사람들, 재난으로 비애를 느끼는 사람들, 침해에 분개하는 사람들, 행운으로 즐거워하는 사람들의 모든 감정에 반향을 일으킬 때 그는 얼마나 호감을 지닌 것으로 보이겠는가? 우리가 동료들의 상황을 자신의 일처럼 진지하게 상상하게 될 때, 우리는 그들이 느끼는 감사에 공감하게 되고 그들이 매우 다정다감한 친구의 부드러운 동감으로부터 어떤 위안을 받고 있는지를 느끼게 된다.

한편 반대의 이유로, 어떤 사람이 무정하고 완고한 마음으로 단지 자신의 일만을 생각하고 타인의 행복이나 고난에는 거의 무감각하다면 그는 얼마나 불쾌한 인물로 비쳐질 것인가? 이 경우에도 우리는 그의 무감각성이 주변의 모든 사람에게 틀림없이 주게 될 고통, 특히 불행하고 침해를 당한 사람들처럼 우리가 동감하기 가장 쉬운 사람들에게 틀림없이 주게 될 고통에 공감한다.

---

3) 스미스는 이 책을 통해 일관적으로 자혜와 인간애 등을 호감을 주는 덕성으로 지칭하는 반면에 자기통제, 불굴의 정신, 넓은 도량 등을 존경할 만한 덕성으로 거론한다. 호감을 주는 덕성이나 존경할 만한 덕성이라는 표현은 예컨대, 흄의 윤리학 저술에서도 언급되는 것이기는 하다. 그런데 이하에서 기술되듯이, 인간 본성의 완성이라는 측면에서 고대의 자기통제의 덕성이 근대 기독교적 자혜의 덕성과 동일한 선상에 놓인다는 점이 스미스의 덕 윤리의 색다른 특징이다.

3

다른 한편, 자신의 일에서 타인들이 공감할 수 있는 정도까지 열정을 통제하여 모든 열정에 품위를 부여해주는 침착함과 자기억제를 보여주는 사람의 행위에서 우리는 얼마나 고귀한 적정성과 우아함을 느끼게 되는가! 우리는 아무런 배려도 없이 한숨, 눈물, 끈덕진 탄식으로 우리의 동정심만을 탐하는 저 소란스러운 비탄에 정나미가 떨어진다. 그러나 우리는 단지 부푼 눈, 떨리는 입술과 뺨, 서먹한 듯해도 감동적인 냉정함을 유지하는 전체 행동 속에서 표현되는 비애, 조심스럽고 과묵하며 위엄을 지닌 비애를 존경한다. 그러한 행동은 우리들을 마찬가지로 침묵하게 한다. 우리는 그것을 존경심을 가지고 주의 깊게 대하며, 아주 큰 노력이 필요한 저 조화로운 평정을 부적절하게 방해하지 않도록 조심스럽게 우리의 행동 전체를 지켜보게 된다.

4

마찬가지로 아무런 억제나 자제 없이 우리가 격노에 빠져버리게 될 때 이 분노의 오만함과 잔인성은 모든 대상 가운데 가장 혐오스럽게 보인다. 그러나 우리는 기품 있고 관대한 분개심에는 감탄한다. 이러한 분개심은 가해진 최대의 침해에 대한 대응에서 피해자의 마음속에서 유발되기 쉬운 격노에 의해서가 아니라 중립적인 관찰자의 가슴에서 자연히 분출되는 의분에 의해서 규제되는 것이다.

또한 이 분개심은 이처럼 더욱 공정한 감정이 보복과 관련하여 지시하는 바를 초과해서 이를 어쨌든 회피하기 위한 어떠한 말이나 몸짓도 허용하지 않으며, 심지어 생각에서조차 모든 공평한 사람이 지켜보고 유쾌한 느낌을 갖는 수준 이상의 더 큰 복수를 시도하거나 더 높은 형벌을 받는 것을 결코 바라지 않는다.

5

다른 사람들을 위해 많은 것을 느끼고 우리 스스로를 위해서는 적게 느끼며, 우리의 이기적인 감정을 억제하고 우리의 자혜적인 성정을 개방하는 것이 인간 본성의 완성을 구성한다는 것은 이 때문이다. 그것만이 세상 사람들 가운데 감정과 열정의 조화를 만들어낼 수 있으며, 이에 의거해서 사회 전반의 품위와 적정성이 확보될 것이다. 우리가 우리 자신을 사랑하는 것처럼 우리의 이웃을 사랑하라는 것이 기독교의 위대한 법인 것처럼, 우리가 이웃을 사랑하는 만큼, 또는 같은 말이지만, 우리의 이웃이 우리를 사랑할 수 있는 만큼 우리를 사랑하라는 것은 자연의 위대한 계율이다.

6

고상한 취미와 훌륭한 판단력이 찬사와 감탄을 받을 만한 자질로 생각될 때에는 흔히 볼 수 없는 감정의 섬세함과 이해력의 날카로움을 의미하는 것으로 상정되는 것처럼, 예민한 감수성과 자기통제의 덕성도 통상적인 정도에 있지 않고 비상한 정도로 그러한 자질을 지닌 점에 있는 것으로 이해된다.

인간애와 같은 호감을 주는 덕성은 교양이 없는 보통 사람이 가지는 정도를 초월하는 예민한 감수성을 필요로 한다는 것은 확실하다. 관대함이라는 위대하고 고귀한 덕성은 가장 연약한 보통 사람이 수행하는 정도를 훨씬 뛰어넘는 자기통제를 요구한다. 보통 정도의 지성적 자질에서는 어떤 재능도 없듯이, 도덕성이 보통인 정도에서는 아무런 덕성도 없다.

덕성은 대중일반과 보통인 정도를 훨씬 뛰어넘는 탁월함 또는 비상할 정도의 위대함과 아름다움이다. 호감을 주는 덕성은 예민하고 절묘한 섬세함과 부드러움으로 사람을 놀라게 하는 감수성의 정도에 있다. 경외할 만하고 존경할 만한 덕성은 인간 본성상 가장 통제하기 어려운 열정에 대해서도 굉장한 탁월함에 의해 사람을 깜짝 놀라게 하는 자기통제의 정도에 있다.

7

이러한 측면에서 덕성 및 단순한 적정성 사이에 그리고 감탄의 대상으로 축하할 만한 자질과 행위 및 단순히 승인될 만한 자질과 행위 사이에 상당한 차이가 존재한다. 많은 경우에 완전한 적정성을 가지고 행동하는 데는 세상 사람들 가운데 존경받을 가치가 전혀 없는 사람이 지니고 있는 일반적이고 평범한 정도의 감수성 또는 자기통제만이 요구된다. 그리고 심지어 어떤 경우에는 그 정도의 감수성 내지는 자기통제조차도 필요하지 않다. 아주 사소한 사례를 들자면, 허기가 질 때 식사하는 것은 확실히 통상적인 경우에 아주 정당하고 적정하며, 모든 사람에게도 그렇듯 당연하게 승인된다. 그러나 그것이 덕망 있는 행동이라고 하는 것보다 더 불합리한 일은 없을 것이다.

8

반대로 가장 완전한 적정성에는 미치지 못하는 행위이지만 그 안에는 상당한 정도의 덕성이 종종 있을 수 있다. 왜냐하면 완전한 상태에 도달하는 것이 지극히 어려운 경우에 그러한 행동은 충분히 기대될 수 있는 수준과 비교해서 완전한 상태에 한층 더 가까이 접근할 수 있기 때문이다. 그리고 이러한 경우는 대부분 자기통제를 최대한으로 발휘해야 하는 경우에 해당한다.

사람의 본성으로 볼 때 지극히 감내하기 힘든 가혹한 상황들이 있다. 이러한 상황에서는 인간처럼 불완전한 피조물이 발휘할 수 있는 최대한의 자기통제에 의해서도 인간적인 나약함의 표현을 거의 억제하거나 감정의 격렬함을 중립적 관찰자가 완전히 공감할 수 있을 만한 적정의 수준까지 낮출 수가 없다. 그러므로 이러한 경우에 고통을 겪는 사람의 행동이 비록 가장 완전한 적정성에는 미치지 못한다고 해도 어느 정도의 갈채를 받을 수도 있으며, 심지어 어떤 의미에서는 덕망이 있다고 말할 수도 있다.

이때 고통을 겪는 사람의 행동은 대부분의 사람들이 실행하기 어려운 관대함과 넓은 도량의 노고를 보여준다. 그 행동이 비록 절대적 완전성을 구현한 것은 아니지만, 그와 같은 경우에 흔히 발견하거나 기대하는 것보다는 완전성에 훨씬 더 가까이 접근했을 수 있다.

9

이런 유형에서 어떤 행위에 대해 적절하게 주어져야 하는 비난이나 갈채의 정도를 결정할 때 우리는 매우 빈번히 두 가지 서로 다른 기준을 사용한다. 첫 번째의 기준은 완벽한 적정성과 완전성의 관념이다. 위의 경우처럼 고난의 상황에서는 어떠한 인간의 행동도 지금까지 이 기준을 충족시킨 적이 없었으며 충족시킬 수도 없을 것이다. 이 기준에 비추어 보면 모든 인간의 행위는 언제나 비난받을 만하며 불완전한 것처럼 보인다.

두 번째의 기준은 이러한 완벽한 완전성에 어느 정도 근접해 있는지 또는 이탈해 있는지 하는 상대적 근접 정도와 관련된 관념으로서, 인간 대부분의 행위가 이에 흔히 도달하는 것이기도 하다. 이러한 정도를 넘게 되면 그 무엇이든 절대적 완전성으로부터는 아무리 멀리 떨어져 있다고 해도 갈채를 받을 만하고, 이것에 미치지 못한다면 비난을 받을 만한 행동이 된다.

10

이와 동일한 방식으로 우리는 상상력에 호소하는 모든 예술작품의 제작을 평가한다. 어느 비평가가 시나 회화에서 위대한 대가의 작품을 검토할 때, 그는 때때로 마음속으로 그 작품이나 다른 어느 누구의 작품에서도 충족되지 못할 완전성의 관념에 입각하여 이를 검토하고자 할 수 있다.

이러한 기준을 가지고 그 작품을 비교하는 한, 그는 결함과 불완전성 이외에는 아무것도 찾을 수 없을 것이다. 그러나 비평가가 동일한 유형의 여러 작품 가운데 그것이 위치하고 있는 상대적인 지위를 고려하게 되면, 그는 당연히 매우 상이한 기준, 즉 특정의 예술에서 통상 도달되고 있는 수월성의 일반적 정도를 가지고 작품을 비교하게 된다. 그가 이 새로운 척도를 기준으로 평가에 임할 때, 그 작품은 대부분의 경쟁 작품들보다 완전성에 훨씬 더 가까이 있다는 이유 때문에 최고의 갈채를 받을 만하다고 판단될 때가 빈번하게 있을 것이나.

제2편 다양한 열정 및 적정성과 부합하는 열정의 강도

서론

1

우리 자신과 특별히 관련이 있는 대상에 의해서 유발되는 모든 열정의 적정성, 즉 관찰자가 동조할 수 있는 감정의 정도가 어떤 중간 수준에 있어야 한다는 점은 분명하다. 만일 그 열정의 정도가 지나치게 높거나 지나치게 낮다면, 관찰자는 그 감정에 공감할 수 없다.

예를 들면 개인적인 불행과 침해에 따른 비통함과 분개심은 쉽사리 지나치게 높기 쉬우며, 대부분의 세상 사람들에게 실제로 그런 일이 나타난다. 마찬가지로, 비록 훨씬 더 드문 일이긴 하지만, 비통함과 분개심이 지나치게 낮을 수도 있다.

우리는 감정이 과도한 경우를 심약함과 격노라고 부르며, 그것이 결여된 경우를 우둔함, 무감각, 무기력이라고 부른다. 우리는 이러한 두 가지 어떤 경우에도 공감할 수 없으며, 그러한 상황을 보면 놀라거나 당혹해한다.

2

그러나 적정성의 기준점이 존재하게 되는 감정의 중용의 정도는 각각의 열정마다 서로 다르다. 어떤 유형의 열정에서는 그 중용의 수준이 높고, 다른 유형의 열정에서는 그 수준이 낮다. 어떤 유형의 열정은 그것을 최고도로 느끼지 않을 수 없다고 우리가 인정할 때에도 아주 강렬하게 이를 표현하면 품위를 잃게 된다. 그리고 다른 유형의 열정은 비록 그리 필연적으로 생기지 않을 때에도 이를 가장 강렬하게 표현할 때 극히 우아하게 보이게 된다.

첫 번째 유형은 어떤 특정한 이유 때문에 동감이 거의 또는 전혀 이루어지기 어려운 열정이며, 두 번째 유형은 또 다른 이유 때문에 최대의 동감이 존재하는 열정이다. 만일 우리가 인간 본성을 구성하고 있는 모든 서로 다른 열정을 고려하면, 세상 사람들이 그 열정에 동감하는 성향이 크거나 적은 정도에 정확히 비례하여 그 온당성이나 품위 없음을 판단하고 있음을 알게 된다.

제1장 신체에서 유래한 열정

1

Ⅰ. 신체의 어떤 상태나 성향 때문에 생기는 열정을 지나치게 강렬한 정도로 표현하는 것은 온당치 못한 행위다. 왜냐하면 동행자의 성향이 이와 동일하지 않으므로 그 열정에 동감할 것으로 기대할 수 없기 때문이다. 예컨대 배고픔을 격렬하게 표현하는 것은 비록 많은 경우에 자연스럽고 불가피하다고 해도 항상 기품이 없는 행위가 되며, 게걸스럽게 먹는 것도 보편적으로 예의범절을 벗어난 한 예로 간주된다.

그러나 일상적인 배고픔에 대해서는 어느 정도의 동감은 존재한다. 우리의 동료들이 식성이 좋아 먹는 것을 보는 일은 유쾌한 일이며, 이를 역겨워하는 모든 표현은 우리에게 불쾌감을 준다. 어떤 건강한 사람에게 습성이 된 신체의 성향은, 다소 거친 표현을 쓰자면, 그의 위장 상태가 전자의 식성이 좋은 사람들과는 보조를 손쉽게 맞추겠지만, 후자의 사람들과는 그렇지 못할 것이다.

성채의 포위공격이나 해양 항해를 다룬 간행물에서 지나친 굶주림을 묘사하는 부분을 읽을 때 우리는 그 배고픔이 야기하는 고통에 동감할 수 있다. 우리는 스스로가 고통을 겪고 있는 사람들의 처지에 있는 것처럼 상상한 후, 그들을 필연적으로 혼란시키고 있음에 틀림없는 비탄, 공포, 낭패감에 쉽사리 이입한다.

우리는 스스로 이 같은 열정을 어느 정도 느끼며, 이에 따라 그들의 감정에 동감한다. 그러나 그러한 묘사를 읽는 것만으로는 우리의 배고픔이 심해지지 않기 때문에, 이 경우에서조차 그들의 배고픔에 우리가 동감한다고 말하는 것은 적절하지 못하다.

2

이러한 사정은 자연이 남녀 양성을 결합시키는 열정에 대해서도 마찬가지다. 이러한 열정은 본래 모든 열정 가운데서 가장 격렬하지만, 그 열정을 강렬하게 표현하는 것은 어떠한 경우에도 점잖지 못하다. 이는 그러한 열정을 가장 철저히 탐닉하는 것에 대해 세속의 법과 신(神)의 법 모두가 완전히 결백한 것으로 인정한 사람들 사이에서조차도 점잖지 못한 부분이다.

그렇지만 이 열정에 대해서조차 동감이 어느 정도는 이루어지는 듯하다. 우리가 어떤 남성에게 하고자 하는 대로 여성에게 생각을 전하는 것은 부적절하다. 우리는 그러한 남녀의 교제가 우리에게 더 큰 즐거움, 더 유쾌한 농담, 더 많은 관심을 고취하기를 기대한다. 그러므로 어떤 남자가 여성에 대해 완전히 무감각하다는 것은 남성 사이에서조차 어느 정도 경멸의 대상이 된다.

3

그 기원이 신체에서 비롯된 모든 욕구에 대해서 느끼는 혐오감은 이러하다. 따라서 그러한 감정을 아주 강렬하게 표현하는 것은 혐오스럽고 불쾌하다. 일부 고대 철학자들에 따르면, 이러한 열정들은 짐승과 공유하는 감정이며, 인간 본성의 전형적인 자질과는 아무 연관성이 없고 이러한 연유로 그 품위를 낮추는 감정이다.

그러나 분개심, 자연적 애착, 심지어는 단지 짐승과 공유하는 속성 때문에 그리 비인간적으로 여겨지지 않는 감사의 마음과 같이 우리가 짐승과 공유하는 열정은 이외에도 많이 존재한다. 우리가 다른 사람들에게서 신체로부터 기인하는 욕구를 볼 때 이에 대해 특별한 혐오를 느끼는 진정한 원인은 그러한 욕구에 우리가 동감할 수 없기 때문이다. 그러한 욕구를 느낀 당사자에게 그 욕구가 충족되자마자 이를 유발한 대상은 유쾌함을 주기를 멈추며, 심지어 그 대상의 존재가 당사자에게 종종 불쾌함을 주기도 한다.

그는 방금 전에 자신을 도취시킨 매력이 무엇인가를 찾아 부질없이 둘러보지만, 다른 사람과 마찬가지로 자신의 열정에 거의 공감할 수 없게 된다. 식사를 마치고 나면, 우리는 식기들을 깨끗하게 치우도록 주문한다. 이처럼 가장 열렬하고 격정적인 욕구를 유발한 대상이 만일 다른 열정의 대상이 아니라 신체에 기원을 둔 열정의 대상에 불과하다면 우리는 이것들을 똑같은 방식으로 다루어야만 한다.

4

절제(節制)라고 적절히 지칭되는 미덕은 신체에 기원을 둔 그러한 욕구들을 통제하는 점에 있다. 건강과 재산에 대한 고려에 의거해 규정되는 범위 내에서 이 욕구들을 억제하는 것이 신중의 역할이다. 그러나 우아함, 적정성, 섬세함, 겸허함이 요구하는 한도 내에서 이들 욕구들을 제한하는 것은 절제의 임무다.

5

Ⅱ. 이와 마찬가지의 이유에서 신체적 고통 때문에 비명을 지르는 것은 아무리 고통이 참기 어렵다고 해도 항시 남자답지 않으며 보기 흉하다. 그러나 신체적 고통에 대해서조차 상당한 동감이 존재한다. 앞서 살펴본 것처럼,[4] 만일 내가 누군가가 타인의 다리나 팔에 칼을 겨누어 당장 내리치려는 것을 본다면, 나의 다리나 팔은 자연스럽게 움츠러든다. 또한 실제로 칼로 그를 찌른다면 나는 어느 정도 이를 느끼고 그 피해자와 마찬가지로 고통을 느낀다. 그러나 나의 고통은 의심할 여지없이 아주 사소한 것이다. 그러한 연유로 만일 내가 동조할 수 없을 정도로 그가 격렬하게 절규한다면 나는 그를 경멸하지 않을 수 없게 된다. 그리고 이러한 사정은 신체에 기원을 둔 모든 열정에 적용된다. 그러한 열정들은 아무런 동감도 자아내지 않거나, 그 피해자가 느끼는 격렬한 고통과는 도저히 비교할 수 없을 정도의 그런 적은 동감만을 유발한다.

6

상상력에 기원을 둔 여러 열정에 관해서는 이와는 완전히 다르다.

---

4) 이 책 89~90쪽(3).

나의 신체의 구조는 동료의 신체에 가해진 변화에도 거의 아무런 영향을 받지 않는다. 그러나 나의 상상력은 훨씬 더 유연하며, 말하자면 나와 친숙한 사람들이 수행하는 상상력의 모양과 표현을 훨씬 용이하게 당연한 것으로 수용한다. 이와 같은 이유 때문에 실연당하거나 야심이 좌절되는 경우가 신체상으로 겪는 최대의 해악보다도 한층 더 큰 동감을 불러일으킨다.

이와 같은 열정들은 모두 상상력으로부터 생겨난다. 재산 전부를 잃은 사람도 만일 그가 건강하기만 하면 신체상 아무 이상도 느끼지 않는다. 그가 느끼는 고통은 단지 상상력으로부터 유발되는 것이다. 상상력은 그에게 자신의 존엄의 상실, 친구들의 무시, 적의 경멸, 곧 자신에게 닥쳐올 타인에 대한 의존, 궁핍, 비참을 보여준다. 이러한 상황에서 우리가 훨씬 강하게 그에게 동감하는 이유는 그의 신체를 그대로 본떠서 우리의 신체를 만드는 것보다는 그의 상상력을 그대로 본떠서 우리의 상상력을 형성하는 것이 훨씬 더 용이하기 때문이다.

7

일반적으로 한쪽 다리를 잃는 것은 애인을 잃는 것보다도 더욱 실질적인 재난이라고 간주된다. 그렇지만 만일 희곡의 결말이 신체의 한 부분을 잃어버리는 것으로 막이 내려진다면 이는 우스꽝스러운 비극이 될 것이다. 이에 반해 애인을 잃는 정도의 불행은 비록 하찮은 것처럼 보일지 모르지만 많은 멋진 비극의 소재가 되어왔다.

8

신체적인 고통만큼 손쉽게 망각되는 것도 없다. 고통이 사라지는 순간에 그것이 야기했던 마음의 격정은 종료되고, 그 생각 때문에 어떠한 심적 동요도 더 이상 우리에게 일어날 수 없다. 이때 우리는 이전에 느꼈던 불안과 고통에 공감할 수 없다. 하지만 친구의 경솔한 말 한마디가 더 지속적인 불쾌감을 야기할 것이다. 이것이 만들어내는 고뇌는 결코 말과 함께 사라지지 않는다. 맨 처음에 심적 동요를 불러일으키는 것은 감각의 대상물이 아니라 상상력에 의해 생긴 관념이다. 이처럼 시간과 다른 사건들이 기억으로부터 어느 정도 이를 불식시킬 때까지 어떤 관념은 마음의 불안을 일으키며, 상상력은 그 관념을 떠올려 마음속에서 계속 초조해하고 괴롭게 만든다.

9

신체의 고통은 그것에 위험이 동반되지 않는 한 어떠한 생생한 동감을 불러일으키지 않는다. 우리는 피해자의 공포에 동감하지만, 그 육체적 고통에 동감하지는 않는다. 그러나 공포는 거의 상상력으로부터 도출되는 열정이다. 상상력은 불안감을 확대시키는 불확실성이나 변동성과 함께 우리가 실제로 느끼는 고통이 아니라 향후 겪을지도 모를 고통을 마음속에 재현한다. 통풍이나 치통은 비록 극도로 신체의 고통을 수반하지만 동감을 불러일으키는 일은 거의 없다. 하지만 이보다 더 위험한 질병은 비록 신체의 고통을 거의 동반하지 않으면서도 최고도의 동감을 불러일으킨다.

10

일부 사람들은 외과수술 장면을 본 후 현기증이 나고 안색이 어두워진다. 살을 베어낼 때의 신체적 고통이 그들의 마음속에서 가장 극도의 동감을 불러일으키는 것처럼 보인다. 우리는 내부적인 질병에 따른 고통과 비교해서 외부적 원인으로 발생하는 고통을 훨씬 더 생생하고 뚜렷하게 떠올린다.

나의 이웃이 통풍이나 결석증으로 고통당할 때 그가 겪고 있는 육체적 고통에 관한 관념을 거의 떠올릴 수는 없다. 그러나 절개, 외상 또는 골절로 그가 겪어야만 하는 고통에 대해서는 가장 명확한 관념을 갖는다.

그러나 그러한 대상들이 그토록 강렬한 효과를 우리에게 만들어 내는 주요 원인은 그 대상의 신선함에 있다. 수십 번이나 해부 및 절개 수술 장면을 목격한 사람은 그 후에는 이러한 종류의 모든 수술을 매우 무관심하게, 때로는 완전히 무감각하게 지켜본다. 그러나 우리가 5백 편 이상의 비극을 읽거나 상연된 연극을 보더라도 그것들이 재현하는 대상에 대한 감수성이 완전히 사라진다고 느끼는 일은 드물다.

11

몇 편의 그리스 비극은 신체적 고통을 상연함으로써 동정심을 자아내려는 시도를 한다. 필록테테스[5]는 그가 겪는 극심한 고통 때문에 비명을 지르며 기절한다. 히폴리투스[6]와 헤르쿨레스[7]는 가장 혹

---

5) 필록테테스(Philoctetes)는 기원전 409년 고대 그리스 3대 비극 시인 가운데 하나인 소포클레스(Sophocles, BC 496~BC 406)의 비극 『필록테테스』에 등장하는 인물이다. 그는 헤라클레스의 장례를 도운 대가로 그의 활과 화살을 물려받은 유명한 궁수였다. 후일 트로이 원정에 참전하여 공훈을 세웠다.

6) 히폴리투스(Hippolytus)는 에우리피데스(Euripides, BC 480경~BC 406)의 고대 그리스 비극 『히폴리투스』에 등장하는 인물이다. 그는 계모인 페드르가 사랑을 고백했으나 거절한다. 치욕과 불명예로 앙심을 품은 페드르는 히폴리투스가 자신을 범했다고 모함한 뒤 자결한다. 이에 격분한 아버지 테세우스는 히폴리투스를 추방하고 바다의 신 포세이돈에게 청원하여 황소를 보내도록 한다. 이 때문에 히폴리투스가 타고 있던 말들이 놀라 마차가 전복되는 바람에 마차에서 떨어져 끌려다니는 고통을 겪다가 죽음에 이른다.

7) 헤르쿨레스(Hercules)는 기원전 5세기 소포클레스의 고대 그리스 비극 『트라키스 여인들』(Trachinae)에 등장하는 인물이다. 헤르쿨레스의 두 번째 아내인

독한 고문, 특히 헤르쿨레스가 지닌 불굴의 기백조차도 감내하기 힘든 고문 때문에 모두 목숨을 잃는 인물로 등장한다. 그러나 이 모든 경우에 흥미를 유발하는 요인은 신체적 고통이 아니라 다른 어떤 사정이다. 우리에게 감동을 전해주는 동시에, 또한 이처럼 매력 있는 비극, 이처럼 낭만적 야성미를 전체적으로 전달하는 것은 필록테테스의 상처 난 발이 아니라 그의 고독이며, 이것이 우리의 상상력을 매우 유쾌하게 만든다.

헤르쿨레스와 필록테테스의 신체적 고통은 그것에 의해 그들의 죽음으로 귀결될 것을 우리가 예견하기 때문에 흥미로울 뿐이다. 그 영웅들이 소생하게 될 운명이라면 그들이 겪는 수난의 표현은 완전히 우스운 일이 될 것이다. 사람들이 겪는 고난이 복통에 있다고 표현하는 연극이 진정한 비극이 될 수 있는가! 하지만 어떠한 신체적 고통도 복통보다 더 격렬하지 못하기는 하다.

이처럼 신체적 고통을 표현함으로써 연민을 자아내려는 시도는 그리스의 연극이 모범을 잘 보여준 그런 적절성 규범을 가장 두드러지게 위반한 것이라고 볼 수 있다.

12

신체적 고통에 대해서 동감을 거의 하지 못하는 사실은 우리가 육체적인 고통을 지조와 인내심을 가지고 감내하는 것에 적정성을 부여하는 판단의 기초가 된다. 가장 가혹한 고문을 당하면서도 이를 회

데이아네이라는 헤르쿨레스의 전쟁포로로 젊고 아름다운 이올레의 미모에 강한 질투심을 느낀다. 그녀는 남편의 사랑을 되찾기 위해 사랑의 묘약이라 생각한 반인반수 네소스의 피를 헤르쿨레스의 옷에 바른다. 그러나 옷섶에 남아 있던 독기 때문에 헤르쿨레스는 살갗이 타들어가는 극심한 고통을 참지 못하고 산채로 화장(火葬)을 해달라고 간청한다.

피하기 위해 아무런 약점을 드러내지 않고 한마디의 신음도 내지 않으며, 완전히 공감하지 못하는 열정을 전혀 드러내지 않는 사람은 우리에게서 최대의 찬사를 받는다.

이와 같은 확고부동함 때문에 그는 우리의 무관심과 무감각과 보조를 맞출 수 있다. 우리는 이러한 목적을 위해 그가 행하는 도량이 큰 노력에 감탄하고 완전히 동조한다. 우리는 그의 행동을 승인함과 동시에, 인간 본성이 지닌 보편적인 약점에 관한 경험에 비추어 볼 때 그가 승인할 수밖에 없을 정도로 어찌 그리 행동할 수 있는가에 놀라고 불가사의함을 느낀다. 불가사의함과 놀라움이 뒤섞여 생기가 넘치는 승인의 과정은 감탄이라고 적절히 부르는 감정을 형성한다. 찬사가 감탄의 자연스러운 표현이라는 점은 이미 앞서 살펴본 바와 같다.[8]

제2장 상상력의 특수한 경향이나 습관에서 유래한 열정

1

그런데 심지어 상상력에서 유발되는 열정이지만 그 가운데서 상상력이 획득한 특수한 경향이나 습관으로부터 유래한 열정들은 비록 완전히 자연스러운 것으로 인정될지라도 동감을 거의 얻지는 못한다. 세상 사람들의 상상력은 대개 그 특수한 경향을 획득하지 못하기 때문에 그러한 감정들에 공감할 수 없다. 그러한 열정은 비록 인생의 어떤 부분에서는 거의 불가피한 것으로 인정될 수 있지만, 언제나 어느 정도는 우스운 일이 된다.

---

8) 이 책 109~110쪽(3).

오랫동안 서로에 대해 깊이 생각해왔던 이성(異性) 간에 자연스럽게 성장하는 강한 애정이 이러한 사례에 속한다. 우리의 상상력은 연인의 상상력과 동일한 방향으로 움직이지 않기 때문에 그 정서의 열렬함에 공감할 수 없다. 만일 우리 친구가 침해를 받았다면 우리는 그의 분개심에 쉽사리 동감하고 그의 분노를 유발시킨 바로 그 인물에게 의분을 갖게 된다. 만일 그가 혜택을 받았다면 우리는 그의 감사하는 마음에 쉽게 공감하며, 후원자의 공로를 높이 평가한다. 그러나 친구가 연애 중이라면 비록 그가 느끼는 열정을 비슷한 유형의 어떠한 열정만큼 합당하다고 생각하지만, 우리 스스로가 그와 동일한 유형의 열정을 느껴야만 한다거나 그 상대방 연인에 대해 그러한 열정을 느껴야 한다고는 결코 생각하지 않는다.

그 열정은 그것을 느끼는 사람을 제외한 다른 모든 사람에게는 대상이 갖는 가치에 완전히 비례하지 않는다. 사랑의 감정은 알다시피 일정한 연령의 사람들에게 자연스럽기 때문에 용인되지만, 우리가 공감할 수 없을 때에는 언제나 웃음거리가 된다. 사랑에 관한 진지하고 강렬한 표현은 어떤 것이든 제삼자에게는 우스꽝스럽게 보인다.

설령 연애 중인 남자가 자신의 여자 친구에게 좋은 동반자가 될 수 있어도, 그가 그 밖의 다른 사람에게 좋은 동반자가 되는 것은 아니다. 그 자신이 이러한 점을 이해하고 냉정한 감각으로 일을 수행하는 한, 그는 자신의 열정을 야유의 대상이거나 우습다는 태도로 다루려고 노력한다. 이러한 태도가 사랑의 열정에 대해 우리가 듣고 싶어하는 유일한 방식이다.

왜냐하면 그것이 사랑에 대해 우리 스스로가 말하고 싶어 하는 유일한 방식이기 때문이다. 전혀 지칠 줄 모르고 자신들의 격렬한 애정을 과장하는 카울리[9]와 페트라르카[10]의 진지하고 현학적이며 수다스러운 사랑을 보면 우리는 점점 싫증을 내게 된다. 그러나 오비디우스[11])의 살짝 들뜬 명랑함과 호라티우스[12])의 정중함은 항상 유쾌한 느낌을 주게 된다.

2

그런데 설령 이런 유형의 애정에 관해 적정한 동감을 전혀 느끼지 못하고 상상에서조차 그 특정한 인물에 대한 열정을 전혀 갖지 못한다고 해도, 우리는 그 동일한 유형의 열정을 느끼거나 느끼고 싶어 하기 때문에, 실연 때문에 생기는 두렵고 격렬한 고통뿐만 아니라 연애의 만족감 때문에 느끼는 행복에 대한 높은 기대에 쉽사리 공감한다.

이러한 사안에서 우리의 관심은 어느 특정한 열정에 있는 것이 아니라, 모든 종류의 희망, 두려움, 고통 등과 같이 우리의 관심의 대상이 되는 다른 여러 열정을 야기하는 어느 상황에 있다. 항해일지의 묘사에서 이루어진 바와 마찬가지로 우리의 관심을 끄는 것은 굶주림 사체가 아니라 그런 굶주림이 야기하는 고통이다. 비록 우리가 연

---

9) 카울리(Abraham Cowley, 1618~67)는 17세기 영국의 시인이다. 그는 형이상학파 시인으로서 『애인』(*The Mistress*) 같은 세속적 연애시집을 출간했으며, 상이한 이미지들을 결합하거나 대담한 비유법을 구사하여 표현했다.

10) 페트라르카(Francesco Petrarca, 1304~74)는 이탈리아 시인이자 인문주의자로서 르네상스에 큰 영향을 미쳤다. 페트라르카의 14행 서정시(sonnet)는 르네상스 시대에 유럽 전역에서 모방되었으며 서정시의 표준형식이 되었다.

11) 오비디우스(Publius Ovidius Naso, BC 43~AD 17)는 고대 로마의 시인이다. 그의 작품은 세련된 감각과 풍부한 수사(修辭)로 르네상스 시대에 널리 읽혔고, 후대에도 많은 영향을 끼쳤다. 쾌활함, 동정심 등의 인간적 특성을 생기발랄하게 노래하는 연애시로 유명하며 호라티우스와 더불어 로마 문학의 황금시대를 이루었다.

12) 호라티우스(Quintus Horatius Flaccus, BC 65~BC 8)는 고대 로마 공화정 말기의 시인이다. 탁월한 기교의 풍자시 및 서정시로 명성을 얻어 아우구스투스 황제의 총애를 받았다.

애하는 사람의 애정에는 적절히 공감하지 못한다고 해도 그가 연애를 통해 얻게 되는 낭만적인 행복의 기대감에는 쉽게 동조한다.

나태함 때문에 늘어지거나 욕구의 강렬함 때문에 지쳐 있는 어떤 특정한 상황에서 마음의 평정과 평온을 열망하는 것, 그동안 마음을 산란하게 했던 그 열정을 만족시킴으로써 이것들을 구하고자 희망하는 것, 그리고 우아하고 부드러우며 열정적인 티불루스[13]가 그리 즐겨 묘사했던 바의 목가적 고요함과 칩거의 삶이라는 관념을 형성하는 것은 매우 자연스런 일이라고 우리는 느낀다.

그런데 그런 목가적인 삶은 시인들이 '행운의 섬'(Fortunate Islands)[14]에서 묘사한 바대로, 우정, 자유, 안식의 삶이며, 노동, 걱정, 그리고 이들에 부수되는 모든 심란한 열정에서 해방된 생활이다. 심지어 이러한 종류의 배경들조차 실제로 향유되는 것보다는 오히려 희구되는 것으로 그려질 때 가장 우리의 관심을 끈다.

연애와 혼합되거나 아마 연애의 기초가 되기도 하는 그 열정의 조잡성은 그 열정의 충족이 멀리 떨어져 요원할 때에는 사라지지만, 그 열정이 직접적으로 충족된 것으로 묘사될 때에는 그 전체를 불유쾌하게 만든다. 연애에서는 행복한 열정보다 불안하고 우울한 열정이 한층 더 우리의 관심을 끈다. 우리는 이렇듯이 자연스럽고 유쾌한 희망을 좌절시키는 모든 것에 대해 전율을 느끼고, 따라서 그 연인의

---

13) 티불루스(Albius Tibullus, BC 55경~BC 19경)는 아우구스투스 황제 시대의 로마 비가 시인이다. 호라티우스와 오비디우스는 티불루스의 동료 시인이다. 그는 온화하고 세련되며 섬세한 성품을 지녔으며, 이를 반영하는 아름다운 목가조의 시를 남겼다.

14) 그리스 신화에서 엘리시움(Elysium), 즉 사후 세계로서의 '행운의 섬'은 덕망 있는 사람들이 내세에서 거주하는 곳으로 묘사된다. 예컨대 기원전 8세기경 음유시인인 헤시오도스의 시 『노동과 나날』과 핀다로스의 『올림픽 송가』는 행운의 섬을 노동과 걱정 없는 삶이 가능한 곳으로 묘사했다.

모든 근심, 걱정, 고통에 공감한다.

3

그러므로 근대의 일부 비극이나 연애소설에서는 이러한 열정이 아주 놀라울 정도로 흥미를 자아내는 듯하다.『고아』(孤兒)에서 우리를 사로잡는 것은 카스탈리오와 모니미아의 사랑보다는 그 사랑이 야기하는 고통이다.[15] 두 연인을 등장시킨 그 작가가 철저한 안전이 보장된 배경에서 두 연인의 상호 애정을 표현했다면, 이는 동감이 아니라 조소를 불러왔을 것이다. 만일 이런 유형의 장면이 어떤 비극에 삽입된다면, 이는 언제나 어느 정도 부적절하다. 관객들이 이를 감내하는 것은 비극에 표현된 그 열정에 대한 동감 때문이 아니라, 그들이 예견하기에 그 열정을 충족하는 데 수반될 것 같은 위험과 난관에 대한 관심 때문이다.

4

이러한 취약성과 관련하여 사회의 법률이 여성에게 부과하는 제약은 그들에게 특히 한층 더 고통을 주게 되며, 바로 그 이유 때문에 훨씬 더 깊은 흥미를 불러일으킨다.『페드르』라는 프랑스의 비극작품에서 표현된 것처럼, 비록 방종과 죄책감이라는 요소가 있음에도

---

15)『고아』(*The Orphan*)는 영국 극작가 오트웨이(Thomas Otway, 1652~85)가 1680년에 쓴 가정 비극이다. 극에 등장하는 두 쌍둥이 형제 카스탈리오(Castalio)와 폴리도어(Polydore)는 부모님을 잃어 자신들의 집에 머물고 있는 모니미아(Monimia)와 사랑에 빠진다. 쌍둥이 형 카스탈리오와 모니미아는 사랑을 느껴 먼저 비밀결혼을 한다. 그런데 이를 엿들은 폴리도어가 계략을 부려 모니미아는 그와 하룻밤을 보내게 된다. 다음날 모든 사실을 알게 된 카스탈리오와 모니미아는 후회와 슬픔으로 자살한다.

우리는 페드르의 사랑에 매료된다.[16]

바로 그러한 방종과 죄책감이 어느 정도 그 비극을 우리에게 매력적으로 보이게 한다고 말할 수 있다. 그녀가 겪는 두려움, 부끄러움, 후회, 공포, 절망이 한층 더 자연스럽고 흥미로워진다. 달리 표현하자면, 사랑이라는 상황에서 일어나는 모든 이차적인 열정은 필연적으로 한층 더 맹렬하고 격렬해진다. 우리가 동감한다고 말하는 것이 적절한 부분은 오직 이러한 부차적 열정에 대해서뿐이다.

5

그런데 아주 과도할 정도로 그런 대상의 가치에 비례하지 않는 모든 열정 가운데서도 사랑만은 가장 나약한 사람에게조차도 우아하거나 유쾌한 무언가를 그 내부에 지닌 것으로 여겨지는 유일한 열정이다.

우선, 비록 사정에 따라 우스꽝스럽기는 해도 그 감정 자체가 본래 몹시 불쾌한 것은 아니다. 설령 그 결과가 때로는 치명적이고 가혹하기는 해도 그 의도가 유해한 경우는 거의 없다. 비록 그러한 열정에 적정성이 거의 없기는 해도, 그것에 수반되는 열정들의 일부에는 상당한 적정성이 있다.

사랑에는 인간애, 관대, 친절, 우정, 존경 등이 농후하게 혼재되어 있다. 이후 즉시 설명하겠지만, 모든 다른 열정에 비교할 때 이러한 열정은 어느 정도 과도한 경우에조차 우리가 동감하는 경향이 가장

---

16) 『페드르』(*Phèdre*)는 프랑스의 극작가 라신(Jean Racine, 1639~99)의 아홉 번째 비극으로 1677년 작품이다. 이는 고대 그리스 극작가인 에우리피데스의 『히폴리투스』를 소재로 만들어진 비극이며, 히폴리투스가 아닌 그의 계모 페드르에게 초점을 맞추었다. 잘못된 애욕에 사로잡혀 괴로워하다가 끝내 파멸하는 페드르의 심리를 세밀하게 묘사했다.

크다. 우리가 이러한 열정에 대해 느끼는 동감은 이것들이 동반하는 사랑의 열정을 덜 불쾌하게 만들고, 흔히 사랑에 뒤따르는 모든 악덕에도 불구하고 우리의 상상 속에서 이를 뒷받침한다.

비록 그 열정이 연인의 한편을 필연적으로 파멸과 불명예로 인도하거나, 아주 덜 치명적이긴 해도 연인의 다른 한편에게 노동능력의 상실, 의무의 태만, 명예나 심지어 통상적인 평판마저 경멸하는 결과를 거의 언제나 동반하는 경우라고 해도 그러하다. 이 모든 것에도 불구하고 그 사랑의 열정과 동반되는 것으로 생각되는 예민한 감수성과 관대함의 정도는 많은 사람에게 그것을 허영의 대상으로 만든다. 그들은 실제로 그 정서를 느꼈다고 해도 그들에게 아무런 명예를 부여하지 않을 그런 감정을 느낄 능력을 지닌 것처럼 보이는 것을 선호한다.

6

동일한 이유 때문에 자신의 친구, 자신의 연구사항, 자신의 직업에 대해서 논의할 때는 어느 정도의 절제가 필요하다. 이 모든 주제는 우리의 관심을 끄는 것과 같은 정도로 우리 동료의 관심을 끈다고 기대할 수 없는 대상들이다. 그리고 이러한 절제가 결여된 사정 때문에 세상 사람의 절반은 나머지 절반의 사람에게 결함이 있는 동반자가 된다. 철학자는 철학자에게만 좋은 친구가 되고, 한 클럽의 회원은 아주 적은 무리인 자신의 동료에게만 좋은 동반자가 된다.

제3장 비사회적인 열정

1

비록 상상력으로부터 도출되지만, 공감을 얻거나 석절하며 기품을 가진 것으로 간주되려면 사회화되지 않은 본성이 지시하는 정도보다도 항상 훨씬 낮은 수준으로 억제되어야 하는 또 다른 유형의 열정들이 있다. 서로 다른 변이형태가 존재하지만 증오와 분개심이 그러한 종류의 열정이다. 이와 같은 열정들에 관해서는 우리의 동감은 이를 느끼는 사람과 이 열정의 대상이 되는 사람 사이에서 분할된다. 이 두 사람의 이해관계는 직접적으로 상반된다.

이러한 열정을 느끼는 사람에 대한 우리의 동감은 무엇인가를 바라도록 촉구하는 반면, 그 대상이 된 사람에 대한 우리의 동료감정은 두려움을 느끼도록 만든다. 그들 모두가 사람이기 때문에 우리는 쌍방 모두에 관심을 갖게 된다. 어느 한편이 겪을지도 모를 일에 대해서 느끼는 우리의 두려움은 또 다른 당사자가 겪었던 일로 발생한 우리의 분개심을 약화시킨다.

그러므로 도발에 의해 피해를 입었던 사람에 대한 우리의 동감은 그 사람을 자연히 흥분시킨 그 열정에는 필히 미치지 못한다. 이는 모든 동감적인 감정이 본래의 감정보다도 정도의 측면에서 미약하다고 하는 일반적 원인 때문이기도 하지만, 이러한 사안에 특유한 원인, 즉 상대방에 대한 우리의 상반된 동료감정이라는 특별한 원인에 기초하고 있기 때문이기도 하다. 그러므로 분개심이 우아하고 유쾌한 것이 될 수 있기 위해서는 거의 모든 다른 열정보다도 훨씬 더 자연적인 수준 이하로 억제되고 낮추어져야 한다.

2

이와 동시에 세상 사람들은 다른 사람에 대해서 가해진 침해에 대해 매우 민감하게 느낀다. 비극이나 연애소설에서의 악역은 주인공이 동감과 애정의 대상인 것만큼이나 분노의 대상이 된다. 우리는 오셀로를 존경하는 것만큼이나 이아고를 증오하고, 오셀로의 고통에 슬퍼하는 정도로 이아고의 처벌을 반긴다.[17] 그러나 세상 사람들이 자신의 동포에게 가해진 침해에 대해 매우 강한 동료감정을 가진다고 해도, 피해자가 가해자에 대해 분노하는 것 이상으로 그들이 언제나 분개심을 갖는 것은 아니다.

대부분의 경우에 피해자의 인내심, 온후함, 인간애가 크면 클수록, 만일 그가 기백이 없거나 두려움이 동기가 되어 감내한 것이라고 보이지 않는다면, 가해자에 대한 분개심은 점점 더 고조된다. 피해자가 호감이 가는 성품을 가지고 있으면 침해의 가혹성에 대한 사람들의 감각은 더욱 격화된다.

3

그런데 이러한 증오와 분개심의 열정은 인간 본성의 특성상 필요불가결한 부분으로 간주된다. 침해자들에게 저항하거나 복수하려고 시도하지 않고 무기력하게 앉아서 모욕을 감수하는 사람은 경멸의 대상이 된다. 우리는 그의 무관심과 무감각에 공감할 수 없다. 즉 우

---

17) 오셀로(Othello)는 영국 극작가 셰익스피어(William Shakespeare, 1564~1616)의 4대 비극의 하나인 『오셀로』(1603년경)에 등장하는 주인공이다. 오셀로의 부대 기수로서 승진에 불만을 품은 교활한 이아고(Iago)는 간책을 꾸민다. 오셀로의 청순하고 순결한 아내 데스데모나가 부관인 카시오와 밀통하고 있다는 것이다. 이 때문에 강직하고 고결한 장군인 오셀로는 아내를 살해한다. 이후 진실을 알게 된 오셀로는 슬픔과 회한으로 자살한다. 한편 이아고는 자신의 계략으로 인해 잔혹한 처형을 당한다.

리는 그 사람의 행동을 비열하다고 판단하고, 그의 적대자의 무례함에 대해서 격분하는 것과 마찬가지로 이와 같은 비열한 행동에 대해서 진정으로 분노한다.

어느 누군가가 모욕과 부당한 대우에 참을성 있게 복종하는 것을 보면 심지어 대중들조차 격노한다. 대중들은 이 무례함에 대해 분개심을 기대하며, 그 피해자가 이에 분노하기를 기대한다. 그들은 격노하여 그 피해자에게 스스로를 방어하거나 복수하라고 외친다. 만일 그 피해자의 분노가 마침내 일어나면 대중들은 진심으로 갈채를 보내고 그 분노에 동감한다. 피해자의 분노는 그의 적대자에 대한 대중들의 분노를 새롭게 하고 이번에는 피해자가 그 적대자를 공격하는 것을 보고 기뻐하며, 피해자의 복수가 절도를 잃지 않는다면 마치 그러한 침해가 자신들에게 가해졌던 것처럼 그 복수에 진정으로 만족감을 갖는다.

4

그런데 이러한 열정이 어떤 한 개인을 모욕하거나 침해하는 행위를 위험하게 함으로써 비록 개인적 차원에서 그 효용이 인정받거나, 또는 후술되듯이[18] 정의와 공정한 사법집행의 수호자로서 공공에 대한 그 효용이 적지 않다고 해도, 여전히 이 열정 자체에는 불유쾌한 무언가가 있으며, 이에 따라 그것이 타인에게 나타난다면 이는 우리의 혐오의 자연적인 대상이 된다.

동석하고 있는 어느 사람을 향한 분노의 표현이 그의 부당한 대우를 우리가 알고 있다는 단순한 암시 정도를 넘어선다면, 그 특정 인물에 대한 모욕일 뿐만 아니라 동석자 전체에 대한 무례함으로 간주

---

18) 이 책 231~248쪽(1~12).

된다. 동석자 전체를 존중하는 경우 그처럼 소란스럽고 불쾌한 정서의 표현을 삼가는 것이 지당하다. 이들 열정이 수반하는 먼 장래의 효과야말로 호감을 주는 것이지만 그 직접적 효과는 그러한 열정이 지향되는 당사자에게는 침해이기도 하다.

그러나 어떤 대상이 상상력의 작용을 유쾌하거나 불유쾌한 것으로 만드는 것은 그 대상의 직접적 효과이지 먼 장래의 효과는 아니다. 교도소는 분명히 궁전보다도 공공에게 더 큰 유용성을 지닌다. 일반적으로 교도소를 세운 사람은 궁전을 만든 사람보다도 훨씬 더 정의로운 애국심에 의해 지향되고 있다. 그러나 교도소의 직접적인 효과, 즉 그곳에 구금되어 있는 불운한 사람들의 감금은 불쾌한 것이다. 사람의 상상력은 먼 장래의 효과를 추적하기 위해 시간을 쓰지 않거나, 그것의 영향을 크게 받지 않을 정도로 아주 먼 거리에서 응시한다. 그러므로 교도소는 언제나 불쾌한 대상이 될 것이며, 이것이 의도했던 목적에 적합하면 할수록 더욱 불쾌한 것이 된다.

이와 반대로 궁전은 언제나 유쾌한 대상이지만, 그 먼 장래의 효과는 빈번히 공공에 도움이 되지 않을 수 있다. 그것은 사치를 조장하거나 풍속을 해치는 본보기가 될 수도 있다. 그렇지만 이것이 제공하는 직접적 효과는 그곳에서 거주하는 사람들의 편리함, 즐거움, 쾌활함이다. 이는 유쾌함을 주고 사람의 상상력에 무수한 유쾌한 관념을 제공하는데, 일반적으로 그 능력은 여기에 안주하여 좀더 먼 결과를 추적하기 위해 더 나아가지 않는다.

회화나 벽토로 모사된 악기 또는 농기구의 기념품은 거실이나 식당에서 흔히 볼 수 있는 유쾌한 장식물이다. 그러나 동일한 종류의 기념품이라도 외과의사의 도구, 즉 절개나 절단용 칼, 뼈 깎는 톱, 개두용 기구는 터무니없고 충격적인 장식물일 것이다. 하지만 외과의사의 여러 기구는 농기구보다 언제나 더 잘 연마되어 있으며 일반적으로 의도된 목적에 더욱 멋지게 지향되고 있다. 또한 외과의사의 여러 도구가 갖는 먼 장래의 효과, 즉 환자의 건강은 역시 유쾌함을 준다. 그러나 그것의 직접적 효과는 신체적 고통과 괴로움이기 때문에 외과의사의 여러 도구를 보면 언제나 불쾌해진다.

전쟁도구는 비록 그것의 직접적 효과가 마찬가지로 신체적 고통과 괴로움이지만, 궁극적으로는 유쾌한 느낌을 준다. 이때 그것은 우리가 어떠한 동감도 느끼지 않는 우리 적들의 고통과 괴로움이다. 우리와 관련해서 전쟁도구는 용기, 승리, 명예라는 유쾌한 관념과 직접적으로 연결된다. 그러므로 사람들이 생각하기에 전쟁무기 자체가 의상의 가장 고상한 부분의 하나를 구성하며, 이를 모방한 것이 건축의 가장 아름다운 장식물의 하나를 이룬다. 이는 마음의 여러 자질에 대해서도 마찬가지다.

고대의 스토아철학자들은 다음과 같은 견해를 지녔다. 즉 세계는 현명하고 강력하며 선량한 신(神)이 만물을 지배하는 섭리에 의해서 통치되고 있기 때문에 모든 단일의 사건은 우주 계획의 필연적인 부분을 구성하면서 일반적인 질서와 전체의 행복을 도모하는 것으로 간주되어야 한다. 그러므로 세상 사람들의 악덕과 우매한 행동 역시 그들의 지혜나 덕성과 마찬가지로 이 계획의 필연적인 부분을 구성한다. 또한 악으로부터 선을 이끌어내는 신의 영원한 기술에 의해서 이것들은 모두 자연의 위대한 체계의 번영과 완성에 동일하게 공헌하도록 창조되었다.

그런데 이러한 유형의 사색이 아무리 심오하게 마음에 근거하고 있다고 해도 악덕에 대한 우리의 자연적 혐오감을 감소시킬 수 없다. 즉 악덕의 직접적 효과는 매우 파괴적이며, 그 먼 장래의 효과는 상상력이 추적할 수 없을 정도로 매우 심원하다.

5

앞서 고찰해온 여러 열정에 관해서도 사정은 마찬가지다. 이 열정들의 직접적 효과가 그리 유쾌하지 못한 관계로 이것들이 유발되는 것이 아주 정당한 경우조차 혐오감을 품게 하는 무언가가 존재한다. 그러므로 이미 기술된 것처럼 이러한 열정들은 이를 야기한 원인에 관해 알고 나서야 비로소 우리가 동감하고 싶거나 동감을 채택할 준비를 하게 되는 그러한 유일한 감정이다.

고통으로 구슬픈 목소리가 멀리서 들려올 때 우리는 그 당사자에게 결코 무관심할 수 없을 것이다. 그 소리가 우리의 귓전에 울리자마자 우리는 그의 운명에 관심을 가지게 되고, 그 소리가 계속되면 우리는 거의 부지불식간에 그를 돕기 위해 달려가지 않을 수 없다. 마찬가지로 미소를 띤 얼굴을 보면 심지어 수심에 잠긴 사람들조차 쾌활하고 활기찬 기분이 되며, 그는 이것에 의해 표현되는 환희를 함께 나누고 이에 동감하고 싶어진다. 또한 그는 이전에 근심과 걱정으로 위축되고 우울했던 그의 마음이 즉시 확장되고 활기를 띠게 됨을 느낀다.

그러나 증오와 분개심이 표현되는 경우는 사정이 매우 다르다. 분노에 가득차서 귀에 거슬리고 소란스러우며 부조화를 이루는 소리는 먼 곳에서 들려올 때 우리에게 두려움이나 혐오감을 불러일으킨다. 우리는 신체적 고통과 정신적 고뇌로 절규하는 사람에게 행동하는 것처럼 바로 달려가지 않는다. 여성이나 신경이 예민한 남성은 비록 그들 자신이 그 노여움의 대상이 아님을 알면서도 전율하며 두려움에 빠진다. 그런데 그들은 스스로를 분노의 대상이 된 사람의 처지에 놓고 바라보기 때문에 두려움을 느낀다.

아주 강한 심성의 소유자조차도 그들이 두려움을 충분히 느낄 정도는 아니지만 충분히 노여울 정도로 실제로 마음이 산란해진다. 왜

나하면 노여움은 분노의 대상이 된 상대방의 상황에서 그들이 느끼는 열정이기 때문이다.

증오에 대해서도 마찬가지다. 악의의 단순한 표현은 이를 표현한 사람에게만 악의를 고취할 뿐 어떤 다른 사람에게도 영향을 주지 못한다. 이러한 열정 모두는 본성상 우리의 혐오의 대상이다. 이러한 열정들의 불쾌하고 소란스러운 표현은 우리의 동감을 유발하거나 수용하지 못하도록 하며 종종 이를 방해한다.

비애에 빠져 있는 사람에게 우리가 관심을 갖고 끌리는 정도는 우리가 분노나 증오의 원인에 대해 무지한 기간에 이 열정들이 우리에게 불쾌감을 주면서 그를 외면하게 만드는 정도와 비교해서 한층 더 강력한 것은 아니다. 이처럼 한층 더 불쾌하고 호감을 주지 못하는 여러 정서는 사람들 간에 서로 거리를 두도록 만드는데, 이 열정들이 상대적으로 어렵고 비교적 드물게 서로에게 전달되도록 해야 한다는 것은 자연의 의도인 듯하다.

6

음악이 비애나 환희가 지닌 여러 변화를 모방할 때 우리는 고무되어 그 열정들을 실제로 느끼거나 적어도 이를 느끼고 싶어 하는 분위기에 젖어든다. 그러나 음악이 노여움의 음색을 모방할 때에 이것은 우리를 불안하게 한다. 환희, 비애, 애정, 감탄, 헌신은 모두 본래 음악적인 열정이다. 이 열정들의 자연스러운 음색은 모두 부드럽고 명료하며 선율적이다. 이 음색은 규칙적인 중간 휴지(休止)로 구분된 악절을 통해 자연스럽게 표현되며, 이 때문에 한 악곡의 상응한 선율의 규칙적인 반복에 쉽게 들어맞는다.

이에 반해 노여움의 소리뿐만 아니라 그에 가까운 열정들의 소리는 거칠고 귀에 거슬린다. 또한 그 악절도 모두 불규칙하며, 어느 경우에는 대단히 길고 어느 경우에는 대단히 짧아서 규칙적인 중간 휴지로도 구분되지 않는다.

그러므로 음악이 이러한 열정들을 모두 모방할 수 있다는 것은 어려운 일이며, 이 열정들을 모방한 음악이 가장 유쾌한 것도 아니다. 어떤 연주 전체가 일체의 부적절함을 수반하지 않고도 사회적이고 유쾌한 열정의 모사로 구성될 수 있다. 오로지 증오와 분개심의 모사만으로 이루어진 연주만큼 기묘한 것은 없을 것이다.

7

만일 어떤 열정들이 관찰자에게 불쾌감을 준다면, 그러한 감정을 느끼는 사람에게도 이에 못지않게 불쾌감을 줄 것이다. 증오와 노여움은 선량한 사람의 행복에 최대의 독소가 된다. 바로 이런 열정들을 느끼는 일 가운데에는 난폭하고 조화되지 않고 격정적인 어떤 것, 마음에 상처를 내고 혼란시키는 어떤 것이 존재한다. 그런데 이러한 열정들은 행복에 불가결하고 감사와 사랑이라는 대조적인 열정에 의해 가장 잘 촉진되는 마음의 침착함과 평정을 파괴한다.

관대하고 인정 있는 사람이 가장 유감스럽게 느끼는 것은 함께 살고 있는 사람들의 배신과 배은망덕으로 인해 잃게 되는 재물의 가치가 아니다. 그들은 어떠한 재물을 잃는다고 해도 그것 없이도 일반적으로 행복감을 느낄 수 있다. 그들을 가장 괴롭히는 것은 배신과 배은망덕이 그들에게 실행되었다는 관념이다. 그들의 견해로는 이 관념이 자극하는 부자연스럽고 불쾌한 열정들이 그들이 겪는 침해의 주요 부분을 구성한다.

8

분개심의 충족을 완전히 유쾌한 것으로 만들고 우리의 보복에 관찰자가 철저히 동감하도록 만들려면 얼마나 많은 것이 요구되는 것일까? 무엇보다도 그 격분은 만일 우리가 다소라도 분개하지 않으면 우리가 경멸의 대상이 되고 지속적인 모욕을 받게 될 그런 정도가 틀림없이 되어야 한다.

비교적 사소한 침해는 무시하는 것이 한층 낫다. 또 사소한 다툼이 벌어질 때마다 흥분하면서 심술궂고 고약하게 구는 기질만큼 더 비열한 것은 없다. 우리가 분개하는 이유는 그 불쾌한 열정의 격렬함을 스스로 느껴서라기보다는 분개심의 적정성 감각이나 세상 사람들이 이를 기대하거나 요구하고 있다는 감각에 훨씬 더 근거하고 있기 때문이다.

인간의 마음이 표출하는 여러 열정 가운데서도 그 정당성에 관해서 의구심을 가져야 하는 열정, 그 충족에 대해 주의 깊게 자연적인 적정성의 감각을 참조하거나 냉정한 공평무사한 관찰자의 감정은 무엇인가를 진지하게 고려해야 하는 열정은 이것밖에는 존재하지 않는다.

넓은 도량 또는 사회적 지위와 품위를 유지하고자 하는 고려만이 이 불쾌한 열정의 표현을 고상한 것으로 만들 수 있는 유일한 동기다. 이 동기가 우리의 품격과 태도 전반을 확실하게 특징지어야 한다. 이러한 품격과 태도는 필히 단순하고 숨김이 없으며 솔직해야만 하며, 과시 없이 결연하고, 오만 없이 고상해야 한다. 그리고 성급한 언동과 천박한 독설에서 자유로울 뿐 아니라 가해자에게조차 관대하고 진솔하며 모든 적절한 고려로 충만해야 한다.

요약하면, 그 분노의 열정이 우리의 인간애를 절멸시키지 않았다는 점, 만일 보복의 명령에 굴복해도 이것은 마지못해 부득이 그리고 중대하고 반복된 도발의 결과 때문이라는 점이 애써서 표현하지 않아도 우리의 태도 전반에서 분명히 나타나야 한다. 분개심이 이런 식으로 제한되고 자격을 갖춘다면 심지어 관대하고 고귀한 자질로까지 인정될 수 있을 것이다.

제4장 사회적인 열정

1

분할(分割)된 동감이 방금 전에 거론했던 일련의 열정 모두를 대부분의 경우 기품 없고 불쾌하게 만드는 것처럼, 이와 정반대의 특징을 갖는 또 다른 일련의 열정은 배가(倍加)된 동감에 의해서 거의 항상 유쾌하고 적절하게 된다. 관대, 인간애, 친절, 동정, 상호우정, 존경 등과 같이 사회적이고 자애로운 성정은 심지어 우리와 특별한 관계가 없는 사람을 위해서 표정이나 행동으로 표현될 때 거의 대부분 공평한 관찰자를 유쾌하게 만든다.

그러한 열정을 느끼는 사람에 대한 관찰자의 동감은 그러한 열정의 대상이 되는 사람에 대한 관찰자의 관심과 정확히 일치한다. 열정의 대상이 되고 있는 사람의 행복에 관찰자가 한 인간으로서 가질 수밖에 없는 그런 관심은, 그 동일한 대상에 자신의 정서를 지향하고 있는 다른 어떤 사람의 감정에 대한 관찰자의 동료감정을 활기차게 만든다. 그러므로 우리는 언제나 자애로운 여러 감정에 가장 강하게 동감하고자 하는 성향을 갖는다. 이 감정들은 모든 측면에서 우리에게 호감을 준다.

우리는 이러한 감정을 느끼는 사람의 만족과 그러한 감정의 대상이 되는 사람의 만족에 공감한다. 왜냐하면 용감한 사람에게는 그의 적에게서 받을 염려가 있는 모든 해악보다도 증오와 분노의 대상이 되는 것이 한층 더 큰 고통을 주듯이, 섬세한 감각과 감수성이 예민한 사람에게는 사랑받고 있다는 의식에서 오는 만족감이 이로부터 얻을 것으로 기대하는 모든 이익보다도 행복에 훨씬 더 중요하기 때문이다.

친구 사이에서 불화의 씨를 퍼뜨려 그들의 가장 부드러운 애정을 극심한 증오로 전화시키는 것에 기쁨을 느끼는 사람의 성격만큼 그리 혐오스러운 성격이 과연 있는가? 도대체 이렇듯 심히 혐오스러운 침해행위의 잔인성은 어디에 존재하는 것인가? 그것은 그들의 우정이 지속되었다면 서로에게 기대했을지도 모를 사소한 호의를 그들에게서 빼앗은 데 있을까?

그 잔인성은 서로가 상당한 만족감을 얻은 원천인 우정 자체 및 서로가 지닌 애정을 그들에게서 빼앗고 훔친 점에 있다. 그것은 그들의 마음의 조화를 깨뜨리고 지금까지 그들 사이에 존재한 행복한 사회적 교류에 종지부를 찍은 점에 있다. 온화하고 섬세한 사람들뿐만이 아니라 세상 사람들 가운데 가장 조야한 인물조차도 이러한 여러 성향, 그 조화, 이 사회적 교류가 그로부터 얻어지리라 기대되는 모든 사소한 이익보다도 행복에 훨씬 더 중요하다고 느낀다.

2

사랑의 감정은 그 자체로 이를 느끼는 사람에게 유쾌함을 준다. 그것은 사람의 마음을 어루만지고 진정시키며, 활동력을 키우고 인체 구조의 건강상태를 촉진하는 것으로 보인다. 사랑의 감정은 이의 대상이 되는 사람의 마음속에서 당연히 촉발됨에 틀림없는 감사와 만족을 의식하고 있기 때문에 훨씬 더 즐거운 것이 된다. 서로를 배려함으로써 그들은 서로 행복하게 되고, 서로를 배려함으로써 생기게 되는 동감 때문에 그들은 모든 다른 사람에게 유쾌함을 준다.

상호애정과 상호존경이 이루어지는 어떤 가족, 자식의 존경심과 부모의 다정스런 관대함을 제외하고는 아무런 차이 없이 부모와 자식이 서로 친구처럼 지내는 가족, 자유와 상냥함, 상호농담과 상호친절이 형제간 이해관계의 대립과 분열이 없음을 보여주는 가족, 애정관계에서의 경쟁이 자매 사이를 멀어지지 않게 하는 가족, 모든 것이 평화, 유쾌함, 조화, 만족의 관념을 주는 가족을 지켜볼 때 우리는 얼마나 즐거운 마음이 되는가?

반대로 부조화의 의견대립으로 가족의 절반이 다른 절반과 반목하고 있고, 부드러움과 공손함을 가장하고 있지만 의심의 눈초리와 갑작스러운 열의 분출이 상호질시를 드러내는, 이미 안달이 난 상태에서 지금은 친구들 때문에 억제되고 있지만 매 순간 폭발할 것 같은 상호질시를 드러내고 있는 어떤 집에 들어갈 때 우리는 얼마나 불안해할 것인가?

3

이처럼 호감을 주는 열정은 비록 과도하다고 인정될 때조차 결코 혐오스럽게 보이지 않는다. 우정과 인간애가 지닌 취약성에서조차 유쾌한 무언가가 존재한다. 아마 그 본성의 연약함 때문에 지나치게 온화하기만 한 어머니, 지나치게 응석을 받아주는 아버지, 지나치게 관대하고 다정다감한 친구를 우리는 때때로 일종의 연민을 가지고 보게 된다.

그런데 이러한 유형의 연민에는 애정이 섞여 있으며, 만일 세상 사람들 가운데 가장 잔혹하고 무가치한 사람이 아니라면, 이를 증오와 혐오감을 가지고 볼 수 없으며, 심지어 경멸을 가지고서도 볼 수 없다. 그들이 보여주는 과도한 애정 때문에 우리가 그들을 비난할 때에도 항상 관심, 동감, 친절로써 그렇게 한다.

극단적인 인간애를 지닌 성격은 속수무책이기 때문에 이러한 성격은 다른 어느 성격 이상으로 우리의 연민을 갖게 한다. 그러한 성격에는 그 자체를 품위 없게 하거나 불쾌하게 만드는 요소는 하나도 없다. 우리는 단지 이 과도한 인간애가 지금 이 세상에 적합하지 않음을 애석해한다. 왜냐하면 지금 이 세상은 이를 누릴 정도의 자격이 없기 때문이다. 그리고 그러한 성격의 사람은 분명히 교묘하게 가장한 거짓에 따른 배신과 배은망덕의 희생물이 됨과 동시에, 일반적으로 어느 다른 사람보다도 경험해서도 안 되고 감내하기도 가장 어려운 그런 무수한 고통과 불안에 분명히 노출되기 때문이다.

증오와 분개심에 대해서는 사정이 완전히 다르다. 그러한 혐오스러운 열정을 일으키는 성향이 매우 강렬한 사람은 그 때문에 보편적인 두려움과 혐오의 대상이 되며, 우리의 생각으로는 야수와 마찬가지로 모든 시민사회로부터 추방되어야 한다.

제5장 이기적인 열정

1

사회적 열정과 비사회적 열정 같은 두 가지의 상반된 열정뿐만 아니라 이 양자 사이에서 일종의 중간적 위치를 차지하는 또 다른 일련의 열정이 존재한다. 이 열정은 사회적 열정이 종종 그러하듯 그리 우아한 것도 아니고, 비사회적 열정이 종종 그러하듯 그리 불쾌한 것도 아니다. 비애와 환희는 우리의 개인적인 행운이나 불운 때문에 느껴지는 경우에는 이 세 번째 유형의 열정에 속한다.

이러한 열정은 그 정도가 지나친 경우에도 결코 과도한 분개심처럼 불쾌하지 않다. 왜냐하면 그것에 대립하는 어떠한 상반되는 동감이 우리의 관심을 끌지 않기 때문이다. 그리고 그 대상에 가장 적합한 경우에도 그러한 열정은 결코 공평한 인류애와 공정한 자혜처럼 유쾌함을 주는 것은 아니다. 왜냐하면 이러한 열정에 대해 배가된 동감에 우리의 관심이 지향될 수 없기 때문이다.

그러나 비애와 환희 사이에는 다음과 같은 차이가 존재한다. 사람은 일반적으로 작은 환희와 큰 비애에 대해서 가장 쉽게 동감하고자 하는 성향이 있다. 운명의 급격한 변화에 따라서 생활수준이 이전에 살았던 것보다는 즉시 훨씬 높게 급상승한 사람은 그의 가장 친한 친구들의 여러 축하가 완전히 진심은 아니라는 점을 확인하게 된다. 벼락출세가 설령 최대로 가치 있는 것이라고 할지라도 일반적으로 우리에게 불쾌감을 주며, 대개 질투의 감정이 작용하여 우리는 당사자의 환희에 대해서 진심으로 동감하지 못하게 된다.

만약 그가 다소의 사려분별이 있는 사람이라면 이 사실을 깨닫고, 자신의 행운에 의기양양해하기보다는 자신의 환희를 잠시 숨기고 새로운 환경으로 인해 자연스럽게 고무된 마음의 들뜬 기분을 가라앉히기 위해 최대한 노력한다. 그는 이전의 지위에 어울렸던 평범한 의복을 입고 이전과 같은 겸손한 행동을 취한다. 그는 옛 친구들에 대해 더 많이 관심을 갖고, 지금까지 해왔던 것 이상으로 겸손하고 근면하며 공손하게 처신하려고 노력한다.

이러한 행동이 그가 직면한 상황에서 우리가 대부분 승인하는 태도다. 왜냐하면 우리의 처지에서 볼 때 우리가 그의 행복에 동감하는 것과 비교해서 그의 행복에 대한 우리의 질투와 반감에 한층 더 동감하기를 기대하기 때문이다. 이 모든 것이 충족된다고 해도 그가 우리의 동감을 얻는 데 성공하는 일은 거의 없다. 우리는 그가 보여주는 겸양의 진실성을 의심하고, 이러한 절제에 그는 점점 지치게 된다.

그러므로 얼마 되지 않아, 아마 그에게 의지하기 위해 몸을 낮추는 가장 비열한 친구 몇몇은 예외이겠지만, 그는 대체로 모든 옛 친구에게서 떠나간다. 또한 그는 새로운 친구를 얻지도 못한다. 그가 상급자가 된 점에 옛 친구들의 자존심이 상한 것과 마찬가지로, 새로운 교제 상대들은 그가 자신들과 동등한 위치에 서게 된 점에 자존심의 손상을 입는다. 그리고 이 양자가 느끼는 굴욕감을 그가 보상하기 위해서는 가장 완고하고 끈질긴 겸허함이 필요하다.

통상적으로 그는 너무 빨리 지치게 된다. 그는 새로운 교제 상대들의 심기불편하고 의심 많은 자존심과 옛 친구들의 무례한 경멸에 분노하여, 전자는 무시하는 태도로 후자는 짜증이 난 마음으로 대하며, 마침내 오만의 습성이 생겨서 결국 모든 사람의 존경을 잃게 된다.

내가 확신하듯이 행복의 주요 부분이 사랑받는다는 인식에서 유래한다면 이상과 같은 급격한 운명의 변화는 사람의 행복에 거의 기여하지 못한다. 오히려 위대함을 향해 더욱 점진적으로 나아가는 사람이 가장 행복하다. 일반 대중은 그가 일궈낸 승진의 모든 단계를 훨씬 전부터 알고 있기 때문에, 그가 승진했을 때 어떠한 과도한 환희도 느끼지 않는다. 또한 이러한 승진은 그에게 추월당한 사람들에게 어떠한 시기심도 불러일으키지 않으며, 그에게 뒤처진 사람들에게 어떤 선망도 낳지 않는다.

2

그런데 세상 사람들은 한층 덜 중요한 원인에서 비롯되는 한층 더 작은 기쁨에는 더 쉽게 동감한다. 상당한 번영을 누리는 가운데 겸양을 유지한다는 것은 기품이 있는 일이다. 그러나 일상생활 가운데 벌어지는 사소한 모든 일에 대해, 어젯밤 우리가 함께 보낸 일행에 대해, 우리의 목전에서 벌어졌던 여흥에 대해, 우리가 듣고 본 모든 내용에 대해, 이 순간 대화의 대상이 되고 있는 작은 사건들에 대해, 그리고 인생의 여러 빈 공간을 채우고 있는 모든 하잘 것 없는 일에 대해 우리가 지나치게 큰 만족감을 표시하는 일은 거의 있을 수 없다.

습관적인 쾌활함보다 더욱 우아한 것은 없으며, 이는 일상생활 속의 흔한 사건들이 제공하는 모든 소소한 즐거움에서 항상 특별한 흥미를 느끼는 것에 기초하고 있다. 우리는 이러한 쾌활함에 쉽게 동감하며, 그러한 감정은 우리에게 동일한 기쁨을 불러일으킨다. 그리고 모든 사소한 일에서도 이 행복한 성향을 부여받은 사람이 느끼는 것과 마찬가지로 그 유쾌한 측면을 우리가 느끼도록 만든다. 그러므로 유쾌함의 시기인 청년기가 매우 쉽게 우리의 애착을 사로잡는다. 꽃에조차 생기를 불어넣고 젊고 아름다운 눈에서 반짝이는 것처럼 보이는 그 환희의 성향은 비록 동성(同性)의 사람 가운데서도 심지어 노인들의 마음마저 고양시켜 통상적 수준 이상의 훨씬 유쾌한 기분을 느끼게 한다.

그들은 자신의 허약함을 잠시 잊고 그들에게 오랫동안 이방인과 같았던 이러한 유쾌한 관념과 정서에 몰입한다. 그 유쾌한 관념과 정서가 그렇게 충만한 행복감에 의해 가슴속에서 상기되는 경우에, 그동안 유감스럽게도 헤어졌지만 이러한 오랜 이별 때문에 더욱 진심으로 포옹하게 되는 옛 친지처럼, 거기서 자리를 잡는다.

3

비애에 대해서는 사정이 전혀 다르다. 사소한 고민거리는 아무런 동감도 자극하지 않지만, 깊은 고뇌는 최대의 동감을 불러일으킨다. 모든 사소한 불쾌한 일에 불편함을 느끼는 사람, 요리사나 하인이 소홀히 한 아주 소소한 의무조항에 마음 상하는 사람, 당사자나 다른 어느 누구에게 최대한의 정중한 예의를 갖춰도 무언가 부족하다고 느끼는 사람, 어느 친한 친구와 오전에 만났을 때 그가 인사하지 않은 점을 또한 자신이 이야기를 하는 내내 동생이 콧노래를 부른 점을 부적절하다고 생각하는 사람, 교외에 날씨가 궂어서, 여행 중에는 도로가 나빠서, 시내에서는 동행자가 없거나 모든 대중 오락시설이 무료하다는 이유로 기분 나빠하는 사람, 감히 말하건대, 비록 저간에 나름의 어떤 이유가 있다고 해도 이러한 사람들이 동감을 많이 얻는 경우는 거의 일어나지 않는다.

환희는 즐거운 정서이고, 가장 사소한 경우에라도 우리는 기꺼이 이러한 감정에 몰입하게 된다. 그러므로 우리가 시기심 때문에 편견을 갖지 않는 경우라면 언제든지 타인의 환희에 쉽게 동감한다. 그러나 비애는 고통스러우며, 이것이 우리 자신의 불행일 때 마음은 당연히 그것에 저항하며 뒷걸음질친다.

우리는 비애를 전혀 느끼지 않도록 노력하거나, 느끼고 있을 때에는 곧바로 이를 떨치고자 노력한다. 비애에 대한 우리의 반감 때문에 우리가 스스로 겪게 되는 극히 사소한 역경에 비애를 상정하지 못하도록 만드는 것은 실로 아닐 것이다. 하지만 비애에 대한 반감은 타인의 비애가 마찬가지로 사소한 원인에 의해서 야기되었을 때 우리가 타인의 비애에 동감하는 것을 끊임없이 방해한다. 왜냐하면 우리의 동감의 열정은 당사자의 본래의 열정과 비교해서 덜 불가항력적이기 때문이다.

그뿐만 아니라 세상 사람들에게는 타인의 미세한 불안감에 동감하는 것을 방해하고, 오히려 그것으로부터 어느 정도 재미를 느끼게 만드는 어떠한 악의가 존재한다. 타인을 험담하거나 우리의 동료가 모든 방면에서 곤란을 겪고 질책을 받으며 괴롭힘을 당할 때 그가 작은 곤혹을 치르고 있음을 지켜보는 것에서 우리는 즐거움을 느낀다.

좋은 집안의 사람은 어떤 작은 사건이 그에게 줄 수 있는 고통을 대개 감춘다. 그리고 지극히 사회 지향성이 큰 사람은 동료들이 어떻게 생각할 것인가를 알기 때문에 스스로 그러한 모든 사건을 아무렇지도 않게 농담으로 돌려버린다. 그는 자신과 관련되는 모든 일이 다른 사람들에게 어떻게 비쳐지는가를 고려하는 데 습관적으로 익숙해져 있기 때문에, 자신이 겪고 있는 작은 재난에 대해 타인들이 대수롭지 않게 생각하는 방식으로 자신에게 떨어진 사소한 재난을 그렇게 돌려버린다.

4

이에 반해 극도의 곤란에 대한 동감은 매우 강력하고 아주 진지하다. 그 사례를 일일이 거론할 필요가 없다. 우리는 비극에서 상상에 기초한 허구의 연출에 대해서조차 눈물을 흘린다. 그러므로 만일 여러분이 어떠한 엄청난 재난으로 고생하고 있다면, 만일 어떤 엄청난 불행이 원인이 되어 가난, 질병, 불명예, 낙담에 빠지게 되었다면, 비록 여러분의 실수가 그 사안을 야기한 원인의 일부분이라고 해도, 일반적으로 여러분은 모든 친구의 가장 진지한 동감에 의존하게 되며, 이해관계와 명예가 허용하는 한 그들이 제공하는 가장 친절한 원조에 의존할 수 있다.

그런데 만일 여러분의 불행이 이런 종류의 엄청난 것이 아니라면, 만일 여러분의 야심이 약간 방해만 받았을 뿐이라면, 만일 여러분이 애인에게 실연당했거나 공처가가 된 것이라면, 여러분의 모든 친지의 야유를 기대해야 할 것이다.

제3편 번영이나 역경이 행위의 적정성에 관한 판단에 미치는 효과(그리고 역경보다는 번영의 상태에서 승인을 얻기가 훨씬 수월한 이유)

제1장 환희에 대비한 비애에 대한 동감은 보통 훨씬 활기찬 감각이지만 당사자의 본원적 감정보다는 강도 면에서 미약하다

1

비애에 대한 우리의 동감이 비록 훨씬 더 실제적이지는 않지만 환희에 대한 동감보다도 더 많은 주목을 받았다. 동감이라는 말은 그 가장 적절한 본래의 의미로 보면 다른 사람의 즐거움에 대한 동료감정이 아니라 그의 고통에 대한 우리의 동료감정을 나타낸다. 최근에 작고한 독창적이고 명석한 어느 철학자는 우리가 환희에 실제적인 동감을 표명하고 축하를 보내는 것이 인간 본성의 하나의 원리라는 점을 논증을 통해 증명하는 것이 필요하다고 생각했다.[19] 내가 보기

---

19) 이러한 내용이 묘사되는 저술은 18세기 초반 영국의 도덕철학자인 버틀러 (Joseph Butler, 1692~1752)의 『열다섯 가지 설교』(*Fifteen Sermons*, 1726)다. 그런데 글래스고 판본 편집인에 따르면, 실상 버틀러는 동정심과는 달리 왜 동감적인 환희가 인간 본성의 별개 원리로서 간주되고 있지 않은지를 설명하고 있다. 이는 스미스가 기억상의 오류를 범하고 있음을 드러낸다.

에 어느 누구도 여태껏 동정심이 인간 본성의 그런 원리인 점을 증명하는 것이 필요하다고 생각한 적이 없다.

2

무엇보다도 비애에 대한 동감이 어느 의미에서 보면 환희에 대한 동감보다도 훨씬 더 보편적이다. 설령 비애의 정도가 지나친 경우에도 우리는 여전히 이에 대해 어느 정도의 동료감정을 가질 수 있다. 그러나 이 경우 우리가 느끼는 감정의 정도가 완전한 동감, 즉 승인을 구성하는 감정의 완전한 조화와 일치에 이르지 못한다는 것은 분명하다.

우리는 고통을 받는 사람과 더불어 울고 절규하며 슬퍼하지 않는다. 오히려 우리는 그의 유약함과 열정의 과도함을 감지하면서도, 그의 상황에 대해서는 매우 상당한 관심을 종종 느낀다. 그러나 만일 우리가 타인의 환희에 완전히 공감하여 동조하시 않는다면 우리는 이것에 대해 어떠한 관심이나 동료감정도 가질 수 없다. 우리가 동행할 수 없는 그런 무절제하고 분별없는 환희에 들떠서 춤추는 사람은 경멸과 분노의 대상이 된다.

3

그뿐만 아니라 마음과 육체를 불문하고 고통은 기쁨보다 훨씬 더 통절한 감각이다. 고통에 대한 우리의 동감은 비록 고통받고 있는 사람이 본래 느끼는 수준에는 훨씬 미치지 못해도, 일반적으로 기쁨에 대한 우리의 동감과 비교하여 훨씬 더 생생하고 독특한 지각이다. 다만 곧 설명하는 바대로, 이 기쁨에 대한 동감은 본원적 열정이 표현하는 자연적 생기발랄함에 훨씬 더 근접하는 경우가 흔하다.

4

이 밖에도 우리는 타인의 비애에 대한 동감을 억누르려고 노력하는 경우가 종종 있다. 우리가 고통받는 사람의 주목을 받지 않을 때에는 언제나 우리 자신을 위해 가능한 한 동감을 억누르려고 노력하게 되는데, 이러한 노력이 항상 성공하는 것은 아니다. 그러한 동감을 자제하려고 하거나 동감할 때에도 어떤 주저함이 있기 때문에 우리는 필연적으로 그것에 대해서 더 특별한 주의를 기울이지 않을 수 없다.

그러나 환희에 대해 동감할 때에는 우리는 이렇듯 자제할 필요를 느끼지 않는다. 물론 만일 이러한 경우에 시기심이 존재한다면 우리는 이에 대해 최소한의 동감성향도 보이려고 하지 않는다. 그러나 시기심이 전혀 없다면 우리는 주저 없이 그러한 동감에 나서게 된다.

이와 반대로, 우리는 자신의 시기심을 항상 수치스럽게 여기고 있기 때문에, 그 불쾌한 감정 때문에 동감의 여건이 마련되지 못할 때에도 타인의 환희에 동감하는 것처럼 가장하거나 이를 실제로 희망하는 경우도 때때로 있다. 우리는 이웃의 행운에 대해 아마 내심으로는 유감스럽게 느낄 때에도 즐거움을 표시한다. 비애에 관한 동감을 회피하고 싶을 때에도 이런 동감을 느끼는 경우가 종종 있으며, 환희에 대해 기꺼이 동감하고자 할 때에도 이를 놓치는 경우가 자주 있다.

그러므로 여기서 자연스럽게 도출되는 명백한 관찰에 따르면, 비애에 동감하는 우리의 성향은 매우 강력함에 틀림없고 환희에 동감하는 우리의 성향은 매우 박약함에 틀림없다.

5

그런데 이상과 같은 편견이 있음에도 감히 결론을 내리자면, 시기심이 전혀 작용하지 않는 경우에는 환희에 동감하는 우리의 성향이 비애에 동감하는 우리의 성향보다도 훨씬 더 강하다. 그리고 유쾌한 정서에 대한 우리의 동포감정은 고통스러운 감정에 느끼는 우리의 동포감정과 비교해서 당사자가 본래 느끼는 감정의 생기발랄함에 훨씬 더 접근한다.

6

우리가 완전히 동조할 수 없는 과도한 비애에 대해서도 우리는 어느 정도 관대함을 보인다. 고통받고 있는 사람이 관찰자의 정서와 완전히 조화하고 일치를 이루기에 앞서서 자신의 정서를 낮추는 데 얼마나 비상한 노력이 요구되는가를 우리는 알고 있다. 그러므로 설령 그가 이처럼 감정조절에 실패한다고 해도 우리는 그를 너그러이 봐준다. 그러나 우리는 환희의 무절제에 대해서는 그러한 관대함을 보이지 않는다. 왜냐하면 우리가 완전히 공감할 수 있을 성도까지 환희를 억제하는 데 그리 큰 노력이 필요하다고 의식하지 않기 때문이다.

최대의 재난을 겪고 있는 가운데서도 자기의 슬픔을 통제할 수 있는 사람은 최고의 감탄을 받을 만한 것으로 보인다. 그렇지만 번영의 절정기에서 자신의 환희를 마찬가지로 제어한 사람은 어떠한 찬사도 받을 자격이 있다고 거의 생각하지 않는다. 당사자가 자연스럽게 느낀 감정과 관찰자가 완전히 동조할 수 있는 감정 사이의 간격은 환희에 비해서 비애의 경우에 훨씬 더 폭넓게 나타난다는 것을 알 수 있다.

7

건강하고 채무도 없으며 양심의 거리낌도 없는 사람의 행복에 그 무엇이 추가될 필요가 있을까? 이와 같은 상황에 처한 사람에게는 어떠한 식의 행운이 추가되는 것은 불필요하다고 말하는 것이 적절할 것이다.

만일 그가 추가적으로 얻은 행운 때문에 기분이 매우 들떠 있다면 그것은 가장 천박한 경솔함의 효과일 것이 분명하다. 그렇지만 이와 같은 상황이 오히려 세상 사람들의 자연스럽고 일상적인 상태라고 지칭하는 것이 아주 타당할지도 모른다.

나름 한탄할 이유가 되는 현세의 불행과 악행에도 불구하고, 이러한 상태야말로 대다수의 인간이 실제로 처한 여건이다. 그러므로 대다수의 사람들은 이러한 상황에 무언가가 추가될 때 그들의 동료들이 충분히 느낄 수 있는 모든 환희의 수준까지 자신의 기분을 상승시키는 데 아무런 큰 어려움을 느끼지 않는다.

8

비록 이상과 같은 상태에서 추가할 것이 거의 없다고 해도 그 상태에서 많은 것을 빼앗아올 수는 있다. 이 상태와 최고도의 유복한 환경 사이에 가로놓인 간격이 극히 하찮은 것이라고 할지라도, 이 상태와 불행의 최저 심연 사이의 거리는 무한하고 거대하다. 이 때문에 번영이 사람의 마음을 자연적인 상태 이상으로 고양시킬 수 있는 정도와 비교해볼 때 역경이 사람의 마음을 자연적인 상태 이하로 낙담하게 하는 정도가 필연적으로 훨씬 크다. 그러므로 관찰자는 확실히 환희에 완전히 공감하는 것과 비교해서 비애에 완전히 동감하여 보조를 맞추는 것이 훨씬 더 어렵다고 느끼게 된다.

관찰자의 마음은 환희보다는 비애의 경우에 당사자의 자연적이고 일상적인 마음의 상태로부터 훨씬 더 멀리 떨어져 있음에 틀림없다. 바로 이러한 이유 때문에 비애에 대한 동감이 비록 환희에 대한 동감보다도 종종 한층 통절한 감각작용임에도 불구하고, 그것은 언제나 당사자가 자연스럽게 느끼는 감정의 격렬함에는 훨씬 미치지 못한다.

9

환희에 동감하는 것은 호감을 준다. 그리고 시기심이 이것을 방해하지 않을 때에는 우리의 마음은 그 즐거운 감정이 전해주는 최고도의 황홀한 상태에 만족스럽게 몰입한다. 그러나 비애에 동조하는 것은 고통스러운 일이며, 우리는 언제나 마지못해서 이 감정에 공감한다.[20]

비극의 상연에 참석할 때 우리는 그 연극이 고취하는 비애에 가능한 한 오랫동안 동감하기를 주저하다가 더 이상 피하기가 어려운 마지막 순간에서야 비로소 공감한다. 이때도 동석자에게 우리의 관심사를 숨기려고 노력하기조차 한다. 만일 눈물이 비추기라도 하면 우리는 조심스럽게 이를 감추며, 이처럼 과도한 섬세함에 공감하지 않는 관찰자들이 이를 사내답지 못한 나약한 행위로 치부할까봐 두려워하기까지 한다.

우리의 동정심을 야기하는 불운에 처한 불쌍한 사람들은 그 비애

20) 원주(原註): "내가 거론한 것처럼 동감에 따른 승인의 감정은 늘 호감을 주는 것인데, 어떤 식으로든 불쾌한 동감을 인정하는 것은 나의 철학체계와 모순된다고 하여 일부 독자가 내게 이의를 제기해왔다. 나는 다음처럼 답변한다. 승인의 감정에는 주목해야 할 두 가지가 있다. 첫 번째는 관찰자의 동감적인 열정이고, 두 번째는 관찰자의 이 동감적인 열정과 당사자의 본원적인 열정이 완전히 일치하고 있음을 그가 관찰함으로써 비롯되는 정서다. 승인의 감정이 적절히 자리 잡고 있는 이러한 후자의 정서는 항상 호감과 즐거움을 준다. 그러나 전자의 정서는 언제나 본원적 열정의 특성을 어느 정도 보유하고 있을 수밖에 없으며, 그 본원적 열정의 성격에 따라서 유쾌할 수도 불쾌할 수도 있다." [이 주석은 1759년 7월 28일자 서간을 통해 흄이 제기한 의문에 대한 해명이다.]

에 우리가 주저하며 공감할 것 같다는 것을 느끼기 때문에 두려움과 머뭇거림을 가지고 자신의 비애를 드러낸다. 그는 자신의 비애를 절반이나 억제하고 있으며, 세상 사람들의 이러한 몰인정함 때문에 고뇌의 전모를 드러내는 데 수치심을 느낀다. 그러나 환희와 성공으로 야단을 떨고 있는 사람에 대해서는 사정이 다르다.

시기심이 우리의 반감을 초래하는 경우가 아니라면 언제나 그는 우리에게서 가장 완전한 동감을 받을 것을 기대한다. 그러므로 우리가 진심으로 동조하고 싶어 할 것이라고 확신하면서 환호의 소리를 내지르며 자신의 감정을 표현하기를 두려워하지 않는다.

10

왜 우리는 동석자의 면전에서 웃는 모습보다는 우는 모습에 한층 더 치욕스러워하는가? 웃을 때와 마찬가지로 울 때에도 역시 진정성을 지닐 때가 자주 있다. 그러나 우리는 고통스러운 정서와 비교해서 유쾌한 정서에 관찰자들이 한층 더 동조할 것 같다는 것을 항상 느끼고 있다. 우리가 가장 두려워하는 재난 때문에 피해를 받은 때조차도 그것에 대해 푸념하는 것은 항상 비참한 일이다. 그러나 승리로 의기양양해하는 것은 항상 품위 없어 보이지 않는다. 사실 신중의 충고에 따라서 우리가 행운의 표현을 한층 더 절제하는 경우가 빈번하게 있다. 왜냐하면 신중함은 어느 행위보다도 바로 이러한 식의 의기양양함이 훨씬 더 야기하기 쉬운 시기심을 피하도록 우리에게 가르침을 주기 때문이다.

11

승전 후 개선식이나 입성식에서 자신들의 통치자에게 어떠한 시기심도 보이지 않는 군중의 환호에는 얼마나 마음의 진정성이 서려 있는가? 그리고 처형식을 보고 느끼는 그들의 비애는 대체로 얼마나 차분하고 온건한가? 장례식장에서 우리가 보이는 슬픔은 일반적으로 가장된 엄숙함에 지나지 않는다. 그러나 세례식이나 결혼식에서의 우리의 유쾌함은 항상 마음에서 우러나오며 아무런 가장됨이 없다.

이러하거나 그와 같은 모든 유쾌한 경우에 우리의 만족감은 비록 당사자들의 만족감만큼 지속적이지는 않지만 그들의 만족감만큼이나 종종 생기가 넘친다. 우리가 친구에게 진심으로 축하인사를 건네기는 해도 그리 자주 못하는 점이 인간 본성의 불명예이긴 하지만, 이러한 경우라면 언제나 그들의 환희는 말 그대로 우리의 환희가 된다. 그 순간 우리는 그들만큼이나 행복해진다. 우리의 마음은 진정한 기쁨으로 충만해서 넘쳐흐른다. 환희와 만족이 우리의 눈에서 반짝이고 우리의 얼굴의 모든 표정과 신체의 모든 동작에 생기를 불어넣는다.

12

그러나 반대로 고뇌 가운데 있는 친구들을 위로할 때에는 그들이 느끼는 것과 비교하여 우리의 느낌은 얼마나 미약한 것일까? 우리는 그들과 나란히 앉아 그들을 바라보고, 그들 자신이 처한 불행의 여러 정황을 우리에게 털어놓는 동안 우리는 엄숙하고 주의 깊게 그들의 말을 경청한다. 그러나 이야기 도중에 격정의 자연스러운 폭발이 종종 그들의 숨을 거의 멎게 하면서 대화가 끊임없이 방해될 때, 우리 마음의 활기 없는 정서가 그들의 어쩔 줄 모르는 격정과 보조를 맞추기에는 얼마나 거리가 먼 것인가?

하지만 동시에 우리는 그들의 열정이 자연스러우며, 우리가 그와 같은 동일한 처지에 놓일 경우에 아마 느낄 것 같은 수준보다 결코 크지 않다는 것을 알 것이다. 우리는 내심으로 감수성이 결핍되어 있는 점을 자책하며, 아마 이러한 이유 때문에 억지로 동감하고자 노력한다. 그러나 이렇듯 인위적으로 형성된 동감은 언제나 가장 취약하고 가장 순간적인 상상물에 불과하며, 일반적으로 우리가 그 방을 나오자마자 사라지고 영원히 망각된다. 자연이 우리에게 자기 자신의 비애라는 짐을 지웠을 때 그것만으로 충분하다고 생각하고, 따라서 우리가 그들을 위로하는 데 필요한 것 이상으로 타인의 비애에 훨씬 더 동참하도록 명령하지는 않은 듯하다.

13

바로 이처럼 타인의 고뇌를 대하는 사람들의 둔감한 감수성 때문에 큰 고난 가운데에서 넓은 도량은 항상 신성할 정도로 품격 있게 비쳐진다. 수많은 사소한 불행 가운데서도 쾌활함을 유지할 수 있는 사람의 행동은 고상하고 유쾌하다. 그러나 이와 마찬가지로 가장 가혹한 재앙을 견딜 수 있는 사람은 평범한 인간 이상의 그 무엇인 것처럼 보인다.

우리는 이 같은 상황에서 당연히 사람을 동요시키고 혼란스럽게 만드는 그러한 격렬한 정서를 진정시키려면 아주 무한한 노력이 필요할 것이라고 느낀다. 우리는 그가 이처럼 완전하게 자신을 통제할 수 있는 것을 보고 놀란다. 동시에 그의 확고부동은 우리가 무감각한 감수성을 지니는 점과 완전히 일치한다. 우리가 지니지 못한 역량임을 알고 굴욕감을 느끼는 한층 섬세한 정도의 감수성을 그는 우리에게 요구하지 않는다. 그와 우리의 모든 감정 사이에는 가장 완전한 일치가 있고 그 때문에 그의 행동에는 가장 완전한 적정성이 있다.

또한 그것은 인간 본성의 일반적인 나약함에 관한 우리의 경험에 의존할 때 이것은 그가 견지할 수 있어야 한다고 도저히 합당하게는 기대할 수 없는 그러한 적정성이다. 우리는 그처럼 고귀하고 관대한 노력을 할 수 있는 강한 정신력을 접하고 놀라움과 경이감을 느낀다.

이미 여러 차례 거론된 것처럼, 경이와 놀라움이 뒤섞여 활기차게 이루어지는 완전한 동감과 승인의 감정은 감탄이라고 적절하게 지칭된다. 카토는 적에게 사방으로 포위되어 저항할 수 없는 상황에서 적에게 항복하는 것을 경멸했으며 그 시대의 명예로운 원칙에 따라 불가피하게 스스로 죽음을 맞는 길을 선택했다.[21]

그러나 그는 이 불행 때문에 기가 꺾이지 않았으며, 비참함에서 비롯되는 슬픈 목소리와 더불어 사람들이 항상 수용하기 꺼려하는 절망적인 동감의 눈물을 간청하지도 않았다. 반대로 그는 남자다운 불굴의 정신으로 무장하고, 자신의 비장한 결의를 실행하기 직전에 평소처럼 침착함을 유지하면서 친구들의 안전을 도모하기 위해 필요한 모든 명령을 내렸다. 이러한 카토는 마음의 무감각한 부동성을 강조한 위대한 설교인인 세네카에게 신(神)마저도 즐거움과 감탄을 가지고 바라볼 장관으로 비추어졌다.[22]

---

21) 카토(Marcus Porcius Cato Uticensis, BC 95~BC 46)는 고대 로마 공화정 말기의 정치가이자 장군으로서 보수적인 원로원을 중핵으로 하는 공화정 전통 수호의 노선을 지지했다. 공화정 전통을 무시하는 카이사르가 원로원 귀족을 상대로 벌인 내전에서 자신의 지지 세력인 폼페이우스가 최종적으로 패하자 자결했다.

22) 세네카(Seneca, Lucius Annaeus, BC 4경~AD 65)는 한때 제정 로마 시대 폭군인 네로 황제의 정치참모를 역임하기도 한 스토아학파 철학자다. 그는 『대화록』(*Dialogues*)의 「섭리」(De Providentia) 편에서 진정 선량한 사람들에게 불운은 더욱 선하고 탁월한 인물로 단련하려는 자연의 섭리라고 말한다. 현자들은 역경을 극복하고 덕성을 실천하며 이를 입증할 수 있는 기회를 가질 수 있기 때문에 미래에 대한 두려움이 없다는 것이다.

14

우리는 일상생활에서 그와 같은 영웅적인 넓은 도량을 보여주는 사례를 만나면 언제나 아주 큰 감명을 받는다. 우리는 비애의 나약함에 굴복하는 사람들을 위해서보다는 이처럼 자신을 위해서는 아무것도 느끼지 못하는 것처럼 보이는 사람들을 위해 더욱 슬퍼하고 눈물을 흘리는 경향이 있다. 그리고 이 같은 특수한 경우에는 관찰자의 동감적인 비애는 당사자의 본원적 열정을 능가하는 듯하다. 당사자인 소크라테스가 가장 쾌활하고 활기찬 평정심을 표출한 반면에 그의 친구들은 그가 마지막 독약을 마셨을 때 모두 울었다.[23]

이러한 모든 경우에서 관찰자는 그의 동감적인 비애를 정복하기 위해 어떠한 노력도 하지 않으며 그렇게 할 이유도 없다. 관찰자는 그러한 감정의 억제 노력이 자신을 어떤 과도하고 부적절한 상태로 몰고 갈 것이라는 두려움을 전혀 가지지 않는다. 그는 오히려 자신의 마음이 지닌 감수성에 기뻐하며, 만족과 자기승인을 가지고 동감적인 비애에 빠져든다.

따라서 그는 예전에 누구를 위해 이처럼 온화하고 슬픈 애정을 이토록 민감하게 느낀 적이 결코 없었지만, 이제 자신의 친구의 재난과 관련하여 마음속에 자연스럽게 일어날 수 있는 가장 우울한 생각에 기꺼이 몰입한다. 하지만 당사자에게는 사정이 전혀 다르다. 그 당사자는 자신이 처한 상황에서 본래 두렵거나 불쾌한 모든 것으로부터 가능하다면 최대한 멀리 눈을 돌리려고 한다. 그러한 상황에 지나치게 진지한 관심이 집중되면 본인에게 매우 격렬한 인상을 주게 됨으로써 그는 감정을 적절한 범위 내에서 더 이상 자제할 수 없게 되

---

23) 플라톤의 『대화편』 중 「파이돈」(Phaidon)에 기술된 내용이다. 이는 소크라테스가 사형선고를 받고 독배를 마시는 현장에서 제자들과 나눈 대화를 기록하고 있다.

거나, 관찰자들의 완전한 동감과 승인의 대상이 될 수 없지나 않을까 하며 두려워한다. 그러므로 그는 자신의 모든 생각을 유쾌한 것, 즉 자신의 영웅적인 넓은 도량으로 인해 받게 될 갈채와 감탄에만 고정시킨다.

그가 이처럼 고귀하고 관대한 노력을 할 수 있다고 느끼는 것, 이같은 두려운 상황에서도 여전히 원하는 대로 행동할 수 있다고 느끼는 것은 그를 고무시키고 환희의 감정으로 들뜨게 하며, 자신의 불운을 극복하여 얻은 승리에서 일어나는 의기양양한 쾌활함을 유지할 수 있게 한다.

15

이에 반해서 어떤 재난 때문에 비애에 빠져 낙담하는 사람은 언제나 어느 정도 초라하고 경멸받을 만한 것처럼 보인다. 우리들은 그가 스스로에 대해 느끼는 것을 그를 위해 차마 느끼지도 못하고, 만일 우리가 그의 상황에 처했더라면 아마 우리에 대해 느끼게 마련인 기분마저도 느끼지 못한다. 따라서 우리는 그를 경멸한다. 인간 본성에 따라 불가피하게 느낄 수밖에 없는 감정마저도 불공정한 것으로 치부된다면 이처럼 경멸하는 것이 불공정하기는 하겠지만 말이다. 비애의 나약함은 우리 스스로를 위해서가 아니라 다른 사람들을 위해서 느낄 때를 제외하고는 어느 모로나 결코 유쾌한 것으로 보이지 않는다.

관대하고 존경스러운 아버지의 죽음을 애도하는 자식이 슬픔에 빠진다고 해도 큰 비난을 받지 않는다. 그의 슬픔은 주로 사별한 부모에 대한 일종의 동감에 기초하고 있기 때문에 우리가 이러한 인간애에 기초한 정서에 빠져드는 것은 수월하다. 그러나 만일 그 자신에게만 영향을 미치는 어떤 불행 때문에 이와 유사한 나약함에 빠진다면 그는 어떠한 관용도 더 이상 기대할 수 없게 된다.

세상 사람들 가운데 용맹스럽고 도량이 넓은 모든 사람의 견해에 따르면, 만일 그가 걸식과 파산으로 내몰리고, 가장 두려운 위험에 노출되며, 공개처형장에 끌려나와 처형대에서 한 방울의 눈물이라도 흘린다면, 그는 자신의 명예를 영원히 더럽히는 일을 한 것이다. 그런데 그에 대한 사람들의 동정심은 매우 강하고 진지할지도 모른다. 그러나 이러한 동정심은 그의 과도한 나약함에는 여전히 미치지 못하기 때문에, 그들은 세상에 치욕을 드러냈던 그에게 관용을 베풀지 않을 것이다. 그들의 상황에서 그의 태도는 비애보다는 오히려 수치심을 느끼게 한다.

또한 그들에게 그가 스스로 초래한 불명예야말로 불운 가운데 가장 슬퍼할 일처럼 보인다. 그렇게도 자주 전쟁터에서 죽음을 무릅쓰고 대담함을 보이던 바이런 공작에 대한 기억,[24] 즉 자신이 몰락하게 된 상황을 주시하면서 자신의 경솔함 때문에 불운하게도 상실하게 된 총애와 영광을 떠올리고는 처형대 위에서 눈물을 흘리며 애통해했다는 기억은 얼마나 치욕적인가?

제2장 야심의 기원 및 신분의 구분

1

세상 사람들이 비애보다는 환희에 한층 더 동감하는 성향을 가지

---

24) 바이런 남작의 아들인 샤를 드 공토(Charles de Gontaut, 1562~1602)는 전쟁에 대한 공로 및 그의 용맹함을 인정받아 프랑스 부르봉 왕조의 시조인 앙리 4세에게서 바이런 공작(Duke of Biron) 및 프랑스 제국 대원수 지위를 부여받았다. 하지만 후일 반역죄로 1602년 7월 31일 처형되었다.

고 있기 때문에, 우리는 자신의 부유함을 과시하고 가난을 숨기려고 한다. 대중들에게 우리가 겪고 있는 고통이 알려지는 것, 또한 설령 우리의 사정이 세상 사람들에게 공개되어도 그 누구도 우리가 겪는 고통의 절반도 함께 공감해주지 않는다는 점을 느끼는 것보다 더 언짢은 것은 없다. 우리가 부유함을 추구하고 가난을 피하려고 하는 것은 주로 세상 사람들의 감정에 대한 이러한 고려에서 비롯된다.

이 세상의 모든 고생과 소동은 어떤 목적을 이루기 위해서인가? 탐욕과 야망, 부와 권력 및 탁월함을 추구하는 목적은 무엇인가? 그것은 자연의 필요를 충족시키기 위해서인가?

가장 가난한 노동자의 임금만으로도 생활필수품을 공급하는 것은 가능하다. 우리는 그가 임금만으로 식료품과 의복, 주택과 가족의 안락함을 마련하고 있는 것을 목격한다. 그의 경제활동 상태를 엄밀하게 조사해보면, 그가 임금의 상당 부분을 과잉소비로 볼 수 있는 편의품에 지출하고 있고, 예외적인 경우에는 허영과 명성을 위해서도 어느 정도의 지출을 하고 있음을 알 수 있다.

그렇다면 우리가 노동자의 그러한 처지에 반감을 표시하는 이유는 과연 무엇인가? 그리고 높은 신분에서 교육받은 사람들이 노동은 하지 않아도 노동자와 마찬가지로 간단한 음식으로 생활하고, 낮은 지붕의 집에서 살고, 남루한 의복을 입는 상황으로 내몰리는 것을 죽음보다도 한층 더 불유쾌한 것으로 생각하는 이유는 무엇인가?

그들은 오두막보다는 궁전에서 지낼 때 식욕이 더욱 좋아지고 더 깊이 잠든다고 상상하는가? 이와 반대되는 사실이 아주 종종 관찰되어왔고, 설령 관찰된 적이 없다고 해도, 실제로 이를 모르는 사람은 아무도 없을 정도로 매우 자명한 사실이다. 사회의 서로 다른 모든 계층에서 나타나는 경쟁심은 도대체 어디에서 발생하는 것이며, 생활조건의 개선이라는 인생의 거대한 목적에 의해 우리가 의도하는 유리함은 무엇인가?

타인에 의한 동감, 호의, 승인 속에서 관찰, 주의, 주목받는 것이 바로 부유함에서 우리가 도출할 수 있는 전적인 이익이다. 안락이나 기쁨 때문이 아니라 허영심이 우리가 부유함에 관심을 갖도록 만든다. 그러나 허영심이란 항상 우리가 이웃의 주목과 승인의 대상이 되고 있다는 믿음에 기초한다. 부유함이 자연히 세간의 주목을 끌고, 부유함에서의 우위가 그에게 고취한 모든 유쾌한 감정에 사람들이 쉽게 동조하는 성향이 있다는 점을 느끼기 때문에, 부유한 사람은 그의 부를 자랑한다. 이러한 생각을 하면 그의 가슴은 뿌듯해지고 터질 듯 부풀게 되며, 그는 부유함이 수반하는 모든 다른 이익보다도 바로 이 점 때문에 자신의 부에 더욱 애착을 갖게 된다.

반대로 가난한 사람은 자신의 빈곤을 부끄러워한다. 그는 빈곤 때문에 세상 사람들의 시야 밖으로 밀려나 있거나, 설령 주목받는다고 해도 아마 그들은 자신이 겪고 있는 비참함과 불행에 대해서는 동료 감정을 거의 갖지 않는다고 느끼고 있다. 이러한 두 가지 이유 때문에 그는 기분이 언짢음을 느낀다. 비록 무시되는 것과 승인받지 못하는 것은 별개의 문제라고 해도, 우리가 무명의 암흑에 싸여 명예와 승인이 주는 환한 빛에서 벗어나 있는 이상, 어느 누구에게서도 주목받지 못한다고 느끼는 것은 필연적으로 인간 본성에서 가장 유쾌한 희망에 찬물을 끼었고 가장 열렬한 욕구를 좌절시키는 것이다.

가난한 사람은 사람들의 주의를 끌지 못한 채 거리에서 서성대며, 군중 가운데 있을 때라도 오두막집에 갇혀 있을 때처럼 눈에 띄지 않는다. 그의 처지에 있는 사람들의 마음을 끄는 보잘것없는 주목과 어렵사리 공을 들인 관심은 거리의 난봉꾼들과 방탕아들에게는 아무런 즐거움도 주지 못하는 것이다.

거리의 대중들은 그에게서 눈을 돌리거나, 만일 그가 겪는 고통이 격심해서 눈길을 준다고 하더라도 그것은 단지 불쾌한 대상을 그들 가운데서 쌀쌀맞게 업신여기기 위해서다. 행운아들과 교만심을 가진 사람들은 감히 그들의 면전에 극심한 비참함을 드러내고 그 비참함이 주는 혐오스러운 모습에 의해서 자신들이 누리고 있는 행복의 평온함을 방해하려고 하는 그 비천한 사람의 무례함에 놀라움을 느낀다.

이와는 반대로 높은 지위와 명성을 지닌 사람은 세상의 이목을 끈다. 모든 사람이 그를 바라보고, 적어도 동감을 통해서라도 그가 처한 여러 상황으로 인해 자연스럽게 고취되는 환희와 기쁨을 느껴보고자 갈망한다. 그의 행동은 대중의 주목의 대상이 된다. 그가 하는 말 한마디, 동작 하나도 소홀히 되는 일이 거의 없다.

거대한 집회에서 그는 모든 사람의 시선을 집중시키는 인물이다. 대중의 열정은 자신들의 마음속에 깊이 새겨질 변화와 지침을 수용하기 위해서 기대감을 가지고 그를 학수고대하고 있는 것처럼 보인다. 그리고 만일 그의 행동이 아주 부적절하지만 않다면 그는 매 순간 사람들의 관심을 끌면서 주변에 있는 모든 사람의 주목과 동료감정의 대상이 될 기회를 가진다.

이것이야말로 여기에 부수되는 제약과 자유의 상실에도 불구하고 위대함을 선망의 대상으로 만들고, 또한, 세상 사람들의 견해로는, 이를 추구할 경우에 겪게 되는 모든 고생, 모든 근심, 모든 굴욕을 보상하는 것이다. 그리고 더욱 중요한 점은 이러한 위대함을 획득하고 나면 영원히 상실되는 모든 여가, 모든 안락함, 근심 없는 모든 안전보장 역시 보상받고도 남음이 있다고 세상 사람들이 믿는다는 것이다.

2

우리가 상상력에 의해 채색되기 쉬운 망상의 색안경을 걸치고 권세가의 생활여건을 고찰할 때, 이때 얻어지는 관념은 완전하고 행복한 상태에 관한 거의 추상적 관념인 듯하다. 바로 이러한 상태야말로 비몽사몽이나 나태한 몽상 가운데 우리의 모든 욕망이 지향하는 궁극의 목적으로서 스스로에게 그려온 밑그림이다. 따라서 우리는 그러한 상태에 있는 사람들의 만족에 대해서는 특별한 동감을 느낀다.

우리는 그들의 모든 성향을 지지하고, 그들이 지닌 모든 희망의 달성을 고대한다. 우리가 생각하기에, 이러한 유쾌한 상태를 망쳐놓고 더럽히는 것은 얼마나 유감스러운가! 우리는 심지어 그들이 불멸로 남아 있기를 바라기도 한다. 죽음 때문에 이 같은 완전한 즐거움이 마침내 종말을 고해야 한다는 것은 상상하기 어려운 일처럼 보인다.

우리는 그들이 높은 지위로부터 쫓겨나 자연이 모든 사람을 고려해 마련한 것으로서 소박하지만 환대해주는 집으로 돌아가는 것을 자연의 가혹함으로 생각한다. "위대한 왕이시여, 영원토록 생존하소서"라는 경의는, 만일 우리가 경험을 통해 그 불합리성을 배우지 않았다면, 동양풍으로 아첨하는 방식을 따라서 우리가 그들에게 기꺼이 바치게 되는 찬사가 된다.

그들에게 어떠한 재난이나 침해가 발생하면 동일한 사건이 다른 사람들의 신상에 일어난 경우에 관찰자의 마음속에서 갖게 되는 동정심과 분개심보다 열 배나 더 됨 직한 강렬한 감정이 솟구친다. 비극에 적절한 소재를 제공하는 것은 군주들의 불행이다. 이 점에서 군주들의 불행은 연인들의 불행과 유사하다. 이 두 가지 상황이야말로 연극무대에서 우리의 관심을 야기하는 최고의 주제가 된다. 왜냐하면 이성과 경험이 상반되는 모든 내용을 전하고 있음에도 불구하고 상상력의 편견 때문에 우리는 다른 어떠한 경우보다도 이 두 가지 경우가 행복한 것으로 치면 더 우월한 것으로 판단하기 때문이다.

이러한 완전한 즐거움을 방해하거나 종지부를 찍으려는 것은 모든 침해 가운데서도 가장 잔혹한 것으로 보인다. 군주의 목숨을 노려 음모를 기도하는 반역자는 다른 살인자와 비교할 때 한층 더 흉측한 범죄자라고 생각된다. 다수의 시민전쟁에서 뿌려진 모든 결백한 사람의 피로 초래된 분개심도 찰스 1세의 죽음이 야기한 분개심에는 미치지 못했다.

인간의 본성에 무지한 인물은 낮은 신분의 사람들의 비참함에 대한 대중의 냉담함과 상위 신분의 사람들의 불운과 수난에 대한 대중의 유감과 분노를 지켜보면서, 낮은 신분의 사람들보다도 상위 신분의 사람들의 고통이 몸부림칠 정도로 더 심하고, 죽음에 따른 발작이 분명히 훨씬 더 지독할 것이라고 상상하기 쉽다.

3

부자와 권세가가 지닌 모든 열정에 동조하고 싶어 하는 세상 사람들의 성향 위에 모든 신분의 구분과 사회의 질서가 기초하고 있다. 우리가 상위 신분의 사람들에게 아첨하는 것은 그들의 호의로부터 얻을 수 있는 사적인 이익을 기대하기 때문이라기보다는 오히려 그들의 유리한 지위에 대해서 감탄하는 데서 비롯되는 경우가 더 빈번하다.

그들이 베푸는 은혜는 소수의 사람에게만 제공되지만, 그들의 운명은 거의 모든 사람의 흥미를 끈다. 우리는 완전성에 거의 접근하는 행복의 체계를 그들이 완성하려고 하는 데 몹시 도움을 주고자 한다. 그러나 우리는 그들에게 은혜를 베풀고 있다는 허영심과 자랑거리 이외에는 어떠한 보상도 기대하지 않고 봉사 그 자체를 목적으로 그들을 위해 헌신하고자 소망한다.

우리가 사람들의 그런 성향을 존중하는 것은 주로 또는 전적으로 그러한 복종이 갖는 효용을 고려하거나 복종에 의해 최고도로 유지되는 사회질서에 대한 고려 때문이 아니다. 사회질서가 반대할 것을 요구하는 것처럼 보일 때조차 우리는 그러한 반대를 거의 감행하지 못한다. 군주가 대중의 공복으로서 공공의 편의가 요구하는 대로 복종하고 저항 받으며 퇴위되거나 처벌될 수 있다는 것은 이성과 철학에 기초한 학설일 뿐 자연에 기초한 학설은 아니다.

　자연은 우리로 하여금 그들에게 복종을 위한 복종을 하고, 그들의 높은 지위 앞에서 몸을 떨면서 머리를 숙이며, 그들의 미소를 어떤 봉사도 보상해주기에 충분한 보수로 간주하도록 하며, 설령 어떤 해악이 뒤따르지 않는다고 해도 그들의 불쾌감을 모든 굴욕 중에서 가장 심각한 것으로 두려워하도록 가르치고 있다.

　군주를 어느 측면에서든 인간으로 취급하거나, 일상적인 경우에 그와 추론을 하고 논쟁하려면 대단한 결의가 필요하며, 군주와 친분 관계가 있거나 면식이 있어 도움을 받지 않고서는 그 결의를 견지할 수 있을 정도의 큰 도량을 가진 사람은 거의 없다. 사람의 가장 강한 여러 동기, 즉 공포, 증오, 분개심 같은 가장 격렬한 여러 열정마저도 군주를 존경하는 이 자연스러운 성향을 상쇄하기에는 거의 충분하지 않다. 그리고 대다수의 대중이 폭력으로 그와 맞선 후 그가 처벌되거나 폐위되는 것을 보고 싶어 하는 상황까지 가려면, 그의 행동이 정당하든 부당하든 이상과 같은 격렬한 여러 열정을 최고 수준으로 촉발시켜야 함에 틀림없다.

　설령 대중이 그렇게 격렬한 수준으로까지 간 경우에조차 그들은 매 순간 후회하며 이미 익숙해진 바대로 그를 자연스러운 통치자로 보려고 하는 습관적 존경 상태로 쉽게 되돌아가는 경향이 있다. 사람들은 군주가 받는 굴욕을 견디지 못한다. 동정심이 순간적으로 분개심을 대체하면서 모든 과거의 도발을 잊고, 오랜 충성의 원리가 부활하면서 예전에 군주의 권위에 반대할 때 휘둘렀던 동일한 폭력을 구사하여 오랜 주인의 파괴된 권위를 재건하려고 서두른다.

찰스 1세의 죽음이 왕정복고를 불러왔다. 제임스 2세가 배를 타고 도주하는 동안에 대중에게 체포되었을 때 그에 대한 동정심이 명예혁명을 거의 저지할 뻔했고 명예혁명의 진행을 그 이전보다 훨씬 힘겹게 만들었다.[25]

4

권세가들은 자신들이 대중의 감탄을 값싸게 얻고 있음을 전혀 모르고 있는 것인가? 아니면 다른 사람들에게 그러한 것처럼 그들에게도 그것이 땀이나 피의 대가임에 틀림없다고 생각하는 것인가? 어떤 중요한 소양에 의해서 젊은 귀족은 자신의 신분의 존엄성을 유지함과 동시에, 조상들의 덕 때문에 높아져서 동료시민을 지배할 수 있는 그런 우월한 자격을 스스로 갖추도록 교육받고 있는가? 그 소양은 지식인가, 근면인가, 인내인가, 자기부정인가, 아니면 일종의 덕성인가?

모든 말과 동작이 주목받고 있기 때문에, 그는 일상적인 행동이 이루어지는 어떤 상황에서도 습관적으로 관심을 갖도록 배우며, 자신의 작은 의무마저도 가장 엄밀한 적정성으로 수행하는 것을 배운다. 그는 자신이 얼마나 많이 주목받고 있고 사람들이 자신의 모든 성향에 얼마나 큰 호의를 보여주고 싶어 하는지를 알고 있기 때문에, 가

---

25) 제임스 2세(1633~1701)는 전제정치를 강화하다가 1688년 명예혁명의 발발로 12월 11~12일 밤 사이에 프랑스로 망명을 떠났으나 배가 역풍을 만나 지체되었다. 그때 그는 포로로 잡혀 영국 동남부에 위치한 캔터베리 인근 파버샴(Faversham)의 어부 무리에게 박대를 받았다고 한다.

장 대수롭지 않은 경우에도 이러한 생각을 통해 자연스럽게 고취되는 자유와 기품을 가지고 행동한다. 그의 외양, 태도, 처신 모두가 그의 우월성이 지닌 우아함과 고상함의 감각을 나타내고 있는데, 이는 낮은 신분으로 태어난 사람은 거의 도달할 수 없는 사정이다.

이러한 요소들이 그가 세상 사람들을 그의 권위에 훨씬 더 쉽게 복종하도록 하고 그들의 성향을 자기 뜻대로 통제할 수 있게 하는 그러한 기술이다. 이 점에서 그가 실망하는 일은 거의 없다. 신분과 지위가 탁월해 지지되는 이러한 기술들은 대부분의 경우에 세상을 통치하는 데 충분하다.

루이 14세는 대부분의 통치 기간에 프랑스뿐만 아니라 유럽 전역에서 위대한 군주의 가장 완전한 모델로 여겨졌다. 그렇다면 그가 이렇게 명성을 얻을 수 있게 한 재능과 덕성은 무엇인가? 이는 그가 일궈낸 모든 업적의 실현에 면밀하고 강직한 정의의 원리가 적용되었기 때문인가, 이를 수행하는 데 엄청난 위험과 어려움이 있었기 때문인가, 업적에 관한 불굴의 확고부동한 몰입 때문인가, 아니면 그의 광범위한 지식, 예리한 판단, 영웅적 무용 때문인가?

이러한 사정은 이상과 같은 여러 자질 때문에 이루어진 것이 결코 아니다. 무엇보다도 그는 유럽에서 가장 강력한 군주였고, 결과적으로 군주들 중에서도 최고의 지위를 점했다. 그 시대의 어느 역사가에 따르면,[26] "그는 자태의 우아함과 용모의 당당한 아름다움에서 궁정의 어떤 신하들보다도 빼어났다. 고귀하여 마음을 움직이게 하는 그의 목소리의 음향은 그와 동석하는 것만으로도 두려움을 느꼈던 사람들의 마음을 사로잡았다. 그는 자신과 자신의 신분에만 잘 어울

---

26) 인용문은 프랑스의 계몽사상가인 볼테르(Voltaire, 1694~1778)의 역사서 『루이 14세의 세기』(*Siècle de Louis XIV*, 1751)의 제25장의 내용이다.

리며, 만일 다른 사람이라면 조소를 받았음 직한 걸음걸이와 몸동작을 했다. 그와 대화하는 사람들에게 자신이 야기한 곤혹감을 보고 그는 은밀한 만족감에 기뻐했고 이를 통해 자신의 우월성을 느꼈다. 나이 먹은 어떤 장교가 루이 14세에게 무언가를 간청하려 했지만 당황하여 말이 안 나와 우물대다가 대화를 끝낼 수 없게 되자, 왕에게 다음과 같이 말했다. '폐하, 제가 폐하의 적 앞에서는 이렇게 덜덜 떨지 않는다는 것을 믿어주십시오.' 이 장교가 본인이 요구했던 것을 얻는 데는 전혀 어려움이 없었다."

이와 같은 하찮은 여러 소양, 즉 그의 신분에 의해서 그리고 확실히 평균 수준을 넘지 않는 다른 재능이나 덕성에 의해 지지되고 있는 이러한 소양이 루이 14세에 대한 동시대의 존경을 확립했고 심지어 후대에서도 그에 대한 기억을 통해 큰 존경심을 이끌어냈다. 이러한 여러 소양에 비교해볼 때, 그의 시대와 그의 면전에서 다른 어떠한 덕성도 칭찬할 만한 가치가 없는 것처럼 비쳐졌다. 이러한 소양들 앞에서는 지식, 근면, 무용, 자혜마저도 전전긍긍하면서 당황했으며, 모든 존엄을 상실했다.

5

그러나 낮은 신분의 사람이 바로 이런 유형의 소양에 의해 명성을 얻으려 해서는 안 된다. 정중함은 권세가들에게 상당히 통용되는 덕목이어서 그들 이외의 사람들에게는 명예를 거의 가져다주지 못할 것이다. 그들이 지닌 예의범절을 모방하면서 일상의 행동에서도 최고의 적정성으로 탁월한 체 꾸미는 사람은 그의 어리석음과 뻔뻔스러움 때문에 타인들에게 두 배로 가중된 경멸을 받게 된다.

왜 어느 누구도 지켜볼 가치가 없다고 생각되는 사람이 방을 거닐면서 머리를 드는 방법이나 팔을 놓는 방법에 노심초사해야만 하는가? 그는 아주 불필요한 관심, 아무도 동조할 수 없는데도 자신이 중요하다는 느낌을 표시하려는 관심으로 가득 차 있었을 것이다. 동석자에 대한 존경과 부합할 정도의 자유분방함과 함께 가장 완벽한 겸양과 소박함이 당연히 어떤 사적인 개인의 행동을 지배하는 가장 주요한 특징이어야 한다. 만일 그가 명성을 얻고자 소망한다면 훨씬 더 중요한 덕성을 갖춤으로써 그렇게 되어야 한다. 그는 권세가에게 의존적으로 부양받는 사람들과 상응하는 정도의 추종자들을 틀림없이 확보해야 한다. 그가 그들에게 지불할 수 있는 기금은 오로지 자신의 육체노동과 정신활동뿐이다. 그러므로 그는 다음과 같은 덕목을 함양해야만 한다.

그는 자신의 전문분야에서의 탁월한 지식과 이것을 실행하는 데 요구되는 탁월한 근면성을 반드시 갖춰야 한다. 그는 인내심을 가지고 육체노동에 임하며, 위험에 결연하게 대처하고 고통에 직면해서는 흔들림이 없어야 한다. 그의 이러한 여러 재능이 본인이 수행하는 업무의 난이도, 중요성, 훌륭한 판단력 및 엄격하고 확고부동한 몰입을 통해 공공의 이목을 끌어야 한다. 성실성, 신중함, 관대함, 솔직함이 모든 경우에서 그의 행동을 규정짓는 특징이 되어야 한다.

동시에 적정하게 행동하려면 최대의 재능과 덕성이 요구될 뿐만 아니라 명예심으로 당당하게 행동하는 사람이 최대의 갈채를 받을 수 있는 모든 상황에 스스로 자진하여 종사해야 한다. 자신이 처한 상황 때문에 의기소침해 있지만 기백과 야심이 가득 찬 사람은 자신의 명성을 드러낼 절호의 기회를 얼마나 초조하게 찾고 있는가? 그에게는 이런 기회를 제공해주는 어떠한 상황도 바람직한 것처럼 보인다.

그는 심지어 외국과 전쟁이 발발하거나 내란이 일어나도 만족스런 마음으로 고대한다. 그는 이에 수반되는 모든 혼란과 유혈 속에서 세상 사람들의 주목과 감탄이 자신에게 주어질 수 있는 대망의 개연성을 은밀한 황홀감과 기쁨을 가지고 지켜본다.

이와 반대로 신분과 명성이 높은 사람은 명예의 전부가 일상적인 행동의 적정성에 있으므로 이 적정성이 그에게 부여할 수 있는 소박한 명예에 만족한다. 그는 다른 명성을 얻을 만한 어떠한 재능도 없거니와, 어려움이나 고통이 수반될 수 있는 일들로 생겨날 거북함을 기꺼이 감수하려고 하지도 않는다. 무도회에서 중요한 인물로 통하는 것이 그의 큰 승리고, 여성과 나누는 밀회가 그의 최고의 공적이다.

그는 전쟁, 내전 같은 모든 공공질서의 혼란 상태에 반감을 느낀다. 그러나 이러한 반감이 세상 사람들에 대한 사랑에서 비롯되는 것은 아니다. 왜냐하면 권세가들은 낮은 신분의 사람들을 자신의 동료로는 결코 생각하지 않기 때문이다. 또한 그러한 반감은 그들의 용기가 전적으로 부족해서 생기는 것도 아니다. 왜냐하면 그 같은 결함이 그 정도로 크지는 않기 때문이다. 그러한 반감은 바로 자신들이 그러한 환경에서 요구되는 어떠한 덕성도 보유하고 있지 않으며, 공공의 관심이 분명히 그에게서 멀어져서 다른 사람에게 집중된다는 내면의 의식에서 비롯된다. 그는 어떤 작은 위험에는 기꺼이 노출될 각오는 되어 있고, 그 정도가 시대의 유행이라면 전투에도 기꺼이 참가할 것이다.

그러나 그는 인내, 근면, 용기, 사고의 몰입 행위가 지속적이고 오랜 기간에 걸쳐 요구되는 상황에 대해서는 단지 이를 생각하는 것만으로도 두려움에 몸서리를 친다. 그렇게 높은 신분으로 출생한 사람들에게 이러한 덕성이 충족되는 경우는 거의 없다. 그러므로 모든 정부는 물론 심지어 군주국에서도 최고 관직에 올라가거나 행정의 모든 세부사항을 실행하는 사람은 생활 정도로 볼 때 중간 계층이나 하위계층에서 교육받은 사람들이다.

이들은 자신의 근면과 능력을 통해 그 자리까지 오른 사람들로서 이들보다 상위의 신분으로 출생한 사람들의 질투에 시달리거나 분노에 맞서 버텨왔다. 그런 권세가들은 이들을 처음에는 경멸하고 나중에는 시기하지만, 마침내는 세상 모든 사람이 자신들에게 행동하기를 바라는 것과 마찬가지의 태도, 즉 초라하고 비열한 태도로 이들에게 아첨하기를 마다하지 않는다.

6

높은 신분에서 추락하는 것을 매우 감내할 수 없게 하는 것은 바로 세상 사람들의 애착 성향을 수월하게 지배하는 제국을 상실한 데서 비롯된다. 전해지는 것처럼, 로마의 파울루스 아에밀리우스가 생포한 마케도니아 왕의 가족을 개선행렬에 끌고 들어올 때, 그들의 불행한 모습 때문에 로마 대중의 관심은 그 정복자와 이들에게 양분되었다.[27]

구경꾼들은 환희로 승전을 연호하는 가운데서도 나이가 어려 자신들이 어떠한 상황에 처했는지를 전혀 깨닫지 못하는 왕족 자제들의 모습을 보고 가장 애틋한 연민과 동정심 역시 보이게 되었다. 뒤이어서 행렬 속에 모습을 드러낸 마케도니아 왕은 자신에게 닥친 엄청난 재앙에 혼란되고 놀라서 모든 감정을 상실한 사람처럼 보였다. 그의 친구들과 대신들이 그를 뒤따랐다. 그들은 함께 걷는 동안 내

---

27) 루키우스 아에밀리우스 파울루스(Lucius Aemilius Paullus, BC 229경~BC 160)는 고대 로마 공화정 시대의 장군이자 정치가로서, 동명의 집정관이던 아버지는 카르타고와 벌인 칸나 전투에서 한니발 장군에게 패전해 사망했다. 그는 제3차 마케도니아 전쟁을 지휘하여 기원전 162년 대승을 거두고 마케도니아 왕국을 멸망시켰다. 본문 내용은 플루타르크의 『영웅전』(Lives) 가운데 「아에밀리우스 파울루스」편에 나온다.

내 자신들의 몰락한 군주에게 종종 시선을 주면서 그 모습에 끊임없이 눈물을 흘렸다. 이러한 모든 행동은 그들이 자신들의 불운에 대해 생각하는 것이 아니라 왕이 겪고 있는 더 큰 불행에 전적으로 마음을 쏟고 있다는 것을 입증한다.

이와 반대로, 도량이 넓은 로마인들은 그를 경멸과 분노의 심정으로 지켜보았으며, 그와 같은 재난을 감내하면서도 살아남겠다고 버틸 정도의 천박한 인간은 어떤 동정심도 받을 가치가 없다고 생각했다.

그런데 그러한 재난은 과연 무엇이었던가? 대다수의 역사가에 따르면, 그는 여생을 인정 많은 권력자들의 보호 아래서 그 자체로도 선망이 되는 것처럼 보이는 상태, 즉 그 자신이 심지어 어리석다고 해도 더 이상 추락하는 것이 불가능한 풍요, 안락, 여가, 안전의 상태에서 보냈다. 그렇지만 그는 이전에 자신의 모든 움직임에 주목해왔던 사람들, 즉 감탄하는 우중(愚衆), 아첨꾼, 시종들에게 더 이상 둘러싸여 있지 않았다. 그는 대중에게 더 이상 주목받지 못했고, 그들의 존경, 감사, 사랑, 감탄의 대상이 되게 만드는 어떠한 힘도 더 이상 갖지 못했다. 모든 백성의 열정이 더 이상 그의 성향을 따라 형성되지 않게 되었다. 이것이 바로 그 왕의 모든 감정을 빼앗고, 왕의 친구들이 그들 자신의 불운을 망각하게 만든 견디기 어려운 재난이었다. 그리고 로마인의 도량으로는 이러한 상황에서 어떤 사람이 살아남자고 버틸 만큼 그리 천박할 수 있는지 의아해하면서 상상하기 어려워했던 재난이었다.

7

라로슈푸코 경이 말하기를, "야심이 사랑을 뒤따르는 경우는 흔하지만, 사랑이 야심을 뒤따르는 법은 거의 없다."[28] 야심이 일단 마음을 완전히 사로잡는 경우에는 다른 열정이 병존한다든지 계기적으로 이어지는 것을 전혀 허용하지 않는다. 대중의 감탄을 받는 일에 익숙하거나 심지어 그러한 희망을 꾸준히 가져온 사람들에게조차도 다른 모든 즐거움은 쓸모없어지고 시들해진다. 모든 실각한 정치인이 야심의 영향력에서 벗어나고 더 이상 누릴 수 없는 명성을 혐오하는 방법을 터득하여 마음의 평온함을 얻고자 노력하고 있지만 그들 가운데 얼마나 극소수 사람만이 이러한 일에 성공을 거둘 수 있었던가?

이들 중 대다수는 자신들이 대수롭지 않은 존재라는 생각에 유감을 느끼고 사적인 생활에서 전혀 흥미를 갖지 못하며 매우 의기소침하고 맥이 빠진 나태함 속에서 시간을 허비한다. 예외적으로 그들이 즐거움을 느끼는 경우는 자신들이 일궈낸 과거의 위업을 거론할 때이고, 예외적으로 만족감을 갖는 경우는 이를 되찾기 위한 어떤 허망한 계획에 집착하고 있을 때다.

여러분은 본인이 가진 자유를 궁정의 기품 있는 노예상태와 맞교환하지 않고, 그 대신 구속받지 않고 두려움 없이 독립적으로 살아가려는 결의를 진지하게 하고 있는가?

이 덕망 있는 결의를 유지하는 방법이 한 가지 있는데, 아마 이 방법이 유일할 듯하다. 귀환한 사람이 거의 없는 그런 곳에는 결코 들어가지 말라. 야심의 영역에 결코 진입하지 말라. 또한 이미 여러분에 앞서서 세상 사람들의 절반의 관심을 빼앗아온 지상의 지배자들과 자신을 결코 비교하지 말라.

---

28) 라로슈푸코(La Rochefoucauld, 1613~80)는 프랑스의 공작이며 고전작가로 활동했다. 그는 『잠언집』(*Maximes*)에서 간결한 문체로 인간심리를 명확하게 묘사했다.

8

사람들의 상상 속에서 세상 일반의 동감과 주목을 가장 받기 좋은 상황에 스스로가 위치하는 것은 매우 중요하다. 그러므로 시위원회 고위 인사 부인들을 분열시키는 큰 대상이 되는 자리(place)는 일상 생활에서 이루어지는 모든 노동의 절반이 지향되는 목적이다. 이 자리라는 것은 모든 소동과 야단법석, 모든 강탈과 부정의 원인이기도 한데, 탐욕과 야심이 이런 것을 이 세상에 끌어들인 것이다.

세상 사람들이 말하듯이, 분별 있는 사람은 자리를 경멸한다. 다시 말해서, 그들은 식탁의 상석에 앉는 것을 혐오스럽게 생각하고, 정말 아무것도 아닌 어떤 하찮은 사정만 있어도 동석자들에게 소개되곤 하는 사람이 누구인지에 대해서도 무관심하다. 그러나 인간 본성이 통상적 수준을 훨씬 넘어서든가 아니면 이에 훨씬 미치지 못하든가 하는 두 가지 경우가 아니라면, 어느 누구도 높은 신분, 명성, 탁월함을 경멸하지 않는다.

즉 지혜와 진정한 철학에 아주 확고하게 기초하고 있어서 행동의 적정성이 자신을 승인의 정당한 대상이 되도록 하기 때문에 설령 세상의 주목이나 승인을 받지 못하더라도 거의 개의치 않는지, 자신이 천박하다는 관념에 매우 익숙해져 있으며 나태하고 머리가 비어 있을 정도의 무관심에 푹 젖어 있어서 탁월해지고 싶다는 욕망이나 그러한 희망조차 완전히 잊어버리고 있는 두 가지 경우가 아니라면 자리에 무심하기가 쉽지 않다.

9

이런 식으로 세상 사람들의 기쁨에 찬 축하와 동감적인 관심의 자연스러운 대상이 되는 것이 번영을 누리는 상태에 모든 눈부신 영광을 부여하는 사정이 된다. 이와 마찬가지로 자신의 불행이 우리 동료

감정의 대상이 아니라 동료의 경멸과 혐오의 대상이라고 느끼는 것만큼 역경의 우울함을 한층 더 어둡게 만드는 것도 없다. 바로 이러한 이유 때문에 가장 두려운 재난이 언제나 가장 지탱하기 어려운 재난은 아니다. 큰 불행을 겪고 있는 것보다 작은 피해를 당한 경우가 대중에게 더 굴욕적으로 비쳐지는 경우가 종종 있다. 작은 피해의 경우는 별다른 동감을 불러일으키지 못하지만, 큰 불행을 당한 경우는 비록 그 고난의 고통에 근접하는 동감에는 미치지 못하지만 아주 생생한 동정심을 불러일으킨다.

후자의 경우 관찰자들의 감정은 고통을 겪는 사람의 감정으로부터 다소 거리는 있지만, 그들의 불완전한 동료감정은 그가 비참함을 견디는 데 어느 정도의 도움을 준다. 화려한 모임에서 신사라면 자신의 몸이 피와 상처로 덮인 상태와 비교하여 쓰레기와 누더기를 뒤집어쓴 모습을 보이는 경우가 더 굴욕적이라고 느낄 것이다. 전자의 경우에는 연민을 불러일으키나, 후자의 경우에는 조소를 촉발시킨다. 그는 판사의 사형선고보다도 형틀에 채워지는 선고가 훨씬 더 망신을 준다고 느낀다.

몇 해 전 육군 수장인 장성을 회초리로 때린 어떤 군주는 그에게 돌이킬 수 없는 치욕을 주었다. 그를 총살로 처벌했다면 그는 훨씬 덜한 치욕을 느꼈을 것이다. 회초리로 불명예를 준다든가 형틀에서 목에 칼이 채워지는 처벌은 명예법이라는 명백한 이유 때문에 쉽게 적용되지 않는 형벌이다.

불명예를 모든 악 중에서 가장 중대한 것으로 알고 있는 어떤 신사에게 그러한 매우 사소하지만 모욕적인 처벌이 가해질 경우 그 처벌은 인정과 도량이 있는 사람들 사이에서는 가장 두려운 처벌로 간주된다. 그러므로 높은 지위의 사람들에게 그런 식의 처벌은 일반적으로 제외되며, 법률은 대개의 경우 사형을 집행하면서도 그들의 명예를 존중해준다. 범죄의 종류를 불문하고 높은 신분의 사람들을 매질하거나 형틀에서 칼로 채우는 처벌은 러시아를 제외한 모든 유럽 정부에서는 결코 시행될 수 없는 야만적인 일이다.

10

어떤 용감한 사람이 교수대로 보내진 경우에는 경멸을 받지 않지만, 형틀에 채워진 경우에는 경멸을 받는다. 교수대에 선 그의 행동은 그를 일반적인 존경을 받거나 감탄을 자아내게 할 수도 있다. 형틀에 채워진 그의 행동은 그에게 결코 유쾌함을 줄 수 없다. 전자의 경우에는 관찰자들의 동감이 그를 지지하고 있다. 따라서 이것은 모든 감정 가운데서 가장 견디기 힘든 것으로서 비참함을 혼자서만 감수하고 있다는 내면 의식인 치욕으로부터 그를 구해준다. 그러나 후자의 경우에는 동감이 존재하지 않으며, 설령 존재한다고 해도 아주 하찮은 정도에 불과한 그의 고통에 대한 동감이 아니다.

이 경우 일어나는 동감은 자신의 고통에 사람들이 별로 관심이 없음을 느끼는 그의 의식에 대한 동감이다. 이 동감은 그의 비애에 대한 것이 아니라 치욕에 대한 것이다. 그에게 연민을 느끼는 사람들은 얼굴을 붉히며 그를 위해 머리를 숙인다. 그 역시 마찬가지로 고개를 숙이며, 비록 범죄 때문이 아니라 처벌 때문에 자신의 품위가 돌이킬 수 없을 정도로 추락했음을 느낀다.

반대로 결연하게 죽음을 택한 사람은 당연히 존경과 승인의 떳떳한 측면이 주목되기 때문에 자신도 마찬가지로 대담한 안색을 취한다. 만일 그의 죄악이 그에게 향한 타인들의 존경심을 박탈할 정도가 아니라면, 그에 대한 처벌 역시 그에 대한 타인들의 존경심을 박탈하지 못할 것이다. 그는 자신의 처지가 어느 누군가에 의해서 경멸이나 조롱의 대상이 될지도 모른다는 의심을 전혀 하지 않으며, 완전한 평정심을 견지한 모양새를 보일 뿐만 아니라 승리와 환희의 태도를 취한다.

11

레츠 추기경이 말하기를, "커다란 위험은 그 자체로서 매력이 있다. 왜냐하면 설령 실패하더라도 얻게 될 어떤 영예가 있기 때문이다. 그러나 평범한 위험은 두려움 이외에 남길 어떤 것도 없다. 왜냐하면 성공에 미치지 못하게 되면 항상 명예의 상실이 따르기 때문이다."[29] 그가 정리한 격언은 우리가 지금까지 처벌에 관해서 살펴보았던 것과 동일한 근거를 가지고 있다.

12

인간의 덕성은 고통, 빈곤, 위험, 죽음보다 질적으로 뛰어나다. 또한 인간의 덕성은 이러한 것들을 멸시하는 데 심지어 커다란 노력을 들일 필요조차 없다. 그러나 사람이 겪는 비참함이 모욕과 조롱의 대상이 되고, 포로가 되어 개선행렬에 들어오며, 경멸의 손가락질의 대상이 되는 것은 인간의 덕성이 지닌 굳은 지조가 한층 더 좌절하기 쉬운 상황이 된다. 세상 사람들에게 경멸당하는 것에 비하면 다른 모든 외적인 해악은 감내하기가 쉽다.

---

29) 레츠 추기경(Jean François Paul de Gondi Cardinal de Retz, 1613~79)은 17세기 프랑스의 정치가이자 회고록 작가다. 그는 파리 부주교로서 프롱드의 난(1648~53)이 일어났을 때 핵심적인 역할을 했으며, 교황 이노센트 10세에 의해 1652년 추기경에 임명되었다. 인용문은 1648년에 기록된 『회상록』(*Mémoires*)의 일부분이다.

제3장 부자와 권세가를 존경하는 반면
빈자와 하위계층을 경멸하고 무시하는 성향으로
야기되는 도덕감정의 타락

1

부유한 사람과 권세가를 존경하고 거의 숭배까지 하는 반면에 가난하거나 비천한 치지에 있는 사람을 경멸하거나 아니면 적어도 무시하는 세상 사람들의 성향이 비록 신분의 구분과 사회의 질서를 확립하고 유지하는 데에 불가결하다고 할지라도, 이와 동시에 이는 우리의 도덕감정을 타락시키는 거대하고 가장 보편적인 원인이 되어왔다. 부와 권력이 지혜와 미덕에만 적절히 주어져야 하는 존경과 감탄을 받는 반면, 악덕과 우매함이 그 유일하고 적절한 대가로 받아 마땅한 경멸이 빈곤과 약자에게도 종종 매우 불공정하게 부여된다는 사실은 모든 시대에 걸쳐서 도덕가의 불평이 되어왔다.

2

우리는 존경할 만한 사람이 되기를 원하며 동시에 사람들의 존경을 받기를 원한다. 우리는 경멸할 만한 사람이 되기를 두려워하며 동시에 사람들의 경멸을 받는 것도 두려워한다. 그러나 세상의 견문을 넓히게 되면 우리는 지혜와 미덕만이 결코 존경의 유일한 대상이 아니고, 악덕과 우매함만이 결코 경멸의 유일한 대상도 아닌 것을 곧 알게 된다. 우리는 세상 사람들의 존경과 관심이 현인과 성인에 대해서보다도 부자와 권세가에게 한층 더 강하게 지향되는 것을 빈번히 목격하게 된다. 또한 우리는 권세가의 악덕과 우매함이 순진무구한 사람들의 가난과 무기력함보다 훨씬 더 적게 경멸되고 있음을 빈번히 목격한다.

세상 사람들의 존경과 감탄을 받을 만하게 되는 것, 그리고 그것을 획득하고 향유하는 것은 야심과 경쟁심이 지향하는 커다란 목표다. 이처럼 모든 사람이 무척이나 희망하는 목표를 동일하게 달성할 수 있는 두 개의 서로 다른 길이 우리에게 제시되고 있다. 하나는 지혜의 탐구와 미덕을 실천함으로써 도달하는 길이고, 다른 하나는 부와 권세를 획득함으로써 달성하는 길이다.

우리의 경쟁심에도 두 가지의 서로 다른 성격이 제시된다. 하나는 교만한 야심과 허세를 부리는 탐욕의 성격이며, 다른 하나는 소박한 겸양과 공정한 정의의 성격이다. 우리의 앞에는 이 두 가지의 서로 다른 모형, 두 가지의 서로 다른 그림이 놓여 있으며, 이에 따라서 우리는 자신의 성격과 행동을 도야해갈 수 있다. 하나는 그 색채에서 훨씬 더 속되게 현란하고 화려하며, 다른 하나는 그 윤곽에서 한층 더 정확하고 섬세한 아름다움이 있다. 한쪽은 그 움직임이 세상 사람들의 방황하는 모든 이목에 집중되지만, 다른 한쪽은 가장 탐구적이고 주의 깊은 관찰자를 제외하고는 거의 어느 누구의 주의도 끌지 못한다.

이처럼 예외적인 관찰자들은 주로 현명하고 덕망 있는 사람들이며, 유감스럽게도 선택된 소수 집단에 불과하지만 이들은 진정으로 견실하게 지혜와 미덕을 찬미하는 선량들이다. 세상 대다수의 대중들은 부와 권세의 찬미자이고 숭배자다. 그리고 더욱 특이한 것은 그들이 부와 권세에는 실제로 이해관계가 없는 찬미자이며 숭배자일 경우가 가장 빈번하다는 것이다.

3

우리가 지혜와 미덕에 대해서 품는 존경심은 부와 권세에 대해서 느끼는 존경심과 다르다는 것은 의문의 여지가 없다. 그리고 이러한 차이를 식별하는 데 매우 예리한 판별력이 필요하지도 않다. 그렇지만 그러한 차이가 있음에도 이들 감정에는 서로 상당한 유사점이 있다. 어느 특정한 측면에서는 양자는 분명히 다르지만, 표면상의 일반적인 모양에서는 그들 감정은 거의 동일하기 때문에 부주의한 관찰자들은 어느 한편을 다른 한편으로 오인하기가 매우 쉽다.

4

사회에 대한 공로의 정도가 동일한 경우에 가난하고 비천한 사람보다도 부자와 권세가에게 한층 더 존경을 표하는 사람이 거의 대부분이다. 대다수의 사람들은 전자의 진솔하고 견실한 공로보다도 후자의 거만과 허영심을 훨씬 더 존경할 만한 것으로 여긴다. 공로와 덕성을 전혀 고려하지 않은 채 단순한 부귀와 권세가 존경받을 만하다고 말하는 것은 아마 선량한 도덕, 심지어 건전한 언어에 거의 부합하지 않는다. 하지만 부자와 권세가는 대개 항시 존경을 받고 있으며, 그렇기 때문에 어느 측면에서는 존경의 자연적 대상으로 간주되고 있다는 사실을 우리는 인정하지 않을 수 없다.

악덕과 우매함 때문에 이와 같은 고귀한 지위가 완전한 품위 상실로 이어지는 경우가 분명히 존재할 수 있다. 그러나 이와 같은 완전한 품위 상실로 이어지려면 그 악덕과 우매함이 매우 심각해야 한다. 상류사회 남성의 좋지 않은 품행은 비천한 처지에 놓인 사람의 그것에 비해 경멸되거나 혐오되는 정도가 훨씬 적다. 후자의 상황에서 절제와 적정성의 규칙을 단 한 번이라도 위반할 경우가 전자의 상황에서 그러한 규칙의 경멸이 부단하고 공공연하게 이루어지는 경우에 비해서 훨씬 큰 분노를 불러일으킨다.

5

중류 및 하위계층의 생활에서, 덕성을 쌓는 길과 재산을 모으는
길, 즉 적어도 그런 계층의 사람들이 합당하게 획득할 것으로 기대할
정도의 재산을 모으는 길은 다행히도 대부분의 경우 거의 동일하다.
모든 중류 및 하위계층의 사람들이 종사하는 직업에서, 진실하고 확
고한 직업적 능력이 신중하고 올바르며 꿋꿋하고 절제하는 행동과
결합되었을 때에 성공하지 못하는 경우는 거의 없다.

때로는 그 규범적 행위가 결코 올바르지 않은 때에도 직업적 능력
이 뛰어나 성공할 수 있기는 하다. 그렇지만 습관적인 몰염치, 불의
와 부정, 나약함, 방탕의 기질은 가장 훌륭한 직업적 재능도 늘 흐리
게 하고, 때로는 전적으로 둔하게 만든다. 게다가 중류 및 하위계층
의 사람들은 결코 법 위에 군림할 정도로 권력을 지니지는 못하므로,
법은 일반적으로 그들을 위압하여 적어도 정의와 관련된 훨씬 더 중
요한 규칙들에 대해서는 모종의 존경심을 갖도록 할 것임에 틀림없
다. 또한 이러한 사람들의 성공은 거의 항상 그들의 이웃과 동료들의
호의와 호평에 의존한다. 따라서 꽤 균형 잡힌 행동을 하지 않고는
그것을 거의 얻어낼 수 없다.

정직이 최선의 방책이라는 예부터 내려오는 훌륭한 속담은 이러
한 상황에서 거의 완전한 진리가 된다. 따라서 그러한 상황에서는 우
리는 일반적으로 상당한 정도의 미덕을 기대할 수 있다. 그리고 이것
이 대부분의 세상 사람들이 처한 상황이라는 점은 사회의 선량한 도
덕을 위해서도 다행스런 일이다.

6

불행하게도 상류계층의 생활에서 그 사정은 반드시 이와 동일하
지는 않다. 군주들의 궁정과 권세가의 응접실에서 행해지는 성공과

승진은 총명하고 풍부한 정보를 가진 동료들의 평판이 아니라 무지하고 주제넘으며 교만한 통치자들의 변덕스럽고 어리석은 호의에 의존한다.

그곳에서는 아부와 거짓이 공로와 능력을 압도하는 일이 매우 자주 일어난다. 그러한 사회에서는 아부 능력이 업무 능력보다도 훨씬 더 중시된다. 사회적 동요가 거의 없는 태평과 평화의 시대에는 군주나 권세가는 즐기는 일만을 바라고, 심지어 자신은 어느 누구에게도 그러한 접대를 받아본 적조차 없으며 자기를 즐겁게 해주는 사람이야말로 업무 능력도 뛰어나다고 착각하기 쉽다.

상류사회의 남성으로 칭해지는 주제넘고 어리석은 인물이 지닌 외면적인 품위와 시시한 소양이 군인, 정치가, 철학자나 입법가의 견고하고 남성적인 미덕에 비해 더 많은 감탄을 자아내는 일이 흔하다. 그러한 부패한 사교모임에서 흔히 두각을 나타내는 오만하고 하찮은 아첨꾼들은 지방의회와 원로원 그리고 전쟁터 등에 잘 어울릴 수 있는 모든 위대하고 경이로운 덕성에 가장 큰 경멸과 조소를 보낸다.

셜리 공작이 어떤 긴급사태에 대해 조언하려고 루이 13세에게 소환되었을 때, 왕에게 총애 받는 가신들과 조신들이 유행에 뒤처진 그의 외모를 보고 수군거리며 냉소를 보냈다. 그러자 노련한 군인이자 정치가인 셜리 공작은 이렇게 말했다. "폐하의 부왕께서 영광스럽게도 제게 조언을 구하셨을 때는 언제나 궁정의 광대들을 대기실로 물러나 있으라고 하셨나이다."[30]

---

30) 셜리 공작(Duke of Sully, 1560~1641)은 프랑스의 용맹한 군인이자 정치가다. 그는 부르봉 왕조의 시조인 앙리 4세의 명재상으로서, 30년 종교전쟁(1562~98)으로 피폐해진 국가재건을 위해 노력했다. 인용문은 『셜리 공작의 회상록』에 기록되어 있다.

7

부자와 권세가가 소위 유행을 창시하거나 선도할 수 있는 것은 그들에 대해 감탄하며 결과적으로 그들을 모방하고자 하는 우리의 성향에서 비롯된다. 그들의 의복은 유행하는 의복이 되고, 대화에서 그들이 사용하는 언어는 유행하는 말씨가 된다. 그들의 용모와 태도 역시 유행하는 행동이 된다. 심지어는 악덕과 우매함도 유행이 되는데, 대다수의 사람은 본인의 명예를 실추시키고 품격을 떨어뜨리는 바로 그러한 자질을 모방하고 닮는 것을 자랑스럽게 생각한다.

허영심이 있는 사람은 유행되고 있는 방탕한 행동을 종종 따라하게 되는데, 이에 대해 내심으로는 승인하지 않지만 실제로는 아무런 죄의식도 느끼지 않는다. 허영심이 있는 사람은 칭찬할 만한 가치가 없다고 스스로 생각하는 행동에 대해 사람들에게 칭찬을 받고 싶어한다. 그들은 자신들이 때때로 은밀히 실행하고 있고 진정으로 어느 정도의 존경심을 가지고 있는 여러 덕성을 유행에 뒤처졌다는 생각 때문에 수치스러워한다.

진정한 신앙과 덕성을 갖춘 것처럼 가장하는 사람이 있듯이 부와 권세를 갖춘 것처럼 가장하는 사람이 있다. 교활한 사람이 종교와 도덕의 영역에서 그런 것처럼, 허영심이 있는 사람은 부와 권세의 영역에서 실제 자신이 그런 모습이 아닌데도 마치 그런 것처럼 가장하고 싶어 한다.

그는 지배자들이 소유한 가정용품이나 호화스러운 생활양식을 모방하여 꾸민다. 그런데 그는 다음과 같은 점을 전혀 고려하지 않는다. 이러한 모든 경우에 칭찬할 만한 가치가 있는 것은 무엇이든지 공로와 적정성에 기초하며, 이 공로와 적정성은 그런 지출과 이를 위한 수월한 지원을 가능하게 하는 그런 여건과 재산의 적합성 여부로부터 도출된다는 것이다.

많은 가난한 사람은 부자라고 생각되는 것을 영광으로 생각한다. 그런데 그러한 평판이 그에게 부과하는 여러 의무(만일 매우 존경할 만한 명칭으로 그러한 우매함이 표기될 수 있다면)가 그를 즉시 극빈 상태로 틀림없이 끌어내리며, 본래의 위치와 비교해서 그의 처지를 그가 존경하고 모방하는 사람들의 상황과 한층 더 괴리되도록 만든다는 점을 그는 전혀 고려하지 않는다.

8

이러한 선망의 지위에 도달하기 위해서 재산을 도모하는 지망자들은 덕성에 이르는 길을 너무나 빈번히 포기한다. 왜냐하면 불행하게도 재산에 이르는 길과 덕성에 이르는 길은 정반대의 방향으로 나 있는 경우가 종종 있기 때문이다. 그러나 야심에 찬 사람은 자신이 추진해온 화려한 여건에서 세상 사람들의 존경과 감탄을 좌우할 수 있는 많은 수단을 소유하며, 대단히 탁월한 적정성과 품위를 가지고 행동할 수 있게 되므로 그의 미래 행위의 광채가 그런 높은 지위에 이르는 동안 활용한 여러 단계의 어리석음을 완전히 숨기거나 말소할 것이라고 생각하고 득의만면해한다.

많은 정부에서 최고의 지위를 지향하는 지망자들은 초법적으로 행동한다. 이들은 야심이 요구하는 목표를 달성할 수 있다면 이를 위해 활용한 수단에 대해서 해명을 요구받는 것을 전혀 두려워하지 않는다. 그러므로 그들은 종종 음모와 술수에 동원되는 야비한 상투수법인 사기와 거짓말뿐만 아니라, 때로는 가장 극악무도한 범죄의 실행, 즉 살인과 암살, 반란과 내전에 의해 권세에 이르는 도상에서 자신들에게 반대하거나 맞서는 모든 사람을 대체하거나 제거하려고 시도한다. 그들은 성공할 때보다는 실패할 때가 훨씬 많으며, 보통은 그들이 저지른 범죄에 상응하는 불명예스러운 형벌 외에는 얻는 것이 없다. 그러나 그들이 설령 다행히도 그렇게 갈망하던 권세를 얻는다고 해도 그 지위에서 향유할 것으로 기대했던 행복에 대해서는 가장 비참하게 실망하는 것이 일반적이다.

야심가가 실제로 추구하는 것은 안일이나 쾌락이 아니라, 비록 명예가 종종 잘못 이해되고 있기는 해도, 항시 이런저런 종류의 명예다. 그러나 그 높은 지위에 따른 명예는 자신의 시선으로 보나 타인의 시선으로 보나 그러한 지위에 이르는 과정에서 그가 활용한 수단의 비열함에 의해서 타락하고 더럽혀진 것으로 비치게 된다.

모든 비용을 선심 쓰듯이 낭비한다든가, 비참하지만 일상적인 성격 파탄의 원천이 되는 것이지만 모든 방탕한 쾌락에 과도하게 탐닉한다든가, 공공업무에 분주하게 몰두한다든가, 자긍심과 화려함을 더욱 내세운 전쟁의 소란스러움이라든가, 아무튼 이러한 여러 수단을 통해 그는 자신의 기억과 다른 사람의 기억 모두에서 일찍이 그가 저질렀던 행위에 관한 추억을 지우려고 노력할 것이다.

하지만 그 추억은 결코 잊혀지지 않고 그를 따라다닌다. 그는 건망증과 망각이라는 어둡고 우울한 힘에 호소해보지만 허사가 된다. 그는 자신이 저지른 행위를 스스로 기억하고 있으며, 그 기억은 그에게 다른 사람들도 마찬가지로 자신이 저지른 행위를 분명히 기억하고 있음을 알려준다.

가장 자랑스러워 보이는 권세의 모든 화려하고 속된 현란함 속에서도, 권세가와 식자층의 부패하고 비열한 아첨 속에서도, 비록 가장 어리석지만 가장 순진무구한 일반 대중의 환성 속에서도, 그리고 모든 정복의 자부심과 승리한 전쟁의 개선 속에서도 그는 부끄러움과 양심의 가책이라는 복수의 여신들의 추적에 여전히 은밀하게 시달린다. 그리고 영예가 사방으로 그를 에워싸는 것처럼 보이는 동안에도 그 자신은 상상 속에서 음울하고 악취가 나는 불명예가 그를 빠르게 추적하고 있으며, 매 순간 뒤에서 그를 압도할 준비가 되어 있는 것으로 생각한다.

위대한 카이사르도 호위병들을 물리치고 움직일 정도의 도량을 지녔음에도 자신의 의구심만은 떨쳐버릴 수 없었다. 파르살리아의 추억이 여전히 그에게 떠오르며 뒤쫓았던 것이다. 원로원의 요청으로 마르켈루스[31]를 사면하는 관대함을 보이면서, 원로원 회의에서 그는 자신의 목숨을 빼앗기 위해 진행되고 있는 여러 계획을 전혀 모르지 않으며, 자신은 이미 천수와 명예를 충분히 누릴 정도로 오래 살았기 때문에 죽는 것에 만족하며 따라서 모든 음모를 경멸한다고 말했다.

그가 천수를 누릴 정도로 오래 산 것에 어떤 개연성이 있기는 하다. 그러나 지금도 호의를 얻고 싶고 여전히 친구로 여기고 싶은 사람들에게 자신이 그렇듯 불구대천의 분개심의 대상이 되고 있음을 느끼는 사람은 진정한 영예를 누리거나 동년배들의 사랑과 존경 속에서 소망하는 행복을 누리기에는 너무 오래 산 것이 확실하다.

---

31) 마르켈루스(Marcus Claudius Marcellus, ?~BC 45)는 기원전 51년 집정관을 역임한 로마 공화정 말기의 군인이자 정치가다. 그는 율리우스 카이사르에게 적대적이었다. 기원전 48년에 카이사르가 그리스 북부 파르살리아 전투에서 폼페이우스에 대해 결정적인 승리를 쟁취함에 따라 후자를 지지했던 마르켈루스는 미틸레네 섬으로 피신한다. 그리고 기원전 46년에 카이사르는 귀족계층을 회유하기 위해 원로원의 요청에 따라 관용을 베풀면서 마르켈루스를 사면한다.

제2부
공로와 과오, 또는 보상과 처벌의 대상

"모든 사람은 행한 대로 대접받을 것이라는 말대로,
응보는 자연이 우리에게 명령한 위대한 법칙인 듯하다.
우리는 자혜와 관용의 덕성이 관대하며
자애로운 사람들에게 마땅히 응분의 몫으로
주어져야 하는 것으로 생각한다.
우리가 생각하기에, 인간애의 감성을 향해
마음을 전혀 개방한 적이 없는 사람들은 동일한 방식으로
모든 동료에게도 애정을 받지 못하고,
사회 속에서 살도록 허용되더라도 어느 누구도
그들을 보살피거나 안부를 묻는 사람이 전혀 없는
거대한 사막에서 사는 것처럼 방치되어야 한다."

제1편 공로의 감각 및 과오의 감각

서론

1

세상 사람들의 행위와 품행에 귀속되는 자질 가운데 적정성이나 부적정성, 예의바름이나 무례함과는 구분되면서 어떤 특별한 유형의 승인과 부인의 대상이 되는 일련의 자질이 존재한다. 이러한 여러 자질이 보상받아 마땅한 공로 및 처벌받아 마땅한 과오에 해당한다.

2

이미 앞서 고찰한 바대로,[1] 모든 행위의 원천이 되는 동시에 각 행위의 미덕 또는 악덕 여부에 전적으로 영향을 미치는 마음의 감정이나 성정은 두 가지 서로 다른 측면이나 관계로부터 고찰될 수 있다. 첫 번째는 그 행위를 자극하는 원인이나 대상과 관련하여 고찰하는 것이며, 두 번째는 그 행위가 지향하는 목적에 대한 관계 또는 그 행위가 수반하기 쉬운 결과와 관련해서 고찰하는 것이다.

---

1) 이 책 105~106쪽(5~7).

결과로 나타난 행위의 적정성이나 부적정성, 예의바름이나 무례함은 어떤 성정을 자극한 원인이나 대상에 대해서 그 성정이 지니는 적합성이나 부적합성, 균형성이나 불균형성에 의존한다. 그리고 그 성정이 야기한 어떤 행위에 따른 공로와 과오, 보상성과 처벌성은 그 성정이 지향하거나 수반하는 경향이 있는 유익하거나 유해한 결과에 의존한다.

어떤 행위에 관한 우리의 적정성이나 부적정성의 감각이 어디에 있는가 하는 문제는 이미 전편에서 설명했다. 지금 우리는 그 행위의 보상성이나 처벌성에 관한 감각이 어디에 있는가 하는 문제를 고찰하고자 한다.

제1장 감사의 적절한 대상은 보상받아 마땅하고, 분개심의 적절한 대상은 처벌받아 마땅하다

1

따라서 우리로 하여금 가장 즉각적이고 직접적으로 보상하거나 타인에게 선행을 베풀도록 촉구하는 감정의 적절하고 승인된 대상으로 생각되는 행위는 반드시 보상받을 가치가 있는 것으로 보인다. 마찬가지로 우리로 하여금 가장 즉각적이고 직접적으로 처벌하거나 타인에게 악행을 부과하도록 촉구하는 감정의 적절하고 승인된 대상으로 생각되는 행위는 반드시 처벌받아 마땅한 것처럼 보인다.

2

우리로 하여금 가장 즉각적이고 직접적으로 보상하도록 촉구하는 감정은 감사이며, 우리로 하여금 가장 즉각적이고 직접적으로 처벌하도록 촉구하는 감정은 분개심이다.

3

그러므로 우리에게 감사의 적절하고 승인된 대상으로 보이는 행위는 반드시 보상받을 만한 것이라고 생각되며, 반면에 분개심의 적절하고 승인된 대상으로 보이는 행위는 반드시 처벌받을 만한 것이라고 생각된다.

4

보상한다는 것은 답례하고, 보답하며, 받은 선행에 대해서 선행으로 되돌려주는 것이다. 마찬가지로 처벌한다는 것은 비록 방법은 다를지라도 답례하고, 보답하는 것이다. 즉 그것은 행해진 악행에 대해서 악행으로 되돌려주는 것이다.

5

감사와 분개심 이외에도 우리로 하여금 다른 사람들의 행복이나 불행에 관심을 갖게 하는 다른 열정들이 있다. 그러나 이러한 두 가지 감정만큼 우리를 직접적으로 자극하여 다른 사람의 행복이나 불행의 도구로 삼는 정서는 없다. 친숙함과 평소 반복되는 승인으로부터 생기는 애정과 존경은 필연적으로 우리로 하여금 그러한 유쾌한 정서의 대상이 되는 인물의 행운에 기쁨을 느끼게 하고, 따라서 이를 증진시키기 위해 기꺼이 도움을 주고자 한다.

그러나 설령 그의 행운이 전혀 우리의 도움 없이 실현된다고 해도 우리의 애정은 충분히 만족된다. 이 열정이 바라는 모든 것은 그의 행운을 도모한 사람이 누구인가를 전혀 생각하지 않고 그가 행복해하는 것을 보는 것이다. 그러나 감사의 감정은 이러한 방식으로 만족될 수 없다.

만일 우리가 많은 은의(恩誼)를 지고 있는 인물이 우리의 도움 없이 행복하게 되었다면, 설령 우리의 애정은 만족되더라도 감사의 감정은 충족되지 않는다. 우리가 그에게 보답할 때까지, 우리 자신이 그가 더욱더 행복해지는 데 적극적인 역할을 할 때까지 우리는 과거에 그의 도움이 우리에게 남겨놓은 부채를 여전히 지고 있는 것으로 느낀다.

6

마찬가지로, 습관적으로 반복되는 비난에 기초하여 커지는 증오와 혐오는 이러한 고통스러운 열정을 야기하는 품행과 성격을 지닌 사람이 겪는 불행에 대해서 우리로 하여금 종종 악의에 찬 쾌감을 느끼도록 만든다. 그러나 혐오와 증오가 모든 동감에 반해 우리의 마음을 비정하게 만들고 심지어는 타인의 고통에 때때로 환호하게 만들지만, 만일 이 경우에 분개심이 느껴지지 않고 우리와 우리의 친구들이 어떠한 큰 개인적 도발을 받지 않은 경우라면, 이와 같은 두 가지 열정은 통상적으로 우리로 하여금 타인의 불행을 유발하는 데 적극적으로 나서도록 바라지는 않는다.

설령 타인의 불행을 유발하는 데 일부 조력을 보태지만 처벌을 받을 염려가 전혀 없는 경우라고 해도 우리는 차라리 다른 수단에 의해 그렇게 되기를 희망한다. 격렬한 증오감으로 가득 차 있는 사람에게 그가 증오하고 혐오한 사람이 어떤 사고 때문에 사망했다는 소식을 듣는 일은 아마 유쾌할 것이다. 그러나 비록 증오의 열정은 덕성과는 친화성이 별로 없어서 정의감이 가능한지 의문이긴 하지만, 만일 그가 정의감을 조금이라도 가지고 있다면, 그 자신이 설령 고의가 아니더라도 이와 같은 불행의 계기가 된다면 이 때문에 그는 몹시 기분이

상할 것이다. 더욱이 그가 자발적으로 이 불행에 기여했다는 생각은 그에게 엄청난 충격을 줄 것이다. 그는 심한 불쾌감 가운데 그처럼 혐오스러운 계획을 상상하는 것조차 거부할 것이다. 만일 그가 자신을 그처럼 극악무도한 행위를 저지를 수 있는 사람으로 상상한다면, 혐오의 대상이 된 사람을 그가 생각하는 바와 마찬가지로 증오하는 관점에서 그 자신을 바라보기 시작할 것이다.

그러나 이러한 감정은 분개심과는 아주 다르다. 우리에게 아주 큰 침해를 준 사람이, 예컨대 우리의 아버지나 형제를 살해한 사람이 그후 곧 열병으로 죽거나 이와는 다른 범죄를 저질러 교수대로 보내질 때 비록 우리의 증오의 감정은 진정된다고 해도 분개심은 완전히 해소되지 않는다. 분개심이란 것은 우리에게 저지른 그 특정한 침해 때문에 우리로 하여금 그가 처벌받기를 바라게 만들 뿐만 아니라 우리의 방법으로 처벌받기를 바라도록 만든다. 가해자가 자신의 죄과로 비탄에 빠지는 것뿐만 아니라 그것 때문에 우리가 겪었던 그 특정한 죄과로 그가 비탄에 빠지지 않는 한, 분개심은 완전히 해소되지 않는다.

그가 바로 그 특정의 행위에 대해서 반드시 참회하고 사죄하도록 만들어야 하며, 이 결과 다른 사람들은 동일한 처벌의 두려움 때문에 동일한 범죄 행위를 저지르는 것에 두려움을 느낄 것이다. 이 분개심의 열정을 자연스럽게 만족시키는 것은 형벌의 정치적 목적, 즉 범죄자의 교정과 대중에 대한 본보기 제공이라는 목적을 그 자체로 산출하는 경향이 있다.

7

그러므로 감사와 분개심은 가장 즉각적이고 직접적으로 사람들로 하여금 보상이나 처벌을 촉구하게 만드는 감정에 해당한다. 그러므로 우리에게 감사의 적절하고 승인된 대상으로 생각되는 사람은 반드시 보상받을 가치가 있는 것으로 보이며, 분개심의 적절하고 승인된 대상으로 생각되는 사람은 반드시 처벌받아 마땅하다고 보인다.

제2장 감사와 분개심의 적절한 대상

1

감사 내지는 분개심의 적절하고 승인된 대상이 된다는 것은 감사와 분개심의 대상이 되는 것이 당연히 적절하고 승인된다는 것이며 이 이외에 다른 의미를 지닐 수 없다.

2

그러나 인간 본성을 구성하는 다른 모든 열정과 마찬가지로 이들 열정은 모든 공정한 관찰자의 마음이 이에 완전히 동감하거나, 모든 불편부당한 목격자가 이에 완전히 공감하고 동조할 때 비로소 적절하고 승인되는 것으로 보인다.

3

그러므로 어느 특정인에게 또는 다수에게 지향되든지 간에 다른 모든 사람이 보조를 맞추어 한마음으로 칭찬하는 감사의 자연스러운 대상이 되는 사람은 보상받을 만한 것으로 보인다. 마찬가지로 어느 특정인에게 또는 다수에게 지향되든지 간에 다른 모든 분별력이 있는 사람이 기꺼이 받아들이고 동감하는 분개심의 자연스러운 대상이 되는 사람은 처벌받아 마땅한 것으로 보인다.

그 내용을 알고 있는 모든 사람이 보상하기를 원하거나 보상받는 것을 보고 즐거워할 행위는 확실히 우리에게 보상받을 만하게 보이는 것이 틀림없고, 그 내용을 전해들은 모든 사람이 분노하고 따라서 그 때문에 처벌받는 것을 보고 기뻐할 행위는 확실히 우리에게 처벌받아 마땅한 것으로 보이는 것임에 틀림없다.

4

I. 환경이 유복한 친구들의 환희에 우리가 동감하는 것처럼, 그들이 자신들에게 행운을 가져온 원인에 대해서 자연스럽게 생각할 때 갖는 편안함과 만족감에 대해서도 우리는 공감한다. 우리는 그들이 이 행운의 원인에 대해서 느끼는 애정과 애착에 공감하여, 마찬가지로 우리 자신도 그것에 애정을 느끼기 시작한다.

만일 그러한 원인이 파괴된다든가 그들에게서 대단히 멀리 떨어져 있어서 그들의 배려와 보호가 도저히 미칠 수 없다면, 비록 그 원인이 사라져서 그들이 잃게 되는 것은 그것을 보는 즐거움밖에는 없다고 할지라도, 우리는 그들을 위해 이를 유감스럽게 생각한다. 여기서 만일 사람이 바로 그의 동료의 행복을 창출하는 데 역할을 한 행운의 매개자인 경우에 이러한 현상은 한층 더 분명해진다.

우리가 어떤 사람이 다른 사람의 도움을 받거나 보호를 받아서 편안해지는 모습을 지켜볼 때, 그 수혜를 받은 사람이 갖는 환희에 대한 우리의 동감은 그 은인에 대해 수혜자가 느끼는 감사에 대한 우리의 동료감정을 고무하는 데 기여할 뿐이다. 우리가 그의 즐거움의 원인이 되는 그 후원자를 수혜자가 틀림없이 견지하고 있을 것으로 상상되는 시각으로 바라볼 때, 그 후원자는 가장 애교 있고 온화한 모습으로 우리의 면전에 서 있는 것처럼 보인다.

그러므로 우리는 큰 은의를 베푼 후원자에 대해서 그가 갖는 감사의 정서에 수월하게 동감하고, 이에 따라 그에게 베풀어진 선행에 대한 보상으로 그가 되갚고자 하는 보답에 갈채를 보내게 된다. 그러한 보답이 기초하고 있는 성정에 우리가 완전히 공감하고 있기 때문에, 이 보답은 모든 방면에서 보아도 그 대상에 아주 적절하고 타당한 것으로 보인다.

5

II. 마찬가지로 친구가 겪는 고통을 볼 때마다 그가 느끼는 슬픔에 대해서 우리가 동감하는 것처럼, 그 고통의 계기가 된 모든 것에 대해서 그가 갖는 혐오와 반감에도 우리는 공감한다. 우리의 마음이 그가 느끼는 비탄을 받아들이고 보조를 맞추는 것처럼 그 비탄의 원인을 마음에서 물리치거나 제거하려는 그 정신에 의해서도 마찬가지로 고무된다. 고통을 겪고 있는 친구와 함께할 때 우리가 흔히 갖게 되는 무성의하고 수동적인 동료감정은 그가 고통을 몰아내거나 고통의 원인에 대한 반감을 완화시키려는 노력을 보면서 우리가 갖게 되는 공감 가운데 느끼는 더욱 힘차고 적극적인 감정에 의해 즉시 대체된다. 이와 같은 현상은 그 고통을 야기한 원인이 사람인 경우에 한층 더 분명해진다.

우리가 어떤 사람이 다른 사람에게 억압을 받거나 침해를 당하는 모습을 목격할 때 피해자의 고통에 대해 우리가 느끼는 동감은 가해자에 대해 그가 갖게 되는 분개심에 대한 우리의 동료감정을 촉발시키는 데 기여할 뿐인 듯하다. 우리는 반대로 그가 가해자를 공격하는 모습에 환호하고, 방어나 심지어 일정한 한도 내에서 복수하기 위해 그가 나서는 경우에조차 열렬하고 기꺼이 그를 돕고자 한다. 만일 피해자가 싸움 중에 사망한다면, 우리는 그의 친구나 친척들이 느끼는 실제의 분개심에 대해서 동감할 뿐만 아니라, 더 이상 이 같은 감정이나 기타 일체의 인간의 감정을 느낄 수 없는 그 죽은 사람이 느낄 것이라고 상상되는 가상의 분개심에 대해서도 동감한다.

우리는 그의 상황에 서서, 말하자면 그의 육체에 들어가 상상 속에서 흉하게 변형되고 엉망이 된 시체에 어느 정도 새로이 생기를 불어넣고 그의 상황을 이런 식으로 우리의 상황처럼 진지하게 고려할 때, 우리는 많은 다른 경우와 마찬가지로 그 당사자는 느낄 수 없으나 그 당사자와 상상을 통한 동감에 의해 느끼는 어떤 정서를 느끼게 된다.

우리의 상상 속에서 그가 당했을 것으로 보이는 그 거대하고 회복할 수 없는 패배에 대해 우리가 흘리는 동감의 눈물은 우리가 그에게 지고 있는 의무의 작은 부분에 불과한 것으로 보인다. 우리가 생각하기에는 그가 입은 침해가 우리의 주목을 받아야 하는 주요 대상이다. 우리는 만일 그의 차갑고 생명 없는 육체의 내부에서 세상에서 일어나는 일을 인식하는 의식이 조금이라도 남아 있다면 그가 느낄 수밖에 없거나 느끼게 되었을 것으로 상상되는 분개심을 느낀다.

우리는 그의 피가 소리 높여 복수를 요구한다고 생각한다. 죽은 사람의 유골은 그에 대한 침해행위에 대해 어떠한 보복도 없이 지나가는 것이 아닌가 하는 생각에 평온을 잃고 혼란스러운 것처럼 보인다. 살인자의 침대에 출몰한다고 생각되는 무서운 사람들, 미신 속에서 상상되는 것이지만 자신들을 타고난 수명보다 일찍 저 세상으로 보낸 사람들에 대한 복수를 요구하며 무덤에서 일어나는 귀신들, 이 모든 것은 죽은 사람들의 가상적인 분개심에 대한 자연적인 동감에서 그 기원을 갖는다. 그리고 적어도 모든 범죄 가운데서 가장 가공할 만한 범죄를 염두에 두고 자연은 형벌의 효용에 대한 성찰에 앞서서 이와 같은 방식으로 인간의 마음속에 가장 강력하면서 지울 수 없는 문자로서 신성하고 필수적인 복수의 법을 즉각적이고 본능적으로 승인하도록 각인했다.

제3장 후원자의 행위가 승인되지 않을 때에는
수혜자가 갖는 감사에 동감하기 쉽지 않고,
침해자의 동기가 부인되지 않을 때에는
피해자의 분개심에 동감하기가 쉽지 않다

1

그런데 여기서 주목해야 할 점은, 행위자의 행동 내지는 의도가 그 행동의 영향을 받은 사람에게 아무리 유익하거나 유해할지라도, 전자의 경우에 만일 행위자의 동기에 적정성이 없어서 그 행동에 영향을 미친 정서에 공감할 수 없다면 수혜를 받은 사람의 감사에 우리는 거의 동감하지 않고, 후자의 경우에도 만일 행위자의 동기에 부적정성이 존재하지 않으며 그의 행동에 영향을 미친 정서에 틀림없이 공감해야만 한다면 피해자의 분개심에 어떠한 동감도 가질 수 없다는 것이다.

전자의 경우에는 거의 감사를 느끼지 않는 것이 타당하며, 후자의 경우에는 어떠한 종류의 분개심도 부당한 것으로 보인다. 전자의 행위는 보상할 만한 공로가 거의 없으며, 후자의 행위는 처벌을 받을 만한 어떠한 과오도 없는 것으로 보인다.

2

I. 내가 말하고자 하는 것은 첫째, 우리가 행위자의 감정에 동감할 수 없을 때, 즉 행위자의 행동에 영향을 미친 동기에 어떤 적정성도 없어 보일 때에는, 행위자의 행동으로부터 수혜를 받은 사람이 느끼는 감사에 공감하고 싶은 기분이 들기가 한층 더 어렵다. 동기가 아주 사소한데도 매우 엄청난 혜택을 제공하거나 어느 사람의 성명이 우연히도 기부자의 성명과 같다는 이유만으로 그 사람에게 재산을

증여하는 그런 어리석고도 헤픈 관대함에는 매우 작은 보답으로도 충분한 듯하다.

이와 같은 봉사 행위들이 그에 비례하는 보상을 요구한다고 보이지 않는다. 행위자의 어리석음에 대한 경멸감 때문에 우리는 선행의 대상이 된 사람의 감사에 철저히 공감할 수 없다. 그의 은인은 그러한 감사를 받을 만한 가치가 없어 보인다.

우리가 은의를 받은 사람의 처지에서 생각할 때 그러한 은인에게 어떠한 절대적인 존경심을 품을 수 없다고 느끼기 때문에, 우리는 한층 더 존경할 만한 인물에게나 타당하다고 생각되는 그 순종적인 숭배와 존경의 대상에서 쉽게 그를 제외시킨다. 그리고 만일 그 사람이 항상 그의 심약한 친구를 친절과 인간애로서 대한다면, 우리는 한층 더 훌륭한 후원자에게 당연히 요구하는 수많은 주의와 배려에서 그를 기꺼이 제외할 것이다.

자신의 추종자들에게 부, 권력, 명예를 아낌없이 준 군주는 오히려 자신의 추종자들에게 한층 더 절제력 있게 대한 사람들이 종종 경험하는 그런 정도의 추종자들과 갖게 되는 애착관계도 유지하는 경우가 드물다. 심성이 무척이나 선량했지만 낭비가 분별없이 심했던 대영제국의 제임스 1세는 단 한 사람도 자기 사람으로 만들지 못한 듯하다. 그는 사교적이고 성격도 원만했으나 단 한 사람의 친구도 없이 살다가 죽은 것으로 보인다. 그러나 평소 품행이 냉정하고 조금 엄격하긴 했지만 검소하고 개성 있는 그의 아들의 대의명분에는 영국 전체 상류사회의 명문 및 귀족이 자신들의 생명과 재산을 갖다 바쳤다.

3

II. 내가 말하고자 하는 둘째는, 행위자의 행동이 우리가 철저히 공감하고 승인한 동기와 성정에 의해 완전히 인도될 때에는 언제나 우리는 피해자에게 가해진 침해가 아무리 크다고 해도 피해자의 분개심에 어떠한 종류의 동감도 느낄 수 없다. 두 사람이 다툼을 벌이는 중에 만일 우리가 참견하여 그중 일방의 분개심을 완전히 수용하고자 한다면, 우리가 다른 사람의 분개심에 공감하는 것은 불가능하다. 우리가 행위의 동기에 공감한 결과로서 올바르다고 판단한 사람에게 느끼는 동감은 우리가 필연적으로 그르다고 판단한 다른 사람에 대한 동료감정을 경화시킬 수밖에 없다. 그러므로 후자인 다른 사람이 어떠한 고통을 당하더라도 그것이 우리가 당연히 바라는 고통의 정도에 걸맞은 경우, 즉 우리의 동감적인 분노가 그에게 겪게 했을 해악의 수준에 적절하다면, 후자의 고통은 우리를 불쾌하게 하거나 자극하지 않는다.

몰인정한 살인범이 교수대에 끌려갈 때, 설령 우리가 그의 불행에 다소간의 연민의 정을 가지더라도, 만일 그가 사형집행인이나 재판관에게 무언가 적개심을 토로할 정도로 터무니없다면, 우리는 그러한 분개심에 어떠한 유형의 동료감정도 느낄 수 없다. 그처럼 비열한 살인범에게 적대적으로 재판관들이 올바른 분노를 표명하는 자연스러운 경향은 진정으로 그 살인범에게는 가장 치명적이고 파멸적이다. 그런데 그 경우를 우리의 상황처럼 진지하게 고려할 때 우리가 채택하지 않을 수 없다고 느끼는 어떤 감정의 경향에 대해 우리가 불쾌감을 느끼는 것은 불가능하다.

제4장 전술한 세 장의 총괄

1
I. 그러므로 우리가 전적으로 동조하는 동기로부터 어떤 사람이

다른 사람의 행운의 원인이 되지 않는다면, 단순히 전자가 후자에게 행운의 원인이 되었다는 이유만으로는 혜택을 받은 사람이 그에게 느끼는 감사에 우리는 철저하고 진심으로 동감하지 않는다. 우리의 마음은 행위자의 행동 덕에 혜택을 받은 사람의 감사에 대해 전적으로 동감하고 보조를 맞추기에 앞서서 반드시 그 행위자의 행동원리를 채택함과 동시에 그 행동에 영향을 미치는 모든 성정에 공조해야 한다. 만일 후원자의 행위가 전혀 적정하지 못한 것으로 보인다면 그 행위의 효과가 아무리 유익하다고 할지라도 그 행위는 그에 상응하는 보상을 요구하거나 반드시 보상이 필요하다고는 보이지 않는다.

2

그러나 우리가 행위자의 여러 동기에 완전히 동감하고 동조하는 동시에 그 행위의 원천이 되는 성정의 적정성이 행위의 유익한 효과와 결부될 때, 우리가 이 때문에 행위자에게 느끼는 애정은 그의 선행 덕택에 유복해진 사람들이 갖는 감사에 대한 우리의 동료감정을 고양시키고 활력을 불어넣어준다. 이러한 경우에 그의 행동은 그것에 상응하는 보상을 요구하거나, 다른 표현이 허용된다면, 그것을 소리 높여 요구하고 있는 것으로 보인다. 이러한 경우에 우리는 그처럼 상응하는 보상을 촉구하는 감사에 완전히 공감한다.

이처럼 우리가 은혜를 베푼 사람에게 보상을 촉구하는 감정에 완전히 동감하고 이를 승인할 때 그 후원자는 보상의 적절한 대상으로 보인다. 우리가 그 행위가 비롯되는 성정을 승인하고 동조할 때 우리는 반드시 그 행위를 승인해야 하며 그 행위가 지향된 사람을 그 행위의 적절하고 타당한 대상으로 간주해야만 한다.

3

II. 마찬가지로, 우리가 공감할 수 없는 동기에 기초하여 어떤 사람이 다른 사람의 불행의 원인이 된 것이 아니라면 단순히 전자가 후자의 불행의 원인이라는 이유만으로는 우리는 전자에 대한 후자의 분개심에 전혀 동감할 수 없다. 우리가 피해자의 분개심을 수용하기에 앞서서 우리는 반드시 가해자의 동기를 비난해야만 하며 우리의 마음이 그 행위에 영향을 미친 모든 성정과의 동감을 거부하고 있음을 느껴야만 한다. 행위자의 동기와 정서 속에 어떠한 부적정성도 존재하지 않는 것으로 보인다면, 이로 말미암아 일어난 행위의 경향이 그 대상이 된 사람들에게 아무리 치명적일지라도 그 행위는 처벌받아 마땅하거나 어떠한 분개심의 적절한 대상으로 보이지 않는다.

4

그러나 우리의 마음이 혐오감을 가지고 행위자의 동기에 대한 어떠한 동료감정도 거부하는 동시에 그 행위가 비롯된 성정의 부적정성이 그 행위의 유해성과 결부될 때에는, 우리는 그때 비로소 진심으로 그리고 전적으로 피해자의 분개심에 동감한다. 이러한 경우에 그러한 행동은 이에 상응하는 처벌을 요구하거나, 다른 표현이 허용된다면, 소리 높여 이를 요구하고 있는 것으로 보인다. 그리고 그러한 행위를 처벌하도록 촉구하는 분개심에 우리는 완전히 공감하고 나아가서 승인한다. 이처럼 우리가 처벌을 촉구하는 감정에 완전히 동감하고 나아가 승인할 때에야 비로소 가해자는 필연적으로 처벌의 적절한 대상으로 보인다. 역시 이 경우에도 그 행위가 비롯된 성정을 우리가 승인하고 동조할 때, 우리는 필연적으로 그 행위를 승인해야 하며 그 행위가 지향된 사람을 그 행위의 적절하고 타당한 대상으로 간주해야만 한다.

제5장 공로의 감각 및 과오의 감각에 대한 분석

1

I. 따라서 행위의 적정성에 관한 우리의 감각이 행위자의 성정과 동기에 대한 직접적 동감으로 내가 명명하는 용어에서 비롯되는 것처럼, 행위의 공로에 대한 우리의 감각은 행위가 지향된 사람이 갖는 감사에 대한 간접적 동감으로 내가 명명하는 것에서 비롯된다.

2

우리가 후원자의 동기를 먼저 승인하지 않는 한, 실상 혜택을 받은 사람의 감사에 철저히 공감할 수 없기 때문에, 이 점을 생각하면 공로의 감각은 일종의 복합감정으로서 두 개의 서로 다른 정서로 이루어져 있는 것으로 보인다. 즉 그 하나는 행위자의 감정에 대한 직접적 동감이며, 다른 하나는 행위자의 행동의 영향으로 혜택을 받은 사람이 갖는 감사에 대한 간접적 동감이다.

3

우리가 서로 다른 많은 경우에 어떤 특정의 성격이나 행위의 공로를 판단하는 우리의 감각 내부에 하나로 결합되어 묶여 있는 이와 같은 두 개의 감정을 구별할 수 있음은 분명하다. 마음의 적절하고 자혜로운 위대함을 보여주는 행위를 다룬 역사서적을 읽을 때 우리는 얼마나 열렬히 그러한 의도에 공감하는가? 우리는 그러한 의도를 지향하고 있는 의기충천한 관대함에서 얼마나 많은 활력을 얻는가? 우리는 그들의 성공을 얼마나 강렬히 갈망하는가? 우리는 그들의 좌절을 보고 얼마나 슬퍼하는가? 상상 속에서 우리는 그의 행위가 우리의 눈앞에서 재현되고 있는 바로 그 당사자가 된다. 즉 우리는 상상을 통해 우리 자신을 이미 오래된 과거라서 잊어버린 모험담의 장면으로 이동시킨 후, 스키피오, 카밀루스, 티몰레온 또는 아리스티데스의 역할을 사신이 직접 담당하고 있다고 상정한다.[2] 이러한 상황까지의 우리의 감정은 행위자에 대한 직접적 동감에 기초하고 있는 것이다.

그러나 그러한 행위의 혜택을 받은 사람에 대한 간접적 동감 역시 이에 못지않게 민감하게 느껴진다. 우리가 이 후자의 위치에 서서 판단할 때 우리는 얼마나 따뜻하고 애정 어린 동료감정을 가지고 그들을 위해 근본적으로 봉사해준 행위자에 대한 감사에 공감하게 되는가? 말하자면 우리는 그들과 함께 그들의 은인을 포옹한다. 우리의

---

2) 스미스의 견해에 따르면, 스키피오, 카밀루스, 티몰레온, 아리스티데스 이 네 명의 인물은 강한 애국심과 출중한 무용 실력을 갖췄음에도 이들이 세운 공은 제대로 인정받지 못했다.

스키피오(Publius Cornelius Scipio Africanus, BC 235~BC 183)는 한니발과의 제2차 포에니 전쟁에서 로마를 승리로 이끌었다. 그는 당시 정적인 카토 일파의 음모로 고발당한 후 원로원에서 물러났고 실의 속에서 이듬해 사망했다.

카밀루스(Marcus Furius Camillus, BC 446경~BC 365)는 제2의 로마 설립자의 칭호를 얻을 정도로 로마를 갈리아인의 침입에서 구해낸다. 당시 독재관으로서 그의 마지막 치적은 정치적 평등을 도모한 기원전 367년 리키니우스법을 수용하여 2명의 집정관 가운데 1명을 평민에서 선출하고 물러난 것이다.

코린트의 티몰레온(Timoleon of Corinth, BC 411경~BC 337)은 기원전 4세기 지중해 패권을 두고 전쟁이 심했던 시기의 그리스의 장군이며 정치가다. 그는 코린트의 독재참주가 되려 한 친형을 살해하고, 식민지인 시칠리아에서 독재자와 침입자를 몰아내기 위한 원정군을 지휘했다. 후일 그는 자신의 어머니와 친척들에게서 친형을 죽음으로 내몰았다는 비난을 받았다.

아리스티데스(Aristides, BC 530~BC 468)는 공정한 인물(the Just)이라는 칭호를 받은 아테나의 정치가이자 군인이었다. 그는 그리스에 침입한 페르시아군을 살라미스와 플라타이아이의 전투에서 대처하는 데 지도자적 역할을 했다. 그는 사실상 군주제를 획책하려 한다는 정적 테미스토클레스의 교활한 음모론 때문에 도편추방을 당하기도 했다.

마음은 수혜자들의 감사의 감정이 심화되어 최고조에 도달하는 것에 대해 쉽게 동감한다. 우리는 그들이 그 은인에게 어떠한 명예를 주거나 보상을 한다고 해도 결코 과하지 않다고 생각한다. 그들이 은인의 봉사행위에 대해서 이렇듯 적절한 답례를 할 때 우리는 진심으로 그들에게 갈채를 보내고 동조한다. 그런데 만일 그들이 자신들의 행위에서 그들에게 주어진 의무감을 거의 느끼지 않은 것으로 보이면 우리는 몹시 충격을 받는다.

간단히 말해서, 그와 같은 행위의 공로 및 응분의 몫에 관한 우리의 모든 감각, 그 행위의 보상이나 은인을 즐겁게 하는 보답 행위의 적정성과 적합성에 관한 우리의 모든 감각은 감사와 애정에 관한 동감적인 정서에서 비롯된다. 이 동감적인 정서는 그런 당사자들의 상황을 우리의 마음속에서 진지하게 고려했을 때 그렇듯 적절하고 고매한 자혜의 심성을 가지고 행동할 수 있는 사람에 대해서 자연스럽게 마음이 고조되면서 우리가 느끼게 되는 정서다.

4

II. 행위의 부적정성에 관한 우리의 감각이 행위자의 성정과 동기에 대한 동감의 결여나 직접적인 반감에서 비롯되는 것과 마찬가지로, 행위의 과오에 관한 우리의 감각은, 내가 역시 명명하는 바대로, 피해자의 분개심에 대한 간접적인 동감에서 비롯된다.

5

우리의 마음이 행위자의 동기를 사전에 부인하고 이에 대한 모든 동료감정을 거부하지 않는다면 우리는 피해자의 분개심에 사실상 공감할 수 없기 때문에, 이 점을 고려하면 공로의 감각과 마찬가지로 과오의 감각 역시 일종의 복합감정으로서 두 개의 서로 다른 정서로 이루어져 있는 것으로 보인다. 즉 하나는 행위자의 감정에 대한 직접적인 반감이고, 다른 하나는 피해자의 분개심에 대한 간접적인 동감이다.

6

이 점에 관해서도 마찬가지로 우리는 서로 다른 많은 경우에서 어떤 특정한 성격이나 행위의 과오를 판단하는 우리의 감각 내부에 하나로 결합되어 묶여 있는 그와 같은 두 개의 정서를 구별할 수 있음은 분명하다. 보르자(Borgia) 또는 네로 같은 사람의 배신과 잔혹성을 다룬 역사 서적을 읽을 때, 우리의 마음은 그들의 행동에 영향을 준 가증스러운 감정에 반발하고, 그처럼 증오스러운 동기에 대한 일체의 동료감정을 공포와 혐오감을 가지고 부인한다. 이러한 상황까지의 우리의 감정은 행위자의 감정에 대한 직접적인 반감에 기초하고 있는 것이다.

그러나 피해자가 느끼는 분개심에 관한 간접적인 동감은 한층 더 민감하게 느껴진다. 이처럼 세상의 사악한 세력들이 모욕하고 살해하며 배반한 사람들의 상황을 우리의 상황처럼 진지하게 고려할 때, 그처럼 오만하고 냉혹한 이 세상의 압제자들에 대해 우리가 어떠한 분노인들 느끼지 않겠는가? 그런 무고한 피해자들이 겪은 피할 수 없는 고통에 대한 우리의 동감은 그들의 정당하고 자연스러운 분개심에 대한 우리의 동료감정과 비교해서 더욱 실제적이거나 생생하지는 않다.

전자의 감정은 후자의 감정을 고조시키기만 할 뿐이며, 그들의 고통에 대한 관념은 그 고통을 야기한 사람들에 대한 우리의 적대감을 촉발시키고 고취할 뿐이다. 우리가 피해자들의 분노를 생각하면 그들의 압제자들에게 대항하여 더욱 열렬히 그들의 편을 들게 된다. 우리는 더욱 열정적으로 그들의 복수 계획에 공감하면서, 매 순간 상상 속에서 우리의 동감적인 분노가 그 범죄행위에 합당하다고 승인하는 처벌을 그처럼 사회의 법률을 위반한 자들에게 내린다.

그와 같은 행위가 주는 공포와 가혹한 잔인성, 그 행위가 적절하게 처벌되었다는 소식을 들었을 때 우리가 갖는 기쁨, 그 행위가 응당 받아야 할 보복을 모면할 때 우리가 느끼는 분노, 요컨대 행위의 과오에 관한 우리의 감각, 즉 죄과가 있는 자에게 해악을 가하여 반대로 그를 비탄에 빠지게 하는 행위의 적정성과 적합성에 관한 우리의 감각은 피해자의 상황을 자신의 상황처럼 철저하게 고려할 때마다 늘 관찰자의 마음속에서 자연스럽게 분출하는 동감적인 분노에서 비롯된다.[3]

7

이처럼 인간행위의 과오에 대한 우리의 자연적 감각을 피해자의 분개심에 대한 어떤 동감에 귀속시키는 것은 대다수의 사람들에게는 그러한 감정의 품격을 저하시키는 것처럼 보일 수도 있다. 분개심은 매우 혐오스러운 열정으로 보통 간주되므로 세상 사람들은 악덕에 대한 과오의 감각과 같은 어떤 칭찬할 만한 원리가 어떤 측면에서든 분개심에 기초하고 있다는 것은 불가능하다고 생각하기 쉽다.

사람들은 아마 선행의 공로에 대한 우리의 감각이 선행에 따른 혜택을 받는 사람들이 느끼는 감사에 대한 동감에 기초하고 있다는 점을 한층 더 기꺼이 수용할 것이다. 왜냐하면 감사는, 다른 자애로운 열정들과 마찬가지로, 무엇이 이것에 기초하고 있든지 간에 결코 그 가치의 저하를 초래하지 않는 호의적인 원리로 간주되기 때문이다.

---

3) 아래의 단락 7~11은 단락 6의 매우 긴 원주(原註)에 해당하는 부분이다.

그러나 감사와 분개심은 모든 측면에서 서로 대응하는 당사자라는 점은 명백하다. 그러므로 공로에 대한 우리의 감각이 감사에 대한 동감에서 비롯된다면 과오에 대한 우리의 감각은 분개심에 대한 동료 감정에서 비롯된다.

8

또한 분개심이, 비록 우리가 종종 지켜보는 정도로 모든 열정 중에서 아마 가장 혐오스럽기는 하지만, 적절하게 다듬어져서 관찰자의 동감적인 분노의 수준으로 완전히 낮추어진 경우에까지 부인되는 것은 아니라는 점도 생각해볼 필요가 있다. 목격자로서 우리가 갖는 증오심이 피해자의 그것과 완전히 부합한다고 느낄 때, 피해자의 분개심이 우리가 느끼는 분개심의 수준을 결코 초과하지 않을 때, 우리가 보조를 맞출 수 있는 정도보다 더욱 격렬한 정서를 표시하는 말이나 동작을 그에게서 볼 수 없을 때, 우리가 즐거워할 처벌의 수준이나 이 때문에 우리가 도움을 주기를 바라는 처벌의 수준을 넘어서는 행위를 그가 전혀 시도하지 않을 때, 이러한 모든 경우에 우리가 그의 감정을 전적으로 승인하지 않는 것은 불가능하다.

우리의 시각에서 보면 이 같은 경우에 우리 스스로가 느끼는 정서가 그의 정서를 정당화하고 있다는 사실에는 의심의 여지가 없다. 우리의 경험은 대다수의 세상 사람들에게 이와 같은 감정의 절제가 얼마나 쉽지 않은 일이며, 무례하고 자제심이 부족한 분개심의 충동을 이처럼 적절한 수준으로 낮추려면 얼마나 많은 노력이 이행되어야 하는가를 알려주고 있다.

이 때문에 인간 본성 가운데 가장 통제하기 어려운 열정의 하나에 대해 그처럼 탁월한 자기통제를 발휘할 수 있는 것처럼 보이는 사람에게 우리는 상당한 정도의 존경과 감탄을 보내지 않을 수 없다.

실제로 거의 항상 그런 경우가 많지만, 피해자의 증오심이 우리가 동조할 수 있는 수준을 넘는 경우에 우리는 그의 증오심에 공감할 수 없기 때문에 그 감정을 반드시 부인하게 된다. 심지어 과도한 분개심의 표출에 대해 우리가 부인하는 정도는 거의 모든 다른 열정이 상상 속에서 동일한 정도로 과도하게 표출된 경우와 비교해서도 한층 더 많이 나타난다. 이처럼 과도하게 격렬해진 분개심은 우리의 공감을 얻기보다는 그 자체가 우리의 분개심과 분노의 대상이 된다.

우리는 이처럼 부당한 정서의 대상이 되어 고통당할 위험에 처한 사람이 느끼는 정반대의 분개심에 공감한다. 그러므로 복수, 즉 분개심의 과도한 표출은 모든 열정 가운데 가장 가증스럽게 보이고 모든 사람이 갖는 공포와 분노의 대상이 된다. 세상 사람들이 통상 접하는 방식으로 보면, 이 열정이 절제된 경우보다는 과도하게 표출되는 경우가 백 배 정도 더 빈번하기 때문에, 그리고 대부분의 일상에서 그 열정의 발현 모습 역시 그러하기 때문에, 우리는 그 감정을 전적으로 혐오스럽고 가증스러운 것으로 간주하기가 매우 쉽다.

그러나 자연은 현재처럼 인류가 타락한 상태에서조차도 전적으로 모든 면에서 사악한 원리, 정도나 방향의 어떤 측면에서도 칭찬과 승인의 적절한 대상이 될 수 없는 원리를 부여할 정도로 우리를 그리 불친절하게 다루지는 않았던 것으로 보인다. 일반적으로 지나치게 강렬한 이 열정도 어느 경우에는 지나치게 정도가 미약하다는 점을 우리는 깨닫는다. 우리는 어떤 특정한 사람이 패기가 너무 부족하고 그에게 가해진 침해에 대해 너무 무신경하다고 불평하는 경우가 종종 있다. 분개심의 과도한 표출을 증오하는 것처럼 우리는 이것이 결여되어 있다는 이유로 그를 경멸하기 쉽다.

9

만일 계시를 받아 기록한 작가들이 심지어 인간과 같은 나약하고 불완전한 존재에서조차 나타나는 모든 범위의 격노와 분노의 열정을 악의 있고 사악한 것으로 간주했다면, 그들은 이와 같은 신의 격노와 분노에 관해 그렇게 빈번히 또는 그렇게 강하게 거론하지 않았을 것임이 분명하다.

10

이와 더불어 지금 수행하고 있는 탐구가, 말하자면, 당위의 문제가 아니라 사실에 관한 문제라는 점을 염두에 둘 필요가 있다. 우리는 지금 어떤 완전한 존재가 어떤 행동원리에 의거하여 나쁜 행위의 처벌을 승인할 것인가의 문제가 아니라, 인간과 같이 나약하고 불완전한 존재가 현실에서 실제로 어떤 행동원리에 의해 처벌을 승인하는가를 검토하고 있다.

내가 위에서 언급한 여러 가지 행동원리가 인간의 감정에 매우 큰 영향을 준다는 점은 분명하며, 그런 식으로 행동하도록 구성된 것은 현명한 지시인 것처럼 보인다. 사회가 존재하기 위한 필요조건은 적절하지 않으며 합당한 이유가 없는 악의는 적절한 처벌을 하여 자제시켜야 하고, 따라서 그 같은 처벌은 적절하고 칭찬할 만한 행위로 간주되어야 한다는 것이다.

비록 사람은 사회의 번영과 존속을 바라는 욕구를 자연적으로 부여받았지만, 자연의 창조주는 어떤 식으로든 처벌행위를 도입하는 것이 이 목적을 달성하는 데 적절한 수단이라는 것을 발견하는 임무를 인간의 이성에 위임하지는 않았다. 자연의 창조주는 그 목적을 달성하는 데 가장 적절한 역할을 하는 바로 그 처벌행위의 적용을 즉각적이고 본능적으로 승인하는 기능만을 인간에게 부여했다. 이 점에서 자연의 섭리는 많은 다른 경우에서 행해지는 일과 아주 정확히 일치한다.

이런 표현이 허용된다면, 그 특별한 중요성 때문에 가장 마음에 드는 자연의 목적으로 간주될 수 있는 그런 모든 목적과 관련해서, 자연은 이러한 식으로 인간에게 그것의 의도된 목적을 부단히 추구하고자 하는 어떤 욕구를 부여했을 뿐만 아니라, 이 목적 달성에 불가결한 여러 수단에 대한 어떤 욕구를 그 자체를 위해서 그리고 그 목적 실현의 경향과는 별개로 추구하는 기능도 마찬가지로 부여했다.

그러므로 자기보존과 종족번식은 자연이 모든 동물을 창조할 때 의도한 것처럼 보이는 위대한 목적이다. 인간은 이 같은 목적을 추구하려는 욕구와 그 반대의 목적에 대한 반감, 생명에 대한 사랑과 죽음에 대한 공포, 종족의 존속과 영속성에 대한 욕구와 종족의 완전한 소멸 의도에 대한 반감을 부여받았다. 비록 이와 같은 방식으로 우리는 그 목적들을 위한 매우 강한 욕구를 부여받았지만, 그것을 달성하는 데 적절한 수단을 찾는 임무는 느리고 불확실한 이성의 결정에 위임되지 않았다.

자연은 원초적이고 직접적인 본능에 의해 이 같은 대부분의 궁극적 목적들이 달성되도록 우리를 만들었다. 허기, 갈증, 양성(兩性)을 결합시키는 열정, 기쁨에 대한 선호와 고통에 대한 두려움 등은 우리로 하여금 자연의 위대한 지휘자가 그러한 본능의 창조에 따라 의도했던 자애로운 목적을 전혀 의식하지 않고 그 자체를 위해서 그러한 수단을 적용하도록 하고 있다.

11

이 주석을 종결하기 전에 나는 적정성에 관한 승인 및 공로 내지는 자혜에 관한 승인의 차이점을 언급하고자 한다.

우리가 어떤 사람의 감정을 그 대상에 적정하고 적합한 것으로 승인하기 위해서는 먼저 그가 느낀 것과 동일한 방식으로 우리도 감정을 느껴야 할 뿐만 아니라, 그와 우리 사이의 감정의 조화 및 일치를 인식해야 한다. 따라서 나의 친구가 겪은 불행에 대해 들었을 때, 비록 나는 그가 느끼는 수준과 거의 동일한 정도의 관심을 갖게 될지라도, 그가 행동한 방식에 대해 알게 되고 그의 정서와 나의 정서 사이의 조화를 인식할 때까지는 그의 행동에 영향을 준 감정을 내가 승인했다고 말할 수 없다. 그러므로 적정성에 관한 승인의 요건은 우리가 행위자에 대해 전적으로 동감하는 것뿐만 아니라, 그의 감정과 우리의 감정 사이의 완전한 일치를 인식해야만 한다는 것이다.

이와 반대로, 내가 어떤 사람이 받게 된 혜택에 대해 들었을 때, 그 수혜자가 어떤 식의 감정을 느끼든지 간에, 만일 그가 처한 상황을 나의 경우처럼 진지하게 고려할 때 내 마음에서 감사가 일어나는 것을 느낀다면, 나는 그 후원자의 행동을 반드시 승인하고 이를 칭찬할 만하며 보상의 적절한 대상으로 간주하게 된다.

그 수혜자가 감사를 느끼는지의 여부는 그 후원자의 공로에 대한 우리의 감정을 어느 정도로든 변화시킬 수 없음이 분명하다. 그러므로 여기서는 관찰자와 수혜자 사이의 감정의 실제적인 일치가 전혀 요구되지 않는다. 만일 그가 감사를 느낀다면 그 감정들이 일치한다는 것으로 충분하다.

공로에 관한 우리의 감각은 빈번히 이와 같이 가상적인 동감 중의 하나에 기초하고 있다. 이런 가상적인 동감을 통해 다른 사람이 처한 상황을 우리의 경우처럼 진지하게 고려할 때 우리는 그 당사자가 느끼지 못하는 방식으로 감정을 느끼는 일이 종종 일어난다. 과오에 관한 우리의 부인 및 부적정성에 관한 우리의 부인 간에도 이와 유사한 차이가 존재한다.

제2편 정의와 자혜

제1장 두 가지 덕성의 비교

1

적정한 동기에서 비롯되는 자혜로운 경향을 지닌 행위만이 보상을 필요로 하는 듯하다. 왜냐하면 그와 같은 행위만이 승인된 감사의 대상이거나 관찰자의 동감적인 감사를 불러일으키기 때문이다.

2

부정적한 동기에서 비롯되는 유해한 경향을 지닌 행위만이 처벌받아 마땅한 것으로 보인다. 왜냐하면 그와 같은 행위만이 승인된 분개심의 대상이거나 관찰자의 동감적인 분개심을 불러일으키기 때문이다.

3

자혜는 언제나 특별한 규정의 제한을 받지 않으며 강제력에 의해 강요될 수 없고, 단순히 자혜가 부족하다는 이유만으로 처벌의 대상이 되지 않는다. 왜냐하면 단순히 자혜가 결여된 점이 무언가 실질적으로 적극적인 해악을 끼치는 경향은 없기 때문이다.

자혜의 부족은 기대하고 있는 합당한 선행의 결과가 없기에 사람들을 낙담시킬 수 있고, 이 때문에 혐오와 비난을 초래할 수 있다는 것은 당연하다. 그렇지만 그것은 세상 사람들이 동조하는 어떠한 분개심도 불러일으킬 수 없다. 자신의 은인에게 보답할 정도의 능력도 되고 은인도 도움을 필요로 하는데도 은인에게 보답하지 않는 사람이 가장 배은망덕한 사람임은 의심할 여지가 없다. 모든 공정한 관찰자의 마음은 그가 지닌 동기의 이기성에 대해 어떠한 동료감정도 거부하며, 따라서 그는 최고도의 부인을 받을 적절한 대상이 된다.

그러나 여전히 그는 어느 누구에게도 적극적인 침해를 가한 것은 결코 아니다. 그는 적정성의 관점에서 당연히 했어야 하는 선행을 행하지 않았을 뿐이다. 그는 감정과 행위의 부적정성에 의해 자연스럽게 야기되는 열정인 증오의 대상은 되겠지만, 어느 특정인에게 실질적이고 적극적인 침해를 끼치는 경향을 낳는 행동이 아니라면 결코 적절히 촉발되지 않는 열정인 분개심의 대상은 아니다. 그러므로 그가 감사를 실천하지 않는다는 점이 처벌될 수는 없다.

감사의 마음으로 당연히 이행해야 할 보답, 모든 공정한 관찰자가 이행하도록 승인하는 보답을 강제적으로 실행시킬 수는 있어도 그것은 그가 그 보답을 무시하는 것보다도 한층 더 부적절하다. 그의 후원자가 만일 강압적으로 그에게 감사의 행동을 하도록 강요한다면 그것은 스스로의 명예를 손상시키는 일이며, 두 당사자의 상급자가 아닌 제삼자가 참견하는 것도 무례한 일이다. 그러나 자혜의 모든 의무 가운데 감사의 감정이 적절한 것으로 권유하는 의무는 소위 완전무결한 의무라고 부르는 것에 가장 가까이 근접한다.

감사의 의무와 비교할 때 우정, 관용, 자비가 보편적으로 승인하면서 우리가 이행하도록 권유하는 의무는 훨씬 더 특별한 규정의 제한도 없으며 강제적으로도 더더욱 강요될 수 없다. 우리는 감사의 책무를 거론하지만, 자비의 책무라든가 관용의 책무에 대해서는 언급하지 않는다. 또한 우정이 단순한 존경만을 의미하고 선행에 대한 감사가 더해져 복합적이고 확장적인 의미를 갖지 않을 때에는 우정의 책무에 대해서조차 거론하지 않는다.

4

분개심은 방어를 위해서 그리고 오직 방어만을 위해서 자연에 의해 우리에게 부여된 듯하다. 그것은 정의의 안전판이고 결백한 사람을 지키는 보호 수단이다. 그것은 우리로 하여금 우리에게 가해의 시도를 하는 해악을 격퇴하고, 이미 가해진 해악에 보복하도록 촉구한다. 따라서 가해자로 하여금 자신의 불의를 참회하도록 하고, 나아가 동일한 처벌의 두려움을 전파하여 다른 사람들로 하여금 동일한 범죄행위를 저지르지 못하도록 공포심을 갖도록 한다.

그러므로 분개심은 반드시 이와 같은 목적을 위해 유보되어야 한다. 그것이 다른 목적을 위해 활용되는 경우에 관찰자는 결코 그것에 동조할 수 없다. 그러나 자혜의 여러 덕목의 단순한 결여는, 설령 합당하게 기대할 수 있는 선행이 부족해서 우리를 실망시킬 수는 있지만, 어느 경우에도 우리 자신을 방어할 계기가 되는 해악을 가하거나 가하려는 시도와는 전혀 무관하다.

5

그러나 그 준수 여부가 우리의 의지의 자유에 맡겨져 있지 않고 강제력으로 강요될 수 있으며, 그것을 위반할 때에는 분개심을 불러와 결국은 처벌의 대상이 되는 또 다른 덕목이 있다. 이러한 덕목이 정의다. 정의의 위반은 침해다. 침해는 본래 승인받지 못하는 여러 동기로부터 어느 특정인에게 실질적이고 적극적인 가해를 입힌다. 그러므로 그것은 분개심의 적절한 대상이며, 분개심의 자연적 귀결인 처벌의 적절한 대상이기도 하다.

세상 사람들이 불의에 당한 침해를 보복하는 데 사용되는 폭력에 동조하고 이를 승인하는 것과 마찬가지로, 그들은 침해를 방지하고 격퇴하며 가해자가 이웃들을 해치지 못하도록 억제하는 데 사용되는 폭력에는 한층 더 동조하고 이를 승인한다. 불의를 도모하는 사람은 스스로 이러한 사실을 알고 있으며, 그가 침해하려고 하는 사람과 다른 여러 사람이 범죄의 실행을 방지하거나 범죄의 실행 이후 그를 처벌할 목적으로 최고의 적정성을 가지고 강제력을 행사할 것임을 느끼고 있다. 정의와 다른 모든 사회적 덕목 사이의 두드러진 차이는 바로 이러한 점에 있다.

이와 같은 구분에 근거해 최근에 매우 위대하고 독창적인 재능을 지닌 어떤 학자는 특히 다음과 같은 주장을 한 바 있다.[4] 즉 우리는 우정, 자비, 관용에 의거하여 유쾌하게 행동하는 경우와 비교할 때 정의에 의거하여 행동하는 경우에 한층 더 엄격한 의무감을 느낀다. 또한 전자와 같은 덕목의 실천은 어느 정도 우리의 선택에 맡겨져 있지만, 후자의 경우에는 어떻게든지 우리는 어떤 특유의 방식으로 정의의 준수에 얽매이고 강제되며 의무감을 느낀다.

---

4) 스코틀랜드 철학자인 홈(Henry Home)은 1752년 스코틀랜드 최고 민사법원의 법관으로 임명되며 케임즈 경(Lord Kames, 1696~1782)의 작위를 받았다. 한편 그는 옥스퍼드를 떠나 귀향한 스미스의 에든버러 강의를 1748년부터 후원했으며, 1751년에는 스미스를 글래스고 대학교 논리학 교수로 추천했을 것으로 추정되기도 한다. 그는 『도덕과 자연종교의 여러 원리에 관한 논고』(*Essays on the Principles of Morality and Natural Religion*, 1751)를 통해 도덕성과 관련해서 인간 본성에 내재하는 자연법적 토대와 원리를 거론한다. 본문의 내용은 이 책의 제1부 2편 3~4장에서 거론된 부분이다.

다시 말해서 최고의 적정성을 가지고 모든 세상 사람의 승인하에 정의의 규칙을 준수하게끔 강요하기 위해 강제력이 활용될 수 있지만, 다른 덕목들의 가르침을 따르도록 할 목적으로는 강제력이 동원될 수 없는 점에 대해 우리는 자각하고 있다.

6
그런데 우리는 단순히 비난받을 만한 행위 내지는 부인의 적절한 대상이 되는 행위와 처벌이나 예방을 위해 강제력이 동원되어야 하는 행위를 언제나 주의 깊게 구분해야 한다. 우리가 경험을 통해 모든 사람에게서 기대하는 보통 수준의 적절한 자혜에도 미치지 못하는 행위는 비난받을 만한 것으로 보이며, 반대로 이 보통 수준을 넘는 행위는 칭찬할 만한 것으로 보인다.

통상적 수준에 해당하는 행위 자체는 칭찬받을 만하지도 비난받을 만하지도 않다. 대다수의 사람들이 흔히 대하는 정도로 가족들을 상대하는 아버지, 아들 그리고 형제는 적정성의 측면에서 어떠한 칭찬이나 비난도 받을 만하지 않은 것으로 보인다. 이례적이고 예상치 못했지만 여전히 적정하고 적합한 친절로 우리를 놀라게 하는 사람은 칭찬받을 만하고, 반대로 이례적이고 예상치 못했지만 적합하지 않은 불친절로 우리를 놀라게 하는 사람은 비난받을 만한 것으로 보인다.

7
그런데 가장 통상적 수준의 친절이나 자혜조차도 대등한 관계에 있는 사람들 사이에서는 강제력을 통해 강요될 수 없다. 대등한 관계에 있는 사람들 사이에서 각 개인은 자연적으로 그리고 시민정부의 제도에 앞서서 침해를 당할 때 자신을 방어할 권리 및 자신에게 가해진 침해에 대해서 어느 정도의 처벌을 요구할 수 있는 권리를 보유하는 것으로 간주되고 있다. 모든 관대한 관찰자는 그가 이처럼 행동할 때 그의 행동을 승인할 뿐만 아니라 그의 감정에 공감하고 빈번히 그를 흔쾌히 돕고자 할 것이다.

어떤 사람이 다른 사람을 공격하거나 강탈하거나 살해하려고 할 때, 모든 이웃사람은 비상소집을 한 후 침해받은 사람을 위해 보복하거나 침해받을 위험이 있는 사람을 방어하기 위해 급히 달려가는 경우에 정당한 일을 했다고 생각한다.

그러나 아버지가 아들을 향한 통상적 수준의 부정(父情)을 발휘하지 못한 경우, 아들이 아버지에게 견지해야 하는 자식으로서의 공경심이 부족한 경우, 형제들 사이에 통상적 수준의 형제애가 없는 경우, 어떤 사람이 아주 손쉬운 일인데도 동정심에 반해 마음을 닫아걸고 동료들의 고통 구제를 거부하는 경우 등등 이와 같은 모든 사례에서 설령 세상 사람들이 그러한 행위를 비난할지라도, 더 많은 친절을 기대할 만한 이유가 있는 인물이 강제적으로 이를 강요할 권리가 있다고는 아무도 상상하지 않는다.

피해자는 단지 불평만 할 수 있을 뿐이며, 관찰자는 조언과 설득 이외의 다른 방법으로는 간섭할 수 없다. 이상과 같은 모든 경우에서 대등한 관계에 있는 사람들이 서로에 대해 강제력을 활용하는 것은 최고도의 오만과 주제넘음을 드러내는 행위로 간주될 것이다.

8

실제로 통치자는 보편적인 승인하에 그의 관할권 내에 있는 백성들이 이러한 측면에서 어느 정도의 적정성을 가지고 서로에게 행동하도록 의무를 지우는 경우가 때때로 있을 수 있다. 모든 문명국가의 법률은 부모가 그들의 자녀를 양육하고 자녀가 부모를 부양하도록 의무를 지우고 있으며, 사람들에게는 여타의 많은 자혜의 의무를 부과하고 있다.

시민정부의 위정자는 불의를 규제하여 공공의 평화를 유지할 권한뿐만 아니라, 선량한 규율을 확립하고 모든 종류의 악덕과 부적정성을 억제하여 국가의 번영을 촉진할 권한을 위임받는다. 따라서 그는 동료시민들 사이에서 상호 간의 침해를 금지할 뿐만 아니라 어느 정도 상호적인 선행을 명령하는 규칙을 제정할 수 있다. 그러므로 반드시 지키지 않아도 되는 사안에 지나지 않거나 명령 이전에는 아무런 비난을 받지 않고도 간과할 수 있는 사안에 대해 이제 주권자가 그 이행을 명령하는 경우에는 그 명령에 불복종하는 것은 비난받을 뿐만 아니라 처벌받아 마땅하게 된다.

따라서 그러한 명령 이전에도 그 불이행이 매우 큰 비난을 초래한 사안에 대해 주권자가 이를 명령한 때에는 복종의 불이행에 따라 훨씬 더 크게 처벌받아 마땅한 경우가 생긴다는 것은 확실하다. 그런데 입법가의 모든 의무 가운데 이러한 명령은 아마 적정성과 분별력을 가지고 집행하되 최고의 섬세함과 신중함을 필요로 하는 의무다. 이러한 의무를 전적으로 소홀히 하면 국가는 무수한 무질서와 충격적인 범죄행위에 노출되고, 이것을 과도하게 강요하는 것은 모든 자유, 안전과 정의를 파괴한다.

9

비록 자혜의 단순한 결여가 대등한 관계에 있는 사람들 사이에서는 어떠한 처벌도 받을 만한 것으로 보이지 않지만, 이 덕목을 더 많이 실천하는 것은 최고의 보상을 받을 만한 것으로 보인다. 최대의 선행을 창출하기 때문에 그것은 가장 활기찬 감사의 자연적인 승인의 대상이 된다.

반대로 비록 정의의 위반은 처벌로 귀결될지라도, 이 덕목의 규칙을 준수하는 것에 대해서는 보상을 받을 만한 일이 거의 생기지 않는 듯하다. 의심할 어지없이 정의의 실천행위 속에는 어떤 적정성이 있고, 이 때문에 그것은 적정성에 기인하는 모든 승인을 받을 만하다. 그러나 그것은 실질적이고 적극적인 선행을 한 것은 아니기 때문에 감사를 받을 자격은 거의 없다.

대부분의 경우 단순한 정의는 소극적인 덕목에 불과하고, 우리가 우리의 이웃을 침해하지 못하도록 금지할 뿐이다. 이웃의 신체, 재산 또는 명예를 침해하는 행위를 가까스로 금하는 사람이 어떠한 적극적인 공로를 쌓지 못했다는 점은 분명하다. 그런데 그는 특별히 정의라고 부르는 모든 규칙을 실행한 것이며, 그와 대등한 관계에 있는 사람들이 적정성에 근거하여 이행하도록 강제하고 있고 이를 이행하지 않을 경우 처벌받을 수 있는 모든 것을 실행한 것이다. 우리는 가만히 자리에 앉아 아무 일도 하지 않는 것만으로도 정의의 모든 규칙을 이행하는 경우가 종종 있을 수 있다.

10

모든 사람은 행한 대로 대접받을 것이라는 말대로, 응보는 자연이 우리에게 명령한 위대한 법칙인 듯하다. 우리는 자혜와 관용의 덕성이 관대하며 자애로운 사람들에게 마땅히 응분의 몫으로 주어져야 하는 것으로 생각한다.

우리가 생각하기에, 인간애의 감성을 향해 마음을 전혀 개방한 적이 없는 사람들은 동일한 방식으로 모든 동료에게도 애정을 받지 못하고, 사회 속에서 살도록 허용되더라도 어느 누구도 그들을 보살피거나 안부를 묻는 사람이 전혀 없는 거대한 사막에서 사는 것처럼 방치되어야 한다. 정의의 법을 위반한 사람은 그가 다른 사람에게 끼친 그 해악을 스스로 체감할 수 있는 조치가 취해져야 한다.

이웃 형제들이 겪은 그러한 고통을 배려하지 못한 점이 그를 전혀 제지할 수 없었기 때문에, 그가 자신이 겪을 고통의 두려움 때문에 한층 더 압박감을 느껴야 하는 것은 당연하다. 또한 단지 죄를 저지르지 않고 다른 사람들에 대해서 정의의 법만을 준수하며 그의 이웃에게 침해를 끼치지 않는 그런 사람이 받아 마땅한 응분의 대우는, 그렇다면 그의 이웃들도 그의 무고함을 존중하는 것이 당연하며, 동일한 정의의 법이 그에 대해서도 독실하게 준수되어야 한다는 점뿐이다.

제2장 정의의 감각, 회한의 감각 및 공로의 의식

1

다른 사람이 우리에게 끼친 해악 때문에 생기는 정당한 분노를 제외하고는 우리가 이웃을 침해할 적절한 동기 내지는 타인에게 해악을 끼칠 원인 가운데 세상 사람들이 동조할 수 있는 것은 아무것도 없다. 우리의 행복을 가로막고 있다는 이유만으로 타인의 행복을 방해하는 행위, 우리에게 같거나 그 이상의 유용성이 있다는 단순한 이유에서 다른 사람에게 실제로 유용한 것을 빼앗는 행위나 이런 식으로 타인을 희생시킴으로써 각자가 다른 사람들의 행복보다도 자신의 행복을 우선시하는 자연적인 선호에 탐닉하는 행위는 공정한 관찰자가 전혀 동조할 수 없는 행동이다.

모든 사람이 본래 우선적으로 그리고 주로 자기 자신을 보살피는 데 관심이 있음은 의심의 여지가 없다. 그리고 모든 사람은 타인을 보살피는 것보다는 자기 자신을 보살피는 일이 한층 더 적합하기 때문에 이처럼 해야 하는 것이 적합하고 정당하다. 그러므로 모든 사람은 타인과 관련된 일보다는 자기 자신과 직접적으로 관련된 일에 대해서 훨씬 너 깊은 관심을 기울인다.

따라서 우리와 특별한 사이가 아닌 타인의 사망 소식을 들어도 아마도 우리에게 닥친 매우 하찮은 불운과 비교했을 때 우리의 근심도 한층 덜하고, 배탈이 나거나 휴식을 방해하는 것도 한층 덜하다. 그러나 비록 우리 이웃의 파멸이 우리의 매우 작은 불행과 비교해 우리에게 훨씬 적은 영향을 주더라도, 우리의 작은 불행을 막거나 심지어 우리의 파멸을 막기 위해서조차 그 이웃을 파멸시켜서는 안 된다. 우리는 다른 모든 경우와 마찬가지로 이 경우에도 우리가 당연히 우리 자신에게 비쳐지는 관점에 따르는 것보다는 우리가 당연히 타인에게 비쳐지는 관점에 따라서 우리 자신을 바라보아야 한다.

속담이 말해주듯이, 모든 사람은 그 자신에게는 세계 전체일 수 있어도, 나머지 모든 사람에게 각자는 세계의 가장 사소한 부분에 불과하다. 비록 그의 행복이 나머지 모든 사람의 행복에 비해서는 그에게 훨씬 더 중요할지 모르지만, 다른 모든 사람에게 그의 행복은 다른 어떠한 사람의 행복보다 결코 더 중요하지 않다. 따라서 비록 모든 개인은 마음으로는 모든 세상 사람보다도 자기 자신을 당연히 우선으로 선호한다고 해도, 세상 사람들을 정면으로 응시하면서 이러한 원리에 따라 자신이 행동하고 있다고 감히 공언할 용기는 없다.

그는 이처럼 자기 우선적인 선호에 대해 세상 사람들이 결코 그에게 공감할 수 없으며, 그것이 그에게 아무리 자연스러운 일일지라도 다른 사람들에게는 언제나 필연적으로 과도하고 터무니없는 것으로 비쳐지고 있음을 느끼고 있다. 다른 사람들이 그를 바라보고 있음을 의식하는 관점에서 그 자신을 바라볼 때, 세상 다른 사람에게는 그 자신이 다른 어떤 사람보다도 특별히 나을 것이 없는 다수 대중의 하나에 불과하다는 점을 그는 알게 된다.

만일 공정한 관찰자가 그의 행동원리에 공감할 수 있도록 그 자신이 행동하기를 원하고 무엇보다도 이것이 그가 바라는 최대의 희망이라면, 그는 다른 모든 경우에서와 마찬가지로 이 경우에도 그가 지닌 자기애의 교만함을 낮추어 다른 사람이 동조할 수 있을 정도의 수준으로 이를 끌어내려야 한다. 그러한 경우에 한해서 세상 사람들은 그가 다른 사람들의 행복보다도 자기 자신의 행복에 대해 한층 더 노심초사하면서 한층 더 열심히 부지런하게 이를 추구하는 것을 허용할 것이다. 또한 그러한 경우에 한에서 세상 사람들이 그의 상황에 서는 경우에 그들은 기꺼이 그에게 동조할 것이다.

부, 명예 그리고 높은 지위로 승진하기 위해 벌이는 경주에서 그는 자신의 모든 경쟁상대를 능가하기 위해 가능한 한 열심히 달리고, 모든 신경과 모든 근육을 최대한 활용할 것이다. 그러나 만일 그가 그 가운데 어느 누구든지 밀어제치거나 넘어뜨린다면 관찰자들의 관용적 태도는 완전히 끝이 난다. 그것은 공정한 경기를 위반하는 것이며, 관찰자들이 용납할 수 없는 행위다.

관찰자에게는 이로 인해 피해를 입은 사람도 모든 측면에서 방해한 사람과 마찬가지로 선량한 사람이다. 관찰자는 방해자가 피해자보다도 자기 자신을 그렇듯 크게 우선시하는 자기애에 공감하지 않으며, 방해자가 피해자에게 침해를 끼친 동기에 공감할 수 없다. 그러므로 관찰자들은 흔쾌히 피해자의 자연적 분개심에 동감하며, 그 가해자는 그들이 표출하는 증오와 분노의 대상이 된다. 가해자는 그가 그러한 대상이 된다는 것을 알고 있고, 이런 감정들이 그에 반대해 모든 방면에서 막 분출하려고 하는 것을 느끼고 있다.

2

피해자의 분개심은 그에게 가해진 해악이 더 클수록, 회복하기가 더 어려울수록 자연히 한층 더 커지는 것처럼, 행위자의 죄의식뿐만 아니라 관찰자의 동감적인 분노도 이에 따라 마찬가지로 한층 더 높아진다. 살인은 어느 사람이 다른 사람에게 가할 수 있는 최대의 해악이며, 살해된 사람과 직접 관계가 있는 사람들의 분개심을 최고도로 자극한다. 그러므로 살인은 세상 사람들의 관점에서 보거나 살인을 저지른 당사자의 관점에서 보거나 개인에게만 영향을 미치는 모든 범죄 가운데서 가장 잔혹한 것이다.

우리들이 소유하고 있는 것을 빼앗기는 것은 우리가 단지 기대했을 따름인 것을 얻지 못해 낙담하는 것과 비교해 한층 더 커다란 죄악이다. 그러므로 우리가 소유한 재산을 빼앗아가는 소유의 침해, 절도와 강도는 우리가 기대하고 있던 몫으로부터 좌절시키기만 하는 계약의 위반과 비교해 더 중대한 범죄가 된다.

따라서 정의의 가장 신성한 법, 다시 말해서 그것을 위반했을 때 최고로 강력한 보복과 처벌을 불러오는 법은 우리 이웃의 생명과 인격을 보호하는 법이다. 그다음은 그의 재산권과 소유물을 보호하는 법이고, 마지막이 소위 그의 개인적 권리나 다른 사람과 한 약속으로부터 그에게 귀속되는 응분의 몫을 보호하는 법이다.

3

정의라는 한층 더 신성한 법을 위반한 사람은 수치심, 공포, 대경실색 같은 모든 고통을 스스로 체감하지 않고서는 세상 사람들이 그에 대해서 품고 있을 것이 분명한 감정을 결코 반성을 통해 느낄 수 없다. 그의 열정이 충족된 이후 자신의 과거 행위를 냉정하게 재고하기 시작할 때 그는 이러한 행위에 영향을 미친 여러 동기 가운데 어느 것에 대해서도 공감할 수 없다. 그 행위의 동기들은 언제나 다른 사람들에게 혐오스러웠던 만큼 이제 그에게 혐오스럽게 보인다.

다른 사람들이 그를 향해 품고 있을 것이 분명한 증오와 혐오에 동감함으로써 그는 어느 정도 자기 자신이 갖는 증오와 혐오의 대상이 된다. 그의 불의한 행위 때문에 고통을 당한 사람의 상황이 이제 그의 연민의 정을 불러일으킨다. 이와 같은 생각에 그는 마음이 괴로워진다. 그는 자신의 행위가 초래한 불행한 결과를 후회하는 동시에, 이 때문에 자신이 세상 사람들의 분개심과 분노의 적절한 대상이 되었으며 분개심의 자연스러운 귀결인 보복과 처벌의 적절한 대상이 되었음을 느낀다.

이러한 상념이 끝없이 그를 괴롭히며, 그의 마음은 공포와 경악의 감정으로 가득 채워진다. 그는 더 이상 사회를 감히 직시하지 못하고, 마치 자기 자신이 모든 사람의 애정으로부터 배척되고 버림받은 것으로 상상한다. 그는 이처럼 가장 크고 가장 두려운 고통을 겪고 있으면서도 동감에 의한 위로를 기대할 수 없다.

그의 범죄에 대한 기억 때문에 세상 동료들의 마음은 그에 대한 모든 동료감정을 차단하고 있다. 그의 세상 동료들이 그에 대해서 품고 있는 감정이야말로 그가 가장 두려워하는 것이다. 모든 것이 적의를 띤 것으로 보이며, 따라서 그는 더 이상 인간의 표정을 보지 않아도 되거나 세상 사람들의 표정에서 범죄에 대한 비난을 살피지 않아도 되는 어떤 황량한 사막으로라도 날아가고 싶다는 기분이 들게 된다.

그러나 고독한 생활은 사회 속에서 생활하는 것보다도 한층 더 두려운 것이다. 상념으로 그가 떠올리는 것은 어둡고 불행하며 불길한 어떤 것, 헤아릴 수 없는 비참함과 파멸의 음울한 예감 이외에 아무것도 없다. 그는 고독의 두려움에 쫓긴 채 사회로 되돌아오고, 이미 만장일치로 그를 비난한 바로 그 재판관들의 표정에서 약간의 보호를 애원하기 위해, 자신을 드러내기에 놀랍고 수치심으로 가득하고 공포에 산란해진 표정으로 세상 사람들 앞에 다시 모습을 드러낸다.

이것이 바로 적절하게도 회한이라 불리는 감정이 갖는 본성이며, 인간의 마음에 있는 모든 감정 가운데서 가장 두려운 감정이다. 회한은 과거 행위의 부적정성을 느끼는 데서 비롯되는 수치심, 그 행위가 가져오는 결과에 대한 비애, 그 행위로 고통당한 사람에 대한 연민, 모든 이성적 존재의 마음에서 타당하게 발생한 분개심을 인식하는 것으로부터 오는 처벌의 두려움과 공포로 이루어진다.

4

이와 반대되는 행동은 당연히 정반대의 감정을 불러일으킨다. 하찮은 공상으로부터가 아니라 적절한 동기로부터 관대한 행위를 수행한 사람은 자신이 봉사한 사람들을 바라볼 때 자신이 그 사람들이 갖는 애정과 감사의 자연적 대상이 되고, 그들과 동감함으로써 모든 세상 사람의 존경과 승인의 대상이 되고 있음을 느낀다. 또한 그가 자신이 수행한 행위의 동기를 되돌아보고 공평한 관찰자가 검토하는 관점에서 이를 고찰하는 경우에 그는 계속하여 그 동기에 공감하고 그 상상 속의 공정한 재판관의 승인에 동감함으로써 자신에게 갈채를 보낸다.

이상과 같은 두 가지 관점에서 그의 행위는 그에게 모든 면에서 유쾌한 것으로 보인다. 이러한 생각에 그의 마음은 유쾌함, 평온함, 평정심으로 가득 차게 된다. 그는 모든 세상 사람과 우정과 조화의 관계를 맺고 있고, 자신의 동료들을 신뢰와 자애로운 만족감을 가지고 지켜보면서 자기 자신을 그들에게서 가장 호의적 관심을 받을 만한 인물로 만들었다고 확신한다.

공로의식(consciousness of merit) 내지는 응분의 보상의식은 바로 이와 같은 모든 감정이 결합되어 성립한다.

제3장 이러한 자연의 구조가 수반하는 효용

1

그러므로 오로지 사회에서만 생존할 수 있는 사람은 본래 그가 창조된 그런 상황에 적합하도록 되어 있다. 인간 사회의 모든 구성원은 서로의 조력을 필요로 하지만, 마찬가지로 상호 침해에 노출되기도 한다. 그와 같은 필요불가결한 조력이 상호성을 기초로 애정, 우정, 존경 등으로부터 제공될 때 그 사회는 번영하고 행복하게 된다. 이러한 사회의 모든 서로 다른 구성원은 애정과 애착의 유쾌한 유대로 연결되어 있고, 말하자면 상호 선행이라는 하나의 공통된 중심점으로 이끌리게 된다.

2

그러나 비록 그러한 필요불가결한 지원이 관대하고 사심 없는 동기에서 제공되지는 않더라도, 그리고 서로 다른 구성원 사이에 상호 애정이나 애착이 없다고 하더라도, 그 사회는 덜 행복하고 유쾌하겠지만 필연적으로 와해되지는 않을 것이다. 사회는 서로 다른 상인 사이에서처럼 상호 애정이나 애착이 전혀 없어도 사회의 효용에 대한 감각에 근거해 존립할 수 있다. 비록 사회의 어느 누구도 타인에 대한 의무감을 가지거나 감사의 감정으로 다른 사람들과 결합되어 있지는 않아도, 사회는 합의된 가치평가에 근거한 선행의 금전적 교환을 통해 여전히 존속될 수 있다.

3

그런데 사회는 부단히 서로를 해치거나 침해하고자 하는 사람들 사이에서는 존립할 수가 없다. 침해행위가 시작되는 순간, 상호 분개심과 적개심이 나타나는 순간에는 사회의 모든 유대관계는 산산이 깨지고 그 사회에 속한 모든 서로 다른 구성원은 그들의 상호 모순되는 감정의 난폭함과 대립으로, 말하자면 사방으로 분산되고 흩어지고 만다.

만일 강도와 살인자 간에 어떤 사회가 존재한다면, 그 진부한 소견에 따르면, 그들은 적어도 서로를 강탈하거나 살해하는 행위를 반드시 금지해야 한다. 그러므로 자혜의 덕목은 사회가 생존하는 데 정의보다 한층 덜 불가결하다. 사회는 설령 가장 편안한 상태는 아닐지라도 자혜 없이도 존속할 수 있다. 그러나 불의가 만연하면 분명히 사회는 완전히 붕괴할 것이다.

4

그러므로 자연은 비록 응분의 보상에 관한 즐거운 의식을 통해 세상 사람들에게 자혜의 행동을 권고할지라도, 자연은 자혜 행위가 방치되었을 때 응분의 처벌이라는 공포심에 의해 그 실행을 보호하고 강제할 필요는 없다고 생각했다. 자혜는 건물을 지탱하는 기초가 아니라 아름답게 꾸미는 장식이므로 그 실행을 권고하는 것으로 충분하며 결코 강제할 필요가 없다.

반면에 정의는 건물 전체를 지탱하는 주요 기둥이다. 만일 그것이 제거되면, 위대하고 거대한 인간 사회라는 구조물, 말하자면 자연의 진기하고 참신한 배려로 건축되고 유지되는 것처럼 보이는 이 현세에서의 구조물은 틀림없이 한순간에 산산이 분해되고 말 것이다. 그러므로 정의의 준수를 강제하기 위해서 자연은 인간의 마음 안에 과오에 대한 의식, 즉 정의를 위반하는 경우에 뒤따르는 응분의 처벌이라는 그런 공포심을 세상 사람들의 결사를 위한 위대한 보호 장치로 심어주었으며, 이를 통해 약자를 보호하고 폭력 행위자를 억제하며 범죄자를 응징하게 하고 있다.

인간은 본래 동감적임에도 불구하고 자기 자신에 대해서 민감하게 느끼는 것과 비교해서 자신과 특별한 관계가 없는 사람에 대해서는 거의 감정을 느끼지 못한다. 그저 같이 살아가는 세상 사람 중 하나일 뿐인 어떤 사람의 불행은 심지어 그들 자신의 적은 편리함과 비교해서도 그들에게는 거의 중요하지 않다. 세상 사람들은 그에게 침해를 끼칠 만한 충분한 힘을 가지고 있고 침해를 가하고 싶은 유혹에 빈번히 빠질 수 있기 때문에, 만일 이러한 원리가 그들의 마음 안에서 그를 보호하기 위해 작용하여 그의 결백함을 존중하도록 강제하지 않는다면, 그들은 마치 야수처럼 항상 그에게 기꺼이 덤벼들려고 할 것이다. 만일 그렇다면 인간은 사자의 우리에 들어가는 기분으로 인간 세상에 발을 들여놓는 것이 될 것이다.

5

우주의 모든 부분에서 어떤 목적을 성취하도록 의도된 수단이 가장 정교한 기교로 조정되어 있음을 우리는 목격한다. 식물체와 동물체의 구조를 살펴보면, 우리는 모든 생물이 어떻게 개체의 생존과 종의 번식이라는 자연의 두 가지 위대한 목적을 촉진하도록 고안되었는가에 관해 감탄하게 된다. 그렇지만 이 생물체 속에서 그리고 그러한 모든 대상물 속에서 우리는 항상 그것들의 운동과 조직에 관한 작용인과 목적인을 구별한다.

음식물의 소화, 혈액의 순환, 이것을 통해 추출된 여러 체액의 분비 등은 동물의 생존이라는 그 위대한 목적을 위해 필요불가결한 작용들이다. 그러나 우리는 그런 현상들을 작용인에 기초하는 대신에 목적인에 기초하여 설명하려고 결코 시도하지 않는다. 즉 순환이나 소화라는 목적을 위해 혈액이 자발적으로 순환하고 음식물이 자발적으로 소화된다고 우리는 상상하지 않는다.

시계의 톱니바퀴들은 시계가 만들어진 목적, 즉 시간을 표시하기 위해 감탄할 정도로 모두 조정되어 있다. 각 톱니바퀴들의 모든 다양한 운동은 이 효과를 창출하기 위해 가장 정교한 방식으로 서로 협력하고 있다. 만일 톱니바퀴들이 이 효과를 창출할 어떤 욕구와 의도를 부여받았다면, 이들이 시간의 표시를 지금보다 한층 더 잘 수행할 수는 없을 것이다. 그러나 우리는 그러한 욕구나 의도를 시계의 톱니바퀴가 아니라 시계제조업자에게 귀속시킨다. 우리가 알고 있는 바대로, 톱니바퀴들이 시간의 표시라는 효과를 의도하지 않고 움직이는 것처럼, 톱니바퀴들은 그 효과를 창출하도록 의도된 어떤 용수철에 의해 가동되고 있다.

비록 신체의 기능을 설명하는 데 우리는 이처럼 작용인과 목적인을 분명하게 구별하고 있지만, 마음의 기능을 설명하는 데에 우리는 이 두 가지의 서로 다른 원인을 혼동하기가 매우 쉽다. 우리가 여러 자연적 원리에 근거해서 세련되고 계몽된 이성이 권고하는 그런 목적을 촉진하도록 인도되는 경우에, 우리는 이 같은 목적을 촉진하는 모든 감정과 행위를 자연적 원리라는 작용인 대신에 인간의 이성에 귀속시키면서, 이것이 실제로는 신의 지혜임에도 인간의 지혜라고 생각하기가 매우 쉽다.

어떤 피상적인 학설에 따르면, 이러한 원인인 인간 이성은 여기에 귀속되는 여러 효과를 창출하는 데 충분해 보인다. 그리고 마음 안의 서로 다른 모든 운동이 이러한 식으로 단일의 원리로부터 도출될 때 인간 본성의 체계는 한층 더 단순하고 유쾌한 것처럼 보인다.

6

정의의 법이 참을성 있을 정도로 준수되지 않으면 사회가 존립할수 없는 것처럼, 어떠한 사회적 교섭도 상호 침해를 전반적으로 금지하지 않는 사람들 사이에서는 일어날 수 없다. 어떤 견해에 따르면, 이 같은 필요성에 대한 성찰이 정의를 위반한 범죄자의 처벌에 근거한 정의의 법의 집행에 대해 우리가 승인하는 근거가 된다.[5]

또한 인간은 사회에 대해 자연적 애정을 갖고 있으며, 이 때문에세상 사람들의 결합은 설령 자기 자신이 사회로부터 어떠한 편익을도출하지 못하더라도 결합 그 자체를 위해서 보존되기를 희망한다고 말하고 있다. 질서 있고 번영하는 사회 상태는 사람들에게 유쾌감을 주고, 그것을 숙고하는 것에서 즐거움을 얻는다.

반대로 사회의 무질서와 혼란은 사람들의 반감의 대상이 되며, 그러한 상태를 창출하려는 어느 것에 대해서도 사람들은 분노를 느낀다. 사람들은 또한 자신의 이익이 사회의 번영과 연관되어 있으며, 행복뿐만 아니라 아마 자기존재의 보존도 사회의 보존에 의존한다는 점을 역시 알고 있다.

따라서 사람들은 어느 경우든 사회를 파괴할 가능성이 있는 모든행위에 대해 혐오감을 갖고, 그렇듯 증오스럽고 가공할 만한 사건이발생할 수 있는 상황을 막을 수 있는 모든 방법을 기꺼이 활용하고자 한다. 불의는 필연적으로 사회를 붕괴시키는 경향이 있다. 그러므로 모든 불의의 출현은 사람들에게 경고를 주며, 만일 그대로 방치하면 사람들에게 귀중한 모든 것을 빠르게 파괴시키는 사태가 진행되지 못하도록 급히 움직인다. 만일 사람들이 온당하고 공정한 수단으

---

5) 이하의 기술 내용은 효용이 주는 즐거움에 관한 동감 때문에 정의의 덕목이 승인된다고 하는 흄의 정의이론(『도덕원리론』 제3부)을 대체로 염두에 두고 기술하는 것으로 평가된다.

로 그것을 억제할 수 없다면, 강제력과 폭력을 활용해서 불의를 반드시 격퇴시켜야 하며, 어찌 되었든 그것이 더 진전되지 못하도록 종지부를 찍어야 한다.

따라서 이러한 주장에 따르면, 사람들은 정의의 법을 위반한 자를 사형에 처해서라도 정의의 법이 집행되도록 자주 승인한다. 그리고 그러한 수단을 써서 공공의 평화를 방해한 자는 이 세상에서 제거되고, 나머지 다른 사람들은 그 범죄자가 맞이한 운명을 보고 두려움을 느껴 그의 행위를 모방할 엄두를 내지 못하게 된다.

7

이상이 불의한 행위에 대한 처벌을 우리가 승인하는 근거가 무엇인가에 대해 흔히 주어지는 설명이다. 그리고 사회질서를 유지하기 위해 처벌이 얼마나 불가결한가를 성찰함으로써 우리는 처벌의 적정성과 적합성에 관한 자연적 감각을 강화할 계기를 종종 갖는다는 점에서 이상과 같은 설명은 의심할 여지없이 사실이다.

어떤 범죄자가 세상 사람들의 자연적 분노에 따라서 그 범죄행위에 상응하는 대가인 정당한 보복을 받으려고 하는 경우, 다가오는 처벌의 공포 때문에 그 범죄자가 불의를 범한 때의 오만한 태도를 접고 겸손해지는 경우와 그가 더 이상 두려움의 대상이 되기를 멈추는 경우, 이러한 여러 경우에 관대하고 인정 있는 사람들에게 그는 연민의 대상이 되기 시작한다.

그가 야기한 다른 사람의 고통에 대한 동감 때문에 그들이 지녔던 분개심은 그 범죄자가 받게 될 고통을 생각하면서 소멸된다. 그들은 범죄자를 사면하고 용서하고 싶은 마음이 생기며, 냉정한 판단을 했을 때 그러한 범죄에 대한 당연한 응보라고 생각했던 처벌에서 그를 구제하고 싶은 마음이 생긴다. 그러므로 이 시점에서 그들은 자신들의 판단을 돕기 위해 사회의 일반적인 이해관계를 고려할 필요성을 갖는다. 그들은 그 나약하고 편파적인 인간애의 충동을 한층 더 관대하고 포괄적인 인간애의 명령에 의해서 상쇄시킨다. 그들은 범죄자에 대한 자비가 무고한 피해자에 대한 잔인함이라고 반성하고, 어떤 특정한 사람에 대해 그들이 느끼는 동정의 정서를 세상 사람 전체에 대해 그들이 느끼는 훨씬 더 확장된 동정심과 대립시킨다.

8

우리는 또한 정의의 일반적 규칙이 사회 유지에 얼마나 필수적인가를 고려함으로써 이를 준수하는 행위의 적정성을 옹호해야 할 경우가 때때로 있다. 우리는 종종 젊은이들과 방종한 사람들이 도덕의 가장 신성한 규율을 조소하거나, 간혹 타락하여, 그렇지만 훨씬 더 그들 마음의 허영심 때문에, 가장 가증스러운 행위의 여러 준칙을 신봉한다고 확언하는 것을 듣는다.

분노가 끓어오르고 우리는 그러한 혐오스러운 행동의 원리를 논파하며 폭로하기를 열망한다. 그러나 비록 본래 우리가 그러한 행동원리에 반대해 격노한 것이 그것에 내재하는 가증스러움과 혐오스러움일지라도, 우리는 이것을 그러한 행동원리를 비난하는 유일한 이유라고 규정하거나 우리 자신이 단지 그러한 원리를 증오하고 혐오하기 때문에 그렇다고 우기고 싶어하지 않는다.

우리가 생각하기에 그러한 이유는 무언가 결정적이고 반론의 여지가 없어 보이지 않는다. 만일 우리가 그들의 행동원리가 증오와 혐오의 자연스럽고 적절한 대상이기 때문에 증오하고 혐오한다면, 도대체 무슨 이유로 그렇게 행동해서는 안 되는 것인지 하는 물음이 되돌아올 것 같다.

그러나 사람들이 왜 이러저러한 방식으로 행동해서는 안 되는가하는 질문을 받을 경우, 그 질문 자체가 이미 그 질문을 던진 사람에게는 그와 같은 행동방식이 본래 증오와 혐오의 자연스럽고 적절한 대상이 아니라고 상정하고 있는 듯하다.

따라서 우리는 무언가 다른 이유 때문에 그럴 필요성이 있음을 그들에게 보여주어야 한다. 이 때문에 우리는 전반적으로 다른 여러 논거를 생각해내야 하며, 이 경우 제일 먼저 떠오르는 고려의 대상은 그러한 관행이 보편적으로 유행하는 데서 비롯되는 사회의 무질서와 혼란이다. 그러므로 우리는 이러한 원리에 기초하여 역설하지 않을 수 없다.

9

그러나 모든 방종한 관행이 사회의 번영을 파괴하는 경향이 있음을 이해하는 데에 일반적으로 대단한 인식력이 요구되는 것은 결코 아니지만, 이런 식의 사회적 고려를 통해 우리가 그러한 관행에 처음으로 반감을 갖는 일은 좀처럼 없다. 모든 사람, 심지어 가장 우둔하고 사고력이 결여된 사람조차도 사기, 배반, 불의를 혐오하고, 그러한 행위를 한 인물이 처벌되는 것을 보고 기뻐한다. 그러나 사회의 존립을 위한 정의의 필요성이 아무리 명백해 보일지라도 그러한 필요성을 곰곰이 생각해보려는 사람은 거의 없다.

10

개인을 대상으로 발생한 범죄의 처벌 문제에 본래 우리의 관심이 쏠리는 이유가 사회의 보존에 대한 생각 때문이 아니라는 점은 많은 명백한 고찰을 통해 입증될 수 있다. 개인의 운명과 행복에 대해서 우리가 갖는 관심은 일상적 여러 경우에서는 사회의 운명과 행복에 대해서 우리가 갖는 관심에서 비롯되지 않는다.

어떤 한 사람이 사망하거나 실종되는 경우에 그 사람이 사회의 일원이거나 일부분이기 때문에 그리고 우리는 사회의 파멸을 걱정해야 할 의무가 있기 때문에, 우리가 그에게 관심을 보이는 것은 아니다. 이는 마치 1기니의 금화를 분실한 경우 1기니가 수천 기니의 일부이기 때문에 그리고 총액의 손실을 반드시 걱정해야 되기 때문에, 우리가 1기니의 분실을 걱정하는 것이 아님과 마찬가지다.

두 가지 경우 가운데 어느 사례에서도 개체에 대한 우리의 관심은 전체에 대한 우리의 관심에서 비롯되지 않는다. 그러나 두 경우 모두에서 전체에 대한 우리의 관심은 그 전체를 구성하고 있는 각각의 서로 다른 개체에 대해서 우리가 느끼는 특정한 관심들이 모두 합성된 채 구성되어 있다. 소액의 금전이 부당하게 탈취되는 경우에 전 재산의 보존에 대한 고려보다는 손실을 입은 그 특정 금액에 대한 고려에 근거해 그 침해행위를 고소하는 것과 마찬가지로, 어떤 사람이 상해를 입거나 살해되었을 때 우리는 사회의 일반적인 이해관계에 대한 고려보다는 침해를 받은 바로 그 개인에 대한 관심으로부터 자행된 악행에 대한 처벌을 요구한다.

그러나 이러한 관심의 내용은 우리의 특정한 친구와 그저 알고 지내는 사이일 뿐인 사람을 구분하는 기준으로서 흔히 사랑, 존경, 애정이라고 부르는 섬세한 감정들을 필히 조금도 포함하고 있지 않다는 점을 주목해야 한다. 이러한 경우에 필요한 관심은 그가 단지 동포라는 이유로 우리가 모든 사람에 대해서 갖는 일반적인 동료감정에 지나지 않는다.

우리가 평소 불쾌해하던 인물이 전혀 도발하지도 않은 다른 사람에게 침해를 당한 경우에 우리는 심지어 이러한 사람의 분개심에조차 공감한다. 우리가 그의 일상의 성격과 행위를 비난하고 있다는 사실은 이 경우에서는 그의 자연스러운 분노에 대한 우리의 동료감정을 거의 막지 못한다. 물론 지극히 공정하지 못하거나 일반규칙에 의해서 자연스러운 감정을 교정 또는 제어하는 행위에 익숙하지 않은 사람들에게는 이와 같은 경우에 동료감정을 둔화시키는 일이 쉽게 나타나기는 한다.

11

실제로 일부 사안에서 우리는 단지 다른 방식으로는 그 안전이 보장될 수 없다고 판단되는 그러한 사회의 일반적 이해를 도모하려는 목적에 근거해서만 처벌하거나 처벌을 승인한다. 이러한 유형에 속하는 처벌은 소위 공공의 행정이나 군대 규율을 위반한 이유로 가해지는 처벌이다. 이러한 범죄는 어떤 특정한 개인에게 즉각적이거나 직접적으로 침해를 끼치지는 않는다. 그러나 이러한 범죄가 먼 장래에 미치는 결과에 따라 사회의 상당한 불편이나 심각한 혼란이 야기되거나 야기될 수 있다고 추정되고 있다.

예를 들면 경계 근무 중에 잠이 든 보초병은 자신의 근무태만이 군대 전체를 위태롭게 할 수 있기 때문에 전시 법규에 따라서 사형에 처해진다. 많은 경우에 그러한 엄격함은 필요하며, 이러한 이유 때문에 정당하고 타당한 것으로 보인다. 어느 개인의 생존이 다수 대중의 안전과 양립하지 않을 때 다수가 한 사람보다 우선시되어야 한다는 원리보다 더욱 정당한 것은 없다. 그러나 이 처벌이 아무리 필요하다고 해도 언제나 엄격한 듯하다.

그 범죄가 갖는 자연적 잔혹성은 매우 약한 반면에 그 처벌의 내용은 너무나 엄격하기 때문에 우리의 마음이 그것에 적응하는 데 큰 어려움이 있다. 비록 그와 같은 근무태만은 크게 비난받아 마땅하지만, 이러한 범죄에 대해 생각해보면 우리로 하여금 그렇듯 가공할 만한 복수를 촉구할 정도의 분개심이 자연스럽게 야기되지 않는다. 인간애가 있는 사람은 스스로 처벌하기로 마음먹기 전이나 다른 사람에 의해 처벌이 가해지는 경우에 이에 동감하기 전에 신중히 숙고하면서 노력해야 하며 자신이 가진 모든 확고부동함과 결단력을 발휘해야만 한다.

그러나 그가 배은망덕한 살인자 혹은 존속살해범이 정당하게 처벌받는 것을 볼 때에는 이와 같은 태도를 취하지 않는다. 이 경우에 그의 마음은 그러한 혐오스러운 범죄에 상응한다고 보이는 정당한 보복에 열정적으로, 심지어 기뻐서 어쩔 줄 모를 정도로 갈채를 보낸다. 그리고 만일 어떤 우발적인 사정 때문에 그러한 범죄자가 이 같은 정당한 보복을 면하게 된다면 그는 아마 극도로 분노하고 실망할 것이다.

관찰자가 이상과 같은 서로 다른 처벌을 바라보면서 느끼는 감정이 이렇게 다르다는 사실은 전자의 처벌에 대한 승인이 후자의 처벌에 대한 승인과 결코 동일한 원리에 기초하지 않고 있다는 하나의 증거가 된다. 그는 그 보초병에 대해서 다수의 안전을 위해 실제로 헌신했음에 틀림없고 헌신해야만 하는 불운한 희생자라고 생각한다. 따라서 그의 마음속에서는 여전히 보초병을 구제하고 싶어 하지만, 다만 다수자의 이해관계가 그것에 반대하는 것을 유감스러워할 뿐이다.

그러나 만일 살인범이 처벌을 면하는 경우라면 이는 그의 분노를 최대한 자극한다. 그는 아마 세상 사람들의 불의 때문에 현세에서 처벌을 면한 그 범죄를 다른 세상에서 복수해주기를 신(神)에게 간원할 것이다.

12

왜냐하면 다음과 같은 사실들이 충분히 주목받을 가치가 있기 때문이다. 다른 어떤 식으로는 유지될 수 없는 사회의 질서를 지키려는 이유만으로는 불의에 관한 처벌이 당연히 현세에서 이루어져야 한다고 우리는 결코 생각하지 않는다. 또한 이 때문에 자연과 종교는 그 불의한 행위가 내세에서조차 처벌되리라는 점을 희망하기를 가르치거나 기대하는 것이 정당함을 인정하고 있다. 비록 내세에서 처벌되는 그런 선례를 통해서 이를 목격하지 못하고 알지 못하는 나머지 세상 사람들이 현세에서 동일한 불의의 관행을 저지르지 않도록 하는 데에는 도움이 못 될지라도, 그와 같은 행위의 과오에 관한 우리의 감각은 심지어 무덤을 넘어, 말하자면 사후의 세계에까지 그 행위를 추적한다.

그런데 우리가 생각하기에, 신(神)의 정의는 현세에서 종종 이유 없이 모욕을 당하는 미망인과 고아들이 받는 침해에 대해서도 저세상에서 당연히 복수해야 한다는 사실을 여전히 필요로 한다. 따라서 지금까지 세상에 존재했던 모든 종교 및 모든 미신 가운데에는 엘리시움뿐만 아니라 타르타로스, 즉 정의로운 자를 보상하는 천당뿐만 아니라 사악한 자를 처벌하는 지옥이 존재해왔다.[6]

---

6) 엘리시움(Elysium)과 타르타로스(Tartarus)는 고대 그리스 종교와 신화에서 거론된 사후세계의 관념에 해당한다. 엘리시움은 덕망이 있는 사람들과 영웅들의 영혼이 축복되고 행복한 삶을 누리며 머문다는 마지막 휴식처이자 낙원이다. 타르타로스는 그리스 신화에 나오는 지하세계의 심연으로 신을 모독하거나 사악하고 위험한 존재들이 감금되어 징벌을 받는 지옥이나 감옥으로 묘사된다.

제3편 운명이나 우연이 행위의 공로 및 과오에
관한 세상 사람의 감정에 미치는 영향

서론

1

어떠한 행위에 주어지는 응분의 칭찬이나 비난을 판단하는 문제는 다음의 세 가지 경우 중 어느 하나에 귀속될 것임이 분명하다. 첫째는 그 행위가 비롯되는 마음의 의도 내지는 성정이고, 둘째는 이와 같은 성정이 야기하는 신체의 외면적 행위나 움직임이며, 마지막은 현실에서 실제로 그 행위로부터 기인하는 유익하거나 유해한 결과다. 이 세 가지 서로 다른 경우가 그 행위의 전체적인 특성과 상황을 구성하며, 그 행위가 어떤 자질을 지니는가를 판단하기 위한 기초가 되고 있음에 틀림없다.

2

이 세 가지 가운데 마지막 두 가지가 어떠한 칭찬이나 비난의 기초가 될 수 없음은 아주 명백하며, 지금까지 어느 누구도 반대의 주장을 한 적이 없다. 신체의 외면적인 행위나 움직임은 가장 결백한 행위에서나 가장 비난받을 만한 행위에서 종종 동일하다.

새에게 총을 쏜 사람과 사람에게 총을 쏜 사람은 모두 동일한 외면적 움직임을 보인다. 즉 그들 각자는 모두 총의 방아쇠를 당긴다. 현실에서 실제로 어떤 행위에서 우연히 비롯된 결과는 신체의 외면적인 움직임과 비교할 때 칭찬이나 비난과는 한층 더 무관하다. 그 결과들은 행위자가 아니라 우연성을 띠는 운명에 의존하고 있기 때문에, 행위자의 성격과 행동이 감정의 대상이 되는 것일 뿐, 그 결과들은 어떠한 감정에 대해서도 그 적절한 기초가 될 수 없다.

3

그 행위자가 책임질 수 있거나 어떠한 유형의 승인이나 부인을 받을 만한 근거가 되는 유일한 결과는 어떠한 식으로든 의도된 결과거나 적어도 그의 행동이 비롯된 마음의 의도 가운데서 호감을 주거나 불쾌한 자질을 보이는 결과들뿐이다. 어떠한 행위에 정당하게 부여될 수 있는 모든 칭찬이나 비난, 모든 승인이나 부인은 종류에 상관없이 궁극적으로 마음의 의도나 성정, 따라서 그 의도의 적정성이나 부적정성, 자혜성이나 유해성에 기초하여 판단되는 것임이 분명하다.

4

따라서 이러한 원칙이 추상적이고 일반적인 용어로 제안된 경우에 이것에 동의하지 않는 사람은 없다. 이 원칙의 자명한 정당성에 대해서는 세상 전체가 승인하고 있으며, 모든 세상 사람 가운데 여기에 이의를 다는 경우도 없다. 그러므로 모든 사람은 다음과 같은 점에 대해 똑같이 수긍한다. 서로 다른 행위가 수반하는 우연하고 의도되지 않으며 예측되지 않은 결과가 아무리 다를지라도, 만일 그러한 행위를 야기한 의도나 성향이 동일하게 적정하거나 자혜로운 경우,

또는 반대로 동일하게 부적정하거나 악의적인 경우에 그러한 여러 행위의 공로나 과오도 여전히 동일하며, 그 행위자는 마찬가지로 감사나 분개심의 타당한 대상이 된다.

5

그러나 우리가 이 공명정대한 원칙을 이처럼 추상적으로 고려할 때 그 진리를 충분히 납득했다고 해도, 특정한 사례를 놓고 판단하는 경우에는 어느 행위가 우연히 초래하는 현실의 결과는 그 행위의 공로나 과오에 관한 우리의 감정에 대단히 큰 영향을 미치며, 거의 항상 공과에 대한 우리의 감각을 고양시키거나 완화시키거나 한다. 상세히 고찰해보면, 우리의 감정을 완전히 규제하는 것이 당연하다고 우리 모두가 수긍하는 이 원칙이 어느 하나의 사례에서도 우리 감정을 완전히 규제하는 경우가 거의 없음을 알게 될 것이다.

6

이와 같은 감정의 불규칙성에 대해 모든 사람이 느끼고는 있지만 충분히 인식하고 있는 경우가 드물고, 어느 누구도 흔쾌히 수긍하지 않는 점을 고려하여, 나는 지금부터 이에 대해 설명하고자 한다. 나는 우선 그러한 불규칙성을 일으키는 원인 또는 자연이 그러한 불규칙성을 창출하는 구조에 대해서 고찰하고, 두 번째로 그러한 불규칙성이 미치는 영향의 범위에 대해서 검토하며, 마지막으로 그 불규칙성에 부합하는 목적 또는 자연의 창조주가 그러한 불규칙성에 의해 의도한 것으로 보이는 목적에 대해서 논할 것이다.

제1장 운명이나 우연이 발휘하는 이러한 영향의 원인

1

고통과 쾌락의 원인은 그것이 무엇이고 어떻게 작용하든 모든 동물에게 감사와 분개심이라는 두 가지 열정을 직접적으로 자극하는 대상인 듯하다. 이들 열정은 생명이 있는 대상뿐만 아니라 생명이 없는 대상에 의해서도 자극을 받는다. 우리는 상처를 입힌 돌에 대해서조차 일순간 화를 낸다. 어린아이는 그 돌을 때리고, 개라면 그것을 보고 짖을 것이고, 화를 잘 내는 사람은 그것을 저주할 것 같다. 사실 아주 잠시만 생각해보아도 이러한 감정은 수정되며, 감성이 없는 사물은 복수의 대상으로는 극히 부적당하다는 사실을 우리는 곧 알아차린다. 그러나 해악이 매우 큰 경우에는 상해를 준 대상물은 그 이후 불유쾌한 것이 되며, 우리는 그것을 불에 태우거나 파괴하는 것에서 기쁨을 느낀다. 이런 식으로 우리는 우연히 한 친구의 죽음의 원인이 된 기구를 처분해버릴 것이며, 만일 우리가 그것에 대해 이처럼 터무니없는 종류의 복수를 하는 것에 소홀했다면, 우리 스스로 일종의 몰인정한 죄를 저지른 것으로 생각하는 경우가 종종 있다.

2

이와 마찬가지로 우리에게 큰 기쁨을 주거나 자주 기쁨을 주는 생명 없는 대상물에 대해서도 우리는 일종의 감사를 느낀다. 선원이 해안에 도착하자마자 난파선에서 탈출할 때 사용했던 널빤지로 불을 피우면 아마 부자연스러운 행위를 한 것 같은 생각을 할 것이다. 우리는 차라리 그가 그 널빤지를 어느 정도 귀중한 기념품으로서 주의와 애정을 가지고 보관하기를 기대한다.

사람은 자신이 오랫동안 사용해온 코담뱃갑, 작은 주머니칼, 지팡

이를 점점 좋아하게 되고, 그것들에 대해서 진정한 애정과 애착 같은 것을 느끼게 된다. 만일 그가 그것들을 깨뜨리거나 분실하면 그는 손해의 가치와는 전혀 어울리지 않을 정도로 무척 안타깝게 여긴다.

우리가 오랫동안 살아왔던 집, 우리가 신록과 녹음을 오랫동안 즐긴 나무는 은인들에게 보답하기에 어울리는 그런 일종의 존경심을 가지고서 다뤄진다. 그러한 집이 쇠락하거나 나무가 황폐해지면 비록 그것 때문에 전혀 손해를 보지 않는다고 해도 우리는 일종의 애수를 느낀다.

고대인들에게 드리아스와 라레스라고 하는 일종의 나무와 집의 수호신은 그 미신을 만들어낸 사람들이 그러한 대상물에 대해서 느꼈던 이러한 종류의 애정 때문에 아마 최초로 제안되었던 듯하다.[7] 그러한 애정은 만일 대상물 안에 아무런 생명이 없다면 불합리한 것으로 보일 것이다.

3

그러나 어떤 사물이 감사나 분개심의 적절한 대상이 되려면 그것은 쾌락이나 고통의 원인이 되어야 할 뿐만 아니라, 마찬가지로 쾌락과 고통을 느낄 수 있는 대상이어야 한다. 대상물에 이러한 후자의 자질이 없다면 감사와 분개심의 열정은 그 대상물에 대해 어느 수준이라도 만족스럽게 표출될 수 없다. 이들 열정이 쾌락과 고통을 주는 여러 원인 때문에 생긴 것과 마찬가지로, 그러한 열정의 만족도 이를 야기한 대상물에 대해 동일한 감각(쾌락과 고통)을 되돌려주는 과정에서 발생한다.

---

7) 드리아스(Dryads)는 그리스 로마 신화에 등장하는 여자 정령의 하나로서 오래된 나무와 숲의 요정을 가리킨다. 한편 라레스(Lares)는 로마 신화에 나오는 가정의 수호신이다.

그러나 감수성이 전혀 없는 대상물에 대해 이를 시도하는 것은 전혀 의미가 없는 일이다. 그러므로 동물은 생명이 없는 사물과 비교하여 감사와 분개심의 대상으로서 한층 덜 부적절하다. 사람을 깨문 개나 뿔로 받은 소는 모두 처벌된다.[8]

이 동물들이 어떤 사람의 죽음의 원인이 된 경우에 이것들을 죽이지 않는다면 일반 대중도 사망자의 혈족도 만족할 수 없다. 그런데 이러한 행위는 살아 있는 사람들의 안전만을 위한 것이 아니라, 어느 정도는 사망한 사람이 받은 침해에 대한 복수를 위한 것이기도 하다. 대조적으로 그들의 주인에게 무척 충직한 동물들은 매우 활발한 감사의 대상이 된다. 우리는 『터키 스파이가 쓴 편지들』이라는 책에 나오는 장교의 잔인함에 충격을 받는다. 그는 바다의 만을 건너서 자신을 이동시켜준 말이 후일 이와 비슷한 모험적인 방법으로 다른 사람을 유명하게 만들지 못하도록 칼로 찔렀다고 한다.[9]

4

그러나 비록 동물들이 쾌락과 고통의 원인이 되고 이와 같은 감각

---

8) 구약성서에는 고대법의 내용을 포함하는 부분이 있다. 본문에 나오는 소와 관련된 불법행위법은 「탈출기」(Exodus) 제21장 28~29절에서 언급된다. "소가 남자나 여자를 뿔로 받아서 그가 죽었을 경우, 그 소는 돌에 맞아 죽어야 한다. 그 고기를 먹어서는 안 된다. 이 경우 소 임자는 벌을 받지 않는다. 그러나 그 소가 예전부터 들이받는 버릇이 있어, 그 주인이 경고를 받고도 그것을 잡도리하지 않아 남자나 여자를 죽였다면, 소가 돌에 맞아 죽어야 할 뿐만 아니라 주인도 사형을 받아야 한다." 또한 이러한 내용은 스미스의 글래스고 대학교 도덕철학 강좌를 구성한 『법학강의』 1762~63년 부분 제2편 118에서 거론된다.

9) 루이 14세 치세의 프랑스 왕정시대에 쓰어진 『터키 스파이가 쓴 편지들』(*Letters writ by a Turkish Spy*, 1684~86, 1691~94)에 나오는 내용이다. 이 책은 마흐무트(Mahmut)라는 이름의 오스만 제국 스파이가 썼다고 주장되는 가상의 편지들을 묶은 책으로, 총 8권으로 구성되어 있다.

을 느낄 수도 있지만, 그것들은 감사나 분개심의 완전하고 완벽한 대상이 되기에는 여전히 거리가 있다. 감사와 분개심의 열정은 그것들이 완전히 만족되기에는 결여된 무언가가 있다고 여전히 느낀다. 감사의 열정이 기본적으로 바라는 것은 그 은인이 역으로 기쁨을 느낄 뿐만 아니라, 그가 과거의 행위 때문에 보상받고 있음을 인식하고 그런 행위에 대해서 기쁨을 느끼며, 자신이 호의를 베풀었던 사람이 이를 받을 만한 가치가 있었다는 것에 만족을 느끼는 것이다.

우리가 무엇보다도 우리의 은인에게 매력을 느끼는 이유는 우리의 성품이 지닌 가치나 우리에게 걸맞은 응분의 존경의 문제처럼 우리가 갖고 있는 커다란 관심사에 대해서 그의 감정과 우리의 감정 사이에 일치가 존재한다는 점이다. 우리는 우리 스스로가 자신을 평가하는 것처럼 우리를 평가해주며, 우리 자신을 세상 다른 사람들과 구별할 때에 기울인 주의력과 동일한 정도의 주의력에 의해 우리를 그들과 구별해주는 사람을 찾게 되면 기뻐한다.

우리의 은인이 이처럼 호의적이고 유쾌한 감정을 유지하는 것이 우리가 은의를 되갚고자 하는 보은의 마음이 지향하는 주요 목적 가운데 하나다. 아무리 마음이 관대한 사람이라 할지라도 이른바 매우 집요한 감사의 표시를 함으로써 은인에게 새로운 호의를 강요하려는 타산적인 생각은 종종 혐오한다. 그러나 자신에 대한 존경심을 유지하고 드높이는 일은 매우 위대한 사람조차도 주의를 기울일 가치가 있다고 생각하는 관심사다. 그리고 이것이 내가 지금까지 지적한 내용의 기초다.

다시 말해서 우리가 은인의 동기에 공감할 수 없고 그의 행동과 성격이 우리의 승인을 받을 만한 가치가 없어 보이는 경우에, 그의 선행이 아무리 크다고 해도 우리의 감사의 열정은 언제나 상당히 줄어든다. 그와 같은 후원자의 우대를 받아도 우리는 훨씬 덜 아름다워 보이며, 그처럼 취약하거나 가치 없는 후원자의 존경을 유지하는 것은 그 자체로 추구할 만한 가치가 없는 대상으로 보인다.

5

이에 반해서 분개심이 주로 지향하는 목적은 우리의 적이 역으로 고통을 느끼는 것보다는, 자신의 과거 행위 때문에 현재 자신이 고통을 겪고 있음을 깨달아 과거의 행위를 참회하고, 그가 침해를 끼친 사람이 그런 식으로 취급되는 것이 마땅하지 않았음을 깨닫는 데 있다. 우리를 해치거나 모욕한 사람에 대해서 주로 분노하게 되는 것은 그가 우리에 대해 표출하는 듯해 보이는 경멸의 태도, 그가 우리보다 자신을 우선시하는 불합리한 선호, 그리고 자신의 편의라든가 유머를 위해 다른 사람들은 언제든지 희생될 수 있다고 상상하는 것 같은 그런 터무니없는 이기심이다.

이러한 행위에서 나타난 명백한 부적정성, 그의 행위 가운데 내포된 것으로 보이는 커다란 오만과 불의는 우리가 겪어온 해악보다도 훨씬 더 커다란 충격과 적개심을 우리에게 주는 일이 종종 발생한다. 그로 하여금 다른 사람들이 가진 응분의 몫에 대해 한층 더 올바른 감각을 갖게 하여 우리에게 지고 있거나 자행한 부채 및 부정행위를 알게 하는 것이 우리의 보복이 주로 지향하는 목적이다.

만일 이러한 목적을 달성할 수 없다면 우리의 보복은 항상 불완전해진다. 우리의 적이 어떠한 침해도 가하지 않은 것으로 보이는 경우에, 즉 그가 아주 적절히 행동했고 그의 처지라면 우리도 분명히 같은 행동을 취했을 것이며 그에게서 받은 모든 해악은 마땅히 감당해야 하는 것으로 우리 스스로 느끼는 경우에는, 만일 아주 최소한의 공정함이나 정의감이 있다면 우리는 어떠한 분개심도 품을 수 없을 것이다.

6

그러므로 어느 대상물이 감사나 분개심의 완전하고 적절한 대상이 될 수 있으려면 세 가지의 서로 다른 자격을 반드시 갖추어야 한다. 첫째, 감사의 경우 그것은 쾌락의 원인이어야 하며, 분개심의 경우 그것은 고통의 원인이어야 한다. 둘째, 그것은 이와 같은 쾌락과 고통의 감각을 느낄 수 있어야 한다. 셋째, 그것은 그러한 감각을 야기했을 뿐만 아니라, 그러한 감각을 동기가 분명한 의도로부터, 즉 감사의 경우에는 승인되는 어떤 의도, 분개심의 경우에는 부인되는 어떤 의도로부터 야기했어야만 한다.

어느 대상이 감사와 분개심의 열정을 야기할 수 있는 것은 첫 번째 필요조건에 의해서 이루어진다. 또한 그 대상이 그러한 열정을 모든 측면에서 만족시킬 수 있는 것은 두 번째 필요조건에 의해서다. 그리고 세 번째 필요조건은 그런 열정들의 완전한 만족을 위해 필요할 뿐만 아니라, 더불어 그것이 강렬하고도 독특한 기쁨이나 고통을 자극하기 때문에, 마찬가지로 그 같은 열정들을 야기하는 추가 원인이 된다.

7

이처럼 어떠한 방식으로든 쾌락이나 고통을 주는 것이 감사와 분개심을 초래하는 유일한 자극원인이기 때문에, 비록 어느 사람의 의도가 전자의 경우 진실로 적정하고 자혜적인 속성을 가지거나, 후자의 경우 진실로 부적정하고 악의적이어도, 만일 의도한 선행이나 악행을 유발하지 못한 경우에 세 가지 자극원인 가운데 하나가 여기에서 빠진 것이다. 이 때문에 전자의 경우 한층 적은 감사가, 후자의 경우 한층 적은 분개심이 그에게 응당 주어지는 듯하다.

반대로 비록 어떤 사람의 의도 속에 전자의 경우에는 칭찬할 만한 자혜가 전혀 없고 후자의 경우에는 비난받을 정도의 악의가 전혀 없을지라도, 만일 그의 행위들이 커다란 선행이나 악행을 수반한다면 세 가지 자극원인의 하나가 여기서 발생한 것이다. 전자의 경우에는 어느 정도의 감사가, 후자의 경우에는 어느 정도의 분개심이 야기되기 쉽다. 전자의 경우에는 공로의 그림자가, 후자의 경우에는 과오의 그림자가 그에게 드리워지는 듯하다.

모든 행위의 여러 결과는 전적으로 운명의 여왕의 제국의 지배하에 있기 때문에, 공로 및 과오에 관련하여 세상 사람들이 지니는 감정에 대한 운명의 영향력은 이러한 사정에 기인한다.

제2장 운명이나 우연이 발휘하는 이러한 영향의 범위

1

운명이 발휘하는 이러한 영향의 효과는 첫째, 사람들의 행위가 본래 의도한 효과를 거둘 수 없었던 경우에 가장 칭찬할 만한 의도 또는 가장 비난받을 만한 의도에서 비롯된 그 같은 행위의 공로나 과오에 관한 우리의 감각을 감소시킨다는 것이다. 둘째, 그 행위가 우연히 이례적인 쾌락이나 고통을 야기하는 경우에는 그 행위가 비롯된 동기나 성향에 적합한 응분의 몫 이상으로 그 같은 행위의 공로나 과오에 관한 우리의 감각을 증대시킨다는 것이다.

2

I. 여기서 말하고자 하는 것은, 첫째 비록 어느 사람의 의도가 매우 적정하고 자혜적이거나 매우 부적정하고 악의적이라고 해도, 만일 그 의도가 본래 예상한 결과를 가져오지 못한다면, 전자의 경우에는

그의 공로는 불충분하게 보이고, 후자의 경우에는 그의 과오는 불완전해 보인다. 이와 같은 감정의 불규칙성은 어떤 행위의 결과에 직접적으로 영향을 받은 사람들만이 느끼는 것은 아니다. 심지어 공정한 관찰자조차도 이러한 감정의 불규칙성을 느낀다.

어떤 사람의 일자리를 위해 직무를 간청한 사람은 비록 그 목적을 이루지 못하더라도 그의 친구로 간주되고, 그의 애정과 애착을 받을 만한 자격이 있어 보인다. 그러나 그 직무를 간청할 뿐만 아니라 얻어주기까지 한 사람은 한층 더 특별하게 그의 후원자이자 은인이라고 간주되며, 그의 존경과 감사를 받을 자격이 주어진다. 신세를 진 사람이 첫 번째 유형의 인물(자신에게 도움을 주려고 했던 사람)과 자신을 대등하다고 여기는 것에 대해 우리는 어느 정도 정당한 것으로 생각하는 경향이 있다. 그러나 만일 신세를 진 사람이 두 번째 유형의 인물(일자리까지 얻어준 후원자)보나도 손아래라고 여기지 않는다면 우리는 그의 감정에 공감할 수 없다. 사실 우리는 도우려고 노력한 사람에 대해서도 실제로 도와준 사람에 대해서와 마찬가지로 동일하게 의무감을 느낀다고 흔히 말한다. 이것은 어쨌든 시도는 했지만 성공하지 못한 그러한 유형의 노력에 대해서 우리가 일상적으로 전하는 발언이다.

그러나 이러한 발언은 다른 모든 세련된 화법과 마찬가지로 어느 정도는 감안해 이해해야만 한다. 관대한 마음을 가지고 있는 사람이 그를 도우려다 실패한 친구에 대해서 품는 감정은 도움을 실제로 준 사람에 대해서 느끼는 감정과 거의 동일한 경우가 종종 있을 수 있다. 그리고 그가 관대하면 할수록 이 같은 감정은 그 동일한 수준에 한층 더 가까이 접근할 것이다. 진정으로 관대한 사람들에게 그들 자신이 존경할 만하다고 생각하는 사람들의 사랑과 존경을 받는 것은 그들이 그러한 감정에서 기대할 수 있는 모든 이득과 비교할 때 한층 더 큰 기쁨을 주며, 이에 따라 한층 더 커다란 감사를 불러일으킨다.

그러므로 이렇듯 관대한 사람들이 그러한 이득을 잃게 될 때, 그들은 거의 고려할 가치가 없는 아주 하찮은 것만을 잃는 것처럼 보인다. 그러나 여전히 그들이 무언가를 잃기는 한 것이다. 그러므로 그들의 기쁨, 따라서 그들의 감사는 더할 나위 없이 완전하지는 않다. 따라서 만일 단지 간청의 시도로만 그친 친구와 실제 도움을 준 친구 사이에 다른 모든 상황이 동일하다면 가장 고귀하고 훌륭한 심성의 소유자라고 해도 도움을 준 친구에게 조금은 더 애정을 느낄 것이다. 아니, 이러한 측면에서 세상 사람들은 매우 불공정하기 때문에 설령 의도된 혜택이 확보된다고 해도, 만일 그것이 어떤 특정한 은인의 수고만으로 확보된 것이 아니라면, 이 세상에서 가장 훌륭한 의도를 지녔지만 그것을 아주 조금 촉진하는 데 기여했을 뿐인 그에 대해서 사람들은 조금 적은 감사만이 적당한 것으로 생각하는 경향이 있다. 이 경우 그들의 감사는 기쁨에 공헌한 서로 다른 사람들 사이에서 분할되기 때문에 그 각자에게는 한층 더 적은 감사의 몫이 충분한 것으로 보인다.

우리는 사람들이 다음처럼 말하는 것을 흔히 들을 수 있다. 즉 어떤 특정인이 우리에게 봉사하려고 의도한 것은 틀림없으며, 그가 그 목적을 위해 자신의 능력을 최대로 활용하여 노력한 점도 진정으로 믿는다. 그러나 우리는 이러한 혜택 모두에 대해서 그에게 책무를 갖지 않는다. 왜냐하면 다른 모든 사람의 협력이 없었다면 그가 했던 모든 것만으로는 결코 이러한 혜택을 가져올 수 없었기 때문이다. 이처럼 생각한다면 심지어 공정한 관찰자의 눈으로 본다고 해도 그들이 그에게 지고 있는 부채는 줄어든다고 생각하기까지 한다. 은혜를 베풀고자 노력했지만 성공하지 못한 사람은 그러한 노력이 성공했을 경우에 신세를 진 사람이 갖게 되었을 것 같은 수준의 감사를 결코 기대하지 않거나 그 자신이 신세를 진 사람에 대해 갖게 되었을 것 같은 공로에 대한 감각을 결코 갖지 않는다.

3

우연한 사건 때문에 재능과 기량이 방해되어 그 예상되는 효과를 낳지 못하는 경우에 평소 이 효과를 낳는 재능과 기량의 능력에 대해 충분히 확신하고 있는 사람에게조차 그러한 재능과 기량의 공로는 다소 불완전하게 보인다.

조정 대신들의 시기심 어린 방해를 받아서 모국의 적군에게 취할 수 있는 어떤 커다란 우위를 점하지 못한 한 장군은 이후에도 상실한 기회를 못내 아쉬워할 것이다. 그가 아쉬워하는 것은 공익 때문만은 아니다. 그는 다른 사람의 시선뿐만 아니라 자신의 시선으로도 판단해볼 때 자신의 명성에 새로운 영광을 추가할 수 있었던 행위를 방해받아 이행하지 못했던 사실에 대해 아쉬워한다. 그 계획이나 구상이 모두 그에게서 나오는 것이었고 이것을 실행하는 데는 계획을 입안할 때보다 더 큰 능력이 요구되는 것은 아니었다. 또한 그가 모든 측면에서 실행할 수 있는 능력이 있었기에 일을 계속 진행하도록 허용만 되었다면 분명히 성공했을 것이다. 그런데 이렇듯이 회고하는 것만으로는 그 자신뿐만 아니라 다른 사람들도 만족하지 못하는 일이다. 그는 여전히 그 일을 실행하지 않았다. 비록 그가 배포가 크고 위대한 구상을 한 점에 대해서는 응분의 승인을 받아 마땅하지만, 그는 위대한 행위를 수행했다는 실제적인 공로는 여전히 빠져 있는 것이다.

어떤 공공사업을 거의 완결단계까지 수행해온 사람에게 그것의 관리권한을 빼앗아가는 것은 가장 비열한 불의의 행위로 간주된다. 우리는 그가 그처럼 많은 일을 수행했기 때문에 그 사업을 완결지어서 공로를 완전히 인정받아야 한다고 생각한다.

　루쿨루스가 승리를 거둔 시점에 폼페이우스가 들어와서 다른 사람의 행운과 용맹에 응당 주어져야 할 영예를 가로챘다는 이유로 폼페이우스에게 반대하는 의견을 냈던 일화가 있다. 루쿨루스가 그의 행동과 용기만으로도 어느 누구라도 끝낼 수 있을 만큼 수행한 정복을 마무리하지 못했을 때 루쿨루스의 친구들에게까지도 그의 명예가 완전치 못하게 보였던 듯하다.[10]

　어느 건축가의 설계도가 원안대로 전혀 실행되지 않거나 그 건물의 외관을 망쳐놓을 정도로 변경되는 경우에 건축가는 굴욕감을 느낀다. 그러나 그 설계도는 전적으로 그 건축가가 고안한 것이다. 훌륭한 심사위원들에게는 그의 천재성의 전부가 실제로 건축된 경우와 마찬가지로 그 설계도 안에서 완전하게 발견된다. 그러나 설계도는 가장 뛰어난 지성인에게조차 고상하고 웅장한 건물이 주는 정도의 동일한 기쁨을 주지는 못한다. 훌륭한 심사위원들은 건물에 드러난 것만큼 설계도에서도 고상한 취향과 천재성을 발견할 수 있다. 그러나 그것의 효과는 여전히 크게 다르며, 설계를 통해 얻는 즐거움은 건축물에서 때때로 야기되는 경이와 감탄에는 결코 미치지 못한다.

　우리는 많은 사람의 재능이 카이사르와 알렉산더의 재능보다 탁월하므로 그들이 이 영웅들과 동일한 상황에 처했다면 이들보다 훨

---

10) 루쿨루스(Lucius Licinius Lucullus, BC 118경~BC 56경)는 고대 로마 공화정 시대의 장군이며 정치가였다. 기원전 74년부터 66년까지 흑해 소아시아 북동부에 위치한 소국 폰토스의 국왕 미트리다테스(Mithridates)를 진압하기 위해 로마군을 통솔했다. 그는 아르메니아로 패주한 미트리다테스를 괴멸하려 했으나 부하들의 명령거부와 모반시도 등으로 기원전 68년 전투에서 실패했다. 루쿨루스는 기원전 66년에 폼페이우스에게 지휘권을 넘겨주고 로마로 소환되었다. 본문 내용은 플루타르크의 『영웅전』(Lives) 가운데 「루쿨루스」편에 있다.

썬 더 위대한 일을 해냈을 것이라고 생각할 수 있다. 그런데 그들의 실제 업적이 없는 동안에는 우리는 모든 시대와 모든 국가에서 이러한 영웅들을 바라보는 놀라움과 감탄을 가지고 그들을 지켜보지는 않는다. 마음속으로 냉정한 판단을 하면 업적은 없어도 능력이 탁월한 사람들이 더 많은 승인을 얻을 수도 있겠지만, 이들은 마음을 압도하고 기뻐서 어쩔 줄 몰라하는 위대한 행위의 웅대함을 결여하고 있다. 덕목과 재능의 우월성은 그러한 우월성을 수긍하는 사람들에게조차 업적의 우월성과 동일한 정도의 그런 효과를 가져다주지는 못한다.

4

감사할 줄 모르는 사람들의 눈에 선행의 시도가 실패할 경우에 그 시도가 갖는 공로가 그 실패 때문에 경감되어 보이는 것과 마찬가지로 악행의 시도가 실패할 경우에 그 시도의 과오도 경감되는 듯이 보인다. 범죄를 행하려고 하는 계획이 아무리 명료하게 입증된다고 해도 실제의 범행과 동일한 정도의 엄격함을 가지고 처벌된 경우는 지금까지 거의 없다. 반역죄의 경우가 아마 유일한 예외일 것이다.

이러한 범죄는 정부의 존립 자체에 직접적으로 영향을 미치기 때문에 정부는 다른 어떠한 범죄보다도 자연히 이 범죄에 대해 한층 더 세심하게 경계한다. 반역죄를 처벌하는 데에 주권자는 직접적으로 주권자 자신에게 가해진 침해에 대해서 분개심을 갖는다. 다른 범죄를 처벌하는 경우에는 주권자는 다른 사람들에게 가해진 침해에 대해서 분개심을 갖는다.

전자의 경우에 그가 충족시키는 것은 그 자신의 분개심이며, 후자의 경우에 동감에 따라 그가 공감하는 것은 그 백성의 분개심이다. 그러므로 전자의 경우에는 그가 자신을 위해 판결하는 것이기 때문에 형벌을 부과할 때 공정한 관찰자가 승인할 수 있는 것 이상으로 한층 더 격렬하고 포악해지기 쉽다.

반역과 같은 경우에는 주권자의 분개심 역시 훨씬 더 사소한 계기로 일어나며, 다른 경우에서처럼 실제의 범죄행위, 심지어는 이를 위한 시도조차 항상 기다려주지 않는다. 반역적 음모는, 설령 어떠한 실제적 행위가 이루어지지 않았다고 해도, 심지어 그저 시도만 했을 경우에도, 말하자면 반역적 내용의 대화만 있다고 해도, 많은 나라에서는 사실 반역행위가 이루어진 경우와 마찬가지의 방법으로 처벌되고 있다.

다른 모든 범죄에 관해서는 미수에 그친 단순한 계획은 거의 처벌받지 않으며, 설령 처벌된다고 해도 결코 엄하게 처벌받지 않는다. 사실 범죄계획과 범죄행위는 반드시 동일한 정도의 악행을 상정하고 있는 것은 아니며, 따라서 동일한 처벌을 받아서는 안 된다고 볼 수 있다. 범죄의 실행이 결의되고 심지어 이를 위한 방책이 강구되기도 하지만, 막상 그때가 되면 사람들은 실제로 실행할 수 없다고 생각하는 경우가 많다고 할 수 있다. 그러나 이와 같은 판단은 그 계획이 최종적으로 실행된 경우에는 사리에 맞지 않는다.

하지만 자기의 적에게 총을 쏘았지만 빗맞힌 사람은 어느 나라의 법에서도 사형으로 처벌되지는 않는다. 스코틀랜드 구법에 따르면, 비록 암살자가 피해자에게 상처를 입혀도 만일 피해자가 일정한 기간 내에 사망하지 않으면 그 암살자는 극형에 처해지지 않는다.[11] 그러나 암살이란 범죄에 대한 세상 사람들의 분개심이 매우 고조되고 이러한 범죄의 실행능력을 과시하는 사람에 대한 그들의 공포가 매

---

11) 글래스고 판본 편집인에 따르면 스코틀랜드 법에 이러한 취지의 법조항은 존재하지 않는다.

우 크기 때문에 모든 나라에서는 이 범죄를 저지르려는 단순한 시도만으로도 사형에 처하고 있음에 틀림없다.

한층 경미한 범죄를 저지르려는 시도는 거의 항상 매우 가볍게 처벌받거나 때로는 전혀 처벌받지 않는다. 이웃사람의 주머니에서 어떤 물건을 훔치기 전에 그 주머니 안에서 손목이 잡힌 도둑은 단지 불명예를 받는 정도로만 처벌된다. 만일 그가 좀더 시간을 가지고 손수건을 훔쳤다면 그는 사형에 처해졌을 것이다. 이웃집 창문에 사다리를 놓다가 발각되어 그 안으로 들어가지도 못한 가택 침입자에게 사형이 적용되지는 않는다. 여자를 겁탈하려는 시도만으로는 강간죄로 처벌받지는 않는다. 비록 유부녀에 관한 유혹행위 자체는 엄한 처벌을 받을지라도 단지 유혹하려는 시도만으로는 전혀 처벌받지 않는다. 침해를 가하지는 않고 단지 시도만 한 사람에 대해 우리가 느끼는 분개심은 그리 강렬하지 않아서 실제 침해 시에 응분의 몫으로 생각되는 정도의 동일한 처벌을 그에게 가하는 경우는 드물다.

범죄 미수의 경우에는 우리가 범죄에서 구출되었다는 기쁨이 그 행동이 지닌 잔혹성에 대한 우리의 감각을 완화시키고, 범죄 실행의 경우에는 우리가 침해당한 불행이 주는 슬픔이 그러한 감각을 강화시킨다. 그러나 그의 의도 자체는 이 두 경우에 마찬가지로 형사상 범죄와 관련되기 때문에, 그의 진정한 과오는 두 경우 모두 의심할 여지없이 동일하다.

그러므로 이 같은 측면에서 모든 세상 사람의 감정 속에는 불규칙성이 존재한다. 내가 생각하기에 이러한 감정의 불규칙성이 작용하여 가장 야만적인 나라뿐만 아니라 가장 문명화된 나라의 법에도 결과적으로 징벌의 완화가 존재한다. 문명화된 민족에게는 인간애가 작용함으로써 사람들은 범죄의 결과가 자연적인 분개심을 자극하지 않는다면 어느 경우든지 처벌을 면제하거나 경감시키려고 한다. 다른 한편, 야만민족은 어떤 행위든 아무런 실제 결과가 발생하지 않은 경우에는 그 행위의 동기에 관해서는 아주 민감하지도 호기심을 갖지도 않는 경향을 보인다.

5

열정 때문이거나 나쁜 친구들의 영향 때문에 어떤 범죄를 결의하고 그것을 실행하기 위한 방책까지 강구했음에도 다행히 불가항력적인 우연한 사건의 방해를 받아 실행하지 못했던 사람은, 만일 일말의 양심을 갖는다면, 분명히 이 사건을 평생 동안 위대하고 상징적인 구원으로 간주할 것이다. 그는 이 사건을 생각할 때마다 자비롭게도 그가 막 뛰어들려고 했던 범죄로부터 그를 구원하고 자신의 여생이 공포, 회한, 참회의 장이 되지 않도록 저지해준 신에게 감사를 되돌려드릴 수밖에 없다.

그러나 비록 그의 손은 결백하다고 해도, 그의 마음은 그토록 철저히 결의한 행위를 실행한 경우와 마찬가지로 똑같이 유죄라는 점을 인식하고 있다. 하지만, 비록 그 범행의 미수가 자신의 미덕에서 비롯된 것이 아님을 알고 있지만, 그 범죄가 실행되지 않았다는 생각은 그의 양심에 큰 평온을 준다. 그는 여전히 자신이 응분의 처벌과 분개심을 한층 덜 받을 만하다고 생각한다. 그리고 이런 행운은 모든 죄의식을 경감시키거나 완전히 제거시킨다.

그의 범죄 결의가 얼마나 확고했나를 상기하는 것은 그로 하여금 그 범죄가 미수에 그친 것을 한층 더 위대하고 기적과 같은 사건으로 간주하게 할 뿐 이 밖의 다른 어떤 효과도 갖지 못한다. 왜냐하면 그는 여전히 자신이 그 범죄행위를 모면했다고 상상하면서, 마치 지금은 안전한 상태에 있는 사람이 때때로 과거 벼랑 아래로 떨어질 뻔한 위험을 떠올리고는 그 생각에 전율하는 것처럼, 그와 같은 공포심을 가지고 마음의 평화를 어지럽게 하는 그 위험을 회상하고 있기 때문이다.

6

II. 세상 사람들의 감정에 대한 운명의 영향이 갖는 두 번째의 효과는 어떤 행위들이 우연히 이례적인 쾌락이나 고통을 야기하는 경우에 그 행위들이 비롯된 동기나 성정에 상응하는 수준 이상으로 행위의 공로와 과오에 관한 우리의 감각을 증대시키는 것이다. 비록 행위자의 의도 속에 칭찬이나 비난을 받을 만한 요소가 전혀 없거나 적어도 우리가 부여하고 싶어 하는 정도로는 그런 요소가 없음에도 그 행위가 초래하는 유쾌하거나 불쾌한 결과들은 그에게 공로와 과오의 그림자를 만들어낸다. 그러므로 심지어 나쁜 소식의 전달자조차 우리에게 불유쾌하게 보이고, 반대로 우리에게 좋은 소식을 가져다주는 사람에 대해서는 일종의 감사를 느낀다.

우리는 어느 한순간 그 사람들을 행운을 가져온 장본인이나 악운을 가져온 장본인으로 간주하고, 그들이 단지 설명하려고 하는 사건들을 마치 어느 정도는 그들이 실제로 만들어낸 것으로 생각한다. 우리에게 기쁨을 전해준 최초의 장본인은 당연히 우리의 일시적인 감사의 대상이 된다. 우리는 그를 친밀함과 애정으로 포용하고 행운을 느끼고 있는 순간 동안에는 그가 제공한 통신 임무에 대해 기꺼이 보상하고자 한다.

모든 궁정의 관습에 따르면 승전보를 가져온 장교는 상당한 승진의 혜택을 누릴 자격을 부여받는다. 따라서 장군은 항상 그의 총애하는 부하 가운데 하나를 지명하여 그와 같은 유쾌한 임무를 수행하러 가게 한다. 반대로 우리에게 슬픔을 전해준 최초의 장본인은 마찬가지로 당연히 일시적인 분개심의 대상이 된다. 우리는 그를 거의 유감스러움과 불쾌감을 가지고 바라보지 않을 수 없다. 무례하고 잔인한 사람들은 그가 전한 정보로 야기된 울분을 그에게 발산하는 경향이 있다.

아르메니아의 왕인 티그라네스는 위협적인 적군의 접근을 자신에게 처음으로 알려준 사람의 목을 베어버렸다.[12] 이와 같은 식으로 나쁜 소식을 전한 장본인을 처벌하는 것은 야만적이고 비인간적인 것으로 보인다. 그러나 좋은 소식의 전달자에게 보상하는 것은 우리에게 불유쾌하지 않다. 우리는 좋은 소식의 전달자가 왕의 하사금을 받아도 어울린다고 생각한다.

그런데 전자에 어떠한 과오도 없고 후자에 어떠한 공로도 없다면 우리는 왜 이처럼 차별적으로 생각하는가? 그것은 사회적이고 자혜적인 정서의 표출을 정당한 것으로 인정하는 데는 어떠한 식의 이유가 제시되더라도 충분하지만, 비사회적이고 악의적인 정서의 표출에 공감하려면 가장 확실하고 실질적인 이유가 요구되기 때문이다.

7

그런데 일반적으로 우리는 비사회적이고 악의적인 감정에 공감하는 것을 몹시 싫어하고 이런 감정의 만족을 결코 승인해서는 안 된다는 것을 원칙으로 세워놓고 있다. 하지만 이러한 감정의 대상이 되는 사람이 가진 악의적이고 부당한 의도 때문에 그가 그 감정의 적절한 대상으로 판단되지 않는 한, 때로는 우리는 이 같은 엄격성을 누그러뜨린다.

어떤 사람이 과실로 다른 사람에게 의도하지 않은 손해를 야기했

---

12) 플루타르크의 『영웅전』 가운데 소개되는 내용으로서, 여기서 '위협적인 적군'은 폰토스 국왕인 미트리다테스를 추격했던 로마의 루쿨루스를 가리킨다.

을 때 우리는 일반적으로 피해자의 분개심에 공감하고, 그처럼 불운한 결과가 이로부터 일어나지 않았을 경우에 그 침해행위가 응당 치러야 하는 징벌 수준 이상으로 가해자를 처벌할 것을 승인한다.

8

비록 아무에게도 침해를 끼치지는 않더라도 어떤 징벌을 마땅히 받아야 할 것 같은 과실의 정도가 있다. 예컨대 만일 어떤 사람이 지나가는 행인에게 아무런 경고도 없이 그리고 어디에 떨어질 것인지 조금도 생각해보지 않은 채, 성벽 위에서 큰 돌을 공공도로를 향해 던진다면 그가 어떤 처벌을 받아 마땅하다는 점에는 의심할 여지가 없다. 매우 정확하게 단속하고 있는 공안경찰이라면 비록 어떤 해악이 야기되지는 않았더라도 그처럼 도리에 맞지 않는 행위를 처벌할 것이다.

그와 같은 악행을 저지른 사람은 다른 사람들의 행복과 안전에 대해 무례할 정도의 경멸적인 태도를 보인다. 그의 행동에는 실질적인 불의가 있다. 그는 부당하게도 자기 이웃들을 온전한 정신의 소유자라면 결코 스스로에게 노출하려 하지 않는 위험한 상황으로 내몬 것이다. 그는 정의와 사회생활의 기초, 즉 그의 세상 동료들이 당연히 누려야 하는 응분의 몫에 대한 감각이 없음이 분명하다. 그러므로 법률상 중과실은 악의적인 고의와 거의 동등하다고 한다.[13]

어떠한 불운한 결과가 그러한 주의부족으로 우연히 발생할 때 그 행위에 책임이 있는 사람은 마치 그가 실제로 의도를 가지고 그러한

---

13) 원주: Lata culpa prope dolum est(중과실은 사기와 다름없다). [글래스고 판본 편집인에 따르면 대륙법 계통의 민법체계는 정확히 이런 라틴어와 일치하는 법조항을 포함하지는 않는다. 단지 동일한 의미를 지닌 'Lata culpa plane dolo comparabitur' 내지는 'Magna culpa dolus est'는 존재한다.]

결과를 초래한 것처럼 처벌되는 경우가 흔하다. 경솔하고 무례한 행위에 불과하며 약간의 징벌로도 족한 그의 행위가 잔인하고 가장 엄격한 처벌을 받아야 하는 것으로 간주된다.

따라서 만일 어떤 사람이 앞서 거론한 바와 같은 경솔한 행위로 우연히 다른 사람을 살해한다면, 많은 나라의 법률에 따르면, 특히 스코틀랜드의 구법에 따르면, 그는 극형을 면할 수 없다. 비록 이와 같은 처벌은 지나치게 가혹한 것이 분명하지만, 그것이 우리의 자연적인 감정과 전적으로 불일치하는 것은 아니다. 그의 행동의 어리석음과 비인간성에 대해 우리가 갖는 정당한 분노는 불운한 피해자에 대한 동감에 의해 격화된다.

그러나 아무에게도 침해를 주지 않았음에도 부주의하게 돌을 거리로 던졌다는 이유만으로 어떤 사람을 교수대로 보내는 것만큼 우리의 자연적인 형평성의 감각에 충격을 주는 일은 없어 보인다. 그러나 이 경우에 그의 행동의 어리석음과 비인간성은 앞의 경우와 동일하다. 하지만 우리의 감정은 여전히 다르다.

이러한 차이점을 고려해보면, 우리는 사람들의 분노, 심지어 관찰자의 분노조차도 그 행위의 실제 결과에 따라 얼마나 크게 영향을 받아 쉽게 고무되는가를 알게 된다. 기억이 틀리지 않다면, 거의 모든 나라의 법률에서 이 같은 유형의 사건들은 상당히 엄격하게 처벌된다. 이는 앞서 언급한 바와 같이 위와 정반대의 사건들의 경우에 처벌의 완화가 매우 일반화되어 있는 것과 마찬가지다.

9

행위 가운데 어떠한 불의도 내포하지 않은 다른 정도의 과실이 있다. 이러한 과실을 저지른 사람은 자기 자신을 대우하는 것처럼 그의 이웃을 대우하고, 다른 사람에게 어떠한 침해를 줄 속셈도 없으며,

다른 사람들의 안전과 행복을 위해 어떠한 오만한 경멸심도 품지 않는다. 그러나 그는 당연히 유의했어야만 했지만 그의 행동에서 그 정도로 주의와 신중을 기하지 않았으며, 이 때문에 어느 정도의 비난과 책망을 받을 수는 있어도 어떤 식으로든 처벌받아 마땅한 정도는 전혀 아니다.

그러나 만일 어떤 사람이 이러한 유형의 과실로 다른 사람에게 손해를 입혔다면,[14] 내가 보기에는, 그는 모든 나라의 법률에 의해서도 그 손해를 배상할 의무를 지게 될 것이다. 비록 이것이 실질적인 처벌이고, 그의 행동이 초래한 불운한 사고가 없었다면 그를 처벌하는 것을 어느 누구도 생각지 못했을지라도, 이러한 법률의 결정은 모든 세상 사람의 자연적인 감정에 의해 승인을 받는다.

우리는 다른 사람의 부주의 때문에 어느 누구도 피해를 입어서는 안 되며, 비난받을 만한 과실로 야기된 손해는 그 과실에 대해 책임이 있는 사람이 배상해야 한다는 원칙보다 더 정당한 것은 있을 수 없다고 생각한다.

10

우리가 수행하는 행위의 모든 가능한 결과에 대해 최고도로 주의 깊은 세심함과 신중함이 부족한 경우에 존재하는 또 다른 유형의 과실이 있다.[15] 이처럼 매우 공들인 주의의 부족은 이로부터 좋지 않은 결과가 발생하지 않을 때에는 비난받을 만한 행동으로 그리 간주되지 않고 그 반대의 속성(과도한 주의)이 오히려 비난받을 만한 것으로 생각된다.

---

14) 원주: Culpa levis(경과실).
15) 원주: Culpa levissima(아주 근소한 과실).

모든 일에 근심하는 소심한 신중함은 결코 미덕이 아니라 다른 어떠한 자질보다도 행동과 사업을 할 수 있는 능력을 빼앗아가는 속성으로 간주된다. 그러나 어떤 사람이 이와 같은 과도한 주의가 부족하여 다른 사람에게 우연히 손해를 끼친 경우에는 그는 종종 법률에 따라 그 손해를 배상해야 한다.

예컨대 아퀼리우스 법에 따르면 갑자기 겁에 질려 날뛰는 말을 통제하지 못하여 우연히 이웃집 노예를 말로 짓밟게 된 사람은 그 손해를 배상해야만 했다.[16] 이와 같은 유형의 사고가 발생했을 때 우리는 그가 그 말을 타지 말았어야 하거나 그와 같은 승마 시도를 용서받지 못할 경솔한 행위로 간주하기 쉽다. 그런데 이와 같은 사고가 발생하지 않았다면 우리는 이와 같은 생각을 하지도 않거니와 그 같은 승마 회피 행위를 소심하고 나약한 자질 때문에, 도저히 어느 누구도 알 수 없고 순전히 어떤 가능성만이 존재하는 사건에 대한 근심의 결과라고 판단했을 것이다.

이와 같은 유형의 사고로 본의 아니게 다른 사람에게 상해를 입힌 사람 자신도 피해자에 대해 어떤 과오에 대한 감각을 가지는 듯하다. 그는 당연히 그 피해자에게 달려가서 우연히 발생한 사고에 대한 우려를 표시하고 자신이 할 수 있는 모든 인정을 한다. 만일 그가 지각 있는 사람이라면 그것에 대한 손해를 배상하고 피해자의 마음에서 솟구칠 것 같은 동물적 분개심을 가라앉히기 위해 가능한 모든 것을

---

16) 유스티니아누스 법전인 『로마법대전』 가운데 「법학제요」(Institutes)에 기술되어 있는 내용이다. 「법학제요」, 「학설휘찬」, 「칙법휘찬」, 「신칙법」으로 구성된 『로마법대전』이 출현하게 된 배경에는 고전주의 법학자들이 활약하던 기원전 1세기와 서기 3세기 중반에 걸쳐 로마법이 상당히 복잡해진 점에 있다. 동로마 제국의 황제 유스티니아누스(482~565)는 다양한 문서를 체계적이고 포괄적인 법전 편찬으로 축소할 것을 명령했고, 534년에 유스티니아누스 법전으로 재정비되었다.

이행하기를 반드시 희망한다. 어떠한 사죄도 하지 않고 어떠한 배상도 하지 않는 것은 가장 야만적인 행위로 간주된다.

그러나 왜 그가 다른 사람들과 비교해 더 크게 사죄를 해야 하는가? 그는 다른 모든 목격자와 마찬가지로 동기의 측면에서 동일하게 결백한데도 왜 세상 사람들 가운데 그만이 선택되어 다른 사람의 불운에 대해 배상해야 하는가? 이러한 경우에 다른 사람(피해자)의 부당한 분개심으로 간주될 수도 있는 것에 대해 공정한 관찰자조차 어떠한 공감도 느끼지 못했다면 이와 같은 과업은 결코 그에게 부과되지 않았을 것이다.

제3장 감정의 불규칙성이 의도하는 목적인

1

이상과 같은 내용이 행위에 대한 유익하거나 유해한 결과가 그 행위를 한 사람과 다른 사람들의 감정에 미치는 영향이다. 따라서 세상을 지배하는 운명의 여신은 우리가 그녀의 어떠한 영향도 거의 허용하고 싶지 않은 영역에서 일부 영향력을 행사하고, 자기 자신과 타인들의 성격과 행위에 대한 세상 사람들의 감정을 어느 정도 안내해준다.

세상은 결과로 판단하고 의도로는 판단하지 않는다는 사실이 모든 시대에 걸쳐 불만의 대상이었고 미덕을 가로막는 거대한 낙담의 원인이었다. 모든 사람은 결과가 행위자에 의존하지 않기 때문에 그가 수행한 행위의 공로와 적정성에 대한 우리의 감정에 어떠한 영향도 미쳐서는 안 된다는 일반적인 격언에 동의한다.

그러나 구체적인 사안을 검토하게 되면 어느 사례에서도 우리의 감정이 이러한 정당한 격언이 지시하는 것과 정확하게 부합하는 경우가 거의 없다는 점을 알게 된다. 어떤 행위가 가져온 행복하거나 소망스럽지 않은 결말은 우리에게 그 행위를 수행하는 신중함에 대한 호의적이거나 악의적인 견해를 제시하도록 하는 경향이 있을 뿐만 아니라, 마찬가지로 거의 항상 우리의 감사나 분개심, 그 의도의 공과에 관한 우리의 감각에 영향을 미친다.

2

그러나 자연이 인간의 마음에 이와 같은 불규칙성의 씨앗을 심었을 때 다른 모든 경우와 마찬가지로 세상 사람들의 행복과 완성을 의도한 것으로 보인다. 만일 의도의 유해성 또는 성정의 악의가 우리의 분개심을 야기하는 유일한 원인이라면, 비록 행위가 발생한 것은 아니더라도, 마음속에서 그와 같은 의도나 성정이 자리 잡고 있다고 우리가 의심하거나 믿게 되는 사람들에 대해 격렬한 분개심을 느끼는 것이 당연하다. 그러므로 감정, 사고, 의도도 처벌의 대상이 된다.

또한 만일 세상 사람들의 분노가 행위에 대해서처럼 이것들에 대해서도 격렬해진다면, 그리고 어떤 행위도 초래하지 않은 사고의 야비함이 행위의 야비함과 마찬가지의 강력한 복수를 요청하는 것으로 세상의 눈에 비친다면 모든 법원은 실질적으로 공식 문초기구가 될 것이다. 가장 결백하고 신중한 행동에 대해서도 결코 안전이 보장되지는 못한다. 사악한 소망, 부도덕한 견해, 부정한 의도가 있는지 없는지에 대해서도 꾸준히 의심받을 것이다.

그리고 이것들이 나쁜 행위와 동일한 정도의 분노를 자아내고, 나쁜 의도가 나쁜 행위 못지않게 원한의 대상이 된다면, 이것들은 마찬가지로 그 당사자를 처벌과 분개심의 대상이 되게 한다. 그러므로 실제적인 해악을 수반하거나 이를 시도하여 우리를 즉각적인 공포 속에 몰아넣는 행위만이 자연의 창조주에 의해 유일하게 처벌과 분개심의 적절하고 승인된 대상이 된 것이다.

비록 냉철한 이성에 따라서 인간 행위의 모든 공과가 감정, 의도, 성정으로부터 도출되기는 하지만, 이것들은 마음의 위대한 재판관에 의해 인간 세계의 사법권이 미치는 범위 밖에 놓여 있으며 자기 자신의 엄정한 법정의 관할 대상으로만 유보되어 있다. 따라서 사람들은 현세에서 계획과 의도가 아니라 행위에 근거해서만 처벌의 대상이 된다고 하는 정의의 불가결한 원칙은 언뜻 보기에 매우 불합리하고 설명할 수 없어 보이는 공과에 대한 이 같은 훌륭하고 유용한 감정의 불규칙성에 기초하고 있다.

주의 깊게 관찰해보면, 자연의 모든 부분은 마찬가지로 창조주의 섭리에 따른 배려를 입증하고 있으며, 우리는 인간의 나약함과 어리석음에서조차 신의 지혜와 선의에 감탄하게 된다.

3

선행의 시도가 실패한 경우 그 시도가 갖는 공로가 불완전해 보이고, 단순한 호의 및 친절한 소망의 공로는 한층 더 불완전하게 보이도록 만드는 감정의 불규칙성이 전적으로 효용성이 없는 것은 아니다. 인간은 행동하도록 창조되었고, 자신의 재능을 발휘하여 모든 사람의 행복에 가장 유리한 방향으로 자신과 타인이 속한 외부 환경의 변화를 도모하도록 만들어졌다. 하지만 사람은 말뿐인 박애에 만족해서도 안 되고, 세상의 번영을 마음속으로 바라는 것만으로 자신을 세상 사람들의 친구라고 상상해서도 안 된다.

자연이 우리에게 가르침을 준 바는, 인간은 그 자신의 생존이 촉진하고자 하는 목적들을 달성하기 위해 모든 정신력을 불러모으고 모든 신경을 최대한 작동시켜야 할 것이며, 실제로 그 목적들을 달성하

지 못했다면 자신뿐 아니라 세상 사람들도 그의 행동에 결코 만족할
수 없고 그 행동에 전적인 갈채를 보낼 수 없다는 점이다. 사람은 선
행의 공로가 동반되지 않는 선량한 의도에 대한 칭찬만으로 세상의
가장 요란한 환호나 최고의 자기 예찬마저도 불러일으키는 것이 결
코 가능하지 않다는 점을 알게 된다.

중요한 행동이라고는 어느 하나도 실행하지 않으면서 가장 정의
롭고 고상하며 관대한 감정 표현으로 말과 처신을 하는 사람은, 설령
그의 무익함이 봉사할 기회를 놓쳐서 빚어졌다고 해도, 매우 큰 보상
을 요구할 자격이 없다. 우리는 어떤 비난도 받지 않고 그에게 보상
하기를 거부할 수 있다. 우리는 여전히 그에게 그대가 수행해온 일이
무엇인가에 대해 질문할 수 있다. 그대가 그토록 큰 보답을 받을 자
격이 되도록 어떤 실제적 봉사를 수행할 수 있는가? 우리는 그대를
존경하고 사랑하지만, 그대에게 전혀 신세진 일이 없다. 단지 봉사의
기회가 부족해서 쓸모없게 된 그 잠재적인 미덕을 보상하고, 비록 어
느 정도 자격이 될지는 몰라도 적정성을 가지고는 결코 주장할 수 없
는 명예의 지위를 그 미덕에 부여하는 것은 가장 종교적인 인애심의
소산일 것이다.

이와는 반대로 어떤 범행이 일어나지 않을 때에도 마음속의 성정
만을 이유로 처벌하는 것은 가장 무례하고 야만적인 폭정이다. 자혜
적인 성정은 가능하면 빠르게 발휘되어 범죄의 가능성을 사전에 거
의 차단하게 될 때 가장 칭찬받을 만한 것으로 보인다. 반대로 악의
적인 성정들은 지나칠 정도로 마지못해 대응하거나 느리게 또한 심
사숙고할수록 적절하다.

4

전혀 의도하지 않은 채 행해진 해악은 피해자뿐만 아니라 가해자

에게도 불운으로 간주되어야 한다는 사실은 상당히 중요하다. 그렇기 때문에 사람은 자기 동포의 행복을 존중하고, 무지한 상태에서조차 침해행위를 하지 않도록 염려하며, 자신이 전혀 의도하지 않았지만 동포가 겪은 재난의 불행한 도구가 될 때 그에게 폭발할 것 같은 동물적 분개심을 두려워하도록 가르침을 얻는다.

고대 이교도 종교에서는 어떤 신에게 봉헌된 성지는 종교의식과 필요한 경우를 제외하고는 통행이 금지되었고, 이에 대해 무지한 채 그것을 위반한 사람조차도 그 순간부터 속죄를 해야 했으며, 적절한 속죄가 이루어질 때까지 그 성지가 봉헌된 신, 그 강력하고 보이지 않는 존재의 보복을 받았다.[17)]

이와 마찬가지로 자연의 지혜에 의해 모든 무고한 사람들의 행복은 신성한 것으로 간주되어 봉헌되고 다른 모든 사람의 접근에 대비하여 준칙으로 보호받고 있으며, 의도되지 않은 침해의 크기에 비례하는 어떤 속죄행위와 보상 없이는 주제넘게 침범되거나 심지어는 무지하거나 무심결이라도 전혀 침해될 수 없도록 설정되었다.

인간애를 지닌 어떤 사람이 우연히 그리고 최소한도로 비난받을 만한 과실 없이 타인의 죽음의 원인이 됐을 때 그는 형사상 유죄는 아닐지라도 속죄의 당위성은 느끼게 된다. 그는 평생 동안 이 사고를 자신에게 떨어진 가장 큰 불운 가운데 하나로 생각한다. 만약 피살자의 가족은 빈곤하지만 자신은 그리 나쁘지 않은 환경이라면, 그는 바로 피살자의 가족을 자신의 보호 아래 받아들인 후 어떤 다른 공로가

---

17) 기독교 공인 이전에 고대 로마는 광범한 대제국의 수호와 방위의 목적으로 다신교를 존중하는 문화였다. 따라서 고대 로마인들은 그 신들을 숭배하고 제단과 무덤이 있는 장소를 매우 신성하게 여겼다. 또한 종교법에 따라 성역에 거주민들의 통행과 정착을 금지하고 그것의 위반사항에 대해서는 속죄와 보상을 요구했다.

없어도 그들이 그의 모든 호의와 친절을 받을 수 있는 자격이 있다고 생각한다.

만일 그들이 자신보다 더 좋은 환경이라면, 그는 순종함으로써, 유감을 표시함으로써, 그가 생각해낼 수 있거나 그들이 수용하는 선행을 제공함으로써 그 우연한 사고에 대해 속죄하고, 그 같은 본의 아닌 중대한 과오에 대해 그들이 느끼고 있는, 가장 부당함에 틀림없지만 자연스러운 분개심을 달래기 위해 최대한 노력한다.

5

만일 사전에 인지하거나 고의로 행해졌다면 당연히 가장 강력한 비난을 받게 되는 어떤 행위를 우연한 사고로 저지르게 된 어떤 결백한 사람이 느끼는 고통은 고대와 현대 연극 모두에서 가장 훌륭하고 흥미로운 일부 장면들을 구성하는 계기가 되고 있다. 표현해보자면, 이처럼 불합리한 죄의식이 그리스 연극 오이디푸스와 이오카스테, 영국 연극의 모니미아와 이사벨라가 느끼는 모든 고통의 전부를 구성하고 있다.[18] 그들 가운데 어느 누구도 일말의 형사상 유죄는 아니지만, 그들 모두는 최고도로 속죄해야 할 처지다.

18) 오이디푸스(Oedipus), 이오카스테(Jocasta), 모니미아(Monimia), 이사벨라(Isabella) 등 네 명의 인물은 모두 자신도 모르게 신성한 결혼의 원칙을 어겼다. 오이디푸스와 그의 어머니 이오카스테는 소포클레스의 『오이디푸스 왕』(Oedipus Rex)에 등장하여, 그들의 혈연관계를 모른 채 근친결혼을 한다. 오트웨이의 『고아』(The Orphan)에 등장하는 모니미아는 남편의 쌍둥이 동생을 남편이라고 오판해서 잠자리로 받아들인다. 서전(Thomas Southerne)의 비극 『치명적 결혼 혹은 결백한 간통』(The Fatal Marriage, or The Innocent Adultery, 1694)에 등장하는 이사벨라는 그녀의 남편이 죽었다고 오해해서 다른 사람과 다시 결혼한다.

6

그러나 이처럼 외관상으로 나타나는 감정의 불규칙성에도 불구하고, 어떤 사람이 불운하게도 그가 의도하지 않은 해악을 야기하거나 그가 의도한 선행을 낳지 못한 경우에 자연은 그의 결백함을 아무런 위로도 없이 그대로 방치하거나 그의 미덕을 아무런 보상도 없이 그대로 두지 않았다. 그러한 사람은 정당하고 공정한 격언, 즉 우리의 행위에 의존하지 않은 사건들이 우리가 응당 받아야 할 호의적 판단을 손상시켜서는 안 된다는 권고에 도움을 청한다.

그는 자신이 지닌 마음의 넓은 도량과 견고함 전부를 다 일깨우고, 현재 보이는 관점에서가 아니라 그의 관대한 계획들이 성공적으로 유종의 미를 거두었다면 그가 당연히 보이게 될 관점, 그리고 계획의 우연한 실패에도 불구하고 세상 사람들의 감정이 솔직하고 공정하거나 더구나 완전한 일관성이 있다면 그가 보이게 될 관점에서 자신을 들여다보려고 노력한다.

세상 사람들 가운데 좀더 솔직하고 인간애를 지닌 사람들은 그가 자신의 견고한 소신을 지지하기 위해서 기울이는 노력에 전적으로 공감한다. 그들은 스스로 이 같은 인간 본성의 불규칙성을 교정하기 위해서 그들 자신의 마음의 관대함과 위대함 전부를 발휘하여, 그의 계획이 성공했다면 그들이 그러한 관대한 노고 없이 자연스럽게 취하게 되는 시각과 동일한 관점에서 그의 불운한 큰 도량을 바라보려고 노력한다.

제3부
우리 자신의 감정과 행위에 관한 판단의 기초 및 의무감

"자기애의 가장 강력한 충동에 대항력으로 작용할 수 있는 것은
인간애라는 온화한 힘도 아니고,
자연이 인간의 마음속에 점화한 박애심이라는
연약한 불꽃도 아니다. 그런 경우에 작용하는 것은
더욱더 강력한 힘이고 더욱더 설득력 있는 동기다.
그것은 이성, 원칙, 양심, 마음속의 거주자,
내면의 인간, 우리의 행위의 위대한 재판관 및 중재인이다."

제1장 자기승인 및 자기부인의 원리

1

이 책의 제1부와 제2부에서 나는 다른 사람들의 감정과 행위에 관한 우리의 판단의 기원과 기초에 대해서 주로 고찰했다. 이제 나는 우리 자신의 감정과 행위에 관한 우리의 판단의 기원과 기초에 대해서 한층 더 상세하게 고찰하고자 한다.

2

우리가 우리 자신의 행위를 본래 승인하거나 부인할 때에 활용하는 원리는 우리가 다른 사람들의 행위에 관해서 동일한 판단을 실행할 때에 활용하는 원리와 전적으로 동일한 것으로 보인다. 우리가 타인의 사정을 우리의 상황처럼 진지하게 고려한 경우에 그의 행위에 영향을 준 감정과 동기에 대해서 전적으로 동감할 수 있는지 동감할 수 없는지에 따라서 우리는 그의 행위를 승인하거나 부인하게 된다.

그리고 이와 마찬가지로 우리가 스스로를 타인의 상황에 두고, 말하자면 그의 눈과 위치로부터 이를 지켜볼 때 우리의 행위에 영향을 준 감정과 동기에 대해서 전적으로 동조하거나 동감할 수 있는지 동감할 수 없는지에 따라서 우리는 우리 자신의 행위를 승인하거나 부인하게 된다. 말하자면 우리가 우리 자신의 자연스러운 위치에서 벗어나 우리와는 일정한 거리를 두고 자신의 감정과 동기를 바라보려고 노력하지 않는다면, 우리는 우리의 감정과 동기를 결코 조사할 수 없으며 이것들에 대해 어떠한 판단도 할 수 없다.

그러나 다른 사람의 시각으로 보든지 다른 사람들이 바라볼 것 같은 방식으로 이것들을 보려고 노력하는 것 이외에는 우리가 이를 수행할 수 있는 다른 방법은 없다. 따라서 우리가 우리 자신의 감정과 동기에 대해서 어떠한 판단을 내리든 그것은 항상 다른 사람의 판단은 어떠하고, 특정한 조건하에서는 어떠할 것이며, 우리가 생각하기에는 당연히 어떠해야만 하는가라는 견해와 늘 어느 정도 알게 모르게 관련되어 있음에 틀림없다.

우리는 모든 공정하고 불편부당한 관찰자가 우리 자신의 행위를 검토하고자 하는 방식대로 자신의 행위를 검토하려고 노력한다. 만일 우리 스스로를 공정한 관찰자의 상황에 위치하고 우리의 행위에 영향을 준 모든 열정과 동기에 완전히 공감한다면, 우리는 이 가상의 공정한 재판관의 승인에 동감함으로써 우리의 행위를 승인하게 된다. 만일 그렇지 않다면 우리는 이 공정한 재판관의 부인에 공감해 우리의 행위를 비난하게 된다.

3

만일 어떤 사람이 어느 고립된 곳에서 자신의 종족과 전혀 소통 없이 성장하여 성인이 되는 것이 가능하다면, 그는 자신의 얼굴이 지닌 아름다움이나 추함에 대해서와 마찬가지로, 자신의 성격에 대해서도, 자신의 감정과 행위의 적정성이나 공로에 대해서도, 자신의 마음이 보여주는 아름다움과 추함에 대해서도 도저히 생각할 수 없을 것이다.

이상과 같은 모든 것은 그가 쉽게 볼 수도 없고 당연히 보지도 못한 대상물이며, 그가 바라볼 수 있도록 비출 수 있는 거울도 전혀 제공받지 못한 그러한 대상물이다. 그를 사회로 데려오면, 그는 이전에 원하던 거울을 즉시 제공받게 된다.[1] 그 거울은 그가 함께 살아가는 사람들의 안색과 행동 가운데 나타나면서, 이들이 그의 감정에 언제 동감하고 언제 비난하는가를 항상 표시해준다.

여기에서 그는 처음으로 자신의 열정이 가진 적정성과 부적정성, 자신의 마음이 보여주는 아름다움과 추함을 바라보게 된다. 태어날 때부터 사회에 대해 전혀 생소했던 그에게는 그의 열정의 대상물, 즉 그에게 즐거움이나 고통을 주는 외부세계가 그의 모든 관심을 차지하게 된다.

고립 가운데 지낸 시기에는 그 같은 대상물이 자극했던 열정들 그 자체, 욕구와 혐오, 환희와 비애는 비록 모든 사물 가운데서 가장 직접적으로 그의 마음에 떠오르는 것이었지만 그의 숙고의 대상물이 된 적은 거의 없었다. 그 대상물에 대한 관념은 그의 세심한 숙고를 요구할 만큼 그에게 큰 흥미를 주는 사안이 결코 될 수 없었다. 비록 그가 환희와 비애의 원인들에 대해서 숙고하는 것이 새로운 환희와 비애를 종종 야기할 수도 있겠지만, 그 자신이 느끼는 환희에 대한 숙고는 그에게 어떠한 새로운 환희를 야기한 적이 없었고 그 자신이 느끼는 비애에 대한 숙고도 어떠한 새로운 비애를 야기한 적이 없었다.

---

1) 흄의 『인성론』 제2권 2편 5부에서 아름다움에 관한 동감이 논의되는 가운데 "사람의 마음은 서로에 대한 거울"이라는 표현이 나온다.

그런데 그를 사회로 데려오면, 그가 느끼는 모든 열정은 즉시 새로운 열정의 원인이 된다. 세상 사람들이 그것들 가운데 일부는 승인하고 또 다른 것 때문에 혐오감을 느낀다는 것을 그는 목격할 것이다. 그는 전자의 경우에는 쾌활해지고, 후자의 경우에는 의기소침해진다. 그의 욕구와 혐오, 환희와 비애는 이제 종종 새로운 욕구와 혐오, 새로운 환희와 비애의 원인이 될 것이다. 따라서 이제 그러한 감정들은 그에게 깊은 관심과 종종 가장 세심한 숙고를 요구하는 대상이 된다.

4

개인적인 아름다움과 추함에 관한 최초의 관념은 우리 자신의 외형과 용모에서 비롯되는 것이 아니라 다른 사람의 외형과 용모에서 유래한다. 그러나 우리는 곧 다른 사람들이 우리에 관해서 동일한 비평을 하는 것을 알게 된다. 우리는 그들이 우리의 용모를 승인할 때에는 기쁨을 느끼게 되고, 그들이 혐오하는 것처럼 보일 때에는 기분이 상하게 된다. 우리는 우리의 용모가 어느 정도 그들의 비난과 승인을 받을 가치가 있는가에 대해 꽤 노심초사한다. 우리는 신체를 구석구석 자세히 관찰하거나 거울에 비추어 보거나 그와 같은 어떠한 적절한 방법으로 가능한 한 일정한 거리를 두고 다른 사람들의 시선으로 우리 자신을 바라보려고 노력한다.

만일 이렇듯이 관찰한 후에 우리가 자신의 용모에 만족한다면 우리는 다른 사람들이 보이는 가장 호의적이지 못한 판단도 한층 더 쉽사리 감내할 수 있다. 반대로 만일 우리가 혐오의 자연스러운 대상임을 알게 된다면, 다른 사람들이 비난하는 모든 경우마다 우리는 더할 나위 없이 굴욕감을 느끼게 된다. 꽤 멋진 사람은 자신의 신체에 존재하는 다소 이상한 부분을 여러분이 비웃어도 용인하지만, 실제로 불구인 사람에게 던지는 그러한 농담은 통상적으로 감내할 수 없는 것이 된다.

그런데 단지 우리 자신의 아름다움과 추함이 다른 사람에게 미치는 영향 때문에 우리가 이에 대해 노심초사한다는 것은 분명하다. 만일 우리가 사회와 아무런 연관성이 없다면 우리는 자기 자신의 아름다움과 추함에 대해 전혀 무관심할 것이 분명하다.

5

이와 같은 방식으로 우리의 최초의 도덕적 비판은 다른 사람들의 성격과 행위에 대해 이루어지며, 우리는 타인의 성격과 행위 하나하나가 우리에게 어떠한 감정을 느끼게 하는가를 아주 기꺼이 관찰한다. 그러나 우리는 곧 다른 사람들도 우리의 성격과 행위에 관해서 마찬가지로 숨김없이 솔직하다는 것을 알게 된다. 우리는 어느 정도로 그들의 비난이나 칭찬을 받을 만한지 그리고 그들이 우리에게 보이는 것과 같이 우리가 그들에게 필히 그런 유쾌한 인물이나 불유쾌한 인물로 보이는지를 상당히 알고 싶어 한다.

이러한 이유 때문에 우리는 자신의 열정과 행위를 검토하여, 만일 이들 열정과 행위가 다른 사람들의 것이라면 우리에게 어떻게 보일 것인가를 고려함으로써, 이들 열정과 행위가 그들에게 어떻게 비쳐질 수밖에 없는지를 고찰하기 시작한다. 우리는 스스로 우리 자신의 행위의 관찰자라고 상정하고, 이와 같은 관점에서 우리의 행위가 우리에게 어떠한 결과를 수반하게 될지에 대해 상상하려고 노력한다. 이것은 우리가 어느 정도 다른 사람들의 눈으로 우리 자신의 행위의 적정성을 정밀하게 조사하는 데 활용하는 유일한 거울이다.

만일 이와 같은 관점으로부터 우리의 행동이 우리를 기쁘게 하면 우리는 꽤 만족하게 된다. 우리는 세상의 칭찬에 대해서 한층 더 무관심할 수 있으며, 세상의 비난을 어느 정도 무시할 수 있다. 즉 비록 우리가 오해받거나 정확하지 못하게 대변된다고 해도 우리가 승인의 자연스럽고 적절한 대상이라는 점을 확신할 수 있다.

이에 반해서 만일 우리가 우리 자신의 행위에 관해서 의심하게 되면, 바로 그 이유 때문에 우리는 종종 다른 사람들의 승인을 얻으려고 한층 더 노심초사한다. 그리고 세상 사람들이 말하듯이 우리가 이미 불명예와 손을 잡고 있지 않는 한, 우리는 그들의 비난에 대한 생각으로 완전히 마음이 산란해지며, 이는 이중의 가혹함으로 우리에게 타격을 준다.

6

내가 스스로의 행위를 검토할 때에, 그리고 이에 대해 승인이나 비난하는 판결을 내리려고 할 때에, 이러한 모든 때에, 말하자면 나는 스스로를 두 개의 인물로 분할시키고 있음이 분명하다. 그리하여 심사위원 및 재판관으로서의 나는 그 행위가 검토되고 재판을 받는 인물로서의 또 다른 나와는 다른 성격을 보인다.

전자의 나는 관찰자로서, 나 스스로를 관찰자의 상황에 놓고 특정한 관점으로부터 나의 행위가 내게 어떻게 보이는가를 고려함으로써 나의 행위에 관한 그러한 감정에 내가 공감하기 위해 노력하는 인물이다. 후자의 나는 행위자로서, 내가 적절히 나 자신이라고 부르는 인물이며, 관찰자의 지위를 지닌 내가 행위에 대한 어떤 의견을 형성하려는 대상이 되는 인물이다.

전자의 나는 재판관이고, 후자의 나는 재판을 받는 사람이다. 그러나 그 재판관이 모든 점에서 그 재판을 받는 사람과 분명히 다를 바 없다는 생각은 어떤 원인이 모든 점에서 결과와 분명히 다를 바 없다는 것만큼이나 불가능한 것이다.

7

호감을 주고 칭찬할 만한 대상이 되는 것, 즉 애정과 보상을 받을 만한 가치가 있는 것은 미덕의 두드러진 특성이다. 또 혐오스럽고 처벌받을 만한 대상이 되는 것은 악덕의 두드러진 특성이다. 그런데 이 모든 특성은 다른 사람들의 감정과 직접적인 관련이 있다. 미덕이 호감을 주고 칭찬받아 마땅한 대상이 되는 것은 미덕 그 자체가 애정과 감사의 대상이기 때문이 아니라, 그것이 다른 사람들의 마음속에서 애정과 감사의 감정을 유발하기 때문이다.

미덕이 그런 호의적인 관심의 대상이라는 인식은 이것에 자연스럽게 수반되는 내면적 평온과 자기만족의 원천이 된다. 이와 마찬가지로 그 정반대의 의구심은 악덕의 고통을 야기한다. 사랑받는다는 것과 우리가 사랑받을 가치가 있음을 알게 되는 것은 얼마나 큰 행복인가? 미움받는다는 것과 우리가 미움받을 만한 과오가 있음을 알게 되는 것은 얼마나 큰 불행인가?

제2장 칭찬의 애호와 칭찬받을 만한 속성에 대한 애호 및 비난의 두려움과 비난받을 만한 속성에 대한 두려움

1

인간은 본래 사랑받는 것을 소망할 뿐만 아니라 사랑스러운 존재가 되는 것, 즉 사랑의 자연스럽고 적절한 대상이 되는 것을 소망한다. 인간은 본래 미움받는 것을 두려워할 뿐만 아니라 밉살스러운 존재가 되는 것, 즉 증오의 자연스럽고 적절한 대상이 되는 것을 두려워한다. 그는 칭찬을 바랄 뿐만 아니라 칭찬받을 가치가 있는 자질, 즉 설령 아무에게도 칭찬을 듣지 못해도 칭찬의 자연스럽고 적절한 대상이 되는 자질을 갖기를 바란다. 그는 비난을 두려워할 뿐만 아니라 비난을 받을 만한 자질, 즉 설령 아무에게도 비난을 받지 않아도 비난의 자연스럽고 적절한 대상이 되는 자질을 갖는 것을 두려워한다.

2

칭찬받을 수밖에 없는 자질을 애호한다는 것이 칭찬을 애호하는 것으로부터 전적으로 도출되지는 않는다. 이 두 가지 원리는 비록 서로 비슷하고 연관되어 있으며 종종 서로 뒤섞여 있지만, 많은 점에서 서로 별개이며 독립적으로 존재한다.

3

우리가 성격과 행위를 승인하는 사람들에 대해 자연스럽게 갖게 되는 애정과 존경의 감정은 필연적으로 우리로 하여금 우리 스스로가 그와 동일한 유쾌한 감정의 대상이 되고자 하는 욕구를 갖게 하며, 우리가 가장 사랑하고 존경하는 그 사람들만큼 남에게 호감을 주고 감탄받을 만한 존재가 되기를 소망하게 한다. 경쟁심, 즉 우리가 남보다 더 출중해지고 싶어 하는 소망은 근원적으로 다른 사람들의 탁월성에 대한 우리의 감탄에 기초하고 있다. 우리는 다른 사람들이 칭찬받는 이유로 단순히 칭찬받는 것에 결코 만족할 수 없다.

우리는 다른 사람들이 칭찬받아 마땅한 이유로 우리 스스로가 칭찬받아 마땅한 자격이 있음을 최소한 반드시 믿어야 한다. 그러나 우리가 이러한 만족을 달성하기 위해서는 필히 우리 자신의 성격과 행위에 대한 공정한 관찰자가 되어야만 한다. 우리는 자신의 성격과 행위를 다른 사람들의 시각으로 바라보려고 노력하거나 다른 사람들이 바라볼 것 같은 시각으로 보려고 반드시 노력해야만 한다.

이러한 관점에서 볼 때 우리가 희망한 대로 그것들이 우리에게 보인다면 우리는 행복하고 안도감을 느끼게 된다. 그런데 다른 사람들이 우리의 성격이나 행위를 우리가 단지 상상 속에서만 바라보려고 노력했던 바로 그러한 시선으로 바라보면서 우리 자신이 그것들을 바라보았던 것과 정확히 동일한 관점에서 바라보고 있음을 알게 될 때, 이러한 행복감과 안도감은 크게 확인된다.

그들의 승인은 필연적으로 우리 자신의 자기승인을 확고하게 만든다. 그들의 칭찬은 필연적으로 우리 자신이 칭찬받아 마땅한 자질을 갖고 있다는 자각을 강화시켜준다. 이 경우에 칭찬받을 수밖에 없는 자질에 대한 애호는 전적으로 칭찬에 대한 애호로부터 도출되지 않는다. 오히려 칭찬에 대한 애호는 적어도 대부분 칭찬받을 만한 자질에 대한 애호로부터 도출되는 듯하다.

4

가장 진지한 칭찬도 그것이 칭찬받을 수밖에 없는 자질에 대한 어떤 유형의 증거로 간주될 수 없을 때에는 즐거움을 거의 줄 수 없다. 무지나 착오 때문에 어떠한 식으로든 존경과 감탄이 우리에게 부여되는 것은 결코 충분하지 않다. 만일 우리가 이렇듯 호의적으로 생각될 만한 자격을 갖지 못하며 진실이 알려질 때 매우 다른 감정으로 평가받게 될 것이라는 점을 인식하면, 우리의 만족은 결코 완전하지 않다.

우리가 수행하지 않은 행동이나 이 같은 행위에 어떠한 영향도 미치지 못한 동기에 대해 갈채를 보내는 사람은 우리가 아니라 다른 사람에게 갈채를 보내는 것이다. 우리는 그의 칭찬으로부터 어떠한 종류의 만족감도 도출할 수 없다. 우리에게 이러한 칭찬은 어떤 비난보다도 한층 더 굴욕적인 것이고, 우리의 마음에 모든 숙고 가운데 가장 비하적인 숙고, 즉 우리가 당연히 그래야 하는데 실제로는 그렇지 못하다는 숙고를 끊임없이 불러오게 마련이다.

누구나 상상하듯이, 화장하는 여인은 그녀의 안색에 대한 찬사로부터 허영심을 거의 만족시킬 수 없다. 이러한 찬사들은 그녀로 하여금 그녀의 실제 안색이 야기했을 것 같은 감정들을 마음에서 떠올리게 하고, 그 대조적인 모습 때문에 그녀에게 한층 더 굴욕감을 줄 것이라고 우리는 기대하게 마련이다.

이러한 근거 없는 칭찬에 기뻐하는 것은 가장 하찮은 경솔함과 나약함의 증거다. 이것은 허영으로서 적절히 지칭되는 것이며, 가장 터무니없고 경멸할 만한 여러 악덕 또는 허세와 일상적 위선의 여러 악덕의 기초가 된다. 그리고 이러한 악덕들은, 비록 경험을 통해 그것들이 얼마나 일상적인가를 우리가 알지 못해도, 최소한의 상식만으로도 우리가 회피할 것으로 누구나 상상하게 마련인 그러한 우매한 행위다.

결코 존재하지도 않은 모험담을 언급하면서 동료들의 감탄을 유발하려고 하는 어리석은 거짓말쟁이, 신분과 명성에 걸맞은 정당한 자부심을 스스로 가지지 못함을 잘 알면서도 젠체하면서 옷맵시로 거드름 피우는 사람, 이러한 두 가지 유형의 사람은 자신들이 받고 있다고 상상하는 찬사에 의심할 여지없이 기뻐한다.

그러나 그들의 허영은 어느 합리적인 사람이 그런 식으로 속게 마련인지를 생각하기가 어려울 정도로 천박한 상상의 착각에서 비롯된다. 그들은 자신들이 속였다고 상상하는 사람들의 상황에 자신들을 위치시켜 놓으면서 자신의 인물 됨됨이에 대해 가장 큰 감탄을 금치 못한다. 그들은 자신들이 동료들에게 당연히 비쳐져야만 하는 그런 관점에서가 아니라, 동료가 실제로 보고 있다고 자신들이 믿는 그러한 관점에서 자신들을 보는 것이다.

그들의 천박한 나약함과 일상적인 우매함 때문에 그들은 자신의 눈을 마음 내부를 향해 전환하지 못하며, 실제 진실이 알려진다면 모든 사람에게 비쳐질 것이라고 그들의 양심이 분명히 말하지 않을 수 없는 그런 경멸적인 관점에서 그들 스스로를 바라보지 못한다.

5

진지한 검토를 거쳐 얻은 견실한 환희와 만족이 무지하고 근거 없는 칭찬으로는 전혀 주어질 수 없는 것처럼, 이와 반대로 어떠한 칭찬이 실제로 우리에게 주어지지 않았다고 해도, 우리의 행동이 칭찬받을 가치가 있고, 칭찬과 승인이 본래 일상적으로 부여되는 데 활용되는 척도와 준칙에 모든 측면에서 부합된다는 것을 숙고하는 것은 종종 우리에게 진정한 평온을 준다.

우리는 칭찬에 대해서뿐만 아니라 칭찬받을 만한 가치가 있는 일을 수행한 것에서 기쁨을 느낀다. 비록 어떠한 승인이 실제로 우리에게 부여되지 않을 때에도 우리 자신이 승인의 자연스러운 대상이 되고 있다고 생각하는 경우 기쁨을 느낀다. 그리고 우리는 비록 비난의 감정이 우리에게 실제로 행사되지는 않았더라도 이웃에 같이 사는 사람들의 비난을 받는 것이 아주 마땅하다고 숙고하는 경우에 굴욕감을 느낀다.

경험상 일반적으로 적합한 행위준칙을 정확히 준수하고 있음을 자각하는 사람은 자신의 행동의 적정성을 만족스럽게 재고하게 된다. 그가 공정한 관찰자가 지켜보는 관점에서 자신의 행위를 바라보는 경우에 이것에 영향을 미친 모든 동기에 완전히 공감한다. 그는 기쁨을 느끼고 승인한다. 자기 행위의 모든 부분을 반추하며 그리고 비록 세상 사람들이 자신이 실행한 행위에 결코 친숙하지 않더라도, 그는 그들이 실제로 그를 판단하는 관점에서가 아니라 좀더 충분한 정보를 얻는다면 그들이 그를 판단하게 될 관점에 따라서 그는 자신을 판단한다.

그는 이 경우에 자신에게 부여될 것 같은 칭찬과 김단을 고대한다. 그리고 그는 정말 실제로 발생하지는 않았지만 오로지 대중의 무지 때문에 발생하지 못한 그런 감정에 대한 동감, 그렇지만 그 행위의 자연스럽고 일상적인 효과로서 상상에 의해 이와 연결되고 이 때문에 당연하고 적정한 것으로 느끼도록 하는 습관을 갖게 되는 그런 감정에 대한 동감에 근거해서 그 자신에게 갈채를 보내고 감탄한다.

자신들이 사망한 후에는 더 이상 향유할 수 없는 사후의 명성을 얻기 위해 사람들이 자발적으로 목숨을 내던지는 경우가 있다. 그 순간 그들의 상상력은 미래 시점에 그들에게 부여될 수밖에 없는 명성을 고대하게 만든다. 그들의 귀로는 결코 들을 수 없을 찬사, 그리고 그들이 그 효과를 결코 느낄 수 없는 감탄에 대한 생각이 마음속의 여기저기서 움직인다. 또한 그러한 생각이 모든 자연적 두려움 가운데 가장 강력한 두려움을 떨쳐버리며, 그들로 하여금 인간 본성의 범위를 거의 넘어서는 것처럼 보이는 행동을 기쁨에 넘쳐서 수행하도록 만든다.

그러나 실제의 목표로 볼 때는, 우리가 더 이상 향유할 수 없을 시점에 부여되는 사후의 승인 및 실제로 결코 부여되지는 않았지만 만일 세상이 우리의 행위에 관한 진실한 사정을 적절히 이해하게 되면 부여하게 될 그러한 승인 사이에는 어떠한 큰 차이도 없음이 확실하다. 만일 전자가 종종 그러한 격렬한 효과를 수반한다면, 후자가 항상 높이 평가되는 것이 당연하다는 것에 대해 우리는 의아함을 느낄 수 없다.

6

자연이 사회에 적합하도록 인간을 만들어냈을 때, 자연은 인간에게 자신의 이웃 형제들에게 기쁨을 주고 싶다는 본원적 욕망과 이들을 불쾌하게 만드는 것을 혐오하는 본원적 반감을 부여했다. 자연은 인간으로 하여금 이웃 형제들의 호의적 고려에서 기쁨을 느끼고, 이들의 비호의적 고려에서 고통을 느끼도록 가르쳤다. 자연은 이웃 형제들의 승인을 그 자체로써 자신에게 가장 유쾌하고 반갑게 만들며, 이들의 부인을 가장 굴욕적이고 불쾌감을 주도록 만들었다.

7

그런데 이러한 이웃 형제들의 승인을 구하는 욕구와 이들의 부인을 회피하는 혐오만으로는 그런 목적으로 만들어진 인간을 사회에 적합하게 하는 데에는 충분하지 않은 듯하다. 그러므로 자연은 인간에게 승인받고 싶다는 욕구뿐만 아니라 승인받아 마땅한 자질을 소망하는 욕구, 즉 그 자신이 다른 사람들 가운데서 승인하는 그런 자질을 보유하고자 하는 욕구를 부여했다.

전자의 욕구는 인간으로 하여금 사회에 적합한 것처럼 보이는 것을 소망하도록 할 수 있는 것에 불과하다. 후자의 욕구는 인간으로 하여금 진정으로 사회에 적합한 것을 갈망하도록 하기 위해서 필요불가결하다. 전자는 인간으로 하여금 미덕을 과시하고 악덕을 은폐하도록 촉구할 수 있는 것에 불과하다. 후자는 인간에게 미덕에 대한 진정한 애호 및 악덕에 대한 진정한 혐오를 고취하기 위해서 필요불가결하다. 인성이 훌륭하게 형성된 모든 마음속에서는 이 후자의 욕구가 양자 가운데서 한층 더 강한 것으로 보인다.

그들 스스로에게 전혀 어울리지 않는 칭찬을 알면서도 크게 기뻐하는 사람은 세상 사람들 가운데 가장 나약하며 가장 천박한 부류에 속할 뿐이다. 나약한 사람은 때로는 그러한 칭찬에 기뻐할 수 있지만, 현명한 사람은 모든 경우에 이를 거부한다. 그런데 현명한 사람은 비록 칭찬받을 만한 자질이 없다고 알고 있을 때에 주어지는 칭찬에서 기쁨을 거의 느끼지 못하지만, 칭찬받을 만한 가치가 있음을 알고 있는 일을 수행할 때에는 비록 그 행위에 칭찬이 전혀 부여되지 않은 점을 알고 있을지라도 최고의 기쁨을 종종 느낀다.

진정으로 승인받아 마땅한 상황에서 세상의 그런 승인을 얻는다는 것은 그에게 때때로 아주 큰 중요성을 갖는 어떤 목적일 수는 없다. 하지만 승인을 받을 만한 가치가 있는 자질을 갖추는 것은 언제나 최고도로 중요성을 지닌 어떤 목적임에 틀림없다.

8

어떤 칭찬도 정당하지 않은 경우에 칭찬을 바라고 심지어 이를 수용하는 것은 가장 경멸할 만한 허영심의 결과일 뿐이다. 진정으로 칭찬받아 마땅한 경우에 그것을 바라는 것은 어떤 가장 본질적인 정의로운 행위가 우리에게 행해져야만 한다는 것과 별반 다르지 않은 것을 소망하는 것이다. 그로부터 얻을 수 있는 어떤 이익과는 관계없이 오로지 그 자체로써 정당한 명성에 대한 애호, 진정한 영광에 대한 애호를 갖는 것은 현명한 사람의 경우에조차 가치 없는 일은 아닌 것이다.

그러나 그는 때때로 그것을 무시하고 경멸하기조차 한다. 그는 자신의 행동의 모든 부분이 가장 적정하다고 완전히 확신할 때에도 확신하지 못한 여러 경우와 마찬가지로 그러한 명성이나 영광을 바라지 않는다. 이 같은 경우에 그의 자기승인은 다른 사람들의 승인에 근거한 어떠한 확인도 필요치 않다. 그것만으로 충분하며 그는 그것에 만족한다. 이러한 자기승인은 비록 그가 열망하는 유일한 목적은 아닐지라도 적어도 열망할 수 있고 하게 마련인 그런 주요한 목적이 된다. 자기승인에 대한 애호는 덕성에 대한 애호다.

9

어떤 성격에 대해 자연스럽게 갖게 되는 애호와 감탄이 우리로 하여금 이처럼 유쾌한 감정의 적절한 대상이 되기를 소망하도록 만드는 것처럼, 우리가 타인들에 대해 자연스럽게 갖는 증오와 경멸은 아마 훨씬 더 강하게 우리로 하여금 어느 모로든지 그들을 닮는다는 바로 그런 생각에 두려움을 느끼도록 만든다. 이 경우에도 역시 우리가 두려워하는 것은 사람들에게 증오되고 경멸되고 있다는 생각보다는 오히려 증오받아 마땅하거나 경멸할 수밖에 없는 존재라는 생각이다.

설령 증오와 경멸의 감정이 우리에게 실제로 행사되는 일이 결코 없을 정도로 가장 완전한 안전을 보장받는다고 해도, 우리는 스스로를 이웃 동포들의 증오와 경멸의 정당하고 적절한 대상으로 만드는 어떤 일을 하고 있다는 생각에 두려워한다. 세상 사람들에게 자신을 오로지 유쾌한 대상으로 만들 수 있는 그러한 모든 행동 척도를 위반한 사람이 설령 그의 모든 행위가 영원히 인간의 모든 시선으로부터 은폐되리라고 가장 철저하게 확신한다고 해도, 그것은 전혀 부질없는 일이다.

그가 자신의 행위를 회상하면서 공정한 관찰자가 지켜보는 관점에서 이를 바라볼 때, 그는 자신의 행위에 영향을 미친 어떤 동기에도 공감할 수 없다는 점을 알게 된다. 그는 그것을 생각하면 부끄럽고 당황하게 되며, 만일 그의 행위가 일반적으로 알려지게 된다면 그가 받게 될 그런 매우 높은 정도의 수치심을 필연적으로 느끼게 된다. 이 경우에도 역시 그의 상상력은 함께 살고 있는 이웃의 무지를 제외하고는 어떤 것도 자신을 구제할 수 없는 그러한 경멸과 조소를 예상한다. 그는 자신이 이러한 감정들의 자연스러운 대상이라는 것을 여전히 느끼고, 만일 이것들이 자신에게 실제로 행사된다면 고통을 당할 생각에 여전히 전전긍긍한다.

그런데 만일 그가 저지른 범죄가 단순한 비난의 대상인 일개 부적정성에 불과한 것이 아니라 혐오와 분개심을 야기하는 엄청난 범죄의 하나라면, 감수성이 남아 있는 한 그는 공포와 회한의 모든 고뇌를 겪지 않고는 그 일에 대해 결코 생각할 수 없을 것이다. 비록 그가 아무도 그 일을 알지 못한다고 확신할 수 있고, 심지어 그것을 복수하는 어떤 신도 존재하지 않는다고 믿는다 할지라도, 그는 그의 생애 전체를 괴롭히기에 충분한 이런 공포와 회한의 감정을 여전히 느끼게 된다. 그는 여전히 스스로를 모든 이웃 동포의 증오와 분노의 자연적 대상으로 간주하게 된다. 그리고 만일 그의 마음이 습관화된 범죄 때문에 무감각해지지 않았다면, 그 가공할 만한 진실이 알려질 때 세상 사람들이 그를 지켜보는 태도 및 그들의 안색과 눈에서 표현되는 것들을 그는 공포와 경악 없이는 생각할 수 없을 것이다.

이처럼 두려움을 주는 양심의 자연스러운 가책은 악령이고 복수의 여신들이다. 이들은 현세에서 범죄자들에게 출몰하여 그들의 무사함과 평온함을 결코 허용하지 않고 종종 그들을 절망과 정신이 혼란한 상태로 몰고 간다. 이들에게는 어떠한 비밀보장도 그 범죄자들을 보호할 수 없고, 반종교적인 어떠한 원리도 그들을 전적으로 구제할 수 없으며, 아무것도 그들을 자유롭게 할 수 없어서 모든 상태 가운데 가장 혐오스럽고 비참한 상태, 즉 명예와 불명예, 악덕과 미덕에 대한 감수성이 완전히 비어 있는 상태로 몰고 간다.

가장 가공할 만한 범죄를 실행하는 과정에서 유죄의 혐의조차 피하려고 냉정하게 방책을 세워온 가장 혐오할 만한 성격의 사람들도 자신이 처한 상황이 주는 공포에 쫓겨서 어떠한 인간의 총명함으로도 도저히 수사를 할 수 없었던 사건을 자발적으로 폭로하곤 한다. 그들은 자신들의 유죄를 인정함으로써, 피해를 입힌 이웃 동료들의 분개심에 자신들을 굴복시킴으로써, 그리하여 자신들이 그 적절한 대상이 되어왔음을 알고 있는 복수심을 만족시킴으로써, 그들은 죽음을 통해 적어도 자신들의 상상 속에서 세상 사람들의 자연적인 감정과 화해하기를 희망한다.

즉 그들은 스스로를 한층 덜한 증오와 분개심의 대상으로 간주할 수 있기를, 자신들의 범죄에 대해 어느 정도 속죄할 수 있기를, 그리하여 공포보다는 차라리 동정의 대상이 됨으로써 가능하다면 평화 속에서 그리고 모든 이웃 동포의 용서 속에서 죽음을 맞을 수 있기를 희망한다. 그 자발적 폭로 이전에 그들이 느꼈던 것과 비교하면 이런 생각을 하는 것조차도 행복인 것처럼 보인다.

10

이상과 같은 여러 경우에서 각별히 섬세하거나 민감한 성격으로 의심받을 수 없는 사람들에게서조차 비난받을 수밖에 없는 자질에 대한 공포는 비난에 대한 공포를 완전히 억누르는 것처럼 보인다. 그러한 공포를 진정시키기 위해서, 그들 자신의 양심의 회한을 어느 정도 평온한 상태로 회복시키기 위해서, 그들은 자발적으로 모든 비난과 처벌에 자신들을 내맡긴다. 그런데 그들이 이해하기에 이러한 비난과 처벌은 자신들의 범죄에 상응하는 것이기는 하지만, 동시에 손쉽게 회피했을 수도 있는 그러한 것들이다.

11

그들 스스로 받을 자격이 없는 것으로 알고 있는 그런 칭찬에 상당히 기뻐할 수 있는 사람은 세상 사람들 가운데 가장 경솔하고 천박한 사람들뿐이다. 그러나 전혀 합당하지 못한 비난은 평범한 수준 이상으로 마음의 항상성을 지닌 사람들에게마저 매우 심한 굴욕감을 줄 수 있는 경우가 빈번하다. 마음의 항상성이 가장 강한 사람들은 사회에서 매우 종종 유포되지만 그 불합리성이나 오류 때문에 며칠이나 몇 주가 지나면 차츰 사라지고 마는 그런 시시한 이야기를 경멸하는 법을 실제로 쉽게 배운다.

그러나 순진한 사람은, 설령 평범한 수준을 넘는 마음의 항상성을 지닌다고 해도, 실은 허위임에 틀림없는 심각한 범죄혐의에 대한 전가로 종종 충격을 받을 뿐만 아니라 매우 심한 굴욕감을 느낀다. 불운하게도 그런 범죄혐의의 전가가 외견상 개연성을 부여하는 일부 정황에 의해 우연히 뒷받침될 때에는 특히 더 그러하다. 그 자신이 범죄를 범할 가능성이 있다고 상정할 정도로 누군가가 자신의 성격을 비열하게 생각하고 있음을 알고는 그는 체면이 구겨진다. 설령 자기 자신의 결백을 완전히 알고 있을지라도 그 혐의의 전가 자체가 그의 상상 가운데서조차 자신의 성품에 불명예와 치욕의 그림자를 종종 드리우는 것처럼 보인다.

그렇지만 복수하기에는 너무 부적절하거나 때로는 불가능하기조차 한 그런 심각한 침해 때문에 일어나는 그의 정당한 분노는 역시 그 자체가 매우 고통스러운 감각이다. 어느 모로든 만족될 수 없는 격렬한 분개심보다도 인간의 마음을 더 많이 괴롭히는 것도 없다. 파렴치하거나 혐오할 만한 범죄의 그릇된 혐의 전가 때문에 교수대로 끌려온 어느 결백한 사람은 결백한 인물이 겪을 수 있는 최대의 잔혹한 불행을 당하는 셈이다.

이러한 경우에 그의 마음이 겪는 고통이 그 동일한 범죄를 실제로 저지른 사람이 당하는 고통에 비해서 한층 더 큰 일이 자주 일어날 수 있다. 통상적 절도범이나 강도범과 같이 품행이 나쁜 범죄자들은 종종 자신의 행동이 갖는 야비함에 대한 감각이 전혀 없으며 따라서 어떠한 회한도 느끼지 않는다. 그들은 그런 처벌의 정의나 불의의 여부로 근심하는 법 없이 언제나 교수대를 자신들에게 떨어질 가능성이 매우 큰 숙명이라고 보는 데에 익숙해져 있다. 그러므로 그런 일이 실제로 그들에게 벌어질 경우에 자신들은 일부 동료들처럼 아주 운이 좋지 않았을 뿐이라고 생각하고, 죽음에 대한 두려움에서 비롯될 수 있는 불안 이외에는 아무런 불안감도 느끼지 않고 그들의 운명을 맡긴다.

그런데 그처럼 무가치한 철면피들에게서조차 흔히 볼 수 있는 이러한 죽음에 대한 두려움은 매우 쉽게 그리고 매우 완전하게 억누를 수 있다. 이에 반해 결백한 사람은 그와 같은 죽음에 대한 두려움 때문에 생기는 불안 이외에도 그에게 가해진 불의한 행위 때문에 치미는 자신의 분노 때문에 고통을 느낀다. 그는 그러한 처벌이 자신의 사후 명성에 미칠지도 모를 불명예에 대한 여러 생각으로 공포에 사로잡힌다.

또한 그는 이제부터 자신의 가장 사랑하는 친구와 친척들이 유감과 애착이 아니라 불명예스러운 행동에 대한 추정만으로 수치심과 심지어는 공포심을 가지고 자신을 기억할 것을 예상하며 매우 비통해한다. 그래서 죽음의 그림자는 본래 죽음이 지닌 속성보다도 한층 더 어둡고 구슬픈 침울함으로 그의 주위로 다가오는 것처럼 보이게 된다.

세상 사람들의 평안을 위해 이렇듯 불행한 사건들이 어느 나라에서든 거의 일어나지 않기를 희망해보지만, 실은 이 같은 일들은 모든 나라에서, 심지어 정의가 일반적으로 매우 잘 집행되고 있는 나라에서조차 종종 일어난다.

불운한 칼라스는 보통 수준을 훨씬 상회하는 마음의 항상성을 지닌 인물이었다(실은 완전히 결백했으나 자기 아들을 살해한 혐의를 뒤집어쓰고 툴루즈에서 형차刑車로 능지처참을 당한 후에 화형에 처해졌다).[2] 그는 마지막 숨을 거둘 때 처벌의 잔혹함보다도 오히려 범죄혐의의 전가 때문에 그의 사후 명성에 불명예를 가져오는 일에서 벗어나기를 빌었던 듯하다. 그의 몸이 찢겨진 후 막 불 속으로 던져지려 했을 때, 형 집행에 참석했던 수도사가 유죄판결을 받은 그 범죄에 대해 그에게 사실대로 고백하라고 타일렀다. 그러자 칼라스는 "신부님, 당신 스스로가 내가 유죄라고 믿을 마음이 나던가요?"라고 말했다.

12

이렇듯 불운한 운명에 처한 사람들에게는 현세의 삶에만 그 관점이 한정된 보잘것없는 철학은 아마 거의 어떤 위로도 줄 수 없을 것이다. 삶이나 죽음을 존경할 만한 것으로 만들 수 있는 모든 것이 그것들로부터 제거되었다. 그들은 유죄판결을 받아 사형에 처해지고 끝없는 불명예에 빠진다. 종교만이 그들에게 어떤 적절한 위안을 줄 수 있을 뿐이다.

전지한 심판자가 그들의 행위를 승인하는 한, 세상 사람들이 이에 대해 생각하는 바는 거의 중요하지 않다고 종교만이 그들에게 말해 줄 수 있다. 종교만이 현세와 비교해 한층 더 공평무사함, 인간애, 정

---

2) 프랑스의 툴루즈에서 칼뱅파이던 칼라스(Jean Calas)의 장남이 변호사 자격을 따려고 가족이 믿고 있는 신앙을 버리고 가톨릭교로 개종하겠다고 결정했다. 하지만 그는 이후 죄책감에 시달려 1762년 3월 10일 자살했다. 칼라스는 증거가 없었음에도 아들을 살해했다는 혐의를 받아 사형을 선고받았다. 사망 3년 후인 1765년 3월 9일 계몽주의 사상가인 볼테르(Voltaire)의 노력 덕택에 새로운 재판이 열렸으며, 칼라스는 무죄를 선고받았다.

의로 넘치는 다른 세상, 즉 거기서 그들의 결백은 곧 밝혀지고 그들이 행한 미덕은 마침내 보상받게 될 것이라는 내세에 대한 관점을 그들에게 제시할 수 있다. 바로 그런 위대한 원리만이 승리에 도취하여 의기양양해하고 있는 악덕을 오로지 공포의 상태로 빠지게 할 수 있으며, 결백한데도 명예를 더럽히고 모욕을 받은 사람들에게 효과적인 위로를 유일하게 제공한다.

13

한층 더 중대한 범죄에서뿐만 아니라 비교적 경미한 범죄에서도 진정한 범인이 실제 범죄 때문에 기분상하는 것과 비교해 섬세한 감수성을 지닌 사람이 부당한 혐의의 전가 때문에 훨씬 더 기분상하는 일이 종종 발생한다. 바람난 여자는 그녀의 행위에 대해 회자되고 있는 충분한 근거를 지닌 추측들을 접하고 비웃기조차 한다. 그러나 같은 유형의 아주 근거가 부족한 추측들은 순결한 처녀에게는 치명적인 공격이 된다. 내가 생각하기로는 우리는 다음과 같은 일반원칙을 정할 수 있다. 즉 의도적으로 수치스러운 범행을 저지르는 사람은 불명예에 대한 충분한 감각을 가질 수 없으며, 상습적으로 그런 범행을 저지르는 사람은 불명예에 대한 어떠한 감각도 가질 수 없다.

14

심지어 보통의 이해력을 가진 사람은 어느 누구라도 자신에게 어울리지 않는 칭찬을 아주 쉽게 경멸하는 것을 생각하면, 합당하지 않은 비난이 가장 건전하고 훌륭한 판단을 하는 사람들에게 아주 심각한 굴욕감을 주는 일이 왜 자주 일어나는지 잠시 성찰할 가치가 있다.

15

내가 이미 거론한 바 있지만,[3] 고통은 거의 모든 경우에 이와 대응하는 정반대의 기쁨보다도 훨씬 더 심한 자극을 주는 감각이다. 고통은 거의 언제나 통상적이거나 자연적인 행복의 상태보다도 훨씬 더 낮은 수준까지 우리를 낙담시키는데, 이는 기쁨이 그 상태 이상으로 우리의 사기를 높이는 것보다도 그 정도가 더 크다.

감수성이 섬세한 사람은 정당한 칭찬을 받고 기분이 좋아지는 것과 비교하여 정당한 비난일지라도 더 많은 굴욕감을 느끼기 쉽다. 현명한 사람은 어울리지 않는 칭찬을 매번 경멸로써 거부하지만, 합당하지 않은 비난을 받으면 종종 아주 심한 불공정함을 느낀다. 그가 수행하지 않은 행위로 칭찬을 받는다면, 그리고 자신에게 속하지 않는 공로를 마치 자격이 있는 양 가장한다면, 그는 자신이 비열한 허위의 죄를 짓고 있으며, 실수로 감탄했던 바로 그 사람들에게 감탄이 아닌 경멸을 받아야 합당한 것처럼 느낀다.

그가 실제로 실행하지 않았던 일이 그의 능력으로 수행 가능한 일이라고 많은 사람이 생각했음을 깨닫는 일은 아마 그에게 어느 정도는 근거 있는 기쁨을 줄지도 모른다. 그러나 그는 자신의 친구들이 호의적인 견해를 제시한 점에 감사할지도 모르지만, 즉시 그들의 미혹을 깨우쳐주지 않는다면 가장 비열한 죄를 짓는 일이라고 생각한다. 만일 다른 사람들이 진실을 알게 되어 자신을 매우 다른 시각으로 보게 될 것이라는 점을 그가 의식한다면, 그들이 지금 과대포장하여 바라보는 그런 시각으로 자신을 지켜보는 것은 자신에게는 거의 기쁨이 되지 않는다.

그러나 나약한 사람은 이런 허위적이고 기만적인 견지에서 자기

---

3) 이 책 157쪽(3).

자신을 지켜보는 일에 종종 큰 기쁨을 느낀다. 그는 자신에게 귀속된 모든 칭찬받을 만한 행위의 공로를 마치 자격이 있는 양 가장하고, 어느 누구도 이제껏 그에게 귀속시켜 생각한 적이 없는 그런 많은 행위의 공로마저도 마치 사실인 것처럼 보이게 하려고 한다. 뻔뻔스럽게도 그는 결코 그가 하지 않은 일을 자신이 했다고 하고, 타인이 쓴 글을 자신이 썼다고 하며, 타인이 발견한 것을 자신이 발견했다고 가장한다. 이리하여 그는 표절과 일상적인 거짓말이라는 모든 비열한 악덕 속으로 빠져버린다.

그러나 비록 통상적인 수준의 양식을 지닌 사람이라면 누구나 자신이 결코 실행하지 않은 칭찬받을 만한 행위를 공로로 귀속시킴으로써 큰 기쁨을 도출하지는 못하지만, 현명한 사람은 그가 저지른 적이 없는 범죄에 대해 혐의를 심하게 뒤집어쓰게 되면 큰 고통을 느낄 수 있다. 이 경우에 자연은 그 고통을 이에 대응하는 정반대의 기쁨보다도 훨씬 더 자극적인 것으로 만들었을 뿐만 아니라 고통의 자극을 통상적인 정도보다도 훨씬 더 크게 만들었다.

진실의 규명이 행해지면 어떤 사람에게 그 우매하고 터무니없는 쾌락은 제거되지만, 그로부터 그 고통마저 늘 제거되는 것은 아니다. 그가 자신에게 귀속되는 공로를 거부할 때 어느 누구도 그의 진실성을 의심하지 않는다. 그러나 그가 비난받고 있는 범죄를 부인할 때에 그의 진실성은 의심받을 수도 있다. 그는 이러한 혐의 전가의 허위성에 대해 격분하는 동시에, 거기에 신빙성이 부여되고 있다는 점을 생각하고는 굴욕감을 느낀다.

그는 자신의 인격이 자신을 보호하기에는 충분치 못하다고 느낀다. 그는 그의 형제들도 자신을 보아주기를 열망한 관점으로 보지 않고 오히려 비난받고 있는 그 범죄를 자신이 저질렀을 개연성이 있다고 생각하는 것처럼 느낀다. 그는 자신이 무죄라는 점을 완전하게 알고 있다. 그는 자신이 무슨 행위를 해왔는가를 완전하게 알고 있다. 그러나 아마 어느 누구도 자신이 무엇을 수행할 수 있는가를 완전하게 알 수는 없을 것이다. 그의 마음이 지니는 특수한 성향이 무엇을 용인하거나 용인하지 않을 것인지의 문제는 아마 모든 사람에게 많든 적든 의문의 대상이 되는 문제다.

그의 친구들과 이웃들의 신뢰와 호평은 다른 무엇보다도 한층 더 그를 이러한 가장 불쾌한 의혹으로부터 구제해주는 경향이 있다. 그러나 그들의 불신과 악평은 이런 의혹을 증대시키기 쉽다. 그는 그들의 비우호적인 판단이 틀렸다고 확고하게 확신할 수 있을지 모르지만, 그의 이러한 확신은 그들의 판단이 그에게 어떤 인상을 남기는 것을 막을 정도로 클 수는 없다. 그리고 그의 감수성이 크면 클수록, 그의 섬세함이 크면 클수록, 한마디로 그의 진정한 가치가 크면 클수록 이 같은 인상도 더 커질 것이다.

16

우리 자신의 감정의 적정성이나 판단의 정확성에 대해서 우리가 확신하지 못하는 정도에 정확하게 비례하여 다른 사람들의 감정과 판단이 우리 자신의 감정이나 판단과 상호 일치하는지 불일치하는지의 여부가 우리에게 그만큼 더 중요하다는 점이 관찰되어야 한다.

17

감수성이 예민한 사람은 명예로운 열정에 대해서조차 지나치게 과도한 표출을 한 것이 아닐까 해서 때때로 매우 불안해할 수 있다. 아마 그 자신이나 그의 친구에게 행해진 침해를 보고 솟구치는 그의 정당한 분노에 대해서도 그러할 것이다. 그는 단지 기백을 가지고 정의롭게 행동하려는 의도였지만 자신의 정서상 격렬함이 지나치게 과도한 결과, 비록 결백하진 않더라도 처음에 우려한 만큼 아마 그리 큰 죄를 범한 것은 아닌 그런 어떤 사람에게 실질적인 침해를 준 것이 아닐까 노심초사해한다.

이 경우에는 다른 사람들의 의견이 그에게는 지극히 중요하다. 그들의 승인은 그의 마음을 가장 효과적으로 치유하는 진통제이고, 그들의 비난은 그의 불안한 마음속으로 퍼부을 수 있는 가장 신랄하고 가장 고통을 주는 독물이다. 그가 자신의 행동의 모든 부분에 대해 완전히 만족하고 있는 경우에는 다른 사람들의 판단은 그에게는 그리 중요하지 않다.

18

매우 고상하고 아름다운 인문학 가운데 그 탁월함의 정도가 어떤 섬세한 취향으로만 결정될 수 있고 따라서 그 판단이 언제나 어느 정도 불확실해 보이는 일부 인문학의 영역이 있다. 반면에 이 분야에서 성공하려면 명백한 논증이나 매우 납득할 만한 증명이 요구되는 또 다른 인문학의 영역이 있다. 이처럼 서로 다른 인문학에서 수월성을 겨루는 후보자 사이에서 여론에 대한 갈망은 전자의 경우가 후자의 경우보다 언제나 훨씬 크다.

19

시의 아름다움은 매우 섬세한 취향의 문제이기 때문에 젊은 초심자는 그가 이 같은 상태에 도달했는지의 여부를 거의 확신할 수가 없다. 그러므로 그의 친구들과 대중들의 호의적인 판단만큼이나 그에게 큰 기쁨을 주는 것은 없고, 그 반대의 것만큼 그에게 심한 굴욕감을 주는 것도 없다. 그가 자신의 실적에 대해 받아보기를 열망하는 호평을 전자의 경우는 확립해주고, 후자의 경우는 흔들어놓는다. 오랜 기간에 걸친 경험과 성공이 그에게 자신의 판단에 대한 좀더 많은 확신을 줄 수 있다.

그런데 그는 언제든지 대중들의 비호의적인 판단 때문에 가장 격심한 굴욕감을 느끼기 쉽다. 라신은 어떠한 언어로 씌어졌든지 간에 아마 현존하는 비극들 중에서 가장 뛰어난 비극인 그의『페드르』가 그저 그만한 성공에 머물자 진저리가 나서, 아직 인생의 활기와 능력이 절정기였음에도, 더 이상 연극을 위해 작품을 쓰지 않겠다고 결심했다. 그 위대한 시인은 가장 고상하고 정당한 찬사가 이제껏 그에게 준 기쁨과 비교해서 가장 무가치하고 부적절한 비판이 언제나 훨씬 더 큰 고통을 주었다고 그의 아들에게 종종 말하곤 했다.[4]

볼테르가 동일한 유형의 아주 경미한 비난에 대해서 극히 민감했다는 것은 모든 사람에게 널리 알려진 사실이다.[5] 포프의『바보열전』은 잉글랜드의 모든 시인 가운데 가장 격조 높고 운율이 아름다울 뿐만 아니라 가장 표준에 맞는 문체를 구사한 시인이 가장 저질이고 경멸할 만한 저자들의 비평에 의해서 얼마나 크게 마음의 상처를

---

4) 라신(Racine)의『페드르』(*Phèdre*)는 1677년 1월 1일 처음 상연되었다. 이 작품이 성공하지 못한 것은 그와 적대적 관계에 있던 라이벌 프라동(Nicolas Pradon)의 계략 때문인 점은 일정 부분 사실이다. 실제로 프라동은 라신이 이 작품을 발표한 후 이틀 뒤에 동일한 소재를 다룬『페드르와 이폴리투스』(*Phèdre et Hippolyte*)를 발표했다. 글래스고 판본 편집인에 따르면, 라신이 12년간 극시 창작에서 물러나 있었던 사실은 단순히 이 같은 한 가지 원인 때문만은 아니다. 왕정역사가로 임명된 일, 종교로 귀의한 일,『페드르』의 성공을 시기하는 계략에 대한 분노 같은 여러 요인이 영향을 미쳤다는 것이다. 현대 전문가들의 견해로는 적대적 계략에 관한 라신의 분노는 그리 큰 비중은 아니었다.
5) 케임즈 경은『비평의 요소』(*Elements of Criticism*, 1762)에서 볼테르의 서사시『앙리아드』(*Henriade*)에 반대한 적이 있고, 볼테르는 이 악평에 대해 명시적으로 불쾌함을 표시했다. 이러한 에피소드가 언급되는 것으로 평가된다.

받는가를 보여주는 영원한 기념비다.[6]

그레이(그는 밀턴의 숭고함을 포프의 우아함과 조화성에 결합시키는 작가이며, 좀더 다작을 했으면 좋았다는 것을 제외하고는 영어권에서 아마 제1의 시인으로 평가받는 데에 부족함이 없는 사람이다)는 그의 가장 멋진 송시 중의 두 수(首)에 대한 우매하고 부적절한 풍자적 희화화로 마음에 큰 상처를 받아서 그 이후에는 어떤 중요 작품도 시도하려 하지 않았다고 전해진다.[7] 산문에서도 소위 미문(美文)에 의해 자신들을 평가하는 문필가들은 시인들의 이러한 감수성에 어느 정도 비슷하게 다가간다.

20

이와 반대로 수학자들은 그들이 이루는 발견의 진리와 중요성에 대해 가장 완전한 확신을 가질 수 있기 때문에 대중의 평판에 대해 아주 무관심한 경우가 빈번하다. 지금까지 내가 영광스럽게도 알게 된 두 명의 가장 위대한 수학자, 그리고 내가 믿기로는 나와 동시대에 살았던 두 명의 가장 위대한 수학자인 글래스고의 심슨 박사와 에든버러의 스튜어트 박사는 대중의 무지로 인해 그들의 가장 가치 있는 저작들이 방치되어도 아주 경미한 불안감조차 느끼지 않은 것으

---

6) 알렉산더 포프(Alexander Pope, 1688~1744)는 자신을 향한 수많은 비평가를 겨냥해서 자신의 풍자시 『바보열전』(The Dunciad)을 썼다고 전해진다.

7) 그레이(Thomas Gray, 1716~71)가 쓴 핀다로스풍의 두 가지 송시인 「시가의 진보」(The Progress of Poesy)와 「시선」(The Bard, 1757)은 로이드(Robert Lloyd)와 콜먼(George Colman)의 「모호함에 부치는 송가」(To Obscurity)에서 패러디되었다. 한편 그레이의 벗인 메이슨(William Mason)의 「기억에 부치는 송가」(Ode to Memory, 1756) 역시 1760년 같은 해에 로이드와 콜먼이 패러디해 「망각에 부치는 송가」(To Oblivion)로 나왔다. 글래스고 판본 편집인에 따르면, 메이슨은 이 때문에 진정으로 상처받았으나, 그레이는 그 패러디를 분명히 선의로 받아들였다.

로 보인다.[8)]

내가 듣기에 뉴턴의 위대한 저작인 『자연철학의 수학적 원리』 (*Mathematical Principles of Natural Philosophy*)는 수년 동안 대중의 주목을 받지 못했다. 그러나 그 위인의 평정심은 아마도 이로 인해 단 15분간의 중단도 경험한 적이 없었던 듯하다. 여론으로부터의 독립성 면에서는 자연철학자들도 수학자들과 거의 같으며, 자신들의 발견과 관찰의 공로에 관한 그들의 판단에서도 어느 정도 동일한 안도감과 평정심을 가진다.

21

그렇게 서로 다른 부류의 문필가들의 도덕과 품행은 이처럼 여론에 대한 그들의 매우 다른 상황의 차이로 어느 정도는 영향을 받는 듯하다.

22

수학자들과 자연철학자들은 여론에 대한 독립성 때문에 그들 자신의 명성을 유지하거나 경쟁자들의 명성을 끌어내리기 위해 자신들끼리 분파나 파벌을 형성할 유혹을 거의 느끼지 못한다. 그들은 거의 언제나 예의범절에서 가장 호감을 주는 단순함을 가진 사람들이고, 서로 조화롭게 잘 살고 있으며 상대방의 명성을 인정하는 친구들이다. 그들은 대중에게 갈채를 받으려고 음모를 꾸미지 않으며, 그들의 저작이 승인될 때에는 기뻐하지만 소홀히 취급될 때에도 심히 초조해하거나 분노하지 않는다.

---

8) 심슨(Robert Simson, 1687~1768)은 1711년부터 61년까지 글래스고 대학교의 수학 교수로 재직했고, 스튜어트(Matthew Stewart, 1717~85)는 1747년부터 75년까지 에든버러 대학교의 수학 교수로 재직했다.

23

시인이나 이른바 미문에 의해 자신들을 평가하는 문필가들의 경우에는 사정이 다르다. 그들은 자신들끼리 일종의 문학상의 파벌로 갈라지기 매우 쉽다. 각 파벌은 공공연하게, 그리고 거의 언제나 은연중에 모든 다른 파벌의 명성에 대한 불구대천의 적이고, 따라서 자기 회원의 작품에는 유리하게 평가하는 반면에 적수와 경쟁자의 작품에는 불리하도록 여론을 선점하기 위해 음모와 간청의 비열한 책략을 사용한다.

프랑스에서는 데프로와 라신이, 초기에는 퀴노와 페로의 명성을, 나중에는 퐁트넬과 라모트의 명성을 끌어내리기 위해서, 심지어는 선량한 라퐁텐에게 호의를 보이는 척했지만 실제로는 매우 무례하게 다루기 위한 수단으로 자신들이 문학 파벌의 수장이 되는 것을 자신들의 품격을 떨어뜨리는 행위로 생각하지 않았다.[9]

잉글랜드에서는 호감을 주는 애디슨이 치솟고 있는 포프의 명성을 누르기 위해, 유사한 작은 문학 파벌의 수장이 되는 것이 그의 온화하고 겸허한 성품에 걸맞지 않는 행위로 생각하지 않았다.[10]

---

9) 부알로(Nicolas Boileau-Despréaux)와 라신은 절친한 친구 사이였다. 이들은 문학의 신구논쟁(Querelle des anciens et des modernes)에서 고대 문인들의 주장을 지지했다. 부알로는 극작가인 퀴노(Philippe Quinault)를 패러디했다. 페로(Charles Perrault), 퐁트넬(Fontenelle), 라모트(Houdar de La Motte)는 모두 문학의 신구논쟁에서 현대주의의 신봉자였다. 부알로는 페로의 시 『루이 대왕의 세기』(Siècle de Louis le Grand)를 비난했다. 라신, 부알로와 그의 친구들은 퐁트넬이 프랑스 아카데미의 일원이 되는 것을 네 차례나 저지했다.

10) 호메로스의 시를 번역하는 데 티켈(Thomas Tickelle)이 포프보다 훨씬 더 정확했다고 평가한 애디슨(Addison)에 대해서 1715년에 포프는 불편한 심경을 내비친다. 포프의 분노는 이후에 출간된 몇몇 시에서 애디슨의 「작은 이 사회」를 풍자하는 것에서 잘 드러난다. 그러나 글래스고 판본 편집인에 따르면, 애디슨 문단이 포프를 헐뜯기 위해 만들어졌다는 스미스의 표현에는 정당한 근거가 없다.

퐁트넬은 수학자 및 자연철학자 협회인 과학아카데미 회원들의 생애와 성격에 관한 글을 쓰는 가운데 그들이 보여주는 예의범절에서 호감을 주는 단순성을 종종 칭송하고 있다. 그에 따르면, 이러한 속성은 특정 개인이라기보다는 그러한 학자 집단 전체의 특징일 정도로 그들 사이에서는 매우 보편성을 띠는 어떤 자질이다.[11]

한편 달랑베르는 시인과 미문작가 또는 그러한 부류에 속한다고 상정되는 문필가 협회인 프랑스 아카데미 회원들의 생애와 성격에 관한 글을 쓰는 가운데 이와 같은 종류의 발언을 할 기회를 거의 갖지 않은 듯하다. 또한 그는 어디에서도 이처럼 호감을 주는 자질을 그가 칭송하고 있는 문필가 집단의 특징으로 제시하려고 한 적이 없다.[12]

24

우리 자신들의 공로에 관해 확신이 서지는 못하지만 이에 대해 호의적으로 생각하고 싶은 열망이 있기 때문에 우리는 이에 대한 다른 사람들의 의견을 알기를 간절히 바란다. 이러한 의견이 호의적일 때 우리는 일상적인 경우보다 더 쾌활해지고, 그렇지 못할 때 일상적인 경우보다도 더 굴욕감을 느낀다. 그렇지만 이런 점 때문에 우리가 음모와 파벌에 의해 우호적인 여론을 얻거나 비우호적인 여론을 회피하고자 갈망해서는 안 된다.

---

11) 퐁트넬(Fontenelle, 1657~1757)은 1699년부터 1740년까지 과학아카데미의 서기였고, 사망한 협회 회원들을 위한 세련된 추도사를 썼다. 이 부분에서 인용되는 일반적인 의견은 프랑스 화학자 레므리(Nicolas Lemery, 1645~1715)를 위한 송사의 마지막 부분에 나온다.
12) 프랑스의 자연과학자이고 철학자이며 계몽주의자인 달랑베르(D'Alembert, 1717~83)는 1772년 프랑스 아카데미의 서기가 되었고, 1770년부터 72년 사이에 사망한 회원들에 대한 추도사를 썼다.

어떤 사람이 금품을 제공하여 모든 재판관을 매수한 경우에 만장일치를 이룬 법원의 결정에 따라 그가 소송에서 이길 수는 있겠지만, 이것이 그가 정당하다는 어떠한 보증을 해주는 것이 아니다. 만일 그가 정당하다는 점을 스스로 납득하기 위한 목적으로만 소송에 임했다면, 그는 결코 재판관들을 매수하지 않았을 것이다. 그러나 그는 자신이 정당하다는 점을 알고 싶기도 했지만 마찬가지로 승소하고도 싶었기 때문에 재판관들을 매수했다.

만일 칭찬이 우리가 칭찬받을 만한 자질을 지녔는가에 관한 하나의 증거로서 유효한 점을 제외하고는 어떤 중요성도 없다면, 우리는 그것을 공정하지 못한 수단을 통해 획득하려고 노력하지 않을 것이다. 그러나 행위의 공과에 대해 확신이 서지 않아 의심스러울 때는 현명한 사람에게도 이것은 아주 중요하다. 마찬가지로 이것은 그 자체로서 어떤 중요성을 지닌다. 따라서 (진정으로 이러한 때에도 이들을 현명한 사람이라고 부를 수는 없지만) 통상적인 수준을 훨씬 넘는 사람들도 때때로 매우 공정하지 못한 수단에 의해 칭찬을 얻거나 비난을 회피하기 위해 노력을 한다.

25

칭찬과 비난은 우리의 성격과 행동에 관해 다른 사람들이 실제로 어떠한 감정을 가지고 있는지를 표현하고 있고, 칭찬받을 가치가 있거나 비난받을 가치가 있다는 것은 이에 대해 그들이 당연히 어떠한 감정을 가져야 하는지를 표현하고 있다. 칭찬을 애호하는 것은 우리 이웃 형제들의 호의적인 감정을 얻고자 하는 욕구다. 칭찬받을 가치가 있는 자질에 대한 애호는 우리 스스로를 그러한 감정의 적절한 대상으로 만들고자 하는 욕구다. 이러한 정도만 보면 두 원리는 서로 비슷하고 동종이다. 이 같은 밀접한 관계와 유사성은 비난에 대한 두려움과 비난받아 마땅한 자질에 대한 두려움 사이에서도 성립한다.

26

칭찬받을 가치가 있는 행위를 하기를 원하거나 실제로 그러한 행동을 하는 사람은 마찬가지로 그것에 상응하는 칭찬이나, 때로는 이에 상응하는 것 이상의 칭찬도 원할지 모른다. 이 경우에 그러한 두 원리는 함께 뒤섞여 있다. 그의 행위가 어느 정도로 전자의 원리에 의해 영향을 받았고, 어느 정도로 후자의 원리에 의해 영향을 받았는지에 대해서는 그 자신조차도 알 수 없는 경우가 흔하다. 이것은 다른 사람들에게도 거의 언제나 발생하는 일임에 틀림없다.

그의 행위에 따른 공로를 축소시키고 싶어 하는 주변 사람들은 이를 주로 혹은 전적으로 칭찬에 대한 순전한 애호나 순전한 허영심이라고 불리는 것에 귀속시킨다. 그의 공로에 대해 한층 호의적으로 생각하고 싶어 하는 주변 사람들은 이를 주로 혹은 전적으로 칭찬받을 가치가 있는 자질에 대한 애호, 인간 행동에서 진정으로 명예롭고 고상한 것에 대한 애호, 그의 이웃 형제들의 승인과 갈채를 얻는 욕구뿐만 아니라 이를 받을 응분의 자격을 갖추고자 하는 욕구로 귀속시킨다. 그런 관찰자의 상상력은 자신의 사고의 습관에 따라 혹은 자신이 행동을 고찰하고 있는 사람에 대해 지니고 있는 호감이나 반감에 따라 그러한 행위에 서로 다른 채색을 한다.

27

일부 우울한 철학자들은 인간 본성을 판단할 때 성미가 꽤 까다로운 개인들이 서로의 행동을 판단하는 데에 의존하기 쉬운 방식으로 자신들의 견해를 제시해왔다. 그들은 칭찬받을 가치가 있는 자질에 대한 애호에 당연히 귀속되어야 하는 모든 행위를 칭찬에 대한 애호 혹은 그들이 허영심이라고 부르는 것에 귀속시켰다. 나는 뒷부분에서 이러한 이론의 일부에 대해 설명할 기회를 가질 것이므로, 이러한 검토를 위해서 현재 진행 중인 논의를 여기서 중단하지는 않을 것이다.[13]

28

다른 사람들 가운데에 존재하는 칭찬할 만한 자질과 행동에 감탄하며 숙고하는 사람들 중에 이것들을 본인 스스로가 획득하거나 수행했다는 개인적 의식만으로 만족할 수 있는 사람은 거의 없다. 그들이 그러한 자질을 소유하고 있으며 그러한 행위를 수행했다는 점이 일반적으로 동시에 인정되지 않는다면, 다시 말해서 그 자질과 행위에 합당하다고 생각되는 응분의 칭찬을 실제로 얻지 못한다면, 그에 관한 개인적 의식만으로 만족하는 경우는 극히 드물다.

그러나 이러한 측면에서 사람들은 서로 상당한 차이를 지닐 수 있다. 일부 사람들은 마음속으로 자신들이 칭찬받을 만한 자질을 지닌 점에 완전히 만족하고 있는 경우에는 칭찬에 대해서는 무관심한 듯하다. 다른 사람들은 칭찬받을 만한 자질보다는 칭찬을 얻는 것에 대해 훨씬 더 조바심을 내는 듯하다.

29

어느 누구도 비난이나 질책을 실제로 회피하지 못하는 한, 그의 행동에 비난받아 마땅한 자질이 전혀 없다는 점에 대해서 완전한 정도로 또는 감내할 만한 정도로도 만족할 수 없을 것이다. 현명한 사람은 자신이 가장 칭찬받을 만한 자격이 있는 경우에조차 칭찬을 빈번하게 무시할 수 있다. 그러나 매우 중요한 모든 문제에서 그는 비난

---

13) 이 책 658~672쪽(1~14).

받아 마땅한 일을 회피하고자 할 뿐 아니라 가능한 한 비난의 개연성이 있는 모든 일을 회피하기 위해 자신의 행위를 규제하는 데에 가장 주의 깊게 노력할 것이다.

그는 자신이 비난받아 마땅하다고 판단하는 어떤 일을 한다든가, 자신의 모든 의무를 하지 않고 넘어간다든가, 자신이 진정으로 크게 칭찬받을 만한 가치가 있다고 판단하는 일을 소홀히 함으로써 뒤따르는 비난에 대해서는 결코 회피하지 않는다.

그러나 이러한 경우들을 제외한다면, 그는 어떤 경우에서도 가장 열정적이고 주의 깊게 비난의 개연성을 회피하려고 한다. 칭찬에 대해, 심지어 칭찬받을 만한 행위에 대해 지나치게 노심초사하는 것은 훌륭한 지혜의 증거인 예는 거의 없고, 일반적으로 나약함을 일정 정도 지니고 있다는 증거가 된다. 그러나 비난이나 질책의 그림자를 회피하고 싶은 열망 속에는 어떠한 나약함도 없고 가장 칭찬받을 만한 신중함이 있는 경우가 흔하다.

30

키케로가 말하기를 "많은 사람은 영예를 경멸하지만, 부당한 비난에 대해서는 가장 심각한 굴욕감을 느낀다. 이것은 가장 일관성이 없는 의식이다."[14] 그러나 이 같은 의식의 일관성의 결여는 인간 본성의 불변의 원리에 기초하고 있는 듯하다.

31

자연의 전지한 창조주는 이러한 방식으로 인간에게 그의 이웃 형제들의 감정과 판단을 존중하고, 그들이 그의 행동을 승인할 때에는 다

---

14) 인용문은 키케로의 『의무론』(*De Officiis*)에 나오는 구절이다.

소간 기쁨을 느끼며, 그의 행동을 부인할 때에는 다소간 상심하도록 가르쳤다. 자연의 창조주는, 말하자면 사람을 세상 사람들의 즉석 재판관으로 만들었다. 그는 다른 많은 점에서와 마찬가지로 이러한 점에서도 사람을 자신의 형상에 따라 창조한 후 지상에서의 대리인으로 임명하고 이웃 형제들의 행위를 감독하도록 했다. 그의 이웃 형제들은 이런 식으로 그에게 부여된 권력과 사법권을 인정하고, 그의 비난을 받을 때에는 다소간 상심하고 굴욕감을 느끼며, 그의 갈채를 받을 때에는 다소간 쾌활함을 느끼도록 하는 등 자연의 가르침을 배웠다.

32

그런데 비록 이렇듯이 인간이 이웃 형제들의 즉석 재판관이 되었지만, 그는 제1심에서만 그런 역할을 부여받았다. 이러한 판결로부터의 상소는 훨씬 더 높은 법정에서, 자신의 양심의 법정에서, 사정에 정통한 가상의 공정한 관찰자의 법정에서, 마음속의 인간, 즉 자신의 행위의 위대한 심판관이자 판정인의 법정에서 이루어진다. 이두 가지 법정의 사법권은 비록 어떤 점에서는 비슷하고 동종처럼 보이지만 실제로는 서로 다르고 독특한 원리들에 기초하고 있다.

외면의 인간의 사법권은 전적으로 실제적 칭찬에 대한 욕구 및 실제적 비난에 대한 혐오에 근거하고 있다. 내면의 인간의 사법권은 전적으로 칭찬할 가치가 있는 자질에 대한 욕구 및 비난받아 마땅한 자질에 대한 혐오에 근거하고 있다. 즉 이것은 우리가 애호하고 감탄하는 다른 사람의 자질과 행위를 우리가 실제로 소유하거나 실행하고자 열망하는 욕구와, 우리가 증오하고 경멸하는 그들의 자질과 행위를 우리가 실제로 소유하거나 실행하는 것에 대한 두려움에 기초하고 있다.

만약 외면의 인간이 우리가 수행하지 않은 행위나 우리에게 영향을 주지 않은 동기 때문에 갈채를 보내면, 내면의 인간은 자격이 없는데도 그것을 수용하는 것은 우리 스스로를 경멸스럽게 만든다는 점을 언급함으로써, 그렇지 않을 경우 그 근거 없는 박수갈채가 야기했을지도 모를 마음의 자만심과 우쭐함을 즉각적으로 낮출 수 있다.

만일 이와는 반대로 외면의 인간이 우리가 결코 수행하지 않은 행위나 우리의 행위에 어떠한 영향도 미치지 않은 동기 때문에 질책한다면, 내면의 인간은 즉시 이 그릇된 판단을 정정하고, 우리가 그렇게 부당하게 부여된 비난의 적절한 대상이 아니라는 점을 보증해줄 것이다.

그러나 이 경우에 그리고 또 다른 몇몇 경우에 내면의 인간은 때때로, 말하자면 외면의 인간의 격렬함과 아우성에 깜짝 놀라고 당황하게 되는 듯하다. 우리에게 때때로 비난이 쏟아질 때의 맹렬함과 소란함은 칭찬받아 마땅한 자질 및 비난받아 마땅한 자질에 대한 우리의 자연적 감각을 마비시키고 몽롱하게 하는 것처럼 보인다. 그리고 내면의 인간의 판단은 비록 아마 절대적으로 변경되거나 왜곡되지는 않겠지만 그 결정의 견실함과 확고함이 크게 흔들려서 마음의 평정을 지키는 데 그 자연적 효과는 종종 상당한 정도로 파괴된다.

우리는 이웃 형제 모두가 소리 높여 우리를 비난하는 듯할 때 감히 우리 스스로에게 면책을 줄 용기를 거의 갖지 못한다. 우리의 행위에 대한 가상의 중립적인 관찰자는 모든 실제 관찰자들의 의견, 즉 이들의 눈과 이들의 상황에서 그가 우리의 행동을 고려할 때의 의견이 한결같이 격렬하게 우리를 비난할 때에는, 우리에게 호의적인 자신의 의견을 제시하는 데 두려움과 망설임을 갖는 것처럼 보인다.

그러한 경우에 우리의 마음속에 있는 반신(半神)은 시인들이 거론하는 여러 반신과 마찬가지로 부분적으로는 불사신의 태생이지만 부분적으로는 죽을 운명을 타고난 인간의 태생인 것처럼 보인다. 이러한 반신의 판단이 견실하고도 확고한 정도로 칭찬받아 마땅한 자질 및 비난받아 마땅한 자질에 대한 감각에 의해 인도될 때에는 그는 신성(神性)의 태생에 적합하게 행동하는 듯하다. 그러나 그 스스로가 무지하고 나약한 사람의 판단에 의해 깜짝 놀라고 당황할 때에는, 그는 자신이 죽을 운명과 연관성을 맺고 있음을 발견하고, 신성의 태생보다는 오히려 인간적 태생의 속성에 적합하게 행동하는 듯하다.

33

그러한 경우에 상심으로 고통받고 있는 사람을 위한 유일하게 효과적인 위로방식은 한층 더 높은 법원, 즉 그 눈을 결코 속일 수 없고 그 판단이 결코 잘못될 수 없는 세상의 전지한 재판관이 관할하는 법원에 상소하는 것이다. 이러한 위대한 법정 앞에서 그의 결백이 적절한 시기에 선언되고 그의 미덕이 최종적으로 보상받게 된다. 이 법정의 매우 정확한 공정함에 대해 확신하게 되면, 그는 자신의 마음이 나약해지고 낙담하게 될 때, 그리고 결백뿐 아니라 평정심의 보호자로서 자연이 현세를 위해 설정한 마음속의 내면의 인간이 혼란과 경악 중에 있을 때에 유일하게 격려를 받을 수 있게 된다.

그러므로 현세에서의 우리의 행복은 많은 경우에 내세의 삶에 대한 겸허한 희망과 기대에 의존하고 있다. 인간 본성에 깊이 뿌리박고 있는 이와 같은 희망과 기대만이 인간의 존엄에 대한 대단히 숭고한 관념을 지지할 수 있으며, 부단히 다가오는 죽을 운명에 대한 음울한 예상을 밝게 할 수 있고, 현세의 혼란 때문에 때때로 직면하게 되는 가장 심각한 재앙 앞에서도 인간성의 쾌활함을 유지할 수 있다.

어느 교의(教義)에 따르면, 내세가 존재하는데 이곳에서는 모든 사람에게 엄격한 정의가 구현되고 모든 사람은 도덕적이고 지적인 자질 면에서 실제로 자신들과 동등한 사람들과 한 부류로 신분이 정해진다. 현세에서 운이 좋지 않게 작용해서 발휘할 기회도 없었던, 그리고 대중에게 알려지지 않았고 자신조차도 이를 보유한 점에 대해 거의 확신할 수 없었으며 심지어 마음속의 내면의 인간조차도 감히 분명하고 확실하게 증언할 수 없었던 그런 소박한 재능과 덕성을 소유한 사람, 그리고 그의 수수하고 휴지상태에 있으며 알려져 있지 않던 공로가 내세에서는 공정한 대접을 받게 된다는 것이다. 즉 내세에서는 이들은 현세에서 최고의 명성을 누린 사람들, 유리한 상황 때문에 가장 훌륭하고 눈부신 행동을 수행할 수 있었던 사람들과 동등한 위상을 지니거나, 때로는 그보다 높은 수준으로 신분이 정해진다고 한다.

이러한 교의는 여러 면에서 약자에게 매우 존경할 만하고 위안을 주며 인간 본성의 위대함을 높이 칭송하는 것이기 때문에, 불행히도 이에 대해 미심쩍어하는 덕망을 지닌 사람도 아마 매우 진지하고 열정적으로 이를 믿기를 원하지 않을 수 없을 것이다. 그런데 이러한 교의의 가장 열렬한 주장자들 가운데 일부가 내세에서 실현될 것이라고 가르치고 있는 보상과 처벌의 분배가 우리의 모든 도덕감정과 직접적으로 대립하는 경우가 지나치게 빈번하지 않았다면, 이것이 조소하는 사람의 놀림감이 되는 일은 결코 없었을 것이다.

34

꼼꼼히 시중드는 궁정의 조신은 충실하고 활동적인 하인보다도 종종 더 선호된다는 것, 통치자 주위에서 시중을 들고 아첨하는 것이 공로를 세우고 공헌을 한 것보다도 승진에 한층 더 가깝고 확실한 길이라는 것, 많은 경우에 베르사유 궁전이나 성 제임스 궁전에 한 번 문안 다녀오는 일이 독일이나 플랑드르로 각각 두 번 출전하는 것과 비슷한 가치를 지닌다는 것 등은 훌륭하지만 불만을 품고 있는 연로

한 많은 장교에게서 우리가 익히 들어온 불평들이다.[15]

그러나 이처럼 세속의 국왕들이 지닌 결점에 대한 최대의 질책으로 간주되곤 하는 것이 정의의 행위로서 신성(神性)의 완성에 관한 문제로 귀결되기까지 했으며, 신에 대한 헌신의 의무, 신에 대한 공적인 숭배와 사적인 숭배가 덕망과 재능이 있는 사람들에 의해서조차 내세에서 보상받을 자격을 얻거나 처벌을 면제받을 수 있는 유일의 덕성으로 묘사되곤 했다. 아마 헌신의 의무와 숭배는 덕망과 재능 있는 사람의 처지에 가장 적합한 덕성이고, 그들 스스로는 여기에서 주로 출중한 기량을 보인다.

우리는 모두 자신의 기질이 발휘하는 그러한 출중한 장점을 자연스럽게 과대평가하는 경향이 있다. 달변이고 철학적인 마시용 주교가 카티나 연대의 부대 깃발에 축복기도를 하는 가운데 낭독한 설교에서 장교들에게 전하는 다음과 같은 연설내용이 있다.[16]

"장교 여러분, 여러분의 처지에서 가장 통탄할 만한 것은 다음과 같습니다. 병역과 군무가 때로는 가장 금욕적인 수도원 생활의 엄격함과 가혹함을 넘어서게 마련인데, 이처럼 견디기 어렵고 고통스러운 생활 속에서 여러분들이 참아내고 있는 노고는 내세를 위해서는

---

15) 베르사유 궁전은 파리 남서쪽 베르사유에 있는 바로크 양식의 궁전이다. 이 궁전은 원래 루이 13세가 지은 사냥용 별장이었으나 루이 14세에 의해 U자형 궁전으로 개축되었다. 한편 성 제임스 궁전은 영국 런던 세인트 제임스 공원 북쪽 끝에 있는 궁전으로 1530년경 헨리 8세 때 튜더 양식으로 완공되었다. 성 제임스 궁전은 1820년 빅토리아 여왕이 현 버킹엄 궁전으로 거처를 옮길 때까지 영국 왕실의 공식 궁전이었다. 그리고 플랑드르는 현재 북프랑스, 벨기에, 네덜란드에 걸친 지역으로, 중세 말기 이후 모직물 공업 및 국제교역으로 번성했던 지역이다. 14~15세기에 전략적으로 중요했던 이 지역을 둘러싼 영국과 프랑스의 쟁탈전이 백년전쟁의 실질적인 배경이다.

16) 마시용(Jean Baptiste Massillon, 1663~1742)은 프랑스의 유명한 설교가로서, 1717년 클레르몽(Clermont)의 주교가 된다. 인용문은 마시용의 『전집』(全集) 가운데 「카티나 연대의 부대 깃발 축복기도 설교」에 나오는 내용이다.

언제나 허사가 되고 있고, 현세를 위해서조차 허사인 경우가 흔하다는 것입니다. 아아, 독방에서 고행으로 육욕을 극복하고 그것을 정신에 종속시켜야 하는 고독한 수도사는 보증된 보상이라는 희망에 의해 그리고 주님의 멍에를 완화시키는 은총이 주는 은밀한 위안에 의해 격려를 받고 있습니다. 그러나 여러분이 임종의 자리에 서게 될때, 주님에게 여러분의 노고와 여러분의 업무가 주는 일상적인 고난을 감히 대변할 수 있을까요? 여러분은 주님에게 감히 어떠한 보상을 간청할 수 있을까요? 여러분이 수행한 모든 고된 일 가운데, 여러분이 스스로에게 가한 모든 폭력 가운데, 주님이 자신을 위한 것으로 평가해줄 수 있는 그 무엇이 있습니까? 그러나 여러분의 생애에서 최고의 나날들은 여러분의 직업에 바쳐졌고, 십 년간의 병역근무는 아마 참회와 고행으로 생애 전체를 보내는 것보다도 여러분의 신체를 더욱 쇠약하게 만들었습니다. 아아, 나의 형제들이여. 그러한 고난의 날들 가운데 단 하루라도 주님에게 봉헌되었다면 아마 여러분은 영원한 행복을 얻었을 것입니다. 자연 본성에 고통스럽지만 주님에게 봉헌된 단 하나의 행위가 아마 여러분에게 성인들의 상속권을 얻게 해주었을 것입니다. 여러분은 이 모든 것을 해왔으나, 현세를 위해서 부질없이 한 것입니다."

35

이러한 식으로 수도원의 쓸데없는 고행을 전쟁의 그 고귀한 고난과 위험과 비교하는 것, 전자에 사용된 하루나 한 시간이 이 세상의 위대한 재판관의 눈으로 볼 때 후자에 명예롭게 투입된 생애 전체보다도 더 큰 공로를 가지는 것으로 상정하는 것은 명백히 우리가 지닌 모든 도덕감정에 반하고 우리의 경멸이나 감탄을 규제하기 위해 자연이 가르치는 모든 원리에 반하는 것이다. 그런데 이러한 정신적 태도는 수도사나 탁발수도사를 위해 또는 이들과 유사한 행동과 대화를 하는 사람들을 위해 천국을 예약하는 것인 반면에, 이전의 여러 시대에 존재한 모든 영웅, 정치가와 입법자, 시인과 철학자 모두를 지옥으로 보내는 선고를 하는 것이다.

이들이야말로 인류생활에 필요한 기초 생존수단, 편의품, 장식품에 공헌하는 기예를 발명하고 개량하고 탁월하게 운용한 사람들이고, 인류의 모든 위대한 보호자, 교육자, 후원자이며, 칭찬받아 마땅한 자질에 대한 우리의 자연적 감각에 의해 판단할 때 최고의 공로와 가장 숭고한 덕성을 지닌 것으로 평가해야 하는 사람들이다. 이 가장 존경할 만한 교의를 이처럼 기이하게 적용함으로써 경건하고 명상적인 미덕에 대한 어떠한 취향이나 성향도 없는 사람들이 때때로 이를 경멸하고 조롱감으로 삼은 점에 대해 우리가 의아함을 가질 수 있을 것인가?[17]

제3장 양심의 영향과 권위

1

그러나 비록 자기 자신의 양심의 승인이 일부 이례적인 경우에 인

---

17) 원주: 볼테르의 시를 보라. "그곳에 대해 엄중하게 따져 물읍시다, 현명하고 박식한 플라톤, 신성한 호메로스, 웅변적인 키케로 등이여." [여기서 인용된 내용은 볼테르의 풍자시 『오를레앙의 처녀』(1762) 노래 5장에 나오는 부분이다. 21개의 노래로 구성된 이 서사 시집에서 볼테르는 백년전쟁을 승리로 이끌면서 프랑스 영웅으로 떠오른 잔다르크를 날개 달린 당나귀를 타고 다니는 기묘한 시골처녀로 표현하고 있다. 이 풍자시를 통해 그는 역사적 사건에 신성(神性)이 개입한다고 믿는 세상 사람들의 맹목적인 신앙을 문제 삼고 있다. 그의 시 가운데 '그곳'은 기독교의 지옥을 지칭하는 것으로 신성이 부당하게 개입하는 것을 비판하기 위해 씌어진 것으로 해석할 수 있다.]

간의 나약함을 만족시킬 수는 거의 없어도, 비록 가상의 공정한 관찰자 또는 마음속의 위대한 동거인의 증언이 언제나 그를 전적으로 지지할 수는 없어도, 모든 경우에 이 원리의 영향과 권위는 매우 상당하다. 그리고 이 내면의 재판관과 상의하게 될 때만 우리는 자신과 관련된 일을 그 적절한 모양과 크기로 지켜볼 수 있고, 자신의 이해관계와 다른 사람들의 이해관계 간의 적절한 비교도 수행할 수 있다.

2

대상들의 실제 크기에 따르기보다는 이것들의 위치가 가깝거나 멀리 떨어져 있는가에 따라서 대상들이 신체의 눈에 크거나 작게 보이는 것과 같이, 마음의 자연적 눈이라고 부를 수 있는 것에도 대상들은 이와 마찬가지로 보인다. 그리고 우리는 이러한 두 기관의 결함을 동일한 방식으로 꽤 많이 교정한다. 현재의 나의 위치에서는 잔디밭, 숲, 먼 산 들의 매우 넓은 전망은 내가 곁에서 글을 쓰고 있는 작은 창을 겨우 가릴 정도인 듯하고, 내가 앉아 있는 방과 비교해서 어울리지 않을 정도로 훨씬 더 작은 것처럼 보인다.

이와 같이 거대한 대상과 내 주변의 작은 대상을 올바르게 비교하려면 적어도 상상을 통해 스스로를 어떤 다른 장소로 이동시키고 이곳으로부터 거의 비슷한 거리에서 양자를 고찰하고 그것들의 실제의 크기에 대해 판단을 하는 것 이외에는 다른 방법이 없다. 습관과 경험은 나에게 이것을 극히 쉽고 빠르게 실행하는 법을 가르쳐왔기 때문에 내가 이러한 비교를 하고 있다는 것을 거의 감지하지 못한다.

그러므로 만일 상상력이 멀리 떨어져 있는 대상들의 실제 크기에 대한 지식을 바탕으로 이것들을 부풀리거나 확장하지 않는다면 이것들이 눈에 얼마나 작게 보일 것인가에 대해 완전히 납득하기에 앞

서서 사람들은 시각의 철학에 어느 정도 반드시 익숙해져야 한다.[18]

3

이와 마찬가지로 인간 본성을 구성하는 이기적이고 본원적인 열정에는 우리와 특별한 연관성이 없는 다른 사람이 가지고 있는 최대의 관심사와 비교해서 우리 자신의 매우 작은 이해의 득실이 한층 더 중요한 것처럼 보이고, 한층 더 열정적인 환희나 비애, 한층 더 강렬한 욕망이나 혐오를 야기한다. 다른 사람의 이해관계가 이러한 상황에서 고찰되는 한, 그의 이해관계는 우리 자신의 이해관계와 균형이 유지될 수 없고, 아무리 그에게 파괴적인 것처럼 보여도 우리 자신의 이해관계를 도모할 수 있는 행위가 무엇이든 우리가 이를 행하려는 것을 결코 억제할 수 없다.

우리가 서로 상반되는 이해관계를 적절하게 비교할 수 있으려면 먼저 우리는 반드시 상황을 변경해야만 한다. 우리는 상반된 이해관계를 우리 자신의 위치나 상대방의 위치로부터가 아니라, 우리 자신의 눈이나 상대방의 눈으로도 아닌, 쌍방과 아무 연관성이 없으며 쌍방 사이에서 공정하게 판단하는 제삼자의 눈으로 지켜보아야 한다. 여기서도 역시 습관과 경험이 우리에게 매우 쉽고 빠르게 이렇게 판단하도록 가르쳤기 때문에 우리가 그렇게 한다는 점을 거의 감지하지 못한다.

그리고 이 경우에도 역시 우리가 적정성 및 정의의 감각을 통해 우

---

18) 스미스는 자신의 유고집인 『철학논집』 중 「외부감각에 관한 논고」에서 아일랜드 출신의 철학자이며 주교인 버클리(George Berkeley, 1685~1753)의 『새로운 시각이론에 관한 시론』(*An Essay towards a New Theory of Vision*, 1732)을 언급하고 있다. 이 책은 당시 주류 이론인 기하학적 광학이론을 비판하면서 경험주의적 관점에서 시각에 의해 대상의 거리, 크기, 위치를 지각하는 방식을 제시하고자 했다. 본문의 내용은 이를 반영한 것이다.

리 감정의 자연적 불균형을 교정하지 않는다면, 우리가 이웃이 지닌 최대의 관심사에 얼마나 적은 관심을 가지고 있으며, 그와 관련된 일에 대해서는 그 무엇이든지 우리가 이것에 얼마나 적은 영향을 받는지를 확신하기 위해서 어느 정도의 성찰, 심지어 어느 정도의 철학이 요구된다.

4

중국 같은 거대한 제국이 지진이 일어나 갑자기 그 많은 주민과 함께 사라졌다고 가정해보자. 그리고 세계의 그런 지역과는 어떠한 연관성도 없는 유럽의 어느 인정 많은 사람이 이 무서운 재앙에 대한 소식을 접했을 때 마음에 어떠한 영향을 받을 것인지를 고려해보자.

내가 상상하기에는, 그는 무엇보다도 먼저 저 불행한 민족의 재난에 대한 비애를 매우 강하게 표명하고, 인간 생활의 불안정성과 이렇듯 일순간에 절멸되는 인간 노동의 공허함에 대해 우울한 숙고를 많이 할 것이다. 만일 그가 사색적인 사람이라면, 역시 이 재난이 유럽의 상업에 그리고 세계 전체의 교역과 사업에 미칠지도 모를 여러 효과에 대한 여러 추론에도 몰입할 것이다.

그리고 이 정교한 철학이 모두 끝났을 때, 그의 인도적 감정들이 모두 공평하게 표현되었을 때, 그는 그러한 사건이 전혀 일어나지 않았을 때 갖게 되는 동일한 편안함과 평정심을 가지고 자신의 사업을 이어가거나 기쁨을 추구할 것이고 휴식을 취하거나 기분전환을 할 것이다. 그에게 떨어질 수 있는 가장 하찮은 재난이 오히려 그에게는 한층 더 실질적인 불안을 야기할 것이다.

만일 그가 내일 그의 새끼손가락을 잃어야 한다면 오늘밤 그는 잠들지 못할 것이다. 그러나 그가 직접 관찰한 일이 아니라면 설령 일억 명의 이웃 형제가 파멸되더라도 깊은 안도감으로 코를 골 것이고,

그 무수한 대중의 파멸은 분명히 그 자신의 하찮은 불행보다도 그에게 관심이 훨씬 덜한 대상인 것으로 보인다. 따라서 인정이 많은 사람조차도 만일 그가 직접 관찰하지 않았다면 그 하찮은 자신의 불행을 방지하기 위해 일억 명의 이웃 형제의 생명을 기꺼이 희생시킬 마음이 들 것인가?

인간 본성은 그러한 생각에 소스라치게 놀라며, 세상은 최고도의 타락과 부패한 상황에서도 그런 생각을 품을 수 있는 그러한 악한을 절대로 낳은 적이 없었다. 그러나 무엇이 이러한 차이를 만드는가? 우리의 수동적인 감정들이 거의 언제나 이렇게 야비하고 이기적인데, 도대체 왜 우리의 능동적인 원리들은 종종 그렇게 관대하고 고상해야만 하는가? 우리가 언제나 다른 사람과 관련된 일보다도 우리 자신에 관련된 일에 훨씬 더 강렬하게 영향을 받는다면, 도대체 무엇이 모든 경우에 그 관대한 원리들을 자극하고, 많은 경우에 그 하찮은 감정들을 자극함으로써 그들 자신의 이해를 다른 모든 사람이 지닌 훨씬 더 큰 이해관계를 위해서 희생시키는가?

이렇듯이 자기애의 가장 강력한 충동에 대항력으로 작용할 수 있는 것은 인간애라는 온화한 힘도 아니고, 자연이 인간의 마음속에 점화한 박애심이라는 연약한 불꽃도 아니다. 그런 경우에 작용하는 것은 더욱더 강력한 힘이고 더욱더 설득력 있는 동기다. 그것은 이성, 원칙, 양심, 마음속의 거주자, 내면의 인간, 우리의 행위의 위대한 재판관 및 중재인이다.

우리가 다른 사람들의 행복에 영향을 미치는 일을 하려고 할 때마다 그는 우리의 열정 가운데 가장 뻔뻔스러운 열정을 깜짝 놀라게 하는 목소리로 우리에게 다음처럼 환기시킨다. 우리는 어떠한 점에서도 다른 사람들보다 탁월할 것이 없는 다수 대중 가운데 한 사람에 불과하며, 우리가 이토록 수치스럽고 맹목적으로 우리 자신을 다른 사람들보다 우선시한다면 우리는 분개심, 혐오와 저주의 적절한 대상이 될 것이다. 그를 통해서만 우리 자신이라는 존재 및 우리 자신과 관련된 일이 실질적으로 작은 비중만을 지님을 배우게 되고, 이러한 공정한 관찰자의 시각을 통해서만 자기애가 야기하는 자연적인 왜곡이 교정될 수 있다.

그는 우리에게 관용의 적정성 및 불의의 추악성, 즉 여러 다른 사람의 좀더 큰 이익을 위해 우리 자신의 가장 큰 이익을 단념하는 행위의 적정성 및 우리 자신의 최대의 이익을 확보하기 위해서 다른 사람에게 아주 적은 침해라도 끼치는 행위의 추악성을 보여준다. 많은 경우에 우리를 자극하여 그러한 신성한 덕목을 실천하도록 만드는 것은 우리 이웃에 대한 사랑도 아니고 인류에 대한 사랑도 아니다. 그러한 경우에 일반적으로 일어나는 것은 한층 더 강력한 애정, 한층 더 강대한 애착, 즉 명예롭고 고상한 것에 대한 애호, 우리 자신의 성격의 숭고함, 존엄성, 탁월성에 대한 애호다.

5

다른 사람들의 행복이나 불행이 어떤 식으로든 우리의 행동에 의존하고 있는 경우에는, 우리는 자기애가 행동하도록 제시하는 것처럼 한 사람의 이익을 많은 다른 사람의 이익보다 감히 우선시하지 않는다. 내면의 인간이 곧바로 우리에게, 우리는 우리 자신을 과대하게 그리고 다른 사람들을 과소하게 평가하고 있으며 그렇게 함으로써 우리 자신을 이웃 형제들의 경멸과 분노의 적절한 대상으로 만들고 있다는 점을 환기시켜준다.

이와 같은 감정은 이례적인 넓은 도량과 덕성을 가진 사람들에게만 국한되는 이야기는 아니다. 이러한 감정은 꽤 선량한 모든 병사의 마음에 깊이 새겨져 있다. 그들은 수행하는 임무의 유익함이 요구하는 경우에 만일 위험을 꺼린다든가 생명을 노출시키거나 던지는 것을 주저한다면, 자신의 동료들의 조롱거리가 될 것임을 느끼고 있다.

6

한 개인은, 설령 자신이 얻는 이익이 다른 어떤 개인에게 가해지는 상해나 침해보다 훨씬 더 크다고 해도, 자신의 이익을 얻기 위해 다른 개인에게 상해나 침해를 끼칠 정도로 다른 개인보다도 자신을 결코 우선시해서는 안 된다. 가난한 사람은 부유한 사람에게서 사취하거나 도둑질해서는 안 된다. 비록 그렇게 하여 가난한 사람이 얻는 이익이 손실을 입은 부자의 상실과 비교하여 한층 더 크더라도 그러하다. 이 경우에도 역시 내면의 인간은 곧바로 그에게 다음처럼 환기시킨다.

그는 이웃사람보다 더 나을 것이 없는 존재이고, 이러한 부당한 자기 우선시로 말미암아 스스로를 세상 사람들의 경멸과 분노의 적절한 대상으로 만들고 있다. 그뿐만 아니라 이러한 자기 우선시 때문에 사회의 모든 안전과 평화를 위해서 상당히 잘 지켜져야 할 필요가 있는 신성한 규칙의 하나를 그가 위반함으로써 세상 사람들의 경멸과 분노가 자연스럽게 요구하는 처벌의 적절한 대상으로 만들고 있다.

평범하고 정직한 사람은 자신의 어떠한 악행 없이도 자신에게 떨어질 가능성이 있는 최대의 외부적 재난과 비교해서 그 행위가 영원히 자신의 마음에 각인하는 지울 수 없는 오점이나 내면적 치욕을 한층 더 두려워한다. 또한 그러한 정직한 사람은 어떤 사람이 다른 사람의 소유물을 부당하게 빼앗거나 타인의 손실이나 불이익을 통해서 자신의 이익을 부당하게 도모하는 행위는 죽음보다도, 빈곤보다도, 고통보다도, 그의 신체나 그의 외부 환경에 영향을 미칠 수 있는 모든 불운보다도 한층 더 자연에 위배된다고 하는 위대한 스토아학파의 격언의 진리를 마음속에서 절감한다.

7

다른 사람들의 행복이나 불행이 진정으로 어떠한 측면에서도 우리의 행동에 의존하지 않을 때, 우리와 그들의 이해관계가 서로 완전히 분리되고 단절되어 있어서 그것들 사이에 어떠한 연관성이나 경쟁도 존재하지 않을 때, 우리는 자신의 업무에 대한 자연스럽지만 아마도 부적절한 노심초사를, 타인의 업무에 대한 자연스럽지만 아마도 유사하게 부적절한 무관심을 자제하는 것이 언제나 필요하다고 생각하지 않는다.

가장 평범한 교육도 중요한 경우마다 우리 자신과 다른 사람들 사이에서 일종의 공정성을 가지고 행동할 것을 가르치고 있다. 심지어 세상의 일상적인 상업에서도 우리의 능동적인 원리들은 어느 정도 적정성에 맞도록 조정될 수 있다. 그런데 가장 인위적이고 세련된 교육을 통해서만 우리의 수동적인 감정들의 불균형이 교정될 수 있다는 말이 제기되어왔다. 그리고 이 목적을 위해 우리는 가장 심원할 뿐만 아니라 가장 엄격한 철학에 반드시 의지할 필요가 있는 것처럼 주장되어왔다.

8

두 그룹의 서로 다른 철학자들이 도덕의 교훈 중에서 가장 어려운 이 부분을 우리에게 가르치려고 시도했다. 한 그룹의 학자들은 다른 사람의 이해관계에 대한 우리의 감수성을 확대시키기 위해 노력했고, 또 다른 그룹의 학자들은 우리 자신의 이해관계에 대한 우리의 감수성을 감소시키는 데 주력해왔다. 전자는 우리가 스스로에 대해 자연스럽게 느끼는 것처럼 다른 사람들에 대해서도 그렇게 느끼게 하려고 했고, 후자는 우리가 다른 사람들에 대해 자연스럽게 느끼는 것처럼 우리 스스로에 대해서도 그렇게 느끼게끔 하려고 했다. 이 두 가지 철학은 모두 자연의 본성과 적정성의 정당한 수준을 상당히 넘어설 정도로 자신들의 학설을 몰고 간 듯하다.

9

첫 번째 그룹의 철학자들은 푸념하는 우울한 도덕가들로서, 이들은 수많은 우리의 이웃 형제가 비참한 생활을 하는데도 우리는 행복을 추구한다는 점에 대해 끊임없이 질책한다. 이들은 모든 유형의 재난 가운데서, 빈곤의 답답함 속에서, 질병의 고통 속에서, 죽음의 공포 속에서, 적들의 모욕과 억압 속에서, 매 순간 부지런히 노동하고 있는 수많은 불쌍한 사람들을 생각하지 않은 채 번영이 수반하는 자연스러운 환희를 느끼는 것은 불경스럽다고 간주한다.[19]

이들에 따르면, 우리가 직접 본 적도 들은 적도 결코 없지만 우리가 확신하기에 다수의 이웃 동포에게 늘 횡행하고 있는 그러한 불행한 일에 대한 동정의 태도를 통해서 행복을 느끼는 사람들의 기쁨을 둔화시키고 우울한 낙담의 분위기를 모든 사람에게 습관화되도록 하는 것이 마땅하다. 그러나 무엇보다도 우리가 전혀 알지 못하는 불운에 대한 이러한 극단적인 동감은 전적으로 터무니없고 불합리적

---

19) 원주: 톰슨의 『4계절』(*The Seasons*) 가운데 「겨울」을 보라. "아아! 화려하고 방탕하며 거만스런 사람들은 (다른 사람들이 겪는 침울한 고통을) 거의 생각하지 않는구나." 또한 파스칼을 참조하라. [톰슨(James Thomson, 1700~48)은 영국 스코틀랜드의 시인이며 희곡 작가다. 그의 대표적 장시 『4계절』(1726~30)은 고향의 아름다운 자연과 4계절을 소재로 삼아 노래함으로써 후일 영국의 낭만파 시인들에게 영향을 주었다고 평가받는다. 한편 근대 확률이론을 창시한 파스칼(Bliase Pascal, 1623~62)은 『명상록』(*Pensées*)에서 세속적 행복은 진정한 덕성의 환영일 뿐이며 신을 통한 행복을 방해하는 장애물임을 강조한다.]

인 듯하다.

지구 전체의 평균을 추산해본다면, 고통이나 어려움을 겪고 있는 1명에 대해 20명이 번영과 환희 가운데 또는 적어도 그런대로 괜찮은 상황 가운데 있음을 알게 될 것이다. 우리가 그 20명과 함께 기쁨을 나누는 것보다도 오히려 그 1명과 함께 눈물을 흘리며 슬퍼해야 하는가에 대해 어떠한 이유도 부여될 수 없음이 분명하다. 그뿐만 아니라 이와 같은 인위적인 동정은 터무니도 없거니와 전혀 성취될 수도 없는 듯하다. 그리고 이러한 성격을 소유한 것처럼 가장하는 사람들은 흔히 어떤 위선적이고 감상적인 슬픔을 제외하고는 아무런 실체가 없으며, 마음에 와 닿는 것 없이 안색과 대화를 주제넘게 음울하고 불쾌하게 만들 뿐이다.

그리고 최종적으로 이러한 마음의 성향 때문에 설령 그런 기분이 될 수 있다고 해도 그 성향은 완전히 무익한 듯하며, 이를 소유한 사람 자체를 비참하게 만드는 것 이외에 어떠한 목적에도 도움이 되지 않는다. 우리가 전혀 알지도 못하고 아무런 관계도 없으며 전적으로 우리의 활동영역의 바깥에 있는 사람들의 운명에 대해 우리가 갖는 어떠한 식의 관심은 그들에게 아무런 유리함도 주지 못한 채 우리 자신의 근심만을 낳을 뿐이다.

무슨 목적으로 우리가 달 속의 세계에 대해 걱정해야 하는가? 설령 가장 멀리 떨어져 있는 사람이라고 해도 모든 사람은 의심할 여지 없이 우리의 우호적인 소망을 받을 자격이 있고, 당연히 우리는 이것을 그들에게 보낸다. 그런데도 그들이 불운하다면 우리가 그 때문에 걱정하는 것은 결코 우리의 의무의 일부는 아닌 듯하다. 따라서 우리가 도움을 줄 수도 피해를 끼칠 수도 없는 사람들, 모든 점에서 우리에게서 아주 멀리 떨어져 있는 사람들의 운명에 대해 우리가 거의 관심을 갖지 않는 것은 자연에 의해 지혜롭게 명령된 것처럼 보인다.

그리고 이 점에서 우리의 마음의 틀이 가진 본래적 구조를 변경하는 것이 가능하다고 해도 우리가 그 변화를 통해 얻는 것은 아무것도 없을 것이다.

10

성공의 환희에 대해 우리가 너무나 약한 동료감정을 갖고 있다는 이유로 우리에게 반대가 제기되지는 않는다. 시기심이 방해하지 않을 때에는 번영의 상태에 대한 우리의 호의는 오히려 늘 지나치게 커지기 쉽다. 불행한 일을 겪고 있는 사람들에 대한 충분한 동감이 부족하다고 우리를 비난하고 있는 바로 그 도덕가들은 운이 좋은 사람들, 권력자들, 부자들에 대해 감탄하고 거의 숭배까지 하는 경향이 있는 우리의 경망스러움에 대해 질책하고 있다.

11

우리 자신에게 고유하게 연관된 일에 대한 우리의 감수성을 줄임으로써 우리의 수동적인 감정들의 자연적 불균형을 교정하려고 시도하는 도덕가들 가운데서 우리는 고대 철학자들의 모든 종파, 특히 고대 스토아학파를 거론할 수 있다.

스토아학파에 따르면, 사람은 자기 자신을 분리되고 단절된 존재로서가 아니라 당연히 세계의 시민으로서, 자연이라는 거대한 사회의 구성원으로서 간주해야 한다. 이 위대한 공동체의 이익을 위해 그는 자신의 작은 이익을 기꺼이 희생할 마음을 늘 가지고 있어야 한다. 자기 자신과 관련된 일은 어떤 것이든 이 거대한 조직체에서 똑같이 중요한 다른 부분과 관련된 모든 일보다 그에게 더 많은 영향을 미쳐서는 안 된다.

우리는 우리 자신의 이기적인 열정들이 우리를 배치하고 싶어 하는 관점에서가 아니라 세계의 모든 다른 시민이 우리를 지켜보는 관점에서 우리 자신을 지켜보아야 한다. 우리가 스스로 견지해야만 하는 시각은 우리에게 생기는 일을 우리의 이웃들에게 생기는 일처럼 생각하는 것, 같은 말이지만, 우리에게 생기는 일을 우리의 이웃이 생각하는 것처럼 하는 것이다. 에픽테토스는 다음처럼 말하고 있다.[20]

"우리의 이웃이 그의 아내나 아들을 잃었다면 이것은 인간적인 재앙이지만 전적으로 사물의 일상적인 진행에 따른 자연적인 사건이라는 점을 알지 못하는 사람은 아무도 없다. 그러나 동일한 일이 우리에게 일어났을 때 우리는 자신이 마치 가장 가혹한 불운을 겪고 있는 것처럼 울부짖는다. 그러나 우리는 이와 같은 사건이 다른 사람에게 일어났을 때 우리가 어떠한 영향을 받았는가를 기억해야 하고, 그러한 경우에 우리가 했던 것처럼 우리 자신도 그렇게 해야만 한다."

12

우리의 감정이 적정성의 경계를 넘어서기 쉬운 그러한 개인적인 불행에는 두 가지 유형이 있다. 그것들은 한편으로 우리의 부모, 자녀, 형제자매들, 절친한 친구처럼 우리에게 각별히 소중한 사람들에게 일차적으로 영향을 미치고 우리에게는 간접적으로만 영향을 미치는 불행이고, 다른 한편으로 고통, 질병, 다가오는 죽음, 빈곤, 불명예 등과 같이 우리의 신체, 재산, 명예에 곧바로 그리고 직접적으로 영향을 미치는 불행이다.[21]

---

20) 에픽테토스(Epictetus, 55년경~135년경)는 고대 로마 시대 철학자로서 후기 스토아학파의 대가다. 그는 노예 상태에서 스토아철학을 공부했고, 후일 자유민이 되면서 니코폴리스에 철학학교를 세워 청년들을 가르쳤다. 인용문은 에픽테토스의 강의를 간추려 출간한 『편람』(*Encheiridion*)에 나오는 내용이다.
21) 스미스는 자신의 『법학강의』에서 침해를 신체, 명예, 재산에 관한 세 가지 침해로 구분해 설명하고 있다.

13

첫 번째 유형의 불행의 경우에 우리의 정서는 의심할 여지없이 엄밀한 적정성이 허용하는 한계를 훨씬 넘어 나아갈 수 있다. 그러나 이와 마찬가지로 그러한 감정은 적정성에 못 미칠 수 있고, 실제로 이와 같은 경우는 흔히 존재한다. 자기의 부친이나 자식의 죽음 또는 고통에 대한 감수성이 다른 사람의 부친이나 자식의 죽음 또는 고통에 대한 감수성의 수준에 불과한 사람은 좋은 아들로서도 좋은 아버지로서도 비쳐지지 않는다. 그러한 부자연스러운 무관심은 우리의 칭찬을 유발하기는커녕 우리의 최고의 비난을 받을 것이다.

이러한 가족적인 성정들 가운데 어떤 것은 지나치게 과다해 가장 불쾌감을 주기 쉬운 것이 있고, 어떤 것은 지나치게 부족해 그렇게 되곤 한다. 자연은 가장 현명한 목적을 달성하기 위해 대부분의 사람에게, 아마 모든 사람에게, 자식으로서의 효행과 비교해 부모로서의 다정함을 한층 더 강한 성정으로 만들었다. 종족의 존속과 증식은 전자가 아니라 전적으로 후자에 의존한다. 일상적인 경우에 자식의 생존과 보호는 전적으로 부모의 보살핌에 의존한다. 그러나 부모의 생존과 보호가 자식의 보살핌에 의존하는 일은 거의 없다. 그러므로 자연은 후자의 성정을 매우 강하게 만들어놓았기 때문에 일반적으로 부모의 자식에 대한 애정은 자극되는 것이 아니라 절제될 필요가 있다.

도덕가들은 우리가 다른 사람들의 자식보다도 자기 자식에게 더 풍성하게 주고 있는 맹목적 애정, 과도한 애착, 부당한 선호에 몰입하는 방법 대신에 일반적으로 이를 억제하는 방법을 가르치려고 시도한다. 이와 반대로 도덕가들은 우리의 부모에 대한 애정 깊은 배려를 권고하고, 우리의 유년기와 청년기에 그들이 보인 친절에 대한 되갚음으로 그들의 노년기에 적절한 보답을 할 것을 권고한다.

십계명에서 우리는 우리 자신의 부모를 존경하라고 지시받고 있다. 그러나 우리의 자식에 대한 애정에 대해서는 한마디의 언급도 없다. 자연은 우리로 하여금 이 효행의 의무를 수행하도록 충분한 준비를 해두었다. 사람들은 자기 자식들을 실제로 사랑하는 것보다 한층 더 사랑하는 척한다고 해서 비난받는 일은 거의 없다. 그러나 그들은 자신의 부모에 대한 효행을 지나치게 허식적으로 보여주는 것 때문에 의심을 받는 경우는 때때로 있다.

같은 이유로 미망인들의 허식적인 비애는 불성실한 것이 아닌가 하는 의심을 받는다. 만일 우리가 그것이 진실하다고 믿을 수 있다면, 우리는 그 온화한 성정의 그런 과도한 표출마저도 존중해야 한다. 우리가 비록 그것을 완전하게 승인하지는 못할지라도 가혹하게 비난해서는 안 된다. 그 행위가 적어도 그것에 영향을 미치는 사람들의 눈에 칭찬할 만한 가치가 있다고 생각되는 한, 바로 그러한 허식은 진심을 보여주는 하나의 증거다.

14

그 과도함에 의해 가장 불쾌감을 주기 쉬운 그러한 온화한 성정의 과도한 표출은 비록 비난받을 만한 것처럼 보일지라도 결코 혐오할 만한 것으로는 보이지 않는다. 우리는 부모의 과도한 애착과 노심초사를 궁극적으로는 그들의 자식에게 유해한 것인 동시에, 그러는 동안에는 부모에게 지나친 불편을 초래하는 어떤 행위로서 비난한다. 그러나 우리는 쉽게 그것을 용서하며 결코 증오와 혐오감을 가지고 바라보지는 않는다.

하지만 이처럼 통상적으로 과도하게 표출되는 성정이 결여된 경우에 우리는 언제나 혐오감을 느끼는 듯하다. 자기 자식들에 대해 어떠한 감수성도 없을 뿐만 아니라 모든 경우에 그들을 합당치 못한 가혹함과 엄격함만으로 대하는 사람은 모든 짐승 가운데서 가장 혐오할 만한 망나니로 보인다.

적정성의 감각은 우리와 가장 밀접한 관계에 있는 사람들의 불운에 대해 자연스럽게 느끼게 되는 이례적인 감수성을 완전히 근절하라고 요구하는 것이 결코 아니며, 그 과도함보다는 결핍 때문에 언제나 불쾌함이 훨씬 더 커지게 된다. 그러한 경우에 스토아적인 냉담은 결코 호감을 주지 않으며, 이를 지지하는 형이상학적 궤변은 어떤 허세가의 완고한 무감각을 이 철학에 고유한 부적당함의 열 배로 확대하는 것 이외의 다른 목적으로는 거의 활용될 수 없다.

이러한 경우에는 애정과 우정 그리고 다른 모든 개인적이고 가족적인 성정의 우아함과 섬세함을 가장 실감 있게 묘사한 시인들과 극작가들, 즉 라신과 볼테르, 리처드슨, 마리보, 리코보니 등이 제논, 크리시포스, 에픽테토스보다는 훨씬 더 탁월한 교사들이다.[22]

15

어떤 의무의 수행에서 우리를 부적격자로 만들지 않을 정도의 타인의 불행에 대한 절제된 감수성, 우리의 죽은 친구들에 대한 구슬프지만 애정이 넘치는 회상, 그리고 그레이가 표현하듯이 "남모르게 간직한 비애의 비통함" 등은 결코 매우 불쾌한 감각은 아니다. 비록

---

22) 리처드슨(Samuel Richardson, 1689~1761)은 서간체 기법을 소설에 도입한 『파멜라』(*Pamela*)와 『클라리사』(*Clarissa*)의 저자다. 마리보(Marivaux, 1688~1763)는 프랑스의 희곡 및 소설 작가로서 감정의 섬세한 분석으로 명성을 날렸다. 리코보니 부인(Marie-Jeanne Riccoboni, 1713~92) 역시 프랑스의 작가로서 편지 형식으로 감상적인 소설을 썼다. 한편 제논, 크리시포스, 에픽테토스 등 세 학자는 모두 스토아학파다. 제논(Zeno)은 스토아 철학학교를 설립한 창시자이며, 크리시포스(Chrysippus)는 스토아철학을 체계화한 주요 인물이다.

그것들은 외면적으로 고통과 깊은 고뇌의 모습을 띠지만, 내면적으로는 모두 덕성과 지기 승인의 고상한 성품으로 새겨져 있다.

16

우리의 신체, 운명, 명성에 곧바로 그리고 직접적으로 영향을 미치는 불행의 경우에는 사정이 다르다. 적정성의 감각은 우리의 감수성이 부족해서라기보다는 그 과도함 때문에 불쾌감을 느끼는 경향이 훨씬 더 크다. 그리고 이러한 상황에서 우리가 스토아적인 냉담과 무관심에 아주 가까이 접근할 수 있을 정도의 기분이 되는 경우는 아주 소수에 불과하다.

17

신체로부터 유래하는 열정에 대해 우리가 동포감정을 거의 갖지 못한다는 것은 이미 고찰했다.[23] 신체를 절단하거나 찢는 행위처럼 분명한 원인이 있는 고통은 아마 관찰자가 가장 생생한 동감을 느끼는 신체의 성정인 듯하다. 그의 이웃에게 다가오는 죽음 역시 그에게는 상당한 영향을 준다. 그러나 이러한 두 경우에 관찰자는 당사자가 느끼는 것과 비교하여 아주 극히 적은 느낌만을 가지기 때문에 그 당사자가 아주 수월한 태도로 고통을 참는 듯 보인다고 해서 관찰자에게 불쾌감을 주지는 않는다.

18

재산의 단순한 부족, 단순한 가난은 거의 연민을 불러일으키지 못한다. 가난에 대한 여러 불만은 동료감정의 대상보다는 오히려 경멸

---

23) 이 책 123~131쪽 참조.

의 대상이 되기 쉽다.[24] 우리는 거지를 경멸한다. 그리고 그의 끈덕진 요구가 우리에게서 억지로 동냥을 끌어낼지는 모르지만, 그가 어떤 진지한 동정심의 대상이 된 경우는 거의 없다.

부유함으로부터 궁핍으로의 전락은 흔히 그 피해자에게 가장 실질적인 곤궁을 야기하기 때문에, 관찰자에게 가장 진지한 동정심을 자극하지 않을 수 없다. 그러나 현재와 같은 사회 상태에서 이러한 불행은 부분적이든지 아주 상당하든지 간에 피해자에 의한 잘못된 관리가 없었다면 거의 일어날 수 없다. 그런데도 그는 거의 언제나 많은 동정을 얻어서 최저의 빈곤상태로 떨어지도록 방치되는 일은 거의 없다.

그는 자신의 친구들의 재력과 자신의 경솔함에 대해 충분히 불평할 이유가 있는 그런 채권자들의 관대함 때문에 비록 변변찮아도 어느 정도 분수에 맞는 평범한 생활은 언제나 유지할 수 있다. 그러한 불행을 겪고 있는 사람들에게 우리는 어느 정도의 나약함을 쉽게 허용해줄 수 있는 듯하다. 하지만 동시에, 가장 확고한 안색을 견지하고 최고로 수월하게 그런 새로운 상황에 적응하며 그 처지의 변화에 어떤 굴욕감도 느끼지 않으면서 사회에서 자신의 신분을 재산이 아니라 성품과 행위에 두는 사람들은 언제나 우리에게 최대의 승인을 받고 역시 최대 최고의 애정 어린 감탄을 얻지 않을 수 없다.

19

결백한 사람에게 즉시 그리고 직접적으로 영향을 미칠 수 있는 모든 외부적인 불행 가운데 명성의 부당한 상실이야말로 최대의 불운

---

24) 이 책 187쪽(1) 참조. 한편 『인성론』 제2권 2편 5부에서 흄은 부와 권력이 세상 사람들의 존경심을 부르는 반면, 빈곤과 비천함이 경멸을 야기하는 경향이 있음을 거론한다.

이기 때문에, 그가 매우 큰 재앙을 초래할 수 있는 일에 대해 그 무엇이든 간에 상당한 정도의 예민함을 보이는 것은 언제나 품위 없거나 불쾌해 보이지는 않는다.

어떤 청년이 그의 성품이나 명예에 가해질 수 있는 부당한 질책에 대해 다소 과격한 행동일지라도 분개심을 표출할 때 종종 우리는 그 청년을 한층 더 존중한다. 어떤 결백한 젊은 여성이 그녀의 행동에 관해 유포되고 있는 근거 없는 추측 때문에 고뇌하고 있는 모습이 완전히 호감을 주는 경우가 종종 있다.

이 세상의 어리석음과 불의에 대한 오랜 경험을 통해 어떠한 비난이나 갈채에 대해서도 큰 관심을 두지 않도록 배워온 고령의 노인들은 악평을 무시하거나 경멸하며, 심지어 그 쓸데없는 악평의 장본인들에게 진지한 분개심조차 표시하려고 하지 않는다.

많은 시련을 통해 단련된 확고부동의 성품에 대한 견실한 자신감에 전적으로 기초하고 있는 이러한 무관심은 그러한 자신감을 가질 수도 없고 가질 필요도 없는 청년들에게는 불쾌함을 줄 것이다. 그들에게 그와 같은 무관심은 그들의 장년기에 나타날 수 있는 가장 부적절한 무감각 중의 하나, 즉 진정한 명예와 악평에 대한 무감각의 전조가 되는 것으로 상정될지도 모른다.

20

우리 자신에게 즉시 그리고 직접적으로 영향을 미치는 기타 모든 개인적인 불행의 경우는 우리가 별 영향을 받지 않는 것처럼 보임으로써 불쾌감을 주는 일이 거의 없다. 우리는 다른 사람들의 불행에 대해 민감하게 반응했던 일을 종종 즐거움과 만족감을 가지고 회상한다. 그러나 우리 자신의 불행에 대해서는 어느 정도의 수치심과 면목이 없음을 느끼지 않고는 이를 거의 회상할 수 없다.

21

만일 우리가 일상생활에서 접하는 대로 인간의 나약함과 자기통제의 서로 다른 명암 및 그 점진적 변화를 검토한다면, 우리의 수동적인 감정들에 대한 이러한 통제가 어떤 애매한 논리적 토론에서 난해한 삼단논법으로가 아니라, 자연이 이러한 덕성과 다른 모든 덕성의 획득을 위해 설립해놓은 그 위대한 규율, 즉 우리의 행동에 대한 실제의 또는 가상의 관찰자의 감정에 대한 존중으로부터 습득되었음에 틀림없다는 점을 매우 쉽게 납득하게 될 것이다.

22

어린아이들은 자기통제가 전혀 없다. 그런데 그 정서가 두려움, 슬픔, 분노의 그 무엇이든 간에 어린아이는 격렬한 절규를 통해 언제나 보모나 부모의 주의를 끌기 위해 노력한다. 어린아이가 이와 같은 편애적인 보호자들의 양육을 받는 한, 절제하도록 가르침을 받는 최초의 그리고 아마 유일한 열정은 분노다. 부모나 보모들은 편안함을 위해서 고함을 치거나 으름장을 놓아서 종종 어린아이들을 겁먹게 하고 얌전하게 만든다. 어린아이를 자극하여 공격성을 야기했던 열정이 아이가 자기 안전에 주의하도록 가르치는 또 다른 열정에 의해 억제된다.

그 아이가 학교에 갈 정도 내지는 비슷한 또래들과 어울릴 정도의 연령이 되었을 때 아이는 자기 또래들이 그와 같은 편애심을 가지고 응석을 받아주지 않는다는 사실을 금방 알게 된다. 아이는 자연스럽게 친구들의 호의를 얻는 반면에 그들의 증오나 경멸을 회피하기를 원한다. 심지어 자기 자신의 안전에 대한 고려조차 아이에게 그렇게 행동하도록 가르친다. 그리고 아이는 자신의 분노뿐만 아니라 모든 다른 열정을 놀이친구와 또래친구들이 기뻐할 것 같은 정도까지 절제하는 것 외에는 그렇게 할 수 있는 다른 방법이 없다는 것을 곧 알게 된다.

이리하여 아이는 자기통제라는 위대한 학교에 들어가고, 점점 더 자기 자신에 대해 주인이 되는 것을 공부하며, 살아가는 동안 계속하여 실천해도 완성에 도달하기에는 턱없이 부족한 그 훈련법을 자신의 감정들에 대해 연습하기 시작한다.

23

고통, 질병, 비애와 같이 모든 개인적 불행 가운데 있을 때, 가장 나약한 사람은 그의 친구가 방문하거나, 특히 낯선 사람이 방문할 때, 그들이 자기의 처지를 지켜볼 것 같은 그런 관점에 곧바로 감명을 받는다. 그들이 지켜봄에 따라 그 나약한 인물의 관심은 그가 고뇌하는 관점에서 다른 곳으로 이동하고, 따라서 그의 마음은 그들이 면전에 있는 순간에는 어느 정도 진정된다.

이러한 효과는 즉각적으로, 말하자면 기계적으로 나타나는 것이다. 그러나 그 나약한 인물에게 그러한 효과는 그리 오래 지속되지 않는다. 자신의 처지에 대한 관점이 곧바로 그에게 되살아난다. 그는 이전과 마찬가지로 탄식하고 눈물을 흘리며 비탄에 사로잡힌다. 그리고 그는 아직 학교에 가지 않은 아이처럼 자신의 슬픔과 관찰자의 연민 사이에서 어떤 유형의 일치를 이루려고 노력한다. 그런데 그는 자신의 슬픔을 절제함으로써가 아니라 관찰자의 연민을 끈질기게 요구함으로써 그 목적을 이루려고 한다.

24

조금 더 확고부동한 성격의 사람에게 그 효과는 좀더 오래간다. 그는 가능한 한 친구들이 그의 처지를 지켜볼 것 같은 관점에 자신의 주의를 집중시키려고 노력한다. 동시에 그는 이렇듯 자신이 평정심을 유지하게 될 때 친구들이 자신에 대해 자연스럽게 견지하게 되는 존경과 승인을 감지한다. 그리고 그는 설령 최근에 발생한 큰 재난에 따른 중압감을 지닐지라도, 친구들이 실제로 그에게 느끼는 감정 정도로만 스스로를 위해 느끼는 것처럼 보이려고 한다. 그는 친구들의 승인에 대한 동감을 통해서 스스로를 승인하고 갈채를 보내며, 이러한 감정으로부터 도출해낸 즐거움이 그를 지지함과 동시에 그가 이러한 도량이 큰 억제의 노력을 더 쉽게 지속하도록 만든다.

대부분의 경우에 그는 자신의 불행을 거론하지 않으려 하고, 그의 친구들도 꽤 교양이 있다면 그것을 떠올릴 수 있는 어떠한 말도 하지 않으려 주의한다. 그는 늘 하던 대로 평범한 주제를 가지고 그들을 환대하려고 노력한다. 그리고 그가 만일 자신의 불행을 과감히 거론할 정도로 스스로 강인하다고 느낀다면, 자신의 불행에 대해 그들이 말할 수 있으리라고 생각하는 정도까지만 말하려고 노력하며, 심지어는 그들이 느낄 수 있는 정도까지만 느끼려고 노력한다.

그러나 만일 그가 자기통제의 엄격한 훈련에 충분히 익숙해져 있지 않다면 그는 곧 이러한 억제에 지쳐버린다. 친구들의 오랜 방문은 그를 피로하게 하고, 방문이 끝날 즈음이 되면 그 순간에 그가 사로잡히지 않을 수 없는 행위, 즉 과도한 슬픔에서 비롯되는 모든 나약함에 빠질 위험에 항상 놓이게 된다.

인간의 나약함에 대해 극히 관대한 현대의 예의범절은 가족문제로 큰 고통을 겪고 있는 사람들을 낯선 사람들이 방문하는 것을 얼마동안 금지하고 있으며, 가장 가까운 친척이나 가장 친한 친구의 방문만을 허용하고 있다. 후자의 방문은 전자의 방문보다는 자기통제의 부담을 덜 줄 것이며, 피해자들은 그들이 훨씬 더 관대한 동감을 기대할 만한 이유가 있는 사람들의 감성에 한층 수월하게 순응할 수 있으리라고 생각되고 있다.

자신들이 적이라는 사실이 알려지지 않았다고 상상하는 은밀한 적대자들은 가장 친한 친구들만큼 일찍 위로방문을 하기를 좋아한다. 이러한 경우에는 세상에서 가장 나약한 사람조차도 남자다운 안색을 유지함과 동시에, 방문자들의 악의에 대한 분노와 경멸에 근거하여 가능한 한 상당한 쾌활함과 평안함을 가지고 행동하고자 노력한다.

25

진정으로 지조 있는 확고부동한 사람, 즉 자기통제의 위대한 학교에서 그리고 당파적 충돌과 불의 및 전쟁의 고난과 위험에 노출되어 있는 듯한 이 세상의 야단법석과 골칫거리 속에서 완벽하게 교육받은 현명하고 정의로운 사람은 모든 경우에 그의 수동적 감정에 대한 이와 같은 지배력을 유지한다. 그리고 그는 혼자 있든지 혹은 사회 속에 있든지 간에 안색에 변화가 없으며 거의 동일한 태도로 마음의 움직임을 표출한다.

성공하든 낙담하든, 번영 중에 있든 역경 가운데 있든, 친구 앞이든 적대자들 앞이든 그는 종종 이 남자다움을 유지해야 할 필요성을 느낀다. 그는 공정한 관찰자가 그의 감정과 행위에 대해 내릴 것 같은 판단을 한순간도 잊은 적이 없다. 그는 마음 내면의 인간이 한순간도 그의 관심으로부터 멀어져 소원해지도록 한 적이 결코 없다. 그는 이 위대한 내면의 거주자의 눈으로 언제나 자신과 관련된 일들을 바라보는 데 익숙해져 있다. 이러한 습관이 이제 그에게는 완전히 친숙해져 있다.

그는 자신의 외면적인 행위와 품행뿐만 아니라 가능한 한 자신의 내면적인 감정과 기분마저도 이 외경심을 일으키는 존경할 만한 재판관의 행동과 감정을 본떠 행하거나 그렇게 하기 위해 부단히 실감정을 단순히 가장하여 행동하지 않는다. 그는 실제로 그러한 감정을 채택한다. 그는 스스로 공정한 관찰자와 거의 동일시하고, 스스로 공정한 관찰자를 자처하며, 그리고 그의 행위의 위대한 중재인이 그에게 느끼도록 지시하는 것 이외에는 심지어는 느끼지도 않는다.

26

이러한 경우에 모든 사람이 자신의 행동을 관조하면서 내리는 자기승인의 정도는 그러한 자기승인을 얻기 위해 필요한 자기통제의 정도에 정확하게 비례하여 높거나 낮다. 자기통제가 거의 필요하지 않은 경우에는 아주 적은 정도의 자기승인만이 합당하다. 자신의 손가락에 생채기를 냈을 뿐인 사람은 설령 이 사소한 불운을 곧바로 잊는다고 해도 스스로를 크게 칭찬할 수는 없다. 대포의 포격으로 한쪽 다리를 잃고 그 순간 이후에도 일상적인 냉정함과 평정심을 가지고 말하거나 행동하는 사람은 훨씬 높은 정도의 자기통제를 실현하고 있기 때문에, 그는 자연스럽게 훨씬 높은 정도의 자기승인을 느낀다.

그러한 사건이 발생하면 대부분의 사람들에게는 자신들의 불행에 관한 그들의 자연스러운 관점이, 모든 다른 관점에 대한 일체의 상념을 완전히 지우면서, 매우 과장된 모습으로 생생하고 강렬하게 자신들을 엄습한다. 그들은 자신의 고통과 공포 이외에는 다른 어떤 것도 느끼지 못하고 다른 어떤 것에 주의를 기울일 수도 없다. 그리고 이상적인 내면의 인간의 판단뿐만이 아니라 같은 공간에 있을 수 있는 실제의 관찰자의 판단도 전적으로 간과되고 무시된다.

27

그러므로 불행 가운데 존재하는 훌륭한 행위에 대해 자연이 부여하는 보상은 그 훌륭한 행위의 정도에 정확하게 비례하고 있다. 마찬가지로 자연이 고통과 고난의 괴로움에 대해 부여할 수 있는 유일한 보상은, 훌륭한 행위의 정도에서 그런 것처럼, 그 고통과 고난의 정도에 정확하게 비례한다. 우리의 자연적 감수성을 극복하기 위해 필요한 자기통제의 정도에 비례하여 그 극복의 기쁨과 자부심은 그만큼 더 커진다.

이러한 기쁨과 자부심은 매우 크기 때문에 그것들을 철저히 즐기는 가운데 불행을 느끼는 사람은 있을 수 없다. 비참과 불행함은 완벽한 자기만족이 머무르는 마음에는 결코 들어갈 수 없다. 위에서 거론한 사고를 당했을 경우에, 스토아학파 철학자들이 말하는 것처럼, 어떤 현명한 사람의 행복은 모든 측면에서 그가 다른 어떠한 상황에서 느끼게 될 행복과 동일하다고 말하는 것은 아마 너무 지나친 생각일 것이다. 그런데도 이처럼 자기칭찬을 완벽하게 즐기는 것이 비록 그 자신의 고통에 대한 감각을 전적으로 없애지는 못하더라도 확실히 아주 크게 완화시킬 것이라는 점은 적어도 인정되어야 한다.

28

이런 표현이 허용된다면, 고통의 발작이 있는 경우에 가장 현명하고 확고부동한 사람도 그의 평정심을 유지하기 위해 상당한, 심지어 고통스러운 노력을 해야만 한다고 나는 생각한다. 그 자신의 고통에 대한 그의 자연스러운 감정, 그 자신의 처지에 대한 그의 자연스러운 관점이 그에게 강렬한 압박을 주고 있기 때문에 매우 큰 노력을 하지 않고는 공정한 관찰자의 감정에 자신의 주의를 쏟을 수가 없다.

두 관점이 그에게 동시에 나타난다. 그의 명예감각, 즉 그 자신의 존엄성에 대한 고려는 그에게 모든 주의를 공정한 관찰자의 관점에 집중할 것을 지시한다. 그가 지닌 자연적이고 선천적이며 훈육되지 않은 감성들은 끊임없이 그의 주의를 그 자신의 관점으로 돌리려고 한다. 이런 경우에 그는 스스로를 이상적인 마음 내면의 인간과 완전하게 일치시키지 못하고, 스스로 그 자신의 행동의 공정한 관찰자가 되지 못한다. 이러한 두 가지 특성의 서로 다른 관점이 그의 마음속에 분리되어 별개로 존재하고 있고, 지향하는 바에 따라 각각 그에게 서로 다른 행동을 지시하고 있다.

그가 명예심과 존엄성이 자신에게 제시한 관점을 따를 때 사실 자연은 보상이 전혀 없는 상태로 그를 방치하지는 않는다. 그는 그 자신의 완전한 자기승인과 동시에 모든 공평하고 공정한 관찰자의 칭찬을 향유한다. 그러나 자연의 불변의 법칙에 따라 그는 여전히 고통을 겪는다. 비록 자연이 주는 보상이 상당하지만 이러한 법칙이 가하는 여러 고통을 완전하게 보상하기에는 충분치 않다. 그렇지만 자연의 보상이 완전해야만 한다는 것은 적합하지 않다.

만일 자연이 모든 고통을 완전하게 보상한다면, 그는 이기심에 근거하여 그 자신과 사회 모두에 대한 효용을 반드시 감소시킬 것임에 틀림없는 어떤 사고를 회피할 동기를 전혀 갖지 않을 수 있다. 그러므로 개인과 사회 모두에 대한 부모다운 관심으로부터 자연은 그가 그러한 모든 사고를 회피하도록 늘 노심초사해야 한다고 의도했다. 따라서 그는 고통을 겪고 있으며, 설령 그가 발작의 고통 속에서 남자다운 안색뿐만 아니라 판단의 침착함과 절제를 유지하고 있다고 해도, 이것을 수행하려면 그는 최대한의 그리고 가장 고된 노력을 해야 한다.

29

그러나 인간 본성상 고통은 결코 오래갈 수 없다. 만일 그가 그 발작 기간을 견디기만 한다면 그는 큰 노력 없이도 곧 일상의 평정을 누릴 수 있다. 나무 의족을 한 사람은 의심할 여지없이 고통을 겪으며, 자신의 여생 동안에도 계속하여 상당히 불편을 겪게 될 것이라고 분명히 예상한다.

그러나 그는 곧 그 불편함을 모든 공정한 관찰자가 바라보는 것과 정확하게 동일한 시각으로 바라보게 된다. 즉 그는 그 불편함을 불변하는 것으로 간주하면서 이러한 가운데 혼자서나 교제를 통해서 모든 일상적인 즐거움을 향유할 수 있게 된다. 그는 곧 스스로를 이상적인 내면의 인간과 일치시키고, 스스로가 자신의 행위에 대한 공정한 관찰자가 된다. 나약한 사람이 초반에 때때로 그렇게 행동하는 것처럼 그는 더 이상 눈물을 흘리거나 한탄하거나 그것에 대해 비탄에 잠기지 않는다. 공정한 관찰자의 관점이 아주 완전히 그에게 습관화되고 있어서 그는 어떠한 노력이나 고된 일 없이는 자신의 불행을 다른 시각으로 보려는 생각을 결코 하지 않는다.

30

모든 사람은 영속적인 상황에 언젠가는 적응하게 된다는 분명한 사실은 아마 우리로 하여금 스토아학파 철학자들이 적어도 올바른 견해에 상당히 접근한다는 것을 생각하도록 만들 것이다. 그들에 따르면, 진정한 행복의 측면에서 하나의 영속적인 상황과 다른 상황 사이에는 본질적인 차이가 전혀 없다. 또한 만일 어떠한 차이가 있다면, 그것은 그중 일부를 단순한 선택 또는 선호의 대상들로 만들기에 충분한 정도일 뿐 진지하거나 간절한 욕구의 대상은 아니다. 또 다른 일부 상황은 무시하거나 기피하기에 적합한 것으로서 단순한 거부의 대상일 뿐 진지하거나 근심스러운 혐오의 대상은 아니다.

행복은 평정심과 인생을 즐기는 것에 있다. 평정심 없이는 즐김이 있을 수 없으며, 완전한 평정이 있는 곳에 흥겹지 않은 일이 거의 없다. 그러나 어떤 변화도 기대할 수 없는 모든 영구적 상황에서 시간이 오래 걸리든 짧게 걸리든 모든 사람의 마음은 자연스럽고 일상적인 평정심의 상태로 돌아온다. 번영 속에서 일정한 시간이 지나면 마음은 그 일상적인 상태로 뒷걸음질치며, 역경의 가운데서도 일정 시간이 지나면 마음은 활기를 띠고 그 일상적인 상태로 고양된다.

유행을 좇아 경망스럽게 행동한 로쟁 백작은 바스티유 감옥에 구금되어 고독한 생활을 하면서도 일정 시간이 지난 후에는 거미의 사육을 즐길 수 있을 정도로 충분히 평정심을 회복했다.[25] 인성이 훌륭한 사람은 아마 일찌감치 평정심을 회복할 뿐만 아니라 사색의 소산으로 일찌감치 훨씬 빼어난 즐거움을 느끼게 될 것이다.

31

인생의 불행과 혼란 모두를 자초하는 커다란 원인은 하나의 영속적 상황과 다른 상황의 차이를 과대평가하는 것에서 기인하는 듯하다. 탐욕은 빈곤과 부유의 차이를 과대평가하고, 야심은 사적 지위와 공적 지위의 차이를 과대평가하며, 허영은 무명과 광범위한 명성의 차이를 과대평가한다. 이처럼 정도를 지나친 열정에 지배되는 사람은 자신이 처한 실제 상황에서 비참함을 느낄 뿐만 아니라, 아주 어리석게도 자신이 감탄하는 상황에 도달하기 위해 사회의 평화를 교란시키려는 성향을 종종 갖게 된다.

그러나 조금만 살펴봐도 성품이 훌륭한 사람은 인생의 모든 일상적인 상황에서 똑같이 차분하고 똑같이 쾌활하며 똑같이 만족한다

---

25) 로쟁 백작(Antonin Nompar de Caumont, Duc de Lauzun, 1633~1723)은 루이 14세에게 무례함을 보였다는 이유로 1665년에 6개월 동안 바스티유 감옥에 투옥되었다. 이후 그는 1671년부터 81년까지 10년 동안 바스티유가 아니라 알프스의 고지인 피뉴롤(Pignerol) 요새에 수감된다.

는 점을 그 스스로 납득하게 될 것이다. 그러한 상황 가운데 일부는 의심할 여지없이 다른 상황보다 선호될 만한 가치가 있다. 하지만 그 중에서 어느 것도 신중함이나 정의의 규칙을 위반하게 만들 정도의 열정적인 정열로서 추구할 만한 가치가 전혀 없다. 또한 그 어느 것도 우리의 어리석은 행동을 회상할 때 생기는 수치심 때문에 혹은 우리가 저지른 불의에 대한 공포로부터 오는 회한 때문에 우리 마음의 미래의 평정심을 망가뜨릴 만한 가치가 있을 수 없다.

신중함이 안내하지 않고 정의가 허용하지 않는 어떤 경우에서든지 우리의 처지를 변화시키려는 그러한 시도, 그리고 이러한 시도를 하는 사람은 모든 모험적인 경기 가운데서도 가장 불평등한 경기에서 돈을 걸고 내기를 하는 것이며, 거의 아무것도 아닌 일에 모든 것을 내걸고 있는 것이다.

에피루스의 왕의 총신이 자신의 군주에게 말한 것은 인생에서 모든 일상적인 상황에 처한 사람들에게 그대로 적용될 수 있다. 왕이 그 총신에게 자기가 계획하고 있는 모든 정복을 적절한 순서로 열거하는 가운데 가장 마지막에 이르렀을 때, 그 총신은 물었다. "그 이후 폐하께서는 무엇을 할 작정이십니까?" 그러자 왕이 대답했다. "그 이후에 친구들과 즐기고 술을 마시면서 교제를 나누고자 한다." 총신이 다시 물었다. "그러면 지금 무엇이 폐하께서 그렇게 하는 것을 방해하고 있습니까?"[26]

단순한 공상을 통해 우리가 펼칠 수 있는 가장 화려하고 지위가 높아진 상황에서 진정한 행복을 가져다 줄 것으로 우리가 예상하는 즐거움은, 비록 소박할지라도 현실적 지위에서 언제든지 우리의 손이

---

26) 이러한 내용은 플루타르크의 『영웅전』의 「피로스」(Pyrrhus) 편에 있다. 피로스는 주변국가와 전쟁을 자주 벌인 고대 그리스 에피로스 왕국의 국왕이고, 총신은 시네아스(Cineas)다.

닿는 곳에 있고 우리의 손에 넣을 수 있는 그러한 즐거움과 거의 항상 동일하다.

허영과 우월성이 주는 경망스러운 쾌락을 제외한다면 개인적 자유가 존재할 뿐인 가장 비천한 지위에서도 가장 고상한 지위가 제공할 수 있는 모든 다른 쾌락을 우리는 찾을 수 있다. 그리고 허영과 우월성이 주는 쾌락은 완전한 평정심, 즉 진정으로 만족스러운 삶을 향유할 수 있는 그런 원리이자 토대를 이루는 것과 거의 양립하지 않는다. 더구나 우리가 목표로 하는 그런 화려한 상황에서 그처럼 진정으로 만족스러운 쾌락이 우리가 기꺼이 포기하고자 하는 비천한 상황에서와 동일한 안전보장이 이루어진 가운데 향유될 수 있는지는 언제나 확실치 않다.

역사의 기록들을 검토하고, 여러분 스스로가 겪은 경험의 범위 내에서 발생했던 일을 회상하며, 여러분이 읽었거나 들었거나 기억하는 사람들 중에서 사생활이나 공직생활에서 크게 불행했던 사람들의 행동이 어떠했는가를 주의를 기울여 고찰해보라. 그들 중에서 압도적 다수의 불행은, 그들이 언제 만사가 순탄했으며 언제 조용히 앉아서 만족감을 느끼는 것이 적절했는가를 스스로 깨닫지 못한 점에서 비롯되고 있음을 여러분은 발견하게 될 것이다.

의술을 활용해 꽤 건강한 신체구조를 개선하려고 시도했던 사람의 묘비에 "나는 건강했고, 더욱 건강해지기를 원했으며, 지금은 여기에 있다"라고 새겨져 있다.[27] 이 묘비명은 탐욕과 야심을 실현하지 못하고 낙담한 사람들의 비통함에 일반적으로 적용해도 큰 부당함은 없을 것이다.

---

[27] 영국의 시인인 드라이든(John Dryden, 1631~1700)의 「아이네이스에게 헌정」(The Dedication of Aeneis, 1697)이라는 시에 나오는 이탈리아 어구의 번역이다.

32

지금 거론하고자 하는 관찰은 기묘한 것으로 생각될 수도 있지만, 내가 믿기로는 적정한 관찰이다. 분명하게 구제의 여지가 전혀 없는 불행의 경우와는 달리, 다소라도 구제의 여지가 있는 불행의 경우에는 대부분의 사람들은 그처럼 수월하게 혹은 보편적으로 자연스럽고 일상적인 평정심을 회복하지 못한다.

전자의 유형에 속하는 불행의 경우에 현명한 사람의 감정 및 행동과 나약한 사람의 그것 사이에서 느낄 수 있는 어떤 차이는 주로 발작이나 최초로 충격을 받게 될 때에 발견된다. 결국은 위대하고 보편적 위로자인 시간은 나약한 사람의 마음을 점진적으로 진정시키고 현명한 사람이 존엄과 남자다움에 대한 고려 때문에 처음부터 견지하고자 했던 평정심과 동일한 수준으로 회복된다. 나무 의족을 한 사람의 경우는 이것의 명백한 사례다.

자식의 죽음이나 친구와 친척의 죽음처럼 회복할 수 없는 불행의 경우에는 심지어 현명한 사람조차도 잠시 동안 어느 정도의 절제된 비애에 빠져든다. 그러한 경우에 다정다감하지만 나약한 여성은 종종 거의 완전하게 이성을 잃는다. 그러나 다소 오래 걸리든 짧게 걸리든지 간에 시간과 함께 가장 나약한 여성의 마음도 진정되어 가장 강한 남자와 동일한 정도의 평정심으로 돌아오는 것은 틀림이 없다. 자기 자신에게 즉시 그리고 직접적으로 영향을 미치는 모든 돌이킬 수 없는 재앙을 맞아서도 현명한 사람은 수개월 또는 수년이 지난 후에 결국 명확히 그에게 회복될 것으로 예견되는 평정심을 사전에 예상하고 누리도록 처음부터 노력한다.

33

일의 특성상 조금이라도 구제의 여지가 있거나 있는 것처럼 보이는 불행, 그러나 그 구제 수단이 피해자의 손이 미치는 범위 안에 있지 않은 그러한 불행에서는, 이전의 상태로 자신을 되돌리려는 공허하고 결실 없는 시도, 그 시도의 성공을 위한 지속적인 열망, 그 실패에 따른 반복되는 실망 등이 그가 자연적 평정심을 회복하는 것을 주로 방해하는 원인이 된다. 이러한 요소들은 만일 구제의 여지가 전혀 없는 더 큰 불행이었다면 그에게 2주일 동안의 마음의 장애도 허락하지 않았을 그런 어떤 사람을 그의 생애 전체에 걸쳐 종종 비참하게 만든다.

국왕의 총애로부터 그것의 상실로, 권력자에서 미미한 존재로, 부유에서 빈곤으로, 자유에서 감금으로, 건강한 상태에서 어떤 만성적이고 불치의 숙환으로의 전락 등의 불운을 맞을 때 가장 적게 고뇌하면서 그에게 닥친 운명을 가장 수월하게 기꺼이 묵묵히 따르는 사람은 아주 빨리 일상적이고 자연적인 평정심을 회복한다. 또한 그는 가장 무감각한 관찰자가 지켜보고 싶어 하는 것과 동일한 관점이거나 아마 이보다 훨씬 덜 불리한 관점에서 자신의 실제 처지가 드러내는 가장 불유쾌한 여건을 지켜보게 된다.

당쟁, 음모, 파벌은 불운한 정치가의 마음의 평화를 교란시킨다. 터무니없는 사업계획, 금광발견의 환상은 파멸한 파산자의 마음의 평온을 중단시킨다. 감금상태로부터 끊임없이 탈출 음모를 획책하는 재소자는 감옥이 그나마 그에게 제공해주는 속이 편한 안전을 누릴 수 없다. 의사의 약은 불치병의 환자에게 종종 최대의 고통이 된다.

어느 수도사가 남편 필립 왕이 사망한 후 카스티야 왕국(Castile)의 왕비 조안나를 위로하고자 했다. 그는 이를 위해 홀로 괴로워하는 왕비의 애절한 기도 덕분에 죽은 지 14년 만에 다시 살아난 어떤 왕에 대한 이야기를 해주었다. 그러나 그 수도사가 이러한 전설적 이야

기를 해줌으로써 그 불행한 왕비의 좋지 않은 마음에 평온을 되돌려
줄 것 같지 않았다. 그녀는 같은 기적이 일어나기를 희망하면서 같은
실험을 반복적으로 시도했다. 그녀는 오랜 시간 동안 남편의 매장을
거부했고, 매장 직후에 묘지에서 남편의 시신을 다시 들어올렸다. 그
리고 그녀는 늘 곁에서 남편의 시신을 지키면서, 광란적인 기대의 초
조한 열망을 갖고 사랑하는 필립의 부활로 그녀의 소망이 이루어질
때의 행복한 순간을 기다렸다.[28]

34

다른 사람들의 감정에 대한 우리의 감수성은 자기통제의 남자다
움과 양립하지 않는 것이 아니라 오히려 그 남자다운 자질이 기초하
고 있는 바로 그러한 원리다. 우리가 이웃사람의 불행에 대해 우리로
하여금 그의 비애에 동정하도록 촉구하는 것과 전적으로 동일한 원
리나 본능이 우리 자신의 불행에 대해 우리로 하여금 우리 자신의 비
애가 표출될 수 있는 비천하고 비참한 탄식을 억제하도록 촉구한다.

우리가 이웃사람의 번영과 성공에 대해 우리로 하여금 그의 환희
를 축하하도록 촉구하는 것과 전적으로 동일한 원리나 본능이 우리
자신의 번영과 성공에 대해 우리로 하여금 우리 자신의 환희가 표출
될 수 있는 경솔과 무절제를 억제하도록 촉구한다. 이 두 가지 경우
에 우리 자신의 감정과 기분이 지니는 적정성은 우리가 이웃사람의
감정과 기분에 공감하여 견지하게 되는 활기와 기력에 정확하게 비

---

28) 원주: 로버트슨의 찰스 5세에 관한 책, 제2권, 14~15쪽을 참조하라. [로버
트슨(William Robertson, 1721~93)은 영국 스코틀랜드의 역사가로서 계
몽주의 철학과 실증주의 정신에 따라 최대한 사료에 근거한 역사서술을 추
구했다. 스미스가 언급한 참고문헌은 그가 쓴 책 가운데 가장 가치 있는 저
술로 평가받고 있는 『찰스 5세의 통치사』(History of the Reign of the Emperor
Charles V, 1769)를 가리킨다.]

례하는 것처럼 보인다.

35

가장 완전한 덕성을 가지고 있는 사람, 우리가 자연스럽게 가장 사랑하고 존경하는 사람은 그 자신의 본래적이고 이기적 감정들을 가장 완전하게 통제하는 동시에 다른 사람들의 본원적 감정 및 동감적인 감정 모두에 대해 가장 섬세한 감수성을 보이는 사람이다. 부드럽고 호감을 주며 온화한 모든 덕성에다가 위대하고 외경심을 일으키며 존경할 만한 모든 덕성을 결합시키는 사람은 분명히 우리의 최고의 애정과 감탄의 자연스럽고 적절한 대상임에 틀림없다.[29]

36

이러한 두 유형의 덕목 가운데 전자에 속하는 덕목을 획득하는 데에 본래 가장 적합한 사람은 마찬가지로 후자를 획득하는 데에도 가장 적합하다. 다른 사람들의 환희와 비애에 대해 가장 민감하게 느끼는 사람은 그 자신의 환희와 비애에 대한 가장 완전한 통제력을 획득하는 데에도 가장 적합하다. 가장 섬세한 인간애를 지니고 있는 사람은 당연히 최고도의 자기통제를 가장 쉽게 수행할 수 있다.

그러나 그는 언제나 자기통제의 능력을 획득한다고 할 수는 없으며, 자기통제의 능력을 갖지 않는 경우도 매우 빈번하게 일어난다. 그는 지나치게 많은 안락함과 평정심을 가지고 생활하며 지냈는지도 모른다. 그는 당쟁의 격렬함이나 전쟁의 고난과 위험에 전혀 노출된 적이 없었는지도 모른다. 그는 지배자들의 오만, 동일한 지위에 있는 사람들의 질투와 악의에 찬 시기, 그의 하급자들의 절도행위의

---

29) 이 책 116~121쪽.

불의를 경험한 적이 결코 없었는지도 모른다.

나이가 들어서 우연히 운명에 변화가 생겨 그가 이러한 모든 것에 직면하게 될 때 그것들 모두는 그에게 매우 주목할 만한 인상을 준다. 그는 본래 가장 완전한 자기통제를 획득하기에 직합한 성향이었지만, 그것을 획득할 기회를 전혀 갖지 못했다. 수련과 실천이 결여되었고, 이것들 없이는 어떠한 습관도 도저히 제대로 확립될 수 없다. 고난, 위험, 상해, 불행은 그 문하에서 우리가 이러한 덕목의 수련법을 배울 수 있는 유일한 스승이다. 그러나 이것들은 어느 누구도 그 문하에 자진해서 들어가 기꺼이 학습하려고 하지 않는 그런 스승이다.

37

인간애의 온화한 덕성이 가장 적절하게 육성될 수 있는 상황은 자기통제라는 엄격한 덕목을 형성하는 데 가장 적합한 상황과는 결코 같지 않다. 스스로 편안하게 생활하는 사람은 다른 사람들의 고난에 최고로 관심을 쏟을 수 있는 사람이다. 스스로 고난에 처한 사람은 곧바로 자기 자신의 감정을 주시하고 통제할 것을 요구받고 있다. 방해받지 않는 평정심 중의 부드러운 햇빛 속에서, 절제된 철학적 여가 중의 조용한 칩거 가운데서 인간애의 부드러운 덕목은 가장 잘 번성하고 최고로 개량이 이루어질 수 있다. 그러나 그러한 경우에는 자기통제가 발휘하는 가장 위대하고 고귀한 격심한 활동은 거의 이루어지지 않는다.

전쟁과 당파싸움, 대중의 폭동과 혼란 같은 몹시 난폭하고 험악한 하늘 아래서 자기통제의 불굴의 엄격성이 가장 잘 번창하고 가장 성공적으로 육성될 수 있다. 그러나 그러한 경우에는 인간애의 가장 강렬한 제안도 반드시 억제되거나 경시되는 경우가 빈번하며, 모든 그러한 경시는 필연적으로 인간애의 원리를 약화시키는 경향이 있다.

전쟁에서 항복과 관련된 관대한 대우를 받지 않는 것이 종종 군인의 의무인 것처럼, 그런 관대함을 주지 않는 것이 때로는 그의 의무일 수도 있다. 그리고 수차례 이러한 불쾌한 의무에 불가피하게 복종했던 사람의 인간애는 상당히 감소되는 것을 거의 피할 수 없다.

자신의 편안함을 위해 그는 자신이 그렇게 종종 불가피하게 야기했던 불행을 경시하는 것을 아주 쉽게 배운다. 그리고 자기통제의 가장 고귀한 진력을 발휘해야만 하는 상황은 우리 이웃의 재산이나 생명을 불가피하게 때로는 침해할 필요성을 강요한다. 이 때문에 정의와 인간애의 기초가 되는 생명과 재산에 대한 신성한 고려는 항상 줄어들거나, 종종 완전히 소멸되는 경향이 있다.

이러한 이유 때문에 우리는 세상에서 훌륭한 인간애를 가진 사람들이 자기통제를 거의 하지 못하고, 나태하고 우유부단하며, 가장 명예로운 일을 추구하는 과정에서 어려움이나 위험 때문에 쉽게 낙담하는 것을 종종 보게 된다.

그리고 이와는 반대로 어떤 어려움에도 좌절하지 않고, 어떤 위험에도 놀라지 않으며, 언제나 가장 대담하고 필사의 노력으로 사업에 뛰어들 준비가 되어 있는 가장 완전한 자기통제를 보여주는 사람들이 동시에 정의나 인간애의 모든 감각에 반해 냉혹한 것처럼 보이는 경우가 자주 있다.

38

쓸쓸히 혼자 있는 가운데 우리는 우리 자신과 관련된 것이라면 무엇이든 매우 강력하게 느끼는 경향이 있다. 즉 우리가 베풀었을지도 모를 선행과 우리가 겪었을지도 모를 침해를 과대평가하기 쉽다. 우리는 자신의 행운 때문에 지나치게 많이 쾌활해지고 자신의 불운 때문에 지나칠 정도로 심하게 낙심하기 쉽다. 친구와의 대화는 우리의 기분을 좋게 만들고, 낯선 사람과의 대화는 기분을 한층 더 좋게 만든다. 종종 현실의 관찰자가 출현하여 마음 내면의 인간, 즉 우리의 감정과 행동에 대한 추상적이고 이상적인 관찰자를 깨우고 그의 의무를 상기시켜줄 필요가 있다. 그리고 가장 적은 정도의 동감과 관대함만이 기대될 수 있는 그 관찰자에게서 언제나 우리는 자기통제의 가장 완전한 교훈을 배우게 될 것 같다.

39

여러분은 역경에 처해 있는가? 고독의 어둠 속에서 한탄하지 말고, 여러분의 친한 친구들이 너그럽게 느껴주는 동감에 따라서 여러분의 비애를 조절하지 마라. 가능한 한 빨리 세상과 사회의 햇빛 속으로 돌아가라. 낯선 사람들, 여러분의 역경에 대해 아무것도 알지 못하고 아무 관심도 없는 사람들과 함께 살아라. 적대자들과의 교제도 피하지 말고, 여러분이 그 재앙에 의해 얼마나 별 영향을 받지 않았는지, 얼마만큼 그것을 초월하고 있는가를 그들이 느끼도록 함으로써 그들의 악의에 찬 환희에 굴욕감을 주는 즐거움을 스스로 맛보아라.

40

여러분은 번영을 누리고 있는가? 행운의 즐거움을 여러분의 가족과 친구들 일행, 아마 여러분의 행운에 기대어 자신들의 운명을 개선해보고자 희망하는 여러분의 추종자들에게만 국한시키지 마라. 여러분에게 의지하지 않는 사람들, 여러분의 행운에 의해 여러분을 평가하는 것이 아니라 여러분의 성품과 행동만으로 평가할 수 있는 사람들과 교제하라.

한때는 여러분의 상급자였으나 지금은 여러분이 그들과 동등한 지위에 있거나 상급자가 됐다는 사실에 기분이 상했을지도 모를 사람들과 교제를 구하지도 피하지도 말고, 그들과의 교제를 무리하게 추진하지도 말고 굳이 외면하지도 마라. 그들의 자만심이 표출하는 무례함 때문에 아마 그들과의 동석은 상당히 불쾌감을 줄지도 모른다.

그러나 만일 그렇지 않다면 여러분이 그 교제관계를 유지할 수 있는 최선의 동행자라는 확신을 가져라. 그리고 만약 여러분이 꾸밈없고 겸손하게 처신하여 그들의 호의와 친절을 얻을 수 있다면, 여러분은 자신이 충분히 겸허하고 여러분의 지도적 지위가 어떤 점에서도 행운에 의해 전환되지 않았다는 사실에 만족해도 좋다.

41

우리의 도덕감정들의 적정성은 편견이 없고 공정한 관찰자가 멀리 떨어져 있는 반면에 관대하고 편파적인 관찰자가 가까이 있을 때만큼 타락하기 아주 쉬운 경우는 결코 없다.

42

한 독립국이 다른 독립국에 대해 시도한 행동에 관해서는 중립국만이 유일하게 편견을 갖지 않고 공정한 관찰자가 된다. 그러나 이 중립국들은 아주 멀리 떨어져 있어서 거의 아무것도 보지 못한다. 두 독립국의 이해관계가 엇갈릴 경우에 각 국가의 시민은 자신의 행동에 대해 여러 외국 국민이 어떠한 감정인지를 거의 고려하지 않는다. 그의 모든 야심은 자신의 동포시민들의 승인을 획득하는 것이고, 그 동포시민들은 모두 그를 고무시킨 것과 동일한 적대적 열정에 의해 고무되고 있기 때문에, 그가 동포시민들의 적대자들을 격분하게 하고 불쾌하게 하는 것만큼 그들을 기쁘게 할 수 있는 방법은 없다.

편파적인 관찰자는 가까이 있고 공정한 관찰자는 멀리 떨어져 있다. 따라서 전쟁과 협상에서 정의의 법률이 준수되는 일은 매우 드물다. 진실과 공정한 협상은 거의 무시된다. 조약은 위반되고, 이에 따라 어떤 유리한 환경이 만들어진다면 그러한 위반이 그 위반자에게 어떠한 불명예를 주는 일은 거의 없다.

외국의 공사를 속이는 대사는 감탄과 갈채를 받는다. 정의로운 사람은 속이는 것도 속임을 당하는 것도 모두 경멸하지만, 속이는 것보다 속임을 당하는 것을 덜 불명예스럽게 생각한다. 또한 그러한 사람은 모든 사적인 업무처리에서 가장 사랑받고 존경받지만, 공적인 업무처리에서는 자기의 직무를 이해하지 못하는 바보나 멍청이라고 간주되며, 그는 늘 동포시민들의 경멸을, 심지어는 혐오까지도 받게 된다.

전쟁에서는 국제법이 자주 위반되는데, 이러한 위반은 (자신의 동포시민들의 판단만을 신경 쓰는) 위반자에게 자연히 어떤 불명예도 수반하지 않는다. 그뿐만 아니라 국제법 자체도 대부분은 가장 단순하고 명백한 정의의 원칙들에 대해 거의 고려하지 않고 제정된 것이다.

결백한 사람들이 어떤 범죄자와 (아마 그들로서는 불가피한 사정으로) 일부 관계가 있거나 의존관계에 있다고 해도, 그런 이유 때문에 그들이 그 범죄자를 대신하여 고초를 받거나 처벌받는 것을 금하는 것은 가장 단순하고 가장 명백한 정의의 원칙의 하나다. 그러나 가장 부당한 전쟁에서 죄를 지은 자는 주권자나 지배자뿐인 경우가 일반적이다. 나라의 신민들은 거의 언제나 완전히 결백하다. 그렇지만 적국의 편의에 부합하는 경우에는 언제라도 평화적인 시민들의 물품은 지상이나 해상에서 압류된다. 그들의 토지는 황폐화되고, 그들의 가옥은 불타며, 그들이 만일 저항하는 것처럼 간주되면 살해되거나 체포된다. 그리고 이 모든 행위는 국제법이라고 불리는 것에 가장 완전하게 부합하는 것이다

43

세속적이든 종교적이든 적대적 당파 사이의 적의는 종종 적대적 국가 사이의 그것보다도 한층 더 격렬할 뿐만 아니라 서로에 대한 그들의 행위가 그보다 한층 더 잔혹한 경우가 종종 있다. 소위 파당법이라고 불릴 수 있는 것이 진지한 저자들에 의해 제정되었는데, 이것은 국제법보다도 정의의 원칙을 한층 더 고려하지 않은 것이다. 아주 대단한 애국자도 신의가 공공의 여러 적에게도 준수되어야 하는지의 여부를 결코 심각한 문제로서 언명하지 않았다. 신의가 반역자나 이단자에게도 준수되어야 하는가의 문제는 세속과 종교계의 저명한 학자들에 의해 자주 격렬하게 토론되고 있는 문제다.

추정해보기에, 사태가 어느 정도의 폭력에 다다르게 되었을 때 반역자와 이단자 모두는 세력에서 상대적으로 취약한 일행이 되는 불운한 사람들이란 점은 말할 필요조차 없다. 당쟁으로 혼란스런 국가 속에서도, 비록 흔히 극소수에 불과하지만, 언제나 그 소수는 일반적인 전염에 의해서도 더럽혀지지 않는 판단력을 보유하고 있음에 틀림없다. 그들은 여기저기에서 단지 고립된 개인에 불과하며, 어떠한 영향력도 없이 자신의 공평무사함 때문에 양 당파의 신뢰로부터도 배제된다. 그리고 이 고립된 개개인이 비록 가장 현명한 사람 중의 하나일지라도 필연적으로 바로 그 이유 때문에 사회에서 가장 하찮은 사람 중의 하나가 된다. 모든 이러한 사람은 양 당파의 맹렬한 광신자의 경멸과 조롱거리, 때로는 혐오의 대상이 된다.

진정한 당파인은 공평무사함을 증오하고 경멸한다. 그리고 이 공

평무사라는 단 하나의 미덕만큼 당파인의 업계에서 그리 효과적으로 당인의 자격을 박탈할 수 있는 악덕도 실제로 없다. 그러므로 진정한, 존경받는 공정한 관찰자는 어떠한 경우에도 경쟁하는 당파들이 취하는 맹렬함과 격분으로부터 한층 거리를 둔 것이 아니라 바로 그 한가운데에 있는 것이다.

그들에게 그러한 관찰자는 우주의 어느 곳에도 존재하지 않는다고 말할 수도 있다. 그들은 자신의 모든 편견을 우주의 위대한 재판관의 탓으로 돌리기까지 하며, 그 신적 존재가 자신들의 보복적이고 무자비한 열정에 고무되고 있는 것으로 간주한다. 그러므로 도덕감정을 부패시키는 모든 요인 중에서 당파와 광신적 행위는 언제나 단연 가장 주목할 만하다.

44

자기통제라는 주제에 관해 내가 좀더 지적하고 싶은 것은 다음과 같다. 가장 중대하고 가장 예기치 않은 불행 가운데서도 불굴의 정신으로 확고하게 행동하는 사람에 대한 우리의 감탄이 전제하고 있는 것은 그러한 불행에 대한 그의 감수성이 매우 크고 또한 그것을 극복하거나 억제하는 데에 아주 큰 노력이 필요하다는 점이다.

신체적 고통에 전혀 감각이 없는 사람은 가장 완전한 인내와 냉정함을 가지고 고문을 감내했다고 해도 어떠한 갈채도 받을 자격이 없다. 죽음에 대한 자연적 공포감을 지니지 않도록 태어난 사람은 가장 무서운 위험 속에서 마음의 냉정함과 당당한 태도를 유지한다고 해도 어떠한 공로도 주장할 수 없다.

이 점에서 극기주의자인 현인은 심지어 신보다도 우월하다는 주장, 즉 신의 안전은 전적으로 고통을 면해준 자연의 은전이지만, 그 현인의 안전은 자기 자신의 은전으로서 그 자신에게서나 스스로 진

력을 다한 결과에서 도출된다는 주장은 세네카의 터무니없는 생각 가운데 하나다.[30)

45

그러나 자신에게 직접적으로 영향을 미치는 일부 대상에 대한 어떤 사람들의 감수성은 가끔 지나치게 강해서 모든 자기통제를 불가능하게 만드는 경우가 있다. 명예에 대한 어떤 감각도 위험이 닥쳤을 때 졸도하거나 경련을 일으킬 정도로 나약한 사람의 공포를 통제할 수는 없다. 일부에서 거론되고 있는 바대로, 이와 같은 신경의 허약함이 점증적인 훈련과 적절한 규율로 다소라도 치료의 여지를 주는지의 문제는 아마 의심스러울 수 있다. 그러한 방법이 결코 신뢰되어서도 고용되어서도 안 된다는 점은 분명한 듯하다.

제4장 자기기만의 본질 및 도덕의 일반원칙의 기원과 활용

1

우리 자신의 행동의 적정성에 관한 우리의 판단의 공정성을 왜곡하기 위해서 언제나 진정한 그리고 공정한 관찰자가 멀리 떨어져 있어야 할 필요는 없다. 이러한 관찰자가 가까이 있거나 함께하는 경우에도, 우리 자신의 이기적 열정의 강렬함과 불의는 때때로 마음 내면의 인간으로 하여금 사건의 실제적인 사정으로 판단할 때 정당하다고 인정될 수 있는 보고와는 매우 상이한 보고를 하도록 유인하기에 충분하다.

---

30) 세네카의 『대화록』 가운데 「섭리」 편에 나오는 내용이다.

2

우리가 자신의 행동을 검토하고, 이것을 공정한 관찰자가 지켜보게 되는 관점에서 살펴보려고 노력하는 두 가지 서로 다른 경우가 있다. 첫째는, 우리가 행동을 막 시작하려고 할 때이고, 둘째는 우리가 행동을 하고 난 이후다. 이 두 경우에 우리의 관점은 매우 편파적이기 쉽지만, 그것이 당연히 공정해야 하는 것이 가장 중요한 경우에 가장 편파적이기 쉽다.

3

우리가 막 행동하려고 할 때 열정이 몹시 열렬하면 우리는 우리가 하는 일에 편견을 갖지 않는 사람의 공평무사함을 가지고 거의 고찰하지 못할 것이다. 그때 우리를 동요시키는 격렬한 정서는 사물들에 대한 우리의 관점을 변색시킨다. 우리 자신을 다른 사람의 처지에 놓고 우리의 관심대상을 그에게 자연스럽게 비추는 관점에서 보려고 노력할 때조차도 우리 자신의 열정의 맹렬함은 부단히 우리를 우리 자신의 상황, 즉 자기애로 인해 사물이 과장되고 왜곡되어 보이는 처지로 되돌아가게 만든다.

말하자면 다른 사람이 그러한 대상들을 지켜보는 방식과 이 대상들에게 가지는 견해에 대해 우리는 잠깐 일견하기는 하지만, 이것은 일순간 사라지고, 설령 그것이 지속된다고 해도 전적으로 공정하지도 않다. 우리는 그 순간조차도 우리의 특정한 상황이 고취하는 감정의 격렬함과 강렬함을 완전히 떨쳐버릴 수 없으며, 우리가 막 수행하고자 하는 행위를 공정한 재판관의 완벽한 공정성을 가지고 고찰할 수도 없다. 이러한 이유 때문에, 말브랑슈 신부가 말하는 것처럼, 그 열정들은 스스로 정당화되며, 우리가 계속하여 이들을 느끼는 한, 그

대상들에게 합당하고 걸맞은 것으로 보인다.[31]

4

실제로 행동이 마무리되고 이를 자극시킨 열정이 진정되었을 때, 우리는 공평한 관찰자의 감정에 더욱 냉정하게 공감할 수 있다. 과거에 우리의 관심대상이었던 것이 지금은 관찰자에게 늘 그랬던 것처럼 우리에게도 무관심한 대상이고, 따라서 이제 우리는 우리의 행동을 그의 공평무사함과 공정성을 가지고 검토할 수 있다.

오늘의 그 사람은 어제의 그 사람을 산만하게 했던 동일한 열정 때문에 더 이상 조바심을 내지 않는다. 고통의 발작과 마찬가지로 정서적인 발작이 거의 끝났을 때, 말하자면 우리는 스스로를 마음속의 이상적 인간과 동일시할 수 있고, 가장 공정한 관찰자의 엄격한 눈으로 우리 자신의 성격에 기초하여 한편으로는 우리 자신의 상황을 지켜보고 다른 한편으로는 우리 자신의 행동을 지켜볼 수 있다.

그러나 현재의 우리의 판단은 이전의 그것과 비교하여 별로 중요하지 않은 경우가 흔하고, 때로는 단지 부질없는 후회와 헛된 양심의 가책에 불과한 것을 낳을 뿐이다. 더구나 이것도 우리가 장래에 똑같은 오류를 범하지 않도록 언제나 보증하지도 못한다.

그러나 이 경우에조차 우리의 판단이 매우 공평무사한 일은 드물다. 자신의 성격에 대해 우리가 품고 있는 의견은 전적으로 자신의

---

31) 말브랑슈(Nicolas Malebranche, 1638~1715)는 프랑스의 가톨릭 사제였는데, 데카르트 철학에 입문하여 물질의 본질을 연장이라고 보았고 심신이원론을 수용했다. 그는 기독교적 관점에서 이러한 연장 가능한 물리현상과 연장되지 않는 정신의 상호작용 문제를 신(神)의 매개 작용으로 해석하고자했다. 『진리의 탐구』(*Recherche de la vérité*, 1674/75)는 진리에 도달하는 올바른 방법이 무엇인가를 거론하며 이러한 관점에서 착각과 오류의 원인을 탐구한다. 여기서 거론되는 부분은 감관의 착각과 관련된 논의다.

과거 행동에 관한 우리의 의견에 의존한다. 우리 스스로를 나쁘게 생각하는 것은 매우 불쾌한 일이기 때문에, 우리는 비우호적인 판단이 내려질 그러한 사정들로부터 의식적으로 우리의 시각을 전환하여 벗어나는 경우가 종종 있다.

세상에서는 자기 자신의 신체를 수술할 때 손의 떨림이 없는 외과 의사를 대담한 의사라고 평가한다. 자신의 행동의 흉함을 스스로 보는 것을 감춰주는 신비스런 자기기만의 가면을 벗는 데 주저함이 없는 사람도 그만큼 대담한 사람이다. 자신의 행동을 그러한 불쾌한 측면에서 지켜보기보다는 오히려 우리는 어리석고 나약하게도 이전에 우리를 그릇되게 인도했던 옳지 못한 열정을 새로이 자극하여 격화시키려고 노력하는 경우가 종종 있다. 우리는 인위적으로 해묵은 증오심을 불러일으키고 거의 잊어버린 분개심을 새롭게 자극하려고 시도한다.

우리는 이 비참한 목적을 위해서 심지어 혼신의 노력을 기울이며, 단지 우리가 한때 옳지 못한 행위를 했으며 그런 사실에 대해 수치심과 두려움을 느낀다는 이유만으로 스스로 불의를 끊임없이 행한다.

5

행동하는 순간이나 그 이후에 자기 자신의 행동의 적정성에 관한 세상 사람들의 견해는 이처럼 편파적이며, 어떤 공평한 관찰자가 고찰하는 관점에서 그것을 바라보는 것은 대단히 어렵다. 그러나 만일 도덕감각처럼 특수한 마음의 기능에 의해 세상 사람들이 자신의 행동을 판단한다면, 만일 그들에게 열정과 성정의 아름다움과 추함을 구별하는 특수한 지각력이 있는 것이라면, 그들 자신의 열정은 더욱 직접적으로 이 마음 안의 기능의 조망 아래 노출될 것이기 때문에 그것은 더 먼 거리에서 관찰이 가능할 뿐인 다른 사람의 열정에 대해서

보다 자기 자신의 열정에 관해 한층 더 정확하게 판단할 것이다.[32]

6

세상 사람들의 치명적 약점인 이러한 자기기만은 인간 생활에서 일어나는 무질서 가운데 그 절반의 원천이 되고 있다. 우리가 다른 사람들이 우리를 바라보는 관점으로 스스로를 보거나, 그들이 우리에 대한 모든 정보를 아는 경우 바라보게 될 관점으로 스스로를 본다면, 일반적으로 개심(改心)은 불가피할 것이다. 그러한 마음의 쇄신이 없으면 우리는 눈앞에 전개되는 광경을 감내할 수 없을 것이다.

7

그러나 자연은 이처럼 매우 중요한 약점을 아무런 구제책 없이 그대로 방치하지도 않았고, 우리를 자기애의 망상에 빠지도록 완전히 내버려두지도 않았다. 다른 사람들의 행동에 대한 우리의 지속적인 관찰은 부지불식간에 무엇은 하고 무엇은 회피해야 타당하고 적절한가에 대한 어떤 일반원칙을 우리가 형성하도록 인도한다.

그들의 행동 가운데 일부는 우리의 자연적 감정에 충격을 준다. 우리는 주위의 사람들이 그런 행동들에 대해서 동일한 혐오감을 표출하는 것을 듣는다. 이 사실은 그 행위의 추함에 대한 우리의 자연적 감정을 한층 더 확인해주며 격화시키기까지 한다. 다른 사람들도 그것들을 같은 시각에서 본다는 것을 우리가 알게 될 때, 우리가 적절한 시각에서 판단하고 있다는 사실은 만족감을 준다. 우리는 동일한 행위로 그러한 죄책감을 결코 느끼지 않을 것이며, 어떠한 이유로든

---

32) 외부감각과 마찬가지로 사람들의 도덕감정을 별도로 감지하는 고유의 기관이 있다고 주장하는 허치슨(Francis Hutcheson)의 도덕감각 이론에 대한 비판이다. 이 책 후반 686~691쪽(5~10) 참조.

이런 식으로 우리 자신을 보편적 부인의 대상으로 만들지 않을 것을 결심한다. 우리는 스스로를 최대의 두려움과 반감의 대상, 혐오스럽고 경멸할 만하며 처벌해야 마땅한 존재로 만드는 그러한 모든 행위는 회피되어야 한다는 어떤 일반원칙을 우리 스스로에게 설정한다.

반대로 일부 다른 행동은 우리의 승인을 불러일으키며, 주위의 사람이 그것들에 대해 동일한 호의적인 의견을 표명하는 것을 듣는다. 모든 사람은 그것들에 명예를 부여하며 보상하고 싶어 한다. 그 행위는 우리가 본래 가장 강한 욕구를 가지고 있는 모든 감정, 즉 세상 사람들의 사랑, 감사, 감탄 같은 감정을 불러일으킨다. 우리는 동일한 행위를 수행하고자 갈망하며, 따라서 이런 식으로 행동하는 모든 기회가 주의 깊게 모색되어야 한다는 또 다른 유형의 원칙을 자연스럽게 스스로에게 설정하게 된다.

8

이런 식으로 도덕의 일반원칙은 형성된다. 도덕의 일반원칙은 우리의 도덕적 능력, 즉 공로와 적정성에 대한 우리의 자연적 감각이 개별적인 여러 사례에 대해 승인하거나 부인하거나 하는 경험에 궁극적으로 기초하고 있다. 우리가 본래 개별적인 행위를 승인하거나 비난하는 것은, 검토해보면, 그것들이 어떤 일반원칙에 부합되거나 상반되는 것처럼 보이기 때문은 아니다. 반대로 그 일반원칙은 어떤 특정한 유형의 모든 행동 또는 어떤 식의 상황에 놓인 모든 행동이 승인되거나 부인되는 사실을 경험을 통해 발견함으로써 형성된다.

자신을 사랑하고 신뢰하던 어떤 사람을 탐욕, 시기심, 부당한 분개심 때문에 무자비하게 살해한 사건을 처음 목격했고, 죽어가는 사람의 최후의 고통을 지켜보았으며, 그가 임종 시에 자신에게 행해진 폭력보다도 불성실한 친구의 배신과 배은망덕을 한층 더 하소연하는 것을 들은 사람에게는, 그러한 행동이 얼마나 끔찍한가를 떠올리기 위해서 가장 신성한 행동준칙 중의 하나가 무고한 사람의 생명을 앗아가는 것을 금지하는 것이고, 이 사건은 그런 준칙의 명백한 위반이기 때문에 매우 비난받을 만한 행동이라는 것을 숙고할 필요는 없다.

분명히 이 범죄에 대한 그의 혐오는 순간적으로 그리고 그 자신에게 그 같은 일반원칙을 만드는 과정에 선행하여 발생한다. 이와 반대로, 그가 나중에 형성하게 되는 일반원칙은 이러한 행동이나 같은 유형의 모든 개별적 행위를 떠올릴 때 필연적으로 그의 마음속에서 발생하며 느껴지는 혐오감에 기초하고 있다.

9

우리가 역사책이나 연애소설에서 관대한 행동이나 비열한 행동에 대한 이야기를 읽을 때, 전자에 대해 품게 되는 감탄과 후자에 대해 느끼는 경멸 중의 그 어느 것도 어떤 유형의 모든 행동은 감탄할 만하고 다른 유형의 모든 행동은 경멸할 만하다고 언명하는 어떤 일반원칙을 숙고하는 와중에서 비롯되는 것은 아니다. 반대로 이러한 일반원칙은 모든 서로 다른 유형의 행동이 자연스럽게 우리에게 미치는 영향에 대한 우리의 경험으로부터 형성되는 것이다.

10

호감을 주는 행동, 존경할 만한 행동, 무시무시한 행동은 모두 그러한 행동을 한 사람에 대해 관찰자의 애정, 존경, 공포심을 자극하는 행동이다. 어떤 행동이 이들 각각의 감정의 대상인지 대상이 아닌지의 여부를 결정하는 일반원칙은 사실 어떠한 행동이 실제로 그러한 감정을 자극하는지의 여부를 관찰하지 않고서는 그외의 다른 방법으로는 형성될 수 없다.

11

실은 세상 사람들의 일치된 감정에 의해 이러한 일반원칙이 형성되어 보편적으로 인정받고 확립되었을 때, 우리는 복잡하고 애매한 특성을 지니는 어떤 행동에 어울리는 칭찬과 비난의 정도에 대해서 논쟁하는 과정에서 판단의 기준으로서 종종 이 일반원칙에 호소한다. 이러한 경우에 이들 일반원칙은 인간의 행동에서 무엇이 정의롭거나 부당한지를 판단하는 궁극적 기초로서 언급된다. 이러한 저간의 사정이 일부 매우 저명한 저자들을 오도했다. 따라서 그들이 수립한 이론체계는, 법정의 판결과 마찬가지로, 옳고 그름에 대한 세상 사람들의 본원적 판단이 우선 일반적 원칙을 생각하고, 그 후에 이어서 두 번째로 고찰의 대상이 되는 특정한 행위가 그러한 원칙의 허용 범위 내에 적절히 속하는지를 고려함으로써 형성되는 것처럼 상정한다.

12

이러한 행위의 일반원칙들이 습관적 사고에 따라 우리 마음에 고정되었을 때, 이들 원칙은 특정의 상황에서 무엇이 타당하고 적절한가에 대해 자기애가 주는 그릇된 판단을 교정하는 데 매우 유용하게 된다. 격렬한 분개심을 품고 있는 사람이, 만일 열정의 지시대로 따라한다면, 아마 자신의 적의 죽음을 그로부터 자신이 받은 극히 사소한 도발의 부당성에 대한 작은 보상 정도로 여길 것이다.

그러나 다른 사람들의 행동을 주목하게 되면, 그는 모든 그러한 잔인한 복수가 얼마나 무서운가를 배우게 된다. 그의 교육이 아주 이례적이지 않는 한, 그는 모든 경우에 그러한 행위들을 삼가는 것을 그 자신의 신성한 준칙으로 세울 것이다. 이 준칙은 그에 대해서 권위를 유지하며, 그로 하여금 그러한 난폭한 행위의 범죄를 저지르지 않도록 한다. 그러나 그가 이러한 행위를 생각해본 첫 번째 기회를 가진 것이었다면, 자신의 마음이 매우 격해진 상태 때문에 그는 틀림없이 그 행위는 아주 정의롭고 적절하며, 모든 중립적 관찰자도 승인했을 것이라고 단정했을지도 모른다.

그러나 과거의 경험이 그에게 심어준 이 원칙의 존중은 그의 열정에 따른 성급한 행동을 억제하고, 이것이 없었다면 자기애가 그런 여건에서 적절한 행동이라고 제시했을 그런 지나치게 편파적인 견해를 그가 교정하도록 돕는다. 만일 그가 자신의 열정대로 움직여 스스로 이 준칙을 위반할 생각을 한다면, 심지어 이 경우에조차 일반원칙에 대해 습관적으로 지녀온 외경과 존경심을 그가 전적으로 떨쳐버릴 수는 없다. 행동하려고 하는 바로 그 시간에, 열정이 최고조에 달하는 그 순간에 그는 자신이 하려는 일이 도대체 무엇인가를 떠올리며 망설이고 몸서리친다.

그가 마음이 냉철할 때에는 절대로 위반하지 않겠다고 결심한 행위준칙, 다른 사람들이 위반한 경우에 최고도의 비난이 주어졌음이 목격된 행위준칙, 또 이를 위반한다면 자신도 마찬가지로 불쾌한 열정의 대상이 될 것을 예견하고 있는 그러한 행위준칙을 그가 깨뜨리려 하고 있다는 점을 내밀하게 자각하고 있다. 그는 최후의 중대한 결의를 하기에 앞서서 의혹과 망설임으로 가득 찬 고뇌로 괴로워한다. 즉 그는 그렇게 신성한 원칙을 위반하려 한다는 생각에 두려움을 느끼는 동시에, 그의 격렬한 욕망이 신성한 원칙을 위반하라고 재촉하고 자극한다.

매 순간 그는 자신의 의도를 변경한다. 때로는 자신의 원칙을 고수하여 남은 생애를 치욕과 참회의 공포로 망가뜨릴 그러한 열정에 빠져들지 않을 것을 결심한다. 그리고 폭력적 행동의 위험에 빠지지 않도록 결심할 때 그가 누리는 안전과 평정심에 대한 생각 때문에 순간적인 평온함이 그의 마음을 지배한다. 그러나 갑자기 그 감정이 새롭게 일어나, 참신한 격정 상태에서 그를 자극하여 한순간 이전에 삼가려고 결의한 그 행위를 저지르도록 자극한다.

이러한 지속적인 우유부단에 마음이 지치고 산란하여 그는 결국 일종의 절망적 기분에서 최후의 치명적이고 돌이킬 수 없는 수단을 취한다. 그러나 이 최후의 행위에는 어떤 적에게서 도망친 사람이 후미의 추격보다도 훨씬 더 확실한 파멸에 부딪힐 장소임을 확신하고도 절벽 위에서 몸을 던질 때 느끼는 그러한 공포와 경악이 수반된다. 심지어 행동하는 순간에조차 그의 감정은 그러할 것이다.

그렇지만 행동 이후와 비교하여 그 순간에 그가 자신의 행동의 부적정성을 한층 덜 인식하고 있다는 점은 틀림없을지라도, 그의 열정이 만족되고 시들해졌을 때 그는 다른 사람들이 그것을 보는 경향이 있는 그러한 관점에서 자신의 행동을 바라보기 시작한다. 그리고 그는 그 이전에는 매우 불완전하게만 예상되었던 것, 즉 회한과 참회의 가책이 그를 교란시키고 몹시 괴롭히기 시작하는 것을 실제로 느끼게 된다.

제5장 도덕의 일반원칙의 영향과 권위, 또한 이것은 당연히 신법(神法)으로 간주된다

1

이러한 행위의 일반원칙에 대한 고려는 의무감이라고 적절히 불릴 수 있는 것으로서 인간 생활에서 가장 중요한 하나의 원리이며, 대다수의 세상 사람들이 이것을 기준으로 자신들의 행동을 관리할 수 있는 유일한 원리다. 많은 사람은 매우 예의바르게 행동하며 전 생애에 걸쳐 어떤 식으로든 상당한 정도의 비난을 모면한다. 그렇지만 그들은 아마 매 경우마다 행위에 대한 승인이 기초하고 있는 특정한 감정과 그 감정의 적정성을 결코 느끼지는 못하고, 단지 확립되어 있는 행위원칙이라고 판단했던 것에 대한 고려만으로 행동했을 것이다.

다른 사람에게서 많은 혜택을 받은 사람도 천성적으로 냉담한 성격 때문에 감사의 감정을 아주 조금밖에 느끼지 못할 수도 있다. 그러나 만일 그가 고결하게 교육받은 사람이라면 감사가 부족한 행동이 얼마나 불쾌하게 보이며, 그 반대되는 행동이 얼마나 사랑스러워 보이는가를 관찰하도록 흔히 권유받았을 것이다. 따라서 그의 마음이 감사의 성정으로 훈훈해지지는 않더라도, 그는 마치 그런 마음인 것처럼 행동하고자 노력하며, 그의 은인에게 가장 생생한 감사의 감정에서 비롯되는 모든 관심과 주의를 기울이고자 할 것이다.

그는 은인을 정기적으로 방문하고 그에게 정중하게 행동할 것이다. 그는 은인에 대해 이야기할 때 최고의 존경의 표현만을 쓸 것이고, 자신이 그에게 갚아야 할 많은 의무에 대해서 거론할 것이다. 게다가 그는 과거의 공로에 대해 적절히 보답할 수 있는 기회를 찾기 위해 주의를 기울일 것이다. 그는 어떠한 위선이나 비난받을 만한 가식 없이, 새로운 호의를 얻어내려는 어떠한 이기적인 의도 없이 그리고 은인이나 일반 대중을 속이려는 어떠한 계획 없이 이러한 모든 일을 수행할 것이다.

그의 행동의 동기는 확립되어 있는 의무의 규칙에 대한 존경, 즉 모든 점에서 감사의 관례에 따라 행동하려고 하는 진지하고 성실한 욕구 이외에는 어떤 것도 없을 것이다. 마찬가지로 아내도 때로는 남편에 대해서 부부관계에 적합한 부드러운 애정을 느끼지 않을 수도 있다. 그러나 만일 그녀가 고결하게 교육받았다면 그녀는 마치 애정을 느끼는 것처럼 행동하고자 노력할 것이다. 즉 그녀는 주의 깊고, 호의적이며, 헌신적이고 성실하려고 노력할 뿐 아니라, 부부애의 감정이 그녀에게 수행하도록 요구하는 모든 관심에 조금의 부족함도 없도록 노력할 것이다.

의심할 여지없이 이러한 친구 및 아내 어느 누구도 친구 및 아내로서 가장 최고는 아니다. 비록 그들이 자신들의 모든 의무를 수행하려는 가장 진지하고 성실한 욕구를 가지고 있다 하더라도 그들은 많은 경우에 꼼꼼하고 섬세한 배려를 하지 못하게 되고, 만일 그들의 처지에 적합한 감정을 가졌다면 도저히 간과하지는 않았을 많은 의무의 기회를 놓치게 될 것이다. 비록 그들이 친구와 아내로서 일류는 아니겠지만 아마 이류쯤은 될 것이다. 그리고 만일 행위의 일반원칙들에 대해 그들이 깊이 고려했다면, 어느 누구도 자신의 의무의 매우 본질적인 부분을 이행하는 데 실패하지 않을 것이다.

가장 행복한 기질의 사람만이 엄밀한 정확성으로 그들의 감정과 행위를 가장 미세한 상황의 차이에 어울리도록 할 수 있으며, 모든 경우에 가장 섬세하고 정확한 적정성에 따라 행동할 수 있다. 그러나 대다수 세상 사람들이 형성될 때 빚어진 거친 진흙을 가지고는 그러한 완성의 정도까지 만들어질 수 없다. 그러나 거의 모든 경우에 꽤 예의바르게 행동하거나 전 생애에 걸쳐 상당한 정도의 비난을 피하기 위해서, 훈련, 교육, 선례를 통해 일반원칙에 관심을 가질 필요가 있다는 점에 모든 사람이 통감할 것이다.

2

일반원칙에 대한 이러한 신성한 배려가 없다면 어떤 사람의 행위에 크게 신뢰를 줄 수 있는 경우가 전혀 없을 것이다. 이것이야말로 원칙과 명예를 존중하는 사람과 무가치한 사람의 가장 본질적인 차이다. 전자는 모든 경우에 견실하고 단호하게 자신의 행동원리를 고수하며, 전 생애에 걸쳐 행동에 관한 하나의 균일한 행로를 견지한다. 후자는 일시적 기분, 성향, 이해관계가 우연히 가장 좋은 형편에 따라서 여러 가지 방식으로 그리고 우발적으로 행동한다.

사실 모든 사람은 늘 기분의 기복이 있어서, 이와 같은 원칙이 없다면, 냉철한 시간에는 행위의 적정성에 관해 가장 섬세한 감수성을 보여주던 사람들이 가장 하찮은 때에 그리고 이렇듯 제멋대로 행동할 어떤 진지한 동기가 거의 없을 때에도 터무니없는 행동을 하는 경우가 종종 있다. 우연히 여러분이 친구를 맞이하는 것이 불쾌하게 느껴지는 기분일 때 그가 여러분을 방문했다고 하자.

여러분의 현재 기분으로는 그의 정중한 행위가 무례한 침입으로 보이기가 매우 쉽다. 그리고 만일 여러분이 이때 발생하는 일의 형편에 따라 행동한다면, 여러분의 기질이 평소에 공손하다고 해도, 냉담과 경멸에 차 그에게 처신할 것이다. 여러분으로 하여금 그러한 무례를 막도록 하는 것이 바로 무례한 행위를 금지하는 공손과 환대의 일반원칙에 대한 존중이다. 여러분의 과거 경험이 가르쳐왔던 이 원칙들에 대한 습관적인 존경이 여러분으로 하여금 이러한 모든 경우에 거의 동일한 적정성을 가지고 행동할 수 있게 하며, 모든 사람이 빠지게 되는 기분의 기복이 여러분의 행위에 매우 크게 영향을 미치지 못하도록 한다.

만일 이러한 일반원칙에 대한 존중이 없어서, 비교적 쉽게 준수되며 위반의 진지한 동기도 거의 있을 수 없는 공손함의 의무조차 매우 빈번히 위반된다면, 준수하기가 흔히 어렵고 강한 위반의 동기가 아주 흔히 있을 수 있는 정의, 진리, 순결, 정절의 의무들의 경우는 어떻게 될 것인가? 그런데 인간사회의 존재는 이러한 의무들에 대한 나름대로의 준수에 의존하고 있다. 만일 세상 사람들이 이러한 중요한 행동원칙에 대한 존중을 일반적으로 통감하지 못한다면 인간사회는 흔적도 없이 사라질 것이다.

3

이러한 행동원칙에 대한 존중은 처음에는 자연에 의해서 마음에 심어지고, 나중에는 추론과 철학에 의해 확인된 다음과 같은 견해, 즉 도덕의 중요한 여러 원칙은 최종적으로 준수한 사람을 보상하고 위반한 사람을 처벌하는 신의 명령이자 법이라는 견해에 의해서 한층 더 고양된다.

4

내가 생각하기로는 이러한 견해나 의견은 우선 자연에 의해 마음에 새겨진 것으로 보인다. 사람들은 본래 그것이 무엇이든 어느 나라에서나 종교적 두려움의 대상이 되는 신비스러운 존재들에게 그들 자신의 모든 감정과 열정을 귀속시키도록 이끌리게 된다.

이것들이 아니라면 그들은 이런 식으로 귀속시키게 되는 다른 어떤 존재를 가지고 있지 않으며, 다른 어떤 존재를 생각할 수도 없다. 사람들이 상상은 하지만 보지 못하는 이러한 미지의 지성은 반드시 그들이 과거에 경험한 그러한 지성들과 일종의 유사성을 가지고 형성됨에 틀림없다.

이교도적 미신의 무지와 우매함이 지배하던 시기에 세상 사람들에겐 신성(神性)의 관념을 형성하는 데 정교함이 거의 없었으며, 따라서 색욕, 허기, 탐욕, 시기심, 복수심처럼 우리 인간에게 아주 명예롭지 못한 열정마저도 예외 없이 포함한 인성의 모든 열정을 무차별적으로 그러한 신적 속성에 귀속시켰다.

사람들은 이러한 신적인 속성의 탁월성에 여전히 최고의 감탄을 느끼기 때문에, 인간성의 위대한 장식물이며 신적인 완전성과 유사한 수준으로 이를 끌어올리는 그러한 감정과 자질, 즉 미덕과 자혜를 애호하고, 악덕과 불의를 혐오하는 감정과 자질도 그러한 신적 존재에 귀속시켰다.

침해를 당한 사람은 주피터에 대해 그에게 행해진 부당한 행위의 목격자가 되어주기를 요청하면서, 그 신적인 존재 역시 불의가 언제 저질러졌는가를 목격한 세상 사람들 중에서 가장 보잘것없는 사람이라도 느꼈을 그런 동일한 분노로써 그 부당함을 주시할 것이라는 점을 믿어 의심치 않았다.[33]

침해를 끼친 사람도 그 스스로 세상 사람들의 혐오와 분개심의 적절한 대상이라고 느꼈다. 그의 자연적 공포감은 그로 하여금 어디서나 존재한다는 점에서 회피할 수 없고 그 힘에서도 저항할 수 없는 그 두려운 신에게 동일한 감정을 이입하도록 이끌었다. 이러한 자연적 희망, 공포, 과오감 등은 동감에 의해 전파되고, 교육에 의해 확인되었다. 그리하여 신은 인간애와 자비의 보상자로서, 배반과 불의의 보복자로서 보편적으로 상징되고 믿어졌다. 그리고 이런 식으로 종교는 가장 미개한 형태에서도 인위적인 추론과 철학의 시대가 도래하기 훨씬 이전부터 도덕의 원칙들을 지지했다. 종교 때문에 갖게 되는 두려움이 이렇듯이 자연적 의무감을 강화하고 있다는 점은 자연이 그것을 철학 연구의 지지부진함과 불확실성에 맡겨버릴 수 없을 정도로 인류의 행복에 매우 중요한 부분이다.

---

33) 주피터(Jupiter)는 로마 신화의 최고의 신을 가리키며 그리스 신화의 제우스에 해당한다. 주피터는 로마 중심의 도시동맹 구성원들에게 위대한 수호신임과 동시에, 이를 숭배하는 것은 서약, 동맹 그리고 명백한 도덕률을 준수하겠다는 것을 의미했다.

5

그런데 이와 같은 철학적 연구들이 비로소 이루어졌을 때 자연의 본래적인 예지를 확인할 수 있었다. 우리의 도덕적 능력이 기초하고 있는 것이 무엇이라고 상정되든 간에, 즉 그것들이 이성의 일정한 변형에 기초하든, 도덕감각이라고 불리는 본래적 본능에 기초하든, 아니면 인성의 다른 어떤 원리에 기초하든 간에, 그것들이 현세에서의 우리의 행동을 안내하고 있다는 점은 믿어 의심될 수 없다.[34]

도덕적 능력에는 이러한 권위를 나타내는 가장 명백한 증표들이 내포돼 있다. 이 증표들은 그것들이 우리의 모든 행동의 최고의 중재인이 되도록, 우리의 모든 감각, 열정, 욕구를 감독하도록, 이러한 감정들이 각각 어느 정도 만족되거나 억제되어야 하는지를 판단하도록 하기 위해서 우리의 내면에 설정되었음을 의미한다.

우리의 도덕적 능력은 이러한 점에서 일부 학자들이 주장하듯이 인간 본성의 다른 능력이나 욕구와 결코 동일한 수준에 있지 않다. 이와 같은 인성의 다른 능력이나 욕구는 각각 서로에 대해 억제력을 행사할 수 있는 한층 더 우월한 권리를 부여받지 못했다. 마음의 어떠한 다른 능력이나 행위원리는 서로 다른 능력이나 행위원리에 대해 판단하지 않는다. 사랑은 분개심에 대해 판단하지 않으며, 분개심 역시 사랑에 대해 판단하지 않는다. 이 두 가지 열정은 서로에게 상반될 수 있지만, 서로를 승인한다거나 부인한다고 말하는 것은 전혀 적절하지 않다.

지금 우리가 고려하는 도덕적 능력의 독특한 임무는 우리 본성 속에 있는 모든 다른 원리에 관해 판단하고 비난이나 갈채를 보내는 것

---

34) 버틀러의 『열다섯 가지 설교』의 서문에 이러한 내용을 연상시키는 구절이 있다.

이다. 도덕적 능력은 그런 원리들을 대상으로 하는 일종의 감각으로 간주될 수 있다.

모든 감각은 그 자신의 대상에 대해서 지배적인 위치에 있다. 색채의 아름다움에 대해서는 눈이, 음향의 조화에 대해서는 귀가, 맛의 유쾌함에 대해서는 미각이 그 상급 감각기관에 재심을 요청하는 경우가 전혀 없다. 각각의 이러한 감각들은 자신의 고유한 대상에 대해 최종적으로 판단한다. 미각을 만족시키는 것은 무엇이든지 달콤하고, 눈을 즐겁게 하는 것은 무엇이든지 아름다우며, 귀를 편안하게 하는 것은 무엇이든지 조화롭다. 각각의 이러한 특성의 본질은 바로 그것이 지향되는 감각을 만족시키기에 적합하다는 점에 있다.

이와 마찬가지로 언제 귀가 편안해져야 하고, 언제 눈이 충족되어야 하며, 언제 미각이 만족되어야 하는지, 언제 그리고 어느 정도 우리 본성의 모든 다른 원리가 만족되거나 절제되어야 하는가를 결정하는 것은 바로 우리의 도덕적 능력에 속한다.

우리의 도덕적 능력에 유쾌한 대상은 타당하고 올바르며, 실행하기에 적절한 것들이다. 그 반대로 도덕적 능력에 불쾌한 대상은 그릇되고 부당하며 부적절하다. 도덕적 능력들이 승인하는 감정들은 우아하고 적합하지만, 반대로 그것들이 부인하는 감정들은 우아하지 못하고 적합하지도 않다. 소위 올바르, 그르, 타당하, 부적절하, 우아하, 부적합하 등의 언어는 바로 사람들의 도덕적 능력을 만족시키는 것 또는 만족시키지 않는 것을 의미할 뿐이다.

6

그러므로 이러한 도덕적 능력이 인간 본성의 지배적 원리로 분명히 의도되었기 때문에, 이들이 규정하는 원칙들은 신이 우리의 내면에 설정해놓은 대리인들이 공표하는 신의 명령과 신법으로 간주되어야 한다. 모든 일반원칙은 흔히 법칙이라고 명명된다. 그러므로 물체가 운동의 전달 과정에서 준수하는 일반원칙은 운동법칙이라고 불린다. 그러나 우리의 도덕적 능력이 그 검토의 대상이 되는 모든 감정이나 행동을 승인하거나 비난하는 데에 준수하는 그러한 일반원칙들은 한층 더 당연히 법칙이라고 명명될 수 있다.

이 원칙들은 적절히 법률이라고 불리는 것, 즉 주권자가 신민들의 행동을 관리하기 위해 제정하는 일반규칙들과 훨씬 더 유사성이 크다. 법률처럼 도덕적 원칙들은 인간의 자유로운 행위를 안내하는 원칙이다. 도덕적 원칙들은 합법적인 통치자에 의해 가장 확실하게 규정되며, 마찬가지로 보상과 처벌이라는 상벌조항을 수반한다. 우리 내면의 신의 대리인들은 내적 수치심의 고통과 자기비난에 의해 도덕적 원칙의 위반을 처벌하고, 반대로 도덕적 원칙의 준수에 대해서는 언제나 마음의 평정, 흡족함, 자기만족을 가지고 보상한다.

7

이와 동일한 결론을 확인하는 데 도움이 되는 고려대상은 이외에도 무수히 많다. 다른 모든 이성을 갖춘 피조물뿐만 아니라 인류의 행복이 이들을 창조한 자연의 창시자에 의해 의도된 본래의 목적인 듯하다. 어떠한 다른 목적도 필연적으로 그의 속성으로서 귀속되고 있는 최상의 지혜와 신의 자혜에 걸맞지 않는 듯하다. 그리고 우리가 창조자의 무한한 완전성에 관한 추상적 고찰을 통해 갖게 되는 이러한 견해는 이 모두가 행복을 증진시키는 반면에 불행으로부터 보호되도록 의도된 것처럼 보이는 자연의 운행에 대한 검토를 통해 한층 더 확인된다.

그런데 우리의 도덕적 능력의 지시에 따라 행동한다면, 우리는 인류의 행복을 증진시키기 위한 가장 효과적인 수단을 필연적으로 추구하는 것이며, 따라서 어떤 의미에서는 신과 협력하여 우리의 능력이 미치는 한 신의 계획을 촉진시키고 있다고 말할 수 있다.

그러나 이와는 대조적으로, 우리의 도덕적 능력의 지시와는 반대로 행동한다면, 우리는 자연의 창조자가 세계의 행복과 완성을 위해 수립해놓은 계획을 어느 정도 방해하는 듯하며, 또한, 말하자면, 우리가 어느 정도 신의 적대자임을 스스로 선언하는 듯하다. 그러므로 우리는 전자의 경우에는 신의 특별한 호의와 보상을 희망하는 반면에, 후자의 경우에는 신의 복수와 처벌을 두려워하도록 자연히 격려를 받게 된다.

8

그뿐만 아니라 다른 많은 이유와 다른 많은 자연적 원칙이 모두 동일하게 그 유익한 견해를 확인하고 가르치는 경향이 있다. 만일 우리가 현세에서 외면적인 번영과 역경이 흔히 분배되고 있는 일반원칙을 고려해보면 현세의 모든 것이 무질서하게 움직이는 것처럼 보이지만, 사실 여기에서조차 모든 미덕은 적절한 보상, 즉 그것을 장려하고 촉진하는 데 가장 걸맞은 보답을 당연히 받고 있음을 알게 된다. 그리고 매우 이례적인 사정들이 동시에 작용하여 완전히 방해를 놓지 않는 한, 이 사실은 역시 매우 확실하다.

근면, 신중함, 주의 깊은 행동을 장려하는 데에 가장 적절한 보상은 무엇인가? 그것은 모든 유형의 사업에서의 성공이다. 그렇다면 전 생애에 걸쳐 이러한 미덕들이 전혀 성공을 거두지 못하는 일이 가능한가? 부와 외면적인 명예는 그 미덕들에 대한 적절한 보상이며, 이러한 보상을 얻는 데 실패하는 경우는 거의 없다.

진실, 정의, 인간애의 실천을 촉진시키는 데 무슨 보상이 가장 적절한가? 그것은 우리가 함께 살아가고 있는 사람들의 신뢰와 존경,

애정을 받는 것이다. 인간애는 위대함을 바라는 것이 아니라 사람들에게서 사랑받는 것을 희망한다. 진실과 정의가 기뻐하는 것은 부유함에 있는 것이 아니라 사람들에게서 신임과 신뢰를 받는 것에 있으며, 이것이 이러한 미덕들이 거의 언제나 받고 있음에 틀림없는 보상이다.

일부 극히 이례적이고 불운한 사정 때문에 어떤 선량한 사람이 그가 전혀 저지를 수도 없는 범죄 혐의를 받아서, 이 때문에 매우 부당하게도 그의 남은 생애를 세상 사람들이 보내는 공포와 혐오에 노출된 채 지낼 수도 있다. 이런 유형의 사고로 그는 자신의 고결함과 정의에도 불구하고 자신의 모든 것을 잃을 수도 있다. 마찬가지로 어떤 주의 깊은 사람이 최고도의 신중한 행동을 했는데도 지진이나 홍수가 나서 파멸할지도 모른다.

그러나 첫 번째 유형의 사고는 두 번째 유형의 사고와 비교해서 아마 한층 더 희소하며, 한층 더 사물의 일상적인 진행과정에 상반되는 것이다. 그리고 진실, 정의, 인간애의 실천은 이 미덕들이 주로 지향하는 우리 이웃의 신뢰와 애정을 얻기 위한 하나의 확실하고 거의 절대적으로 옳은 방법이라는 것은 여전히 진리다.

어떤 사람이 어떤 특정한 행위에 대해서 그릇되게 인식하는 것은 매우 쉽다. 그러나 그가 자신의 행위의 일반적 성향 때문에 잘못 인식되는 일은 거의 불가능하다. 어떤 결백한 사람이 부당한 행위를 계속해왔다고 생각될 수도 있지만, 이러한 일은 거의 일어나지 않는다. 이와 반대로, 그의 생활태도가 결백했다는 주변의 한결같은 의견은 그가 실제로 악행을 저질렀고 이에 관한 강한 추정의 근거가 있음에도, 우리로 하여금 그를 용서하게 하는 경우가 종종 있다.

마찬가지로 어떤 악한은 그의 행동이 사람들에게 알려지지 않은 특정의 악행에 대해서 비난을 모면할 수도 있고 심지어는 갈채도 받을 수 있다. 그러나 거의 보편적으로 그런 사람이라고 알려진 사실이 없었다면, 또한 그가 실제로 완전히 결백한 경우에조차 빈번하게 유죄 혐의를 받은 사실이 없었다면, 결코 어떤 사람도 그런 식의 악한이라고 늘 인식되지는 않는다. 그리고 악덕과 미덕이 세상 사람들의 감정과 의견에 의해서 처벌되거나 보상받을 수 있는 한, 사물의 일상적인 진행과정에 의거해서 이 악덕과 미덕 모두는 현세에서조차 엄밀하고 공정한 정의의 수준을 넘어서는 어떤 보상과 마주치게 될 것이다.

9

그러나 냉철하고 철학적인 관점에서 고찰될 때 번영과 역경이 흔히 분배되는 일반원칙들이 현세에서 세상 사람들이 처한 상황에 완전히 어울리는 듯이 보이지만, 우리의 일부 자연감정에는 결코 맞지 않는다. 일부 미덕에 대한 우리들의 자연적인 애호와 감탄이 매우 크기 때문에, 우리는 그 미덕에 대해 모든 유형의 명예와 보상을 부여하기를 원한다. 심지어 그러한 미덕과는 전혀 동행성이 없는 다른 자질들을 위한 적절한 보상임을 우리가 분명히 인정하고 있는 그런 명예와 보상까지도 그 미덕에 부여하기를 원한다.

반대로 일부 악덕에 대한 우리의 혐오가 매우 크기 때문에, 우리는 그 악덕에다가 모든 유형의 치욕과 재앙을 가득 얹어놓기를 바란다. 더구나 이 악덕과는 매우 다른 자질들이 야기하는 자연적인 결과인 불명예와 재앙도 빼지 않고 덧붙여 얹어놓기를 바란다. 넓은 도량, 관대함, 정의는 매우 높은 정도의 감탄을 받기 때문에 우리는 그것이 부, 권력, 모든 유형의 명예로서 보답 받는 것을 보고 싶어 한다. 하지만 부, 권력, 명예는 신중, 근면, 전념이 수반하는 자연적인 귀결이며, 넓은 도량, 관대함, 정의와 불가분하게 연관되어 있는 자질은 아니다. 다른 한편으로, 사기, 기만, 잔인성, 폭력은 모든 사람의 마음속에서 경멸과 혐오를 불러일으키기 때문에, 이 악덕들이 때때로 이것들에 동반되는 부지런함과 근면 때문에 어느 의미에서 마땅히 받아야 한다고 말할 수 있는 이익을 소유하는 것을 보면 우리의 분노가 솟구친다.

부지런한 악인이 토지를 경작하는 반면에, 나태하지만 선량한 사람은 토지를 경작하지 않고 방치한다. 누가 수확을 거둬들여야 하는가? 누가 굶주리고, 누가 넉넉하게 살아야 하는가? 사물의 자연적 진행과정은 이러한 문제를 그러한 악인에게 호의적으로 결정한다. 그러나 세상 사람들의 자연적 감정은 미덕을 지닌 사람에게 호의적으로 결정한다.

사람들의 판단에 따르면, 악인의 좋은 자질들이 그에게 가져다주곤 하는 여러 이익이 그것들을 지나치게 과대하게 보상하고 있으며, 선량한 사람의 좋은 자질이 누락되어 자연히 그에게 수반하는 곤궁은 이 누락 부분을 지나치게 가혹하게 처벌하는 듯하다. 따라서 사람의 감정의 결과인 인간의 법은 근면하고 신중한 반역자의 생명과 재산을 몰수하며, 신중치 못하고 부주의하지만 선량한 시민의 충절과 공공정신에 대해 특별한 답례로서 보상을 한다. 이런 식으로 인간은 사정이 그렇지 않다면 자연 스스로가 나서서 조정했을 그 사물의 분배를 어느 정도 교정하도록 자연의 지배를 받고 있다.

이러한 목적을 위해 자연이 인간에게 따르도록 촉구하는 원칙들은 자연 스스로가 준수하는 원칙들과는 서로 다르다. 자연은 모든 미덕과 악덕에 대해 미덕을 장려하거나 악덕을 억제하는 데에 가장 적합하도록 정확한 보상이나 처벌을 하고 있다. 자연은 오로지 이러한 고려에 의해서만 지배된다. 자연은 미덕과 악덕이 인간의 여러 감정과 열정 가운데에 표현하고 있는 것처럼 보이는 서로 다른 정도의 공과에 대해서는 거의 고려하지 않는다.

　반대로 인간은 이 점만을 존중한다. 그리고 모든 미덕의 상태를 그 자신이 품고 있는 애정과 존경의 정도에 정확히 부합하도록, 그리고 모든 악덕의 상태를 그 자신이 품고 있는 경멸과 혐오의 정도에 정확히 부합하도록 만들고자 노력한다. 자연이 따르는 원칙들은 자연에게 적합하며, 인간이 따르는 원칙들은 인간에게 적합하다. 그러나 이 두 가지 모두는 동일한 위대한 목적, 즉 세계의 질서 및 인간 본성의 완성과 행복을 촉진시키도록 의도되어 있다.

10

　그런데 설령 자연의 사건들이 그대로 방임되었을 경우 이루어지는 사물의 분배를 변경시키도록 하는 일에 인간이 종사하고 있다고 해도, 그리고 설령 시인들이 그리는 여러 신처럼 인간이 놀라운 수단에 의해 미덕을 지지하고 악덕에 반대해서 끊임없이 개입하면서 여러 신처럼 덕망 있는 사람의 머리를 겨눈 화살을 돌려버리고 사악한 사람에게 들어올린 파멸의 칼날을 가속시키기 위해 노력한다고 해도, 인간은 미덕과 악덕의 어느 운명도 자신의 감정과 희망에 철저히 부합하도록 만들 수는 결코 없다.

　사물의 자연적인 진행과정은 인간의 무기력한 시도에 의해서는 완전히 통제될 수는 없다. 그 흐름은 매우 빠르고 매우 강해서 인간이 중단시킬 수 없다. 그리고 그것을 지배하는 원칙들이 비록 가장 현명하고 가장 유익한 목적들을 위해 수립된 것처럼 보이지만 때때로 인간의 자연적인 감정에 충격을 주는 결과들을 산출한다.

　많은 수의 사람들의 결합체가 작은 수의 사람들의 결합체에 대해서 우위에 서야 한다는 것, 사전에 깊은 생각과 모든 필요한 준비를 한 후 사업을 하는 사람들이 전혀 이런 준비 없이 그들에게 대립하는 그런 사람들보다 우위에 서야 한다는 것, 모든 목표는 자연이 그것을 달성하기 위해 수립해둔 수단을 통해서만 획득되어야 한다는 것과 같이 이러한 원칙들은 그 자체로서도 필요하고 불가피할 뿐만 아니라, 세상 사람들의 근면과 주의를 각성시키는 데 유용하고 적절하기까지 하다.

그런데도 이 원칙의 결과로서 폭력과 책략이 진실성과 정의보다 우위에 서는 경우, 어찌 이것이 모든 인간적인 관찰자의 마음에 분노를 일으키지 않겠는가? 결백한 사람들의 고통에 어찌 비애와 동정심이 생기지 않을 것이며, 억압자의 성공에 대해 어찌 격렬한 분개심이 솟아나지 않겠는가?

우리는 행해지고 있는 부당한 행위를 보고 똑같이 슬퍼하고 격노하지만, 이를 구제하는 데 우리들이 가진 힘이 전혀 없다는 것을 발견하는 경우가 종종 있다. 우리가 현세에서 불의의 승리에 제동을 걸 수 있는 힘이 아무것도 없다는 사실에 절망할 때, 우리는 자연히 하늘에 호소하게 된다.

또한 우리는 자연의 위대한 창조주가 행동을 지시하기 위해서 우리에게 부여한 모든 원리에 의해 현세에서 시도하도록 촉구된 내용을 이후에 집행하며, 그가 시작하도록 가르쳐준 그러한 계획을 손수 완성할 뿐만 아니라 현세에서 행해진 행위에 의거해 내세에서 모든 사람에게 보답하게 될 것임을 희망하게 된다.

그러므로 이렇듯이 우리는 인간 본성의 나약함, 희망과 두려움뿐만 아니라 가장 숭고하고 가장 바람직한 다른 본성의 원리, 즉 미덕에 대한 애착 및 악덕과 불의에 대한 혐오 등에 의해서도 내세에 대한 믿음으로 인도된다.

11

웅변적이고 철학적인 클레르몽의 주교[35]는 이따금 예절의 범위를 넘어서는 듯한 열정적이고 과장적인 상상의 힘을 가지고 "이것이 신의 위대함과 어울리는가?"라고 말한다.

"자신이 창조한 세계를 이렇게 보편적인 무질서의 상태로 방임하는 것이 신의 위대함과 어울리는가? 사악한 사람들이 거의 언제나 정의로운 사람들보다 우위에 서고, 결백한 사람들이 강탈자에게 권좌에서 내몰리고, 아버지가 극도로 잔인한 아들의 야심의 희생자가 되고, 남편이 야만적이고 부정한 아내의 일격으로 숨을 거두는 것을 보게 되는 것이 신의 위대함과 어울리는가? 자신의 위대함의 정상으로부터 신은 이 우울한 사건들을 하나의 기상천외한 오락으로 바라보면서 이것들에 전혀 관여하지 않아야만 하는가? 그는 위대하기 때문에 나약해야만 하거나 불공정해야 하고, 야만스러워야만 하는가? 인간은 보잘것없는 존재이기 때문에 행실이 방종해도 처벌받지 않거나 고결해도 보상받지 못하도록 방임해야 하는가? 아, 신이시여, 만일 이것이 절대자의 속성이라면, 만일 우리가 그렇게 두려운 관념 속에서 당신을 숭배하고 있다면, 나는 이제 더 이상 당신을 나의 아버지로서, 나의 보호자로서, 나의 슬픔의 위안자로서, 나의 나약함의 버팀목으로서, 나의 충절의 보상자로서 인정할 수 없습니다. 만일 그러하다면 당신은, 인류를 오만한 허영에 희생시킬 뿐만 아니라, 단지 여가와 변덕의 웃음거리로만 즐기기 위해서 인류를 무(無)에서 이끌어낸, 나태하고 변덕스런 폭군에 불과할 뿐입니다."

---

35) 앞서 거론된 프랑스의 마시용(Jean Baptiste Massillon) 주교를 말한다. 인용문은 『전집』가운데 「미래의 진리에 대하여」에 나오는 구절이다.

12

이렇듯이 행위의 공과를 결정하는 일반원칙들이 우리의 행위를 감시하면서 내세에서 그것의 준수에 대해서는 보상하고 그것의 위반에 대해서는 처벌하는 전능한 존재의 법으로서 간주될 때, 그 일반원칙들은 이러한 고찰로부터 필연적으로 새로운 신성함을 얻게 된다. 신의 의지에 대한 우리의 존중이 우리 행위의 최고의 원칙이어야 한다는 사실은 그의 존재를 믿는 어느 누구의 의심도 받지 않는다.

불복종을 생각하는 것만으로도 그 안에 가장 충격적인 부적정성을 포함하고 있는 듯하다. 신의 무한한 지혜와 무한한 힘에 의해 인간에게 부여된 명령들을 반대하거나 무시하는 것이 얼마나 무분별하고 얼마나 터무니없는 행위인가! 창조자의 무한한 선량함에 의해 인간에게 지시된 계율들을 존경하지 않는 것은 설령 그 계율의 위반에 처벌이 뒤따르지 않는다고 해도 얼마나 부자연스럽고 얼마나 불경스런 배은망덕인가!

여기에서 적정성의 감각은 또한 자기애라는 가장 강한 동기로 충분히 지지되고 있다. 아무리 우리가 인간의 관찰을 회피하거나 인간적인 처벌이 미치지 못하는 위치에 있을 수 있다고 해도 우리는 항상 불의에 대한 위대한 복수자인 신의 시야 아래에서 행동하고 있고 그의 처벌에 직면하고 있다는 관념은, 적어도 부단히 숙고함으로써 그 관념에 친숙해진 사람들에게는 그 가장 완고한 열정을 억제할 수 있는 하나의 동기가 된다.

13

이러한 방법으로 종교는 자연적인 의무감을 강화한다. 따라서 일반적으로 세상 사람들은 종교적 감정에 진심으로 통감하는 것처럼 보이는 사람들의 강직함에 큰 신뢰를 부여하는 경향이 있다. 그들은 다른 평범한 사람들의 행위를 규제하는 의무뿐만 아니라 또 다른 추가적인 의무 아래서 행동하고 있다고 간주된다. 세간의 평판에 대한 배려뿐만 아니라 행위의 적정성에 대한 배려, 다른 사람들의 칭찬에 대한 배려뿐만 아니라 자신의 내면으로부터의 칭찬에 대한 배려는 세상의 평범한 사람뿐만 아니라 신앙심을 가진 사람에 대해서도 동일한 영향을 미친다고 상정되는 여러 행위동기다.

그렇지만 신앙심을 가진 사람은 또 다른 구속력 아래 놓여 있으며, 궁극적으로 자신의 행위에 부응하여 보상하는 위대한 지배자의 존재를 상정하고 있는 경우에 가장 신중하게 행동한다. 이 때문에 그의 행위의 규칙성과 엄밀성에 대해서 한층 더 큰 신뢰가 부여된다.

그리고 종교의 자연적인 원리가 일부 무가치한 종파의 당쟁을 일삼는 파벌적 광기로도 부패하지 않는 곳에서는 어디서든지, 종교의 가장 우선적인 의무가 도덕상의 모든 의무를 충족시키는 것을 요구하는 곳에서는 어디서든지, 사람들에게 정의와 자혜의 행위보다는 하찮은 종교의식을 한층 더 당면한 종교상의 의무라고 가르치지 않으며 사기, 배신, 폭력의 대가로 제물을 바치고 의식이나 공허한 간청에 의해 신과 흥정할 수 있다고 가르치지 않는 곳에서는 어디서든지, 세상 사람들이 이러한 측면에서 올바른 판단을 하고 있다는 점에 의심할 여지가 없으며, 신앙심이 깊은 사람이 보이는 행동의 정직함에 대해 이중의 신뢰를 부여하는 것도 당연하다.

제6장 어떤 경우에 의무감은 마땅히 유일한 행위원리며, 또한 어떤 경우에 다른 동기와 협력해야 하는가?

1

종교는 미덕의 실천을 위한 그러한 강력한 동기를 제공할 뿐만 아니라 그런 강력한 억제력에 의해 악덕의 유혹으로부터 우리를 보호하기 때문에, 종교적 원리들이 행위의 유일한 칭찬할 만한 동기라고 많은 사람은 생각하게 되었다. 그들이 말하기를, 우리는 감사에 근거해 보답에 나서서도 안 되고, 분개심에 근거해 처벌해서도 안 된다. 우리는 자연적인 애착에 근거해 자식들의 무력함을 보호해서도 안 되고, 부모의 병약함을 돌보아서도 안 된다.

특정 대상에 대한 모든 애정은 우리의 마음속에서 소멸되어야 하고, 하나의 거대한 애정이 다른 모든 애정을 대신해야만 한다. 그것은 신에 대한 사랑, 즉 우리 스스로를 그에게 호감을 주도록 만들려는 욕구며, 모든 점에서 그의 의지에 부응하여 우리의 행동을 지도하려는 욕구다.

우리는 감사 때문에 고마워해서도 안 되고, 인정 때문에 자비로워서도 안 되며, 조국애 때문에 공공정신이 투철해서도 안 되고, 인류애 때문에 관대하고 공정해서도 안 된다. 이러한 모든 서로 다른 의무를 수행할 때에 우리 행위를 이끄는 유일한 원리와 동기는 당연히 신이 우리에게 이것들을 수행하도록 명령한 것이라는 어떤 감각이어야 한다. 나는 지금 이와 같은 견해를 특별히 검토하는 데 시간을 할애하지는 않을 것이다.

나는 다만 이러한 견해가, 우리의 모든 마음과 영혼을 활용하여 전력을 다해 하느님을 사랑하는 것이 제1의 계율이고 우리 자신을 사랑하는 것처럼 우리 이웃을 사랑하는 것이 제2의 계율이라고 스스로 공언하는 어느 종파에 의해서만 신봉되고 있다고 예상해서는 안 된다는 점을 지적하고 싶다. 그리고 우리가 우리 자신을 사랑하는 것은 확실히 우리 자신의 목적을 위해서 그런 것이며, 단지 그렇게 하도록 명령받았기 때문만은 아니라는 점을 동시에 지적하고 싶다.

의무감이 우리 행위를 지도하는 그런 유일한 원리이어야 한다는 것은 기독교 계율의 어디에도 존재하지 않는다. 그렇지만 의무감이 우리 행위의 그 지배적이고 지도적인 원리가 되어야 한다는 것은, 철학 및 상식이 진정으로 안내하는 바와 같다. 그러나 어느 경우에 우리의 행동이 주로 또는 전적으로 의무감이나 일반원칙에 대해 고려함으로써 이루어져야 하는지, 어느 경우에 일부 다른 감정이나 성정이 협력하여 주요한 영향력을 미쳐야만 하는지에 대해서 어떤 의문이 있을 수 있다.

2

아마 아주 확실하게 결정될 수는 없는 것이지만 이 의문에 대한 판단은 두 가지 서로 다른 사정에 의존하게 된다. 첫째, 그것은 일반원칙에 대한 모든 고려와는 별개로 우리에게 어떤 행위를 자극하는 감정이나 성정이 지니고 있는 자연적인 유쾌함이나 추함에 의존한다. 둘째, 그것은 일반원칙 자체가 가지고 있는 엄밀성과 정확성, 느슨함과 부정확성에 의존한다.

3

내 견해로는 첫째, 우리의 행동이 어느 정도 성정에서 비롯되어야 하는지, 아니면 전적으로 일반원칙에 대한 고려에서 비롯되어야 하는지의 결정은 성정 그 자체가 지닌 자연적인 호감이나 추함에 의존한다.

4

자애로운 성정이 우리를 자극하여 유발시키는 기품 있고 감탄스러운 모든 행동은 행위의 일반원칙에 대한 고려만큼이나 그러한 여러 열정 자체에서 비롯되어야 한다.

어떤 후원자는 만일 자신이 베푼 선행을 받은 사람이 자신에게 아무런 애정도 표시하지 않고 단지 냉정한 의무감으로만 보답한다면, 자신이 충분치 못한 보답을 받았다고 생각한다. 가장 순종적인 아내라도 만일 남편이 생각하기에 그녀의 행위가 부부관계에서 요구되는 아내의 의무에 대한 고려 이외에 다른 어떠한 원리로도 고무되지 않는다면, 남편은 그녀에게 불만족을 느끼게 된다.

어느 아들이 자식으로서의 의무를 이행하는 데 부족함이 없었다고 해도, 만일 그가 자식으로서 당연히 느껴야 할 따뜻한 존경심을 결여하고 있다면, 그 부모가 그의 무관심에 대해서 불평하는 것은 당연해 보인다. 또한 어느 부모가 자신이 처한 상황이 부여하는 모든 의무를 수행하기는 했지만, 그 아들이 기대했을지도 모를 부정(父情)을 전혀 보여주지 않은 아버지에 대해서 아들은 결코 만족할 수 없다.

모든 이러한 자애롭고 사회적인 성정에 관한 한, 의무감이 그러한 정서를 북돋우는 것보다는 차라리 억제하는 데 활용되거나, 우리가 당연히 해야 할 일을 촉구하는 것보다는 오히려 과도한 행위를 막는 데 활용되는 것을 볼 때 더 유쾌해진다. 아버지가 자식에 대한 애정을 억제할 의무감이 드는 것, 친구가 자신의 자연적인 관대함을 제한할 의무감이 생기는 것, 은혜를 받은 사람이 자신의 기질에서 나오는 매우 낙천적인 감사를 자제할 의무감을 갖는 것을 보면 우리는 즐거움을 느낀다.

5

악의가 있고 비사회적인 열정에 대해서는 반대의 격언이 발생한다. 우리는 자신의 마음에서 우러나오는 감사와 관대함에 근거하는 경우에 아무 주저 없이 그리고 보상의 적정성이 어느 정도 커야 하는가에 대해 숙고할 필요 없이 보답해야 한다. 그렇지만 항상 처벌의 경우에는 우리는 주저하면서 그리고 야만적인 복수의 성향에 근거하기보다는 한층 더 처벌의 적정성의 감각에 근거하여 이루어져야만 한다.

최대의 침해에 대해서 분개심을 표출할 때 피해자 자신이 느끼는 그 불쾌한 열정의 격렬함에 근거하기보다는 그런 침해가 마땅히 분개심의 적정한 대상이라는 어떤 감각에 더 많이 의존하는 것처럼 보이는 사람의 행동, 재판관처럼 어떤 징벌이 각각의 개별 범행에 합당한 응보인가를 결정하는 일반원칙만을 고려하는 사람의 행동, 그 일반원칙을 집행할 때에도 자기 자신이 당했던 고통을 범인이 이제 겪게 될 고통보다 한층 적게 느끼는 사람의 행동, 격노하는 가운데서도 관용을 잊지 않고 그 일반원칙을 가장 너그럽고 우호적으로 해석하면서 가장 공평무사한 인간애를 지닌 사람이 사회적 양식에 모순되지 않는 수준에서 용인할 수 있는 모든 감형을 허용하고 싶어 하는 사람의 행동, 이상과 같은 여러 행동만큼 더 기품 있는 모습은 없다.

6

이전에 고찰한 바에 따르면, 이기적인 열정이 다른 여러 측면에서 사회적 열정과 비사회적 열정 사이에서 일종의 중간적 지위를 차지한 것처럼, 지금 논의 중인 사안에서도 마찬가지다. 모든 일상적이고 별로 중요하지 않으며 평범한 사안일 때에는 개인적 이익이 되는 대상을 추구하는 행위는 그 대상 자체에 대한 어떤 열정에 근거해서보다는 오히려 그러한 행위를 규정하는 일반원칙에 대한 고려에 근거해서 이루어져야 한다. 그러나 더욱 중요하고 특별한 사안일 때에는, 만일 그 대상 지체가 우리에게 상당한 정도의 열정을 고취하는 듯이 보이지 않는다면 우리는 보기 흉하고 진부하고 품위 없게 된다.

단 1실링을 얻거나 절약하기 위해서 노심초사하거나 책략을 짜내는 행위는 모든 이웃의 의견 가운데 가장 저속한 그 상인의 평판을 떨어뜨릴 것이다. 그의 여건이 아무리 초라하다고 해도, 그렇게 사소한 일에 대해서, 더구나 대상 그 자체를 위해서 주의를 기울이는 것이 그의 행동에서 발생해서는 안 되는 일임에 틀림없다. 그가 처한 상황은 가장 엄격한 검약과 가장 완전한 근면을 요구할지도 모른다. 그러나 이러한 검약과 근면의 모든 개별적 실행은 그 개개의 절약과 이득에 대한 고려에서가 아니라 그를 위해 그러한 행위의 방향을 가장 엄격하게 규정해주고 있는 일반원칙에 대한 고려에서 비롯되어야 한다.

그의 오늘의 인색함이 그러한 행위에 의해 절약하게 될 개개의 3펜스에 대한 욕구에서 비롯되어서는 안 되며, 상점에서의 그의 근무가 그것을 통해 벌게 될 개개의 10펜스에 대한 열정에서 비롯되어서도 안 된다.

전자와 후자 행위 모두는 그와 생활방식이 유사한 모든 개인에게 가장 확고하고 엄격하게 이러한 행위의 계획을 규정해놓은 일반원칙을 오로지 고려하는 것에서 비롯되어야 한다. 구두쇠의 성격 및 근면하며 엄격하게 절약하는 사람의 성격 차이는 바로 여기에 있다. 전자는 사소한 일들 그 자체를 두고 노심초사해한다. 반면에 후자는 스스로 수립한 생활 계획에 근거해서만 사소한 일들에 관심을 기울인다.

7

그러나 자기애의 대상 중 더더욱 특별하고 중요한 사안에 관해서는 사정이 완전히 다르다. 어느 정도의 진지함을 가지고 이러한 대상 그 자체를 위해 추구하지 않는 사람은 비열하게 보인다. 우리는 영토의 정복이나 방어에 대해 걱정하지 않는 군주를 당연히 경멸한다. 다른 사람들과 교류가 없는 신사가 비열한 행위나 불의를 전혀 행하지 않고 어떤 사회적 신분이나 심지어 상당한 공직조차 얻을 수 있음에도 스스로 그러한 노력을 하지 않는다면, 우리는 그에 대한 존경심을 거의 갖지 못한다. 자신의 선거에 대해 열의를 전혀 보이지 않는 국회의원은 그의 친구들에 의해 자신들의 애정을 받을 가치가 거의 없는 것으로 포기된다. 소매상인마저도 소위 이례적인 장사 기회나 일부 흔치 않은 이익을 얻기 위해서 분발하지 않으면 그의 이웃들 사이에서 소심한 친구라고 생각된다.

이러한 정열과 열의가 진취성이 있는 사람과 따분한 일상을 반복하는 사람의 차이를 구성한다. 그것을 상실하거나 획득함으로써 어떤 사람의 지위를 상당히 변화시키는 그 같은 자기애의 거대한 대상은 적절하게 야심이라고 불리는 열정의 대상이다. 이 열정은 신중함과 정의의 범위 내에서 머무를 때 늘 세상 사람들 사이에서 감탄을 받는다. 하지만 이 두 가지 미덕의 한계를 지나서 부당하고 과도해질 때에는 이 열정은 때때로 상상력을 현혹시키는 어떤 변칙적인 위대함을 지니기조차 한다.

그러므로 리슐리외 추기경과 레즈 추기경의 계획처럼, 비록 정의가 완전히 결여돼 있다고 해도, 매우 대담하고 광범위한 계획을 추진한 여러 영웅과 정복자에 대해, 심지어 정치인들에 대해서조차 일반적인 감탄이 발생한다. 탐욕과 야심의 대상은 단지 그 위대함에서 차이가 있을 뿐이다. 야심이 있는 사람이 어떤 왕국의 정복에 대해 맹렬한 열의를 갖는 것만큼이나 구두쇠는 반 페니에 대해 맹렬한 열의를 갖는다.

8

II. 내 견해에 따르면, 둘째, 우리의 행동이 어느 정도 일반원칙에 대한 고려에 근거하여 전적으로 이루어져야 하는가는 일반원칙 자체가 가지고 있는 엄밀성과 정확성, 느슨함과 부정확성에 부분적으로 의존할 것이다.

9

거의 모든 미덕에 대한 일반원칙, 즉 신중, 자선, 관대, 감사, 우정의 직무가 무엇인가를 결정하는 일반원칙은 여러 가지 점에서 느슨하고 부정확하며, 여러 예외를 허용한다. 또한 그것은 많은 부분적 수정을 요구하기 때문에 그러한 일반원칙에 대해 고려함으로써만 우리의 행위를 규제하는 것은 거의 불가능하다. 신중과 관련하여 속담처럼 정리된 일반적인 격언들은 보편적인 경험에 기초하고 있기 때문에 아마 이에 대해 주어질 수 있는 최선의 일반원칙이다.

그러나 이런 격언들에 대해 매우 엄격하고 문자 그대로 엄수하는 시늉을 해보이는 것은 명백히 가장 터무니없고 어리석은 현학적 취미에 불과하다. 내가 방금 언급한 모든 미덕 가운데서 아마 감사의 일반원칙이 가장 엄밀하고 예외를 거의 허용하지 않는 미덕이다. 우리는 가능한 한 빠르게 우리가 받은 호의에 대해 동등한 수준으로 보답하거나, 만일 가능하다면 좀더 나은 수준으로 보답해야만 한다는 것은 꽤 자명한 원칙이며 어떤 예외도 거의 허용하지 않는 원칙으로 보인다. 그렇지만 가장 피상적으로만 검토해도 이 원칙은 최고도로 느슨하고 부정확하며 수많은 예외를 허용하는 듯하다.

만일 여러분의 후원자가 여러분이 아플 때 간호했다면, 여러분도 그가 아플 때 간호해야만 하는가? 아니면 다른 유형의 보답을 통해서 감사의 의무를 다할 수 있는가? 만일 여러분이 간호해야만 한다면 어느 정도의 시간 동안 간호해야 하는가? 그가 여러분을 간호한 것과 동일한 시간, 아니면 그 이상, 그 이상이라면 얼마나 오랫동안 간호해야 하는가?

만일 여러분의 친구가 여러분이 재정적으로 곤궁에 처했을 때 돈을 빌려주었다면, 여러분은 그가 궁핍할 때 그에게 돈을 빌려주어야 하는가? 그에게 얼마나 빌려주어야 하고, 언제 빌려주어야 하는가? 지금이나 내일, 아니면 다음달에 빌려주어야 하는가? 또한 얼마동안 빌려주어야 하는가?

이러한 의문 가운데 어느 것에 대해서도 모든 경우에 엄밀한 답변이 주어질 수 있는 어떤 일반원칙도 설정될 수 없음은 명백하다. 그의 성격과 여러분의 성격 차이, 그의 사정과 여러분의 사정 사이의 차이가 대단히 클 수 있기 때문에, 여러분이 전적으로 감사하고 있음에도 그에게 반 페니를 빌려주기를 거부하는 것이 정당한 경우도 있다. 반대로, 여러분이 흔쾌히 돈을 빌려주고자 하고 있고, 심지어 빌린 액수의 열 배를 여러분이 빌려주고자 하는데도 가장 화가 치미는 배은망덕이며 부담해야 하는 의무의 백분의 일도 수행하지 않았다고 비난받는 것이 정당한 경우도 있다.

그렇지만 감사의 의무가 자혜적인 여러 미덕이 우리에게 규정하는 모든 의무 중에서 아마 가장 신성한 것처럼, 감사의 의무를 결정하는 일반원칙은 앞서 말한 바대로 여러 미덕 가운데서 가장 정확한 규칙이다. 우정, 인간애, 환대, 관대 같은 미덕의 요구를 받는 행동들을 확정하는 일반원칙은 한층 더 막연하고 불확정적이다.

10

그러나 여러 미덕 가운데 그 일반원칙이 이것에 의해 요구되는 모든 외면적 행동을 매우 정확하게 결정하는 미덕이 하나 있다. 그 미덕은 정의다. 정의의 규칙들은 최고도로 정확하고 어떠한 예외나 수정을 허용하지 않으며, 그 일반원칙만큼이나 정확하게 확정될 수 있고 일반적으로 이들 원칙과 아주 동일한 원리에서 비롯되는 것이다.

만일 내가 어떤 사람에게 10파운드의 채무를 지고 있다고 한다면, 정의는 약속한 날이나 반환을 요구할 때 내가 10파운드를 정확히 그에게 갚을 것을 요구한다. 내가 무엇을 이행해야만 하는가, 내가 얼마의 금액을 이행해야 하는가, 내가 언제 그리고 어디에서 그것을 이행해야 하는가와 같은 예정된 행동의 모든 특성과 사정은 이미 정확하게 고정되고 확정되어 있다. 그러므로 신중이나 관대에 관한 일상적인 원칙을 지나치게 엄격하게 견지하는 시늉을 하는 것은 거북하고 현학적일 수 있지만, 정의의 원칙들을 확고하게 엄수하는 데에는 규칙에 얽매이는 태도로 볼 만한 것이 전혀 없다.

반대로 가장 신성한 존중의 태도가 정의의 원칙들에 대해서는 합당하다. 그리고 정의의 미덕에 따른 행동들은 그 실천의 주요 동기가 그 일반원칙에 대한 경건하고 종교적인 존중에 입각할 때만큼 적절히 수행되는 적이 결코 없다. 다른 여러 미덕을 실천할 때에는 우리의 행위는 어떤 정확한 격언이나 규칙에 대한 고려보다는 차라리 적정성에 관한 관념이나 행위의 특정한 방향에 대한 선호에 의거해서 지향되어야만 한다. 이 경우에 우리는 그 규칙 자체보다는 그 규칙이 지향하는 목적과 기초를 한층 더 고려해야만 한다.

그러나 정의에 대해서는 사정이 다르다. 정의에 대해서는 가장 세련되지 못하고 가장 완고하면서 확고부동하게 일반원칙 자체를 견지하는 사람이 가장 칭찬할 만하며 가장 신뢰할 만하다. 비록 정의의 준칙의 목적은 우리가 이웃을 침해하지 못하도록 하는 것일지라도, 이 준칙을 위반하는 것은 빈번히 범죄가 될 수 있다. 비록 이 경우에 우리가 어떤 그럴듯한 이유를 가지고 이러한 준칙의 위반이 아무런 침해도 끼칠 수 없었다고 가장할 수 있다고 해도, 이러한 위반은 범죄가 된다.

만일 어떤 사람이 심지어 자신의 마음속에서조차 이러한 태도로 발뺌하기 시작하는 순간에 그가 악인이 되는 경우도 종종 있다. 그가 이러한 위반될 수 없는 계율들이 그에게 지시하는 것을 가장 견고하고 적극적으로 엄수하려는 데서 벗어나려고 생각하는 순간, 그는 더 이상 신뢰받지 못하며, 어느 누구도 어느 정도의 죄를 짓고 그가 멈추게 될지를 말할 수 없다.

도둑은 부자들의 물건을 훔칠 때 자기 자신이 생각하기에 부자들이 싫증이 나서 수시로 교체하고 싶어 하는 물건, 심지어 도난당하고도 이를 전혀 알아채지 못할 물건을 훔칠 때, 자신은 아무런 악행도 저지르지 않았다고 생각한다. 간통을 하는 사람은 자기 친구의 부인을 타락시키는 경우에 자신의 밀통을 남편의 의혹을 받지 않고 가정의 평화를 어지럽히지 않는다면, 자신은 어떠한 악행도 저지르지 않았다고 생각한다. 그러나 일단 우리가 이러한 치밀한 논리에 양보하기 시작하면 우리가 범할 수가 없는 정도의 엄청나게 잔학무도한 범죄행위는 하나도 없다.

11

정의의 규칙은 문법의 규칙에 비교될 수 있고, 다른 여러 미덕의 규칙은 작문법에서 비평가들이 숭고하고 우아한 것을 표현하기 위해 설정한 원칙들에 비교될 수 있다. 전자는 엄밀하고 정확하며 불가결한 것이다. 후자는 느슨하고 막연하며 불확정적이다. 이 후자는 완전성에 도달하기 위한 어떤 확실하고 절대적으로 옳은 지침을 제공하기보다는 차라리 목표로 하고 있는 완전성에 대한 일반적 관념을 우리에게 제시한다.

어떤 사람은 문법규칙에 따라서 가장 절대적으로 오류가 나지 않도록 작문하는 것을 배울 수 있다. 한편 그는 올바르게 행동하는 것을 배울 수 있다. 그러나 작문을 할 때, 비록 그 완전성에 대해 우리가 품고 있었을 그런 막연한 관념을 교정하고 확정하는 데 어느 정도 도움을 줄 수 있는 일부 규칙은 있을지라도, 그것을 준수함으로써 어떠한 오류도 없이 우아하거나 숭고한 문장에 도달하도록 우리를 인도하는 어떠한 규칙도 존재하지 않는다.

한편, 비록 우리가 그러한 덕목에 대해 품고 있었을 그런 불완전한 관념들을 몇몇 측면에서 교정하고 확정하게끔 도와주는 일부 규칙들이 있을지라도, 그것을 인지하고 있음으로써 우리가 모든 경우에 확실한 방식으로 신중함, 올바른 관대함이나 적절한 자혜를 가지고 행동하도록 가르침을 받을 수 있는 규칙들은 전혀 존재하지 않는다.

12

승인을 받을 만한 자질을 갖도록 행동하고자 하는 중대하고 진지한 열망을 가지고 있음에도, 우리가 행위의 적절한 원칙들을 오해하고, 따라서 우리를 지도해야만 하는 바로 그 원리에 의해 오도되는 일들이 때때로 발생할 수 있다. 이런 경우에 세상 사람들이 우리의 행위를 전적으로 승인할 것이라고 기대하는 것은 부질없는 일이다.

그들은 우리의 행동에 영향을 미친 불합리한 의무의 관념에 공감할 수 없으며, 이것에서 비롯된 어떠한 행동에도 동조할 수 없다. 그러나 이렇듯이 그릇된 의무감이나 소위 잘못된 양심 때문에 악덕에 함몰된 사람들의 성격과 행위에는 여전히 존경할 만한 어떤 부분이 있다. 그것에 의해 아무리 치명적으로 오도되었다고 해도, 관대하고 인정 있는 사람들에게 그는 증오나 분개심의 대상이기보다는 여전히 훨씬 더 동정의 대상이다. 그 사람들은 심지어 우리가 가장 진지하게 완전성을 구하고자 노력하고 아마도 우리를 지도해줄 수 있는 최선의 원리에 부응하여 행동하고자 노력하는 동안에조차, 우리를 그러한 불행한 망상에 빠지게 만드는 인간 본성의 나약함에 아쉬워한다.

종교상의 그릇된 관념들이 이런 식으로 우리의 자연적인 감정을 매우 눈에 띄게 왜곡할 수 있는 거의 유일한 원인들이다. 그리고 의무의 규칙에 최대의 권위를 부여하는 그 원리만이 의무의 규칙에 관한 우리의 관념들을 상당한 정도로 왜곡할 수 있다. 다른 모든 경우에는 상식을 통해 우리는 비록 가장 완벽한 행위의 적정성까지는 아니지만 그것에서 크게 멀지 않은 어떤 부분까지 접근하도록 인도받기에 충분하다. 그리고 우리가 훌륭하게 행동하고자 진지하게 바란다면 우리의 행위는 언제나 전반적으로 칭찬받을 만할 것이다.

모든 사람이 신의 의지에 대한 복종이 의무의 첫 번째 규칙이라는 점에 동의한다. 그러나 그 신의 의지가 우리에게 부과하게 되는 개별적인 명령에 대해서는 사람들 사이에 서로 큰 의견의 차이를 보인다. 그러므로 이 점에 관해서는 최대의 상호적인 인내와 관용이 합당하다. 사회의 보호를 위해서 그 동기가 무엇이든 어떤 범죄라도 당연히 처벌되어야 한다고 요구되고 있지만, 그 범죄가 명백히 종교적 의무의 그릇된 관념에서 비롯된 경우에는 선량한 사람이라면 항상 처벌하기를 주저할 것이다. 그는 그 죄를 저지른 사람들에 대해서는 다른 범죄자들에 대해서 느끼는 분노를 결코 느끼지 않으며, 오히려 유감을 표시하고 심지어 그들의 범죄가 처벌되는 바로 그 순간 그들에게 불행을 초래한 확고부동과 넓은 도량에 때로는 감탄을 보내기조차

할 것이다.

볼테르의 가장 빼어난 작품 중의 하나인 『마호메트』라는 비극에서 그러한 동기에서 비롯되는 범죄들에 대한 우리의 감정이 어떠할지가 잘 표현되어 있다.[36] 이 비극에서는 가장 결백하고 고결한 성품을 지니고 있으며, 우리가 그들에게 더 많은 애정을 느끼도록 만드는 것, 즉 서로 사랑하고 있다는 것을 제외하고는 아무런 약점도 없는 두 청춘 남녀가 어떤 그릇된 종교가 심어주는 가장 강한 동기에 선동되어 인성의 모든 원리에 충격을 주는 끔찍한 살인을 저지르고 만다.

어느 존경할 만한 노인이 두 젊은이에게 가장 다정스러운 애정을 표현하며, 비록 그 노인이 그들이 믿는 종교의 공공연한 적이었음에도 그들은 모두 노인에게 최고의 공경과 존경의 마음을 품고 있었다. 그들은 비록 그가 누구인가를 알지 못했지만 실제로 그 노인은 그들의 아버지였다. 그런데 그 노인은 신의 요청으로 특별히 그들의 손으로 바쳐야 할 제물로서 지목되었으며, 그들은 그를 살해할 것을 명령받았다.

이 범죄를 실행하려고 하는 과정에서 그들은 한편으로는 종교적 의무의 불가피성이라는 관념과, 다른 한편으로는 그들이 살해하려고 하는 노인에 대한 동정, 감사, 공경 그리고 그의 인간애와 미덕에 대한 애정 사이의 갈등에서 생길 수 있는 모든 고뇌로 괴로워한다. 이 갈등의 표현은 지금까지 모든 극장에서 선보인 가장 흥미롭고 아마 가장 교훈적인 광경의 하나를 보여준다.

---

36) 프랑스 계몽주의 철학자이며 작가인 볼테르는 1736년 『마호메트』(*Mahomet*)를 썼고, 이 작품은 1741년에 처음으로 상연되었다. 내용은 자신을 비난한 이들을 살해하라는 명령을 내린 마호메트의 전통적 일대기에 기초하고 있다. 볼테르는 이 작품을 통해 자유, 정의, 이성을 짓밟는 모든 형태의 종교적 광기와 편견을 풍자하고자 했다.

그러나 마침내 그러한 의무감이 인간 본성이 지닌 호감을 주는 우유부단함을 능가한다. 그들은 자신들에게 부여된 그 범죄를 실행하지만, 곧바로 자신들의 실수와 자신들을 속인 사기행위라는 것을 알아차리고는 공포, 회한, 분개심으로 마음이 혼란스러워진다. 사람을 오도한 원인이, 가장 나쁜 일부 인간적 열정을 은폐하는 수단이 되곤 하는 종교에 대한 핑계 때문이 아니라, 진정으로 종교라는 점을 우리가 확신할 때, 불행한 세이데와 팔미라[37)]에 대한 우리의 감정과 마찬가지로 이런 식으로 종교에 의해 오도된 모든 사람에 대해서 우리는 그 같은 감정을 당연히 느낄 수밖에 없다.

13

어떤 사람이 그릇된 의무감을 수용함으로써 부당하게 행동할 수 있는 것처럼, 자연은 때때로 이를 능가하여 이와는 반대로 올바르게 행동하도록 그를 인도할 수 있다. 이 경우 비록 그 사람 스스로는 우리와 다르게 생각할 정도로 매우 나약하더라도, 우리는 당연히 우세해야 한다고 생각하는 동기가 압도하는 상황을 보게 되면 유쾌한 마음을 갖는다. 그러나 그의 행위는 나약함의 결과이지 원칙의 결과는 아니기 때문에, 우리는 그의 행동에 대해 완전한 승인에 접근하는 판결을 절대로 부여하지 않는다.

성 바르톨로뮤의 대학살이 진행되는 동안에 어떤 완고한 가톨릭교도가 동정심에 압도되어 그가 살해할 의무가 있다고 생각하는 일부 불행한 개신교도의 목숨을 구해준 경우에, 우리는 그가 완전한 자기승인 아래서 그렇게 동일한 관대함을 행사했을 때 당연히 부여되

---

37) 이들은 볼테르의 비극 『마호메트』에 등장하는 인물로 조피르(Zopir)의 잃어버린 자식들이다. 마호메트의 영향과 지시 때문에 세이데(Seide)와 팔미라(Palmira)는 자신의 아버지를 살해한다.

었을 그 강렬한 갈채를 그가 받을 자격이 있다고 생각하지 않는다. 우리는 그의 기질이 지닌 인간애에 기뻐할 수도 있겠지만, 완전한 미덕에 어울리는 응분의 감탄과는 거의 상반되는 일종의 연민을 가지고 여전히 그를 대하게 될 것이다.

다른 모든 열정에 대해서도 사정은 다르지 않다. 우리는 의무에 대한 그릇된 관념이 어떤 사람으로 하여금 그 열정들을 억제하도록 유인할 때조차, 오히려 그 열정들이 적절하게 발휘되는 것을 보면 싫지 않다. 매우 경건한 퀘이커교도가 한쪽 뺨을 맞고 다른 쪽 뺨을 내미는 것 대신에, 우리 구세주의 계율에 관한 문자 그대로의 해석을 많이 망각한 채, 그에게 모욕을 준 짐승 같은 놈에게 선의의 징계를 가할 때, 우리는 그에게 불쾌감을 느끼지는 않을 것이다. 우리는 웃으며 그의 기백에 즐거워하게 마련이며, 오히려 이 때문에 그를 더 좋아하게 될 것이다.

그러나 우리는 어떤 비슷한 상황이 벌어진 경우에 무엇을 행하는 것이 적절한가에 대한 올바른 감각에 기초하여 적절한 행동을 수행한 사람에게 어울리는 응분의 경의와 존경심을 가지고 그를 대하지는 않을 것이다. 자기승인의 감정이 수반되지 않는 어떠한 행동이 덕성을 지닌다고 보는 것은 결코 적절하지 않다.

제4부
효용이 승인의 감정에 미치는 효과

"마음의 어떤 성향이든 그 유용성이
우리가 승인하는 최초의 근거가 되는 경우는 거의 없으며,
승인의 감정은 그 가운데 효용의 지각과는 전혀 별개의
적정성의 감각을 언제나 포함하고 있다는 점이 발견될 것이다.
우리는 덕망 있는 것으로 승인되는 모든 자질,
또는 [……] 우리 자신에게 유용한 것으로서 본래 평가되는 자질 및
다른 사람에게 유용하기 때문에 존중되는 자질,
이 양자의 자질에 관해서 이 같은 사실을 관찰할 수 있다."

제1장 효용이 기예 작품에 부여하는 아름다움 및 이러한 유형의 아름다움이 갖는 광범위한 영향

1

효용이 아름다움의 주요한 원천 가운데 하나인 점은 아름다움의 본질을 구성하는 것이 무엇인가에 대해 주의를 기울여 고찰해온 모든 사람에 의해서 관찰되어왔다. 어떤 주택의 편리함은 그 질서정연함과 마찬가지로 관찰자에게 즐거움을 준다. 그리고 그가 정반대의 결함을 관찰할 때에는 서로 대응하는 창문의 모양이 서로 다르거나 현관이 건물의 정중앙에 정확히 위치하지 않은 것을 볼 때만큼이나 기분이 몹시 상하게 된다.

어떤 체계나 기계가 그것이 의도한 목적을 실현하는 데 어울리는 적합성을 지니고 있다는 점은 그 전체에 일정한 적정성과 아름다움을 부여하며, 그것을 생각하고 숙고하는 것 자체가 유쾌함을 준다는 것은 매우 명백해서 어느 누구도 그것을 간과한 적은 없다.

2

그 원인, 즉 왜 효용이 즐거움을 주는가에 대해서도 역시 최근에 어느 독창적이고 호감을 주는 철학자에 의해서 규정되었다.[1] 그는 가장 심오한 사고를 가장 우아한 표현과 결합시키고 있으며, 가장 난해한 주제를 가장 완벽할 정도로 명쾌하게 그리고 가장 활기찬 웅변으로 다루는 특이하고 적절한 재능을 보유하고 있다.

이 철학자에 따르면, 어떤 대상의 효용은 그 대상이 촉진하기에 적합한 즐거움이나 편리함을 그 소유자에게 부단히 연상시킴으로써 기쁨을 준다. 그는 그 대상을 볼 때마다 이러한 즐거움을 상기하게 되고, 이런 식으로 그 대상은 끊임없는 만족과 쾌락을 주는 하나의 원천이 된다.

관찰자는 동감을 통해 그 소유자의 감정에 공감하고, 필연적으로 그 대상을 동일한 유쾌한 측면에서 보게 된다. 권세가의 대저택을 방문할 때, 우리는 만일 우리가 그 대저택의 주인으로서 온갖 기교가 녹아 있고 독창적으로 설계된 숙소를 소유하고 있을 경우에 누리게 될 만족감이 어떤 것인지를 상상해보지 않을 수 없다. 한편, 외관으로 불편함이 묻어나는 대상이 어떤 이유 때문에 그 소유자와 관찰자 모두에게 불쾌한 느낌을 주는가에 대해서도 이와 유사한 설명이 주어진다.

3

그러나 이러한 적합성, 즉 이와 같은 기예 제작의 멋진 고안품이

---

1) 이 책 제4부는 효용이 즐거움을 주기 때문에 동감과 도덕적 승인이 이루어진다고 보는 흄의 윤리이론(『인성론』 제2권 2편 5부, 특히 "효용이 기쁨을 주는 이유"를 제목으로 단 『도덕원리론』 제5부)을 검토하고 비판하는 부분이다.

이것에 의해 의도된 그 목적 자체보다도 종종 한층 더 높게 평가된다는 것, 그리고 편리함이나 즐거움을 얻기 위한 수단들을 정확하게 조정하는 일이 본래 그 수단들의 전반적 존재 가치에 해당하는 편리함이나 즐거움 그 자체보다도 한층 더 중시되는 경우가 빈번하다는 것, 이것은 내가 아는 한 이제까지 어느 누구도 주의를 기울이지 않은 내용이다. 그렇지만 이것이 매우 흔한 일이라는 것은 다수의 사례에서, 그리고 인간 생활에서 나타나는 가장 사소하거나 가장 중대한 관심사 모두에서 관찰될 수 있다.

4

어떤 사람이 자신의 거실에 들어가서 여러 의자가 모두 방의 한가운데 놓인 것을 발견하면 그는 자신의 하인에게 노여움을 품는다. 그리고 그는 의자들이 계속 무질서하게 놓인 것을 바라보기보다는 아마 의자를 본래 놓여 있어야 할 안벽 방향의 위치로 되돌리는 수고를 스스로 할 것이다. 이러한 새로운 상황의 전체적인 적정성은 거실의 바닥을 장애물 없이 비워두도록 하는 뛰어난 편리성으로부터 발생한다. 이 편리성을 얻기 위해서 그는 그대로 계속 방치했을 때 그가 겪을지도 모르는 모든 고통보다 한층 더 큰 노고를 자발적으로 감수한다. 왜냐하면 아마 의자를 옮기는 수고가 끝난 후에 그가 하게 될 행동이긴 하지만 그 의자들 중의 하나에 앉는 것보다 더 편한 것은 아무것도 없기 때문이다. 따라서 그가 원했던 것은 이처럼 의자에 앉게 되는 편리성이 아니라 그 편리성을 촉진시키는 사물의 배치인 듯하다.[2] 그러나 이러한 편리성이 궁극적으로 그러한 배치를 추천하고

---

2) 스미스가 이전의 철학이 주목하지 못한 새로운 사실, 그리고 자신의 이론이 지닌 독창성을 언급하는 부분이다. 그에 따르면, 세상 사람들은 목적효용성(end utility)보다는 수단효용성(means utility)에 상당한 관심을 갖는다. 이러

그러한 배치에 전체적인 적정성과 아름다움을 부여한다.

5

마찬가지로 하루에 2분 이상 늦는 시계는 시계에 관심을 갖고 있는 사람에게는 경멸의 대상이 된다. 그는 아마 그 시계를 2기니에 판후, 2주에 걸쳐 1분 이상 늦지 않을 다른 시계를 50기니에 살 것이다. 시계의 유일한 용도는 시간을 알려줌으로써 약속을 지키지 못하거나 특정의 시점에서 시간을 몰라 겪을지도 모를 다른 불편을 방지하는 것이다. 그런데 시계에 관해서 그토록 까다로운 사람이 다른 사람보다 더 면밀하게 시간을 지킨다거나 어떤 이유로든 아주 정확한 시간을 알기 위해 더 애타게 신경 쓰는 것은 아니라는 점을 발견할 것이다. 그가 관심을 갖는 것은 이러한 지식의 획득이라기보다는 그 지식을 획득하는 데 도움이 되는 시계의 완벽성인 것이다.

6

얼마나 많은 사람이 하찮은 효용을 가진 자질구레한 장신구에 돈을 지불함으로써 스스로를 파멸시키고 있는가? 이러한 시시한 물건의 애호가들을 즐겁게 하는 것은 그 효용이 아니라 그 효용을 촉진하

한 수단효용에 관한 관심과 사회적 승인의 욕구 때문에 세상에서 부와 권세가 더욱 주목받고 있으며, 사람들의 노력도 상당 부분 그러한 방향으로 지향된다. 스미스의 체계 내에서 윤리학과 경제학이 서로 연결고리를 갖는 부분이기도 하다. 후술되는 것처럼, 수단효용에 관한 세상 사람들의 집착은 '보이지 않는 손'이나 자연의 기만행위로 유도된 것처럼 보이는데 궁극적으로 사회정치질서의 유지와 경제발전을 도모하는 역할을 수행한다. 다른 한편, 이 책을 통해 '규범윤리학자'로서의 스미스는 이러한 사회심리가 도덕감정의 타락과 사회의 무질서를 가져오기도 하기 때문에 적정성이 필요하며, 진정한 행복은 실제로는 큰 의미가 없는 부와 권세보다는 평정심을 유지하는 데에 있다고 기술한다.

기에 알맞은 그러한 기계들의 적합성이다. 그들의 모든 호주머니는 아주 작은 편의품으로 가득 차 있다. 그들은 이러한 편의품을 더 많이 지참하기 위해서 타인들의 의복에서는 찾아보기 어려운 새로운 호주머니들을 만들어낸다.

그들은 무게로나, 때때로 가치로 볼 때 평범한 유대인 행상의 잡화 상자보다 못하지 않은 수많은 시시한 것들을 몸에 지닌 채 걸어다닌다. 이것들 가운데 일부는 가끔 아주 적은 필요가 있을지도 모르지만, 이들 모두는 늘 없어도 충분히 불편함이 없는 것들이며, 이들의 전체적 효용은 이런 짐을 감당할 노고의 값어치가 안 되는 것임이 확실하다.

7

그런데 우리의 행위가 이러한 원리에 의해 영향을 받는 것은 이처럼 사소한 대상에 관해서만은 아니다. 이 원리가 사생활과 공공활동 모두에서 가장 진지하고 중요한 여러 일을 자극하는 은밀한 동기가 되는 경우가 종종 발생한다.

8

노여움에 발끈한 신(神)이 방문하여 부여해준 야심을 갖게 된 어느 가난한 사람의 아들이 자신의 주위를 둘러보기 시작하는 경우에 부자의 생활상에 감탄하게 된다.[3] 그는 아버지의 작은 집이 그의 숙

---

3) 헤시오도스(Hesiodos)는 기원전 8세기경 『신통기』(*Theogonia*)를 통해 그리스 신화의 계보와 세계 질서의 형성을 묘사한다. 그는 이어 『노동과 나날』을 통해 농경사회에서 노동의 신성함을 강조한다. 이 시의 초반부 게으르고 불의한 동생 페르세스(Perses)에게 훈계하는 부분에서 에리스(Eris) 여신이 등장한다. 에리스 여신은 (통설에 따르면) 올림포스의 신 제우스와 헤라의 딸로서 경쟁과 불화의 두 가지 본성을 지니고 있다. 헤라는 질투로 노여움을 갖는 경

소로는 아주 작다는 것을 깨닫고 대저택에서 좀더 안락하게 거처해야겠다고 상상해본다. 그는 발로 걸어다니거나 말의 등에 올라타는 수고를 감내해야 한다는 점에 기분이 상한다. 그는 자신의 지배자들이 마차로 왕래하는 것을 보고, 그 역시 그 마차 중 하나를 타면 한층 덜 불편하게 여행할 수 있겠다고 상상한다. 그는 자신이 본래 나태하다고 느끼면서, 자신이 손수 보살피는 일을 가능한 한 적게 하겠다고 마음먹는다. 그리고 시종 일행이 자신의 많은 수고를 덜어줄 것이라고 판단한다.

만일 그가 이 모든 것을 얻었다면 만족한 채 가만히 자리에 앉아 자신의 상황이 주는 행복과 평안함을 생각하고 조용히 즐기며 지낼 것이라고 생각한다. 그는 먼 장래의 대단한 행복감에 관한 이 같은 생각에 매혹된다. 그의 상상으로는 이것이 일부 신분이 높은 사람들의 생활처럼 보이고, 따라서 이것에 도달하기 위해서 그는 부와 권세를 추구하는 데 영원히 헌신하게 된다.

부와 권세가 주는 편의성을 얻기 위해서 전념하기 시작한 첫해, 아니 첫달에 그는 이것들이 결여됨으로써 자신의 전 생애에 걸쳐 겪게될 것보다도 훨씬 더 큰 육체적 피로와 정신적 불안을 감수한다. 그는 노고가 요구되는 일부 전문 직업에서 이름을 떨치기 위해서 공부한다. 불굴의 근면함으로 그는 자신의 모든 경쟁자보다 탁월한 재능을 얻기 위해 밤낮으로 부지런히 애쓴다. 이어서 그는 그러한 재능들을 대중의 시야에 들어오도록 하기 위해 노력하며, 매번 꾸준히 취직

우에 에리스를 보내서 불화와 분쟁을 부추기기도 한다. 그런데 헤시오도스에 따르면, 에리스의 선량한 속성이 부여하는 경쟁과 야망은 농부로 하여금 부자 이웃을 보고 게으름을 극복하며 더 잘살 수 있도록 노력하게 만든다. 한편 헤시오도스는 이 작품 속에서 한때 목동으로 일한 자신에게 헬리콘 산의 무사이(Mousai) 여신(학문과 지성적 활동 담당)이 시인의 소명을 부여해서 새로운 길로 나섰음을 전한다.

의 기회를 달라고 간청한다. 이러한 목적을 위해 그는 세상 사람들의 비위를 맞추기 위한 언행을 한다. 그는 증오하는 사람들에게 봉사하고, 경멸하는 사람들에게 아부한다.

전 생애에 걸쳐 그는 자신이 결코 도달하지 못할 수도 있는 어떤 인위적이고 고상한 안식의 관념을 추구한다. 그는 이것을 위해 늘 자신의 능력으로 누릴 수 있는 진정한 평정심을 희생하지만, 노년의 끝에 마침내 그러한 상태에 도달하게 된다면 이것이 이 때문에 포기한 그 소박한 안전과 만족보다 어떤 측면에서도 더 우월하지 않음을 깨닫게 될 것이다.

생애가 얼마 안 남은 때에 그의 육체가 고역과 질병으로 쇠약해지고, 적들의 불의나 친구들의 배신과 배은망덕 때문에 그가 입었다고 생각되는 수많은 침해와 실망의 기억으로 그의 마음에서 화가 치밀고 혼란을 느끼는 순간이 있다. 이때 드디어 그는 부와 권세가 하찮은 효용을 지닌 자질구레한 물품에 불과하며, 육체의 안락과 마음의 평정을 얻는 데에 하찮은 골동품 애호가의 족집게 상자 정도로밖에 적합하지 않으며, 족집게 상자처럼 몸에 지니고 다니는 사람에게 그것들이 가져다주는 적당한 편의성보다는 훨씬 더한 성가심을 준다는 것을 깨닫기 시작한다. 한쪽의 편리함이 다른 쪽의 편리함보다 다소 더 주목받기 쉽다는 것을 제외하면 이 둘 사이에 다른 어떤 실질적인 차이는 없다.

권세가가 소유한 대저택, 정원, 마차, 시종 일행은 그것의 명백한 편의성 때문에 모든 사람이 큰 인상을 받게 되는 여러 대상이다. 이것들의 효용이 어디에 있는가에 대해서는 그 소유자가 우리에게 굳이 지적할 필요가 없다. 자연스럽게 우리는 그것의 편의성에 쉽게 공감하고, 그것들이 그에게 합당하게 제공하는 만족을 동감에 의해 즐거워하고 갈채를 보낸다.

그러나 이쑤시개, 귀이개, 손톱깎이, 또는 비슷한 종류의 다른 시시한 물건들에 대한 호기심은 그렇게 명백하지 않다. 그들의 편리함은 아마 동일하게 클지도 모르지만 그리 이목을 끌 정도는 아니기 때문에, 우리는 그것들을 소유하고 있는 사람들의 만족에 그렇게 쉽게 공감하지 않는다. 그러므로 그것들은 부와 권세의 웅대함보다는 허영심을 만족시키기에 한층 덜 합당한 실체에 불과하며, 바로 여기에 부와 권세가 지니는 유일한 우월함이 있다. 그것들은 인간에게 본래적인 탁월성에 대한 애호를 한층 더 효과적으로 만족시킨다.

고립된 섬에서 홀로 살고 있는 사람에게는 대저택 또는 족집게 상자에 흔히 들어 있는 그러한 작은 편의품을 모아둔 소장품 중 어느 것이 그의 행복과 즐거움에 가장 기여할 것인지는 아마도 불확실한 문제일 것이다. 그런데 어떤 사람이 사회 속에 살고 있다면, 이것들을 비교할 필요가 없음이 분명하다. 왜냐하면 다른 경우와 마찬가지로 이 경우에도 우리는 부단히 당사자의 감정보다는 관찰자의 감정을 더 많이 고려하며, 자신의 처지가 그 스스로에게 어떻게 보이는가보다는 오히려 다른 사람들에게 어떻게 보이는가를 고려하기 때문이다.

그렇지만 왜 관찰자가 부자와 권세가의 상황을 그런 감탄의 마음으로 판별하는가를 검토한다면, 우리는 그들이 누리고 있다고 상정되는 우월한 안락이나 즐거움 때문이라기보다는 그 안락이나 즐거움을 촉진하기 위한 목적을 가진 인위적으로 우아한 고안품이 무수히 많기 때문이라는 점을 발견하게 된다. 심지어 관찰자도 그들이 다른 사람들보다 진정으로 더 행복하다고 상상조차 하지 않으며, 그들이 행복에 도움이 되는 수단들을 더 많이 보유한다고 생각할 뿐이다. 따라서 관찰자의 감탄을 야기한 주요한 원천은 어떤 목적들을 성취시키고자 의도된 수단들을 정교하고 기교 있게 조정해놓은 점에 있다.

그러나 질병으로 쇠약해지고 노년에 피곤해졌을 때, 헛되고 공허한 권세의 탁월함이 주는 즐거움은 사라진다. 이러한 상황에서 과거 젊은 시절에는 그의 마음을 사로잡았지만 이제는 고생스러워진 일의 추구를 그러한 수단들이 더 이상 장려할 수는 없다. 마음속으로 그는 야심을 저주한다. 그는 젊은 시절에 상상한 노년의 안락과 나태함, 이제는 영원히 사라진 즐거움, 손에 넣었을 때 아무런 진정한 만족도 제공해주지 못하는 것을 얻기 위해 어리석게도 희생한 즐거움을 부질없이 아쉬워한다.

우울함이나 질병 때문에 불가피하게 자신의 처지를 주의 깊게 관찰하면서 자신의 행복에 진실로 부족한 것이 무엇인지를 생각하게 되는 경우에는 권세라는 것은 모든 사람에게 이러한 비참한 모습으로 나타난다. 이러한 순간에, 실제 그런 것처럼, 부와 권세는 신체에 일부 하찮은 편의성을 가져오도록 고안된 거대하고 공들인 기계로 보인다. 그 기계는 가장 섬세하고 미묘한 용수철로 구성되어 있기 때문에 순조롭게 움직이도록 하려면 언제나 가장 세심한 주의를 기울여야 하고, 우리의 모든 주의에도 불구하고 언제든지 산산이 파열되어 붕괴될 때 그 불행한 소유자를 박살낼 준비가 되어 있다.

그것들은 어마어마한 구조물이며, 이를 건축하려면 평생 동안 노동을 해야 한다. 그러나 그 안에 거주하는 사람들을 언제든지 멸망시키겠다고 위협하며, 그것들이 세워져 있는 동안에는 그 거주자에게 일부 사소한 불편들을 덜어줄 수도 있겠지만, 계절의 한층 더 모진 혹심함으로부터 그를 보호해줄 수는 없다. 그것들은 여름의 소나기는 차단해주지만 겨울의 폭풍을 막아주지는 못한다. 그러면서도 그것들은 그를 항상 이전과 마찬가지로, 때로는 이전보다 한층 더 불안, 공포, 비애에 노출되거나, 질병, 위험, 죽음에 노출되도록 방치한다.

9

그러나 비록 아프거나 침울할 때에 모든 사람이 익히 겪게 되는 이처럼 우울한 철학은 인간적 욕망의 위대한 대상들을 완전히 평가절하하고 있지만, 건강과 기분이 좋은 경우에는 우리는 언제나 한층 더 유쾌한 측면에서 그 대상들을 바라보지 않을 수 없다.

우리의 상상력은 고통과 비애의 와중에서는 우리 자신의 내부에 감금되어 틀어박혀 있지만, 안락과 번영의 시기에는 스스로 우리 주위의 모든 것으로 확장된다. 그때 우리는 권세가들의 궁정경제(palaces and economy)에서 지배적으로 나타나는 숙소의 아름다움에 매혹된다.[4] 그리고 우리는 이 모든 것이 그들의 안락을 촉진시키고, 그들의 곤궁을 방지하며, 그들의 소망을 만족시키고, 그들의 가장 하찮은 욕망까지도 즐겁게 하고 환대하는 데에 얼마나 적합하게 맞추어 있는지에 대해 감탄한다.

만일 우리가 이 모든 것이 제공할 수 있는 진정한 만족을 그 자체만으로 고려할 때, 즉 그 만족을 촉진하는 데 적합하게 조정되어 있는 그 배치의 아름다움과 분리해서 고려한다면, 그 만족은 언제나 최고도로 경멸할 만하고 하찮은 것으로 보일 것이다. 그러나 우리는 그러한 만족을 이처럼 추상적이고 철학적인 견지에서 보는 경우는 거

---

4) 궁정경제(palace economy)는 역사적으로 근대에 들어서서 제조업과 상업의 발달, 거대 시장을 통한 교환과 분배가 성숙되기 전에 주로 봉건사회나 전통사회에 존재한 경제조직의 방식이다. 궁정경제에서 개별 소득의 원천과 소유권은 보장되지만 부의 실질적이고 상당한 부분이 왕이 직할하는 사유재산의 관리, 운영 및 순환에 예속되어 있다. 따라서 궁정경제는 대부분 인구의 소득과 지출이 궁정의 수입 및 지출 활동에 따른 재분배에 크게 의존하는 경제조직이나 관리체계를 지칭한다.

의 드물다. 우리는 자연스럽게도 그러한 만족감을 상상 속에서 이를 창출해내는 수단에 해당하는 체계, 기계 내지는 유기적 조직의 질서, 즉 그것의 규칙적이고 조화로운 운동과 혼동한다.

이러한 복합적인 관점에서 고려할 때, 부와 권세의 즐거움은 웅대하고 아름다우며 고귀한 어떤 것으로서 우리의 상상력에 강한 인상을 주게 되며, 그러한 즐거움을 얻을 수만 있다면 이를 위해 응당 기울이게 되는 모든 노고와 걱정을 감당할 가치가 충분히 있는 것처럼 보인다.

10

그리고 자연이 이런 식으로 우리에게 작용하는 것은 좋은 일이다. 세상 사람들의 근면을 일으키고 계속해서 움직이게 하는 것은 바로 이러한 기만이다. 바로 이것이 처음에 세상 사람들을 자극하여 토지를 경작하게 하고, 집을 짓게 하고, 도시와 국가를 만들게 하고, 모든 과학과 기예를 발명하고 개량하게 만들었다. 이것들은 인간생활을 고귀하게 하고 아름답게 장식했으며, 지구의 표면 전체를 완전히 변화시켰고, 자연의 거친 삼림을 쾌적하고 비옥한 평원으로 전환시켰으며, 발자취가 닿지 않아 쓸모없는 대양을 생계수단의 새로운 원천으로 만들고, 지상의 서로 다른 국가들 사이의 교류를 위한 큰 주요 도로를 만들었다. 대지는 이러한 인류의 노동을 통해 그 자연적 비옥도를 다시 늘리고 훨씬 더 많은 주민을 부양해야만 하게 되었다.

거만하고 몰인정한 지주가 자신의 광대한 들판을 바라보면서, 그의 이웃 형제들의 궁핍에 대해서 생각하지 않고 거기서 자라고 있는 수확물 전부를 자기 혼자 소비하겠다고 상상하는 것은 전혀 부질없는 일이다. 눈은 배보다 크다는 통속적이고 서민적인 속담이 이 지주에 대해서보다 한층 더 충분히 입증되는 경우는 없다. 그의 위의 용량은 그의 욕망의 무한성에 전혀 비례하지 않으며, 단지 가장 비천한 농부의 위의 용량 정도만을 수용할 것이다.[5] 그 나머지를 그는 가장 고상한 방법으로 자신이 소비할 약간의 식량을 마련하는 사람들에게, 이 약간의 식량이 소비되는 장소인 대저택을 갖추어주는 사람들에게, 권세가의 경제활동에 사용되는 모든 다양한 자질구레한 물품들을 공급하고 정리하는 사람들에게 분배하지 않을 수 없다.

이런 식으로 이들 모두는 생활필수품의 자신의 몫을 지주의 사치와 변덕에서 얻어내며, 그것을 지주의 인간애나 정의감에서 기대하는 것은 헛된 일이다. 토지의 생산물은 어느 시대나 그것이 부양할 수 있는 정도의 주민들을 유지할 뿐이다. 부자들은 단지 그 더미로부터 가장 귀중하고 쾌적한 것을 선택한다. 그들은 가난한 사람이 소비하는 정도만을 소비한다. 그리고 그들의 자연적인 이기심과 탐욕에도 불구하고, 비록 그들이 자신의 편의만을 의도하더라도, 비록 그들이 고용하고 있는 수천 명의 노동에서 도모하는 유일한 목적이 그들 자신의 공허하고 만족시킬 수 없는 욕망의 충족임에도 불구하고, 그들은 모든 개량의 생산물을 가난한 사람들과 나누게 된다.

그들은 보이지 않는 손에 인도되어 대지가 모든 주민에게 똑같은 몫으로 분할되었을 경우에 이루어졌을 것과 거의 동일한 정도의 생활필수품의 분배를 하게 된다. 그리하여 이를 의도하거나 인식하는 일 없이 사회의 이익을 촉진시키고 종족 번식의 수단을 제공한다. 신이 대지를 소수의 지주들에게 분배했을 때 이 분할에서 제외된 것처럼 보이는 사람들을 망각하지도 포기하지도 않았다. 후자의 사람들도 마찬가지로 대지가 산출하는 모든 산물 가운데 자신의 몫을 향유

---

5) 『국부론』 제1편 11장(180~181쪽)에 "부자가 이웃의 빈자보다 더 많은 식량을 소비하는 것은 아니다. […] 모든 사람에게 식량에 관한 욕구는 위장의 좁은 용량에 따라 한정되어 있다"는 구절이 있다.

한다.

인간생활의 진정한 행복을 구성하는 것이 무엇인가란 측면에서 볼 때 그들은 자신들보다 훨씬 높은 지위에 위치하는 것처럼 보이는 사람들보다 어떤 측면에서도 결코 열등하지 않다. 신체의 안락과 마음의 평화라는 측면에서, 인생에서 서로 다른 신분의 모든 사람은 거의 동일한 수준에 있다. 도로 곁에서 햇볕을 쬐고 있는 거지도, 국왕들이 얻고자 분투하는 그러한 안전을 소유하고 있다.

11

이와 동일한 원리, 즉 체계에 대한 동일한 애호, 질서의 아름다움 또는 기예와 고안품의 아름다움에 대한 동일한 존중이나 고려는 공공의 복지를 촉진시키는 데 공헌하는 여러 제도를 매력적으로 만드는 데 빈번하게 이바지한다. 어떤 애국자가 공공행정의 영역을 개선하기 위해 노력할 때, 그의 행위는 그러한 개선의 이익을 거두는 사람들이 누리는 행복에 대한 순전한 동감에서 언제나 비롯되지는 않는다.

공공정신이 투철한 사람이 주요 도로의 보수를 권고하는 일이 짐꾼이나 마차꾼에 대한 동료감정에 기인한 경우는 흔하지 않다. 입법부가 아마포나 양모의 제조업을 증진시키기 위해 보조금이나 기타 장려책들을 수립할 때, 그러한 행위가 값싸거나 양질의 옷을 입게 될 사람들에 대한 순전한 동감에서 비롯되는 경우는 거의 없고, 제조업자나 상인에 대한 동감에서 기인하는 경우는 훨씬 더 드물다.

행정 일반의 완성, 무역과 제조업의 신장은 고귀하고 웅대한 목적이다. 이러한 목적에 대해 신중하게 숙고해보는 것은 우리를 즐겁게 하며, 우리는 이것을 증진시킬 수 있는 그 어떤 것에도 관심을 갖는다. 이것들은 통치의 거대한 체계의 일부분을 구성하며, 정치적 기구라는 수레바퀴는 이것들에 의해서 훨씬 더 조화롭고 용이하게 움직이는 듯하다. 우리는 이렇게 아름답고 웅대한 체계의 완벽성을 보는 것에서 즐거움을 누리며, 그 운동의 규칙성을 조금이라도 방해하거나 거치적거리게 할 수 있는 모든 장애물을 제거할 때까지는 마음이 편치 않다.

그러나 모든 통치구조는 오로지 그 체계 아래서 생활하는 사람들의 행복을 촉진시키는 경향에 비례해서만 평가된다. 이것이 그 통치구조의 유일한 용도이며 목적이다. 그렇지만 체계에 대한 어떤 정열 때문에, 즉 기예와 고안품에 대한 어떤 애호 때문에 우리는 때때로 그 목적보다도 그 수단을 한층 더 높이 평가하는 듯하다. 그리고 우리는 이웃 동포들이 느끼는 고통이나 기쁨에 대한 어떤 직접적인 감각이나 감정에 기초해서가 아니라 오히려 어떤 아름답고 질서 있는 체계를 완성하거나 개량하려는 목적으로부터 그들의 행복을 몹시 증진시키고 싶어 하는 듯하다. 세상에는 매우 투철한 공공정신을 보유하면서도 인간애의 감정에 아주 민감하지 못한 다른 면모를 드러내는 사람들이 있다.

이와 반대로 최고의 인간애를 지니면서도 공공정신을 완전히 결여하고 있는 것처럼 보이는 사람들도 있다. 누구나 자신이 교제하고 있는 사람들 사이에서 전자와 후자 유형에 대해 모두 그 실례들을 찾을 수 있을 것이다. 모스크바 대공국(Muscovy)의 저명한 입법자와 비교해서 한층 더 적은 인간애나 한층 더 투철한 공공정신을 지닌 사람이 도대체 있기나 한 것인가?[6]

---

6) 여기서 저명한 입법자는 러시아의 표트르대제(Peter the Great, 1672~1725)를 지칭한다. 그는 여러 차례의 전쟁에서 승리함으로써 영토를 확장하여 유럽에서 영향력 있는 제국을 건설했다. 또한 그는 문화혁명과 개혁주의를 주도하여 당시 러시아에 잔존하던 중세 사회의 전통 및 정치체제 등을 상당 부

이와 반대로 영국의 사교적이며 성품이 좋은 제임스 1세는 조국의 영광이나 이익에 대해서는 어떠한 열정도 가지지 못한 듯하다. 여러분이 야심이 거의 없어 보이는 사람에게 근면정신을 불러일으키고자 할 때, 그에게 부자와 권세가의 행복을 묘사하면서 그들이 태양과 비로부터 늘 보호받고 있고, 배를 곯거나 추위에 떠는 경우가 드물며, 어떤 종류의 지루함이나 부족함도 거의 겪지 않는다고 말해줘도 소용이 없는 경우가 종종 있다. 이런 식의 가장 웅변적인 권고는 그에게 효과가 거의 없을 것이다.

여러분이 만일 성공하기를 희망한다면, 여러분은 그들의 대저택이 지닌 여러 호화로운 방의 편의성과 배치를 묘사해주고, 그들이 타는 마차의 적정성을 설명해주며, 그들이 거느리는 모든 시종의 수, 서열 그리고 서로 다른 여러 직무를 그에게 반드시 설명해주어야만 한다. 그에게 강한 인상을 남길 수 있는 그 어떤 것이 있다면, 바로 이런 것들이다. 그러나 이 모든 것은 오로지 태양과 비를 차단하고, 허기와 추위 그리고 궁핍과 지루함으로부터 그들을 구제해주는 데 공헌하고 있을 뿐이다.

마찬가지로 여러분이 조국의 이익에 대해 전혀 개의치 않는 것처럼 보이는 사람의 마음에 공공심의 미덕을 심어주려고 할 때, 통치가 잘 이루어지는 나라의 신민들이 얼마나 탁월한 이점을 누리고 있는지, 즉 그들이 한층 더 좋은 숙소에서 기거하며, 한층 더 좋은 옷을 입고, 한층 더 나은 식사를 한다는 것을 그에게 말해주는 것은 전혀 소용이 없을 것이다. 이러한 고려사항은 흔히 어떠한 큰 인상도 남기지 않을 것이다.

여러분이 만일 이 같은 유리한 점을 확보해주는 공공행정 일반의

분 현대적, 과학적, 서구적인 체제로 변화시켰다.

거대한 체계를 묘사한다면, 만일 그 체계의 여러 부분의 연결과 의존성, 즉 그들 사이의 상호의존성과 사회의 행복에 대한 그것의 일반적 공헌을 설명한다면, 만일 이러한 제도가 그의 조국에 어떻게 도입될 수 있으며, 현재 그것이 그 나라에 도입되는 것을 방해하는 요인은 무엇이고, 그 장애물들은 어떻게 제거될 수 있으며, 어떻게 통치기구의 여러 장치를 상호 간의 마찰 없이 또는 각자 운동을 서로 방해함이 없이 한층 조화롭고 부드럽게 움직이도록 만들 수 있는가에 대해서 말해준다면, 그를 설득할 가능성이 더 클 것이다. 누구든지 이러한 종류의 담론을 들은 후에 자신에게 어느 정도의 공공정신이 고취됨을 느끼지 못하는 경우는 거의 없다. 적어도 그 순간이나마 그는 그런 장애물들을 제거한 후 그렇듯이 아름답고 질서정연한 기계를 가동해보고 싶은 어떤 욕망을 느낄 것이다.

정치학의 연구, 즉 시민정부의 여러 체계에 관한 연구, 이 여러 체계의 장점과 단점, 조국의 통치구조, 그 여건, 외국과 관련된 이해관계, 그 통상관계, 그 국방, 조국이 처해 있는 불리한 점과 외부에 노출되어 있는 여러 위험, 그 불리한 점을 어떻게 제거하고 그 위험으로부터 어떻게 보호할 것인가에 관한 연구만큼 공공정신을 촉진시키는 데 공헌하는 것은 없을 것이다.

이 때문에 만일 올바르고 합당하며 실행 가능한 것이라면, 정치에 관한 연구는 사색의 대상이 되는 모든 연구 중에서 가장 유용하다. 정치에 관한 연구 가운데 심지어 가장 설득력이 부족하고 가장 불완전한 연구조차도 유용성이 전혀 없지는 않다. 그것들은 적어도 사람들에게 공공심의 열정을 고취하는 데 기여하고, 그들을 분발시켜서 사회의 행복을 촉진시키는 수단을 찾아내도록 자극한다.

제2장 효용이 사람의 성격과 행위에 부여하는 아름다움 및 이러한 아름다움의 지각이 승인의 본원적 원리의 하나로 간주될 수 있는 정도

1

기예의 고안품이나 시민정부의 여러 제도뿐만 아니라 사람들의 성격도 개인과 사회 모두의 행복을 촉진하거나 방해하는 데에 어울리는 적합성을 지닐 수 있다. 신중하고 공평하며 활동적이고 결단력이 강하며 침착한 성격은 그 자신 및 그와 연관이 있는 모든 사람에게 번영과 만족을 약속한다. 이와 반대로 경솔하고 무례하며 나태하고 나약하며 방탕한 성격은 그 개인에게는 파산을 예고해주며, 그와 어떤 식이든 연관성이 있는 모든 사람에게는 불행을 예고해준다.

첫 번째의 마음의 성향은 적어도 가장 유쾌한 목적을 촉진하기 위해 여태껏 발명되었던 가장 완벽한 기계만이 드러낼 수 있는 모든 아름다움을 가지고 있다. 두 번째의 성향은 가장 어색하고 서투른 고안품이 드러내는 모든 추함을 가지고 있다.

과연 어떤 통치 제도가 지혜와 미덕이 널리 만연하는 것만큼이나 세상 사람들의 행복을 증진시키는 데 공헌할 수 있겠는가? 모든 통치는 이러한 지혜와 미덕의 결핍에 대비한 불완전한 교정 수단에 불과하다. 따라서 그 효용 때문에 시민정부에 귀속될 수 있는 아름다움은 그 무엇이든지 훨씬 더 큰 정도로 지혜와 미덕에 귀속되어야 함에 틀림없다.

이와 반대로 어떤 공공정책이 사람들의 악덕만큼이나 그리 파멸적이고 파괴적일 수 있겠는가? 잘못된 통치의 불행한 효과는 오로지 그것이 인간의 사악함이 야기하는 해악에 대항하여 충분히 대비하지 못한 점에서 비롯된 것일 뿐이다.

2

사람의 여러 성격이 지니는 유용성이나 불편함으로부터 이것들이 이끌어내는 것으로 보이는 이러한 아름다움과 추함은 세상 사람들의 모든 행동을 추상적이고 철학적인 관점에서 고찰하는 사람들에게 특별히 강한 인상을 주기 쉽다.

어떤 철학자가 왜 인간애가 승인되는 반면에 잔인함이 비난받는가를 검토하게 될 경우에, 그는 항상 잔혹하거나 인간애가 내포된 어떤 특정한 행동에 대한 개념을 매우 명료하고 뚜렷한 방식으로 형성하지는 않는다. 대신에 그는 그러한 자질들의 일반적 명칭이 그에게 제시하는 막연하고 확실하지 않은 관념에 만족하는 경우가 일반적이다. 단지 특수한 경우에서만 행동들의 적정성과 부적정성, 공로와 과오가 매우 명백하고 확실하다. 특정의 사례가 주어질 때에만 우리는 우리 자신의 성정과 행위자의 성정 사이의 일치나 불일치를 뚜렷하게 인식하며, 전자의 경우에는 그를 향해 사교적인 감사가 발생하는 것을 느끼고. 후자의 경우에는 동감적인 분개심이 발생하는 것을 느낀다.

우리가 미덕과 악덕을 추상적이고 일반적인 방법으로 고찰할 때, 이러한 일부 감정들을 불러일으키는 미덕과 악덕의 여러 자질은 상당한 정도 사라지는 듯하며, 그 감정들 자체도 덜 명백해지고 덜 확실하게 된다. 반대로 이때 미덕의 행복한 효과들과 악덕의 불행한 결과들이 시야에 부상하며, 즉 말하자면 눈에 띄게 두드러지고 그것들과 양쪽의 다른 모든 자질을 구분하는 듯하다.

3

왜 효용이 즐거움을 주는가를 처음으로 설명한 그 독창적이고 호감을 주는 동일한 저자는 사물에 관한 이러한 견해에 대단히 인상을 받아서, 미덕에 대한 우리의 승인 전체를 효용의 현상에서 비롯되는 이러한 유형의 아름다움에 대한 지각작용으로 귀착시켰다. 그에 따르면, 마음의 어떠한 자질도 당사자나 다른 사람에게 유용하거나 유쾌한 것을 제외하고는 덕망 있는 것으로서 승인되지 않는다. 그리고 마음의 어떠한 자질도 이와 정반대의 경향을 가지고 있는 것을 제외하고는 사악한 것으로서 부인되지 않는다.[7]

실제로, 내가 보기에도, 자연은 우리의 승인과 부인의 감정을 개인과 사회 모두의 편의성에 매우 멋지게 조정시켜놓은 듯 보이기 때문에, 아주 엄밀한 검토 이후에 이것이 보편적으로 타당하다는 것이 발견될 것이다. 그러나 여전히 나는 이 유용성이나 유해성에 관한 견해가 우리의 승인과 부인의 최초의 원천도 아니고 주요한 원천도 아니라고 확언한다. 이러한 승인과 부인의 감정들이 유용성이나 유해성에서 기인하는 아름다움이나 추함에 대한 지각작용에 의해 제고되며 활기를 띠게 된다는 점에는 의심할 여지가 없다. 그러나 여전히 내 견해로는 이 감정들은 이러한 지각작용과 본래 그리고 본질적으로 서로 다르다.

4

왜냐하면 무엇보다도 먼저, 미덕에 관한 승인이 우리가 편리하고 잘 고안된 건물을 승인하는 감정과 동일한 유형의 감정일 것이라는 생각과 우리가 어떤 사람을 칭찬하는 이유가 어떤 서랍장을 추천하는 이유와 다르지 않을 것이라는 생각은 불가능한 것처럼 보이기 때문이다.[8]

---

7) 흄의 『인성론』 제3권 3편 1부 및 『도덕원리론』 제9부 1편을 참조하라.
8) 글래스고 판본 편집인에 따르면, 『도덕원리론』 제5부 1편의 첫 번째 각주에 나타나는 흄의 부연설명(사물 및 사람의 행위의 유용성이 부여하는 감정

5

그리고 검토해보면, 둘째 마음의 어떤 성향이든 그 유용성이 우리가 승인하는 최초의 근거가 되는 경우는 거의 없으며, 승인의 감정은 그 가운데 효용의 지각과는 전혀 별개의 적정성의 감각을 언제나 포함하고 있다는 점이 발견될 것이다. 우리는 덕망 있는 것으로 승인되는 모든 자질, 또는 이 이론체계에 따른다면 우리 자신에게 유용한 것으로 본래 평가되는 자질 및 다른 사람에게 유용하기 때문에 존중되는 자질, 이 양자의 자질에 관해서 이 같은 사실을 관찰할 수 있다.

6

무엇보다도 우선 우리 자신에게 가장 유용한 자질들은 뛰어난 이성과 사고력으로서, 이것들에 의해 우리는 모든 행동이 수반하는 먼 장래의 결과들을 식별할 수 있고 그 결과들로부터 초래될 것 같은 이익이나 손해를 예견할 수 있다. 그리고 두 번째는 자기통제로서, 이를 통해 우리는 일정한 미래의 시점에 한층 더 큰 즐거움을 얻거나 한층 더 큰 고통을 회피할 목적으로 현재의 즐거움을 억제하거나 현재의 고통을 감내할 수 있게 된다. 모든 미덕 가운데 개인에게 가장 유용한 덕목인 신중의 덕은 이 두 가지 자질의 결합 속에 존재한다.

7

이 자질 가운데 첫 번째 것에 관해서는, 이미 앞서 살펴본 바 있지만,[9] 뛰어난 이성과 사고력은 본래 정당하고 타당하며 정확한 것으로서 승인되는 것이며, 단순히 유용하거나 유리한 것으로서 승인되

상의 차이)은 스미스의 이러한 비판이 흄 자신에게는 타당하지 않음을 드러낸다.
9) 이 책 110쪽(4) 참조.

지 않는다. 훨씬 심원한 여러 과학, 특히 고등수학 분야에서 인간의 이성은 가장 두드러지거나 가장 감탄할 정도로 발휘된다.

그러나 개인이나 사회에 대한 이러한 과학들의 효용은 매우 명백하지는 않고, 이를 증명하기 위해서는 항상 쉽게 이해되지 않는 논의가 요구된다. 그러므로 이러한 과학을 최초로 대중의 감탄에 합당한 것으로서 추천한 것은 그 효용이 아니었다. 그러한 숭고한 발견들에 대해 어떠한 애호도 없어서 그 과학들을 무용한 것으로 평가절하하려고 시도했던 사람들의 비난에 대해 어떤 답변이 필요하게 되었을 때에서야 비로소 이 자질이 주장되었다.

8

이와 마찬가지로, 또 다른 기회에 우리의 욕구를 한층 더 충분히 만족시키기 위해 현재의 욕구를 억제하도록 만드는 자기통제도 효용의 측면에서 승인되는 정도로 적성성의 측면에서도 승인된다. 우리가 이러한 태도로 자기통제를 하는 경우에 우리의 행위에 영향을 미치는 감정은 관찰자의 감정과 정확히 일치하는 듯하다.

관찰자는 현재 우리를 자극하고 있는 욕구의 유혹을 느끼지 않는다. 관찰자에게는 우리가 일주일 후 또는 일년 후에 누리게 되는 즐거움은 우리가 지금 이 순간에 누리는 즐거움과 같은 정도의 관심사에 불과하다. 따라서 우리가 현재를 위해 미래를 희생할 때, 그에게는 우리의 행위는 최고도로 불합리하고 낭비하는 것처럼 보이며, 그는 우리의 행위에 영향을 미치는 원리들에 공감하지 못한다.

반대로 우리가 미래의 한층 더 큰 즐거움을 얻기 위해 현재의 즐거움을 억제할 때, 그리고 우리가 직접적으로 감각에 압박을 가하고 있는 대상만큼이나 같은 정도로 먼 장래의 대상에 대해도 관심을 가진 것처럼 행동할 때, 우리의 성정은 정확히 관찰자의 성정과 일치하기 때문에 그는 우리의 행위를 승인하지 않을 수 없다. 그리고 관찰자는 경험을 통해 이러한 자기통제를 수행할 수 있는 사람이 얼마나 적은가를 알고 있기 때문에 우리의 행동을 상당한 정도의 경이와 감탄을 가지고 바라본다.

그러므로 비록 재산 취득 이외의 어떤 다른 목적에 지향되는 것은 아니더라도, 절약, 근면, 전념을 실행하는 가운데 나타나는 견고한 인내심에 대해 모든 사람이 당연히 갖게 되는 탁월한 존경은 여기에서 생겨난다. 이러한 식으로 행동하면서, 꽤 크지만 먼 장래에 발생하는 이익 때문에 모든 현재의 즐거움을 포기할 뿐만 아니라 몸과 마음 모두를 동원한 최대의 노고를 감내하는 사람의 단호한 확고부동함은 필연적으로 우리의 승인을 받게 된다.

그의 행위를 규제하는 것처럼 보이는 그의 이해관계와 행복에 관한 이러한 자기통제의 관점은 우리가 그의 행위에 대해 자연스럽게 형성하는 관념과 정확히 일치한다. 그의 감정과 우리 자신의 감정 사이에는 가장 완전한 일치가 존재한다.

이와 동시에, 이는 인간 본성의 일상적 취약성에 관한 우리의 경험을 통해 볼 때 우리가 꽤 기대할 수가 없는 그런 어떤 일치에 해당한다. 그러므로 우리는 그의 행위를 승인할 뿐만 아니라 어느 정도 감탄하게 되며, 그의 행위가 상당한 정도의 칭찬을 받을 만하다고 생각한다. 이 같은 응분의 승인과 존경을 받을 가치가 있다는 의식만이 그러한 행위의 경로에 있는 행위자를 지지할 수 있다.

향후 10년 후에 우리가 누리게 될 즐거움은 오늘 우리가 누릴 수 있는 즐거움과 비교해볼 때 우리의 관심사가 거의 되지 못한다. 전자가 자극하는 열정은 후자가 야기하기 쉬운 격렬한 정서에 비교해서 당연히 아주 미약하다. 그러므로 적정성의 감각에 의해 지지되지 않는다면, 그리고 우리가 전자의 방식으로 행동할 때는 모든 사람의 존경과 승인을 받을 가치가 있고, 후자의 방식으로 행동할 때는 그들의 경멸과 조롱거리의 적절한 대상이 된다는 의식에 의해 지지되지 않는다면, 전자는 후자와 어떤 균형도 결코 유지할 수 없다.

9

인간애, 정의, 관대함, 공공정신은 다른 사람들에게 지극히 유용한 자질들이다. 인간애와 정의의 적정성이 어디에 있는가는 앞에서 설명되었다.[10] 거기서 이 자질들에 관한 우리의 존경과 승인은 행위자의 성정과 관찰자의 성정 사이의 일치의 정도에 의존하고 있음을 살펴보았다.

10

관대함과 공공정신의 적정성은 정의의 적정성과 동일한 원리에 기초하고 있다. 관대함은 인간애와는 다르다. 언뜻 보기에 거의 같은 계통인 듯 보이는 이 두 가지 자질은 언제나 동일한 사람에게 귀속되지는 않는다. 인간애는 여성의 덕목이며 관대함은 남성의 덕목이다. 흔히 우리 남성보다는 훨씬 더 부드러움을 지니는 여성이 상당한 정도의 관대함을 가지는 경우는 거의 드물다. 여성이 큰 기부를 거의 하지 않는다는 것은 로마 민법이 인정하는 사실이다.[11]

인간애는 당사자들의 고통에 슬퍼하고, 그들이 당한 침해에 분개하며, 그들의 행운에 기뻐할 정도로 당사자들의 감정에 대해 관찰자가 적극적으로 갖게 되는 예민한 동료감정을 표출하는 것에 있다. 가장 인간애적인 행동들은 자기부정, 자기통제, 적정성 감각의 상당한

---

10) 이 책 102~103쪽(1) 참조.
11) 원주: Raro mulieres donare solent(여성들은 보통 거의 기부를 하지 않는다).

발휘를 조금도 요구하지 않는다. 그것들은 이 예민한 동감이 그 자체로 우리를 자극하여 행동하도록 요구하는 점을 이행하는 것에 있을 뿐이다.

그러나 관대함에 대해서는 사정이 다르다. 어떤 측면에서 우리가 우리 자신보다도 어느 다른 사람을 우선시하고, 우리가 지닌 크고 중요한 이익을 친구나 통치자가 가진 동일한 크기의 이익을 위해 희생시키는 경우가 아니라면, 우리는 결코 관대하다고 볼 수 없다.

다른 사람의 봉사가 어떤 직무를 수행하는 데 한층 더 적격하다고 생각하여 자신이 지닌 야심의 거대한 대상인 그 직무에 대한 권리를 포기하는 사람과 한층 더 중요한 것으로 판단되는 자신의 친구의 생명을 보호하기 위해 생명을 던지는 사람, 이들 중 어느 누구도 인간애 때문에, 또는 자기 자신과 관련된 것보다 다른 사람과 관련된 것을 한층 더 예민하게 느끼기 때문에 행동하지는 않는다. 그들은 모두 이 상반된 이해관계들을 그것들이 자신들에게 당연히 나타나는 관점에서가 아니라 다른 사람들에게 나타나는 관점에서 고찰한다.

모든 관찰자에게는 다른 사람의 성공이나 보존이 우리 자신의 그것보다 더 큰 관심의 대상이 된다는 것이 올바른 경우일 수 있다. 그렇지만 그들 자신에게는 사정이 그렇지 않다. 그러므로 그들이 다른 사람의 이익을 위해 자신의 이익을 희생하는 경우에, 그들은 스스로 관찰자의 감정에 순응하는 것이며, 도량이 큰 노력을 하는 경우에는 그들이 느끼기에 어느 제삼자든지 간에 그가 자연스럽게 취할 것임에 틀림없는 그러한 사물의 관점에 의거하여 행동하는 것이다.

자신이 소속된 장교의 생명을 보호하기 위해 자신의 생명을 내던지는 병사도, 만일 장교의 죽음이 자신의 과실과 무관하게 발생하는 것이라면 그것의 영향을 거의 받지 않을 것이다. 오히려 그 자신에게 일어난 매우 사소한 재난이 한층 더 생생한 비애를 야기할지도 모른다. 그러나 그가 칭찬받을 만하도록 행동하면서 공정한 관찰자가 그의 행위의 원리에 공감하도록 노력하는 경우에, 그는 자신을 제외한 모든 사람에게 그 자신의 생명은 그 장교의 생명과 비교하여 사소한 것이며, 후자를 위해 전자를 희생할 때 그는 모든 공정한 관찰자의 자연적인 견해에 부응하여 아주 적절하고 유쾌하게 행동하고 있음을 느낀다.

11

공공정신을 아주 투철하게 발휘할 때에도 사정은 동일하다. 젊은 장교가 주권자의 영토에 그리 대수롭지 않은 일부 영역을 추가시키기 위해 그의 생명을 노출할 때, 이것은 그 자신에게 그 새로운 영역의 획득이 자신의 생명의 보존과 비교하여 한층 더 바람직한 대상이기 때문은 아니다. 그에게는 그 자신의 생명이 그가 복무하는 국가를 위해 어떤 왕국 전체를 정복하는 것보다도 무한할 정도로 훨씬 큰 가치가 있다. 그렇지만 이 두 가지 대상을 서로 비교할 때, 그는 이것들이 그에게 자연스럽게 나타나는 관점에서 바라보는 것이 아니라, 그가 방어하기 위해 싸우는 국민들에게 나타나는 관점에서 바라본다.

국민들에게 전쟁의 승리는 최고도로 중요하며, 어떤 개인의 생명은 거의 중요성을 갖지 않는다. 그가 스스로를 국민들의 처지에 위치시킬 때, 즉시 그는 만일 자신이 피를 흘림으로써 그렇게 귀중한 목적을 촉진할 수 있다면 그 피를 과도하게 낭비한 것이 아니라고 느낀다. 따라서 그의 행위의 영웅적 자질은 의무감 및 적정성 감각에 기초하여 모든 자연적인 성향 가운데 가장 강한 성향을 좌절시킬 때 나타난다.

세상 평판이 좋은데도 개인적 관점에서는 미노르카 섬의 함락이라는 국가적 상실과 비교해서 1기니의 손실 때문에 한층 더 심각하게 당황스러워하는 영국 사람이 적지 않다.[12] 하지만 만일 그 요새를 방어할 권한이 그에게 있었다면, 그는 자신의 과실로 요새가 적의 손에 함락되도록 하기보다는 차라리 자신의 생명을 천 번이라도 희생했을 것이다.

초기의 브루투스가 자신의 아들들이 로마의 자유의 개선에 반대하는 음모를 꾸몄다는 이유로 이들을 사형에 처했을 때,[13] 그가 만일 그 자신의 마음만을 염두에 두었다면 훨씬 더 강한 애정으로 나타났던 것을 한층 더 약한 애정을 위해 단념한 것이다. 브루투스는 아마 로마가 그토록 위대한 어떤 본보기의 결여 때문에 겪었을 모든 것에 대해서보다 자신의 아들들의 죽음에 대해서 훨씬 더 많은 고통을 느꼈을 것임이 당연하다.

그러나 그는 그들을 아버지의 눈을 통해 본 것이 아니라 로마의 시민의 눈으로 바라보았다. 그는 로마 시민이 느끼는 감정에 아주 철저히 공감했고, 그 자신과 아들들이 연결되어 있는 그 유대관계에 대해서는 전혀 고려하지 않았다. 로마의 시민에게는 심지어 브루투스의 자식들마저도 로마의 가장 사소한 이해관계와 비교대조할 경우에는

---

12) 오스트리아와 프로이센 사이의 전쟁인 7년전쟁(1756~63)에서 프로이센은 영국과 손잡고 오스트리아는 프랑스, 러시아와 동맹을 맺었다. 1756년 지중해의 전투에서 존 빙 영국 해군 제독(Admiral John Byng)은 당시 영국 소유의 영토인 미노르카(Minorca) 섬을 공격한 프랑스와 스페인의 연합 함대에 패했을 뿐만 아니라 항구에 남아 있던 수비병마저도 구출하는 데 실패한다. 빙 제독은 이후 이에 대한 책임을 묻는 군법회의에 넘겨져 처형당한다. 스미스는 이러한 실화를 염두에 둔 듯하다.

13) 브루투스(Lucius Junius Brutus)는 기원전 6세기경 로마 공화정의 창시자이며 초대 집정관(BC 509)이다. 그는 당시 폭군이던 수페르부스(Tarquinius Superbus) 왕의 만행과 오만을 비판하면서 왕정체제를 끝내기 위해 로마군을 지휘했다. 타르퀴니우스가 왕정복고를 위해 나섰을 때 브루투스는 두 아들이 선왕을 복위하기 위한 음모에 가담했다는 이유로 그들에게 사형을 선고했다.

경멸할 만한 것으로 보인다.

이러한 경우 및 이러한 유형의 다른 모든 경우에, 우리의 감탄은 그러한 행위들의 효용에 기초하고 있다기보다는 예기치 못했으며, 그 때문에 위대하고 고결하며 숭고한 적정성에 기초하고 있다. 이를 살펴보게 되면, 효용은 의심할 여지없이 그러한 행동들에 어떤 새로운 아름다움을 부여하며, 그 때문에 한층 더 우리에게 그러한 행동들을 승인하도록 권고한다. 그러나 이와 같은 아름다움은 주로 성찰과 사색하는 사람들에 의해서 지각되며, 처음부터 그러한 행동들을 적절한 것으로서 대다수 세상 사람들의 자연적 감정에 권고하는 그러한 자질은 결코 아니다.

12

승인의 감정이 이러한 효용의 아름다움에 대한 지각작용으로부터 발생하는 한, 그러한 승인은 다른 사람들의 감정에 대한 어떤 식의 고려도 하지 않는다는 것이 주목되어야 한다. 따라서 만일 어떤 사람이 사회와 어떠한 교류도 하지 않은 채 성년까지 성장하는 것이 가능하다면, 그의 행동들은 그래도 그의 행복 또는 불편함에 공헌하는 경향 때문에 그에게 유쾌하거나 불쾌할지도 모른다.

그는 신중, 절제, 선량한 행위에서 이러한 종류의 아름다움을 지각하고, 그 반대되는 행위에서 추함을 지각하게 될지도 모른다. 전자의 경우에 그는 자신의 기질과 성격을 우리가 잘 고안된 기계를 검토할 때 갖게 되는 그런 유형의 만족감을 지니고 바라볼 것이다. 후자의 경우에는 그는 자신의 기질과 성격을 우리가 매우 어색하고 볼품없는 고안품을 고려할 때 갖게 되는 그런 유형의 혐오와 불만을 지니고 바라볼 것이다.

그렇지만 이러한 지각작용들은 취미의 문제일 뿐이고, 그 개별적

작용에서 연약성과 섬세함의 모든 요소를 가지고 있다. 그런데 취미라고 적절히 지칭되는 것은 바로 이런 종류의 지각의 정당성에 그 기초를 두고 있다. 따라서 이러한 지각작용들은 고독하고 비참한 상태에 처한 사람에 의해서 아마 그다지 주목되지 않을 것이다. 설령 이것들이 그에게 발생하는 것이 틀림없다고 해도, 그가 사회와 관련을 갖기 이전에는, 이러한 관련의 결과로서 이것들이 행사하게 되는 그 동일한 영향을 그에게 결코 미치지 않을 것이다.

그는 이 추함을 떠올리고 내면의 수치심으로 의기소침하지도 않을 것이고, 정반대의 아름다움을 의식하는 것에서 비롯되는 마음의 은밀한 승리감에 따라 우쭐해하지도 않을 것이다. 그는 후자의 경우 보상받을 만한 가치가 있다는 관념에 근거하여 기뻐하지도 않을 것이며, 전자의 경우 처벌받아 마땅하다는 막연한 의혹에 의해 전전긍긍하지도 않을 것이다. 이러한 모든 감정은 이것들을 느끼는 사람에 대한 자연적인 재판관인 어떤 다른 존재의 관념을 상정하고 있다. 그리고 그의 행동을 검토하는 이 판정인의 결정에 대한 동감에 따라서만 그는 자기칭찬의 승리감이나 자기비난의 수치심을 마음에 품을 수 있다.

제5부
관습과 유행이
도덕적 승인과 부인의 감정에
미치는 영향

"문명화된 국민들 사이에서는
인간애에 기초한 덕목들이 자기부정과
열정의 통제에 기초한 덕성들에 비해서 한층 더 계발된다.
무례하고 야만적인 국민들 사이에서는 사정이 아주 다르며,
자기부정의 덕목들이 인간애의 덕목들보다도
훨씬 더 계발된다. 예의범절과 정중함의 시대에 우세한
일반적인 안전과 행복이 존재하게 되면 위험을 경시하고
도전하는 기회나, 노동, 허기, 고통을 감내하는 인내를
체험할 기회가 거의 주어지지 않는다."

제1장 관습과 유행이 아름다움과 추함의 관념에 미치는 영향

1

이미 열거된 원리 이외에도 세상 사람들의 도덕감정에 상당한 영향력을 미치는 다른 원리들이 존재한다. 이것들은 무엇이 비난받을 만하거나 칭찬받을 만한지에 대해 서로 다른 시대와 국민들 사이에 널리 퍼져 있는 불규칙적이고 서로 모순되는 많은 의견의 주요 원인이 되고 있다. 이러한 원리들은 관습과 유행이며, 모든 유형의 아름다움에 대한 우리의 판단에까지 지배력을 확대하고 있다.

2

두 가지 대상이 종종 함께 관찰될 때, 상상력은 하나의 대상으로부터 다른 대상으로 수월하게 이동하는 습관을 획득하게 된다. 만일 첫 번째 대상이 나타난다면 우리는 두 번째 대상이 뒤따라 나타날 것이라고 기대한다. 그것들은 저절로 서로를 연상시키며, 우리들의 관심은 수월하게 그것들 사이에서 미끄러지듯이 움직인다. 비록 관습과는 별개로 이들 대상의 결합에 어떠한 실질적인 아름다움이 없다고 해도, 관습이 그런 식으로 두 대상을 결합시켜놓은 경우에 두 대상이 분리되어 있으면 우리는 어떤 부적정성을 느끼게 된다.

하나의 대상이 평소에 동반자 없이 나타날 때 우리는 이것을 어색하다고 생각한다. 우리가 발견하게 되리라고 기대했던 어떤 것이 없는 것을 섭섭하게 여기며, 이것에 대한 실망으로 우리가 지닌 관념의 습관적인 배열은 혼란스러워진다.

예를 들어 만일 한 벌의 양복이 평소에 동반되는 가장 사소한 장식물 없이 놓여 있다면, 이것은 무언가를 결여하고 있는 듯하다. 그리고 심지어 허리용 단추 하나만 없어도 우리는 비천함이나 어색함을 보게 된다.

두 대상의 결합에 자연적 적정성이 존재할 때 관습은 이에 대한 우리의 감각을 증대시키고 평소와는 상이한 배열을 한층 더 불쾌한 것으로 만드는 듯하다. 고상한 취미로 사물을 바라보는 데 익숙해진 사람들은 보기 흉하고 어색한 것에 대해 한층 더 혐오감을 느낀다. 대상의 상호연결이 부적절한 때에는 관습은 부적정성에 대한 우리의 감각을 감소시키거나 전적으로 제거한다. 단정치 못한 무질서에 익숙해진 사람들은 청결이나 우아함에 대한 모든 감각을 상실한다. 방문객에게 우스꽝스러워 보이는 가구나 의상의 양식이 그것에 익숙해진 사람들에게는 전혀 거슬리는 감정을 주지 못한다.

3

유행은 관습과는 다르며, 어느 정도까지는 관습의 특수한 경우에 해당한다. 모든 사람이 입고 있는 옷은 유행이 아니며, 높은 신분 내지는 명성이 있는 사람들이 입는 옷이 유행이다. 권세가들의 기품 있고 안락하며 위엄 있는 태도는 그들이 입는 의상의 일상적인 화려함 및 웅장함과 결부되어, 그들이 그 의상에 부여하는 바로 그 표현양식에 우아함을 주게 된다.

그들이 이 표현양식을 계속해서 고집하는 한, 그것은 우리들의 상상 속에서 어떤 품위 있고 웅장한 관념과 연결된다. 그리고 그 표현양식이 비록 그 자체로서는 평범하다고 해도, 이러한 관계 때문에 마찬가지로 어떤 품위 있고 웅장한 특성을 지닌 것처럼 보인다.

권세가들이 이러한 표현양식의 활용을 접자마자, 그것은 이전에 소유했던 것처럼 보이던 모든 우아함을 상실하며, 이제는 낮은 계층의 사람들만이 활용하기 때문에 그들의 비천함과 어색함을 떠올리는 어떤 특성을 지니는 것처럼 보인다.

4

의상과 가구가 전적으로 관습과 유행의 지배 아래 있다는 것은 모든 세상 사람이 인정하는 것이다. 그러나 이러한 원리들의 영향이 그러한 좁은 영역에만 한정되는 것은 아니며, 어느 면에서든 취미의 대상이 되는 모든 것에, 즉 음악, 시, 건축에 이르기까지 그 적용의 범위가 확대되고 있다.

의상과 가구의 양식은 끊임없이 변하고 있으며, 5년 전에는 찬사를 받았던 유행이 오늘날에는 웃음거리가 되기 때문에, 경험상 우리는 의상과 가구의 인기가 주로 또는 완전히 관습과 유행에서 비롯된다고 확신하고 있다. 의상과 가구는 아주 내구적인 소재로 만들어지지 않는다. 훌륭하게 의장된 외투도 12개월 정도 되면 낡게 되며, 그것이 처음에 만들어진 시점에 준거한 양식을 유행으로서 더 이상 계속 보급시킬 수 없다. 가구는 의상보다도 흔히 내구성을 더 지니기 때문에, 가구의 양식은 의상의 양식에 비해서 한층 덜 빠르게 변화한다. 그런데 5년 내지 6년이 지나면 가구의 양식도 일반적으로 완전한 혁신을 거치게 되고, 누구라도 자신의 생애 가운데 이처럼 유행이 여러 다양한 방식으로 변하는 것을 보게 된다.

기타 예술 작품들은 훨씬 더 지속성이 있으며, 멋지게 고안된 경우에는 훨씬 긴 기간에 그 제품의 유행을 계속 보급시킬 수 있다. 솜씨 있게 고안된 건축물은 수세기 동안 지속될 수 있다. 아름다운 음악은 일종의 전통의 힘으로 수세대를 거쳐 연속적으로 전승될 수 있다. 역량 있게 씌어진 시는 이 세상이 지속하는 한 존속될지도 모른다. 그리고 이러한 모든 예술 작품은 몇 세대 동안 지속되면서 그 각각이 처음에 구성될 때 준거가 된 특정한 형식, 특정한 기호나 태도에 대해 인기를 부여한다.

자신의 생애 가운데 이들 예술의 어떤 영역에서 유행이 매우 두드러지게 변하는 것을 볼 기회를 가지는 사람은 극히 드물다. 훨씬 이전의 시대와 국가 사이에서 서로 다른 지배적 양식에 대한 풍부한 경험과 지식을 가지고 이를 철저히 인정하면서 그것들과 자신의 시대와 국가에서 행해지고 있는 양식을 공정하게 판단하는 사람은 극히 드물다. 그러므로 그러한 예술 작품 가운데 무엇이 아름답고 무엇이 그렇지 않은가에 관한 자신들의 판단에 관습이나 유행이 적지 않은 영향을 미치고 있다는 점을 기꺼이 인정하려는 사람도 극히 드물다.

오히려 그 사람들은 그러한 예술 작품의 각각에서 준수되어야 한다고 생각하는 모든 규칙이 습관이나 편견에 기초한 것이 아니라 이성과 본성에 기초하고 있다고 상상한다. 그렇지만 약간의 주의를 기울인다면, 그들은 반대의 사실을 확신할 것이며, 의상과 가구에 대한 관습과 유행의 영향이 건축, 시, 음악에 대한 관습과 유행의 영향과 비교해서 더 절대적이라고 볼 수 없음을 납득할 수 있을 것이다.

5

예를 들면 도리아식 기둥머리는 그 높이가 직경의 8배 크기, 이오니아식 소용돌이꼴 장식은 그 높이가 직경의 9배 크기, 코린트식 잎 장식은 그 높이가 직경의 10배 크기에 달하는 기둥에만 전용되어야 하는 것에 대한 이유가 부여될 수 있겠는가?[1] 이러한 각각의 전용 비율의 적정성은 오로지 습관과 관습에 기초할 것이다. 시각은 어떤 특정한 장식과 관련된 특정의 비율을 보는 데 익숙해져 있기 때문에 만일 그것들이 함께 결합되지 않는다면 기분이 거슬리게 된다.

다섯 가지의 건축양식 각각이 독특한 장식을 가지고 있으며, 따라서 건축의 여러 규칙에 관한 지식을 가진 사람들에게 아무런 불쾌감도 주지 않고 다른 종류의 장식으로 바뀔 수는 없다. 일부 건축가들에 따르면, 실제로 이와 같은 고대의 건축양식은 고대인들이 섬세한 판단력을 가지고 그 각각에 적합한 장식을 부여한 것이어서 이에 필적하여 어울릴 만한 다른 어떤 장식은 발견될 수 없다. 그러나 이 형식들이 지극히 호감을 주는 것에는 의심할 여지가 없지만, 그러한 건축비율에 적합할 수 있는 유일한 형식이어야만 한다든지, 관습의 확립에 앞서서 그러한 비율에 똑같이 적합했을 것 같은 여타 5백 가지의 형식이 존재할 수가 없다는 생각을 수용하기는 조금 곤란한 것으로 보인다.

그러나 일단 관습이 건축상의 특정의 규칙들을 확립하게 되면, 그것들이 절대적인 불합리성을 갖지 않는 한, 그것들과 동일한 정도에 불과한 다른 규칙들과 바뀐다거나, 심지어는 우아함과 아름다움의 측면에서 이것들보다 자연히 약간의 유리한 다른 것으로 바뀐다고

---

1) 그리스의 고전 건축양식에서 도리아식은 가장 오래된 것으로 간소하고 소박한 남성적인 특징이 있으며 만두형의 기둥머리 장식이 두드러진다. 이오니아식은 여성적인 경쾌함과 우아함이 특징이며 기둥머리를 소용돌이 모양으로 장식을 한다. 코린트식은 풍부하고 화려함이 특징이며 기둥머리를 아칸서스 잎 모양으로 장식을 한다.

생각하는 것은 터무니없는 일이다.

어떤 사람이 남들이 흔히 입고 다니는 옷과는 전혀 다른 의복을 입고 대중 앞에 나타난다면, 설령 그 새로운 의복이 그 자체로는 대단히 우아하거나 편리하더라도 아마 웃음거리가 될 것이다. 주택을 관습과 유행이 이미 규정하고 있는 양식과는 전혀 다른 방식에 따라 장식하는 것에는, 비록 그 새로운 장식이 그 자체로는 보통의 장식보다 다소 우월하더라도, 동일한 종류의 불합리성이 있는 듯하다.

6

고대의 수사학자들에 따르면, 시의 어떠한 운율은 그 작품에서 지배적으로 나타나야 하는 성격, 감정, 열정을 자연스럽게 표현하는 것이기 때문에, 본래 특정한 종류의 저작에만 오로지 활용되었다. 그들에 따르면, 어떤 운율은 심각한 작품에 적합하고, 어떤 운율은 쾌활한 작품에 적합하기 때문에, 대단히 큰 부적정성을 유발하지 않고는 그것들은 서로 바꿔서 사용될 수 없다.[2] 그러나 비록 이 원리는 그 자체로는 지극히 그럴듯하게 보일지라도, 현대에서의 경험은 이 원리와 모순되는 듯하다.

영어에서 익살스러운 운율이 프랑스어에서는 영웅적인 운율이 된다. 라신의 비극과 볼테르의 『앙리아드』는 "Let me have your advice in a weighty affair"(중대한 문제에 대해서 제게 조언을 해주십시오)라고 표현하는 것과 거의 같은 운율을 지닌다. 이와 반대로 프랑스어

---

2) 글래스고 판본 편집인의 해설에 따르면, 예컨대 고대의 아리스토텔레스는 『시학』(Poetics)에서 이와 연관되는 주장을 폈다. 즉 서사시를 쓰는 경우에 약강보격과 강약보격의 음보는 쾌활한 느낌을 주기 때문에 바람직하지 않고, 가장 웅대하고 중후한 느낌을 갖는 음보인 영웅시체를 활용하는 것이 적절하다.

에서의 익살스런 운율이 영어에서의 10음절 영웅시와 꽤 비슷하다. 관습을 통해서 어느 나라 국민은 장중함, 숭고함, 진지함이라는 관념을, 다른 나라 국민이 쾌활하고 경박하며 익살스런 것으로 연관시켰던 그 운율과 연계시킨다. 프랑스어 비극에 활용되는 알렉산더격의 시형으로 씌어진 영어 비극보다도 더욱 터무니없어 보이는 것은 없으며, 프랑스어 비극 가운데 10음절 시형으로 씌어진 작품보다도 더욱 터무니없어 보이는 비극도 없다.[3]

7

탁월한 예술가는 그러한 예술의 개별 분야에서 이미 확립된 양식에 상당한 변화를 가져오며, 문학, 음악, 건축에 어떤 새로운 유행을 도입한다. 높은 신분의 호감을 주는 사람의 의상이 매력을 전해주며, 아무리 특이하고 기상천외하다고 해도 곧 감탄되고 모방되는 것과 마찬가지로, 탁월한 거장의 우수성은 그의 기발한 태도를 매력적으로 만들고, 그의 작풍은 그가 종사하는 예술에서 유행하는 양식이 된다.

음악과 건축 분야에서 이탈리아인들의 취향은 최근 50년간 각각의 예술분야에서 일부 탁월한 거장들의 기발함을 모방함으로써 상당한 변화를 이루었다. 세네카는 쿠인틸리아누스에게서 로마인의

---

3) 글래스고 판본 편집인에 따르면, 영국 운문과 프랑스 운문에 관한 스미스의 비교는 정확하지 않은 기준에 의거하고 있다. 이 부분에서 스미스는 한 행 속의 음절수를 세는 것을 전적으로 기준으로 삼는다. 그러나 이는 당시 프랑스 운문에는 적합한 기준이나 영국 운문에는 매우 적절하지 못한 기준이다. 또한 프랑스에서는 알렉산더격의 시형이 중대함, 숭고함, 진지함의 관념과 필연적으로 연관된다고 가정하는 오류를 스미스는 범했다. 17세기 프랑스에서 문학적 희극을 확립했다는 평가를 받고 있는 코르네유(Pierre Corneille, 1606~84) 시대로부터 그러한 시형은 운문 희극에서도 마찬가지로 표준형식이 되어왔다.

취미를 타락시키고 장중한 판단과 남성적인 웅변술의 영역에 하찮은 우아함을 도입했다는 비난을 받았다. 비록 다른 방식일지라도, 살루스드와 타키투스는 다른 사람들한테 동일한 비난을 받았다. 그들은 비록 최고도로 간결하고 우아하며 표현력이 있고 심지어 시적이기까지 하지만 수월함, 단순함, 자연스러움을 결여하고 있으며 가장 고심하여 연구된 허식의 소산임에 분명한 그런 어떤 문체에 명성을 부여했다고 전해진다. 이렇듯이 자신의 결함을 유쾌하게 만들 수 있는 그러한 작가는 얼마나 많은 위대한 자질들을 가져야만 하는 것인가?

모든 작가에게 부여될 수 있는 최고의 찬사는 어느 국민의 취미를 고상하게 만들었다는 칭찬 다음으로, 아마 그것을 타락시켰다는 말을 듣는 것이다. 우리의 모국어인 영어에 대해서는 포프와 스위프트 박사가 운문으로 쓰는 모든 작품에 대해 각각 종래에 준수되던 것과 다른 방식을 도입했다.[4] 즉 전자는 장시(長詩)에서, 후자는 단시(短詩)에서 다른 방식을 도입했다. 버틀러의 유별난 기묘함은 스위프트의 평이함에 자리를 물려주었다.[5] 드라이든의 자유분방함, 애디슨의 정확하지만 종종 지루하고 산문체의 무기력함은 더 이상 모방의 대상이 아니며, 지금 모든 장시는 포프의 세심한 정확성의 문체를 따라 씌어지고 있다.[6]

---

4) 포프(Alexander Pope, 1688~1744)는 18세기 초에 활동한 영국의 시인이자 비평가다. 스위프트(Jonathan Swift, 1667~1745)는 아일랜드 출신으로서 영국에서 시인과 풍자작가로 활동했으며 정치평론가로 나서기도 했다.
5) 버틀러(Samuel Butler, 1612~80)는 영국의 시인이자 풍자작가다. 그는 풍자시를 통해 청교도적 종교 광신과 위선, 지적 오만, 자기과시 등 극단적인 태도 및 사상을 공격했다. 이런 맥락에서 장문의 영어 풍자시로 큰 성공을 거둔 『휴디브라스』(Hudibras, 1663)는 8음절 운율, 쾌활한 라임과 기묘한 단어의 구사 등으로 주목을 받았다.
6) 드라이든(John Dryden, 1631~1700)은 17세기 후반 영국의 시인이자 극작

관습과 유행이 지배력을 행사하는 것은 예술 작품에 대해서만은 아니다. 이와 마찬가지로 그것들은 자연적 대상들의 아름다움에 관한 우리의 판단에도 영향을 미친다. 서로 다른 종류의 사물 가운데 어떤 다양하고 상반되는 형식이 아름답다고 생각되는가? 어떤 동물에서 감탄되는 비율들은 다른 동물에서 존중되는 비율들과는 완전히 다르다. 모든 부문의 사물은 세상에서 승인되고 있는 그 나름의 특수한 형태를 가지고 있고, 다른 모든 종의 아름다움과 구분되는 그 나름의 아름다움을 가지고 있다.

이러한 이유 때문에 학식 있는 예수회 소속 뷔피에 신부는 모든 대상의 아름다움은 각 대상이 속하는 특정한 종류의 사물 가운데 가장 흔하게 나타나는 형태와 색깔에 있다고 단정했다. 그러므로 인간의 외형 가운데 각 부분의 아름다움은 보기 흉한 다른 여러 외형으로부터 비슷한 정도로 떨어져 있는 어떤 중간지점에 존재한다. 예를 들면 아름다운 코는 너무 길지도 않고 너무 짧지도 않으며, 너무 곧지도 않고 너무 굽은 것도 아니다. 따라서 아름다운 코는 이 모든 극단 사이에 존재하는 일종의 중간이며, 이것을 어떤 다른 코와 비교해도 그 차이가 이 극단 상호 간의 차이보다도 훨씬 적다.

이 형태는 자연이 모든 코 가운데 실현하려고 의도한 목표처럼 보인다. 하지만 자연은 매우 다양한 방식으로 이것에서 일탈하고 있고 정확히 목표를 맞추는 경우는 드물지만, 모든 이러한 일탈은 여전히 그 형태에 대해 매우 강한 유사성을 보이고 있다. 하나의 견본을 본떠서 다수의 그림이 그려지는 경우에, 비록 그것들이 모두 몇몇 측면

가다. 애디슨(Joseph Addison, 1672~1719)은 영국의 시인, 수필가 겸 정치가로 활약했다. 또한 그는 18세기 초 영국의 유명 평론잡지인 『스펙테이터』(*The Spectator*) 편집인을 맡았고, 미학에 관한 연구로도 명성이 있었다.

에서 그 견본과 똑같지는 않더라도, 그것들과 그 견본 사이의 유사성이 모든 그림 사이의 유사성보다는 한층 더 클 것이다. 그 견본의 일반적 성격은 그것들 모두에 나타나게 될 것이며, 가장 특이하고 기묘한 그림들은 그 견본으로부터 가장 멀리 떨어진 것들이 될 것이다. 그리고 비록 그 견본을 그대로 모사하는 그림은 극히 적겠지만, 부주의한 그림들 상호 간에 존재하는 유사성과 비교하여 가장 정확한 그림들과 가장 부주의한 그림들 사이의 유사성은 한층 더 클 것이다.

이와 마찬가지로 모든 창조물의 각각의 종에서 가장 아름다운 것은 그 종의 일반적 구조가 갖는 가장 강한 특성을 지니며, 동일한 종으로 분류되는 대부분의 개체들과 가장 강한 유사성을 지닌다. 이에 반해 정상이 아닌 생물들이나 완전한 기형은 항상 가장 특이하고 기묘하며, 그것들이 속한 종의 일반성과는 최소한도의 유사성밖에 보이지 않는다.

그러므로 각 종의 아름다움은 어떤 의미에서는 이 중간적 형태와 정확히 일치하는 개체가 드물다는 측면에서 모든 사물 가운데서 가장 드문 것이다. 그렇지만 또 다른 의미에서는 이 중간적 형태로부터 일탈한 모든 것과 이 중간적 형태의 유사성이 그것들 상호 간의 유사성과 비교하여 한층 더 크다는 점에서 이 아름다움은 가장 평범한 것이다.

그러므로 뷔피에 신부에 따르면, 모든 사물의 각각의 종에서 가장 관습적인 형태가 가장 아름답다. 따라서 우리가 그 아름다움을 판단할 수 있거나 가장 중간적이고 일상적인 형태가 어디에 존재하는가를 알 수 있기에 앞서, 대상물의 각각의 종에 대해 곰곰이 숙고하는 일정한 실천과 경험이 요구된다. 인간이라는 종의 아름다움에 관한 가장 훌륭한 판단력도 꽃, 말, 그 밖의 모든 종의 아름다움에 관한 판단을 하는 데에 우리에게 전혀 소용이 없다.

이와 마찬가지의 이유로 서로 다른 기후를 가지거나 서로 다른 관습과 생활양식이 행해지는 곳에서는, 어떤 종이 지닌 일반성은 그러한 환경의 차이 때문에 각각 다른 형태를 가지는 것처럼, 그 종의 아름다움에 대해서도 서로 다른 관념들이 지배하게 된다. 모로코 말[馬]의 아름다움은 잉글랜드 말의 아름다움과 엄밀하게 보면 같지는 않다.

인간의 체형과 용모의 아름다움에 대해 서로 다른 국민들 사이에 얼마나 서로 다른 관념이 형성되고 있는가? 기니의 해안지방에서는 흰 피부색은 깜짝 놀랄 만한 추한 기형이다. 두툼한 입술과 납작한 코가 아름답다고 여겨진다. 일부 국민들 사이에서는 어깨까지 늘어진 긴 귀가 보편적 감탄의 대상이다. 중국에서는 여자의 발이 걷기에 적합할 정도로 크다면 그녀는 추한 괴물로 여겨진다. 북아메리카의 일부 미개한 종족들은 자신의 아이들의 머리 주위에 4장의 판을 묶은 후, 이를 압박하여 아직 뼈가 부드럽고 연골이 많은 기간에 거의 완전한 사각형이 되도록 한다.

유럽 사람들은 이러한 풍습의 터무니없는 야만성에 깜짝 놀라며, 일부 선교사들은 이 풍습이 존재하는 종족들의 기이한 우둔함을 이 야만성의 탓으로 돌려왔다. 그러나 그들이 이러한 미개종족들을 비난할 때, 최근 몇 년 전까지만 해도 유럽에서는 여성들이 그들의 자연적 체형이 지닌 둥글둥글한 몸매를 압박하여 이와 마찬가지 유형의 사각형으로 바꾸고자 과거 거의 1세기 동안 노력해왔다는 사실을 염두에 두지 않고 있다. 그리고 이 풍습이 야기하는 것으로 알려진 많은 기형과 질병에도 불구하고, 관습은 이제까지 세계에 알려진 가장 문명화된 국민의 일부 사이에서 그것을 호감을 주는 것으로 여겨왔다.

9

이 학식이 풍부하고 독창적인 뷔피에 신부의 아름다움의 본질에 관한 체계는 이상과 같다.[7] 그에 따르면, 아름다움의 전반적 매력은 각각의 개별적인 종류의 사물에 관해 관습이 상상력에 인상지운 여러 습관과 그 아름다움이 완전히 일치하는 것에서 생기는 듯하다. 그러나 나는 외부적인 아름다움에 관한 우리의 감각조차 전적으로 관습에 기초하는 것으로 믿고 싶지 않다. 여러 형태가 가지는 효용, 그것이 의도된 유용한 목적에 대한 형태의 적합성은 관습과는 전혀 관계없이 그 형태를 우리에게 매력적으로 만들고 유쾌함을 느끼도록 하는 것은 분명하다.

어떤 색은 다른 색에 비해서 한층 더 유쾌하며, 처음 그것을 보는 눈에게 더 많은 즐거움을 준다. 매끄러운 표면은 거친 표면보다도 훨씬 더 유쾌하다. 다양성은 지루한 무변화의 획일성보다 한층 더 만족스러움을 준다. 연결된 다양성, 즉 각각의 새로운 현상이 그에 앞선 현상에 의해 도입된 것처럼 보이고, 모든 인접한 부분이 상호 간에 어떤 자연스러운 관계를 가진 것처럼 보이는 그러한 다양성은 서로 연관이 없는 대상들이 혼란스럽고 무질서하게 집적된 것보다도 훨씬 더 유쾌하다.

나는 관습이 아름다움에 관한 유일한 원리임을 수용할 수는 없다. 그렇지만, 만일 완전히 관습과 상반되거나 사물들의 특정한 종에 대

---

7) 뷔피에(Claude Buffier, 1661~1737)는 예수회 소속 수사신부이며 프랑스의 철학자다. 신학적으로는 신의 은총과 구원예정설에 따라 인간의 자유의지를 부인했던 17세기 프랑스 교회 내부의 얀센주의에 반대했다. 철학적으로는 데카르트의 선험적, 연역적 추론방법을 거부하고 상식의 능력에 의거해서 정신의 외부에 존재하는 객체를 인식할 수 있다고 주장했으며 18세기 스코틀랜드 상식학파(토머스 리드)에 영향을 미쳤다. 본문의 내용은 『판단의 진리와 원천에 관한 논고』(1724)에 기술된 부분이다.

해 지금까지 우리가 익숙해져왔던 것과 전혀 유사하지 않다면, 어떤 하나의 외적인 형태도 우리에게 기쁨을 줄 정도로 그리 아름답지는 않으며, 만일 관습이 일률적으로 그 형태를 지지하고 그런 종에 속하는 모든 단일의 개체 가운데 그 형태를 보는 데 습관적으로 익숙해져 있다면, 어떤 하나의 외적인 형태도 우리에게 유쾌함을 주지 못할 정도로 그리 추하지는 않다는 점에 동의하는 정도로, 나는 이 독창적인 체계의 진리를 인정할 수 있다.

제2장 관습과 유행이 도덕감정에 미치는 영향

1

모든 유형의 아름다움에 대한 우리의 감정이 관습과 유행에 그렇듯 크게 영향을 받기 때문에, 행위의 아름다움에 관한 감정들이 이러한 원리의 지배로부터 전적으로 제외되리라는 기대는 할 수 없다. 그러나 이 영역에서의 관습과 유행의 영향은 다른 모든 영역에서보다도 훨씬 더 적은 듯하다. 외부 대상의 형태가 아무리 도리에 맞지 않고 엉뚱하더라도, 관습은 우리로 하여금 그것을 감수하도록 하며, 심지어 유행은 그것을 유쾌하게 만들어주기까지 한다.

그러나 네로나 클라우디우스 같은 사람의 성격과 행위는 어떤 관습도 우리로 하여금 감내하도록 만들지 않는 대상이며, 어떤 유행도 우리에게 유쾌함을 주지 못하는 대상이다.[8] 전자는 언제나 공포와

---

8) 클라우디우스(Tiberius Claudius Caesar Augustus Germanicus, BC 10~AD 54)는 41년부터 54년까지 로마 황제로서 재임했다. 그는 어린 시절 병약하고 말을 더듬으며 다리를 저는 탓에 왕조 가문 사람으로는 드물게 공직생활로부터 배제되었다. 전임 황제의 암살과 근위군단의 옹립으로 뜻하지 않

증오의 대상일 것이고, 후자는 언제나 경멸과 조소의 대상일 것이다.

아름다움에 대한 우리의 감각이 의존하고 있는 상상력의 원리들은 극히 정밀하고 섬세한 성질을 띠며, 습관과 교육을 통해 수월하게 변화될 수 있다. 그러나 도덕적 승인과 부인의 감정들은 인간 본성의 가장 강력하고 가장 격렬한 열정들에 기초하고 있다. 이와 같은 열정들이 비록 다소 일탈될 수는 있겠지만 완전히 왜곡될 수는 없다.

2

관습과 유행이 도덕감정에 미치는 영향이 그리 크지는 않더라도, 그것은 다른 모든 곳에서 미치고 있는 영향과 완전히 유사하다. 관습과 유행이 옳고 그름에 대한 자연적 원리들과 일치하는 경우에는, 그것들은 우리 감정의 섬세함을 고양시키고, 해악에 가까운 모든 것에 대한 우리의 혐오를 증대시킨다.

세상에서 흔히 그렇고 그런 무리 가운데서가 아니라 진정으로 선량한 일행 속에서 교육받아왔으며, 그가 존경하고 함께 생활해온 사람들에게서 정의, 겸손, 인간애 그리고 올바른 질서만을 지켜보는 데 익숙해진 사람들은 그러한 미덕들이 규정하는 규칙들과 일치하지 않는 듯해 보이는 모든 것에 훨씬 강한 충격을 받는다.

반대로 불운하게도 폭력, 방종, 기만, 불의 가운데서 교육받아온 사람들은 그러한 행위의 부적정성에 관한 모든 감각을 상실하지는

게 황제가 된 이후 식민지정복과 행정쇄신 등 여러 가지 업적을 이뤄냈지만 시민들의 지지는 높지 않았다. 한편 네로(Nero Claudius Caesar Augustus Germanicus, 37~68)는 독살된 클라우디우스의 뒤를 이어 54년부터 68년까지 로마 황제로서 재임했다. 그는 초기 5년 동안은 세네카, 브루투스 등을 등용하여 선정을 펼쳤다. 하지만 그 후 황제의 권력찬탈 모의에 대한 두려움으로 의붓동생, 어머니, 부인을 차례로 살해하고, 로마 대화재의 책임을 방화로 돌려 기독교도를 잔인하게 학살하는 등 폭군으로 악명이 높았다.

않지만, 그 불쾌한 잔학성에 관한 모든 감각이나 그러한 행위에 어울리는 합당한 복수와 처벌에 관한 모든 감각을 상실한다. 그들은 유아기부터 이러한 행위에 친숙해져왔으며, 관습이 그들에게 이것을 관행적으로 익숙하게 만들었다. 그리고 그들은 이러한 행위를 소위 세상 사는 법으로, 즉 우리가 자신의 정직함 때문에 잘 속아 넘어가는 하수인이 되지 않도록 실행하거나 실행하는 것이 당연한 행위로 간주하기 매우 쉽다.

3

마찬가지로 유행도 어느 정도의 무질서에 좋은 평판을 부여하고, 반대로 존경받을 만한 여러 자질을 경시하는 경우가 때때로 있을 것이다. 잉글랜드 찰스 2세의 통치 기간에는 어느 정도의 방종이 교양교육의 특징으로 여겨졌다. 당시의 관념에 따르면, 방종은 관대, 성실, 도량, 충성 등과 연관되어 있었으며, 그러한 태도로 행동하는 사람이 청교도가 아니라 신사임을 증명하는 것이었다.

다른 한편으로 엄격한 태도와 질서가 잡힌 행동은 완전히 유행에 뒤처진 것이었고, 그 시대의 상상력으로는 허위적 말투, 교활, 위선 그리고 상스러운 태도와 연관되었다. 천박한 사람들에게는 권세가의 악덕들도 늘 유쾌한 것처럼 보인다. 그들은 그러한 악덕들을 재산이 엄청나게 많다는 것뿐만 아니라, 그들이 그들의 지배자들에게 귀속시키는 많은 탁월한 덕목들, 즉 자유 및 독립의 정신, 솔직함, 관대, 인간애, 정중함 등과 연관시킨다.

이와 반대로 그들에게는 낮은 신분의 사람들이 지니는 덕목들, 즉 극도로 인색한 절약, 고통을 수반하는 근면 그리고 규칙들에 대한 엄격한 집착은 비천하고 불쾌한 것으로 보인다. 그들은 이러한 덕목들을 그 자질들이 흔히 속하는 지위의 비천함과 그러한 지위에 보통 수반되는 것으로 상정되는 많은 큰 악덕, 즉 자존심도 없고, 비겁하며, 품성이 나쁘고, 거짓말에 능숙하며, 좀도둑질을 하는 성향과 연관시킨다.

4

서로 직업도 다르고 생활 상태도 다른 사람들이 친숙해져 있는 대상들은 매우 다르고 그들을 매우 다른 열정에 익숙하도록 만들기 때문에, 이것들은 자연히 그 사람들 가운데 매우 서로 다른 성격과 태도를 형성하게 한다. 우리는 각 신분과 직업 가운데서 이것에 귀속된다고 경험상 알게 되는 어느 정도의 태도를 기대한다. 사물의 각각의 종 가운데에서 자연이 그 각각의 종을 위해 설정한 것처럼 보이는 일반적 기준과 모든 부분과 면모에서 가장 정확하게 일치하는 중간적인 형태를 볼 때 우리는 특히 즐거움을 느낀다.

이와 마찬가지로, 각각의 신분에서, 말하자면 사람이 속한 각각의 부류에서, 그들이 자신들의 특정의 조건과 처지에 흔히 수반되는 성격을 지나치게 많지도 지나치게 적지도 않게 지니고 있을 때 우리는 특히 즐거움을 느낀다. 각 사람은 그의 사업과 직업에 걸맞게 보이게 마련이라고 흔히 말한다. 그런데 모든 직업에 대해 박식한 체하는 것은 불쾌감을 준다. 마찬가지 이유로 인생의 서로 다른 시기는 이것에 걸맞게 부여된 서로 다른 태도를 지니고 있다.

우리는 노년에는 그 시기가 가진 허약함, 오랜 경험, 쇠잔해진 감수성을 자연스럽고 존경할 만한 것으로 만드는 듯한 진지함과 침착함을 기대한다. 우리는 청년기에는 감수성, 명랑함, 씩씩한 원기왕성을 발견하기를 기대한다. 경험이 가르치는 대로, 이러한 특성들은 인생 초기의 미숙하고 경험이 일천한 감각들에 모든 흥미로운 대상이 부여하기 쉬운 생생한 인상으로부터 기대되는 것들이다. 그러나 두 시기의 각각에는 그 시기에 속하는 특성들을 쉽사리 지나치게 과하게 지니게 될지도 모른다. 청년의 시시덕거리는 경망스러움과 노년의 무감동의 불감증은 똑같이 불쾌감을 준다.

흔히 말하듯이, 청년은 그들의 행위에서 무언가 노년의 태도가 묻어날 때 가장 유쾌해지고, 노인은 무언가 청년의 쾌활함을 보유하고 있을 때 가장 유쾌한 기분을 느낀다. 마찬가지로 그들 모두는 상대방의 태도들을 쉽사리 지나치게 과하게 가질 수도 있다. 노년기에 너그러이 용서가 되는 특성인 극도의 냉정함과 따분한 형식적 의례를 청년이 지닌다면 비웃음을 당한다. 청년이 빠져드는 경망스러움, 부주의, 허영심을 노인이 지닌다면 경멸을 받는다.

5

우리가 관습에 따라 각각의 신분과 직업에서 활용하도록 인도되는 고유한 성격과 태도들은 관습과 무관하게 어떠한 적정성을 지니는 경우가 때때로 있다. 그리고 만일 우리가 각자 다른 생활형편에 있는 사람들에게 자연히 영향을 미치는 모든 상이한 사정을 고려한다면, 이 고유한 성격과 태도는 그 자체로서 당연히 승인해야만 하는 것들이다.

어떤 사람의 행위의 적정성은 그의 상황 가운데 어느 하나의 여건에 대한 그 행위의 적합성에 의존하는 것이 아니라, 그의 사정을 우리 자신의 상황처럼 진지하게 고려할 때 우리가 생각하기에 자연히 그의 관심을 끌 수밖에 없는 모든 여건에 대한 그 적합성에 의존한다. 만일 그가 모든 여건 가운데 나머지를 완전히 소홀히 할 정도로 어느 하나에만 매우 지나치게 몰입하는 듯하면, 우리는 그의 행동을 완전히 동조할 수 없는 어떤 것으로서 부인한다. 왜냐하면 그의 행동은 자신의 상황이 처한 모든 여건에 대해 적절히 조정되어 있지 않기 때문이다. 그렇지만 아마도 그의 주요한 관심을 끄는 대상에 대해 그가 표현하는 정서는, 주의력이 다른 어떤 요소에 지향될 필요가 없는 하나의 여건에서는 우리가 전적으로 동감하고 승인해야만 하는 수준을 넘어서지 않을 것이다.

어느 부모가 사생활 가운데 외아들을 잃는다면 어느 정도의 비애와 나약함을 표현하는 것에 어떠한 비난도 있을 것 같지 않다. 그러나 군대의 선봉에 선 어느 장군에게 그의 주의력의 아주 큰 부분이 영예와 국가의 안전보장을 위해서 요청되고 있는 마당에 이러한 비애와 나약함이 표현된다면 그의 행동은 용서받지 못할 것이다. 일상적으로 서로 다른 대상이 서로 다른 직업을 가진 사람들의 주의를 각각 다르게 끄는 것처럼, 서로 다른 열정이 자연스럽게 그들에게 습관적이 된다는 것은 당연하다.

그리고 우리가 이러한 특수한 측면에서 그들의 처지를 우리 자신의 상황처럼 진지하게 고려할 때, 모든 사건은 이것이 야기하는 정서가 마음의 고정된 습관 및 기질과 일치 또는 불일치하는지에 부응해서 그들에게 많든 적든 영향을 미친다는 점을 알아야만 한다.

우리는 장교에게서 기대하는 것과 동일한 정도로 인생의 쾌활한 즐거움과 오락에 대한 감수성을 목사에게서 기대할 수는 없다. 세상 사람들에게 그들을 기다리는 저 무시무시한 내세가 있음을 유념시키는 것을 자신의 고유직무로 하는 사람, 의무의 규칙에 대한 모든 일탈이 초래하는 치명적인 결과들이 무엇인가를 공표해야만 하는 사람, 그리고 스스로 가장 엄밀한 준수의 본보기를 보여야 하는 사람이 복음소식의 전달자인 듯한데, 이러한 소식은 경망스러움과 무관심을 가지고서는 적절하게 전달될 수 없다. 그의 마음은 매우 웅장하고 엄숙한 것으로 부단히 가득 차 있어서 방탕하고 방종한 사람들의 주의를 사로잡는 그런 사소한 대상물에 대한 감명을 위한 여지를 남기지 않는다고 생각된다.

그러므로 우리는, 관습의 영향과는 별개로, 관습이 이 직업에 할당해왔던 태도에 어떤 적정성이 존재하고 있으며, 목사의 성격에 대해서는 그의 행위 가운데서 우리가 습관적으로 기대하고 있는 그 엄숙하고 엄격하며 몰입하는 맹렬함보다 더욱 적절한 성격은 없다는 점을 쉽게 느낀다. 이러한 성찰들은 아주 명백하기 때문에, 어느 때든지 그러한 성찰을 한 적이 없거나, 이러한 목사 계층의 일상적 성격에 관한 승인을 스스로에게 이런 식으로 설명한 적이 없을 정도로 그렇게 무분별한 사람은 거의 없다.

6

그 밖의 다른 직업의 관습적인 성격의 기초는 그리 명백하지 않으며, 그 성격에 대한 우리의 승인은 이상과 같은 유형의 성찰로서 확인되거나 고무되지 않고 전적으로 습관에 기초하고 있다. 예를 들면 우리는 관습에 의해 어느 정도의 방탕한 성격뿐만 아니라 활달함, 경망스러움, 씩씩함과 자유분방함이라는 성격을 군사적 직업에 부여한다. 그런데 만일 우리가 어떤 분위기나 어떤 기질이 이런 상황에 가장 적합한가를 고려한다면, 아마 자신의 생명이 끊임없이 두드러진 위험에 노출되어 있고, 따라서 다른 어느 누구보다도 훨씬 더 부단히 죽음과 그 결과에 대한 생각으로 지배되고 있는 그런 사람들에게 가장 진지하고 신중한 마음의 성향이 최적으로 어울린다고 단정하기 쉽다. 그러나 바로 이러한 상황을 살펴보면, 왜 정반대의 마음의 성향이 이런 직업의 종사자 가운데 우위를 차지하고 있는가를 이해하는 계기가 될 것 같다.

꾸준하고 주의 깊게 조사해보면, 죽음의 공포를 극복하는 것에는 대단한 노력이 요구되기 때문에, 이것에 끊임없이 노출되어 있는 사람들은 자신들의 생각을 죽음의 공포로부터 완전히 다른 데로 돌리고, 스스로를 속편한 안도감과 무관심으로 감싸고, 그리고 이러한 목적을 위해 모든 종류의 오락과 방탕에 빠지는 것이 훨씬 더 마음이 편하다고 생각한다. 군대생활은 신중하거나 우울한 사람이 활동할 수 있는 영역이 아니다. 사실 이러한 성향의 사람은 종종 결단력을 충분히 다진 후, 엄청난 노력을 통해 확고한 결의를 가지고 피할 도리가 없는 죽음에 맞설 수 있다.

그러나 그리 긴박하지는 않지만 지속적인 위험에 노출되고 있는 것, 오랜 기간 일정 정도 이러한 노력을 계속할 수밖에 없다는 것은 사람의 마음을 소진시키고 낙담하게 만들며, 어떠한 행복과 쾌락도 느낄 수 없게 만든다. 아무런 노력도 하지 않고, 앞으로 닥칠 일을 전혀 생각하지 않기로 어지간히 결심하며, 다만 끊임없는 즐거움과 오락에 빠져 모든 근심을 잊어버리고자 하는 활달하고 속이 편한 사람들이 훨씬 더 쉽게 그러한 상황을 버텨낸다.

무언가 이례적인 사정들 때문에 어느 장교가 두드러진 위험에 노출되리라는 기대를 할 이유가 없을 때에는 언제나 자신의 성격의 활달함과 방탕적인 무심함을 잃기가 매우 쉽다. 도시 수비대의 지휘관은 흔히 그의 동포시민들만큼이나 냉철하고, 주의 깊고, 극히 인색한 그런 사람이다.

똑같은 이유로, 평화가 오래 지속되면 시민과 군인의 성격 차이는 매우 쉽게 줄어든다. 그렇지만 이 직업군의 사람들의 일상적인 상황은 활달함과 어느 정도의 방탕함을 아주 큰 정도로 그들의 일반적인 성격으로 만든다. 그리고 우리의 상상 가운데 관습은 이러한 성격을 그 생활상태와 매우 강하게 연결시켰기 때문에, 우리는 독특한 기질이나 상황 때문에 그러한 성격을 가질 수가 없는 사람을 경멸하기가 매우 쉽다.

우리는 도시 수비대원의 엄숙하고 신중한 표정을 보고 웃게 된다. 그들의 표정이 그 직업 종사자들의 표정과는 거의 닮지 않았기 때문이다. 군인들은 종종 자신들의 태도가 드러내는 규칙성을 창피하게 여기는 듯하며, 그들 나름의 직업적 유행에 뒤지지 않기 위해서 그들에게 결코 자연스럽지 않은 경망스러움을 보이기를 좋아한다.

어떤 존경할 만한 계층에서 우리가 익숙하게 관찰해왔던 태도는 그것이 무엇이든 간에 우리의 상상 가운데 그 계층과 그렇게 연계되어 있어서, 우리는 그 계층의 하나의 태도를 보게 되면 언제나 또 다른 태도를 접할 것이라고 기대한다.

그렇지만 이러한 기대가 어긋났을 때 우리는 발견할 것이라고 예상한 어떤 것을 놓치고 섭섭하게 생각한다. 우리가 일정한 경향에 따라 분류하고자 했던 성격의 유형과 서로 다른 유형에 속하는 것이 분명하게 느껴지는 성격을 어떻게 다루어야 하는가에 대해 알지 못해 당혹감을 느끼고 어쩔 줄 몰라한다.

7

이와 마찬가지로 서로 다른 시대와 국가의 서로 다른 상황들도 그곳에 사는 대다수의 사람들에게 서로 다른 성격을 부여하기 쉽다. 그러므로 비난받을 만한 또는 칭찬받을 만한 자질의 특정한 정도에 관한 감정들은 각자 국가와 시대에 존재하는 그런 일반적인 정도에 따라 변화한다.

러시아에서 높은 존경을 받을 수 있고, 아마도 여성적인 아첨으로 간주될 법한 정중함의 정도도 프랑스의 궁정에서는 무례와 야만으로 간주될 것이다. 폴란드의 귀족 사이에서는 과도한 인색이라고 판단되는 정상적 생활과 절약의 정도도 암스테르담 시민들에게는 낭비로 간주될 것이다.

모든 시대와 국가에서는 자신들 사이에서 존경받고 있는 사람들에게 흔히 보게 되는 자질의 정도가 그 특정한 재능이나 덕목의 황금률이라고 간주된다. 그리고 서로 다른 환경이 사람들에게 서로 다른 자질을 많든 적든 어떤 식으로 습관적으로 익숙하게 만드는가에 상응하여 이러한 황금률은 변화하기 때문에, 성격과 행위의 정확한 적정성에 대한 감정도 이에 따라 변화한다.

8

문명화된 국민들 사이에서는 인간애에 기초한 덕목들이 자기부정과 열정의 통제에 기초한 덕성들에 비해서 한층 더 계발된다. 무례하고 야만적인 국민들 사이에서는 사정이 아주 다르며, 자기부정의 덕목들이 인간애의 덕목들보다도 훨씬 더 계발된다. 예의범절과 정중함의 시대에 우세한 일반적인 안전과 행복이 존재하게 되면 위험을 경시하고 도전하는 기회나, 노동, 허기, 고통을 감내하는 인내를 체험할 기회가 거의 주어지지 않는다. 빈곤은 쉽사리 모면될 수 있고, 따라서 빈곤을 경시하는 것이 더 이상 덕목이 되지 않는다. 쾌락의 절제는 한층 덜 요구되고, 마음은 스스로 느긋해져서, 모든 구체적 측면에서 자연적 성향에 몰입하는 데 더 자유로워진다.

9

미개인과 야만인 사이에서의 사정은 전혀 다르다. 모든 야만인은 일종의 스파르타식 훈련을 경험하게 되고, 그들이 직면한 상황의 필요성 때문에 모든 종류의 고난에 익숙해져 있다. 그는 지속적인 위험에 처해 있으며, 때때로 극도의 기아에 노출되거나 순전히 식량이 부족하여 사망하는 경우도 종종 있다.

그의 주변 환경은 그로 하여금 모든 종류의 고난에 습관적으로 익숙하게 만들 뿐 아니라, 그 고난이 야기하기 쉬운 어떤 열정에 대해서도 굴복하지 말도록 가르친다. 그는 자신의 동포들에게선 그러한 나약함에 대해 어떠한 동감이나 관용도 기대할 수 없다. 우리가 다른 사람들에 대해 많은 것을 느낄 수 있기 전에, 우리 자신이 반드시 어느 정도 편안해져야만 한다. 만일 우리 자신의 곤궁이 우리를 매우 심하게 쪼들리게 하면 우리는 이웃의 곤궁에 관심을 가질 여유를 갖지 못한다.

모든 미개인은 그들 자신의 결핍과 필요에 대한 생각으로 꽉 차 있기 때문에, 다른 사람들의 결핍과 필요에 충분한 주의를 기울일 여유가 없다. 따라서 미개인은 고난의 특성이 무엇이든 간에 이 고난에 대해 주위 사람들에게서 아무런 동감도 기대하지 않으며, 이 때문에 자기의 나약함을 거의 드러내지 않을 정도로 자신의 감정이 노출되는 것을 혐오한다.

그의 열정들이 아무리 맹렬하고 난폭하더라도 이것들이 그의 안색의 침착함이나 그의 행위의 평정을 혼란시키는 것은 결코 허용되지 않는다. 우리가 듣기에, 북아메리카의 미개인들은 어느 경우든지 극도로 냉담한 체하며, 만일 그들이 어느 측면에서나 애정, 비애, 분개심에 압도당한 듯이 보인다면, 스스로 품위가 없는 것으로 생각한다. 이런 측면에서 그들의 큰 도량과 자기통제는 유럽인들이 가진 관념을 거의 뛰어넘는다.

신분과 재산 면에서 모든 사람이 동일한 수준에 있는 나라에서는 두 당사자의 상호 애정이 결혼할 때 고려되어야 할 유일한 요인이며, 어떠한 통제가 없어도 만족될 것이라고 기대될지도 모른다. 그러나 이런 나라에서의 모든 결혼은 예외 없이 부모의 결정으로 정해진다. 그리고 만일 어느 청년이 어떤 여성을 다른 여성보다 더 좋아한다는 점을 아주 조금이라도 드러내거나, 어느 시기, 어느 인물과 결혼해야 할지에 관해 가장 완벽한 무관심을 표명하지 않는다면, 그는 스스로 명예를 더럽혔다고 생각한다.

인간에와 정중함이 존중되는 시대에 상당히 누리게 되는 애정에 대한 탐닉은 미개인들 사이에서는 가장 용서받지 못할 나약함으로 간주된다. 심지어 결혼한 후에조차 두 당사자는 본능적인 필요에 기초한 관계를 부끄럽게 여기는 듯하다. 그들은 함께 살지 않는다. 그들은 남의 눈을 피해 서로 만날 뿐이다. 그들은 모두 각자의 아버지 집에서 계속해서 거주한다. 그리고 다른 모든 나라에서는 비난받지 않고 허용되고 있는 남녀의 공공연한 동거생활은 여기에서는 가장 꼴사납고 가장 남자답지 않은 호색으로 간주된다. 그들이 이러한 절대적인 자기통제를 행사하는 것은 이러한 유쾌한 열정에 대해서만이 아니다. 그들은 때때로 자신의 모든 동포가 지켜보고 있는 곳에서 가장 무감각한 표정으로, 어떠한 분개심도 표출하지 않고 침해, 비난, 가장 상스러운 모욕도 참아낸다.

어느 미개인이 전쟁포로가 되어 흔히 하는 대로 정복자들에게 사형선고를 받는 경우에, 그는 아무런 감정도 드러내지 않고 그것을 듣는다. 그리고 그는 그 후에도 비탄에 빠지지 않고 적들에 대한 경멸 이외에는 어떠한 열정도 드러내지 않고 무시무시한 고문을 받는다. 그가 약한 불 위에 거꾸로 매달려 있는 동안, 그는 자신을 고문하는 사람들을 조롱하고, 자신의 손에 잡힌 그들의 동포들을 얼마나 교묘한 방법으로 자신이 고문했던가를 말해준다. 그가 수시간 동안 그을리고, 태워지고 그리고 육체의 가장 연약하고 민감한 모든 부분에 깊은 상처를 입은 후, 그는 불행을 연장시키기 위한 짧은 휴식을 종종 허락받고 화형 기둥에서 끌어내려진다.

그는 이 휴식시간을 여러 평범한 주제에 대해 이야기하는 데 활용하고, 그 나라의 새로운 소식을 물으며, 자신이 처한 상황은 전혀 개의치 않는 것처럼 보인다. 관중들도 이와 동일한 무감각을 표현한다. 이처럼 무서운 대상을 보는 것이 그들에게 어떠한 인상도 주지 않는 것처럼 보인다. 그들은 고문하기 위해 손을 내밀 때를 제외하고는 그 죄수를 거의 쳐다보지 않는다. 다른 경우에는 그들은 담배를 피우며, 마치 그러한 고문이 행해지지 않은 것처럼 평범한 주제로 이야기를 나누며 즐긴다.

모든 미개인은 아주 이른 유년기부터 이와 같은 무시무시한 종말을 위해 스스로 준비하고 있다고 전해진다. 그들은 이 목적을 위해서 소위 죽음의 노래를 작곡하는데, 이것은 자신이 적들의 손에 잡혀서 이들이 가하는 고문을 받으면서 목숨을 거둘 때 부르려고 하는 노래다. 이것은 고문하는 사람들에 대한 모욕으로 구성되어 있으며, 죽음과 고통에 대한 최고의 경멸을 표현한다. 그는 이 노래를 모든 특별한 경우에, 즉 그가 전쟁터에 나갈 때, 전장에서 적과 부딪쳤을 때, 자신의 상상력이 가장 무시무시한 불행에 대해 익숙해져 있으며, 인간사의 어떤 큰 사건도 그의 결의를 꺾거나 그의 목적을 바꿀 수 없음을 드러내고자 하는 생각을 가질 때마다 부른다.

죽음과 고문에 대한 이와 같은 경멸은 다른 모든 미개국민 사이에서도 마찬가지로 우세하다. 아프리카의 해안에서 끌려온 흑인 가운데는 탐욕스런 주인의 영혼이 이런 측면에서 종종 거의 상상조차 할 수 없는 그런 일정한 도량을 소유하지 못한 흑인은 하나도 없다. 운명의 여신이 영웅적인 저 국민들을 유럽에서의 수감생활로부터 도피한 자들의 노예로 삼았을 때보다 더 잔혹하게 인류에 대한 그녀의 지배를 행사한 적은 결코 없었다. 이 불한당들은 자기 고국의 덕목도, 그들이 수탈하러 갔던 나라의 덕목도 전혀 소유하지 않은 사람들이었으며, 그들의 경망스러움, 잔혹성, 천박성 때문에 피정복자들의 경멸을 받는 것이 아주 합당한 철면피들이었다.

10

미개한 국가의 관습과 교육이 모든 미개인에게 요구하는 이러한 영웅적이고 불굴의 확고함은 문명사회에서 양육되어 살고 있는 사람들에게는 요구되지 않는다. 설령 문명사회의 사람들이 고통을 느낄 때 푸념하더라도, 곤경에 빠졌을 때 몹시 슬퍼하더라도, 사랑에 압도당하거나 분노로 심란하게 되더라도, 그들은 쉽게 용서된다. 이러한 약점이 그들이 지닌 성격의 본질적인 부분에 영향을 미친다고는 이해되지 않는다. 그들이 스스로 정의나 인간애에 반하는 어떤 행위를 하도록 내버려두지 않는 한, 설령 그들의 안색의 평온함이나 그들의 언행의 차분함이 다소 헝클어지고 교란된다고 해도, 그들이 잃는 것은 미미한 정도의 평판에 불과하다.

다른 사람들의 열정에 관한 한층 더 예민한 감수성을 지니면서 인정 많고 교양 있는 사람들은 생기발랄하고 열정적인 행동에 좀더 쉽게 공감할 수 있으며, 약간 과도한 행동도 좀더 쉽게 용서할 수 있다. 행위 당사자도 이 점을 알고 있기 때문에, 자신의 재판관들이 취할 공평성을 확신하면서 더욱 강한 열정의 표현에 빠지며, 자신의 정서의 격렬함에 의해서 경멸에 노출되는 것을 덜 두려워하게 된다.

우리들은 낯선 사람이 지켜보는 때보다는 친구가 지켜보는 때에 더 많은 정서를 과감하게 표현할 수 있다. 이는 우리가 전자에게보다는 후자에게 더 큰 관대함을 기대할 수 있기 때문이다.

이와 마찬가지로 문명화된 국민들 사이의 예의범절의 규칙은 야만인들 사이에서 승인되고 있는 것에 비해서 한층 더 생기발랄한 행동을 허용한다. 전자는 친구들의 솔직함과 이야기를 나누지만, 후자는 낯선 사람의 신중함과 이야기를 나눈다.

대륙에서 가장 교양 있는 두 국민인 프랑스인과 이탈리아인이 흥미로운 사안에 대해 자기 생각을 표현할 때의 정서와 활기는 우연히 두 나라를 여행하게 되는 국외자들에게 처음에는 놀라움을 느끼게 한다. 만일 이 방문객들이 조금은 감수성이 둔감한 사람들 사이에서 양육되었다면, 그들은 자신들의 모국에서는 어떠한 사례도 결코 보지 못했던 이러한 열정적인 행동에 공감할 수 없을 것이다.

어떤 프랑스 청년 귀족은 궁정에서 전체 조신들이 배알한 가운데 연대 배속을 거부당하는 순간 눈물을 흘리며 애통해할 것이다.[9] 대수도원장인 뒤보스에 따르면, 이탈리아인은 20실링의 벌금형을 받았을 때 영국인이 사형선고를 받았을 때보다도 더 많은 정서를 표현한다.[10]

로마의 정중함이 최고도에 달한 시대를 보낸 키케로는 원로원 및 시민 전체가 지켜보는 앞에서 자신의 품위를 떨어뜨리지 않고서도

---

9) 오이겐 공(Prince Eugene of Savoy, 1663~1736)은 프랑스 태생의 귀족 자제로서 오스트리아 신성로마제국의 군대에서 복무했으며 근대 유럽의 역사에서 가장 위대한 군인 가운데 하나로 꼽힌다. 오이겐 공은 파리와 베르사유 궁정에서 성장했으나 루이 14세의 혼외 자식이라는 소문으로 불우한 어린 시절을 보냈다. 결국 이 때문에 1683년 루이 14세는 궁정에서 그의 군대복무 청원을 거부하고 프랑스 군대의 연대 지휘권을 수여하지 않았다(17~18세기 유럽의 군대편제는 독립사업체 형식인 연대 중심이었으며, 귀족만이 장교로 임명될 수 있었다). 이후 그는 프랑스를 완전히 떠나서 오스트리아 레오폴트 1세의 군대에 입대했다. 그는 오스만튀르크에 맞선 여러 전투, 신성동맹전쟁, 9년전쟁 등에서 승전보를 보냈으며, 특히 스페인 왕위계승전쟁에서는 프랑스를 상대로 완벽한 승리를 거두기도 했다.

10) 뒤보스(Jean-Baptiste Dubos, 1670~1742)는 프랑스의 역사가이자 미학자다. 그는 미적 판단에서 감정의 역할을 극단적으로 중시했으며 예술을 규칙의 형상화가 아니라 관심을 끄는 인위적 열정을 창조하는 것이라고 하여 주정주의(主情主義) 미학을 전개했다. 또한 개별적인 예술 작품은 물질(풍토, 동물적 정기 등)과 정신(정치와 경제 포함) 같은 여러 환경 요인에 의해 규정된다고 하는 예술상대주의를 진전시켰다. 그의 주저인 『시와 회화에 관한 비판적 고찰』(Réflexions critiques sur la poésie et sur la peinture, 1719)은 이러한 그의 미학을 잘 드러내며, 나라별로 국민성의 차이가 있다는 논점도 포함하고 있다.

비애로 무척 괴로운 나머지 눈물을 흘릴 수 있었다. 분명히 알 수 있듯이, 그는 거의 모든 연설의 말미에 그렇게 눈물을 흘렸음에 틀림없다. 그러나 로마 초기 내지는 좀더 세련되지 못한 시기의 연설가들은 아마 그 시대의 예의범절에 부합하면서 그렇게 풍부한 정서를 통해 자신의 생각을 표현할 수는 없었을 것이다. 내가 추측건대, 스키피오의 시대, 라일리우스의 시대, 대(大) 카토의 시대에는 대중이 지켜보는 가운데 그렇듯 심하게 예민한 감수성을 노출하는 것은 인간의 본성과 적정성을 위반하는 것으로 간주되었을 것이다.[11)

저 고대의 전사들은 정연함, 위엄, 훌륭한 판단력을 가지고 자신의 생각을 표현할 수 있었다. 그러나 그들은 키케로가 출생하기 수년 전에 그라쿠스 형제, 크라수스, 술피키우스가 로마에 처음으로 도입한 그 숭고하고 열정적인 웅변에 대해서는 문외한이었다고 전해진다.[12)

---

11) 스키피오 시대의 가장 걸출한 인물들은 스키피오 아프리카누스(Publius Cornelius Scipio Africanus, BC 236~BC 184/3)와 그의 손자이자 근엄한 성품으로 유명했던 스키피오 아이밀리아누스(Publius Cornelius Scipio Aemilianus Numantinus, BC 185/4~BC 129)다. 라일리우스 가문에서 가이우스 라일리우스(Gaius Laelius)는 스키피오 아프리카누스의 친구다. 그의 아들인 라일리우스 사피엔스(Gaius Laelius Sapiens)는 키케로의 『우정에 대해』(De Amicitia)의 주인공이고, 스키피오 아이밀리아누스의 친구이기도 하다. 카토 가문으로는 라틴어 산문작가인 대 카토, 즉 마르쿠스 포르시우스 카토(Marcus Porcius Cato, BC 234~BC 149)가 있다. 그는 집정관을 거쳐 기원전 184년에 감찰관으로 선출되었는데, 불굴의 엄격한 정신력에 기초한 직무 수행 때문에 '감찰관 카토'로 널리 불렸다.

12) 스키피오 아프리카누스의 외손자인 그라쿠스 형제, 즉 티베루스 셈프로니우스 그라쿠스(Tiberius Sempronius Gracchus, BC 133년 호민관) 및 동생 가이우스(Gaius Sempronius Gracchus, BC 123~122년 호민관), 루시우스 리키니우스 크라수스(Lucius Licinius Crassus, BC 140~BC 91), 푸블리우스 술피키우스 루푸스(Publius Sulpicius Rufus, BC 124경~BC 88)는 모두 『브루투스』(Brutus)에서 키케로의 초기 웅변가에 관한 설명에 등장한다. 키케로에 따르면, 크라수스의 웅변 스타일이 지닌 장중함은 특히 존경할 만하며, 크라수스를 모델로 삼아 실천한 술피키우스는 장엄체 웅변술에 관한 최고

이 생기발랄한 웅변술은 성공 여부와 관계없이 프랑스와 이탈리아에서 오랫동안 실행되어왔고, 이제 영국에 도입되기 시작하고 있다. 문명화된 국민들과 야만적인 국민들 사이에 요구되는 자기통제의 정도의 차이는 이처럼 폭이 큰 것이고, 이러한 서로 다른 기준에 의해 그들은 행동의 적정성에 대해 판단한다.

11

이러한 차이는 특성상 좀 덜 중요하지 않은 다른 많은 차이를 야기한다. 문명화된 사람들은 인간 본성의 움직임에 어느 정도 양보하는데 익숙해져 있기 때문에, 이러한 민족은 솔직하고 숨김이 없으며 진실하다. 반대로 야만인은 모든 열정의 표현을 억제하고 은폐하지 않을 수 없기 때문에 필연적으로 기만과 위선의 습관을 획득한다.

아시아, 아프리카 또는 아메리카의 미개한 민족들의 사정에 정통한 사람들의 관찰에 따르면, 그들의 마음은 모두 똑같이 헤아릴 수 없으며, 그들이 진실을 감추려는 마음을 가졌을 때에는 무슨 방법으로 조사해도 진실을 이야기하게 할 수 없다. 그들은 가장 교묘한 질문을 통해 실토하도록 유인할 수 없다. 고문 자체도 그들이 말할 마음이 없는 어떤 것을 고백하도록 할 수는 없다. 미개인의 열정들은 비록 표면상의 정서로 결코 표현되지 않고 고통받는 사람의 마음속에 감추어져 있더라도, 그래도 이것들 모두 마찬가지로 최고조의 격정에까지 달한다. 비록 그가 분노의 어떤 징후를 보이는 경우는 드물지만, 그가 인내심을 잃고 복수를 하게 될 때 이는 항상 포악하고 무시무시하다. 최소한의 무례한 언동도 그를 절망으로 몰고 간다.

그의 용모와 말투는 정말로 늘 냉정하고 차분하며, 마음의 가장 완

─────────────

의 사례다.

벽한 평정 이외에는 어떤 것도 표현하지 않는다. 그렇지만 그의 행동은 종종 가장 격렬하고 난폭하다. 북아메리카인들 사이에서는 가장 감수성이 예민한 연령대에 있고 무서움을 더 느끼는 여성들이 어머니들에게 단지 가벼운 야단을 맞았다는 이유로 물에 빠져 자살하는 일이 드물지 않다. 게다가 이러한 식의 자살에는 아무런 감정 표현도 없거나, "당신의 딸은 더 이상 여기 없을 겁니다"라는 표현 이외에는 아무 말도 남기지 않는다.

문명화된 국민들 사이에서는 사람들의 열정이 보통 그렇게 격렬하거나 자포자기식은 아니다. 그들의 열정은 종종 떠들썩하고 요란하지만, 매우 유해한 경우는 거의 없다. 그리고 이것들은 그들이 그리 깊게 감동한 내용이 올바르다는 점을 관찰자에게 확신시키고, 그의 동감과 승인을 얻으려는 목적 이외에 다른 어떤 만족을 의도하지 않는 것으로 보이는 경우가 빈번하다.

12

그렇지만 관습과 유행이 인류의 도덕감정에 미치는 이러한 여러 효과는 그것들이 일부 다른 경우에 야기하는 효과와 비교해보면 대수롭지 않은 것이다. 그리고 이러한 원리들이 판단을 가장 크게 왜곡시키는 것은 성격 및 행위의 일반 양식에 관해서가 아니라 특정 풍습의 적정성과 부적정성에 관해서다.

13

관습은 서로 다른 직업과 생활상태에 부응하여 각각 서로 다른 풍습을 승인하도록 우리에게 가르치고 있다. 하지만 이러한 서로 다른 풍습이 가장 중요한 상황에 영향을 미치지는 않는다. 우리는 청년뿐만 아니라 노인에게서도, 장교뿐만 아니라 목사에게서도 진리와 정의를 기대한다. 그리고 단지 사소한 일들의 경우에서만 우리는 그들 각자의 성격에 관한 특징적인 증표를 찾는다.

그런데 이러한 사소한 일에 관해서 종종 주목되지 못한 사실이 보여주는 것은, 주의를 기울여보면, 관습의 영향과는 별개로 관습이 각각의 직업에 부여하도록 가르쳤던 그 특성 가운데에 어떤 적정성이 존재하고 있다는 것이다. 그러므로 이 경우에는 우리는 자연적 감정의 왜곡이 매우 크다고 불평할 수 없다. 비록 서로 다른 국민들의 풍습은 그들이 존경할 만한 가치가 있다고 생각하는 성격 가운데 동일한 자질에 대해서도 서로 다른 수준을 요구하고 있지만, 심지어 여기서조차 벌어지고 있다고 말할 수 있는 최악의 사태는 한 가지 덕목의 의무들이 일부 다른 덕목의 영역을 약간 침해할 정도로 때때로 확대된다는 점이다.

폴란드 사람들 사이에서 유행하는 소박하지만 푸짐한 대접은 아마 검약과 선량한 질서를 다소 침해할 것이다. 네덜란드에서 존중되고 있는 절약은 관대함과 원만한 대인관계를 침해할 것이다. 미개인들에게 요구되는 인내력은 그들의 인간애를 손상시키고, 문명화된 국민들에게 요구되는 섬세한 감수성은 아마 성격상의 남성적인 견고함을 때때로 파괴한다.

일반적으로 모든 국민 사이에 나타나는 풍습의 양식은 전체적으로 볼 때 그 국민이 처한 상황에 가장 적합한 특성이라고 흔히 말할 수 있다. 인내력은 미개인들의 사정에 가장 적합한 성격이며, 감수성은 아주 문명화된 사회에 살고 있는 사람들의 사정에 가장 적합한 성격이다. 따라서 여기서조차 우리는 사람들의 도덕감정이 매우 철저하게 왜곡되어 있다고 불평할 수 없다.

14

그러므로 관습이 행동의 자연적 적정성의 기준점으로부터 가장 멀리 이탈하는 행위조차 정당하다고 인정하는 것은 성격 및 행위의 일반 양식에 대해서가 아니다. 특정의 풍습들에 관해 관습의 영향이 선량한 도덕에 대해서 훨씬 더 파괴적인 경우가 종종 있다. 관습은 옳고 그름에 관한 가장 명백한 원리와 격돌하는 특정한 행동을 합법적이고 비난할 여지가 없는 것으로 규정할 수 있다.

15

예를 들면 유아를 해치는 것보다 한층 더 심한 잔인한 행위가 있을 수 있는가? 유아의 무력함, 천진무구함, 사랑스러움은 심지어 적의 동정을 유발하기까지 한다. 따라서 그런 연약한 시기의 아이에게 위해를 가하는 것은 격노하고 잔인한 정복자의 가장 격렬한 행위로 간주된다. 그렇다면 격분한 적조차도 침해하기를 두려워하는 그 연약한 유아를 해칠 수 있는 부모의 마음이란 도대체 어떤 것인지에 대해 우리는 상상해야 하는가?

그러나 유기, 즉 영아의 살해는 그리스의 거의 모든 도시국가에서, 심지어 가장 예의바르고 문명화한 아테네인들 사이에서도 허용된 하나의 풍습이었다. 부모의 사정 때문에 아이의 양육이 불편할 때에는 언제나 기아 상태로 방치하거나 야수의 먹이로 내어주는 것은 비난이나 책망을 받지 않았다. 이 풍습은 아마 가장 미개한 야만행위의 시대에서 비롯되었을 것이다. 사람들은 상상력을 통해 처음에는 사회의 가장 초기에 벌어진 그 풍속에 친숙해졌고, 나중에는 관습이 불변으로 지속되었기 때문에 그 잔학성을 인식하지 못했다.

우리는 오늘날 이 풍속이 모든 미개한 민족 사이에서 우세하게 나타나고 있음을 알게 된다. 이 풍속이 다른 어느 단계보다도 사회발전상 가장 미개하고 낮은 단계에서 한층 더 용인될 수 있다는 것에는 의심할 여지가 없다. 미개인은 종종 그러한 극도의 궁핍에 처하기 때문에 그 스스로가 가장 극심한 기아에 빈번하게 노출됨으로써 순전히 식량이 부족하여 죽게 되고, 자신과 어린아이를 모두 부양하는 것이 불가능한 경우가 흔하다. 그러므로 이러한 경우에는 우리는 그가 어린아이를 방치해야만 하는 사실에 의아해할 수는 없다.

맞서 대응하는 것이 불가능한 적으로부터 도피할 때 그의 도피를 방해하기 때문에 자신의 어린아이를 내버려야만 하는 사람은 용납될 것임이 분명하다. 왜냐하면 어린아이를 구하려는 노력을 통해 그가 희망할 수 있는 것은 단지 아이와 함께 죽는다는 위안일 뿐일 수 있기 때문이다. 그러므로 사회의 이러한 상태에서 부모가 아이를 양육할 수 있을지의 여부를 판단하는 것이 허용되는 상황 때문에 우리가 크게 놀랄 수는 없다.

그러나 그리스의 후기 시대에서는 이와 동일한 풍습이 먼 장래의 이해나 편의성의 관점에서 허용되고 있었는데, 이는 결코 용납될 수 없는 것이다. 이 시기까지 지속된 관습이 철저히 그 풍습을 정당한 것으로 인정함으로써, 세간의 방종한 행동원칙이 이러한 야만적인 특권을 용인했을 뿐만 아니라, 심지어 더욱 공정하고 엄밀했어야만 하는 철학자의 학설조차도 기존의 관습에 이끌려, 다른 많은 경우처럼 이 경우에도 공익추구라는 당치 않은 배려에 의거하여 그 무시무시한 악습을 책망하는 대신에 지지했다.

아리스토텔레스는 이 풍속을 많은 경우에 위정자가 장려해야만 하는 정책으로 거론하고 있다. 인간애를 지닌 플라톤도 같은 견해를 가졌으며, 그의 모든 저작에 생기를 불어넣고 있는 것처럼 보이는 인류에 대한 애정이 있는데도, 이 풍속을 부인하는 표시가 그의 저술 어디에도 존재하지 않는다.[13)]

관습이 인간애에 대한 이러한 무시무시한 침해를 재가하는 것이 가능하다면, 관습이 정당한 것으로 인정할 수 없을 정도로 그리 잔혹한 특정의 관행이란 거의 없다고 우리가 상상하는 것이 충분히 가능하다. 그러한 일은 흔한 일이라고 사람들이 매일같이 말하는 것을 우리는 듣게 된다. 이때 그들은 이렇게 말하는 것이 가장 불공정하고 부당한 행위 그 자체에 대한 충분한 변호가 된다고 생각하는 듯하다.

16

관습이 특정의 풍습들의 적정성이나 불법성에 관한 우리의 감정을 왜곡하는 것과 같은 동일한 정도로, 품행과 행위의 일반 양식과 특성에 관한 우리의 감정을 당연히 결코 왜곡하지 못하는 어떤 명백한 이유가 있다. 그러한 관습은 결코 존재할 수 없다. 사람들의 품행과 행위의 일상적인 경향이 내가 방금 전에 언급한 무시무시한 풍습과 일치하는 사회는 한순간도 존재할 수 없다.

---

13) 이것은 아리스토텔레스의 『정치학』과 플라톤의 『국가론』에 나오는 내용이다.

제6부
덕성의 성격

"덕망 있는 사람만이 서로의 행위와 품행에 대해
그러한 완전한 신뢰를 느낄 수 있다.
이 때문에 그들은 언제나 불쾌하게 하거나
서로 마음 상하는 일이 없을 것임을 확신할 수 있다.
악덕은 늘 변화무쌍하지만, 미덕은 규칙적이고 질서정연하다.
미덕의 애호에 기초하고 있는 애착은
분명히 모든 애착 중에서 가장 덕망이 있다.
그러므로 그것은 가장 영구적이고 안정적일 뿐만 아니라
가장 행복한 애착이다."

서론

1

어떤 개인의 성격을 고찰할 때 우리는 자연히 그것을 두 가지 서로 다른 측면에서 관찰한다. 첫째는 그것이 그 개인 자신의 행복에 어떤 영향을 미치는가에 관해서, 둘째는 그것이 다른 사람들의 행복에 어떤 영향을 미치는가에 관해서 각각 관찰한다.

제1편 자기 자신의 행복에 영향을 미치는 개인의 성격 또는 신중

1

신체를 보존하고 그 건강한 상태를 유지하는 것이 자연이 모든 개인에게 가장 우선적으로 주의를 기울이도록 권고하는 목적인 듯하다. 굶주림과 갈증의 욕구, 기쁨과 고통 및 더위와 추위 때문에 느끼게 되는 유쾌함과 불쾌함 등은 자연의 음성으로 전달되는 여러 가르침으로 볼 수 있다. 이러한 것들은 모든 개인에게 그와 같은 목적을 위해 무엇을 선택해야만 하고 무엇을 회피해야만 하는가를 지시해준다. 유년기에 각 개인을 양육해준 사람들에게 배웠던 초기의 가르침들도 대부분 이와 동일한 목적에 이바지한다. 그 가르침의 중요한 목적은 각 개인을 위험에서 지켜주는 방법을 알려주는 것이다.

2

성장하는 과정에서 모든 개인은 그러한 자연적인 기갈의 욕구를 만족시키며 기쁨을 얻고 고통을 피하거나, 더위와 추위에 대응하여 쾌적한 온도를 확보하고 불쾌한 온도를 회피하기 위한 수단을 마련하기 위해서 어떤 주의와 통찰이 요구되는지를 바로 습득하게 된다. 이른바 개개인의 외형적 재산을 확보하고 증식시키는 기술은 바로 이러한 주의와 통찰을 적절히 관리하는 데 있다.

3

외형적 재산의 편익이 우리에게 본래 권장되는 이유는 그것이 신체상으로 요구되는 필수품 및 편의품을 제공하기 때문이다. 그렇지만 삶을 영위하고 있는 사회에서 동료들의 존경, 우리의 신용과 지위가 그러한 외형적 재산의 편익을 우리가 소유하거나 소유하고 있다고 추정되는 정도에 대단히 크게 의존하고 있다는 점을 인식하지 않고서는 세상에서 오랫동안 살아갈 수 없다. 이러한 존경의 적절한 대상이 되고자 하는 욕구와 우리의 동료들 사이에서 이러한 신용과 지위를 받을 만한 자격을 갖추고 이를 획득하고자 하는 욕구는 아마도 우리의 모든 욕구 가운데 가장 강력할 것이다. 따라서 외형적 재산의 편익을 획득하려는 우리의 열망은 언제나 쉽사리 제공되는 신체상의 필수품과 편의품을 마련하려는 욕구보다는 바로 이러한 욕구에 의해서 훨씬 더 환기되고 자극된다.

4

동료들 사이에서 우리의 지위와 신용은 역시 우리의 성품과 행위에 크게 의존하거나 삶을 함께 영위하는 사람들이 이것들 때문에 자연스럽게 갖게 되는 신뢰, 존경, 호의에 매우 크게 의존한다. 아마도 덕망을 지닌 사람이라면 그러한 지위와 신용이 우리의 성품과 행위 때문에 이웃 사람들이 자연스럽게 갖게 되는 신뢰, 존경, 호의에 전적으로 의존하기를 희망할 것이다.

5

건강, 재산, 개인의 지위와 명성에 대한 고려, 즉 현세에서 개인의 안락과 행복이 주로 의존하게 되는 대상들에 대한 고려는 흔히 신중이라 불리는 덕목의 적절한 관심사로서 간주된다.

6

이미 지적한 바와 같이,[1] 우리가 더 나쁜 상태에서 더 나은 상태로 개선되었을 때 느끼는 즐거움보다는 이전보다 형편이 더 열악한 상황으로 전락했을 때 받는 고통이 더욱 크다. 따라서 안전은 신중이 관심을 갖는 제일의 주요한 목적이다. 그것은 우리의 건강, 재산, 지위 내지는 명성이 어떤 유형의 위험에 노출되는 것을 몹시 싫어한다. 그것은 모험적이기보다는 조심스러우며, 훨씬 더 큰 편익을 획득하도록 촉구하기보다는 이미 보유한 편익을 보전하기를 더 갈망한다. 그것이 주로 추천하는 재산 증식의 수단은 어떠한 손실이나 위험에 노출되지 않는 것이며, 사업이나 직업에서 진정한 지식과 기술을 구비하고, 그것을 실행하는 과정에서 진력과 근면, 모든 지출에서 검소심지어는 어느 정도의 인색함을 견지하는 것이다.

7

신중한 사람은 자신이 이해하고 있다고 공언한 내용은 그 무엇일지라도 다른 사람들에게 납득시키기 위해서뿐만 아니라, 자신이 이를 진정으로 이해하기 위해서 언제나 진지하고 성실하게 연구한다. 비록 그의 재능이 늘 훌륭한 것은 아니지만, 그것은 항상 완전히 가식이 없다. 그는 교활한 사기꾼의 간사한 계략이나, 주제넘은 현학자

1) 이 책 160쪽(8) 참조.

의 거만한 허풍, 하찮고 경솔한 위선자의 대담한 주장에 의해 여러분을 결코 속이려고 시도하지 않는다. 그는 자신이 진정으로 보유하고 있는 능력을 자랑해 보이지 않는다. 그의 대화는 단순하고 겸손하다. 그는 공중의 주목과 명성을 얻기 위해 다른 사람들이 그렇게 빈번히 활용하는 꺼림칙한 모든 기교를 몹시 싫어한다. 직업상 명성을 위해서 그는 자연스럽게 자신이 지닌 확고한 지식과 능력에 매우 크게 의존하는 경향이 있다.

그리고 그는 고급 예술이나 과학에서 종종 자신들을 가치의 최고의 심판자로서 격상시키고 서로의 재능과 덕목을 서로 칭송하면서, 자신들과 경쟁관계에 진입할 수 있는 것에 대해서는 그 무엇이든지 비방하는 것을 관심사로 하는 소집단과 파벌들의 편익 도모에 관해서는 언제나 관심이 없다. 만일 그가 이러한 유형의 어떤 단체와 관계를 맺고 있다면, 그것은 그가 대중을 속이기 위한 목적이 아니라 오히려 불이익을 당하더라도 그런 특수한 단체 또는 이와 유사한 종류의 단체가 아우성치거나 풍설을 퍼뜨리거나 음모를 꾸며서 공중을 속이려는 것을 방지하려는 자기방어에 있다.

8

신중한 사람은 언제나 성실하며, 허위가 발각될 때 입게 될 불명예를 생각하고 공포감을 느낀다. 그러나 항상 성실하다고 해서 그가 늘 솔직하고 개방된 것은 아니다. 그리고 그가 항상 진실이 아닌 어떤 것을 말하지 않는다고 해서, 적절한 상황이 아닌 경우에도, 언제나 모든 진실을 말할 의무가 있다고 생각하지 않는다. 그는 행동에서 조심성이 있는 것과 마찬가지로 언어 사용에서도 주의가 깊다. 그는 사물이나 인물에 관한 자신의 견해를 경솔하거나 불필요하게 결코 남에게 강요하지 않는다.

9

신중한 사람은, 설령 가장 섬세한 감수성으로 늘 두드러지지 않을 지라도, 언제나 돈독한 정도로 우정을 나눌 수 있다. 그러나 그의 우 정은 젊은 사람과 무경험자의 후한 마음에는 매우 즐거운 것처럼 보 이는 저 열렬하고 열정적인, 그러나 대개는 일시적일 수밖에 없는 애 정은 아니다. 그것은 많은 시련을 겪으며 정선된 몇몇 친구에게 지향 되는 차분하지만 견고하고 충실한 애착이다.

그는 친구를 선택하는 데서 화려한 업적의 경박한 칭찬에 의해서 가 아니라 겸손, 분별력, 선행에 대한 침착한 평가에 의해서 인도된 다. 그러나 그가 비록 우정이 돈독할지라도 언제나 사교성이 널리 충 만하지는 않다. 그는 희희낙락하는 대화 분위기가 두드러지는 친목 단체에는 거의 모습을 나타내지 않고, 더구나 이러한 단체에서 어떤 역할을 맡는 일은 더욱 하지 않는다. 그러한 단체들의 생활방식은 아마 매우 빈번하게 그의 절도 있는 규칙성과 그의 근면의 견고함에 지장을 줄 것이고, 그의 절약의 엄격성에도 방해가 될 것이다.

10

비록 그의 대화는 언제나 아주 활발하거나 재미있지는 않을지라 도, 거기에는 늘 기분이 거슬리는 것은 전혀 없다. 그는 성급한 언동 이나 무례한 행동으로 가책을 받는 그런 생각을 좋아하지 않는다. 그 는 누구에게도 무례한 태도를 보이지 않으며, 모든 일상적인 경우에 동료들 사이에서 윗자리보다는 아랫자리에 기꺼이 자기 자신을 배 치하려고 한다. 그는 행동이나 대화에서 예절을 정확히 준수하며, 종 교적 면밀함을 가지고 단체의 모든 확립된 예법과 의례를 존중한다. 이런 측면에서 그는 훨씬 더 뛰어난 재능과 덕성을 지닌 명사들이 종 종 보여주는 경우보다 한층 더 우수한 모범사례를 제시한다.

고금에 걸쳐 소크라테스와 아리스티포스의 시대로부터 스위프트와 볼테르의 시대에 이르기까지, 그리고 필립과 알렉산더 대왕의 시대로부터 피터대제(Czar Peter of Moscovy)의 시대에 이르기까지, 그들은 아주 자주 일상생활과 대화에서 통상의 예법을 극히 부적절하게, 심지어 건방질 정도로 경멸함으로써 나쁜 명성을 떨쳤다.[2]

그러므로 그들은 자신들을 닮으려고 하는 사람들, 그들처럼 완전한 경지에 이르려고 하는 시도조차 없이 그들의 어리석은 면모를 모방하는 것에 자족하는 사람들에게 매우 종종 가장 유해한 전례를 제시해왔다.

11

신중한 사람은 끊임없이 근면하고 검소하며, 좀더 먼 장래의, 그러나 더욱 오랜 기간 지속될 한층 더 큰 안락과 즐거움을 기대하면서 현재의 안락과 즐거움을 꾸준하게 희생한다는 점에서, 그는 공정한 관찰자와 그 대리자인 내면의 인간의 전적인 승인에 따라 완전히 지지와 보상을 받는다. 공정한 관찰자는 그 행동이 관찰되는 사람들이 쏟은 당면한 노고로 녹초가 되는 기분을 느끼지 않으며, 또한 현재적

---

2) 당시 키레네는 고대 그리스의 북아프리카 식민지 도시로서 현재 리비아에 위치하고 있다. 아리스티포스(Aristippus of Cyrene, BC 435~356)는 소크라테스의 제자 겸 동반자로서 적절한 자제력을 가지고 쾌락을 추구해야 한다는 철학을 지녔다. 그는 이름이 같은 손자가 공식화한 키레네학파의 철학, 즉 감각적이고 순간적인 쾌락의 탐닉을 가치 있는 목표로 삼는 쾌락주의(hedonism)의 창시자는 아니다. 한편 필립 2세(Philip)는 고대 그리스 마케도니아 왕으로서 기원전 359년부터 336년까지 통치했다. 필립 2세의 암살로 갑작스럽게 왕권을 물려받은 알렉산더 대왕(Alexander the Great)은 기원전 332년부터 323년까지 마케도니아 왕국을 통치했다. 그는 원정에 나서서 그리스, 페르시아, 이집트, 인도에 이르는 대제국을 건설하고, 그리스 문화와 오리엔트 문화를 융합시킨 새로운 헬레니즘 문화를 창출했다.

욕망의 절박한 간청에 따른 탄원을 전혀 느끼지 않는다.

공정한 관찰자에게는 그들의 현재 상황 및 다가오는 그들의 미래 상황이 아주 거의 동일하다. 그는 현재와 미래를 거의 동일한 거리에서 관찰하며, 이것들에 의해서 아주 거의 동일한 방식으로 영향을 받는다. 그러나 그 당사자들에게는 이것들은 결코 동일하지 않으며, 당연히 매우 다른 방식으로 그들에게 영향을 준다는 점을 공정한 관찰자는 알고 있다. 따라서 마치 공정한 관찰자가 현재 및 미래 상황에 무차별적으로 영향을 받는 것과 거의 동일하게 그 당사자들이 행동하도록 만들 수 있는 그런 자기통제의 적절한 발휘에 대해 공정한 관찰자는 승인하거나, 심지어 갈채를 보내지 않을 수 없다.

12

자신의 소득범위 내에서 생활하는 사람은 비록 모으는 돈이 적을지라도 지속적으로 재산이 축적되어 날마다 점점 개선되는 자신의 상황에 자연히 만족감을 느낀다. 그는 가혹한 절약과 엄격한 근면으로부터 점차 긴장을 풀 수 있다. 그는 이전에 이것들의 결핍으로 수반되었던 궁핍에서 벗어나 두 배의 만족감을 가지고 이처럼 점증하는 안락과 즐거움을 느끼게 된다.

그는 이렇듯이 편안함을 주는 상황을 변화시키려는 열망이 전혀 없고, 실제로 향유하는 안정된 평온을 충분히 증대시킬 수는 없지만 오히려 위태롭게 할 수도 있는 새로운 사업이나 모험을 찾아나서지 않는다. 그가 만일 신규 기업이나 사업에 착수한다면, 그는 이 사업을 충분히 조화시키고 적절히 준비되도록 행동할 것 같다. 그는 어떤 강박에 따라 서두르거나 무모하게 사업들을 추진하지 않으며, 언제나 예상 결과가 무엇인가에 대해 차분하고 냉철하게 숙고할 시간과 여유를 갖는다.

13

신중한 사람은 자신의 의무가 본인에게 부과하지 않는 어떤 책임을 기꺼이 맡고자 하지 않는다. 그는 자기와 관계없는 일에 부산을 떨지 않고, 다른 사람의 일에 참견하지 않으며, 아무도 요청하지 않으면 자신의 충고를 강요하며 자칭 상담역이나 자문가로 나서지 않는다. 그는 자신의 의무가 허용하는 한에서 자신의 일에만 노력을 한정한다. 그는 다른 사람의 일을 처리할 때 일부 영향력을 행사함으로써 많은 사람이 얻으려고 하는 그러한 하찮은 관록을 좋아하지 않는다.

그는 어떠한 분파 싸움에도 개입하기 싫어하고 당쟁을 혐오하며, 심지어 고상하고 원대한 포부를 지닌 의견까지도 항상 자진하여 경청하려고 하지 않는다. 그는 명확한 요청이 있을 때에는 조국을 위해 봉사하는 일을 마다하지 않지만, 그 업무를 무리하게 담당하기 위해 음모를 꾸미지 않는다.

또한 그는 스스로 공적인 업무를 수행하는 노고를 맡아 이를 관리하는 책임을 감수하기보다는 어떤 다른 사람에 의해서 이것이 잘 관리되는 것에서 훨씬 더 만족을 느낀다. 그의 마음속 밑바닥에는, 성공적인 야심의 공허한 화려함보다는 또한 가장 위대하고 도량이 큰 활동을 수행하며 얻는 실질적이고 견고한 영광보다는 그 확고해진 평안을 방해받지 않고 향유하는 일이 더 우선시된다.

14

간단히 말하면, 개인의 건강, 재산, 지위, 명예의 고려에만 지향되는 경우에 신중은 대단히 존경할 만하고, 심지어 어느 정도 호감을 주거나 유쾌한 성품이기는 하다. 하지만 그것은 모든 덕성 가운데서 가장 매력적이거나 가장 고상한 덕성으로는 결코 판단되지 않는다.

그것은 일종의 차가운 존경심을 불러일으키지만, 무언가 대단히 열렬한 애정이나 감탄을 받을 만큼의 자격은 없는 듯하다.

15

개인의 건강, 재산, 지위, 명성보다 한층 더 크고 고귀한 목적을 지향하는 현명하고 사려 있는 행동이 종종 그리고 매우 적절하게 신중 또는 현명함이라고 불리기도 한다. 우리는 위대한 장군, 위대한 정치가, 위대한 입법가의 신중 또는 현명함에 대해 거론한다. 이들 모든 사례에서 신중 또는 현명함은 한층 더 크고 훌륭한 많은 덕목과 결합되어 있다. 즉 이것은 용맹스러움, 광대하고 강력한 자혜, 정의의 준칙에 대한 신성한 존중과도 연결되어 있으며, 이 모든 덕목은 적절한 정도의 자기통제에 의해 지지되고 있다.

이처럼 수월성을 지닌 신중 또는 현명함이 최고도로 완전하게 이행될 때에는, 그것은 모든 가능한 상황과 환경에서 가장 완벽한 적정성을 가지고 행동하는 기술, 재능 그리고 습관이나 성향을 반드시 상정하고 있다. 필연적으로 그것은 모든 지성과 모든 도덕적 덕목이 최고도로 성취된 완전성을 상정한다.

그것은 최선의 정서에 최고의 이성이 결합된 상태다. 그것은 가장 완전한 지혜에 가장 완전한 덕성이 결합된 상태다. 저급한 신중이 에피쿠로스학파의 현인의 성품을 구성하는 것처럼, 이 수월성을 지닌 신중 또는 현명함은 아카데미학파나 소요학파의 현인의 성품을 아주 깊게 구성하고 있다.[3]

---

3) 플라톤학파(아카데미학파)와 아리스토텔레스학파(소요학파)를 의미한다.

순전히 신중하지 못한 성품이나 자기 자신을 돌볼 능력이 없는 상태는 아량이 넓고 인간애를 지닌 사람들이 보기에는 연민의 대상이 된다. 그런데 이들보다는 덜 섬세한 감정을 지닌 사람들이 보기에는 이러한 성품은 무시의 대상이 되거나 최악의 경우에 경멸의 대상이 되지만, 결코 증오나 분노의 대상이 되지는 않는다.

그러나 이 성품이 다른 악덕과 결합될 때에는, 그 성품은 그 악덕에 당연히 동반되었을 그런 오명과 불명예를 최고도로 가중시킨다. 교활한 악한이 기민함과 교묘한 수완을 발휘하여 강한 혐의를 받으면서도 뚜렷이 발각당하거나 처벌받지 않고, 그가 결코 받을 자격이 없는 세상의 관대함 속에서 살아가는 경우가 매우 종종 있다. 그러나 기민함과 교묘한 술수가 부족해서 유죄판결과 형벌을 받게 되는 겁쟁이와 우매한 인물들은 세상 사람들의 증오, 경멸과 조롱의 대상이 된다.

중대한 범죄가 처벌받지 않고 빈번히 간과되는 나라에서는 가장 잔혹한 행위들마저 거의 일상화되어, 정의의 집행이 정확하게 이루어지는 나라에서 사람들이 이런 행위들에 대해서 일반적으로 느끼는 두려움마저 사라지게 된다. 이러한 두 가지 유형의 나라에서 불의는 동일하게 나타나지만, 신중하지 못한 행동은 흔히 매우 다른 모습으로 나타난다. 정의가 정확히 집행되는 나라에서는 중대한 범죄들은 분명히 크게 어리석은 행위가 된다. 하지만 정의의 집행이 명백하지 않은 나라에서는 그런 식으로 판단이 이루어지지 않는다.

16세기 대부분의 기간에 이탈리아에서는 암살, 살인, 심지어 신뢰하는 사람에 의한 살인까지도 상류층 내부에서 거의 일상화되었던 것 같다. 보르자는 각각 통치권을 보유하면서 소규모 군대도 지휘하고 있었던 이웃 왕국의 어린 왕자 4명을 세니갈리아 친선회의에 초

청하고, 그곳에 그들이 도착하자마자 모두 살해했다.[4]

이처럼 악명 높은 행위는 범죄 당시에조차 분명히 허용되지 않은 행위였지만, 그것이 불명예를 초래한 것도 아니고, 그 가해자의 파멸을 불러온 것은 더욱 아니었다. 그의 파멸은 이 범죄와는 거의 무관한 원인 때문에 몇 년 후에 벌어졌다.

그 당시에조차 정말 품위 있는 도덕성을 갖춘 인물이 아니었던 마키아벨리는 이 범죄가 발생했을 때 피렌체 공화국의 대신으로서 보르자의 궁정에서 거주하고 있었다.[5] 그의 모든 저작에서 나타나는 특징이 된 것처럼, 그는 솔직하고 우아하며 간결한 언어로 이 사건에 대해 매우 특별한 설명을 하고 있다. 그는 이 사건을 매우 냉정하게 거론하면서, 보르자가 활용했던 교묘한 술책에 대해 즐거워한다.

그는 피해자들이 당한 기만과 나약함을 무척 경멸하지만, 그들의 불행하고 때 이른 죽음에 대해서는 아무런 연민도, 살인자들의 잔인함이나 기만에 대해서는 어떠한 분노도 표명하지 않는다. 위대한 정복자들의 폭력과 불의는 흔히 하찮은 경탄과 찬사의 대상으로 간주되지만, 좀도둑, 강도, 살인자들의 폭력과 불의는 어느 경우든지 경멸, 증오, 심지어는 공포의 대상이 된다.

전자는 후자보다도 수백 배나 유해하고 파괴적이지만, 일단 성공하기만 하면 가장 영웅적인 도량을 드러내는 위업으로 받아들여진

---

4) 보르자(Cesare Borgia, 1475경~1507)는 르네상스 시대 이탈리아의 교황군 총사령관으로서 이탈리아 통일의 야망을 품었던 인물이다. 마키아벨리는 권모술수의 대가인 그를 이상적인 모델로 삼아 『군주론』을 집필했다. 세니갈리아(Senigaglia)는 이탈리아 중부 마르케 주에 있는 도시다.

5) 마키아벨리(Niccolò Machiavelli, 1469~1527)는 르네상스 말기 피렌체 공화국의 서기장을 역임했고 외교와 군사 부문에서 역량을 발휘했다. 피렌체에서 공화정이 무너지고 메디치 가문이 재차 지배권을 회복하면서 공직에서 추방된 이후 그는 『군주론』을 포함하여 정치사상에 관한 여러 저서를 남겼다.

다. 후자는 증오와 혐오의 대상으로서 언제나 인류에게 가장 상스럽고 무가치한 범죄일 뿐만 아니라 어리석은 행위로서 간주된다. 전자의 불의가 적어도 후자의 불의만큼이나 크다는 것은 분명하지만, 그 어리석음과 경솔함은 후자의 그것들만큼 그리 크지 않다.

사악하고 무가치하지만 재능 있는 사람들은 마땅히 받아야 할 수준보다도 훨씬 더 높은 신용을 받으면서 세상사를 보내는 일이 빈번하다. 사악하고 무가치한 바보들은 세상 사람들 가운데 언제나 가장 큰 경멸의 대상일 뿐만 아니라 가장 큰 증오의 대상인 것처럼 보인다. 신중이 여타의 덕목들과 결합될 때 가장 고귀한 덕목을 구성하는 것처럼, 경솔함이 다른 악덕들과 결합되면 모든 성품 가운데서 가장 혐오감을 주는 성품을 구성한다.

제2편 다른 사람의 행복에
영향을 미칠 수 있는 개인의 성격

서론

1

모든 개인의 성품이 다른 사람의 행복에 영향을 미칠 수 있을 때, 이것은 타인에게 침해를 끼치거나 편익을 주는 성향에서 나온다.

2

미수에 그쳤거나 실제로 이행된 불의에 관해 적절한 분개심을 갖는 것은 공정한 관찰자의 시각에서 볼 때 어느 모로든 우리가 이웃의 행복을 침해하거나 방해하는 것을 정당화시킬 수 있는 유일한 동기다. 그 이외의 다른 동기로부터 그렇게 하는 것은 그 자체가 정의의 법에 대한 위반이며, 이러한 위반을 억제하거나 처벌하기 위해서 권력이 행사되어야만 한다. 모든 국가나 공동체의 지혜는 그 권위에 따르는 사람들이 서로의 행복을 침해하거나 방해하는 것을 금지하도록 하기 위해 사회의 권력을 가능한 한 행사하려는 노력을 하고 있다.

이러한 목적을 위해 확립된 규칙들이 각 특정 국가나 공동체의 민법이나 형법을 구성한다. 이러한 규칙들이 기초하고 있거나 기초해야만 하는 원리들은 어느 한 특수한 과학의 주제, 즉 모든 과학 가운데 가장 중요하기는 하지만 지금까지 아마도 가장 개척이 덜 된 분야인 자연법학의 주제다. 이에 대해 상세히 논의하는 것은 우리의 현재 주제에서 벗어나는 과제다. 심지어 우리 이웃을 적절히 보호할 수 있는 어떠한 법률이 없는 경우에조차 어느 면에서도 그들의 행복을 침해하거나 방해하지 않도록 신성하고 종교적인 배려를 하는 행위는 완전히 결백하고 정의로운 사람의 성품을 구성하는 요소다.

이러한 성품은 섬세한 주의를 가지고 실행될 때에는 그 자체만으로도 언제나 매우 존경할 만하고 심지어 신성하며, 타인들에 대한 크나큰 배려, 인간애, 자혜와 다른 많은 덕목을 수반하지 않을 수 없게 된다. 이러한 성품은 충분히 이해되는 것이기에 더 이상의 설명이 필요하지 않다.

이 편에서는 우리의 선행들을 분배하는 동시에 우리의 매우 제한된 자혜의 능력을 인도하고 활용할 목적으로 자연이 설계한 것으로 보이는 순서의 토대만을 설명할 것이다. 첫째는 개인에 관한 것이고, 둘째는 사회에 관한 것이다.

3

또한 자연은 그 행위의 모든 다른 부분을 규제하고 있는 무오류의 지혜를 통해 이러한 측면에서도 그 권고 순서를 제시하고 있음이 발견될 것이다. 그런데 자연의 이러한 권고는 어느 정도 우리의 자혜가 필요성이 있거나 유용성이 있는지의 여부에 비례해서 언제나 한층 더 강력하거나 한층 더 미약하다.

제1장 자연이 우리의 주의와 관심을 기울이도록 권고하는 여러 개인의 순서

1

스토아학파 철학자들이 평소 말했던 바대로, 모든 사람은 우선적으로 그리고 주로 자기 자신에 대해 관심을 갖도록 권장된다. 그리고 어느 누구나 모든 측면에서 타인보다는 자기 자신을 돌보는 데 한층 더 적합하고 능란하다는 것은 분명하다. 모든 사람은 타인들이 지니는 기쁨이나 고통보다는 자신이 지니는 기쁨과 고통을 더욱 민감하게 느낀다. 후자는 본원적인 감각들인 반면에, 전자는 그 본원적인 감각들이 반영된 이미지 내지는 동감적인 이미지다. 후자는 실체이고, 전자는 그림자라고 말할 수 있다.

2

같은 집에서 늘 함께 거주하는 가족구성원, 즉 부모, 자식, 형제자매들은 자연스럽게 자기 자신 다음으로 가장 따뜻한 애정의 대상이 된다. 이 가족구성원은 자연히 그리고 대개 자신의 행위가 그들의 행복이나 고통에 틀림없이 가장 큰 영향을 미치게 되는 사람들이다.

모든 개인은 자신의 가족에 대해 동감을 하는 데 한층 더 익숙해져 있다. 그는 모든 상황이 자기 가족에게 어떤 영향을 주는가에 대해서 잘 알고 있으며, 가족에 대한 동감은 다른 대부분의 사람들에 대한 동감과 비교하여 한층 더 세밀하고 명확하다. 간단히 말해서 그 같은 동감은 그가 자기 자신에 대해 느끼는 것에 한층 더 가까이 접근한다.

3

이러한 동감과 이러한 동감에 기초한 애정도 본래 부모에게보다는 자식들에게 한층 더 강력하게 지향되며, 자기 자식을 향한 민감함은 일반적으로 부모에 대한 존경과 감사보다도 한층 더 능동적인 원리인 듯하다.

앞서 살펴본 바와 같이,[6] 사물의 자연 상태에서 어린아이의 생존은 출생 후 얼마 동안은 전적으로 부모의 보호에 의존하지만, 부모의 생존이 어린아이의 보호에 의존하는 것은 당연히 아니다. 자연의 시각에서 볼 때, 어린아이는 노인보다도 더욱 중요한 대상인 듯하며, 훨씬 더 보편적일 뿐만 아니라 훨씬 더 생기 있는 동감을 야기한다. 당연히 그럴 수밖에 없다. 모든 것은 그러한 어린아이에게 기대될 수 있고, 최소한 소망될 수 있다. 일상적인 경우에 노인들에게 기대되거나 소망되는 일은 거의 없다.

가장 잔인하고 몰인정한 사람들의 성정도 유년기의 나약함에 관심을 표명한다. 오로지 덕망 있고 인정을 지닌 사람에게만 노령기의 병약함은 경멸과 혐오의 대상이 되지 않는다. 통상적인 경우에 노인이 사망할 때 어느 누구도 그다지 큰 유감을 표시하지 않는다. 그러나 어린아이가 사망하는 경우에 사람들의 마음은 대부분 산산이 찢기게 된다.

4

최초의 친구관계, 즉 마음이 그러한 감성에 가장 민감한 시기에 자연스럽게 맺어진 우정은 형제자매 사이의 우정이다. 형제자매는 같은 가족으로 지내는 동안에 그 가족의 평안과 행복을 위해서 서로 사

6) 이 책 335~336쪽(13) 참조.

이 좋게 지내는 것이 필요하다. 형제자매는 다른 대부분의 사람들에게보다는 그들 서로에게 더 큰 기쁨이나 고통을 줄 수 있다.

그들이 처한 상황은 공통의 행복을 위해 그들의 상호 동감을 최고로 중요하게 만든다. 그리고 자연의 지혜에 따라 그 동일한 상황은 서로에게 동조하도록 요구함으로써 그들의 동감을 더욱 습성화하고, 그 때문에 한층 더 생생하고 선명하며 명확한 동감을 하도록 만든다.

5

형제자매의 자식들은 그들의 부모가 서로 다른 가족으로 분리된 후에도 그들의 부모 사이에 존속되는 우정에 따라 자연스럽게 연결된다. 그들이 서로 사이 좋게 지내면 그 우정의 즐거움이 늘어나고, 서로 불화한다면 그것이 방해받는다. 그러나 그들은 비록 다른 대부분의 사람들에게보다도 서로에게 더 중시되더라도, 같은 가족으로 거의 살고 있지 않기 때문에 형제자매의 사이보다는 그 중요성이 훨씬 덜하다. 그들 사이의 상호 동감의 필요성이 상대적으로 덜한 만큼, 그것은 덜 습성화되고 그만큼 더 미약하다.

6

사촌의 자식들은 이전 세대보다 훨씬 덜 연관되어 있기 때문에 서로에게 훨씬 덜 중요하다. 그들 사이의 혈연관계가 점점 멀어질수록 그러한 애정도 점차 감소한다.

7

소위 애정이란 실제로는 습관적인 동감과 다름없다. 우리의 애정의 대상이 되는 사람들의 행복이나 불행에 대한 우리의 관심, 즉 그들의 행복을 증진하고 불행을 방지하려는 우리의 욕구는, 그러한 습관적인 동감의 현재적인 감정이거나 그런 감정의 필연적인 결과다.

사회적 관계들이 이러한 습관적인 동감을 필연적으로 야기하는 상황 가운데 대개 자리 잡고 있는 경우에, 이 관계들 사이에서는 적정한 정도의 애정이 생겨날 것으로 기대된다. 일반적으로 우리는 그러한 애정이 실제로 생겨난다는 것을 알게 된다. 그러므로 우리는 그러한 애정이 존재하기를 당연히 기대하며, 이 때문에 어떤 경우에 그것이 존재하지 않는다는 사실을 알게 될 때 우리는 한층 더 충격을 받게 된다.

사회에서 확립된 일반규칙에 따르면, 서로 일정한 정도의 관계를 맺고 있는 사람들은 언제나 서로 간에 일정한 방식의 정서를 교류해야 하며, 그 기대와는 상이한 방식으로 정서를 형성하고 있는 때에는 언제나 최고도의 부적정성이 있으며, 때로는 심지어 일종의 불손함마저 존재한다. 어버이로서 부드러운 애정을 상실한 부모나, 자식으로서 부모에 대한 존경심을 결여한 자식은 악한으로 비치며, 증오의 대상일 뿐만 아니라 공포의 대상이 된다.

8

설령 어떤 특별한 경우에 그와 같은 자연적 애정을 늘 창출하는 상황이 어느 우연한 일 때문에 생기지 않을 수 있다 해도, 그 일반규칙을 존중하게 되면 어느 정도는 자연적 애정이 발생할 공간이 흔히 남게 마련이고, 그러한 애정과 완전히 같지는 않아도 아주 상당히 유사한 어떤 애정이 창출될 것이다.

어린 시절에 우연히 아버지와 떨어져 살다가 성인이 돼서야 귀환한 자식에 대해 아버지는 애정을 덜 느끼기 쉽다. 아버지는 자식을 향한 부모로서의 다정한 애정을 덜 느끼기 쉽고, 자식은 아버지를 향한 자식으로서의 존경심을 덜 갖는 경향이 있다. 형제자매도 그들이 먼 나라에 떨어져서 교육을 받으면 이와 유사한 애정의 감소를 느끼기 쉽다. 그러나 본분을 준수하고 덕망 있는 사람들에게는 그 일반규칙이 존중됨으로써 비록 자연적 애정과 결코 동일하지는 않더라도 그것과 매우 유사한 애정이 빈번히 만들어질 것이다.

부모와 자식, 형제자매들은 그들이 심지어 별거하고 있는 동안에도 서로에게 결코 무관심하지 않다. 그들은 모두 서로를 어떤 애정이 마땅히 교류되어야만 할 사람들로 간주한다. 그들은 그처럼 가깝게 연결된 사람들 사이에 당연히 있어야 할 그런 우정을 누릴 때가 언젠가는 오리라고 희망하면서 산다. 그들이 다시 만날 때까지 떨어져 사는 자식이나 형제는 대개 호감을 주는 자식이나 형제가 된다. 그들은 결코 마음을 상하게 한 적이 없으며, 그것이 있다고 해도 기억할 가치도 없는 어린아이다운 장난으로 잊혀진 지 오래다. 그들이 그런대로 성품이 좋은 사람들을 통해 서로에 대해 듣는 소식은 최고도로 기쁨과 호감을 주는 것들이다.

떨어져 사는 아들이나 형제는 다른 보통의 아들이나 형제들과 같지 않지만, 모두 완벽한 아들이고 완벽한 형제다. 그리고 그들과 나누는 대화와 우정 가운데 행복을 맛보게 될 것이라는 가장 낭만적인 희망을 품게 된다. 그들이 만나는 경우에, 가족의 애정을 구성하는 습관적 동감을 느끼는 성향이 종종 매우 강해서, 그들은 실제로 그러한 동감을 느껴왔다고 생각하고 마치 그랬던 것처럼 서로에게 행동하는 경향이 있다.

그러나 유감스럽게도 시간과 경험을 통해서 그들은 아주 종종 미혹에서 깨어난다. 서로 더 친숙해짐에 따라 그들은 종종 서로에게 기대한 것과는 상이한 습관, 기질, 성향이 있음을 발견한다. 그런데 그들은 습관적 동감이 부족하고 가족의 애정이라고 적절히 지칭되는 것의 진정한 원리와 기초가 결여되어 있어서 이제 이러한 성향들에 수월하게 적응할 수 없다. 그들은 그와 같은 서로에 대한 수월한 적응을 필연적으로 하게 만드는 상황에서 살아본 적이 결코 없으며, 지금 그렇게 적응하기를 진지하게 원한다고 해도 그들은 실제로 그럴 수가 없다. 그들의 일상적인 대화와 교제가 그들에게 전달하는 기쁨은 이내 줄어들고, 이 때문에 대화와 교제도 점점 줄어든다.

그들은 모든 필수적인 호의를 서로 교환하고 외형상으로는 매 순간 품위 있게 존중하면서 계속 지낼 수 있다. 그러나 오랫동안 서로 친숙하게 살아온 사람들과 나누는 대화 속에서 자연히 우러나는 특성들, 즉 애정이 담긴 만족감, 매우 유쾌한 동감, 허물없는 솔직함과 편안함 같은 것들을 그들이 완벽하게 향유하는 일은 거의 일어나지 않는다.

9

그러나 그러한 일반규칙이 이렇듯이 박약하나마 권위를 갖는 것은 단지 본분을 준수하고 덕망 있는 사람에 대해서뿐이다. 무절제하고 품행이 나쁘며 허영심이 있는 사람들에게는 이런 권위마저도 완전히 무시된다. 그들은 그 일반규칙을 결코 존중하지 않기 때문에, 아주 점잖지 못하게 조롱하는 경우를 제외하고는 그것에 대해 거의 언급하지 않는다.

그리고 위에서 거론한 유형처럼 어린 시절부터 이어온 오랫동안의 별거 생활 때문에 그들은 서로에게 아주 완전히 소원해지지 않을 수 없다. 그런 사람들에게는 그 일반규칙을 존중하는 것은 기껏해야 냉정하고 억지스러운 정중함, 즉 진정한 존중의 빈약한 흉내만을 낳을 수 있을 뿐이다. 그렇지만 아주 조금이라도 기분이 상하거나 이해관계가 상반되면 이것마저도 전적으로 끝나게 된다.

10

소년들을 멀리 떨어진 유명한 학교에서 교육하는 것, 청년들을 멀리 떨어진 대학에서 교육하는 것, 젊은 숙녀들을 멀리 떨어진 수녀원과 기숙사제 학교에서 교육하는 것은 프랑스와 영국의 상류층에서 아주 근본적으로 가족 내의 행실, 결과적으로 가정의 행복을 손상시킨 듯하다. 여러분은 자녀들이 부모에게 본분을 준수하며, 형제자매에게 친절하고 다정해지도록 교육받기를 원하는가? 그렇다면, 그들로 하여금 본분에 충실한 자식이 되고, 친절하고 다정다감한 형제자매가 되지 않을 수 없도록 하며, 여러분의 집에서 교육시켜라. 아이들은 부모의 집에서 사립학교에 매일 통학하는 것이 적절하고 유리하지만, 그들의 주거는 언제나 집이 되도록 하라.

여러분을 향한 존경이 언제나 그들로 하여금 자신들의 행위에 매우 유용한 억제력을 부과함에 틀림없으며, 그들에 대한 여러분의 존중은 여러분의 행위에 유용성이 없지 않은 억제력을 부과하는 일이 종종 있을 것이다. 이른바 공공교육으로부터 무언가 얻는다고 해도 그것은 이 때문에 거의 분명하고 필연적으로 잃게 되는 부분에 대해 어떤 유형의 보상도 할 수 없다는 것은 확실하다.

가정교육은 자연의 제도이며, 공공교육은 인간의 인위적 산물이다. 어떤 것이 가장 현명한 제도인가를 판단하는 것은 확실히 불필요하다.

11

비극이나 연애소설 가운데 우리는 아름답고 흥미로운 여러 장면과 조우하게 된다. 이러한 것들은 이른바 혈연의 힘에 입각하거나, 가까운 관계에 있는 사람들이 무언가 혈연관계를 맺고 있음을 알기 이전부터조차 서로에게 느끼게 되는 불가사의한 성정에 입각하고 있다. 그러나 유감스럽게도 이러한 혈연의 힘은 비극이나 연애소설 이외에는 어디에도 존재하지 않는다.

비극이나 연애소설에서조차도 그것은 동일한 집에서 자연스럽게 양육에 관계된 사람들, 즉 부모와 자식, 형제자매 사이를 제외하고는 다른 어떠한 관계에서 발생하는 것으로 결코 상정되지 않는다. 사촌 사이에 또는 심지어 아줌마 내지는 아저씨와 조카들 사이에서도 그러한 불가사의한 성정을 상상하는 것은 지나치게 터무니없는 일이다.

12

목축민족에서, 그리고 법률의 권위만으로는 그 국가의 모든 구성원에게 완벽한 안전을 보장하기에 충분하지 못한 모든 나라에서, 동일한 가계의 모든 서로 다른 분파들이 인접해서 사는 일이 흔하다. 그들 사이의 연합은 공동의 방위를 위해서 종종 필요하다. 최고위층에서부터 최하위층에 이르기까지 그들은 모두 서로에게 어느 정도는 중요한 존재다. 그들이 우호적일 때는 그들 사이의 필수적인 연합은 견고해지지만, 그들이 불화를 겪으면 그것은 항상 약화되고 파괴될 수도 있다.

그들은 다른 부족의 구성원보다는 서로 다른 분파와 더 많은 교류를 한다. 같은 부족 가운데 가장 먼 친척이 되는 구성원은 서로 간에 일정 정도의 친족관계를 맺고 있다고 주장하며, 다른 모든 상황이 동일할 때에는 그러한 자격을 갖추지 않은 사람들에게 마땅히 주어지는 것보다는 훨씬 더 차별화된 관심을 갖고 취급되기를 기대한다.

스코틀랜드 하일랜드 지방에서 부족장이 자신의 씨족 가운데 가장 가난한 사람을 사촌이나 친족관계가 있는 것으로 생각하곤 했는데, 이는 그리 오래전의 일이 아니다. 이처럼 친족에 대한 광범위한 관심은 타타르족, 아랍인, 투르크멘 사람 사이에서만이 아니라, 내가 생각하기에는 금세기 초 스코틀랜드 하일랜드 사람이 겪었던 것과 유사한 사회발전단계에 있었던 다른 모든 민족 사이에서도 있었던 것으로 보인다.

13

법률의 권위가 그 국가에서 지위가 가장 낮은 사람까지도 완벽하게 보호해주기에 충분한 상업국가에서는 동일 가계의 후손들이 단체로 움직일 동기가 없으므로 이해관계 내지는 성향에 따라서 자연히 분리되어 흩어져 산다. 그들은 곧 서로를 중시하지 않게 되고, 몇 세대도 지나지 않아서 서로에 대한 모든 관심뿐만 아니라 공동의 혈통이나 조상들 사이에 발생했던 관계에 대한 모든 기억마저도 상실하게 된다.

이러한 문명 상태가 더 오랫동안 이어지고 한층 더 완전하게 정착되면서, 먼 친족관계에 대한 존중은 어느 나라에서나 점점 감소하고 있다. 그 문명 상태는 스코틀랜드보다는 잉글랜드에서 더 오랜 기간 지속되었고 더 완전하게 정착되어왔다. 따라서 비록 두 나라 간의 이러한 차이는 날이 갈수록 줄어들고 있지만 잉글랜드보다는 스코틀랜드에서 먼 친족관계가 더욱 중시되고 있다.

모든 나라에서 대영주들은 아무리 먼 친척이라고 해도 서로 간의 친족관계를 기억하고 인정하는 것에서 자긍심을 갖는다. 그와 같은 뛰어난 친척들을 기억하는 것은 그들 모두에게 가문의 자존심을 적지 않게 돋보이게 한다. 그런데 이러한 기억이 그토록 주의 깊게 유지되는 것은 애정이나 애정과 유사한 어떤 것 때문이 아니라, 모든 허영 중에서 가장 하찮고 유치한 허영 때문이다.

만일 훨씬 가까운 인척이지만 지위가 매우 낮은 어떤 사람이 지위가 높은 어떤 사람에게 그들의 가문과 자신이 어떠한 친족관계에 있다는 사실을 상기시키려 한다면, 그들은 그에게 자신은 가계의 계보에 대해서 잘 모르며, 가문의 역사에 대한 정보가 몹시 부족하다고 말할 것임에 틀림없다. 유감스럽게도 우리가 이른바 자연적 애정의 특별한 확장을 기대할 수 있는 경우는 그러한 신분의 사람들 가운데서는 없다.

14

나는 이른바 자연적 애정이 부모와 자식 간의 예상된 신체적 관계에서 비롯된 결과로서보다는 도덕적 관계에서 비롯된 결과라고 판단한다. 실로 투기의 정도가 심한 남편은 자식이 도리에 맞는 관계의 결과이며 본인의 집에서 교육받았음에도 그 자식을 아내의 부정의 산물이라고 상상하여 그 불행한 자식을 증오와 혐오로 대하는 일이 종종 있다. 이때 그것은 어떤 가장 불쾌한 모험의 영구적인 기념비며, 그 자신의 치욕과 그의 가문의 불명예를 드러내는 영구적인 기념비다.

15

성품이 좋은 사람들 사이에는 상호 적응의 필요나 편의 때문에 동일한 가족 내에서 태어나 함께 사는 사람들 사이에서 발생하는 것과 다르지 않은 우정이 생기는 일이 매우 빈번하다. 직장 동료들이나 거래 상대방들이 서로를 형제로 부르고, 정말 형제지간인 것처럼 서로에게 애정을 느끼는 일도 종종 있다. 그들이 의견 일치를 잘 이루는 것은 모두에게 유익하다. 그들이 꽤 합당한 사람들이라면 자연스럽게 의견 일치를 이루기 쉽다. 우리는 그들이 그렇게 처신해야만 한다고 기대하며, 따라서 그들 사이에 생기는 불화는 일종의 작은 치욕이다. 로마인들은 이러한 종류의 애착을 라틴어로 네케시투도 (necessitudo)라고 표현했다.[7] 이는 어원상으로 볼 때 그것이 상황의 필요 때문에 부과되었음을 의미하는 듯하다.

16

같은 이웃에 살고 있는 사소한 환경도 이상과 같은 유형의 효과를 일부 지닌다. 매일 만나는 사람이 우리의 기분을 거슬리게 한 적이 없다면 우리는 그의 위신을 존중할 것이다. 이웃이란 서로에게 매우 편리할 수도 있고 매우 성가실 수도 있다. 이웃 사람들이 성품이 좋은 사람들이라면 당연히 그들은 의견 일치를 이루기 쉽다. 우리는 그들이 서로 일치하기를 기대하며, 따라서 나쁜 이웃이 되는 것은 매우 나쁜 인물임을 의미한다. 그러므로 일정한 작은 선행이 아무런 관계가 없는 다른 이들에 우선하여 이웃에게 마땅히 주어져야 한다는 것이 보편적으로 용인된다.

17

우리 자신의 모든 감정, 신조, 기분을 우리가 생활하고 많은 대화를 나눠야 하는 사람들 내부에 확립되고 정착된 것에 가능한 한 적응시키고 동화하려는 자연적인 성향이야말로 좋은 친구든 나쁜 친구든 이러한 일행 모두에게 퍼지는 전염 효과의 원인이 된다. 현명하거나 덕망 있는 사람들과 주로 교제하는 사람은 비록 그 자신이 그러한

---

7) 라틴어 'necessitudo'는 필연성이나 친밀한 관계를 의미하는 단어다. 고대 로마인들은 (자유의사를 통한 선택보다는) 처음에 다소 우연에 따라 형성된 결합관계가 평생 지속되는 사회적 관계로 이어질 때 여기에는 도덕적 필연성이 존재하고 이는 신성불가침의 존중을 받아야 한다고 생각했다. 이러한 특성의 여러 관계에는 불가결하게 수행해야만 하는 의무가 내포된 것으로 인식되었다.

품성을 지니지 못한다고 해도 적어도 지혜나 덕성에 대한 어떤 존경심은 갖지 않을 수 없다. 또한 품행이 나쁘고 무절제한 이들과 주로 교제하는 사람은 비록 그 자신이 그러한 품성을 지니지는 않았다고 해도 적어도 품행의 방탕과 방종에 대해 본래 지녔던 모든 혐오감을 곧 상실하게 됨은 틀림없다.

우리가 아주 자주 목격하는 바대로 몇 세대를 통해 전해지는 가족 구성원 사이에 존재하는 기질의 유사성은 아마도 부분적으로 함께 생활하고 아주 많은 대화를 하지 않을 수 없는 사람들에게 우리 자신을 동화하려는 이러한 성향에서 비롯될 것이다. 그러나 가족의 기질이 전적으로 도덕적인 관계에서 비롯되지는 않고, 부분적으로는 가족의 외모처럼 신체적 관계에서 비롯되는 듯하다. 가족의 외모는 확실히 전적으로 신체적 관계에서 비롯된다.

18

그런데 개인에 대한 모든 애정 가운데 그의 선행과 품행에 대한 존경과 승인에 전적으로 기초를 두면서 많은 경험과 오랜 교제를 통해 입증된 것은 단연 가장 존경할 만한 것이다. 그러한 우정은 강요당한 동감에서도 아니고, 편의와 순응을 위해 가장하거나 습관화된 동감에서 비롯되지도 않는다. 그것은 자연적 동감에서, 즉 우리의 애착심이 지향되는 사람들이 존경과 승인의 자연스럽고 적절한 대상임을 본능적으로 느끼는 것에서 비롯되며, 덕망 있는 사람들 사이에서만 존재할 수 있는 것이다. 덕망 있는 사람만이 서로의 행위와 품행에 대해 그러한 완전한 신뢰를 느낄 수 있다. 이 때문에 그들은 언제나 불쾌하게 하거나 서로 마음 상하는 일이 없을 것임을 확신할 수 있다.

악덕은 늘 변화무쌍하지만, 미덕은 규칙적이고 질서정연하다. 미덕의 애호에 기초하고 있는 애착은 분명히 모든 애착 중에서 가장 덕망이 있다. 그러므로 그것은 가장 영구적이고 안정적일 뿐만 아니라 가장 행복한 애착이다. 그러한 우정은 오직 한 사람에게 한정할 필요는 없으며, 오랫동안 친밀하게 사귀어왔으며 그 때문에 우리가 전적으로 의존할 수 있는 지혜와 덕망을 소유한 모든 사람을 틀림없이 포함할 수 있다.

우정을 두 사람에게만 국한하는 사람들은 우정의 현명한 보장이라는 것과 애정의 시샘과 어리석음을 혼동하는 것 같다. 청년들의 조급하고 맹신적이며 어리석은 친교는 흔히 선행과는 전적으로 무관하게 성격상의 사소한 유사성에 근거하고 있고, 아마도 동일한 연구, 놀이, 오락에 대한 취향에 기초하고 있으며, 일반적으로 채택되지 않는 이례적인 원리나 견해에 대한 동의에 근거하고 있다. 일시적 기분에 따라 좌우되는 이러한 친교들이 지속되는 동안에는 아무리 유쾌한 것처럼 보여도 그것들은 결코 우정이라는 신성하고 존경할 만한 명칭을 받을 자격이 없다.

19

그런데 우리의 특별한 자혜를 받을 만한 사람으로 자연이 지명하는 사람들 가운데 우리가 이미 그 사람의 자혜를 경험한 적이 있는 사람만큼 그것을 베풀기에 가장 적절한 사람은 없다. 자신의 행복을 위해서 그토록 절실한 상호 간의 친절이 필요하도록 사람을 형성한 자연은 모든 사람으로 하여금 자신이 친절을 베푼 사람들에게 친절의 특별한 대상이 되도록 만들었다.

그들의 감사가 그가 베푼 자혜에 항상 부합하지는 않을지라도 그가 받아 마땅한 공로의 감각, 즉 중립적 관찰자의 동감적인 감사는 언제나 그것에 부합할 것이다. 혹여 그들의 배은망덕의 천박함에 비판적인 사람들의 일반적인 분노는 때때로 그가 받아 마땅한 일반적 공로의 감각을 증가시키기조차 할 것이다.

자애심을 지닌 사람이 자신이 베푼 자혜의 결실들을 완전히 잃게 되는 일은 결코 없다. 그가 자신이 베푼 박애의 결실을 수확해야만 하는 사람들에게서 그것들을 반드시 수확하지 못한다면, 그는 다른 사람들에게서 열 배의 결실을 수확하지 않을 수 없다. 친절은 친절의 어버이다. 우리의 이웃에게 사랑받는 것이 우리가 지닌 야심의 위대한 목적이라면, 그것을 이룰 수 있는 가장 확실한 길은 우리가 그들을 진심으로 사랑한다는 점을 우리가 행동으로 보여주는 것이다.

20

우리와 맺고 있는 관계, 개인적인 자질이나 과거에 수행한 봉사로 인해 우리가 베푸는 자혜의 대상으로 권고되는 사람들의 뒤를 이어서, 우리의 우정이 아니라 자애로운 관심이나 선행에 호소되는 사람들이 있다. 그들은 당면한 특별한 상황 때문에 두드러진 모습을 보이는데, 특별한 행운아와 특별한 불운아, 부자와 권력자 그리고 가난한 사람과 불쌍한 사람들이 그들이다.

사회적 지위의 구분, 사회의 평화와 질서는 우리가 전자를 향해 자연스럽게 느끼는 경의에 상당한 정도로 기초하고 있다. 인간의 불행에 대한 구제와 위로는 전적으로 후자에 대해 우리가 느끼는 연민에 의존한다. 사회의 평화와 질서는 심지어 불행한 사람들을 구제하는 것보다도 한층 더 중요하다. 그러므로 권력자에 대한 우리의 존경은 그 과잉 때문에 무척 마음이 상하기 쉽고, 불행한 사람에 대한 우리의 동료감정은 그 부족 때문에 무척 마음이 상하기 쉽다.

도덕가들은 우리에게 자비와 동정을 베풀도록 권고한다. 그들은 우리에게 권력의 매혹적인 힘에 대해 경고한다. 이러한 매력은 실로 아주 강하기 때문에 부자와 권력자가 현명한 사람과 덕망 있는 사람보다도 선호되는 일이 매우 빈번하게 일어난다.

자연은 지혜롭게도 신분의 구분 그리고 사회의 평화와 질서가 지혜와 덕성이 지닌 보이지 않거나 종종 불확실한 차이에 의존하기보다는 출생과 재산의 분명하고 뚜렷한 차이에 의존하는 것이 더욱 안전하다고 판단했다. 세상 사람들 대부분의 분별없는 눈으로도 후자는 적절하고 충분하게 인식될 수 있지만, 현명하고 덕망 있는 사람의 세심한 분별력으로도 전자는 흔히 식별되기 어렵다. 이와 같은 모든 권장의 순서에서 자연의 자애로운 지혜가 마찬가지로 분명하게 드러난다.

21

친절을 북돋우는 둘 또는 그 이상의 원인이 결합되면 친절이 증가한다는 사실은 아마 말할 필요도 없을 것이다. 이러한 경우에 아무런 시기심이 작용하지 않을 때 우리가 권세에 대해 자연스럽게 가지게 되는 호의와 편애는 그것이 지혜와 덕성과 결합될 때에는 훨씬 증가한다.

만일 그 지혜나 덕성이 있는데도 그 권력자가 무척 높은 지위에서 흔히 노출되는 그런 불행, 위험이나 곤궁에 빠지게 되면, 그와 덕망의 수준은 동일하지만 그보다는 지위가 낮은 사람의 운명에 대해서보다도 그의 운명에 대해서 우리는 훨씬 더 깊은 관심을 보인다.

비극이나 연애소설의 가장 흥미로운 주제는 덕망 있고 담대한 왕과 왕자의 불행이다. 만일 그들이 현명하고 용맹스런 노력을 통해 그러한 불행에서 벗어나서 이전에 견지했던 탁월함과 안전을 회복한다면, 우리는 그들을 열정적이고 심지어 지나칠 정도로 감탄스런 시각으로 바라보지 않을 수 없다. 그들의 고난에 대해 느끼는 비탄과 그들의 융성에 대해 느끼는 환희가 서로 결합되어 그들의 지위와 성격 모두에 대해 우리가 자연스럽게 느끼는 편애적인 감탄을 고조시키는 듯하다.

22

이처럼 각각 다른 자애로운 성정들이 서로 다른 길을 거치게 될 때, 어느 경우에 이러한 유형의 성정에 부응하고, 또 다른 경우에는 저러한 유형의 성정에 부응해야 하는가를 어떤 정확한 규칙에 따라 결정하는 것은 전혀 불가능하다.

어느 경우에 우정이 감사의 감정에게 지위를 양보해야 하며, 어느 경우에는 그 반대인가? 또한 어느 경우에 모든 자연적 성정 가운데 가장 강력한 애정이 사회 전체의 안전이 종종 달려 있는 그런 통치자의 안전을 배려하기 위해서 양보되어야 하는가, 어느 경우에 자연적 애정이 그러한 배려보다 우선하는 것이 부적절하지 않은가? 이와 같은 우선순위의 과제는 우리 행위의 위대한 재판관이자 중재자인 마음 내면의 인간, 즉 가상의 공정한 관찰자의 결정에 전적으로 맡겨져야 한다.

만일 우리가 완전히 그의 상황에 서서 그가 우리를 관찰하는 것처럼 실제로 그의 시각으로 자신들을 지켜보고, 성실하고 공손한 관심을 가지고 그가 우리에게 제시하는 것을 경청한다면, 그의 견해는 결코 우리를 속이지 않을 것이다. 우리의 행동을 인도할 목적으로 강구되는 어떠한 결의론적인 규칙도 우리는 필요하지 않을 것이다. 그와 같은 여러 규칙이 환경, 성격 및 사정의 서로 다른 모든 명암이나 변이, 그리고 감지할 수 없지는 않더라도 미묘하고 섬세하여 흔히 거의 정의할 수 없는 이들의 차이 및 특질에 맞추어 순응한다는 것은 종종 불가능한 일이다.

저 아름다운 볼테르의 비극『중국 고아』에서 우리는 옛 주군의 유일한 생존자인 연약한 왕자의 목숨을 보호하기 위해 자기 자식의 목숨을 기꺼이 희생하고자 하는 잠티의 담대한 성품에 감탄한다. 하지만 동시에 우리는 남편의 중요한 비밀을 폭로할 위험을 무릅쓰고 타타르족의 잔혹한 손아귀에서 자기 아이를 되찾아온 이다메의 모성애를 용서하고 애정을 느낀다.[8]

제2장 자연이 우리의 자혜를 베풀도록 권고하는 여러 사회집단의 순서

1

우리의 자혜를 베풀도록 권고되는 여러 개인의 순서를 규정하는 그 동일한 원리는 우리의 자혜를 받도록 권고되는 여러 사회집단의 순서를 마찬가지로 규정하고 있다. 우리의 자혜가 무척 중시되거나 중시될 수 있는 그러한 사회집단이 우선적으로 그리고 주로 우리의 자혜의 대상으로 권고된다.

---

8) 볼테르의 작품『중국 고아』(*L'Orphelin de la Chine*)는 당시 프레메르 신부가 번역한 중국 비극인『조씨 고아』를 모티브로 해서 1755년 출판되었다. 중국 왕실의 후계자인 고아는 칭기즈칸의 손에 패망한 국왕에 의해 고위관리이던 잠티(Zamti)에게 맡겨진다. 하지만 왕실의 막내아이를 살리기 위해서는 반대로 자기 아들을 희생해야 하는 부모의 비극적 상황이 담겨 있다. 잠티의 아내인 이다메(Idame)는 청년기 칭기즈칸의 청혼을 받은 적이 있었다. 칭기즈칸과의 옛사랑이냐 아니면 모두의 죽음이냐, 기로에 선 이다메는 자신의 아들에 대한 모성애를 보여주는 동시에 부부의 충절을 지킴으로써 기적을 만들고 도덕과 법이 더 우월한 가치임을 입증한다.

2

우리가 그 내부에서 태어나서 교육받고 보호를 받으며 삶을 계속 이어가는 국가 또는 주권국은 통상적으로 가장 큰 사회집단이다. 우리의 선행이나 악행은 국가의 행복과 불행에 많은 영향을 미친다. 따라서 자연은 우리가 자혜를 베풀어야 할 대상으로 국가를 가장 강력하게 추천한다. 우리 자신뿐만 아니라 우리의 가장 친근한 성정의 대상들, 즉 우리의 자식, 부모, 친척, 친구, 은인, 그밖에 우리가 자연히 가장 사랑하고 존경하는 모든 사람이 일반적으로 이 국가 내부에 포함된다. 그리고 이들의 번영과 안전은 어느 정도 국가의 번영과 안전에 의존한다. 그러므로 자연스럽게 국가는 우리의 모든 이기적인 성정뿐만이 아니라 우리의 모든 개인적인 자애로운 성정에 의해서도 사랑을 받는다.

우리 자신이 국가와 연결되어 있으므로 국가의 번영과 영광은 우리에게 일정한 유형의 명예를 가져오는 듯하다. 우리의 국가를 동일한 유형의 다른 여러 사회집단과 비교할 때, 우리는 그 탁월함에 대해 자긍심을 갖는 반면, 만일 어느 모로 보나 그들보다 수준이 낮은 것처럼 보이면 우리는 어느 정도 굴욕감을 느낀다.

이전 시기에 탄생한 걸출한 모든 인물(우리 시대의 인물들에 대해서는 우리의 선망이 이따금 약간의 편견을 낳을 수 있다), 즉 무인들, 정치가, 시인, 철학자 그리고 모든 유형의 문인에 대해 우리는 매우 편애적인 감탄을 하고, 이들을 다른 모든 나라의 인물보다 수준 높게 (때때로 매우 부당하게) 분류하는 경향이 있다.

국가의 안전을 위해서, 심지어 그 과시를 위해서조차 자신의 생명을 내어놓는 애국자가 매우 엄밀한 적정성을 가지고 행동하는 것처럼 보인다. 그는 공정한 관찰자가 당연히 그리고 필연적으로 그를 바라보는 관점에서, 즉 공정한 재판관의 눈으로 자기 자신을 어떤 다른 이들보다 더 중요하지 않은 다수 대중의 한 사람으로 간주하면서 국가의 안전과 봉사, 심지어 다수의 영광을 위해 늘 자기 자신을 희생하고 헌신할 의무가 있는 사람으로 생각한다. 그러나 이러한 희생이 완전히 정의롭고 정당한 것처럼 보이지만 그러한 희생을 하는 것이 얼마나 어려우며, 그러한 희생을 하는 사람은 얼마나 적은가를 우리는 알고 있다. 그러므로 그의 행동은 우리의 전적인 승인뿐만 아니라 최고의 경탄과 탄복을 야기하며, 가장 영웅적 덕목에 마땅히 부여할 수 있는 모든 찬양을 받을 만하다.

반면에 반역자들은 어떤 특별한 상황에서 자신의 적은 이익을 키우기 위해 조국의 이익을 자국의 적대자에게 팔아넘길 수 있다고 생각하며, 마음 내면의 인간의 판단에 개의치 않고 매우 수치스럽고 야비하게도 자신과 일정한 관계를 가진 모든 국민보다도 자기 자신을 우선한다. 이러한 관점에서 그의 행동은 모든 악한 가운데 가장 가증스럽게 보인다.

3

조국에 대한 애정 때문에 우리가 가장 악의에 찬 질투와 선망을 갖고 다른 인접 국가의 번영과 세력 강화를 바라볼 때가 종종 있다. 독립적인 인접 국가들은 그들 사이의 분쟁을 해결할 어떤 공통의 상급 기구가 없기 때문에 서로 간에 끊임없는 공포와 의심을 가진 채 지내고 있다. 모든 주권국가는 자신의 인접 국가들이 정의로운 행위를 할 것으로 거의 기대하지 않기 때문에, 자신이 인접 국가들에 기대하는 정의의 수준으로만 그들을 상대하는 경향이 있다.

국제법에 대한 존중, 즉 독립 국가들이 상호 업무상 관계에서 반드시 준수하겠다고 공언하거나 준수할 것처럼 가장하는 그러한 규칙에 대한 존중은 흔히 단순한 가식이나 공언에 불과하다. 상대방의 도발행위가 아주 미미한 경우에 이해관계가 매우 적은데도 우리는 그러한 규칙들이 날마다 아무런 수치심이나 후회도 없이 회피되거나 직접적으로 위반되는 것을 목격할 수 있다.

모든 나라는 인접 국가가 힘을 확대하고 세력을 강화하는 경우에 자국이 복속당하는 것을 예견하거나 이를 상상한다. 국가적 편견이라는 천박한 원리는 조국에 대한 애정이라는 고귀한 원리에 바탕을 두고 있다.

로마시대 원로였던 대(大) 카토는 원로원에서 행한 모든 연설에서 그 주제가 무엇이든 다음의 구절로 결론을 맺었다고 전해진다. "카르타고를 멸망시켜야 한다는 것이 또한 나의 견해입니다." 이 말은 자신의 조국에 많은 고통을 겪게 한 외국에 대해 격분해 거의 광기에 사로잡힌, 강렬하지만 조잡한 정신을 소유한 미개한 애국심의 자연스런 표현이다. 스키피오는 모든 연설을 이보다 더 인도주의적인 문장으로 결론을 맺었다고 전해진다. "카르타고를 멸망시켜서는 안 된다는 것이 또한 나의 견해입니다."[9]

이것은 로마에 더 이상 두려운 존재가 아닌 국가로 전락한 경우라면 심지어 과거의 적국이 번영하는 것에조차 어떠한 반감도 느끼지 않는 정신, 즉 한층 더 확대되고 계몽된 정신의 자유로운 표현이다.

영국과 프랑스 양국은 각자 서로의 해군 및 육군의 군사력 증강을 두려워할 만한 약간의 이유를 갖고 있다. 그러나 상대국의 내부적 행복과 번영, 토지의 개간, 제조업의 진보, 통상의 증대, 항구 및 항만의

---

9) 대 카토와 스키피오의 연설문은 플루타르크의 『영웅전』 가운데 「마르쿠스 카토」편에 소개된 내용이다. 스키피오 나시카(Publius Cornelius Scipio Nasica Corculum, ?~BC 141)는 기원전 2세기경의 정치가로 집정관(BC 162, 155)과 감찰관(BC 159)을 역임했다. 그는 대 스키피오의 온건한 제국주의 정신을 계승하여 기원전 159~149년에 반카르타고주의자인 대 카토의 정치적 적수로서 지냈다.

안전과 양적 확장, 모든 문리과학의 발전에 대해 서로 시샘하는 것은 두 대국의 품위를 저버리는 것이 분명하다. 이러한 것들은 모두 우리가 살고 있는 세계를 실질적으로 개량시키는 내용이다.

세상 사람들은 이러한 개량을 통해 편익을 얻고, 인간 본성은 품격이 제고된다. 이와 같은 개량 가운데 모든 나라는 그 자체로 탁월하도록 노력해야 할 뿐 아니라, 인류에 대한 애정을 통해 주변 국가의 우월함을 방해하는 것 대신에 이를 증진시키도록 노력해야 한다. 이러한 것들은 모두 국가 사이의 편견이나 시샘의 대상이 아니라, 국가적 경쟁의 적절한 대상이다.

4

조국에 대한 사랑은 인류애로부터 도출되지는 않는 듯하다. 전자의 감정은 후자의 감정과는 거의 무관하며, 심지어 때로는 서로 모순되는 행동을 하기 쉽게 하는 것 같다. 프랑스는 아마도 영국에 거주하는 거주민의 3배에 가깝게 수용할 수 있다. 따라서 인류라는 거대한 사회 속에서, 프랑스의 번영은 영국의 번영보다 훨씬 더 중요한 목적인 듯 보일 것이다. 그러나 이 때문에 영국보다 프랑스의 번영을 어떠한 경우라도 더욱 선호하는 영국의 국민은 훌륭한 시민으로 간주되지 못한다. 우리는 조국을 인류라는 거대한 사회의 일부분으로서만 사랑하지 않는다. 우리는 조국을 그 자체로서 사랑하며, 이는 다른 어떤 고려와도 무관하다.

자연의 다른 모든 부분의 체계뿐만 아니라 인간 성정의 체계를 고안해온 지혜에 의거한 판단에 따르면, 각 개인의 능력과 이해력의 정도가 대부분 제약되게 마련인 특정 사회집단에 자신의 주요한 관심을 지향함으로써 인류라는 거대한 사회의 이익이 가장 잘 촉진될 것이라는 점이다.

5

국민적 편견과 증오가 주변 국가들을 넘어서 확장되는 일은 거의 일어나지 않는다. 우리가 아마 프랑스 국민을 우리의 적대자로 간주하는 것은 매우 나약하고 어리석은 일이다. 아마 그들 역시 나약하고 어리석게도 우리를 똑같이 생각하고 있을 것이다. 그들이나 우리나 모두 중국이나 일본의 번영에 대해서는 어떤 시기심도 품지 않는다. 그러나 극히 드물지만 그처럼 멀리 떨어져 있는 나라들을 향해 우리의 선의가 아주 효과적으로 실행될 때가 있다.

6

일반적으로 상당히 효과적으로 실행될 수 있는 가장 광범위한 차원의 공공의 박애는 정치가가 수행하는 그것이다. 정치가는 이른바 세력균형이나 협상 범위 내의 국가 사이의 전반적 평화와 안녕을 유지하기 위해 인접 국가나 아주 멀리 떨어져 있지 않은 국가 사이에 동맹관계를 도모하고 형성한다. 그러나 그러한 조약을 계획하고 집행하는 정치가는 자국의 이익 이외에 어떤 것도 관심 대상에 두지 않는다. 정치인들의 견해가 실제로 한층 더 광범위한 경우가 때때로 있다.

(다른 사람의 덕성을 맹신하지 않는 사람인 레츠 추기경에 따르면) 뮌스터 조약에서 프랑스의 전권대사인 다보 백작은 그 조약에 의해 유럽의 전반적 안녕을 회복하는 데 자신의 목숨을 기꺼이 희생하려고 했다.[10] 윌리엄 왕은 유럽의 주권국가 대부분의 자유와 독립에

---

10) 이것은 레츠 추기경의 『회상록』 가운데 1650년 사건을 기록한 것이다. 다보 (Claude d'Avaux, 1595~1650)는 17세기 프랑스의 외교관이자 행정관으로서 17세기 전반에 가장 중요한 외교관 중의 한 명이었다. 그는 1618년부터 30년 동안 독일에서 벌어진 전쟁을 종결하기 위해 베스트팔렌 조약(1648)

진정으로 열의를 보였던 듯하다. 그것은 아마도 그의 재임 시절에 그러한 자유와 독립을 주로 위태롭게 만든 국가인 프랑스에 대한 그의 특별한 혐오 때문에 크게 자극되었을 것이다. 이러한 동일한 정신을 외교에서 일부 계승한 것은 앤 여왕의 최초 내각에까지 내려온 것 같다.[11]

7

모든 독립 국가는 많은 서로 다른 계층과 하위 사회집단으로 분할된다. 이들 각각은 자신의 개별적인 권력, 특권과 면제권을 갖는다. 자연스럽게 모든 개인은 어떤 다른 계층이나 사회집단보다는 자신이 속한 고유한 계층이나 사회집단에 더 많은 애착을 갖는다. 그 자신의 이해관계와 허영심, 자신의 친구와 동료들의 이해관계와 허영심 등은 흔히 그것과 상당히 관련이 깊다. 그는 그러한 특권과 면제권을 확장하기를 갈망한다. 그는 모든 다른 계층이나 하위 사회집단의 침해에 대응하여 그러한 권리들을 열렬히 방어하고자 한다.

8

어떤 특정 국가의 기본구조(정체)라고 불리는 것은 국가가 어떤 방식으로 서로 다른 계층과 하위 사회집단으로 분할되고, 그들 각각의 권력, 특권 및 면제권은 어떠한 특수한 방식으로 분배되고 있는가에 의존한다.

을 이끌어내는 데 참여했다. 뮌스터는 독일 베스트팔렌 주의 작은 도시다.
11) 윌리엄 3세(William of Orange, 1650~1702)는 프랑스 루이 14세의 야심에 맞서 유럽 내에서 여러 국가의 동맹 조성을 통해 평화정착과 국제질서의 균형에 관심이 많았다. 스페인 왕위계승전쟁(1701~14)을 마무리하기 위해 그의 사후에 체결된 위트레히트 조약(1713)은 프랑스의 대륙지배 의도를 차단한 것으로서 그의 구상이 실현된 것으로 평가된다.

9

한 국가의 특정한 기본구조(정체)의 안정성은 어느 한 특정 계층이나 하위 사회집단이 다른 모든 계층이나 하위 사회집단의 침해에 대응하여 자신의 권력, 특권 및 면제권을 유지할 수 있는 능력에 의존한다. 그러한 특정 기본구조는 그것을 구성하고 있는 부분들이 종래의 지위나 상태보다 더 개선되거나 부진할 때마다 필연적으로 다소의 변화를 겪는다.

10

그러한 모든 서로 다른 계층과 하위 사회집단은 그들에게 안전과 보호를 제공해주는 국가에 의존하고 있다. 그것들은 모두 국가에 예속되어 있으며 국가의 번영과 유지에 공헌하는 정도로만 인정된다는 사실은 모든 그러한 사회집단의 가장 당파적인 구성원도 승인한 하나의 진리다. 그러나 국가의 번영과 유지를 위해 자신이 속한 특정한 계층과 하위 사회집단의 권력, 특권, 면제권을 어느 정도 축소하는 것이 필요하다는 점을 그 구성원에게 설득하는 것은 종종 어려운 일이다.

이러한 당파성은 비록 때때로 부당할지라도 그 때문에 무용하지는 않을 수 있다. 그것은 혁신의 정신을 저지한다. 그것은 국가의 서로 다른 계층과 하위 사회집단 사이에 확립된 균형을 어떤 것이든 보존하려는 경향이 있다. 그렇지만 그것은 때때로 당시의 유행 추종적이고 대중 영합적일 수 있는 정부통치의 변화를 저지하는 반면에, 국가 전체 체계의 안전성과 항구성에 실제로 공헌한다.

11

보통의 경우에 조국에 대한 사랑은 그 안에 두 개의 서로 다른 원리를 포함하고 있는 듯하다. 첫째는 실제로 확립되어 있는 국가 정체 또는 통치 형태에 대한 일정한 존중과 존경이고, 둘째는 동료시민들의 생활 상태를 가능한 한 안전하고 존경할 만하며 행복하게 하려는 진지한 욕망이다. 법을 존중하지 않고 위정자에게 복종하지 않으려는 성향의 사람은 시민이 아니다. 또한 자신이 지닌 능력의 범위 안에서 동원 가능한 모든 방법을 통해 동료시민이 살고 있는 전체 사회의 복지를 촉진하고 싶어 하지 않는 사람은 분명히 훌륭한 시민이 아니다.

12

평화롭고 평온한 시대에는 이러한 두 가지 원리는 일반적으로 일치하며 동일한 행위를 수반한다. 이미 확립된 통치를 지지하는 것이 분명히 동료시민들의 안전하고 존경할 만하며 행복한 상태를 유지하는 최고의 수단인 듯하다. 그리고 우리는 이러한 통치가 실제로 그러한 상태에서 그들을 부양하고 있음을 목격하고 있다. 그러나 국민의 불만, 당쟁 그리고 무질서가 횡행하는 시대에는 이러한 두 가지 원리가 서로 다른 길로 안내할 것이다. 심지어 현명한 사람조차도 실제의 조건에서 분명히 공공의 평온을 유지할 수 없는 것처럼 보이는 그러한 정체 또는 통치 형태에 일부 변화가 필요하다고 생각하는 경향이 있다.

그러나 그러한 경우에 진정한 애국자라면 그가 언제 옛 체제의 권위를 지지하며 그것을 재확립하기 위해 노력해야 하며, 언제 좀더 대담하면서도 종종 위험스러운 혁신의 정신에 양보해야 하는가를 결정하는 것은 최고도의 정치적 지혜를 필요로 한다.

13

대외 전쟁과 국내 당쟁은 공공정신의 발휘를 위한 가장 훌륭한 기회를 제공하는 두 가지 상황이다. 대외 전쟁에서 성공적으로 조국에 봉사한 영웅은 국민 전체의 소망을 만족시켜주며, 그 때문에 보편적인 감사와 감탄의 대상이 된다. 국내 당쟁의 시대에 서로 맞서 싸우는 정파의 지도자들은 그들 동료시민의 절반에게는 칭송받을지라도, 다른 편의 동료시민에게는 혐오받는 것이 일반적이다. 그들이 수행하는 봉사의 특성이나 공로는 더욱 의심스럽게 여겨지는 것이 보통이다. 이 때문에 대외 전쟁으로부터 얻은 영예는 국내 당쟁에서 얻을 수 있는 것과 비교해 거의 언제나 한층 더 순수하고 훌륭하다.

14

그러나 성공한 정파의 지도자가 자신의 동료들이 적정한 인내심과 절제를 가지고 행동하도록 설득할 만큼 충분한 권위를 가지고 있다면(비록 이러한 권위가 없는 경우가 흔하지만), 그는 아마도 대외 전쟁에서 얻은 가장 위대한 승리나 가장 넓은 범위에 걸친 정복보다도 훨씬 더 본질적이고 중요한 봉사를 때때로 그의 조국에 한 것인지도 모른다. 그는 국가의 기본구조를 재확립하고 개선할 수 있으며, 어떤 한 정파의 지도자라는 매우 의심스럽고 모호한 성격으로부터 탈피하여 모든 성격 가운데 가장 위대하고 고상한 성격인 대국의 개혁가와 입법가의 성품을 지닌 것처럼 행세할 수 있다. 그리고 그가 확립시킨 제도들의 현명함 때문에, 여러 세대에 걸쳐 그의 동료시민들의 내부적인 안정과 행복이 보호받을 수 있을 것이다.

15

국내 당쟁이 부른 소요와 혼란의 와중에서 어떤 체제신봉의 정신은 인간애에 기초한 공공정신, 즉 동료시민의 일부가 겪게 될지도 모르는 불편과 곤란에 대한 진정 어린 동료감정에 기초하고 있는 공공정신과 결합하기 쉽다. 이러한 체제신봉의 정신은 일반적으로 더욱 온화한 공공정신의 방향을 설정하고, 공공정신에 늘 생기를 불어넣으며, 종종 이를 자극하여 광신적 행위로 몰아가기도 한다.

불만을 품은 정파의 지도자들은 대개 불편을 제거하고 직접적으로 불만의 소지가 되는 곤란을 완화할 뿐만 아니라, 향후에도 동일한 불편과 곤란이 재발하는 것을 방지할 목적으로 일부 개연성 있는 개혁방안을 내놓지 않을 수 없다. 이를 근거로 그들은 종종 국가의 기본구조를 새롭게 만들고, 수세기가 경과하는 동안 대제국의 신민들이 그 아래서 평화, 안전 그리고 영광마저도 향유했던 통치체제를 일부 가장 본질적인 부분에서 변경할 것을 제안한다.

그 정파의 다수는 그들이 경험하지도 못한, 하지만 그 지도자들의 달변으로 치장되고 가장 눈부신 색채로 그들에게 제시된, 이러한 이상적인 체제의 가상적인 아름다움에 도취되는 것이 일반적이다. 이 지도자들은 본래 자신들의 세력 확장을 도모하려는 의도밖에 없었지만 시간이 지나면서 이들 중 많은 사람은 그 궤변의 앞잡이가 되어, 가장 나약하고 어리석은 추종세력만큼이나 이러한 대단한 개혁을 갈망하게 된다. 이 지도자들은, 비록 실제로 흔히 그러하듯이 이러한 광신적 행위에서 벗어나 분별력을 보전한다고 해도, 언제나 추종세력의 기대를 감히 낙담시키려 하지 못한다. 그들은 비록 자신들의 원칙이나 양심에 반한다고 하더라도 마치 그들과 동일한 망상에 빠져 있는 것처럼 행동할 수밖에 없는 것이 보통이다.

그러나 그 정파의 격렬함은 모든 완화책, 절제 그리고 모든 합당한 조정을 거부하고 지나치게 많은 것을 요구함으로써 흔히 아무것도 이루지 못한다. 조그마한 절제가 있었다면 상당히 제거되거나 완화될 수 있었을 것 같은 불편과 곤란이 치유의 희망이 사라진 채 모두 그대로 남아 있게 된다.

16

인간애나 자혜에 의거해서 공공정신이 전적으로 도모되는 성품의 사람은 심지어 개인에게 속한 것일지라도 이미 확립된 권력과 특권을 존중할 것이고, 그것이 국가를 구성하고 있는 거대한 계층이나 하위 사회집단에 속하는 것일 때에는 한층 더 그러할 것이다. 설령 그가 그것들 가운데 일부 특권이 어느 정도 남용되고 있다고 판단하더라도, 거대한 폭력 없이는 종종 폐지될 수 없는 것이라면, 그는 이를 완화하는 데에 만족할 것이다. 이성과 설득을 통해 사람들의 뿌리박힌 편견을 타파할 수 없을 때에도, 그는 그들을 무력으로 굴복시키려 하지 않는다.

대신에 그는 키케로가 플라톤의 신성한 좌우명이라고 정당하게 지칭한 것을 경건하게 준수하며, 그의 부모에 대해 하는 것처럼 그의 조국에 대해서도 결코 폭력을 행사하지 않을 것이다.[12] 그는 공적인 장치를 가능한 한 국민에게 상습화된 관행과 편견에 맞추어 적용하고자 할 것이고, 국민이 복종하기를 거부하는 그런 규제가 없을 때에 비롯될 수 있는 불편만을 가능한 한 치유하고자 할 것이다. 그가 올바른 질서를 확립할 수 없을 때, 그는 그릇된 질서를 개선하는 것을 수치스럽게 여기지 않는다. 솔론이 그러했듯이, 그는 최선의 법체계를 확립할 수 없을 때에는 국민이 감내할 수 있는 최선의 체계를 확립하려고 노력할 것이다.[13]

---

12) 이러한 취지의 플라톤의 발언은 『대화편』 가운데 「크리톤」(*Crito*)에 나온다.
13) 플루타르크의 『영웅전』의 「솔론」 편에 거론된다. 솔론(BC 640경~BC 560 경)은 고대 그리스 아테네의 정치가, 입법자, 시인이며, 그리스의 일곱 현인

17

반면에 체제신봉자는 제 딴에는 현명하다고 생각하는 경향이 있으며, 자신의 이상적인 통치계획이 가지는 가상적인 아름다움에 종종 매혹되어 그 계획이 조금이라도 빗나가는 것을 감내하지 못한다. 그는 자신의 계획에 반대할 수 있는 커다란 이해관계나 강력한 편견에 대해서는 아무런 고려도 하지 않은 채 그 계획을 완벽하게 모든 부문에서 계속해서 확립해가고자 한다.

그는 장기판에서 서로 다른 말을 배열하는 것만큼이나 아주 수월하게 거대한 사회의 서로 다른 구성원을 배열할 수 있다고 상상하는 듯하다. 장기판 위의 말은 사람의 손이 힘을 가하는 대로 움직이는 것을 제외한 다른 운동 원리가 없지만, 인간사회라는 거대한 장기판에서는 모든 말이 각각 자기 고유의 운동 원리를 가지며, 이는 입법기관이 동작을 가하기 위해 선택할 수 있는 운동 원리와는 전적으로 다르다.

만일 이러한 두 가지 원리가 일치하고 동일한 방향으로 작용하면 인간사회의 게임은 수월하고 조화롭게 진행될 것이며, 만족스럽고 성공적일 것 같다. 그러나 그것들이 상반되거나 서로 다르다면, 인간사회의 그런 게임은 불행하게 진행될 것이며, 그 사회는 언제나 최고도의 혼란을 겪게 될 것임에 틀림없다.

18

정책과 법률의 완성에 관한 일부 일반적이고 심지어 체계적인 관념이 정치가의 견해에 방향성을 주기 위해 필요하다는 것에는 의문의 여지가 있을 수 없다. 그런데 그러한 관념이 요구하는 모든 것을

중 한 명이다.

확립해야 하며, 모든 반대에도 한꺼번에 확립해야 한다고 주장하는 것은 종종 최고도의 오만임에 틀림없다. 그것은 자신의 판단을 옳고 그름의 최고 기준으로 격상시키는 것이다. 그것은 그 스스로가 그 국가에서 유일하게 지혜롭고 가치 있는 사람이며, 그의 동료시민이 그에게 순응해야만 하며 그 반대는 아니라고 생각하는 것이다. 이 때문에 모든 정치적 사색가 가운데 군주야말로 분명히 가장 위험하다. 그들은 이러한 오만에 매우 친숙해 있다.

그들은 자신의 판단이 대단히 우월하다는 점에 어떤 의심도 품지 않는다. 그러므로 개혁적인 황제나 왕들은 자신들이 통치하고 있는 나라의 기본조직에 대해 거만하게 숙고하는 경우에, 그 판단 가운데 내포된 오류를 자신들의 의지를 실행하는 데 저항하는 장애물로서 판단하는 경우는 거의 없다. 그들은 플라톤의 신성한 좌우명을 경멸하면서, 자신들이 국가를 위해 존재하는 것이 아니라 국가가 자신들을 위해 만들어진 것이라고 판단한다.

따라서 그들이 수립한 개혁의 거대한 목적은 그러한 장애물들을 제거하고, 귀족의 권위를 축소시키며, 도시와 지방의 특권들을 제거하는 동시에, 가장 나약하고 미천한 신분의 사람들이 그런 것처럼 그 국가의 가장 위대한 개인들이나 여러 계층이 그들의 명령에 반대할 수 없게 만드는 것이다.

제3장 보편적 자혜

1

우리의 효과적인 호의는 국가의 경계를 넘어서서 한층 더 넓은 어떤 사회로 확대되기가 거의 어렵겠지만, 우리의 선한 의지는 어떤 경계에 의해 제한받지 않고 무한한 우주에까지 미칠 수 있다. 우리가 어떤 결백하고 분별 있는 존재에 대해 생각하게 될 때, 우리는 그의 행복을 희망하게 되며, 우리가 명확히 상상할 수 있는 경우에 그의 불행을 상당히 혐오하게 된다.

비록 분별은 있으나 주변에 해를 끼치는 존재를 생각하면 우리의 증오가 자연스럽게 유발되는 것은 확실하다. 그러나 이러한 경우에 우리가 그것에 대해 지니게 되는 악의는 실제로는 우리의 보편적 자혜의 결과다. 그것은 그 사악한 존재의 악의 때문에 행복이 방해되고 있는 그러한 결백하고 분별 있는 다른 존재들의 불행과 분개심에 대해 우리가 느끼는 동감의 결과다.

2

이러한 보편적 자혜가 아무리 고귀하고 관대하다고 해도, 이것은 가장 위대하거나 가장 미천한 사람을 포함하여 우주의 모든 거주민은 저 위대하고 자애로우며 전지한 존재의 직접적인 주의와 보호 하에 있다는 점을 철저히 확신하지 못한 사람들에게는 확고한 행복의 원천이 될 수 없다. 이 전지한 존재는 자연의 모든 운동을 지휘하며, 자신이 지닌 불변의 완전성에 의해 우주 가운데 가능한 최대의 행복을 언제나 유지하기로 결심하고 있는 그런 존재다.

이러한 보편적 자혜의 관념과 반대로, 아버지 없는 세상이라는 바로 그런 의구심은 무한하고 불가해한 공간의 모든 미지의 영역이 오로지 끝없는 불행과 비참함만으로 채워질 것이라는 생각 때문에 모든 성찰 가운데 가장 음울한 성찰임에 틀림없다. 이러한 불쾌한 관념이 그러한 보편적 인애에 관한 상상력을 틀림없이 가리고 있으므로, 최고의 번영이 전해주는 어떤 화려함도 이 침울함을 밝게 교화하지는 못한다. 그러나 현명하고 덕망 있는 사람에게는 가장 고통스러운 역경의 어떠한 슬픔도 그러한 정반대의 체계(보편적 자혜의 관념)의 진리에 관한 습성화되고 철저한 확신에서 필연적으로 솟아나는 기쁨을 결코 고갈시킬 수는 없다.

3

현명하고 덕망 있는 사람은 항상 자신의 개인적 이익은 자신이 속한 계층이나 사회의 공익을 위해 기꺼이 희생되어야 한다고 판단한다. 또한 그는 언제나 이러한 계층과 사회의 이익은 그것의 상위에 있는 국가나 주권자의 한층 더 큰 이익을 위해서 기꺼이 희생되어야 한다고 판단한다. 이와 마찬가지로 그는 모든 하위의 이익은 우주의 한층 더 큰 이익을 위해서, 즉 신 스스로가 직접적인 관리자이며 지도자로 있는 사회, 분별 있고 지성적인 존재들로 이루어진 그 거대한 사회의 이익을 위해 기꺼이 희생되어야 한다고 판단한다.

만일 이 자애롭고 전지한 존재가 보편적 선을 위해서는 필요치 않은 어떠한 부분적 악도 자신의 통치체제 속으로 전혀 용인할 수 없다는 점에 대해 습관적이고 철저한 확신을 가지고 그가 깊은 감명을 받는다면, 그는 자기 자신, 자기 친구들, 그가 속한 사회, 그의 국가에 생길 수 있는 모든 불행은 우주의 번영을 위해서 불가결한 것으로서 간주할 것임에 틀림없다. 따라서 그와 같은 불행은 그가 속절없이 감수해야 할 뿐만 아니라, 만일 사물들의 상호연관과 의존관계를 알고 있다면, 성실하고 헌신적으로 희구했어야만 하는 것으로서 간주할 것임에 틀림없다.

4

우주의 위대한 지도자의 의지에 대해 이렇듯 담대하게 복종하는 것은 어느 모로 보나 인간 본성의 영역을 넘어서는 것으로 보이지는 않는다. 장군을 사랑하고 신뢰하는 훌륭한 군인들은 어려움도 위험도 전혀 없는 주둔지와 비교해서 귀환을 기대하기 어려운 절망적인 주둔지로 진군할 때에 한층 더 쾌활하고 신속하게 행군할 때가 대단히 많다. 이처럼 어려움과 위험이 없는 곳으로 행군할 때에는 그들은 통상적 의무를 수행하는 중에 느끼는 단조로움 이외에 어떤 감정도 느낄 수 없다. 어렵고 위험한 곳으로 진군할 때에 그들은 인간으로서 이룰 수 있는 가장 고귀한 노력을 하고 있다고 느낀다.

만일 이러한 결사적 진군이 군대의 안전과 전쟁의 승리를 위해 필요치 않았다면 그들의 장군이 그러한 명령을 내리지는 않았을 것이라고 그들은 생각한다. 그들은 자신들의 작은 조직체를 한층 더 큰 체계의 번영을 위해서 기쁘게 희생한다. 그들은 전우들의 행복과 성공을 기원하면서 애정을 담아 그들과 작별인사를 하고, 복종적인 공손함뿐만 아니라 가장 즐거운 환희의 소리를 지르면서, 그들에게 명령이 떨어진 그런 치명적이지만 멋지고 명예로운 주둔지를 향해 출정한다.

어느 군대의 지휘관도 우주의 위대한 지휘관과 비교해 한층 더 무한의 신뢰와 더욱 격렬하고 열광적인 애정을 받을 만한 가치는 없다. 개인적인 재난에서뿐만 아니라 거대한 공공의 재난에서도, 현명한 사람은 자기 자신, 친구와 국민들은 우주의 황량한 지역에 거주하도록 명령받았고, 전체의 선을 위해 필요치 않았다면 그런 명령을 받지 않았을 것이며, 이러한 할당을 체념하고 감수할 뿐만 아니라 민첩하고 쾌활하게 이를 수용하도록 노력하는 것이 그들의 의무라고 생각할 것임이 분명하다. 현명한 사람은 훌륭한 병사가 언제나 실행할 각오가 되어 있는 일을 확실하게 할 수 있어야 한다.

5

신적 존재의 관념은 신의 자혜와 지혜가 언제나 가능한 최대의 행복을 창출하기 위해서 영겁에 걸쳐 우주라는 거대한 기계를 고안하고 경영해왔다는 생각으로서, 이러한 관념은 인간적 명상의 모든 대상 가운데 확실히 가장 숭고한 대상이다.

이것에 비하면 다른 모든 사고는 필연적으로 변변찮은 것처럼 보인다. 이러한 숭고한 명상에 주로 전념하고 있다고 생각되는 사람은 우리의 최고의 존경의 대상이 되지 않을 수 없다. 그의 생활이 완전히 명상적이라고 하더라도, 국가의 가장 능동적이고 유용한 공복에 대해 우리가 갖는 존경심보다도 훨씬 더 탁월한 존경심, 즉 일종의 종교적인 존경심을 가지고 그를 종종 바라보게 된다.

주로 이러한 주제를 다루는 마르쿠스 안토니우스의 『명상록』은 그의 정의롭고 자비로우며 자혜로운 통치에 관한 모든 서로 다른 업무처리보다도 그의 성품에 대한 일반적인 찬사에 아마 더 많은 기여를 해왔다.[14]

6

그러나 우주라는 거대한 체계의 관리, 즉 모든 합리적이고 분별 있는 존재들의 보편적 행복을 배려하는 것은 신의 업무이지 인간의 과제는 아니다. 인간에게 할당되고 있는 것은 훨씬 더 소박한 영역이지만, 그의 나약한 능력이나 편협한 이해력에 비추어 보면 훨씬 더 적합한 영역이며, 그것은 자기 자신의 행복, 자기 가족, 자기 친구, 자기

---

14) 마르쿠스 아우렐리우스(Caesar Marcus Aurelius Antoninus Augustus, 121~180)는 161년부터 180년까지 로마제국을 통치했으며, 제국의 중흥을 이끈 다섯 철인현제 가운데 마지막 황제다. 그는 스토아 철학이 담긴 『명상록』의 저자로 널리 알려져 있다.

나라의 행복을 고려하는 일이다. 그가 한층 더 숭고한 영역을 숙고하는 데 전념하고 있다는 점이 한층 더 소박한 영역을 소홀히 해도 된다는 구실이 결코 될 수는 없다. 인간은 아마도 부당한 것이었을지라도 아비디우스 카시우스가 마르쿠스 안토니우스에게 적대적으로 가했다고 전해지는 비난, 즉 그가 철학적 사색에 깊이 빠져 우주의 번영을 명상하면서도, 로마제국의 번영은 소홀히 했다는 비난에 필히 노출되지 않도록 해야 한다.[15] 명상적인 철학자의 가장 숭고한 사색이라 할지라도 그것이 최소한도의 현역 의무를 소홀히 한 것에 관한 보상이 될 수는 없다.

---

15) 아비디우스 카시우스(Avidius Cassius, ?~175)는 당시 시리아의 로마 총독이다. 175년 마르쿠스 아우렐리우스가 죽었다는 오보를 접하고 황제를 자칭해 반란을 일으키지만, 그 소문이 사실이 아니라는 점 때문에 불안에 빠진 부하들에게 암살당했다.

제3편 자기통제

1

완전한 신중, 엄격한 정의, 적절한 자애의 준칙에 따라서 행동하는 사람은 완벽한 덕성을 갖추고 있다고 말할 수 있다. 그러나 그러한 준칙에 관한 가장 완전한 지식만을 가지고는 그가 그런 식으로 행동할 수 있는 것은 아니다. 자신의 열정 때문에 그는 오도되기가 매우 쉽고, 냉정하고 침착한 시간에는 그 스스로가 승인하는 모든 규칙을 위반하도록 가끔씩 내몰리거나 때때로 꼬임을 당하기가 매우 쉽다. 그러한 준칙을 가장 완벽하게 알고 있다고 해도 그것이 가장 완벽한 자기통제에 의해서 뒷받침되지 않는다면, 그는 언제나 자신의 의무를 완수할 수 없게 될 것이다.

2

고대의 도덕주의자 가운데 가장 뛰어난 일부는 그러한 열정들을 두 가지 서로 다른 유형으로 나누어 판단한 듯하다. 첫째는, 한순간의 억제를 위해서조차 상당한 정도의 자기통제의 발휘가 요구되는 유형이고, 둘째는, 한순간이나 심지어 단기간의 억제는 수월하지만, 한평생 동안 지속적이고 거의 끊임없는 유혹 때문에 심각한 일탈로 오도되기 매우 쉬운 유형이다.

3

공포와 격노는 이들과 혼합되거나 연관되는 일부 다른 열정들과 함께 첫 번째 부류를 구성한다. 안락, 쾌락, 칭찬 및 많은 다른 이기적인 만족에 대한 애착은 두 번째 부류를 구성한다. 정도를 넘어선 두려움이나 격렬한 분노를 한순간조차 억제하는 것은 종종 어렵다. 안락, 쾌락, 칭찬 및 다른 이기적인 만족에 대한 애착을 한순간이나 심지어 단기간에 억제하는 것은 언제나 용이하다.

그러나 지속적인 유혹 때문에 우리는 종종 오도되어 많은 약점을 드러내게 되고 나중에는 이에 대해 수치스러워할 여러 이유를 갖게 된다. 전자의 부류에 속하는 열정들은 우리가 의무를 준수하지 못하도록 내모는 것이고, 후자의 부류에 속하는 열정들은 우리가 의무를 지키지 못하도록 유혹하는 것이다. 위에서 말한 고대의 도덕주의자들에 따르면, 전자에 대한 통제는 용기, 남자다움, 강인한 정신이며, 후자에 대한 통제는 절제, 품위, 겸손, 중용으로 지칭된다.

4

이러한 두 가지 유형의 열정 각각에 대해 통제를 하는 것은, 그 결과로써 도출되는 효용에서 나오는 아름다움, 즉 우리가 어떤 경우에도 신중, 정의 및 적절한 인애의 지시에 따라 행동할 수 있는 여건에서 나오는 아름다움과는 무관하게, 그 자체의 아름다움을 지니며, 그 자체로서 일정한 정도의 존경과 감탄을 받을 만한 듯하다. 한편으로는 그 노력의 강도와 탁월성이 일정한 정도의 존경과 감탄을 불러일으킨다. 다른 한편으로는 그 노력의 일관성, 균일성과 부단한 견고함이 마찬가지로 이를 야기한다.

5

위험 속에서 고문당하고 죽음의 문턱에 이르러서도 마음의 평안을 변함없이 유지하며 가장 공평한 관찰자의 감성과 완전히 일치하지 않는 어떠한 말이나 몸짓도 부주의하게 하지 않는 사람은 필연적으로 매우 높은 정도의 칭찬을 받는다.

만일 그가 자유와 정의를 위해서, 인간애와 조국애를 위해서 고통을 당한다면, 그의 고통에 대한 가장 다정한 연민, 그의 박해자들의 불의에 대한 가장 강렬한 분노, 그의 자혜로운 의도에 대한 가장 진심 어린 동감적인 감사, 그의 공로에 대한 최고의 감각, 이것들 모두는 그의 담대함에 대한 찬사와 섞이고 결합하여, 종종 그런 감정을 가장 열광적이고 기쁨에 넘친 존경으로 타오르게 한다.

가장 각별한 호의와 애정을 가지고 기억되는 고대 및 근대의 영웅들의 다수가 진리, 자유, 정의를 위해 교수대에서 사라졌으며, 그들은 그곳에서 그들에게 잘 어울리는 평온과 위엄을 가지고 행동했다. 만일 소크라테스의 적대자들이 그를 침대에서 조용하게 사망하도록 했다면, 이 위대한 철학자의 영광조차 모든 후대에 걸쳐 사람들이 주시해왔던 빛나는 광채를 결코 발하지 못했을 것이다.

영국사에서 버튜와 호우브라켄이 조각한 걸출한 두상들을 검토할 때,[16] 가장 유명한 두상의 일부, 특히 모어, 롤리, 러셀, 시드니 등의

---

16) 버튜(George Vertue, 1684~1756)는 영국의 조각가이며 예술 고고학자다. 호우브라켄(Jacobus Houbraken, 1698~1780)은 네덜란드의 판화가다. 스미스가 거론하는 것은 버치(Thomas Birch)의 『영국의 걸출한 두상들(호우브라켄과 버튜 조각)과 그들의 삶과 특징』(1743)을 의미한다.

두상 아래에 새겨진, 참수의 상징인 도끼는 모든 하찮은 문장의 장식들로부터 도출될 수 있는 것보다 훨씬 탁월한, 그것이 부착된 인물에 대한 진정한 존엄과 흥미를 발산하고 있음을 느끼지 않는 사람은 거의 없다.[17)]

6

이러한 담대함이 결백하고 덕망 있는 사람의 성품에만 영광을 부여하지는 않는다. 그것은 가장 주목할 만한 범죄자의 성격에 대해서조차 일정 정도의 호의를 일으킨다. 그러므로 도둑이나 노상강도가 교수대로 끌려와 거기서 품위와 확고함을 가지고 행동하면, 우리가 비록 그의 처벌을 전적으로 승인한다고 해도 그렇게 대단하고 고상한 능력을 가진 사람이 그렇듯 천박한 범죄를 저지른 점을 유감으로 여기지 않을 수 없게 된다.

7

전쟁은 이러한 유형의 담대함을 획득하고 실행하기에 적합한 훌륭한 학교다. 회자되는 바대로 죽음은 공포의 왕이며, 죽음에 대한 공포를 극복한 사람은 다른 어떠한 자연적 재앙이 다가와도 동요하지 않을 것 같다. 전쟁에서 사람들은 죽음과 친숙해지고, 그 때문에 나약하고 경험 없는 사람들이 전쟁을 바라볼 때 지녔던 그런 미신적인 공포가 필연적으로 교정된다.

---

17) 모어 경(Sir Thomas More)은 대역죄를 선고받아 1535년 참수형에 처해졌다. 롤리 경(Sir Walter Raleigh)은 제임스 1세에 반하는 음모를 꾀한 죄로 1603년 사형을 선고받고 1618년 참수형에 처해졌다. 러셀 경(Lord William Russell)과 시드니(Algernon Sydeny)는 모두 1683년 영국에서 일어난 국왕 암살 미수사건인 라이하우스 사건의 공모혐의로 참수를 당했다.

그들은 죽음을 단지 생명의 상실로 간주하며, 생명이 욕구의 대상이듯이 죽음도 혐오의 대상에 불과한 것으로 생각한다. 또한 그들은 외형상으로는 대단히 위험한 많은 것이 실제로는 그렇게 위험하지 않다는 점을 경험을 통해 배운다. 또한 용기, 적극성, 침착성을 가질 때 처음에는 아무런 희망을 기대할 수 없었던 상황에서도 명예롭게 스스로를 구출할 가능성이 종종 크다는 점도 경험에서 배운다.

이렇듯이 죽음의 공포는 상당히 줄어들고, 그것에서 회피할 자신감이나 희망은 증가한다. 그들은 좀더 대담하게 스스로를 위험에 노출하는 법을 배운다. 그들은 위험에서 벗어나는 데 덜 노심초사하게 되고, 위험한 상황에서도 침착성을 덜 잃게 되는 경향이 있다.

위험과 죽음에 대한 이러한 습성화된 경멸이 바로 군인의 직업을 고상하게 하고, 세상 사람들의 자연스러운 견해 속에 다른 어떤 직업보다도 이 직업에 대해 한층 더 탁월한 지위와 위엄을 부여한다. 조국에 대한 봉사에서 군인의 직업을 능숙하고 성공적으로 수행하는 일은 모든 시대의 호의적인 영웅들의 성격에서 가장 두드러진 특징을 구성한 듯하다.

8

위대한 군사적 공훈이 비록 모든 정의의 원리에 반해서 그리고 인간애에 대한 아무런 존중 없이 수행되지만, 우리는 때때로 그것에 관심을 갖게 되며, 그것을 지휘한 아주 하찮은 인물들에 대해서조차 어느 정도 일종의 존경심을 보인다. 우리는 버커니어스 해적의 위업에 대해서조차 관심을 갖는다.[18]

---

18) 버커니어스(Buccaneers)는 17세기 남미 스페인 식민지에서 쫓겨난 프랑스의 개척민이 서인도제도 중부의 히스파니올라 섬(Hispaniola, 오늘날 남미 북안의 아이티 및 도미니카 공화국)의 요새와 농장을 대상으로 약탈을 하면

여기서 우리는 역사의 통상적인 흐름이 제공하는 설명과 비교해서, 대부분 범죄의 목적을 추구하는 와중에 한층 더 큰 고난을 겪고, 한층 더 큰 곤란을 극복하고, 한층 더 큰 위험에 직면했던 아주 하찮은 인간들의 역사를 일종의 존경과 감탄의 마음으로 읽게 된다.

9

격노의 통제는 많은 경우에 공포의 통제만큼이나 덜 담대하거나 덜 고상하지 않다. 고대와 근대의 웅변의 가장 멋지고 감탄할 만한 문구들의 많은 부분에서 정의로운 분노가 적절히 표현된다. 데모스테네스의 필립포스 왕 공격연설과 키케로의 카틸리나의 반정부음모론이 지닌 총체적인 아름다움은 이러한 열정이 기품과 적정성을 가지고 표현되는 것으로부터 도출된다.[19]

그런데 이러한 정의로운 분노는 중립적 관찰자가 공감할 수 있을 정도로 억제되고 적절히 완화된 노여움에 불과하다. 이것을 넘어서서 고함치고 떠들썩한 열정은 항상 혐오스럽고 불쾌감을 주며, 우리는 분노하는 사람이 아니라 그 사람의 분노의 대상이 된 사람에게 관심을 갖게 된다.

관용의 훌륭함은 많은 경우에 심지어 분노의 가장 완벽한 적정성보다도 더 우월한 듯하다. 가해자 측이 적절하게 과오를 인정한 경우나, 그와 같은 과오를 인정하지 않아도 공익의 요구에 따라 어떤 중요한 의무의 이행을 위해 불구대천의 적들과 협조해야만 하는 경우

서 이들에게 붙여진 해적의 이름이다.

19) 고대 그리스의 뛰어난 정치가이자 웅변가인 데모스테네스(Demosthenes, BC 384~BC 322)가 일전을 앞두고 아테네인들에게 마케도니아 필립 왕에게 저항할 것을 촉구하는 연설을 의미한다. 한편 기원전 63년에 집정관이 된 키케로는 로마 공화정 말기의 귀족인 카틸리나(Lucius Sergius Catilina, BC 108경~BC 62)를 무장반란 혐의로 고발하면서 원로원에서 열변을 토한다.

에, 모든 적의를 버리고 자기를 몹시 불쾌하게 만든 사람을 향해 신뢰와 진심을 가지고 행동할 수 있는 사람은 당연히 최고의 찬사를 받을 만한 가치가 있는 듯하다.

10

그런데 격노의 통제가 그와 같은 화려한 색채로 항상 표출되지는 않는다. 공포는 격노와 정반대로서, 종종 격노를 억제하는 동기가 된다. 그러한 경우에 그 동기의 천박성은 격노의 억제에 따른 모든 고귀함을 빼앗는다. 격노는 공격하도록 촉구하며, 격노를 멋대로 발산하는 것은 때때로 일종의 용기 그리고 공포보다도 탁월한 측면을 보여주는 듯하다. 격노를 멋대로 발산하는 것은 때로는 허영의 대상이 된다. 공포를 멋대로 발산하는 것은 결코 그렇지 않다.

허영심이 있고 나약한 사람들은 그들보다 낮은 신분의 사람이나 그들에게 감히 반대하지 않는 사람들 사이에서는 종종 열정적인 것처럼 과시적으로 가장하고, 그런 행동을 함으로써 이른바 기백을 보인 것으로 상상한다. 약자에게 허세를 떠는 사람은 진실이 아닌 자신의 오만에 대해 많은 이야기를 한다. 그리하여 그는 청중에게 비록 스스로가 더 호감을 주거나 더 존경할 만한 것으로 보이지는 못해도 적어도 더 위협적인 것으로 보이게 한다고 상상한다.

결투의 관행을 지지함으로써 어떤 경우에는 개인적 복수를 장려한다고 말할 수도 있는 근대의 풍속은 근대 시기에 공포로 격노를 억제함으로써 그렇지 않은 다른 경우와 비교해서 한층 더 경멸하게끔 만드는 데 기여한 경우가 많은 듯하다. 그것이 어떤 동기에 기초하고 있든지 간에 공포의 통제에는 품위 있는 무언가가 항상 있다. 격노의 통제는 그렇지 않다. 만일 그것이 품위, 존엄 그리고 적정성의 감각에 전적으로 기초하고 있지 않다면, 그것은 결코 완전히 유쾌하지 않다.

11

신중, 정의 그리고 적절한 자혜의 지시에 따라서 행동하는 것은 이를 위반하여 행동하도록 하는 유혹이 전혀 없을 때에는 무언가 큰 장점이 있지는 않은 듯하다. 그러나 최악의 위험과 난관의 와중에서 냉철하게 숙고하며 행동하는 것, 예상되는 매우 큰 이익이나 뒤따르는 매우 큰 해악이 정의의 신성한 준칙을 위반하도록 자극할 수 있는데도 독실하게 그러한 준칙을 준수하는 것, 우리의 천성이 지닌 자혜로운 마음이 그 은혜를 입은 개인들의 악의와 배은망덕으로 절대로 의기소침하거나 낙심하지 않도록 하는 것은 가장 고귀한 지혜와 덕성의 특성이다. 자기통제는 그 자체가 위대한 덕성일 뿐만 아니라, 이로부터 다른 모든 덕성은 주요한 광채를 발하게 된다.

12

공포의 통제와 격노의 통제는 항상 위대하고 고상한 특별한 능력이다. 그것들이 정의와 인애의 덕성에 의해 지도될 때에, 그것들은 위대한 미덕이 될 뿐만 아니라, 그 밖의 다른 덕성들의 광채를 더 발하게 한다. 그런데 그것들은 때로 전혀 다른 동기에 기초할 수 있으며, 이 경우에 그러한 통제는 여전히 위대하고 존경할 만해도 지극히 위험할 수 있다. 가장 두려움을 모르는 용맹이 최악의 불의를 위해 활용될 수도 있다.

무척 분노한 상태에서 겉으로 평온함과 좋은 기분을 유지하는 태도는 복수를 향한 가장 단호하고 잔혹한 결의를 보이지 않게 한다. 이러한 시치미를 떼는 데 필요한 정신력은, 비록 항상 그리고 필연적으로 비열한 허위의 악영향을 받는다고 해도, 그리 경멸할 만한 판단력을 지니지 않은 많은 사람에게 대단한 찬사를 종종 받았다.

카트린의 그런 위장은 해박한 역사가인 다빌라에게 종종 칭송을 받았으며,[20] 후일 브리스톨 백작의 칭호를 받게 된 디그비 경의 그런 위장은 진지하고 양심적인 클래런던 경의 칭찬을 받았고,[21] 섀프츠베리 백작의 그런 위장은 분별력 있는 로크에게 칭송을 받았다.[22] 키케로조차도 이 기만적인 성격을 진정으로 최고의 기품을 지니기보다는 어떤 생활 방식의 유연성에 부적절하지 않은 무언가로 보는 듯하다.

한편으로 그는 그러한 유연성을 대체적으로 유쾌하며 존경할 만한 것으로 간주한다. 그는 호메로스의 율리시스, 아테네의 테미스토

---

20) 카트린 드 메디치(Catherine de Medici, 1519~89)는 이탈리아 메디치 가문의 후계자로 프랑스 앙리 2세와 결혼하여 왕비가 되었다. 대상인가의 후손답게 본심을 숨기고 신중했지만 화술에는 능란했다. 단기간에 아들 셋이 모두 프랑스의 국왕이 되면서 아들들을 통해 섭정에 나서면서 정치적 영향력을 발휘했다. 한편 다빌라(Enrico Caterino Davila, 1576~1631)는 이탈리아의 역사가이자 외교관이다.

21) 디그비(John Digby, 1580~1653)는 영국의 외교관으로서 17세기 중반 의회파와 왕당파가 충돌하는 영국 내전의 시기에 찰스 1세의 온건파 총신이었다. 한편 본명이 하이드(Edward Hyde, 1609~74)인 클래런던(Clarendon) 1세 백작은 영국의 정치가며 역사가다. 그는 청교도혁명이 진행되는 과정에서 1645년 크롬웰이 왕당파를 격파하면서 정세가 불리해지자, 찰스 왕자(후일 찰스 2세)와 함께 프랑스에 망명했다. 그는 『영국의 반란과 내란의 역사』(1702/4)를 집필하면서 왕정복고에 노력했다.

22) 본명이 안토니 애슐리 쿠퍼(Anthony Ashley Cooper, 1621~83)인 섀프츠베리(Shaftesbury) 백작은 17세기 영국혁명기 때의 정치가이자 철학자다. 청교도혁명 당시는 그는 왕당파에서 도중에 의회파로 전향했는데, 크롬웰의 군부통치에 반대하면서 1660년 찰스 2세의 왕정복고에 공을 세웠다. 이후 절대군주제를 강화하려는 찰스 2세 및 제임스 2세의 정치적 노선에 반대하며 종교적 관용과 의회 권한을 강조하는 휘그파의 형성을 주도했다. 그는 정치철학자인 로크(John Locke, 1632~1704)의 후원자로도 알려지는데, 로크는 경험론 철학의 거두의 하나다.

클레스, 스파르타의 리산더, 로마의 크라수스 등의 성격을 사례로 들어 이러한 견해를 예증하고 있다.[23] 어두침침하고 은밀한 위장이 지닌 이러한 성격은 사회적 혼란이 큰 시기에, 즉 당쟁과 내란 같은 폭력이 횡행하는 가운데에 가장 흔히 발생한다.

법률이 대부분 무력해지는 경우나 결백을 가장 완벽하게 견지하는 것만으로는 안전을 보장받을 수 없을 때에는, 대부분의 사람들은 자기방어에 대한 생각으로 능숙한 솜씨와 교묘한 수완으로 당시 지배적인 정파가 무엇이든 여기에 표면상 순응하게 된다.

이러한 성격의 위장도 때로는 가장 냉철하고 결연한 용기를 동반할 때가 많다. 적절히 위장을 실행하는 행위는 그러한 용기를 전제로 하는데, 발각되면 초래되는 확실한 결과는 흔히 죽음이기 때문이다. 그것은 은폐의 필연성을 부여하는 적대적인 당쟁 사이의 모든 격렬한 적의를 격앙시키든 진정시키든 이와 무관하게 활용될 수 있다. 그것은 때로 유용할 수도 있지만, 최소한 그만큼 과도하게 유해할 수도 있다.

---

23) 율리시스(Ulysses)는 호메로스의 서사시 『오디세이』(BC 800경)에 나오는 주인공으로 용기, 지략, 분별력, 인내심이 뛰어난 이타케 섬의 국왕이다. 트로이 전쟁에 출전하기를 처음에는 거부했으나, 일단 전쟁에 참가한 후에는 뛰어난 무장으로서 활약한다. 테미스토클레스(Themistocles, BC 524~459)는 고대 아테네의 정치가며 장군이다. 그는 기원전 480년 막강한 페르시아 함대를 아테네 인근의 좁은 살라미스 해협으로 유인해 괴멸시켰다. 리산더(Lysander, ?~BC 395)는 고대 그리스 스파르타의 유능한 장군이자 정치가다. 그는 기원전 406년 펠로폰네소스 전쟁 중에 아테네의 식량공급 요충지인 소아시아 헬레스폰트에서 아테네 함대를 대파했다. 크라수스(Marcus Crassus, BC 115~BC 53)는 로마 공화정 말기의 정치가이자 장군이다. 그는 엄청난 재력과 사교성을 바탕으로 집정관을 지냈으며, 폼페이우스와 카이사르와 삼두정치를 했다.

13

조금 덜 격렬하거나 난폭한 열정들의 통제는 어떤 유해한 목적으로 남용될 가능성은 훨씬 적은 듯하다. 절제, 품위, 겸손, 중용은 언제나 호감을 주며, 어떤 나쁜 목적을 위해 지향되는 경우가 거의 없다. 그러한 자기통제를 더욱 온화하고 지속적인 견고함 가운데 발휘하는 것으로부터 호감을 주는 정절의 미덕과 존경할 만한 근면과 검소의 미덕은 이에 동반하는 모든 수수한 광채를 이끌어낸다.

이상과 같은 동일한 원리로부터 개인적이고 평화로운 삶이 주는 소박한 경로에 만족하는 모든 사람의 행동은 대부분의 아름다움과 이 아름다움에 속한 우아함을 도출해낸다. 그런데 이러한 아름다움과 우아함은 영웅, 정치가 또는 입법가의 눈부신 행동에 동반되는 것과 비교할 때, 비록 현란함이 덜하더라도, 언제나 즐거움이 덜한 것은 아니다.

14

이 책의 다른 몇몇 부분에서 자기통제의 본성에 대해 이미 언급한 바가 있으므로, 그러한 덕성에 대해 더욱 상세히 논할 필요는 없을 것이다. 여기서는 적정성의 기준점, 즉 공정한 관찰자가 승인하는 열정의 정도는 서로 다른 열정에 따라서 각기 다른 사정에 놓이게 된다는 점만을 고찰할 것이다.

어떤 열정은 그것의 과다가 결여보다는 덜 불쾌하다. 이러한 열정의 적정성의 기준점이 높은 곳에 있으며, 그 결여와 비교해서 그 과다에 한층 더 가까이 위치하는 듯하다. 또 다른 열정은 그것의 결여가 과다보다 덜 불쾌하다. 이러한 열정의 적정성의 기준점은 낮은 곳에 있고, 그 과다보다는 그 결여에 한층 더 가깝게 위치하는 듯하다.

전자는 관찰자가 대부분 동감하기 쉬운 열정이고, 후자는 관찰자가 거의 동감하기 쉽지 않은 열정이다. 또한 전자는 그 직접적인 감정이나 감각이 주요 당사자에게 유쾌함을 주는 열정이며, 후자는 불쾌함을 주는 열정이다.

어떤 일반원칙이 다음처럼 수립될 수 있다. 관찰자가 가장 동감하기 쉬우며, 그 때문에 적정성의 기준점이 높은 지점에 있는 열정은 그 직접적인 감정이나 감각이 당사자에게 다소 호감을 주는 열정이다. 이와 반대로 관찰자가 거의 동감하기 쉽지 않으며, 이 때문에 적정성의 기준점이 낮은 지점에 있는 열정은 그 직접적인 감정이나 감각이 당사자에게 다소 불쾌하거나 심지어 고통스러움을 주는 열정이다. 내가 관찰하는 한, 이러한 일반원칙은 단 하나의 예외도 용인하지 않는다. 약간의 사례가 즉시 이를 충분히 설명하고 그 진실성을 입증하게 될 것이다.

15

사회 속에서 인간을 결합하는 애정의 성향, 즉 인간애, 친절, 자연적 애정, 우정, 존경 등은 종종 과도할 수 있다. 그러나 이러한 성향이 과다한 사람조차 모든 사람의 관심의 대상이 된다. 우리가 비록 이러한 성향의 과다함을 비난하더라도, 그것을 여전히 동정심과 심지어 친절함을 가지고 지켜보며, 결코 반감을 갖고 바라보지는 않는다. 우리는 그것을 보고 화를 내기보다는 한층 더 유감스러워한다. 그 사람 자신에게는 그 과도한 애정의 발산마저도 많은 경우에 유쾌할 뿐만 아니라 아름답기까지 하다.

진실로 어느 경우에 종종 그런 것처럼, 특히 무가치한 대상을 향해 지향될 때에는 그 감정의 과도한 발산 때문에 그는 아주 실제적이고 절실한 고통을 겪는다. 그러나 그런 경우에조차 훌륭한 성향의 마음을 가진 사람은 그를 가장 민감한 연민의 마음으로 바라보며, 그의 나약함과 경솔함 때문에 그를 경멸하기를 좋아하는 사람들에게 최고의 분노를 느낀다.

이와 반대로 이러한 성향이 결여되거나 소위 강퍅한 마음을 가진 사람은 다른 사람들의 감정이나 고통에 무감각하며, 마찬가지로 타인들로 하여금 그의 감정이나 고통에 무감각하게 만든다. 또한 이러한 사람은 모든 세상 사람의 우정에서 배제됨으로써 모든 사회적 즐거움 가운데 가장 훌륭하고 안락한 우정의 즐거움으로부터 배제된다.

16

이에 반해서 사람들을 상대방에게서 등지게 작용하는, 말하자면 인간사회의 유대를 차단하는 경향이 있는 성정들의 성향, 즉 분노, 증오, 시기, 악의, 복수심 등은 그것의 결여보다는 과다로 사람들의 기분을 훨씬 더 상하게 하기 쉽다. 그것의 과다로 사람들은 마음속으로 스스로 비참하고 불행하다고 느끼고, 다른 사람들에게 증오의 대상, 심지어 때로는 공포의 대상이 되기도 한다.

그것이 결여되어 불만의 대상이 되는 경우는 거의 없다. 그러나 그 결여가 결함이 될 수는 있다. 적절한 분노를 결여하고 있다는 점은 남자다운 성격에서는 매우 본질적인 결함이 된다. 이런 사람은 많은 경우에 자기 자신과 친구들을 모욕적 언동과 불의로부터 보호할 수 없다. 불쾌하고 가증스러운 시기심의 열정은 바로 이러한 적정한 분노의 원칙의 과잉과 부적절한 지향 가운데 존재하는데, 그러한 원칙조차도 결함이 될 수 있다.

시기심은 어느 모로 보나 우월성을 진정으로 보유할 자격이 있는 사람들이 소유한 우월성을 악의적인 반감을 가지고 바라보는 열정이다. 하지만 어떠한 우월성도 보유할 자격을 가지지 못한 다른 사람들이 중요한 여러 문제에서 자기보다 높아지거나 앞서도록 허용하는 사람은 천박한 것으로 비난받아 마땅하다.

이러한 나약함은 흔히 나태함, 때로는 선량한 성격, 반목이나 야단법석 혹은 간청에 대한 혐오, 그리고 어느 한때 경멸하고 쉽사리 포기한 편익을 늘 계속해서 경멸할 수 있다고 상상하는 일종의 무분별한 관대함에 기초하고 있다. 그러나 이러한 나약함에는 일반적으로 많은 후회와 유감이 뒤따른다.

그리고 처음에는 외형상 관대한 태도가 종국에 가서는 가장 악의적인 시기로 종종 바뀌게 되고, 다음과 같은 우월성, 즉 그것을 한때 얻은 사람들이 바로 그것을 얻은 사실 때문에 실제로 그러한 자격을 종종 갖는 그러한 우월성에 대한 증오로 바뀌게 된다. 세상에서 안락하게 살기 위해서는 모든 경우에 우리의 생명과 재산을 보호하는 것만큼이나 우리 자신의 품위와 지위를 보호하는 것이 필요하다.

17

일신상의 도발에 대한 감수성과 마찬가지로 일신상의 위험이나 불행에 대한 우리의 감수성은 그 결여보다는 그 과다로 마음이 훨씬 더 상하기 쉽다. 겁쟁이의 성격보다도 더 경멸받을 만한 성격은 없으며, 대담함으로 죽음과 맞서면서 가장 두려운 위험한 상황에서도 마음의 평정과 침착성을 유지하는 사람보다 더 많은 찬사를 받을 만한 성격은 없다.

우리는 남자답고 확고부동하게 고통과 심지어 고문마저도 참아내는 사람을 존경한다. 우리는 그러한 상황에 빠져 낙심하면서 무익한 절규나 연약한 비탄에 스스로를 내맡기는 사람에게 존경심을 거의 표할 수가 없다. 교차로의 모든 작은 사고까지 매우 심각하고 예민하게 느끼며 초조해하는 기질의 사람은 스스로 불행을 느끼며, 타인들에게는 불쾌감을 준다.

작은 침해나 인간사의 일상적 과정에서 발생하는 작은 재난사고에 따라서 마음의 평정심이 동요하지 않는 사람, 세상에 출몰하는 자연적이고 도덕적 해악의 와중에서 이를 예견하면서 이들에게서 적은 고통을 겪는 데 만족하는 차분한 기질은 자기 본인에게는 축복이며 동료들에게는 편안함과 안전감을 제공한다.

18

하지만 우리 자신이 입은 모든 침해와 불행에 대한 감수성은 비록 일반적으로는 지나치게 강렬하지만 지나치게 미약할 수도 있다. 자기 자신의 불행을 거의 느끼지 못하는 사람은 다른 사람들의 불행에 대해서도 언제나 감수성이 덜하고 그들을 구제하고 싶어 하는 마음도 분명히 더 적게 작용한다. 자기에게 가해진 침해에 대해서 거의 분개심을 느끼지 않는 사람은 타인에게 가해진 침해에 대해서도 한층 덜한 감수성을 보일 것이며, 그들을 보호하거나 그들을 위해 복수하려는 성향이 한층 덜할 것이다.

인간생활에서 접하는 여러 사건에 대한 감수성이 무뎌지면, 미덕의 실질적 본질을 구성하고 있는 우리의 행위의 적정성에 관한 예민하고 진지한 모든 관심이 필연적으로 소멸된다. 우리의 행위로부터 발생하는 여러 사건에 대해 무관심할 경우에 우리는 그 행위의 적정성을 걱정할 필요가 거의 없을 것이다.

자신에게 닥친 재난이 주는 완전한 고통을 느끼는 사람, 자신에게 가해진 불의의 전반적 야비함을 느끼면서도 자신의 성격과 기품이 요구하는 바를 이보다 훨씬 더 강렬하게 느끼는 사람, 자신이 처한 상황이 자연스럽게 품게 하는 미숙련된 열정의 안내에 스스로를 내맡기지 않고, 위대한 동반자 혹은 마음속의 위대한 반인반신의 지시와 승인에 근거해서 억제되고 교정된 정서에 따라서 자신의 모든 행위와 품행을 관리하는 사람, 이러한 사람만이 진정으로 덕망 있는 사람이며, 사랑, 존경, 감탄의 적정하고 진정한 대상이다. 무감각, 기품과 적정성의 감각에 기초한 고귀한 확고부동함 혹은 고상한 자기통제는 결코 매우 동일하지 않기 때문에, 둔한 감수성과 비례하여 자기통제의 공로는 많은 경우에 완전히 제거된다.

19

그러나 비록 그러한 상황에서 일신상의 침해, 위험 및 곤란에 대한 감수성의 완전한 결여가 자기통제의 모든 공로를 제거한다고 해도, 그러한 감수성은 매우 용이하게 지나치게 예민해질 수 있으며, 그렇게 되는 경우가 흔하다. 적정성의 감각과 마음속의 재판관의 권위가 이러한 극단적인 감수성을 통제할 수 있을 때에 그 권위는 의심할 바 없이 매우 고귀하고 위대한 것으로 보일 것임에 틀림없다.

하지만 그러한 노력은 사람을 무척이나 지치게 하거나 무척이나 많은 과제를 주기 때문에 해낼 수 없을지도 모른다. 개인은 엄청난 노력을 통해 더할 나위 없이 훌륭히 행동할 수도 있을 것이다. 그러나 두 가지 원리 사이의 다툼, 마음속에서 일어나는 전쟁은 매우 격렬해서 내면의 평온과 행복과는 늘 양립할 수 없을 것이다.

자연에 의해 이처럼 지나치게 예민한 감수성을 부여받았지만, 이러한 생기 있는 감성이 초기 교육이나 적절한 훈련을 통해 충분히 무뎌지거나 단련되지 않은 현명한 사람은 의무나 적정성이 허락하는 한 자신에게 철저히 어울리지 않는 상황을 회피할 것이다.

연약하고 예민한 체질 때문에 고통, 고초 및 모든 종류의 육체적 곤란에 지나치게 민감한 사람은 주제넘게 군인이라는 직업을 선택해서는 안 된다. 침해받는 것에 지나치게 민감한 사람은 경솔하게 파벌싸움에 몰입해서는 안 된다. 설령 적정성 감각이 모든 감수성을 충분히 억제할 정도로 강하더라도, 그러한 파벌다툼 속에서는 마음의 평정이 언제나 동요할 것임에 틀림없다.

이러한 혼란 속에서 판단은 언제나 일상적인 예리함이나 정확성을 유지할 수 없다. 비록 항상 적절하게 행동하려고는 해도, 그는 무모하고 경솔하게 또한 남은 생애 동안 영원히 수치스러워할 어떤 방식으로 행동하는 경우도 종종 있을 것이다. 그것이 선천적이든 후천적이든 어떤 대담함, 정신력의 어떤 확고부동함, 인내력 있는 체질 등은 자기통제를 훌륭하게 수행하는 데 최선의 준비라는 것에는 의문의 여지가 없다.

20

비록 전쟁과 당쟁이 확실히 모든 사람으로 하여금 인내력과 확고부동한 기질을 형성하는 데 최선의 학교이고 그러한 정반대의 나약함을 낫게 하는 최선의 치유책이라고 해도, 만일 사람들이 이러한 교훈을 완전히 배우고 이러한 치유책이 적절한 효과를 드러낼 시간 이전에 시련의 날이 찾아오면, 그 결과는 아마 유쾌하지 않을 것이다.

21

인간생활에서 쾌락, 오락과 향락에 대한 우리의 감수성도 이와 마찬가지로 그것이 과다하거나 결여되면 불쾌감을 주게 된다. 하지만 두 경우 가운데 그것의 결여보다는 과도함이 불쾌감을 덜 주게 되는 듯하다. 관찰자에게나 당사자에게 모두 환희의 강한 성향은 오락과 기분전환의 대상에 대한 둔한 무감각보다는 분명히 훨씬 더 즐겁게 느껴진다.

우리는 청춘기의 명랑함과 심지어 유년기의 장난스러운 태도에조차 매혹되지만, 노년기에 매우 자주 동반되는 밋밋하고 무미건조한 진지함에는 바로 싫증이 난다. 이러한 성향이 적정성의 감각에 의해 진정으로 억제되지 않은 경우, 그것이 시간, 장소, 연령이나 당사자의 처지에 부적합한 경우, 그것에 탐닉하기 위해 자신의 이해관계나 의무를 소홀히 하는 경우 등에서 그것은 과도한 동시에 개인과 사회에 해로운 것으로 비난받아 마땅하다.

하지만 그러한 대부분의 경우에서 주로 비난받아야 하는 것은 환희의 성향이 강한 점보다는 적정성 감각이나 의무감이 약하다는 점이다. 젊은이가 자신의 나이에 자연스럽고 적합한 기분전환이나 오락에 전혀 관심이 없고 자신의 책이나 업무 이외에는 아무것도 말하지 않는다면, 그는 딱딱하고 현학적인 사람으로서 반감을 살 것이다. 비록 그가 그러한 성향을 거의 지니지는 않더라도 우리는 그가 어떠한 부적합한 탐닉조차 자제하는 것을 좋게 평가하지 않는다.

22

자기평가의 원리는 지나치게 높을 수도 있고, 마찬가지로 지나치게 낮을 수도 있다. 자기 자신을 높이 평가하는 것이 매우 유쾌한 반면에 멸시하는 것은 매우 불쾌하기 때문에, 의심할 여지없이 당사자에게는 일정 정도의 과다함이 어느 정도의 결여보다는 불쾌감이 훨씬 더 적을 것임에 틀림없다.

하지만 공정한 관찰자에게는 사정은 전혀 다르게 비쳐진다고 생각해볼 수 있다. 공정한 관찰자에게는 항상 그러한 결여가 과다함보다는 불쾌감을 분명히 적게 수반한다. 그리고 동료 사이에서도 우리는 명확히 그것의 부족보다도 그것의 과다함에 대해 훨씬 더 많은 불만을 토로하는 경우가 흔하다. 우리의 동료들이 거만한 행동을 하거나 자신들을 우리보다 우선시할 때, 그들의 자기평가는 우리에게 굴욕감을 준다. 우리의 자존심과 허영 때문에 우리는 그들의 자만심과 허영을 책망하며, 우리는 그들의 행동에 공정한 관찰자가 되는 것을 그친다.

그런데 바로 그 동료들이 어떤 우월성을 지니지 못한 다른 어떤 사람이 그 같은 우월한 태도를 취하는 것을 순순히 묵인하고 있다면, 우리는 이 동료들을 비난할 뿐만 아니라 비열한 것으로 종종 경멸한다. 반대로 우리 동료들이 다른 사람들 사이에서 약간 주목을 받은 후, 우리의 생각으로는 그들의 공로에 비례하지 않는 약간 높은 위상으로 나아간다면, 우리는 비록 이들의 행동을 완전히 승인하지는 않지만 대체로 그것을 즐기게 되는 경우가 많다. 그리고 이러한 경우에 아무런 시기심이 존재하지 않으면, 우리는 그들이 마땅히 받아야 하는 정당한 지위 이하로 평가절하 당할 때에 우리가 받게 되는 불쾌감과 비교해서 거의 언제나 훨씬 덜한 불쾌감을 느낀다.

23

우리 자신의 장점을 평가하고 우리의 성격과 행동을 판단할 때 우리가 자연히 그것들을 비교하게 되는 서로 다른 두 가지 기준이 있다. 하나는 우리가 나름대로 그것을 이해할 수 있는 한도에서 엄밀한 적정성 및 완전성의 관념이다. 다른 하나는 이 관념에 접근하는 정도로서, 흔히 세간에서 달성되는 정도이고 우리의 대부분의 친구와 동료, 적수와 경쟁자들이 실제로 도달한 적이 있는 그런 정도다.

우리는 이러한 서로 다른 두 가지 기준에 다소간 주목하지 않고는 우리 자신에 대해 거의 (내 견해로는 결코) 판단하지 못한다. 그런데 이 기준을 적용하는 데 사람들에 따라 그리고 같은 사람이라도 시점에 따라 종종 매우 불균등한 관심이 서로 다르게 분할된다. 그러므로 때로는 주로 전자의 기준에 주된 관심이 지향되거나, 때로는 후자에 그러한 관심이 지향된다.

24

우리의 관심이 첫 번째 기준에 지향된다면 우리 가운데 가장 현명하고 선량한 사람이라도 자신의 성격과 행동 가운데 약점과 불완전성 이외에는 아무것도 찾을 수 없다. 그러므로 거만하거나 주제넘게 건방질 만한 아무런 근거도 없고, 단지 겸손, 후회, 참회의 근거만 부지기수로 발견할 수 있을 뿐이다. 우리의 관심이 두 번째 기준에 지향되면, 우리는 어느 모로 보나 감동받게 되고, 우리 자신을 비교하는 기준보다도 우리가 실제로 상위 내지는 하위에 있다고 느낄 것이다.

25

현명하고 덕망 있는 사람은 자신의 주된 관심을 첫 번째 기준, 즉 엄밀한 적정성과 완전성의 관념에 지향한다. 모든 사람의 마음속에는 이러한 유형의 관념이 존재하며, 이는 자기 자신 및 다른 사람의 행동과 성격을 관찰하면서 점진적으로 형성된 것이다. 그것은 마음속의 위대한 반인반신, 즉 행위에 관한 위대한 재판관이며 중재자에 의한 완만하고 점진적이며 진보적인 작업이다.

이러한 관념은 관찰 당시에 작용하는 감수성의 섬세함과 예민함의 정도에 따라서 그리고 이때 활용된 주의와 관심의 정도에 따라서 모든 사람 안에 다소 정확하게 그려져 있거나, 다소 적정하게 채색되어 있거나, 그 윤곽이 다소 엄밀하게 설계되어 있다.

현명하고 덕망 있는 사람 사이에서 그러한 관찰은 가장 예민하고 섬세한 감수성을 가지고 행해지고, 이때 극도의 주의와 관심이 활용된다. 매일 일부 특징이 개선되고, 또 매일 일부 결함이 교정된다. 그는 이 관념을 다른 사람들보다 더 많이 연구하고, 더 뚜렷하게 이해하며, 이에 관한 한층 더 정확한 이미지를 형성하고, 그 우아하고 신이 내린 아름다움에 한층 더 깊이 매혹된다. 그는 자신의 성격을 이러한 완전성의 전형에 가능한 한 적응시키려고 노력한다. 그는 신성을 지닌 뛰어난 조각가의 작품을 모방하지만, 결코 이와 동등해질 수 없다.

그는 최선의 노력을 다하지만 도달하게 되는 불완전한 결과를 만져보며, 얼마나 서로 다른 여러 측면에서 현세의 모방이 불멸의 원형에 미치지 못하는가를 비탄과 고뇌로 바라본다. 관심, 판단, 평정심의 결여 때문에 그는 얼마나 종종 말과 행동, 행위와 대화에서 완전한 적정성의 엄밀한 준칙을 위반했는가, 그가 기준으로 삼아 자신의 성격과 행위를 형성하고 싶어 했던 그 전형으로부터 얼마나 멀리 벗어났는가를 우려와 굴욕감을 가지고 회상한다.

그가 자신의 친구나 친지들이 흔히 도달했던 탁월성의 정도인 두 번째 기준에 관심을 지향하는 경우에, 그는 자신의 우월성을 알게 될 것이다. 그러나 그의 주된 관심은 항상 첫 번째 기준을 향해 지향되기 때문에, 그는 후자와 비교할 때 우쭐함을 느끼는 것과 비교해 전자와 비교할 때 필연적으로 훨씬 더 겸손해진다. 그는 자기보다 진정으로 지위가 낮은 사람조차 거만하게 경멸할 만큼 결코 의기양양해하지 않는다. 그는 자신의 불완전성을 매우 잘 알고 있고, 옳은 판단에 대강이나마 근접하는 것의 어려움을 매우 잘 알고 있기 때문에, 다른 사람들의 훨씬 더 큰 불완전성을 경멸할 수 없다.

그들의 열등성을 결코 모욕하지 않고 오히려 그는 그것을 가장 관대한 동정심의 눈으로 바라보며, 선례나 조언을 통해 언제나 그들의 한층 더 큰 진보를 도모하고자 한다. 만일 그들이 어떤 특수한 자질에서 그보다 우월하다면(누구라도 서로 다른 여러 자질에서 더 우월한 사람이 거의 없을 만큼 그렇게 완벽하지 않다), 그는 남보다 우월한 것이 얼마나 어려운가를 알기 때문에 결코 시기하지 않으며, 그 탁월함을 존중하고 경의를 표하는 동시에 그것이 받아 마땅한 찬사를 한가득 보내지 않을 수 없다.

간단히 말해서 진정한 겸손, 자신의 공로에 대한 매우 적정한 평가, 동시에 다른 사람의 공로에 대한 충만한 감각을 지닌 그러한 성격이 그의 정신 전체에 깊은 인상을 주거나 그의 행동과 처신 전체에 뚜렷한 흔적을 남기고 있다.

26

모든 자유롭고 독창적인 예술, 미술, 시, 음악, 웅변, 철학 등에서 위대한 예술가는 자신이 완성한 최선의 작품마저도 언제나 실질적인 불완전성을 지니고 있다고 느낀다. 그는 상당히 그러한 개념을 형성한 후 가능한 한 모방을 시도하지만 이와 동등하게 될 수 없어서 절망하게 된 그 이상적인 완전성에 그 최선의 작품들이 얼마나 미치지 못하는가에 대해 어느 누구보다도 더 잘 알고 있다.

자기가 성취한 것에 완전히 만족하는 것은 평범한 예술가들뿐이다. 그는 그것에 대해 생각해본 적이 거의 없기 때문에 이러한 이상적 완전성에 관한 개념을 전혀 갖고 있지 않다. 그리고 그는 자존심을 버리고 자신의 작품을 아마 주로 자기보다 훨씬 더 낮은 수준의 다른 예술가의 작품과 비교할 것이다.

프랑스의 위대한 시인인 부알로(그의 일부 작품은 고대와 근대의 동일한 유형의 어느 위대한 시에도 뒤지지 않는다)가 종종 말했던 바와 같이, 어떤 위대한 사람도 자신의 작품에 완벽하게 만족하는 일은 없다. 그의 지인인 상퇴유(라틴어 시의 작가로서 학생 수준의 소양 때문에 자신을 시인이라고 생각했던 약점을 지녔다)는 그에게 자기는 자신의 작품에 늘 완전히 만족한다고 단언했다.[24] 부알로는 상퇴유에게 그가 분명히 자기 작품에 만족해하는 유일한 위인일 것이라고 조금은 장난기 섞인 투로 응답했다. 부알로는 자신의 작품을 판단할 때 그것을 이상적인 완전성을 기준으로 비교했다.

내가 추정하기에 그는 시 예술의 특정 영역에서 인간이 성찰할 수 있는 한도 내에서 심도 있고 뚜렷하게 그 이상적 완전성을 숙고하고 성찰했다. 내가 보기에 상퇴유는 자신의 작품을 판단할 때 그것을 주로 동시대의 다른 라틴 시인들의 작품과 비교했고, 이들 대부분과 비교하면 그가 결코 열등하지 않은 것은 분명했다.

그러나 이런 표현이 허용된다면, 생애 전체의 행동과 대화를 이러한 이상적 완전성에 상당히 접근하도록 유지하고 완결하는 것은 독창적인 예술의 어떤 작품을 그 이상적인 완전성과 유사한 정도로 만드는 것보다 훨씬 더 어렵다는 것은 명확하다. 그러한 예술가는 자신의 모든 기술, 경험과 지식을 완전히 활용하고 동원해서 방해받지 않고 차분히 자신의 작업을 시작한다.

현명한 사람은 건강하든 병약하든, 성공하든 좌절하든, 주의력이 가장 활발한 무렵이든 피로하거나 나른하여 게을러지는 무렵이든 언제나 자기 행동의 적정성을 유지할 것임에 틀림없다. 극히 갑작스럽고 예기치 않은 곤경과 고통이 급습한다고 해도 그는 결코 놀라지 않을 것임에 틀림없다. 다른 사람들이 불의를 저질러도 그는 불의를 행하도록 자극받지 않을 것임에 틀림없다. 당쟁의 격렬함 때문에 그

---

24) 상퇴유(Jean-Baptiste de Santeul, 1630~97)는 라틴어로 쓴 종교시와 더불어 예배 찬송가의 저자로 당시 어느 정도 명성이 있었다. 부알로(Nicolas Boileau, 1636~1711)는 프랑스의 시인이며 문학평론가다. 그의 『시인들의 대화』(*Dialogue des poètes*, 1674)에서 상퇴유가 등장한다. 그는 이 작품에서 라틴어로 글을 쓰는 프랑스 작가들을 조롱한다.

는 당황하지 않을 것임에 틀림없다. 그는 전쟁의 모든 고초와 위험 때문에 낙심하거나 질겁하지 않을 것임에 틀림없다.

27

자신의 공로를 평가하고 자신의 성격과 행동을 판단할 때 대부분의 관심을 단연코 두 번째 기준, 즉 다른 사람들이 흔히 도달하는 통상적 정도의 탁월성을 지향하는 사람들 가운데는 실제로 그리고 마땅히 자신들이 그 수준을 능가하고 있음을 느끼며, 모든 총명하고 공정한 관찰자에 의해 그 정도의 우수성을 인정받는 사람들이 있다. 하지만 그러한 사람들의 관심은 이상적 완전성의 기준이 아니라 평범한 완전성의 기준을 주로 지향하기 때문에, 자기들의 약점이나 불완전성에 대한 감각이 거의 없다. 또 겸손함이 거의 없고, 종종 주제넘게 거만하고 뻔뻔스러우며, 자신에게는 대단한 찬사를 보내지만 다른 사람들에게는 상당히 경멸적인 모습을 보인다.

비록 진정성과 겸손한 미덕을 지닌 사람과 비교해 그들의 성격은 일반적으로 훨씬 덜 올바르고 그들의 공로 역시 훨씬 더 평범하지만, 그들의 과도한 자기감탄에 근거한 지나친 뻔뻔함은 다수 대중들을 현혹시키고, 심지어 대중들보다 훨씬 더 탁월한 사람들조차도 속인다.

시민 생활과 종교 생활에서 가장 무지한 허풍쟁이와 사기꾼들이 자주, 때로는 불가사의하게 성공하는 것을 보면, 이는 얼마나 쉽사리 대중들이 얼토당토않고 근거 없는 허식에 속아 넘어가는가를 충분히 입증한다. 그런데 만일 그러한 허식이 최고로 진실하고 견고한 공로의 뒷받침을 받고, 과시에 따라 아주 화려하게 전시되며, 높은 지위와 거대 권력의 후원을 받는 동시에, 종종 성공적으로 발휘되어 대중의 커다란 환호를 동반한다면, 냉정한 판단력의 소유자조차 종종 보편적인 찬사를 보낸다. 그러한 분별없는 환호의 소란함 자체가 종종 이러한 사람의 지성을 혼동시키는 데 기여한다. 그러므로 그는 그러한 위인들을 일정한 거리를 두고 바라보면서, 그 위인들이 스스로를 숭배하는 정도보다 더 월등하게 진지한 찬사를 보내면서 그들을 숭배하기 쉽다.

이러한 경우에 시기심이 없으면 우리는 즐겁게 그런 위인들에게 감탄한다. 그리고 이 때문에 자연스럽게 우리는 많은 측면에서 매우 감탄할 만한 인물들을 상상 속에서 모든 면에서 완벽하고 완전하게 만드는 경향이 있다. 그런데 현명한 사람은 아마도 이러한 위인들의 과도한 자화자찬을 잘 알고 있고, 심지어 어느 정도 조소적인 태도로 이들을 바라본다.

그들은 그 위인들의 사정에 매우 친숙하기 때문에 주변 사람들이 존경심과 심지어 거의 숭배하는 마음으로 종종 대하는 그 위인들의 우쭐대는 허식을 보고 남몰래 비웃는다. 그러나 그러한 것이 아주 요란한 명성과 매우 광범위한 평판을 획득했던 대부분의 사람들의 사정이며, 아주 먼 후대에까지 전해 내려온 그들의 명성과 평판 역시 그런 것이다.

28

이처럼 어느 정도의 과장된 자화자찬이 없다면 이 세상에서의 위대한 성공, 세상 사람들의 감정과 견해를 지배하는 위대한 권위는 거의 획득되지 못한다. 매우 화려한 인물들, 즉 세상 사람들의 상황과 견해 가운데 가장 뛰어난 활동을 수행하고 가장 위대한 혁명을 견인한 사람들, 가장 성공적인 무사들, 가장 위대한 정치가와 입법가들, 가장 다수의 성공적인 파벌과 정당의 달변의 창시자와 지도자들, 이들 다수의 명성이 두드러진 것은 그들의 매우 위대한 공로 때문이기도 하지만, 그 위대한 공로에 전적으로 부합조차 하지 않는 일정 정도의 주제넘은 자부심과 자화자찬 때문이기도 하다.

이러한 주제넘은 확신은 더 냉정한 정신의 소유자라면 결코 생각지도 못할 여러 사업을 추진할 뿐만 아니라, 이 사업에서 그들을 지지하는 추종자들의 복종과 순종을 강요하는 데도 아마 필요했을 것이다. 따라서 이때 성공의 영예를 거둔 때에는 이러한 주제넘은 자만 때문에 그들은 거의 광기와 우매에 가까운 허영에 빠진다.

알렉산더 대왕은 다른 사람들이 자신을 신으로 생각해주기를 원했을 뿐만 아니라, 적어도 자기 자신을 그렇게 상상하고 싶어 했던 듯하다. 모든 상황 가운데 가장 신성하지 않은 임종 시에, 그는 오래전에 자신의 이름이 이미 등재되었던 고상한 신의 인명록에 자신의 할머니 올림피아도 똑같이 명예롭게 등재될 수 있게 해달라고 친구들에게 요청했다.[25]

소크라테스의 추종자들과 제자들의 존경스런 찬사와 대중들의 보편적인 갈채의 와중에서 아마 그 갈채의 의견에 뒤따른 신탁에 의해 최고의 현인으로 선언된 이후에, 그의 위대한 지혜는 자신을 신으로 상상하는 것을 허용하지 않았다. 하지만 그의 위대한 지혜는 그가 어떤 보이지 않는 신적 존재에게서 종종 은밀한 암시를 받고 있다는 자만심을 막을 만큼 그렇게 충분히 위대하지는 못했다.[26]

카이사르의 건전한 분별력도 자신이 비너스 여신의 신성한 혈통을 계승하고 있다는 아주 주제넘은 기쁨을 방지할 정도로 그리 완전히 견실하지 못했다. 또한 카이사르는 자칭 증조모인 비너스의 신전

---

25) 이 일화는 로마사가인 쿠르티우스(Quintus Curtius)의 『알렉산더 대왕의 역사』에 기록된 내용이다.
26) 이것은 플라톤의 『대화편』 가운데 「소크라테스의 변론」 편에 기록되어 있다.

앞에서 로마 원로원이 그에게 가장 터무니없는 영예를 부여하는 교령을 증정하려고 방문했을 때에도 자리에서 일어나지 않고 원로원을 맞아들일 정도로 그의 분별력은 건전하지 못했다.[27]

거의 유치할 정도의 허영에 근거한 일부 다른 행위들과 결합된 이러한 오만은 매우 예리하고 이해력이 넓은 사람에게 거의 기대할 수 없는 것으로서, 공공의 경계심을 격화시켜 그의 암살자들을 담대하게 만들었고, 음모를 실행하도록 재촉한 듯하다. 근대의 종교와 풍습은 우리 시대의 위인들이 자신들을 신이나 예언자로 상상하도록 조장하지 않는다. 하지만 대중의 커다란 호의와 결합된 성공을 거둘 때에는 그들 가운데 가장 위대한 지배자들은 그들이 실제 소유한 수준보다 훨씬 더 큰 중요성과 능력을 지닌다고 간주하게 되었고, 이러한 주제넘은 자만에 빠져 스스로 경솔하고 때로는 파괴적인 많은 모험에 뛰어들었다.

위대한 말버러 공작에게 존재한 독특한 특징은, 그는 다른 어떤 장군도 거의 호언할 수 없는 그러한 성공, 즉 10년 동안이나 지속된 커다란 성공을 했음에도 단 한 번의 경솔한 행위를 한 적이 없었고, 단 한 번의 경솔한 말이나 표현을 하는 일이 거의 없었다는 것이다.[28]

내가 생각하기에는 이와 마찬가지의 절도 있는 냉정함과 자기통제는 후일 다른 어떤 위대한 전사들, 말하자면 오이겐 공, 고 프로이

---

27) 이것은 로마 역사가인 수에토니우스(Caius Suetonius)의 『열두 황제의 전기』 가운데 「카이사르」 편에 소개된 내용이다.

28) 처칠(John Churchill, 1650~1722)은 17세기 말 영국의 정치가이자 군인이며, 영국 수상 윈스턴 처칠의 직계 조상이다. 그는 1688년 명예혁명 당시 제임스 2세 대신 후임 윌리엄 3세를 지지하여 정권 교체에 큰 공훈을 세웠으며, 이 때문에 말버러 공작(Duke of Marlborough) 지위를 수여받았다. 그는 이후 수많은 전쟁과 반란 진압에 나서게 되는데, 1702년부터 12년까지 10년간 스페인 왕위계승전쟁에도 참여했다.

센 국왕, 위대한 콩데 공, 심지어 구스타브 아돌프에게조차 구할 수
없다. 튀렌은 그러한 기준에 가장 가깝게 접근한 듯하다.[29] 그러나
그의 생애 가운데 집행된 서로 다른 일부 업무처리는 그 기준이 위대
한 말버러 공작의 경우만큼 그에게 결코 완전하지 않았다는 점을 충
분히 입증한다.

29

높은 지위를 야심적이고 당당하게 추구하는 경우와 마찬가지로
사생활의 사소한 여러 계획에서도 큰 능력과 성공적인 모험심 때문
에 사람들은 흔히 처음에는 사업에 착수하도록 권장되지만, 그것은
결국에는 필연적으로 파산과 파멸로 이어지게 된다.

30

모든 공정한 관찰자가 활기차고 담대하며 기품 있는 사람들의 진
정한 공로에 대해 느끼는 존경과 감탄은 정당하고 근거가 충분한 감
정이기 때문에 확고하고 영구적인 감정이며, 그들의 행운이나 불운
과는 전혀 무관하다. 그러나 그들의 과도한 자기평가와 주제넘은 자

---

29) 오이겐 공(Prince Eugene of Savoy, 1663~1736)은 스페인 왕위계승전쟁에
    서 오스트리아 군대의 지휘관이었다. 프리드리히 대왕(Frederick the Great,
    1712~86)은 프로이센의 국왕으로서 적극적인 영토확장 정책과 전쟁을 통
    해 프로이센을 유럽의 군사대국으로 성장시켰다. 콩데 공(Prince of Conde,
    1621~86)은 루이 14세의 사촌으로서 30년전쟁(1618~48)에서 스페인을
    대파하여 국가의 영웅으로 부상한다. 구스타브 아돌프(Gustavus Adolphus,
    1594~1632)는 1611년부터 32년까지 재임한 스웨덴의 국왕이다. 그는 30
    년전쟁에서 개신교 세력의 대표였고, 여러 전투에 지휘관으로서 직접 참여
    하다가 독일 작센 지방의 뤼첸 전투 중에 전사했다. 튀렌 자작(Vicomte de
    Turenne, 1611~75)은 저명한 군인으로서 프랑스 군대의 대원수를 역임했
    다. 그는 군사적 천재성과 더불어 정직하고 소박한 성품으로 유명했다.

만에 대해 공정한 관찰자가 느끼기 쉬운 감탄에 대해서는 사정이 다르다. 그들이 사업에서 성공하는 동안에는 실제로 공정한 관찰자는 종종 그들에 의해 완전히 정복되고 압도된다. 그러한 성공은 관찰자의 눈으로부터 그들 사업의 크나큰 무분별함뿐만 아니라 거대한 불의마저도 덮어버린다. 그는 그들의 성격상 이러한 결함이 있는 부분을 비난하기는커녕 오히려 열광적인 찬사를 보내면서 그것을 바라보는 경우가 있다.

그러나 그들이 사업상 불운을 겪게 될 때 주변 사정은 그들의 인품과 명성을 변화시킨다. 이전에는 영웅적 담대함으로 인식되던 것이 지나친 경솔과 어리석은 행위라는 적정한 명칭을 되찾는다. 이전에는 번영의 화려함 아래 숨겨져 있던 탐욕과 불의의 암흑이 완전하게 모습을 드러내며, 그들 사업의 전반적 영광에 먹칠을 한다.

만일 카이사르가 파르살리아 전투에서 승리하는 대신에 패배했다면, 그 무렵 그의 인품은 카틸리나의 인품보다 훌륭하지 못한 것으로 평가되었을 것이다. 그리고 그 당시에 매우 적대적 태도를 취한 당파의 당원으로 카토가 카이사르의 모험을 바라본 것과 비교해서 가장 무력한 사람이라도 훨씬 더 비관적인 관점에서 조국의 법질서에 반하는 카이사르의 모험을 바라보게 되었을 것이다.[30]

아주 훌륭한 자질을 갖춘 카틸리나의 진정한 공로가 오늘날 인정받는 것처럼, 카이사르의 진정한 공로, 취미의 정당성, 저술의 간결함과 우아함, 웅변의 적정성, 전쟁의 기술, 조난 시의 문제해결 능력,

---

30) 로마 공화정 말기인 기원전 48년 파르살리아(Pharsalia) 전투에서 카이사르는 폼페이우스를 격파하고, 이는 내란과 반란의 내용과 결과를 규정할 수밖에 없게 된다. 한편 기원전 63년 카틸리나(Catilina, BC 108경~BC 62)는 로마의 공화정부를 무력으로 전복하려는 음모를 꾸몄으나, 키케로에 의해 밝혀지면서 실패했다. 그리고 카토(Marcus Porcius Cato Uticensis, BC 95~BC 46)는 귀족들의 지도자로서 카이사르에게 지속적으로 반기를 들었다.

위험 중의 냉정하고 침착한 판단, 친구를 향한 헌신적인 애정, 적에 대한 비길 데 없는 관용 등은 모두 인정받았을 것이다. 그러나 카이사르의 탐욕스런 야심에 따른 오만과 불의가 이 모든 진정한 공로의 영광을 희미하게 하고 무색하게 했을 것이다.

이미 언급된 다른 측면에서와 마찬가지로,[31] 운명은 이 점에서도 세상 사람들의 도덕감정에 커다란 영향력을 행사하고 있다. 또한 운명이 유리한지 불리한지에 따라서 그 동일한 성격이 일반적인 애호와 감탄의 대상이 될 수도 있고, 보편적인 증오와 경멸의 대상이 될 수도 있다. 그러나 우리의 도덕감정에서의 이러한 큰 무질서의 유용성이 전혀 없지는 않다.

우리는 다른 많은 경우에서와 마찬가지로 이 경우에도 인간의 나약함과 우둔함에서조차 신의 지혜에 감탄할 수 있다. 성공에 대한 우리의 감탄은 부와 권세에 대한 우리의 존경과 바로 동일한 원리에 기초하고 있으며, 사회적 지위의 구분과 사회적 질서의 수립에 똑같이 필요하다.

성공에 대한 이러한 감탄 때문에, 우리는 인간사 속에서 우리에게 선임된 그런 지배자들에게 한층 더 수월하게 순종하는 것을 배우며, 우리가 더 이상 저항할 수 없는 상서로운 폭력을 존경심으로 심지어는 일종의 공손한 성정을 가지고 대하도록 배운다. 여기서 상서로운 폭력은 카이사르나 알렉산더 같은 눈부신 인물의 폭력뿐만 아니라, 종종 아틸라, 칭기즈칸, 타메를란 같은 가장 잔인하고 미개한 야만인의 폭력도 포함한다.[32]

---

31) 이 책 274~275쪽(2).

32) 아틸라(Attila the Hun, 406~453)는 434년에서 453년까지 재위한 훈족의 왕이다. 서로마 제국의 멸망에 따른 5세기 전반의 민족대이동 시기에 현재 동유럽 루마니아 지역 트란실바니아를 본거지로 주변의 게르만 부족과 동

인류의 다수 군중은 비록 매우 나약하고 분별없는 감탄일지라도 불가사의한 찬사를 보내면서 자연스럽게 이런 강력한 정복자들을 존경하는 경향이 있다. 하지만 이러한 경탄에 기초해서 그들은 저항할 수 없는 힘이 그들에게 부여하는 통치하에서, 또한 어떠한 반감마저도 그들을 구출해낼 수 없는 그 통치하에서 한층 더 적은 혐오감을 갖고 묵묵히 따르도록 배우게 된다.

31

비록 번영을 누리는 상황에서 과도한 자기평가를 하는 사람이 올바르고 겸허한 미덕을 가진 사람과 비교할 때 때때로 일부 유리함을 가질지라도, 비록 대중과 주변 관찰자의 찬사는 후자보다도 전자에게 훨씬 호의적이고 화려할지라도, 모든 사항을 공정하게 계산해보면, 아마 모든 경우에서 편익의 진정한 우위는 전자보다 후자가 크게 유리하도록 될 것이다.

진정으로 자신에게 속하는 공로 이외의 어떠한 공로도 자신의 공으로 내세우지 않고, 다른 사람들이 그것을 자신의 공으로 귀속시켜주기를 바라지도 않는 사람은 어떠한 굴욕이나 어떠한 탄로도 두려워하지 않는다. 다만 그는 자기 자신의 인격이 갖는 순수한 진실성과 견고함에 스스로 만족하고 안심하고 있다. 그의 숭배자들이 그리 많지도 않고 그들의 찬사가 그리 화려한 것도 아니다. 그렇지만 그를 가장 가까이서 지켜보면서 가장 잘 알고 있는 매우 현명한 사람은 그

고트족을 복속시켜 동쪽은 카스피 해로부터 서쪽은 라인 강에 걸치는 대제국을 건설했다. 한편 타메를란(Tamerlane, 1336~1405)은 몽골과 투르크계의 군사 지도자로서 중앙아시아 티무르 제국에서 1369년에서 1405년까지 재위했다. 그는 중앙아시아 최대의 정복자로서 칭기즈칸의 세계제국의 꿈을 이상으로 삼아 사방으로 원정을 나가 영토를 확대하고자 했다.

에게 최고의 찬사를 보낸다. 진정으로 현명한 사람에게는 무지하지만 열광적인 만 명의 숭배자들이 보내는 요란한 갈채보다는 단 한 명의 현자에 의해 신중하고 적절히 평가된 승인이 한층 진정 어린 만족감을 준다.

그는 파르메니데스에게 찬성 의견을 표명할 것이다. 파르메니데스가 아테네의 대중집회에서 어떤 철학적인 담론을 설교하게 되었을 때, 플라톤을 제외한 동석자 전체가 자리를 뜨는 것을 알면서도 계속해 말을 이어갔다. 그런 후에 그는 플라톤 혼자만 듣고 있어도 자신에게는 충분한 청중이 있는 셈이라고 말했다.[33]

32

과도한 자기평가를 하는 사람들에게는 사정이 이와 다르다. 그를 가장 가까이서 지켜보는 가장 현명한 사람들은 그에게 거의 감탄을 보내지 않는다. 번영에 도취되어 있는 와중에서도 그들에 의한 냉정하고 공정한 평가는 그의 과도한 자화자찬에 도저히 미치지 않기 때문에, 그는 그들의 이러한 평가를 단순한 악의와 시기로만 간주한다. 그는 자신의 가장 선량한 친구들을 의심한다. 그들이 동석하는 것은

---

33) 파르메니데스(Parmenides)는 기원전 6~5세기경 남이탈리아 엘레네 태생의 그리스 철학자다. 그의 존재와 비존재에 관한 존재론은 플라톤 이후 형이상학에 소재를 제공했다. 그에 따르면 우주의 삼라만상은 하나의 거대한 실체이고 사물의 생성, 변화, 소멸은 발생하지 않는다. 그러므로 존재하는 모든 것은 하나이고 연속적인 전체이며, 이 하나의 영원한 실재로부터 모든 것은 파생된다. 그가 노년에 아테네로 와서 젊은 소크라테스와 조우했다고 추정되는 것은 플라톤의 『대화편』 기록에 근거한다. 하지만 파르메니데스는 플라톤(Plato, BC 427경~BC 347경)의 출생 이전에 사망했다고 알려지며, 알렉산드리아 시풍의 시인인 안티마쿠스(Antimachus, BC 400경)의 일화와 혼동된 것이다. 키케로의 『브루투스』에 따르면, 청중 앞에서 작품을 낭송할 때 안티마쿠스의 말소리가 불분명하여 플라톤을 제외한 모든 사람이 불평을 하며 나가는 가운데 나온 발언이다.

그에게 불쾌감을 준다. 그는 그들이 접근하지 못하도록 몰아내며, 종종 그들의 도움을 배은망덕으로만이 아니라 잔혹하게 불의로써 대하기까지 한다. 그는 자신의 허영과 주제넘은 자만을 우상화하는 아첨꾼과 배신자들에게 신뢰를 보낸다. 처음에 어느 측면의 결점에도 전체적으로 볼 때 온화하고 존경할 만하기도 한 그러한 성격은 결국에는 경멸스럽고 혐오스럽게 된다.

번영에 도취된 상황에서 알렉산더 대왕은 자신의 위업보다 그의 부친 필립의 위업을 우선시한다는 이유로 클레이토스를 살해했고, 자신을 페르시아 방식으로 숭배하기를 거부한다는 이유로 칼리스테네스를 고문하여 살해했다. 또한 그는 부친의 훌륭한 친구인 덕망 높은 파르메니온에 대해 (그가 봉직하던 기간 중에 그의 다른 아들들은 이미 사망했는데) 유일하게 생존한 아들을 전혀 근거 없는 혐의를 씌워 처음에는 고문하고 나중에는 교수대에서 처형한 후 그마저 살해했다.[34]

필립은 자신의 전 생애에 걸쳐 파르메니온 장군 이외에 다른 어떤 장군도 찾을 수 없었던 데 반해서, 아테네인들은 매년 10명의 장군을 발굴할 정도로 매우 큰 행운을 누리고 있다고 토로하곤 했다. 그런데

---

34) 알렉산더 대왕은 세계 최고의 정복자가 되면서 여러 충신을 반역죄로 몰아 처형했다. 파르메니온(Parmenion, BC 400경~BC 330)은 부왕인 필립 왕 재임 시기부터 군사적 경험이 탁월했고 알렉산더를 도와 페르시아 정벌에도 혁혁한 공을 세운 장군이었다. 기원전 330년 알렉산더는 그의 아들 필로타스(Philotas)에게 암살 음모 혐의를 씌워 처형했다. 이때 고문을 당한 필로타스가 그의 아버지 역시 음모에 연루되었다고 고하면서 파르메니온은 반역 혐의로 살해당했다. 또한 알렉산더는 기원전 328년 연회에서 친구이자 충신인 클레이토스(Cleitus)를 살해한 후 반란죄를 뒤집어씌웠다. 이후 알렉산더는 점점 자신이 신처럼 신봉되기를 바랐다. 아리스토텔레스의 조카이자 역사가인 칼리스테네스(Calisthenes, BC 360~BC 327)는 올바른 의견을 제시하자 기원전 327년 살해 음모 혐의로 투옥된 후 사망했다.

알렉산더가 바로 이런 파르메니온에 대해 만행을 저질렀다. 파르메니온 장군의 주변 경계와 주의력 때문에 필립은 항상 자신감을 갖고 안전하게 휴식을 취했으며 유쾌한 연회 때에는, "친구들이여 건배, 파르메니온이 술잔을 들지 않고 있기 때문에 우리가 안전하게 즐길 수 있다"고 말하곤 했다.

알렉산더 역시 바로 이 동일한 파르메니온의 존재와 조언 덕분에 모든 승리를 쟁취했으며, 그의 현존과 조언이 없었다면 단 하나의 승리도 거두지 못했을 것이라고 말한 적이 있다. 알렉산더의 뒤를 이어 권력과 권위를 차지한 인물들, 그에게 찬사를 보내고 아첨을 떤 변변찮은 친구들은 그의 제국을 자기들 사이에 분할하고, 그의 가족과 친척들의 유산을 강탈한 후에 남자든 여자든 생존한 모든 사람을 하나씩 모두 살해했다.

33

우리는 보통 수준 이상의 위대하고 뛰어난 우수성을 지닌 사람들이 자신들의 화려한 성품에 대해 스스로 과대평가하는 것을 너그러이 눈감아줄 뿐만 아니라 이에 완전히 공감하여 동감할 때가 종종 있다. 우리는 그들을 활기차고 담대하며 기품 있는 사람들로 부른다. 이러한 표현의 의미 가운데는 모두 상당한 정도의 칭찬과 찬사를 포함하고 있다.

그러나 우리는 그렇게 뛰어난 우수성이 식별될 수 없는 사람들의 과도한 자화자찬에는 공감하거나 동감할 수 없다. 우리는 그것에 진저리치며 혐오감을 느낀다. 그것을 너그러이 눈감아주거나 견디어 낸다는 것은 상당히 어려운 일이다. 우리는 그것을 교만이나 허영이라고 부른다. 그중 후자는 언제나, 전자는 대체로, 상당한 정도의 비난의 의미를 담고 있다.

34

그러나 이러한 두 가지 악덕은 어떤 면에서는 과도한 자기존중의 변형으로서 유사성을 지닐지라도 많은 측면에서는 서로 매우 다르다.

35

교만한 사람은 진지하고 마음속 깊이 자신의 우월성을 확신하고 있지만, 그 확신이 무엇에 기초하고 있는가를 추측하는 것은 때로는 어려울 수도 있다. 그는 자기 자신을 여러분의 처지에 놓을 때 그가 진정으로 자기 자신을 바라보는 바로 그런 관점에서 여러분이 그를 바라보기를 희망한다. 그는 여러분에게 자기가 정의라고 생각하는 수준 이상을 요구하지 않는다. 만일 그가 자기 자신을 존경하는 것만큼 여러분이 그를 존경하지 않는다면, 그는 굴욕감을 느끼는 것 이상으로 기분이 상하며, 마치 그가 어떤 실질적인 침해를 입은 것처럼 분개심을 느낀다.

그러나 그는 그때조차도 자존심을 버리고 자기 자신의 자만의 근거를 설명하려 들지 않는다. 그는 여러분의 존경을 얻으려고 애쓸 가치가 없다고 생각하며, 그런 노력을 경멸하는 척하기까지 한다. 그는 여러분이 그의 우월성을 스스로 깨닫도록 하기보다는 여러분 자신의 인색함을 느끼도록 함으로써 그 나름대로 가장한 지위를 유지하려고 한다. 그는 자기 자신에 대한 여러분의 존경심을 일으키기보다는 오히려 여러분 스스로에 대한 여러분의 존경심에 굴욕감을 주기를 바라는 듯하다.

36

허영심이 강한 사람은 진실하지 못하며, 여러분이 그에게 갖추어져 있다고 생각하기를 희망하는 그 우월성에 대해 마음속으로는 확신하지 못하고 있다. 그가 자기 자신을 여러분의 상황에 놓고 여러분이 그가 알고 있는 모든 것을 아는 경우에 그가 진정으로 자기 자신을 바라보는 인품과 비교해서 그가 한층 더 훌륭한 인품을 지닌 것으로 바라보기를 희망한다. 그러므로 만일 여러분이 그를 이와는 다른 개성을 지닌 것으로 바라보거나 아마 그에게 상응하는 개성을 지닌 것으로 바라보게 되면, 그는 마음이 상하기보다는 훨씬 더 굴욕감을 느낀다. 그는 여러분이 그에게 갖추어져 있다고 생각하기를 희망하는 그러한 인품을 주장하기 위한 근거를 기회가 될 때마다 매번 보여주기 위해 노력한다.

그는 자신이 어느 정도 가지고 있는 정당한 자질이나 업적을 가장 과시적이고 불필요하게 표현하거나, 때로는 전혀 가지지 못했거나 그렇다고 말하는 것이 타당할 정도로 정말로 빈약한 자질이나 업적에 대해 심지어 거짓으로 꾸미는 식으로 그 근거를 제시하려고 노력한다. 그는 여러분의 존경을 경멸하기는커녕 오히려 그것을 아주 부지런히 열망하면서 추구한다.

그는 여러분의 자존심에 굴욕감을 주기를 바라지 않고, 오히려 그것을 존중하는 것에 만족스러워하면서 여러분도 반대급부로 그의 자존심을 소중히 여겨주기를 희망한다. 그는 아첨받기 위해 아첨한다. 그는 정중하고 공손하게 행동함으로써 또한 종종 불필요한 과시가 동반될지라도 때로는 실제적이고 본질적인 선행을 통해서조차 여러분을 기쁘게 하거나 매수하여 자신에 관한 평판을 좋게 하려고 노력한다.

37

허영심이 강한 사람은 사회적 지위와 재산에 표출되는 존경을 지켜보면서, 재능과 미덕에 대한 존경뿐만 아니라 이러한 존경도 부정하게 활용하기를 희망한다. 그러므로 그의 의복, 마차, 생활양식은 모두 실제로 자신이 소유한 사회적 지위나 재산보다도 훨씬 더 높거나 많은 것으로 공표된다. 그는 인생 초반기의 몇 년 동안 이러한 지각없는 사기행위를 유지하려고 하다가 인생의 말년에 이르기 오래 전에 종종 빈곤과 곤궁에 빠진다.

그러나 그가 비용지출을 지속할 수 있는 한, 여러분이 그의 모든 것을 알고 있는 경우에 그를 바라보는 관점에서가 아니라, 그의 교묘한 수완을 통해 여러분이 그를 실제로 보도록 만들게 되는 그런 관점에서 자신을 바라보면서 그의 허영심은 지속적으로 충족된다. 허영의 모든 착각 가운데 아마도 이것이 가장 흔한 일이다.

외국을 방문하거나 외딴 지방에서 자국의 수도를 단기간 방문하게 되는 무명의 이방인들은 매우 빈번히 이런 방식의 행위를 하려고 시도한다. 이러한 시도의 우둔함은 분별 있는 사람에게 항상 대부분 어울리지 않는 행동일지라도, 이 어리석은 행위는 상당수 다른 경우와 마찬가지로 이 경우에 그리 크지 않을 수 있다. 만일 그들의 체류기간이 단기간이라면, 그들은 불명예스러운 탄로를 막을 수 있고, 몇 달이나 몇 년 동안 허세를 부린 후에 고향으로 돌아가 장차 인색한 생활을 함으로써 과거의 사치로 인한 손해를 보상할 수 있다.

38

교만한 사람이 이와 같은 어리석은 행위 때문에 비난받는 일은 거의 없다. 그는 존엄성을 자각함으로써 자신의 독립성을 유지하는 데 주의를 기울이게 되고, 비록 기품 있게 지내고 싶지만 재산이 많지 않은 경우에는 모든 지출에서 검소하고 세심해지려고 노력한다.

허영심이 강한 사람의 과시적인 지출은 교만한 사람에게는 매우 무례하게 보인다. 이 허세 부리는 지출은 아마도 교만한 사람의 지출보다도 훌륭하다. 그것은 전혀 도리에 맞지 않은 어떤 신분에 관한 무례한 가정으로서 교만한 사람의 분노를 유발시킨다. 그리고 교만한 사람은 그것에 대해 거론할 때 언제나 매우 격렬하고 가혹한 비난을 퍼붓는다.

39

교만한 사람은 그와 신분이 같은 사람들과 동석할 때에는 언제나 안도감을 느끼지 못하며, 그의 상급자들과 동석할 때에는 한층 더 편안함을 느끼기 어렵다. 이런 경우에는 그는 고상한 체 허식을 부릴 수 없으며, 그러한 동석자들의 용모나 대화가 그에게 대단히 위압적이기 때문에 감히 그러한 허식을 표현하지 못한다.

그는 거의 존경도 하지 않고 자진해서 선택하지도 않은, 그리고 그에게 전혀 호감을 주지도 않은 한층 미천한 동석자, 즉 하급자, 아첨꾼, 시종 등에게 의지한다. 그는 상급자를 방문하는 적이 거의 없으며, 만일 방문한다 해도 그것은 그러한 교제를 통해 누리는 진정한 만족을 위해서라기보다는 교제하며 살아갈 자격이 있음을 보이기 위함이다.

이것은 클래런던 경이 애런델 백작에 대해 말한 대로다. 그에 따르면, 애런델 백작은 자기보다 위대한 어떤 한 사람만을 궁정에서 볼 수 있었기 때문에 그곳을 때때로 방문했지만, 자기보다 위대한 한 사람이 거기 있었기 때문에 그곳에는 거의 가지 않았다.[35]

---

35) 클래런던 백작이 집필한 『영국의 반란과 내란의 역사』(*History of the Rebellion and Civil Wars in England*, 1702/4)에서 교만한 사람의 특정 사례로 거론되는 애런델(Arundel) 백작은 하워드(Thomas Howard, 1585~1646)를 지칭한다. 그는 제임스 1세와 찰스 1세의 통치 시기에 주로 고위관직을

40

허영심이 강한 사람의 사정은 이와 전혀 다르다. 그는 교만한 사람이 이를 피하는 것만큼이나 상급자들과 동석하려고 애쓴다. 상급자들의 광채가 이들에게 중시되는 사람들에게도 어떤 광채를 비춘다고 그는 생각하는 듯하다. 그는 국왕의 궁정과 대신들의 접견에 자주 들르며, 만일 행복을 누리는 방법을 안다면 실제로는 부와 승진보다 훨씬 더 가치 있는 행복을 얻을 때에도 그 부와 승진을 위한 후보자인 것처럼 행동한다.

그는 권세가의 식탁에 앉도록 허용되는 것을 좋아하며, 그곳에서 예우 받으며 나눈 친교를 다른 사람들에게 과장하기를 훨씬 더 좋아한다. 그는 가능한 한 사교계 인사들, 여론 주도층 인사들, 재치 있는 사람들, 학식 있는 사람들, 인기 있는 사람들과 교제하려고 한다. 그는 대중의 총애라는 매우 불확실한 풍조가 어느 모로나 그의 가장 선량한 친구들에게 불리하게 돌아가면 그들과 동석하는 것을 피한다.

그가 매력적으로 보이고 싶은 사람들에게 이러한 목적을 위해 활용하는 수단, 즉 불필요한 과시, 근거 없는 허세, 끊임없는 영합, (비록 대부분 즐겁고 쾌활한 아첨이며, 식객이 하는 조잡하고 집요한 아첨은 아닐지라도) 빈번한 아첨 등에 대해서 그는 언제나 별로 세심한 주의를 기울이지 않는다. 반면에 교만한 사람은 결코 아첨하지 않으며, 어느 누구에게도 공손하게 대하는 법이 없다.

41

그러나 모든 근거 없는 허세에도 불구하고 허영심은 거의 언제나

지냈으며 정치적 상황에 따라 런던 타워에 한두 차례 투옥당하기도 했다. 그는 1644년 왕실가정 시종장(Lord Steward)으로 공직생활을 마쳤으며 대리석 예술품이나 필사본 수집가로도 활동했다.

쾌활하고 즐거우며 온후한 열정이다. 교만함은 언제나 심각하고 음울하고 엄격한 열정이다. 허영심이 강한 사람에게는 그 허위마저도 다른 사람의 품위를 떨어뜨리는 것이 아니라 자신의 지위를 높이려는 의도에서 비롯된 모두 악의 없는 허세다. 교만한 사람을 올바로 평가하자면, 그는 품위를 낮추어 비열한 허위를 행하는 일은 거의 없다. 그러나 그가 허위를 행할 때 그 허위들은 그리 순수하지는 않다. 그것들은 모두 유해하며, 다른 사람들의 품위를 낮추려는 의도를 지닌다.

그는 다른 사람들에게 부여된 우월성을 부당하다고 생각하고 이러한 우월성에 대한 분노로 가득 차 있다. 그는 그들을 악의와 시기심을 가지고 바라보며, 그들에 대해 말할 때는 그들의 우월성의 기초로 상정되는 근거들을 그 무엇이든 가능한 한 경시하고 줄이려고 한다. 그들에 관한 악의적인 소문이 유포되는 경우에 비록 그 스스로 이야기를 날조하지는 않지만, 그는 무슨 소문이든 그것을 종종 기쁘게 믿으며 이를 반복하는 데 전혀 거리낌이 없고, 심지어 때로는 이를 어느 정도 과장하기조차 한다.

허영심이 강한 사람이 행하는 최악의 허위는 모두 악의 없는 거짓말에 해당하지만, 교만한 사람들의 그것은 허위에 관한 한 언제나 모두 이와 정반대의 양상을 띤다.

42

우리는 교만과 허영을 혐오하기 때문에 그러한 악덕을 이유로 비난의 대상이 되는 사람들을 일반적으로 보통 수준의 상위보다는 오히려 그 하위에 있는 것으로 평가하는 성향이 있다. 그러나 내가 보기에 이러한 판단을 내릴 때에는 우리는 가장 빈번히 그릇된 판단을 하며, 교만한 사람과 허영심이 강한 사람이 모두 종종 (아마 대개의 경우) 보통의 수준을 넘어서서 상당히 높은 수준에 있는 것으로 평가한다. 물론 이러한 판단은 교만한 사람이 실제로 자기 자신에 대해 생각하는 수준에는 그리 크게 미치지 못하며, 허영심이 강한 사람이 우리가 자기 자신을 생각해주기를 바라는 수준에는 그리 크게 미치지는 못한다.

만일 우리가 그들의 주제넘은 허식을 가지고 그들을 견준다면, 그들은 경멸의 합당한 대상으로 보일 것이다. 하지만 우리가 그들을 그들의 경쟁자와 적수의 대부분이 실제로 어떤 수준에 있는가와 비교한다면, 그들은 아주 달리 나타나고 보통의 수준을 넘어서서 아주 높은 수준에 있는 듯 보일 수 있다. 이 같은 진정한 우월성이 존재하는 경우에 교만은 여러 존경할 만한 덕성, 즉 진실성, 고결성, 고도의 명예감, 진지하고 견고한 우정, 가장 불굴의 확고부동함과 결단력 등을 종종 동반한다.

한편 허영은 호감이 가는 여러 덕성, 즉 인간애, 공손함, 어떤 사소한 일에서도 호의를 표시하려는 욕구, 그리고 때로는 중대한 일에서 보이는 진정한 관대함 등을 동반한다. 그러나 허영이 강한 사람은 종종 이러한 관대함을 가능한 한 가장 화려한 색채로 보여주고 싶어 한다. 지난 세기에 프랑스 사람들은 그들의 경쟁자와 적대자들에게 허영심이 강하다는 비난을 받았고, 스페인 사람들은 교만하다는 비난을 받았다. 그런데 외국에서는 프랑스 사람을 한층 더 호감이 가는 사람으로, 스페인 사람을 한층 더 존경할 만한 사람으로 간주하는 경향이 있다.

43

'허영심이 강한'과 '허영'이라는 말은 결코 좋은 의미로 쓰이지 않는다. 우리가 기분이 좋은 상황에서 어떤 사람에 대해 이야기할 때,

허영이 그에게 더 잘 어울린다거나, 아니면 그의 허영은 불쾌함보다
는 즐거움을 훨씬 더 많이 준다고 말할 때가 있다. 그러나 이런 말에
서 우리는 여전히 그의 성격 가운데 결점이나 비웃음거리가 있다고
생각한다.

44

이에 반해서 '교만한'과 '교만'이라는 말은 때에 따라서는 (자부
심이 강한 그리고 자부심과 같은) 좋은 의미로 쓰인다. 우리가 어떤
사람에 대해 말할 때 그가 지나치게 자부심이 강하다거나 지나치게
고귀한 자부심을 가지고 있어서 어떤 비열한 행위도 하지 않는다고
종종 말한다. 이 경우에는 자부심이 도량과 혼동되고 있다.

세상에 관한 확실한 지식을 가졌던 철학자 아리스토텔레스는 과
거 두 세기에 걸쳐 스페인 사람들의 성격으로 흔히 귀속된 여러 특징
을 가지고 도량이 큰 사람의 성품을 묘사한다.

스페인 사람의 성격은 어떠한 결정을 내리든 심사숙고하고, 어떠
한 행동을 취하든 느리고 심지어 굼뜨기까지 하다. 그의 음성은 엄숙
하고, 그의 발언은 느긋하며, 그의 걸음걸이와 동작은 느리다. 이 때
문에 그는 게으르고 심지어 나태한 것으로조차 보이며, 작은 일로 전
혀 분주한 때가 없지만, 모든 중요하고 두드러진 일에는 가장 결단력
있고 박력 있게 행동한다. 그는 위험감수를 좋아하지 않거나, 큰 위
험을 제외한 작은 위험에는 선뜻 노출되기를 바라지 않는다. 그러나
그 자신이 위험에 노출된 경우에는 생명에 전혀 개의치 않는다.[36]

---

36) 이것은 아리스토텔레스의 『니코마코스 윤리학』 제4권 3장에서 논의되는 내
용이다.

45

교만한 사람은 흔히 자기 자신에게 지나치게 충분히 만족하기 때문에 자신의 성격에 무언가 수정이 필요하다고는 생각하지 않는다. 자신이 완전무결하다고 느끼는 사람은 자연히 더 이상의 모든 개선을 대부분 무시한다. 그의 자기만족과 자신의 우월성에 관한 터무니없는 자만심은 청년기부터 최고령기까지 그와 동반하는 일이 흔하다. 햄릿이 말하고 있듯이, 그는 모든 죄과를 자신의 과오로 하고, 임종을 위한 도유의식(塗油儀式)과 종부성사도 받지 못한 채 사망한다.[37)

46

허영심이 강한 사람은 사정이 이와 전혀 다르다. 존경과 찬사의 자연스럽고 적절한 대상이 되는 여러 자질과 재능을 염두에 두는 경우에 이에 관해 다른 사람들의 존경과 찬사를 받고 싶어 하는 욕구는 진실한 영예에 대한 실질적 애호이다. 이러한 열정은 인간 본성 가운데 가장 탁월한 열정은 아닐지라도 최선의 열정 가운데 하나임은 분명하다. 허영은 그 영예를 받을 마땅한 시기가 도래하기 전에 이것을 강요하려는 조급한 시도일 뿐이다.

25세 미만의 여러분의 아들이 일개 겉멋만 든 사내에 불과하더라

---

37) 이는 셰익스피어의 4대 비극의 하나인 『햄릿』(Hamlet)의 내용 가운데 일부다. 실제로는 햄릿의 독백이 아니라 유령이 햄릿에게 그의 숙부에 의한 부왕의 살인이 이루어지는 구체적인 상황을 설명하는 중에 행한 발언이다. "내가 이렇듯 잠을 자다 동생의 손에 생명, 왕관, 왕비를 순식간에 잃었을 뿐만 아니라, 내 죄과가 한창일 때 성찬식도 하지 않고 종부성사도 받지 못한 채 아무런 준비도 없이 목숨을 끊겼으니, 참회 없이 모든 불완전함을 내 과오로 하고 신의 심판대에 보내졌다"(제1막 5장, 74~79). 도유의식은 가톨릭의 사제가 임종을 앞둔 신자에게 성유(聖油)를 바르며 영적 위로와 용기를 주는 병자성사의 예식이다.

도, 이 때문에 그가 현재 과시적이고 공허한 시늉만을 하는 그런 매우 현명하고 가치 있는 사람과 모든 재능과 덕성을 소유한 진정한 대가가 40세 이전에 되지 못할 것이라고 체념해서는 안 된다. 교육의 위대한 비밀은 허영이 적절한 대상으로 지향되도록 만드는 것이다.

그가 아주 사소한 업적을 크게 자랑하도록 용납해서는 안 된다. 그러나 진정으로 중요한 업적에 그가 허세를 부리는 것을 언제나 좌절시켜서도 안 된다. 만일 그가 그것들을 소유하고자 진지하게 열망하지 않았다면, 그는 그 성취를 위해 나서지 않았을 것이다. 이러한 욕구를 격려하고 그 성취를 용이하게 하는 모든 수단을 그에게 제공해야 한다. 그리고 그가 그것을 취득하기에 약간 앞서 마치 이를 취득한 태도를 보이더라도 너무 기분 상하게 해서는 안 된다.

47

이상이 교만과 허영이 각각 그 적정한 성격에 따라 작용할 때에 나타나는 두드러진 특징이다. 그러나 교만한 사람이 허영심도 강하고, 허영심이 강한 사람이 교만한 경우도 종종 있다. 자신의 실제가치보다 자신을 훨씬 더 높게 평가하는 어떤 사람이 타인들이 자신을 훨씬 더 높게 평가해주었으면 하고 희망하는 것만큼 더 자연스러운 것은 없다.

이와 마찬가지로 자기가 자신을 평가하는 것보다 타인이 자신을 훨씬 더 높게 평가해주기를 희망하는 어떤 사람이 자신의 실제가치보다 자신을 더 높이 평가하고 있다는 것만큼 더 자연스러운 것은 없다. 그러한 두 가지 악덕은 동일한 성격 안에 빈번히 혼재되고 있기 때문에 양자의 특징도 필연적으로 혼동되고 있다.

우리는 허영에 따른 피상적이고 주제넘은 과시가 교만에 따른 가장 악의적이고 조소하는 무례와 결부되어 있음을 때때로 발견하게 된다. 이 때문에 우리는 특정한 성격을 어떻게 분류할 것인지, 즉 그것을 교만이나 허영 가운데 어느 위치에 배치해야 할지에 대해 때때로 난처함을 느끼게 된다.

48

평범한 수준을 넘어서서 꽤 높은 공적을 지닌 사람들은 때때로 자신을 과대평가할 뿐만 아니라 과소평가하기도 한다. 그러한 인물에게 비록 대단한 당당함이 느껴지지 않더라도 사적 교제에서는 결코 불쾌함이 느껴지지 않을 때가 많다. 그의 동료들은 모두 그와 같이 완전히 겸허하고 주제넘지 않는 사람과 교제할 때는 매우 편안해한다.

하지만 그의 동료들이 평범한 수준 이상의 더 큰 분별력과 더 넓은 관대함을 갖지 않으면, 그들은 그에게 일정 정도 친절을 베풀지라도 대단한 존경심을 갖는 경우는 거의 없다. 그런데 그들의 친절이 주는 온정이 그들의 냉랭한 존경심을 보상하기에는 충분하지 않다. 평범한 정도의 분별력만을 지닌 사람들은 어느 누구에 대해서라도 그가 자기 스스로에 대해 평가하는 수준보다 더 높게 그를 평가하지 않는다.

그들에 따르면, 그는 자신이 그러한 상황이나 직무에 전적으로 적합한지의 여부에 대해서 회의적인 것처럼 보이며, 자신의 자질에 아무런 의문도 품지 않은 어떤 염치없는 멍청이를 우선시하려고 한다. 비록 그 사람들이 분별력을 가지지만 관대함을 결여하고 있다면, 그들은 반드시 그의 수수함을 활용하며 그들이 전혀 받을 자격이 없는 주제넘은 우월성을 그에게 가장하여 취하려고 한다. 그는 선량한 성품 때문에 한동안은 이러한 일들을 감내할 수 있지만, 종국에는 점점 진력이 날 것이다. 그런 일이 지나치게 연장되는 경우에, 출세에서 그의 역행의 결과로써 그리고 훨씬 더 자격이 부족한데도 그보다 앞서 출세한 일부 동료 때문에 당연히 획득했어야 할 지위를 만회할 수 없을 정도로 상실하고 빼앗겼을 경우에 빈번히 진력이 난다.

이러한 성격의 소유자가 세상사를 겪는 동안 과거에 베푼 친절 때문에 가장 좋은 친구라고 생각할 만한 이유가 있는 사람들에게 늘 공정한 대우를 받는다면, 그가 초기에 동료들을 선택하는 과정에서 대단한 행운이 있었음에 틀림없다. 지나치게 겸손하고 지나치게 야심이 없는 젊은이들은 흔히 사소하고 불평을 호소하며 불만스러운 노년기를 맞게 되는 예가 많다.

49

선천적으로 능력이 평범한 수준의 하위에 있는 불행한 사람들은 때로 자신들을 실제 수준보다도 훨씬 더 낮게 평가하는 듯하다. 이러한 비하 행위는 때로는 스스로를 백치로 지위를 낮추는 것 같다. 힘들여 백치들을 세심하게 조사한 사람은 누구든지 백치들 가운데 많은 사람은 우둔하고 어리석지만 어느 누구도 백치로 생각하지 않는 다른 사람들과 비교해서 이해능력 면에서 결코 열등하지 않다는 점을 알고 있다.

보통교육만으로도 많은 백치는 읽기, 쓰기, 셈하기를 꽤 잘 습득한다. 결코 백치로 간주될 수 없는 많은 사람은 가장 정성들여 교육시켰음에도, 성년기에 초기교육에서 습득하지 못한 내용을 배우고자 하는 열정이 충만함에도, 이상의 세 가지 소양 가운데 어느 것도 용인 가능한 정도로 달성할 수 없는 경우가 있다.

그러나 그들은 자부심의 본능에 따라 같은 연령과 상황에 처한 동년배들의 수준에 도달하며, 용기와 확고부동한 자세로 자기 동료들 가운데서 적절한 지위를 유지한다. 이와 정반대의 본능 때문에 백치는 여러분이 그에게 소개할 수 있는 모든 동료의 수준보다도 열등하다고 느낀다. 그가 과도하게 당하기 쉬운 부당한 대우 때문에 그는 매우 강한 격분과 광포의 흥분상태에 빠질 수 있다.

그러나 그에게 좋은 대우를 하고 친절을 베풀고 관대하게 해도 여러분은 그가 대등한 존재로서 함께 대화하도록 사기를 높일 수는 결코 없다. 그런데 만일 어떻게든 이런 백치와 대화할 수 있게 되면, 여러분은 그의 응답이 꽤 적절하며 심지어 현명하기까지 함을 빈번히 발견하게 된다.

그러나 그러한 응답에는 항상 그가 상당히 열등하다는 특유의 의식이 새겨져 있다. 그는 움츠러들어, 말하자면 여러분의 시선과 대화로부터 피신하는 듯하다. 그리고 그가 여러분의 상황에 선다면 여러분이 매우 겸손하게 처신하는데도 여러분이 그를 여러분보다 극히 열등한 존재로 생각한다고 느끼는 듯하다.

일부 백치들, 아마 대부분의 백치들은 주로 또는 전적으로 이해능력의 부분적 마비나 무기력 때문에 그런 듯하다. 그런데 다른 백치들의 그런 능력은 백치로 생각되지 않는 다른 많은 사람의 경우와 비교해서 한층 더 무기력하거나 마비되지는 않은 것 같다. 그러나 동료들과 동등한 처지에서 자신들을 유지하기 위해 요구되는 자부심의 본능이 백치에게는 전적으로 결여되고 백치 아닌 이들에게는 그렇지 않은 듯하다.

50

그러므로 당사자의 행복과 만족에 대부분 기여하는 자기존중의 정도는 공정한 관찰자에게도 마찬가지로 대부분 유쾌하게 보인다. 자기가 당연히 존중해야 하는 바대로, 그리고 그 정도로만 아주 정확하게 자신을 존중하는 사람은 다른 사람들에게서 자기가 마땅히 받아야 한다고 생각하는 모든 존경을 얻지 않을 수 없다. 그는 자신에게 꼭 마땅한 정도의 존경만을 바라고, 이에 대해 완전히 만족하고 지낸다.

51

이에 반해 교만한 사람과 허영심이 강한 사람은 늘 불만을 갖고 있다. 전자는 다른 사람들이 누리는 부당한 우월성 때문에 분노하고 몹시 괴로워한다. 후자는 자신의 근거 없는 허세가 발각될 때 뒤따를 것으로 예상되는 치욕 때문에 끊임없는 두려움을 느낀다. 진정으로 도량이 큰 사람의 과도한 허식조차, 비록 훌륭한 재능과 미덕으로, 특히 행운이 뒷받침되는 경우에, 박수갈채를 보내고 있음에도 거의 관심대상이 아닌 그런 대중을 속일 수는 있지만, 그들의 유일한 승인만을 높이 평가하고 그들의 존경을 가장 열망하고 있는 그런 현명한 사람들을 속이지는 못한다.

그는 그러한 현명한 사람들이 자기를 간파하고 있음을 느끼며, 자신의 지나친 허세를 경멸하지는 않을까 의심한다. 그리고 그는 의심 없이 안전하게 최대의 행복을 누리면서 우정을 향유했을 것 같은 바로 그런 사람들에 의해 자신이 처음에는 질투하는 비밀스러운 적이 되고, 결국에는 공공연하게 격노하고 원한이 깊은 적이 되는 잔혹한 불운을 종종 맛보게 된다.

52

교만한 사람과 허영심이 강한 사람을 혐오하기 때문에 우리는 종종 그들을 적절한 지위의 상위보다는 하위 수준으로 평가하는 성향이 있다. 그러나 무언가 특별하고 개인 신상에 무례한 그들의 행위 때문에 우리가 분노하지 않는 한, 우리가 그들을 일부러 부당하게 대우하는 일은 거의 없다.

보통의 경우에 우리는 스스로의 편안함을 위해서라도 그들의 우매한 행동을 묵인하고 가능한 한 거기에 순응하려고 한다. 그런데 우리가 대부분의 사람들이 가진 것보다 더 많은 분별력과 관용을 지니고 있지 않은 이상, 우리는 스스로를 평가절하하는 사람에게는 적어도 그가 자신에게 부당하게 평가하는 만큼 그를 부당하게 평가하게 되며, 그보다 한층 더 부당하게 그를 평가하는 경우도 종종 있다.

그는 자신의 감정에서 교만한 사람이나 허영심이 강한 사람보다 더 큰 불행을 느낄 뿐만 아니라, 다른 사람들에게 모든 유형의 부당한 대우를 훨씬 더 받기 쉽다. 거의 모든 상황에서 어느 측면에서든 지나친 겸손보다는 지나친 자부심을 갖는 것이 더 좋다. 그리고 자기 존중의 감정에서 일정 정도의 과도함이 어느 정도든 결여된 것보다는 당사자나 공정한 관찰자 모두에게 훨씬 덜 불쾌하게 보인다.

53

그러므로 다른 모든 정서, 열정 그리고 관행에서뿐만 아니라 이 감정에서도 공정한 관찰자에게 가장 유쾌한 정도는 마찬가지로 당사자에게도 가장 유쾌하다. 그 과도함이나 결여가 공정한 관찰자에게 어느 정도의 불쾌함을 주는가에 비례하여 그 과도함이나 결여가 당사자에게도 동일한 정도의 불쾌함을 주게 된다.

결론

1

우리 자신의 행복에 관한 관심은 우리에게 신중의 덕성을 권장하고, 다른 사람의 행복에 관한 관심은 정의와 자혜의 덕성을 권장한다. 후자의 미덕 가운데 정의는 우리가 타인에게 침해를 끼치지 않도록 억제하며, 자혜는 타인의 행복을 촉진하도록 고무시킨다.

다른 사람들의 감정은 어떠하며 어떠해야 하는가, 일정 조건하에서는 어떻게 될 것인가에 대한 고려와는 관계없이 이상의 세 가지 가운데 첫 번째 덕성은 본래 우리의 이기적인 성정 때문에 권장된 것이고, 다른 두 개의 덕성은 우리의 자혜적인 성정 때문에 권장된 것이다. 그러나 타인의 감정에 대한 고려는 나중에 발생하여 그러한 덕성들을 실천하도록 강제하고 그 실천을 지도하게 된다.

어느 누구도 전 생애에 걸쳐 또는 생애의 상당 부분 동안에 신중, 정의, 적절한 자혜의 길을 착실하고 변함없이 걷지 못했으며, 그의 행위도 가상의 공정한 관찰자, 위대한 마음속의 동거인, 행위의 위대한 재판관과 중재인의 감정에 대한 고려에 의거하여 주로 지도되지 못했다.

만일 일상생활에서 우리가 마음속의 동거인이 규정한 제반 준칙으로부터 어느 모로 벗어난다면, 만일 우리가 지나치게 검소하거나 낭비한다면, 만일 우리가 지나치게 근면하거나 나태하다면, 만일 우리가 격정이나 과실 때문에 이웃들의 이익과 행복에 어느 면에서든 침해를 끼친다면, 그리고 그러한 이익과 행복을 촉진할 수 있는 명백하고 적절한 기회를 소홀히 한다면, 이 마음속의 동거인은 한밤중에 우리를 불러내어 이러한 태만과 침해에 관한 해명을 요구한다. 그의 비난 때문에 우리 자신의 행복에 대한 우매함과 부주의에 대해서, 타인의 행복에 대한 한층 더 큰 무관심과 부주의에 대해서 우리는 내면적으로 얼굴을 붉히는 경우가 종종 있다.

2

그러나 비록 각기 다른 여러 경우에 신중, 정의, 자혜의 제반 덕성이 두 가지 서로 다른 원리에 따라 거의 동등하게 우리에게 권장된다고 해도, 대부분의 경우에 자기통제의 덕성은 주로 그리고 거의 전적으로 하나의 원리, 즉 적정성의 감각, 가상의 공정한 관찰자의 감정에 대한 고려로 우리에게 권장된다. 이 원리가 부과하는 구속이 없다면 모든 열정은 대개의 경우, 말하자면 그 자체의 만족을 위해 무모하게 분출된다.

격노는 그 자신의 격정의 제안을 따르며, 두려움은 그 자신의 격렬한 감정적 동요의 제안을 따른다. 그렇지만 적절한 때나 장소가 아니라는 것을 고려하게 되면 허영심이 가장 요란하고 무례한 과시로 이어지는 것을 삼가게 되고, 관능적 욕구가 가장 노골적이고 추잡하며 수치스러운 방종으로 흐르는 것을 삼가게 된다.

다른 사람들의 감정은 어떠하며 어떠해야 하는가, 일정 조건하에서는 어떻게 될 것인가에 대한 고려는 대부분의 경우에 그러한 모든 반항적이고 난폭한 열정을 위압하여 공정한 관찰자가 공감하고 동감할 수 있는 그런 성격과 기질로 만드는 유일한 원리다.

3

실제로 어떤 경우에는 그러한 열정들은 이것들의 부적정성의 감각 때문이 아닌 이것들의 무분별한 탐닉으로부터 초래될지도 모르는 나쁜 결과에 대한 신중한 고려 때문에 억제된다. 이러한 경우에 그 열정들이 비록 억제된다고 할지라도 언제나 완전히 정복되는 것은 아니고, 마음속에서는 종종 그 본래의 격정상태로 잠재되어 있다.

격노가 두려움 때문에 억제되고 있는 사람은 그의 격노를 언제나 포기한 것이 아니라, 한층 더 안전한 기회를 위해 그 만족을 유보하고 있을 따름이다. 그러나 자신에게 가해진 침해를 다른 어떤 사람과 결부하면서 그의 동료들의 한층 더 절제된 감정에 동감함으로써 그의 격렬한 열정이 즉각 냉정해지고 진정되는 사람, 그러한 더욱 절제된 감정을 즉각 채택함으로써 그 침해를 자신이 본래 갖고 있던 바대로 험악하고 혐오스러운 관점으로 보지 않고 그의 동료들이 자연히 보는 것처럼 한층 더 온화하고 공정한 시각으로 바라보는 사람은 자신의 격노를 억제할 뿐만 아니라 어느 정도는 정복한다. 그 열정은 이전과 비교하여 실제로 진정되고, 처음에는 아마 실행하려고 생각했을지도 모르는 그런 폭력적이고 잔인한 복수를 자극할 만한 능력도 한층 더 줄어든다.

4

적정성의 감각으로 억제되는 그러한 열정들은 모두 어느 정도는 그것에 의해 완화되고 정복된다. 이에 반해서 어떤 유형이든 신중한 고려로 억제된 열정들은 그러한 억제 때문에 종종 격화되기도 하고, 때로는 (도발 후 오래 지나서 아무도 그것에 대해 생각하고 있지 않을 때) 터무니없이 돌연하게 폭발하기도 하며, 이전의 열 배 정도의 격정과 맹렬함을 수반하기도 한다.

5

그러나 다른 모든 열정과 마찬가지로 격노는 많은 경우에 신중한 고려 때문에 매우 적절히 억제될 것이다. 이러한 유형의 억제를 위해서는 일정한 정도까지 남자다움과 자기통제를 행사할 필요가 있다. 그런데 공정한 관찰자는 그러한 유형의 억제 행위를 평범한 신중을 요하는 단순한 문제로서 간주하기 때문에, 때때로 그것을 냉담한 존경심으로 바라볼 것이다.

그렇지만 이러한 경우에, 공정한 관찰자는 적정성의 감각에 따라 자신이 쉽사리 공감할 수 있을 정도로 그러한 열정이 완화되고 정복되는 경우에 그 동일한 열정을 평가하면서 갖게 되는 애정 깊은 감탄의 눈으로 바라보지는 않는다. 신중한 고려에 따른 억제에서 그는 때때로 어느 정도의 적정성을, 심지어 어느 정도의 미덕까지도 분별할수 있다. 그러나 그것은 적정성의 감각에 따른 억제를 하면서 감탄하여 황홀한 상태에서 언제나 느끼는 것과 비교해서 아주 열등한 수준의 적정성과 미덕이다.

6

신중, 정의, 자혜의 덕성들은 가장 호감이 가는 결과만을 창출해내는 경향이 있다. 그러한 효과를 고려할 때에는 처음에는 행위자가 이를 고려해 그 덕목들을 권고받는 것처럼, 나중에는 이에 대한 고려 때문에 공정한 관찰자가 그것들을 권고받는다. 신중한 사람의 성격을 승인할 때, 우리는 그가 침착하고 사려 깊은 미덕의 보호 아래 행동하면서 향유하고 있음에 틀림없는 그런 안전감을 특별히 만족스럽게 여긴다.

정의로운 사람의 성격을 승인할 때에도, 우리는 그의 이웃, 사회 그리고 사업상이든지 그와 연관된 모든 사람이 누구를 결코 해치거나 기분 상하지 않게 하려는 그의 세심한 염려 덕분으로 누릴 것이 분명한 그런 안전감을 마찬가지로 만족스럽게 느낀다.

자혜로운 사람의 성격을 승인할 때에도, 우리는 그의 선행이 미치는 범위 내에 있는 모든 사람이 표출하는 감사에 공감하고 그들과 함께 그에게 최고의 공로감을 느끼게 된다. 이 모든 덕성을 승인할 때에 이러한 미덕을 실행하는 사람에게나 또는 다른 사람들에게, 그러한 미덕이 수반하는 유쾌한 결과에 대한 우리의 감각, 즉 효용에 대한 우리의 감각은 그러한 미덕의 적정성에 관한 우리의 감각과 결합하며, 언제나 그러한 승인의 주목할 만한 부분을 구성하거나 그 대부분을 구성하는 경우가 많다.

7

그러나 자기통제의 덕성을 승인할 때에는, 그러한 덕목이 미치는 여러 결과에 대한 만족은 그러한 승인을 마련하는 데에 때때로 어떤 역할도 하지 않으며, 적은 역할만을 수행하는 경우가 많다. 그러한 결과들은 때로는 호감을 주는 것일 수도 있고 때로는 불쾌감을 주는 것일 수도 있다. 우리의 승인이 전자의 경우에 한층 더 강하다는 것에는 의심할 여지가 없지만, 후자의 경우에도 그것이 결코 완전히 파괴되지 않는다.

가장 영웅적인 용맹스러움은 정의나 불의를 위해서 무차별적으로 활용될 수 있다. 전자의 경우에 그것이 훨씬 더 사랑받고 칭송되는 것이 분명하지만, 후자의 경우에조차 그것은 여전히 위대하고 존경받을 만한 자질인 듯하다. 그러한 용맹스런 미덕과 자기통제의 다른 모든 덕목 가운데서 드러나는 화려하고 눈부시게 빛나는 자질은 언제나 그러한 실행의 위대함과 견실함이고, 그 덕목들을 실행하고 꾸준히 유지하기 위해 요구되는 강력한 적정성의 감각인 것처럼 보인다. 그 덕목의 결과들이 거의 고려되지 않을 때가 매우 많다.

제7부
도덕철학의 여러 체계

"우리가 행복을 내기의 판돈을 획득하는 것에 둔다면,
우리는 행복을 우리의 능력이 미치지 않고
우리의 지휘도 벗어나는 여러 원인에 좌우되는 일에 두는 것이다.
우리는 필연적으로 우리 자신을 영구적인 공포와 불안,
비통하고 굴욕적인 낙담에 빈번히 내맡기는 것이다.
그러나 만일 우리가 우리의 행복을 [……] 우리의 행동의 적정성에 둔다면,
우리는 그것을 적절한 훈련, 교육, 주의력에 의해서
우리의 능력과 지휘의 범위 아래 완전히 두는 것이다."

제1편 도덕감정의 이론에서
검토되어야 하는 여러 문제

1

우리의 도덕감정의 성격과 기원을 거론한 서로 다른 학설 가운데 세상에 가장 많이 알려지고 주목할 만한 이론들을 검토해보면, 우리는 이들 가운데 거의 대부분이 내가 설명하려고 한 여러 부분과 일치하고 있음을 알 수 있다. 앞서 이미 언급된 모든 것을 충분히 검토한다면, 각각 특정한 학자가 자신의 고유한 학설을 수립하는 데 토대가 된 그런 자연에 관한 견해나 측면이 무엇인가를 어렵지 않게 설명할 수 있을 것이다.

이제까지 세상에서 명성을 누린 모든 도덕의 학설체계는 내가 이책에서 밝히려고 했던 여러 원리 가운데 일부 원리로부터 궁극적으로 도출된다. 이런 관점에서 보면, 그러한 학설들은 모두 자연의 원리에 기초를 두고 있기 때문에 그들 모두는 어느 정도는 올바르다. 하지만 그들 학설의 다수는 자연에 관한 부분적이고 불완전한 견해로부터 도출되었기 때문에 어느 측면에서 보면 틀린 점이 많다.

2

도덕의 원리들을 취급할 때 고려해야 하는 두 가지 문제가 있다. 첫째, 덕성은 어디에 존재하는가? 즉 탁월하고 칭찬받을 만한 성격, 또는 존경, 명예, 승인의 자연적 대상이 되는 성격을 구성하는 심성과 행동의 기조는 무엇인가? 둘째, 덕성의 성격이 어떠한 것이든 그것을 우리에게 추천하는 마음 내부의 힘이나 기능은 무엇인가? 다른 말로 표현하면, 어떻게 그리고 어떤 수단으로 마음이 어떤 행동기조보다는 다른 행동기조를 우선시하고, 한편의 행위는 옳고 다른 편의 행위는 그르다고 지칭하며, 한편의 행위를 승인, 명예 및 보상의 대상으로 간주하는 반면에 다른 편의 행위를 비난, 책망 및 처벌의 대상으로 간주하는가?

3

우리가 첫 번째 문제를 검토하는 것은 허치슨 박사가 생각하듯이 덕성은 자혜에 있는가, 클라크 박사가 상정하고 있듯이 덕성은 우리들이 맺고 있는 서로 다른 관계에 타당하도록 행동함에 있는가, 다른 학자들의 견해처럼 덕성은 우리 자신의 실제적이고 견고한 행복을 현명하고 신중하게 추구하는 데 있는가를 고찰하는 경우다.[1]

---

1) 허치슨(Francis Hutcheson, 1694~1746)은 글래스고 대학교 도덕철학 교수로 1730년부터 46년까지 재직했으며 당시 학생인 스미스를 직접 가르쳤다. 그는 덕성이 본질적으로 자혜에 있다고 인식한다. 한편 클라크(Samuel Clarke, 1675~1729)는 영국의 철학자이자 목사다. 그는 뉴턴 물리학의 대변자로서 1715~16년 2년간 라이프니츠와 서간을 주고받았다. 윤리학에서 옳거나 의무적인 행동은 사물이 가지고 있는 서로 다른 관계에 부응하여 적절하게 행동하는 것에 있다고 본다. 이것은 『자연종교의 불변적인 의무론』(1705)에서 논의된다.

4

우리가 두 번째 문제를 검토하는 것은 다음과 같은 경우다. 덕망 있는 성격이 그 무엇이든 간에 이것을 우리에게 권고하는 원리는 무엇인가? 그 원리는 우리 자신이나 다른 사람 모두에게 발견되는 그 성격이 우리 자신의 개인적인 이익을 가장 잘 도모하는 경향이 있음을 알게 만드는 자기애인가, 진실과 거짓의 차이를 지적하는 경우와 마찬가지로 어느 성격과 다른 성격의 차이를 지적하는 이성인가, 덕망 있는 성격이 만족감과 즐거움을 주는 반면에, 이와 반대되는 성격은 혐오감과 불쾌감을 준다는 점을 느끼도록 만드는 도덕감각이라는 독특한 인식능력인가, 마지막으로 동감이나 이와 유사한 것의 변형처럼 인간의 본성에 속하는 다른 어떤 원리인가?

5

나는 이와 같은 두 가지 문제 가운데 첫 번째 문제와 관련하여 형성된 여러 학설 체계를 먼저 고찰하고, 이어서 두 번째 문제와 관련하여 수립된 학설을 검토할 것이다.

제2편 덕성의 본질에 관한 다양한 설명

서론

1

덕성의 본질, 즉 탁월하고 칭찬받을 만한 성격을 구성하고 있는 마음의 상태에 관해 지금까지 주어진 다양한 설명은 세 가지 서로 다른 범주로 환원될 수 있다. 일부 학자에 따르면, 덕성이 있는 마음의 상태는 어느 한 가지 유형의 성정에 있지 않고 우리의 모든 성정을 적절하게 지배하고 지도하는 데에 있다. 이 성정들은 그것들이 추구하는 대상들에 따라서, 이 대상들이 추구되는 격렬함의 정도에 따라서 미덕이 될 수도 있고 악덕이 될 수도 있다. 그러므로 이 학자들에 따르면, 덕성은 행위의 적정성에 있다.

2

또 다른 학자들에 따르면, 덕성은 우리 자신의 개인적인 이익과 행복을 사려 깊게 추구하는 데 있거나, 오로지 이와 같은 목적만을 추구하는 이기적인 성정들을 적절히 지배하고 지도하는 데 있다. 그러므로 이들의 견해에 따르면, 덕성은 신중에 있다.

3

또 다른 일련의 학자들에 따르면, 덕성은 결코 우리 자신의 행복을 추구하는 성정에 있는 것이 아니라, 타인들의 행복을 추구하는 성정에만 있다. 그러므로 이들에 따르면, 사심 없는 자혜만이 어떤 행동에 덕성의 본성을 새길 수 있는 유일한 동기다.

4

덕성의 본성은 모든 성정이 적절히 지배되고 지도될 때 그것들 모두에 무차별하게 귀속되거나, 아니면 그것들 가운데 어떤 한 종류 또는 한 부문에 국한되어야만 한다는 것이 분명하다. 우리의 성정을 대별하면 자기애와 인애로 구분된다. 그러므로 만일 우리의 모든 성정이 적절하게 지배되고 지도될 때 덕성의 성격이 그것들 모두에게 무차별하게 귀속될 수 없다면, 그것은 우리 자신의 개인적인 행복을 직접적으로 추구하는 성정들에 국한되거나, 아니면 다른 사람들의 행복을 직접적으로 추구하는 성정들에 국한되어야만 한다.

따라서 덕성이 적정성에 있지 않다면, 그것은 신중이나 자혜에 있음에 틀림없다. 덕성의 본성에 관해 또 다른 설명이 주어질 수 있다고 생각하는 것은 거의 불가능하다. 이하에서 나는 이 세 가지 설명과 외형상 다른 것처럼 보이는 다른 모든 설명이 사실은 어떻게 이들 가운데 어느 하나와 일치하는가를 밝히고자 노력할 것이다.

제1장 덕성을 적정성에서 구하는 철학체계

1

플라톤, 아리스토텔레스, 제논에 따르면, 덕성은 행위의 적정성에 있다. 즉 덕성은 우리의 행동의 동기가 되는 성정이, 이러한 성정을 자극하는 대상에 대해 타당성을 지니는가의 여부에 있다.

2

I. 플라톤의 학설체계에서는 영혼은 세 가지 서로 다른 능력이나 계급으로 이루어져 있는 소국가 또는 공화국과 같은 것으로 간주되고 있다.[2]

3

그 첫 번째가 판단력으로서, 어떤 목적을 달성하는 데 필요한 적절한 수단이 무엇인가를 결정할 뿐만 아니라, 어떤 목적들이 추구하기에 적합하며, 어느 정도의 상대적 가치가 각각의 목적에 부여되어야 하는가를 결정하는 능력이다.

아주 적절하게도 플라톤은 이러한 능력을 이성이라고 불렀으며, 이성이 전체의 지배적 원리가 될 정당한 자격을 갖추고 있다고 간주했다. 이 이성이라는 명칭을 통해 그는 우리가 진리와 오류에 대해 판단할 때 활용하는 능력뿐만 아니라 욕구와 성정의 적정성이나 부적정성에 대해 판단할 때 활용하는 능력도 포함하고 있음이 분명하다.

---

[2] 원주: 플라톤의 『국가론』 제4권을 참조하라.

4

본래 이 지배적인 원리의 피통치자임에도 그 통치자에게 반항하기 매우 쉬운 서로 다른 열정과 욕구를 그는 두 가지 서로 다른 부류나 계통으로 정리하고 있다.

첫 번째는 교만과 분개심, 또는 스콜라철학자들이 영혼의 격앙하기 쉬운 부분이라고 지칭한 것에 기초를 둔 열정으로 구성되어 있다. 즉 야심, 적개심, 명예욕, 치욕에 대한 두려움, 승부욕, 우월감과 복수심 등 간단히 말해서 언어의 은유법으로 흔히 활기나 자연적 흥분이라고 불리는 것을 나타내거나 이로부터 생겨나는 것으로 간주되는 모든 열정이다.

두 번째는 쾌락의 애호, 또는 스콜라철학자들이 영혼의 호색적인 부분이라고 지칭한 것에 기초를 둔 열정으로 구성되어 있다. 그것은 모든 육체적 욕구, 안락과 안전의 욕구, 모든 관능적인 향락에 대한 욕구를 포함하고 있다.

5

그 지배적 원리(이성)가 규정한 행동계획, 우리가 추구하기에 가장 적합한 것으로 냉철한 시간에 우리 스스로 정립한 그런 행동계획을 중단하는 일은 거의 일어나지 않는다. 하지만 억제할 수 없는 야심과 분개심에 의해서든 현재의 안락과 쾌락을 추구하는 집요한 유혹에 의해서든 이 두 가지 유형의 서로 다른 열정 가운데 어느 것에 이끌리게 되면 사정은 달라진다. 그런데 비록 이 두 가지 계통의 열정들이 우리를 쉽사리 오도하기는 하지만, 그것들은 여전히 인간 본성에 필요한 부분으로 간주된다.

첫 번째의 열정은 우리를 침해로부터 보호하고, 세상에서 우리의 사회적 지위와 존엄을 옹호하며, 우리로 하여금 기품과 명예를 지향하는 동시에 이런 태도로 행동하는 사람들을 식별하도록 하기 위해서 주어졌다. 두 번째의 열정은 신체를 유지하고 그 필수품들을 공급하기 위해서 주어졌다.

6

현명함 또는 지혜라는 핵심적인 덕성은 그 지배적 원리의 강력함, 정확성, 완전성을 발휘하는 데 있다. 플라톤에 따르면, 이 현명함 또는 지혜의 미덕은 추구하기에 적합한 여러 목적과 이것들을 달성하는 데 적절한 여러 수단을 일반적이고 과학적인 관념에 기초하여 올바르고 분명하게 식별하는 데 있다.

7

영혼의 격앙하기 쉬운 부분의 열정에 속하는 첫 번째 부류의 열정들이 명예와 기품을 추구하는 데 당면하는 모든 위험을 무시할 수 있을 정도로 이성의 지시 아래 강력함과 견고함을 유지할 때는 그 부류의 열정은 불굴의 정신과 넓은 도량의 미덕을 구성한다. 이러한 학설체계에 따르면, 이런 계통의 열정은 다른 계통의 열정보다 한층 더 도량이 넓고 고귀한 성격을 띤다.

많은 경우에 이것들은 열등하고 야만적인 욕구를 저지하고 억제하기 위한 이성의 보조자로서 간주되었다. 쾌락의 욕구가 우리가 승인하지 못하는 일을 하도록 이끌 때는, 우리는 스스로에게 화를 내거나 우리 자신의 분개심과 분노의 대상이 되는 것을 자주 알게 된다. 이런 식으로 인간 본성의 격앙하기 쉬운 부분이 그 호색적인 부분에 대항하여 이성적인 부분을 돕도록 소환된다.

8

인간 본성의 이러한 세 가지 서로 다른 부분이 서로 완전한 조화를 이루는 경우에, 격앙하기 쉬운 부분이나 호색적인 부분이 이성이 승인하지 않는 어느 만족도 추구하지 않는 경우에, 이성이 이 세 부분이 자발적으로 수행하고자 하는 것 이외에는 어떤 것도 결코 명령하지 않는 경우에; 이 행복한 평안, 이 완전무결한 영혼의 조화는 우리가 그리스어의 표현 때문에 흔히 절제라고 번역하고 있지만 오히려 온화한 기질이나 마음의 평정과 중용으로 번역되는 것이 더욱 적절할 것 같은 덕성을 구성한다.

9

이 학설체계에 따르면, 네 가지 기본 덕목 가운데 최종적이고 가장 위대한 덕성인 정의는 이상에서 거론된 마음의 세 가지 능력이 각각 그 적합한 임무에 국한되어 서로 다른 임무를 잠식하려 시도하지 않는 경우에, 이성은 지시하고 열정은 이에 복종하는 경우에, 개별적 열정이 각자의 적절한 의무를 수행하며 각자의 적절한 대상을 향해 주저 않고 용이하게, 이와 동시에 추구하는 대상의 가치에 어울리는 기력과 활동력을 가지고 노력하는 경우에 실현된다. 바로 여기에 완전한 덕성, 행위의 완전한 적정성이 있다. 플라톤은 고대 피타고라스 학파의 일부를 본받아 이러한 덕성에 정의라는 이름을 명명했다.

10

여기서 주의할 점은 그리스어로 정의를 표현하는 단어는 몇 가지 서로 다른 의미를 지닌다는 것이다. 내가 아는 한 다른 모든 언어에서도 이것에 해당하는 단어는 동일한 의미를 지니기 때문에, 여러 다양한 의미 가운데 어떤 자연적인 유사성이 있음에 틀림없다. 우리가 이웃에게 어떤 적극적인 위해를 가하는 행위를 삼가고, 그의 인격, 재산, 명예를 직접적으로 침해하지 않는다면, 어떤 의미에서 우리는 그 이웃에게 정의를 행한다는 말을 듣는다. 이것은 앞서 내가 거론한 바 있는 바로 그 정의로서,[3] 이 정의의 준수는 폭력으로 강제할 수 있고, 그것의 위반은 처벌을 받게 된다.

우리가 이웃 사람의 성격, 처지 및 우리와의 관계 때문에 우리가 가질 수밖에 없는 적절하고 타당한 애정, 존중, 존경을 그에 대해 느끼지 않을 뿐만 아니라, 우리가 이에 따라서 행동하지 않으면, 다른 의미에서 우리는 그에게 정의를 다한다는 말을 듣지 못하게 된다. 우리가 사회적 관계를 맺고 있는 공로가 있는 사람에게, 비록 어느 모로나 우리가 그를 침해하는 일을 삼간다고 해도, 만일 우리가 그에게 봉사하여 공정한 관찰자가 그를 바라보고 기쁨을 느낄 그런 상황에서도록 노력하지 않으면, 우리는 그에게 부당한 행위를 한 것이라는 말을 듣는 것은 바로 이런 의미에서다.

이 단어의 첫 번째 의미는 아리스토텔레스와 스콜라철학자들이 교환적 정의라고 부르는 것과 일치한다. 또한 이것은 그로티우스가 말한 보충적 정의와 일치하며, 타인의 소유물에 손대는 것을 삼가고 우리가 적정성을 가지게 할 수밖에 없는 것은 무엇이든 자발적으로 하는 것에 있다.[4] 이 단어의 두 번째 의미는 일부 학자들이 분배적

---

3) 이 책 225~226쪽(5).

4) 그로티우스(Hugo Grotius, 1583~1645)는 네덜란드의 법학자로서 국제법의 아버지라 불린다. 그는 사회공동체 안에서 만들어진 도덕적 책무와 권리는 신이 부여한 것이 아니라 인간 본성을 탐구함으로써 추구해야 할 대상으로 파악하여 중세와는 차별화된 근대 자연법의 토대를 놓았다. 그는 『전쟁과 평화의 법』(De Jure Belli ac Pacis, 1625)에서 정의의 규칙이 관심대상이 되는 중요한 규칙이며, 이러한 규칙에 관한 보편적 합의와 실천적 지침을 확보하는 것이 국제법의 목적이라고 지적했다.

정의라고 부르는 것[5]과 그로티우스의 귀속적 정의와 일치한다.

이것은 적절한 자혜에 있고, 우리의 소유물을 적절히 사용하는 데 있으며, 우리의 상황에서 활용하기에 가장 어울리는 자선이나 관대함의 목적으로 그것을 적용하는 데 있다. 이러한 의미의 정의는 모든 사회적 덕목을 포함한다.

그러나 정의란 단어가 또 다른 의미로 사용되는 경우가 종종 있다. 이 의미는 앞서 지적한 두 번째 의미와 매우 유사할지라도 첫 번째 의미의 두 가지 정의의 개념보다는 한층 더 넓은 의미를 지니며, 내가 아는 한 세계의 모든 언어에서 마찬가지로 통용된다.

우리가 어떤 특정 대상에 대해 공정한 관찰자의 눈으로 보기에 그것이 마땅히 받을 만하거나 자연히 불러일으키기에 어울릴 것 같은 그런 정도의 존경으로 그것을 평가하지 않거나 그런 정도의 열정을 가지고 그것을 추구하지 않는 경우에, 우리가 부당하다고 말을 듣는 것이 이 마지막 의미에서의 정의다.

그러므로 만일 우리가 어느 시나 그림에 대해 그것들을 충분히 칭찬하지 않을 때 우리는 그것들에게 공정하지 못하게 대했다는 말을 듣게 되고, 만일 우리가 그것들을 지나치게 칭찬할 때는 그것들에게 공정한 것 이상으로 대했다는 말을 듣게 된다. 이와 마찬가지로 우리가 자기애의 특수한 대상에 대해 충분한 주의를 기울이지 않을 때 우리 자신을 부당하게 대우한 것으로 말을 듣는다.

이러한 마지막 의미에서의 정의는 행위와 품행의 엄밀하고 완벽한 적정성과 동일한 의미다. 그러므로 그것은 교환적 정의와 분배적 정의의 두 가지 임무뿐만이 아니라, 다른 모든 덕성, 즉 신중, 불굴의

---

5) 원주: 아리스토텔레스의 분배적 정의는 이와 다소 상이한 개념이다. 그것은 공동체의 공공자산에서 보상금을 적절히 분배하는 것에 있다. 아리스토텔레스의 『니코마코스 윤리학』 제5권 2장을 참조하라.

정신, 절제의 임무도 포괄하고 있다. 플라톤이 정의라고 지칭한 것은 바로 이러한 마지막 의미의 정의임이 분명하다. 그러므로 그에 따르면, 정의 속에는 모든 유형의 덕성의 완성이 포함된다.

11

이상이 칭찬과 승인의 적절한 대상인 덕성의 본성과 마음의 상태에 관한 플라톤의 설명이다. 그에 따르면 덕성은 모든 마음의 능력이 각자 자신의 고유의 영역 내에 국한되어 서로 다른 영역을 침해하지 않고, 자기에게 속한 적절한 직무를 엄밀한 정도의 기력과 활기를 가지고 수행하는 그러한 마음의 상태다. 그의 설명은 행위의 적정성에 대해 우리가 앞서 고찰했던 내용과 모든 면에서 분명히 일치한다.

12

II. 아리스토텔레스에 따르면, 덕성은 올바른 이성에 따른 중용의 습관에 있다.[6] 그에 따르면 모든 고유의 덕성은 두 가지 서로 상반된 악덕의 일종의 중간에 있다. 이 악덕 가운데 하나는 어떤 특정 유형의 대상들에 지나치게 많은 감명을 받음으로써, 다른 하나는 지나치게 적은 감명을 받음으로써 불쾌감을 준다. 따라서 불굴의 정신이나 용기의 덕성은 서로 상반된 악덕인 비겁과 주제넘은 무모함의 중간에 위치한다. 이때 비겁은 공포의 대상에 지나치게 많은 영향을 받음으로써, 주제넘은 무모함은 공포의 대상에 지나치게 적은 영향을 받음으로써 마음이 상한다.

마찬가지로 검약의 미덕도 탐욕과 낭비의 중간에 있다. 탐욕은 자

---

6) 원주: 아리스토텔레스의 『니코마코스 윤리학』 제2권 5장 및 제3권 5장을 참조하라.

기애의 대상에 갖게 되는 적절한 관심에 대해 과도한 주의를 기울이는 데 있고, 낭비는 그러한 관심을 결여하고 있는 점에 있다.

마찬가지로 넓은 도량의 미덕도 과도한 오만과 지나친 소심성의 중간에 있다. 전자는 우리 자신의 가치와 존엄에 관해 지나치게 도를 넘은 감정을 느끼는 데 있고, 후자는 지나치게 나약한 감정을 느끼는 데 있다. 덕성에 관한 이와 같은 설명이 행위의 적정성 및 부적정성에 관해 앞서 지적된 바와 아주 정확히 일치한다는 것은 재론할 필요가 없다.[7]

13

아리스토텔레스에 따르면, 덕성이란 절제 있고 올바른 성정에 있다기보다는 이와 같은 중용의 습성화에 있다.[8] 이 점을 이해하려면 덕성은 어느 한 행위의 속성으로 볼 수도 있고 어느 한 인물의 속성으로 볼 수도 있음을 알아야 한다.

만일 덕성이 행위의 속성으로 간주된다면, 아리스토텔레스의 주장을 따른다고 해도 그것은 행위의 동기가 되고 있는 성정의 합당한 절제에 있으며, 이때 이러한 성질이 그 당사자에게 습관적인 것인지의 여부는 관계가 없다.

만일 덕성이 어느 한 인물의 속성으로 간주된다면, 그것은 이러한 합당한 절제의 습성화에 있고, 그것이 관행적이고 일상적인 마음의 성품으로 꾸준히 성취된 점에 있다. 그러므로 즉흥적인 기분에 따라 베푸는 관대한 행위도 관대한 행위임에는 의심할 여지가 없지만, 이러한 행위를 하는 사람이 반드시 관대한 인물인 것은 아니다. 왜냐하

---

7) 이 책 제1부의 논의를 의미한다.

8) 원주: 아리스토텔레스의 『니코마코스 윤리학』 제2권 1장, 2장, 3장, 4장을 참조하라.

면 그 행위는 그가 지금까지 행한 행위 가운데 이러한 유형에 속하는 유일한 행위일 수도 있기 때문이다.

그 행동을 수행하게 한 마음의 동기와 속성은 아주 정당하고 적절했을 수도 있다. 그러나 이러한 즐거운 분위기는 그 인물이 지닌 견실하거나 영속적인 속성의 소산이기보다는 우연한 기분의 결과인 듯 보이기 때문에, 그것은 행위자에게 어떠한 큰 영예도 가져오지 못한다. 우리가 어느 인물을 관대하거나 인정이 많다거나, 어느 모로나 덕망이 있다고 지칭하는 경우에, 우리는 이런 명칭으로 표현된 심성이 그 인물의 일상적이고 관행적인 성향이라는 것을 의미한다.

그렇지만 어떤 유형의 행위이든 단일의 행동은 아무리 적절하고 타당하다고 해도 사정이 그렇다는 점을 보여주는 데에는 거의 아무런 역할도 하지 못한다. 만일 어느 단일의 행동이 이를 행한 행위자에게 무언가 덕망 있는 성격을 새기기에 충분하다면, 세상 사람들 가운데 가장 가치 없는 인간도 모든 덕목을 갖추고 있다고 주장할지도 모른다. 왜냐하면 어떤 사람이든 이따금 신중하게, 정의롭게, 절제 있게, 불굴의 정신으로 행동하지 않았던 경우는 없기 때문이다.

그런데 아무리 칭찬할 만한 행동이라고 해도 단일의 행동이 그 행위 당사자에게 칭찬을 초래하는 경우는 거의 없다. 하지만 평소 상당히 규율에 따라 정연하게 행동해온 어떤 사람이 단 한 차례의 악행을 저지를 경우에 그의 덕성에 대한 우리의 의견은 대폭 감소되고 때로는 전적으로 파괴된다. 이러한 종류의 단 한 차례의 행위도 그의 습관이 완전하지 못하며, 평상시 그의 일련의 행동을 통해 우리가 쉽사리 상상하게 되는 것보다는 그가 신뢰하기에 훨씬 더 부족함을 보여주기에 충분하다.

14

덕성이 실천적 습관에 있다고 생각했을 때 아리스토텔레스는 플라톤의 학설과 대립하는 덕성의 이론을 염두에 두고 있었다.[9] 플라톤은 무엇이 행동하거나 회피하기에 적합한 것인가에 관해 정당한 감정과 합리적인 판단만으로도 가장 완전한 덕성을 구성하기에 충분하다는 견해였던 것으로 보인다.

플라톤에 따르면, 덕성이란 일종의 과학으로 간주해도 좋다.[10] 그런데 어떠한 사람이든 무엇이 옳고 무엇이 그릇된 것인지를 명확하고 확정적으로 인식할 수 없으며, 이에 따라 행동할 수도 없다고 그는 생각했다. 열정은 우리로 하여금 의심스럽고 불확실한 의견에 반하는 행동을 하게 할지 모르나, 자명하고 확실한 판단에 반하는 행동을 하도록 하지는 않는다.

이에 반해 아리스토텔레스는 이해력에 기초한 어떠한 확신도 뿌리 깊은 습관을 이겨낼 수 없으며, 우리의 선량한 도덕은 지식으로부터 생기는 것이 아니라 행동으로부터 나온다는 견해를 갖고 있었다.

15

III. 스토아학파의 창시자인 제논에 따르면, 모든 동물은 본성상 자기 자신의 일에 관심을 갖도록 만들어졌으며, 자신의 생존뿐만 아니라 서로 다른 신체의 모든 부분을 가능한 한 가장 훌륭하고 가장 완전한 상태로 유지하기 위해 자기애의 원리를 부여받았다.[11]

---

9) 원주: 아리스토텔레스의『대윤리학』(*Magna Moralia*) 제1권 1장을 참조하라.
10) 플라톤에게 과학이란 정확한 지식의 의미를 내포하고 있다.
11) 원주: 키케로의『최고 선악론』(*De Finibus*) 제3권 및 디오게네스 라에르티우스(Diogenes Laertius)의『저명한 철학가들의 생애와 사상』가운데 제논을 거론하는 제7권 84 이하를 보라.

16

이런 표현이 가능하다면, 인간의 자기애는 자신의 신체와 신체의 모든 구성요소, 마음과 마음의 다양한 모든 기능과 재능에까지 미치고 있으며, 그것들을 모두 가장 훌륭하고 가장 완벽한 조건에서 보존하고 유지하기를 바라고 있다. 그러므로 이러한 생존상태를 뒷받침해주는 경향을 갖는 것은 모두 천성적으로 인간의 선택에 적합한 것으로서 촉구되는 반면에 이러한 상태를 파괴하는 경향을 갖는 것은 모두 인간의 거부에 적합한 것으로서 촉구된다.

따라서 신체의 건강, 체력, 민첩성, 안락은 물론 이 상태를 증진할 수 있는 외부적인 편의, 즉 부, 권력, 명예 그리고 우리와 함께 생활하는 사람들에게서 받는 존경과 존중, 이들 모두가 자연스럽게 선택할 만한 가치가 있는 것으로 우리에게 촉구되며, 이들을 소유하는 것이 소유하지 않는 것보다도 더 바람직하다.

다른 한편으로 신체의 질병, 허약, 경직, 고통은 물론 이러한 상태를 발생시키거나 가져오는 경향이 있는 모든 외부적인 불편, 즉 빈곤, 권위의 결여, 우리와 함께 생활하는 사람들에게서 받는 경멸과 증오, 이들 모두는 앞에서와 마찬가지로 회피되고 예방되어야 할 것들로서 우리에게 촉구된다.

이처럼 상반되는 두 가지 부류의 대상들 각각 가운데는 같은 부류에 속하는 다른 대상과 비교해서 한층 더 선택되거나 거부되는 것으로 보이는 일부 대상이 있다. 그러므로 첫 번째 부류에서 건강하다는 것은 분명히 체력보다 더 소망스럽고, 체력은 민첩성과 비교해서, 명성은 권력과 비교해서, 권력은 재산보다도 훨씬 더 소망스럽다. 마찬가지로 두 번째 부류에서도 신체의 질병은 그 경직성보다도 더 회피되어야 할 대상이고, 불명예는 빈곤과 비교해서, 빈곤은 권위의 결여보다도 한층 더 회피되어야 할 대상이다.

덕성과 행위의 적정성은 모든 서로 다른 대상과 상황을 본래 이것들이 다소간에 선택이나 거부의 대상으로 된 정도에 따라서 선택하고 거부하는 데 있다. 즉 덕성과 행위의 적정성은 우리에게 제시된 여러 선택대상을 모두 얻을 수 없을 때에는 언제나 이 가운데서 최선의 대상을 선택하는 데 있으며, 우리에게 제시된 여러 거부대상을 모두 회피할 능력이 없을 때에도 이와 마찬가지로 최악의 대상을 회피하는 데 있다.

스토아학파에 따르면, 이와 같이 올바르고 정확한 분별력을 가지고 선택하고 거부함으로써, 모든 대상이 이와 같은 자연적인 서열에서 차지하고 있는 위치에 따라 그 각각에 엄밀한 정도의 관심을 기울임으로써 우리는 덕성의 본질을 구성하는 행위의 완벽한 엄정성을 유지한다. 이것이 바로 스토아학자들이 말하는 바, 일관되게 살아가는 것, 자연에 순응하여 생활하는 것, 자연이나 자연의 창조자가 우리의 행위를 위해 규정한 법칙과 지시를 준수하는 것이다.

17

이러한 정도로 행위의 적정성과 덕성에 관한 스토아학파의 관념은 아리스토텔레스나 고대 소요학파의 관념과 아주 다르지 않다.

18

자연이 바람직한 것으로 우리에게 추천한 주요 대상들 중에는 우리 가족, 친척, 친구, 국가, 인류 및 우주 일반의 번영이 있다. 또한 자연은 우리에게 두 가지의 번영이 한 가지의 번영보다 바람직하기 때문에, 다수의 번영 또는 모두의 번영은 무한히 소망스러움에 틀림없다고 가르쳐주었다.

우리 자신은 단지 한 사람일 뿐이며, 따라서 우리의 번영이 전체의 번영이나 그 상당한 부분의 번영과 양립할 수 없을 때에는 언제나 우리 자신이 선택하는 권한을 가질 때조차 우리의 번영은 아주 대단히 더 소망스러운 것에 양보되어야 한다는 것도 자연은 가르쳐주었다.

이 세상의 모든 사건은 어느 현명하고 강력하며 선량한 신의 섭리로 운영되고 있기 때문에, 벌어지고 있는 모든 현상은 무엇이든 전체의 번영과 완성을 도모하고 있다는 것을 아마도 우리는 확신하고 있다. 따라서 만일 우리가 빈곤, 질병 또는 다른 어떤 불행에 처한다면, 정의와 타인에 대한 의무가 허용하는 한, 우리는 무엇보다도 우선 이 불쾌한 상황으로부터 우리 자신을 구출하기 위해서 최선의 노력을 다해야 한다.

그런데 만일 우리가 가능한 모든 노력을 다한 이후에도 그것이 불가능함을 알게 되면, 우리는 우주의 질서와 완전성이 우리가 한동안 이런 상황 가운데 계속 머무르기를 요구한다는 점에 만족해야 한다. 우리에게마저 전체의 번영이라는 것이 우리처럼 보잘것없는 어느 한 부분보다도 우선시되어야 하기 때문에, 우리가 인간 본성의 완성의 토대가 되는 감정과 행위의 완전한 적정성 및 엄정성을 유지하고자 한다면, 우리의 상황은 그것이 무엇이든 그 순간부터 우리의 호감의 대상이 되어야 한다.

난국에서 빠져나올 수 있는 기회가 생긴다면 그 기회를 포착하는 것이야말로 우리의 의무인 것은 물론이다. 우주의 질서는 우리가 이런 상황에서 계속 머무르기를 더 이상 요구하지 않는다는 점은 분명하다. 또한 그 세상의 위대한 지휘자는 우리가 따라야 할 길을 아주 분명하게 지시함으로써 우리에게 이 상황을 벗어나도록 솔직하게 요구한다. 우리의 친척, 친구 그리고 조국이 역경에 처할 때도 마찬가지다. 만일 우리가 어떤 한층 더 신성한 의무를 위배하지 않고서도 이들의 재앙을 방지하거나 종지부를 찍을 수 있는 능력이 우리에게 있다면 그렇게 하는 것이 우리의 의무라는 점은 의심할 여지가 없다.

행위의 적정성, 즉 주피터 신이 우리의 행동을 지휘하기 위해서 마련해준 규칙은 명확히 이것을 우리에게 요구했다. 그러나 우리가 만일 재앙을 막거나 없앨 수 있는 능력을 전혀 갖고 있지 않다면, 그때는 이러한 사건을 벌어질 가능성이 있는 일 가운데 가장 다행스러운 일이라고 생각해야만 한다. 왜냐하면 만일 우리가 현명하고 공정하다면, 이것이 모든 일 가운데 우선 우리 스스로가 희망하지 않을 수 없는 전체의 번영과 질서에 기여하는 경향이 가장 크다는 점을 우리가 확신하기 때문이다. 전체의 번영이 우리의 욕구의 주요 대상일 뿐만 아니라 유일한 대상이 되어야 한다는 것은 전체의 일부분으로서 존재하는 우리의 궁극적 관심사이기도 하다.

19

에픽테토스는 다음처럼 말하고 있다.

"어떤 의미에서 어떤 사물이 우리의 본성과 일치하고, 다른 사물은 우리의 본성에 반한다고 판단되는가? 그것은 우리가 우리 스스로를 다른 모든 사물과 분리되어 초연한 것으로 간주하는 그런 의미에서다. 그런 의미에서만 발을 언제나 청결하게 관리하는 것이 발의 본성에 따르는 것이라고 말할 수 있다. 그런데 만일 당신이 발을 신체의 다른 부분과 분리된 어떤 것으로서가 아니라 발을 발로서만 간주한다면, 그것은 때로는 오물 속에서 걷기도 하고, 가시 위에서 걸음을 옮기기도 하며, 때로는 신체 전체를 위해서 절단되기도 할 의무가 있다. 만일 발이 이를 거부하면, 그것은 더 이상 발이 아니다. 그러므로 우리 자신에 관해서도 이와 마찬가지로 생각해야 한다. 여러분은 누구인가? 사람이다. 만일 여러분이 스스로 분리되어 초연한 어떤 존재로서 생각하면, 노년까지 오래 살고, 부자가 되고, 건강을 유지하는 것이 여러분의 본성과 부합한다. 그러나 만일 여러분이 자신을 하나의 인간으로, 전체의 한 부분으로 생각하면, 그 전체를 위해서 여러분은 이따금 아프고, 이따금 항해의 불편함을 감수하며, 이따금 궁핍에 처하기도 하고, 아마 마침내는 운명이 다하기 전 죽어야 할 필요도 있다. 그렇다면 여러분은 왜 불평을 하는가? 그렇게 발이 발이기를 멈추는 것처럼, 여러분이 불평을 함으로써 인간이기를 멈춘다는 점을 깨닫지 못하는가?"12)

20

현명한 사람은 결코 숙명적인 신의 섭리에 불평하지 않으며 그가 몸이 좋지 않은 경우에도 우주의 질서가 혼란스럽다고 생각하지 않는다. 그는 자기 자신을 자연의 모든 다른 부분과 분리되어 초연하게 존재하는 하나의 전체로서, 따라서 홀로 자신만을 위한 보호가 필요한 존재로서 생각하지 않는다. 그는 인간 본성과 세계의 위대한 수호자가 자신을 바라보고 있다고 상상하는 그런 관점에서 자기 자신을 바라본다. 이런 표현이 가능하다면, 그는 그 신성한 존재의 감정에 공감하여, 전체의 편의에 따라서 필연적으로 처분되어야 하는 어느 거대하고 무한한 체계의 원자나 분자로서 자기 자신을 생각한다.

그는 인생의 모든 사건을 지휘하는 그 지혜를 확신하고 있기 때문에, 어떤 운명이 그에게 발생하든 그 운명을 기쁘게 수용하고, 만일 그가 우주의 서로 다른 부분의 상호연결이나 의존관계를 모두 알고

---

12) 원주: 아리안의 『에픽테토스 담화록』제2권 5장 참조. [아리안 또는 아리아노스(Flavius Arrianus, 86경~160경)는 그리스의 역사학자로서 알렉산더 대왕의 군사적 원정과 위업을 상세하게 기술했다. 그는 스토아철학의 대가인 에픽테토스의 제자로서 스승의 가르침을 적절히 간추려 『편람』(*Encheiridion*)을 펴냈다.]

있었다면 그 자신이 희망했을 것 같은 그러한 운명에 만족해한다. 만일 그것이 삶이라면 그는 생활하는 데에 만족해하고, 만일 그것이 죽음이라면 자연이 현세에서 더 이상 그의 존재를 필요로 하지 않음이 틀림없기 때문에 그는 기꺼이 그에게 지정된 장소로 간다.

이러한 측면에서 스토아학파와 같은 학설을 견지한 어느 냉소주의 철학자가 말한 바에 따르면, 어떤 운명이 나에게 발생하든지 언제나 나는 동일한 기쁨과 만족과 더불어 그것을 받아들인다. 부나 빈곤, 쾌락이나 고통, 건강이나 질병 등은 모두 비슷하다. 따라서 나는 신들이 어떤 식으로든 내 운명을 변화시키기를 원하지 않는다. 만일 내가 그들이 이미 아낌없이 부여한 혜택 그 이상의 어떤 것을 요구한다면, 내게 어떤 일이 발생하는 것이 그들의 기쁨인가를 사전에 알려주고, 내가 자발적으로 그러한 상황에 처하면서 그들이 부여한 운명을 얼마나 기쁜 마음으로 포용하고 있는지에 대해 입증하는 것이 될 것이다.

에픽테토스가 말하기를,[13] 만일 내가 항해하려고 한다면, 나는 최고의 선박과 가장 훌륭한 항해사를 선택하고, 나의 처지와 의무가 허용하는 가장 좋은 날씨를 기다린다. 그 신들이 나의 행위를 지휘하기 위해 부여한 원리인 신중과 적정성은 나에게 그 이상을 요구함 없이 단지 이 같은 요구만을 하고 있다.

만일 선박의 능력과 항해사의 기술로도 버티어낼 것 같지 않은 어떤 폭풍우가 일어난다면, 나는 그 결과에 대해 어떤 걱정도 하지 않는다. 내가 해야 할 모든 걱정은 이미 모두 마쳤다. 나의 행동의 지휘자들은 내가 비참해지거나, 불안해하거나, 낙심하거나, 두려워하도록 결코 지휘하지 않는다. 우리가 익사하든지 어느 항구에 피난하든

---

13) 아리안의 『에픽테토스 담화록』 제2권 5장에 나오는 내용이다.

지 그것은 주피터 신의 업무지 나의 업무는 아니다.

나는 이런 과제를 완전히 주피터 신의 결정에 맡겨둔 채, 신이 일을 어느 방향으로 결정할지에 대해 고민하며 마음의 평안을 깨뜨리는 일은 하지 않고, 다만 그 결정이 무엇이든지 똑같은 정도의 냉담함과 안도감을 갖고 이를 수용한다.

21

스토아학파의 현인에 따르면, 우주를 지배하는 저 자애로운 지혜에 대한 이러한 완벽한 신뢰로부터, 그 지혜가 적절하다고 판단하여 수립한 것처럼 보이는 그러한 질서에 대한 완전한 맹종으로부터 인생의 모든 사건은 대부분 그리 차이가 없다는 결론이 필연적으로 도출된다.

그러한 현인의 행복은 전적으로 첫째, 우주의 거대한 체계의 행복과 완성에 대해, 신들과 인간의 광대한 공화국의 선량한 통치에 대해, 그리고 모든 합리적이고 분별 있는 존재들에 대해 사색하는 데 있다. 둘째, 그의 행복은 자신의 의무에서 방면되어 그 지혜가 광대한 공화국의 업무로 그에게 부여한 역할을 제아무리 작은 것이라도 적정하게 수행하는 데 있다.

그의 노력의 적정성이나 부적정성이 그에게는 매우 중요할 것 같다. 그 노력이 성공하는지 실패하는지는 전혀 중요하지 않으며, 어떠한 열렬한 환희나 비애도, 어떤 열렬한 욕구나 혐오도 불러일으킬 수 없다. 만일 그가 어떤 사건을 다른 어떤 사건보다 선호한다면, 만일 어떤 상황은 그의 선택의 대상이 되고 다른 상황은 거부의 대상이 된다면, 그것은 그가 전자를 본래 어느 측면에서나 후자보다 더 훌륭하다고 판단하거나, 그 자신의 행복이 비참한 상황에서보다는 다행스러운 상황에서 더 완전해질 것이라고 생각하기 때문은 아니다. 오히려 행동의 적정성, 즉 신이 그의 행동을 지휘하기 위해서 부여한 준칙이 그에게 이런 식으로 선택하고 거부할 것을 요구하기 때문이다.

그의 모든 성정은 두 가지 거대한 성정, 즉 자기 자신에 대한 의무로부터 방면되고자 하는 성정과 모든 합리적이고 분별 있는 존재들의 최대의 행복을 가능한 한 도모하려는 성정에 흡수되고 통합된다. 이 후자의 성정을 충족시키기 위해서 그는 우주의 위대한 감독자의 지혜와 권능에 기대어 매우 완벽한 안도감을 느낀다.

그의 유일한 염려는 전자의 성정을 충족시키는 것으로서, 일에 관한 염려가 아니라 그 자신의 노력의 적정성에 관한 염려다. 그 일이 무엇이든 간에 그 자신이 열렬히 도모하기를 바라는 위대한 목적을 도모할 수 있도록 그 일의 방향을 바꾸기 위해 그는 우월한 권능과 지혜에 의지한다.

22

이와 같은 선택과 거부의 적정성은 비록 그 선택과 거부의 대상에 의해 그리고 그 대상들을 위해 본래 우리에게 제시되었을지라도, 즉 이 적정성에 익숙해지도록 추천되고 소개되었을지라도, 일단 우리가 한 번 그것에 완전히 익숙해지면 이러한 행동에서 우리가 식별하는 질서, 은총, 아름다움 그리고 이 행동의 결과에서 느끼는 행복은, 모든 다양한 선택의 대상을 실제로 얻거나 모든 다양한 거부의 대상을 실제로 회피하는 것보다 우리에게는 필연적으로 훨씬 더 큰 가치가 있는 것으로 보인다. 이러한 적정성을 준수함으로써 행복과 영예가 생겨나지만, 이 적정성을 무시함으로써 인간 본성의 비참과 불명예가 생겨난다.

23

그러나 현명한 사람에게는, 즉 자신의 열정을 자신의 본성의 지배 원리에 완전히 종속시키는 사람에게는, 이러한 적정성을 정확히 준수하는 일이 어느 경우에나 마찬가지로 수월하다. 번영을 누릴 때에는 그는 주피터 신이 수월하게 일이 극복되는 동시에 나쁜 일을 저지를 유혹이 별로 없는 상황 가운데 자신을 참여시킨 점에 감사하게 생각한다. 그가 역경에 처했을 때에도 마찬가지로 그는 인생이라는 장관을 지휘하는 관리자에게 감사하게 생각한다. 왜냐하면 그가 자신과 어떤 강건한 운동선수를 대결시켜서, 비록 그와의 경쟁은 한층 더 격렬할 것 같을지라도, 승리할 때의 영광은 한층 더 크게 되고, 그 승리는 마찬가지로 확실하기 때문이다.

우리 자신의 과실이 전혀 없는데도, 그리고 완전한 적정성을 가지고 행동하는데도 우리에게 발생하는 고통 가운데 어떠한 불명예가 있을 수 있는가? 그러므로 이런 경우에는 악은 존재할 수 없고, 반대로 최고의 선과 편익만이 있을 뿐이다. 용감한 사람은 그 자신의 경솔함 때문이 아니라 그의 운명 때문에 연루된 위험 가운데서도 기뻐한다. 이러한 위험은 영웅적인 대담함을 발휘할 기회를 제공하며, 그것을 발휘함으로써 탁월한 적정성과 당연히 받아야 할 찬사를 의식하는 데서 비롯되는 숭고한 즐거움이 주어진다.

자신의 모든 훈련에 숙달한 사람은 가장 강한 사람과 자신의 체력과 활동을 비교하는 것을 전혀 혐오하지 않는다. 이와 마찬가지로 자신의 모든 열정의 통제에 숙달한 사람은 그 우주의 지도자가 적당하다고 판단하여 자신을 배치한 상황을 어떠한 경우에도 두려워하지 않는다. 그 신성한 존재의 박애는 그에게 어떠한 상황에서도 동요되지 않는 덕성을 제공했다.

만일 그 상황이 쾌락이라면, 그는 이를 방지할 절제력을 갖는다.

만일 그것이 고통이라면, 그는 이를 감내할 굳은 지조를 갖고 있다. 만일 그것이 위험이나 죽음이라면, 그는 이를 경멸할 담대함과 불굴의 정신을 가지고 있다. 그는 인생에서 발생하는 어떤 사건에 대해서도 준비 없는 자세로 임하지 않으며, 스스로 판단하건대, 이 때문에 자신의 영예와 행복을 직접적으로 조성하는 감정과 행위의 적정성을 어떻게 유지할 것인가에 대해 결코 당황하지 않는다.

24

스토아학파는 인생을 대단한 기술을 요구하는 게임으로 여기는 것처럼 보인다. 하지만 거기에는 우연한 기회의 혼합, 즉 속세에서 운명이라고 이해하는 것이 혼합되어 있다. 이러한 게임의 상금은 일반적으로 사소할 뿐이며, 게임의 전반적 즐거움은 게임을 적절히, 공정하며, 능숙하게 운영하는 데서 비롯된다. 그러나 모든 기량을 발휘했는데도 그 훌륭한 경기자가 운수 때문에 게임에서 패한다면, 그 패배는 심각한 비애의 문제라기보다는 오히려 명랑함의 문제가 되어야 한다. 그는 정당하지 않은 분투를 벌인 적이 없었고, 수치스러움을 느껴야 할 일이란 전혀 한 적이 없으며, 그 게임에서 누릴 수 있는 전반적인 즐거움을 완전히 누렸다.

이와 반대로 신통치 않은 경기자가 실수가 많았는데도 마찬가지로 운수 때문에 이기게 된다면, 그의 성공은 사소한 만족감을 제외하고는 어떠한 것도 그에게 주지 못한다. 그는 자신이 저지른 모든 과실을 기억하며 굴욕감을 느끼게 된다. 심지어 게임이 진행되는 과정에서조차 그는 게임이 줄 수 있는 즐거움을 전혀 향유할 수 없었다. 게임의 규칙에 무지한 데서 비롯되는 두려움, 의심, 망설임은 그가 게임할 때 모든 동작에 앞서 느끼는 불쾌한 감정들이다. 그는 경기를 마치고 나서야 자신이 저지른 큰 실수를 알아차리고 굴욕감을 느끼는데, 이러한 감정이 흔히 그가 느끼는 여러 기분의 불쾌한 흐름을 마무리한다.

스토아철학자에 따르면, 인생은 어쩌면 이에 동반되는 모든 편익이 있음에도 일개 보잘것없는 내기의 판돈일 뿐이며, 무언가 걱정거리가 될 수 없을 정도로 극히 사소한 문제로 간주되어야 한다. 우리의 유일한 걱정거리는 내기의 판돈에 대한 것이 아니라 게임의 적절한 방법에 대한 것이어야 한다.

만일 우리가 행복을 내기의 판돈을 획득하는 것에 둔다면, 우리는 행복을 우리의 능력이 미치지 않고 우리의 지휘도 벗어나는 여러 원인에 좌우되는 일에 두는 것이다. 우리는 필연적으로 우리 자신을 영구적인 공포와 불안, 비통하고 굴욕적인 낙담에 빈번히 내맡기는 것이다. 그러나 만일 우리가 우리의 행복을 적절하고 공정하며, 현명하고 능숙하게 게임을 운영하는 것, 요컨대 우리의 행동의 적정성에 둔다면, 우리는 그것을 적절한 훈련, 교육, 주의력에 의해서 우리의 능력과 지휘의 범위 아래 완전히 두는 것이다.

이때 우리의 행복은 완전히 안정이 보장되고, 운명의 영역을 벗어나서 존재한다. 만일 우리의 행위의 추이가 우리의 능력이 미치는 영역 밖에 있으면 마찬가지로 그것은 우리의 관심 밖에 있게 된다. 그러므로 우리는 이것에 아무런 두려움이나 염려도 느낄 수 없고, 어떠한 비통한 낙담이나 심지어 심각한 절망으로 괴로워할 수도 없다.

25

스토아철학자가 말하기를, 인생 자체는 이에 동반되는 서로 다른 모든 이익이나 불이익과 마찬가지로 각기 다른 상황에 따라서 선택이나 거부의 적절한 대상이 될 수 있다. 만일 우리의 실제 상황에서 본성에 거슬리기보다는 부합하는 상황이 더 많다면, 즉 거부의 대상보다는 선택의 대상이 되는 상황이 더 많다면, 이때 인생은 대체로 선택의 적절한 대상이 되고, 행동의 적정성은 우리가 그러한 선택을 하도록 요구한다.

다른 한편, 만일 우리의 실제 상황에서 본성에 부합하기보다는 거슬리는 상황이 더 많다면, 즉 선택의 대상보다는 거부의 대상이 되는 상황이 더 많다면, 이때 인생 그 자체는 현자에게는 거부의 대상이 된다. 그러므로 그는 인생에서 자유로이 모습을 감출 수 있을 뿐만 아니라, 그의 행위를 지휘하도록 신들이 부여한 준칙인 행동의 적정성도 그에게 그렇게 하도록 요구한다.

에픽테토스의 발언에 따르면, 나는 니코폴리스에서 살지 말도록 명령받았다.[14] 나는 그곳에서 살지 않는다. 나는 아테네에서 살지 말도록 명령받았다. 나는 아테네에서 살지 않는다. 나는 로마에서 살지 말도록 명령받았다. 나는 로마에서 살지 않는다. 나는 야로스의 조그마한 바위섬에서 살도록 명령받았다.[15] 나는 거기에 가서 살고 있다.

그런데 야로스에 있는 저 집에서 연기를 내뿜는다. 만일 연기가 도를 넘지 않으면 나는 그것을 감내하고 거기에 머무를 것이다. 만일 연기가 과도하다면 나는 어느 폭군도 나를 떠나도록 할 수 없는 어느 집으로 갈 것이다. 나는 현관이 개방되어 있어서 마음이 내킬 때는 언제든 걸어 나가고 모든 세계로 향해 항상 개방되어 있는 쾌적한 집으로 되돌아갈 수 있다는 점을 언제나 염두에 두고 있다. 왜냐하면 나의 속옷 너머에는 그리고 내 육체 너머에는 살아 있는 어떤 사람도

---

14) 아리안의 『에픽테토스 담화록』 제1권 25장에서 기술되는 내용이다. 니코폴리스(Nicopolis)는 고대 그리스의 서부 도시로 옥타비아누스가 기원전 31년 악티움 전투에서 승리한 것을 기념해 세워진 도시다.

15) 야로스(Gyaros)는 에게 해 주변 그리스의 불모의 무인도로 로마제국 주요 인물들의 귀양살이 섬이기도 했다.

나를 지배할 힘을 가지고 있지 않기 때문이다.

그 스토아철학자가 이어 말하기를, 너의 처지가 대체로 마음에 들지 않으면, 너의 집이 너에게 연기를 너무 많이 내뿜는다면, 모든 수단을 동원해 걸어서 밖으로 나가라. 그러나 투덜거리지 말고 불평을 중얼거리지 말고 걸어서 밖으로 나가라. 조용하게 만족하면서, 즐겁게 감사함을 신들에게 돌리면서 걸어서 밖으로 나가라. 그 신들은 무한한 박애로써 죽음이라는 안전하고 조용한 항구를 열어둔 채 인생이라는 사나운 바다에서 언제나 우리를 맞아들일 준비가 되어 있다. 그들은 이와 같이 신성하고 불가침의 거대한 피난처를 늘 열어놓고 언제나 접근 가능하도록 준비해두고 있다.

그 피난처는 인간의 격분과 불의가 미치는 영역 너머에 있으며, 그곳에 은둔하기를 원하는 사람과 원하지 않는 사람 모두를 수용할 수 있을 정도로 충분히 넓다. 그 피난처에서는 모든 사람에게 불평의 모든 구실이 사라지거나, 자신의 어리석음과 나약함 때문에 괴로워할 수 있다는 점을 제외한다면 인생에 무언가 재앙이 있을 수 있다고 상상하는 어떤 구실마저도 사라진다.

26

지금까지 우리에게 전수된 스토아철학의 몇몇 단편 가운데서 이 철학자들은 때때로 세상을 떠나는 것에 대해 경쾌하게, 심지어는 경박스럽게 논의하고 있다. 그 구절을 별도로 생각해보면, 이러한 논의는 우리가 터무니없고 변덕스럽게 인생에 대해 조금이라도 넌더리나거나 불안한 마음을 가질 경우라면 언제든지 적절하게 인생을 포기할 수 있다고 생각하는 것을 우리가 믿도록 만드는 듯하다.

에픽테토스에 따르면, "여러분이 그런 사람과 저녁을 함께하는 경우에, 여러분은 그가 겪은 미시아의 전쟁에 관해 들려주는 따분하고

긴 이야기에 대해 불평하게 된다.[16] 그가 말을 이어가기를, '친구여, 그런 곳에서 내가 어떻게 명성을 얻었는가를 네게 들려주었으니, 다른 곳에서 내가 어떻게 포위당했는지를 말해주겠다.' 그런데 여러분이 만일 그의 지루한 이야기에 시달릴 마음이 없다면 그와의 저녁식사를 응낙하지 마라. 여러분이 그와의 저녁식사를 받아들인다면, 그의 따분하고 긴 이야기에 대해 불평할 구실이 조금도 없다. 이것은 인생의 재앙이라고 불리는 것에 대해서도 마찬가지다. 언제나 자신의 힘으로 벗어날 수 있는 인생의 재앙에 대해서는 불평하지 마라."

비록 표현에서 이처럼 경쾌함이나 심지어 경박성이 존재하기도 하지만, 스토아학파에 따르면, 인생을 포기하느냐 아니면 유지하느냐 둘 중의 하나는 가장 진지하고 중요한 성찰의 문제다. 우리를 본래 인생 가운데 배치한 지휘감독자가 분명히 그렇게 요구할 때까지는 우리는 결코 인생을 포기해서는 안 된다. 그런데 우리가 인생을 포기하도록 요청받은 것으로 스스로 생각해야만 할 때에는 이미 지정되어 불가피한 인생의 기간에서만 그런 것이 아니다.

또한 지휘감독자의 섭리가 우리의 인생 여건을 대체로 선택의 대상보다는 거부의 적절한 대상으로 만든 경우에는 언제나 그 감독자가 우리의 행동을 지휘하기 위해 부여한 위대한 준칙은 이때에도 우리가 인생을 포기할 것을 요구한다. 그때에 우리는 그렇게 하도록 우리에게 명확히 요청하는 장엄하고 자애로운 신적 존재의 목소리를 듣는다고 한다.

---

16) 아리안의 『에픽테토스 담화록』 제1권 25장에 나오는 부분이다. 미시아(Mysia) 왕국은 에게 해안에 있는 북서 소아시아(현 터키 히에라폴리스-파묵칼레 지역)에 위치하고 있었고, 기원전 129년 안탈리아와 함께 로마 제국에 편입되었다.

27

스토아학파에 따르면, 비록 완전히 행복하다고 해도 이 때문에 인생에서 사라지는 것이 현명한 사람의 의무일 수도 있다. 이와 반대로 비록 필히 절망적이라고 해도 삶에 머무르는 것이 나약한 사람의 의무일 수도 있다. 만일 이 현자의 상황에서 선택보다는 거부의 자연적 대상이 되는 상황이 더 많다면, 전체 상황은 거부의 대상이 되고, 그의 행동을 지휘하기 위해서 신들이 부여한 준칙은 특정한 상황이 허락하는 대로 빨리 인생에서 사라지기를 요구한다.

그러나 그가 인생 가운데 머무르는 것이 적절하다고 생각하는 시기에조차 그는 완전히 행복하다. 그는 자신의 행복을 선택의 대상을 획득하거나 거부의 대상을 기피하는 데 두는 것이 아니라, 언제나 엄격한 적정성을 가지고 선택과 거부를 하는 데 두며, 성공이 아니라 노력과 분발의 적합성에 둔다.

이와는 대조적으로, 만일 나약한 사람의 상황에서 거부보다는 선택의 자연적 대상이 되는 상황이 더 많다면, 그의 전체적인 상황은 선택의 적절한 대상이 되고, 삶에 머무르는 것이 그의 의무다. 그러나 그는 이러한 제반 상황을 어떻게 활용할지를 모르기 때문에 불행하다. 그의 놀이패가 늘 아주 좋다고 해도 그는 이 패를 가지고 어떻게 게임을 운영할지 모른다. 그러므로 그는 그 결말이 어떤 식으로 나타나든지 언제나 게임의 진행과정에서나 게임의 결과에서 진정한 충만감을 전혀 향유할 수 없다.[17]

28

일부에서 자발적인 죽음의 적정성은, 비록 모든 고대 철학자 가운

---

17) 원주: 키케로의 『최고선악론』(*De Finibus*) 제3권 18장을 참조하라.

데서도 스토아학파가 한층 더 강조하기는 했지만, 그들 모두에게, 심지어 태평무사한 에피쿠로스학파에서조차 공통된 학설이었다.

고대 철학의 주요 학파의 창시자들이 활약하던 시기, 즉 펠로폰네소스 전쟁과 그 전쟁이 끝난 수년 동안에 그리스의 모든 공화국은 대내적으로는 가장 격렬한 당쟁 때문에 거의 언제나 혼란스러웠고, 대외적으로는 가장 피비린내 나는 전쟁에 연루되어 있었다.[18]

이 전쟁에서 각 공화국은 우위나 지배권의 추구뿐만 아니라, 모든 적을 전멸하거나, 그에 못지않게 잔혹한 행위로서 모든 여건 가운데 가장 비참한 상태인 가내 노예상태로 만든 다음에 그들 남녀노소를 여러 가축처럼 시장의 최고입찰자에게 팔고자 했다. 마찬가지로 이러한 국가가 대체로 처한 소국의 특성 때문에 각국이 서로서로 일부 주변국에 실제로 빈번히 참사를 주거나 적어도 그렇게 하려고 시도했던 그 일에 자국 스스로가 함몰될지도 모르는 그런 사건은 아주 가능성이 없는 일이 아니었다.

이러한 무질서한 상태에서는 최고의 지위와 최대의 공직 임무수행이라는 두 가지 장점을 겸비하면서 무죄임이 분명한 사람도 심지어 국내에서 그리고 친지와 동포시민들 가운데 있을 때조차 어느 시기에 일부 적대적이고 격분한 당파가 득세했을 때 가장 잔인하고 불명예스러운 처벌을 받지 않으리라는 보장을 전혀 할 수 없었다.

만일 그가 전쟁포로가 되거나 자신의 도시가 정복되면, 그는 한층 더 큰 침해와 모욕을 당하게 된다. 하지만 모든 사람은 자연스럽게, 차라리 부득이하게 자신이 처한 상황 때문에 종종 노출될 것이라고 예상할 수 있는 고난을 마음속에 떠올리며 이에 익숙해진다.

---

18) 펠로폰네소스 전쟁(Pelopponesian war, BC 431~BC 404)은 아테네를 중심으로 하는 델로스 동맹 및 스파르타를 중심으로 뭉친 펠로폰네소스 동맹 사이의 전쟁으로 최종적으로 스파르타가 승리했다.

어떤 선원이 때때로 폭풍, 난파, 해수 침몰에 대해 생각해서는 안 되며, 그럴 때는 어떻게 느끼고 행동할 것인가에 대해 생각해서는 안 된다는 것은 불가능하다. 이와 마찬가지로 그리스의 애국자나 영웅이 자신이 처한 상황 때문에 빈번히, 오히려 부단히 노출될 것임을 분명히 알고 있는 모든 상이한 재난을 마음에 떠올리며 이에 익숙해져서는 안 된다는 것은 불가능하다.

아메리카 미개인은 죽음의 노래를 준비하고, 적들의 손에 넘어가서 오래 시간을 끄는 고문을 받고 구경꾼들의 모욕과 조롱 가운데 죽어갈 때에 어떻게 행동할지를 생각한다.[19] 이처럼 그리스의 애국자나 영웅도 유배 중이나 포로가 된 가운데 노예가 되거나, 고문을 받거나, 교수대에 오르게 될 때에 그가 겪게 될 고통과 해야 할 일에 대해 종종 생각하지 않을 수 없다.

그러나 모든 다양한 학파의 철학자들이 현명하고, 정의로우며, 확고하고 절제된 행동에 의거한 덕성을 현세에서조차 행복에 이르는 가장 유망하며 확실하고 오류 없는 길로서 제시한 것은 아주 정당하다. 하지만 이러한 행동이 공적인 문제들이 해결되지 못한 상황에 부수적으로 발생하는 모든 재난을 항상 모면할 수 있도록 해주는 것은 아니며, 그런 행동을 취했던 사람도 때로는 심지어 그런 재난에 노출되기조차 한다. 그러므로 이 철학자들은 행복이 전적으로 또는 적어도 상당한 정도로 운세와는 무관하다는 것을 제시하려고 노력했다. 스토아학파는 행복이 전적으로 운세와는 무관하다는 점을, 아카데미학파나 소요학파는 상당한 정도로 무관하다는 점을 제시하고자 했다.

현명하고 신중하며 선량한 행동은 첫째, 모든 유형의 사업에서 성

---

19) 이 책 461쪽(9) 참조.

공을 가장 크게 보장할 것 같은 행동이다. 둘째, 비록 성공하지 못해도 마음이 위로받지 못한 채 남겨진 경우는 없다. 성공하지 못한 경우에도 덕망 있는 사람은 자신의 마음에서 생겨나는 완전한 승인을 여전히 누릴 수 있으며, 외면적으로는 형편이 나쁜 듯해도 내면적으로는 모든 것이 평온하고 평화로우며 조화롭다고 여전히 느낄 수 있다. 또한 그의 행동을 칭찬하는 한편 그의 불행에 애석해하지 않을 수 없는 모든 총명하고 공정한 관찰자들의 애정과 존경을 얻었다는 확신하에 그는 일반적으로 자기 자신을 위로할 것이다.

29

동시에 이 철학자들은 인생에서 겪게 되는 가장 큰 불운이 흔히 상상하는 것보다는 한층 더 수월하게 감내될 수 있음을 제시하려고 했다. 그들은 사람이 빈곤의 나락에 처하거나 추방에 내몰리며 대중의 아우성에 따라 불의에 노출되거나 극심한 노년기에 눈과 귀가 멀고 죽음이 임박해서 고생할 때에도, 여전히 누릴 수 있는 위안이 있음을 거론하려고 했다.

또한 그들은 고통이나 심지어 고문의 몸부림 가운데서, 질병 가운데서, 자식을 잃거나 친구와 친척의 죽음으로 슬픔에 잠겨 있는 와중에 그의 굳은 지조를 유지하는 데 기여하는 여러 고려사항을 지적했다.

고대 철학자들이 이러한 주제에 관해 기술한 것 가운데 지금까지 우리에게 전수된 몇몇 단편은 아마도 가장 교훈적이며 가장 흥미로운 고대 유물들 중의 하나를 구성한다. 고대의 철학 학설의 기질과 남성다움은 일부 현대 철학체계가 지닌 낙담하고 구슬프며 애처로운 색조와 놀라운 대조를 이루고 있다.

30

그런데 이런 식으로 고대 철학자들은, 밀턴이 말했듯이,[20] 삼중 강철로 하는 것처럼 완고한 마음을 불굴의 인내력으로 무장할 수 있는 모든 고려사항을 제시하려고 시도했다. 동시에 그들은 무엇보다도 자신들의 추종자들에게 죽음에는 재앙이 존재하지 않고 존재할 수도 없다는 것을, 그리고 굳은 지조가 유지될 수 없을 정도로 그들이 처한 여건이 언젠가 매우 어려워진다면, 구제 방안이 마련되고 방도가 열리며, 원하는 경우에 두려움 없이 떠날 수 있다는 점을 확신시켜주려고 노력했다.

그들이 말하기를, 만일 현세 너머에 어떠한 세상도 존재하지 않는다면, 죽음은 결코 재앙이 될 수 없다. 만일 또 다른 세상이 존재한다면, 그 세상에도 마찬가지로 신들이 존재할 것임에 틀림없고, 정의로운 사람은 그 신들의 보호 아래 있는 동안에는 어떠한 재앙도 두려워할 수 없다.

간단히 말해서, 이 철학자들은, 이런 표현이 가능하다면, 그리스의 애국자들과 영웅들이 적절한 때에 활용했을지도 모를 죽음의 노래를 준비했다. 내가 보기에, 모든 서로 다른 학파 가운데서도 스토아학파가 단연코 가장 생기 있고 기백이 넘치는 노래를 준비했다는 점이 인정되어야 한다.

31

그러나 자살이 그리스인들 사이에서 아주 흔한 일이었던 것으로는 결코 보이지 않는다. 클레오메네스를 제외하고는 현재 나는 자살

---

20) 밀턴(John Milton, 1608~74)은 영국의 시인으로 셰익스피어에 버금가는 대시인으로 평가받는다. 서사시의 분야에 거대한 발자취를 남겼으며『실락원』(*Paradise Lost*, 1667)의 저자로 유명하다. 본문은『실락원』제2편에 나온다.

한 그리스의 아주 저명한 애국자나 영웅을 생각해낼 수 없다.[21] 아리스토메네스의 죽음도 아이아스의 죽음만큼이나 진정한 역사가 시작되기 훨씬 전의 일이다.[22] 테미스토클레스의 죽음에 관한 일상적 이야기도, 비록 역사시기에 들기는 하지만, 외형상 매우 낭만적인 우화의 표징을 지니고 있다.[23] 플루타르크가 기록한 그리스의 모든 영웅가운데 클레오메네스가 이런 식으로 사망한 유일한 사람이었던 것같다. 테라메네스, 소크라테스, 포키온은 용기를 결여한 것은 분명히아니지만 묵묵히 감옥에 갇혔다가 그들의 동포시민의 불의 때문에사형선고를 받고 참을성 있게 죽음을 맞이했다.[24] 용맹스러운 에우

---

21) 클레오메네스(Cleomenes)는 고대 그리스 스파르타의 왕으로서 기원전 235년에서 기원전 219년까지 재임했다. 그는 아카이아 동맹과 전쟁을 벌이다가 패하면서 자살한 것으로 플루타르크의 『영웅전』에 기술되어 있다.

22) 아리스토메네스(Aristomenes)는 자연사했으며, 아리스토데무스(Aristodemus)의 자살이 타당하다. 이들은 모두 스파르타에 대항한 고대 그리스 메세니아의 영웅이다. 아리스토데무스는 기원전 8세기에 첫 번째 전쟁에 참가했고, 아리스토메네스는 기원전 7세기에 두 번째 전쟁에 참가했다. 한편 아이아스(Ajax)는 살라미스의 왕 텔라몬의 아들로서 호메로스의 『일리아드』(BC 8세기경)에서 트로이 전쟁에 참전한 그리스 영웅 가운데 한 명이다. 서사시에따르면, 아이아스는 트로이 전쟁의 최고 영웅의 사후 유품을 두고 오디세우스와 겨루다 패했다. 이때 그는 정신이 나가 양떼를 적군이라고 착각해 몰살시킨 뒤 자살했다.

23) 테미스토클레스(Themistocles)는 아테네의 정치가이자 기원전 480년 살라미스 전투에서 페르시아 함대를 격파시킨 아테네 함대의 지휘관이다. 이후그는 정치적 논쟁 때문에 추방당해 소아시아에서 사망한다. 그리스 아테네의 역사가인 투키디데스(Thucydides)는 그의 죽음이 지병 탓이라고 하면서도 그의 자살과 관련된 이야기도 역시 전하고 있다.

24) 이 세 명은 아테네에서 모두 반역죄나 불경죄로 사형선고를 받고 사약을 받는 형벌을 받는다. 테라메네스(Theramenes)는 기원전 404년 아테네의 30인 참주정치 시기 대표의 하나로서 이후 반역죄로 기소된다. 소크라테스는기원전 399년 불경함과 젊은이들을 타락하게 만든 죄로 기소된다. 포키온(Phocion)은 마케도니아와의 협력을 지지한 정치가이자 장군으로서 기원전317년 반역죄를 선고받는다.

메네스는 폭동을 일으킨 자신의 군사들에 의해 그의 적인 안티고노스에게 인도된 후 어떠한 폭력도 행사하지 않고 굶어죽었다.[25] 용감한 필로포이멘은 메세니아 사람들에 의해 묵묵히 포로로 사로잡혀 지하 동굴에 던져졌으며 스스로 음독자살했다고 추정된다.[26] 철학자들 가운데 일부는 이런 식으로 사망했다고 전해진다.

하지만 그들의 인생이 매우 우매하게 기술되어 있어서 그들에 관한 이야기의 상당 부분은 거의 신뢰하기 어렵다. 스토아학파인 제논의 죽음에 관해서 세 가지 서로 다른 설명이 있다. 첫 번째 설명에 따르면, 그는 98년 동안 매우 건강하게 지내다가 자신이 가르치던 학교에서 나오는 길에 우연히 쓰러졌다. 손가락 가운데 하나가 부러지거나 탈골된 것을 제외하면 그는 아무 상처도 입지 않았다. 하지만 그는 손으로 땅을 치며 에우리피데스의 희곡작품인 『니오베』(*Niobe*)에 나오는 시를 인용해, "내가 스스로 가고 있는데, 죽음아 왜 나를 부르는가?"라고 말하고는 귀가한 후 곧 목을 매 자살했다.[27] 그와 같은 고령을 감안하면 그는 아마 인내심이 조금 더 많았을 것이라고 생각하지 않을 수 없다.

두 번째 설명은 그가 동일한 나이인 98세에 동일한 사건의 결과로

---

25) 에우메네스(Eumenes)와 안티고노스(Antigonus)는 알렉산더 대왕의 사망 이후 아시아 일부를 각각 통치했다. 이후 안티고노스는 에우메네스를 정복하여 기원전 316년에 그를 처형했다. 스미스는 플루타르크의 『영웅전』 중 「에우메네스」 편을 참조하고 있으나, 사실 그가 기아상태를 겪은 후 물리적 폭력에 의해 살해되었다는 점을 간과했다.

26) 메갈로폴리스의 필로포이멘(Philopoemen, BC 252~BC 182)은 아카이아 동맹의 장군을 여덟 차례 지낸 인물로서 기원전 182년 메세니아의 포로로 잡혀 사약을 받는다.

27) 그리스 철학사가인 디오게네스 라에르티우스(Diogenes Laertius)에 따르면, 제논은 목을 매단 것이 아니라 스스로 목을 매 죽었다. 글래스고 판본 편집인은 제논이 인용된 『니오베』 희곡은 에우리피데스(Euripides)의 작품이 아닌 티모테우스(Timotheus)의 작품이라고 추정한다.

스스로 굶어 죽었다고 전한다. 세 번째 설명은 그가 72세의 나이로 자연사했다고 전한다. 이러한 마지막 설명이 세 가지 설명 중에서 단연코 개연성이 있으며, 원래 노예였지만 후일 제논의 친구이자 사도가 되었으며 당시의 사정에 정통할 모든 기회를 분명히 지녔던 동시대 인물인 페르사에우스의 권위에 의해서도 역시 뒷받침되고 있다.

첫 번째 설명은 아우구스토스 카이사르의 시대, 즉 제논이 사망한 후 2백 년이나 3백 년 정도 지난 시기에 활동한 인물인 아폴로니우스에 의해 주어진 것이다.[28] 나는 두 번째 설명을 제시한 사람이 누구인지는 알지 못한다. 그 자신이 스토아학파의 일원인 아폴로니우스는 아마도 이런 식으로 자살하는 것이 자발적인 죽음에 대해 상당히 많은 논의를 한 이 학파의 창시자에게 명예를 부여하는 것이라고 생각했을 것 같다.

문인들은 그들의 사망 후에는 당대의 가장 위대한 왕이나 정치가들보다도 더 많이 회자되는 일이 흔하지만, 일반적으로 생전에는 그들의 활동이 아주 눈에 띄지 않고 경미하므로 그들의 모험담이 당대의 사가들에 의해 기록되는 일은 드물다.

후세의 역사가들은 대중의 호기심을 충족하기 위해 또한 자신들의 이야기를 지지하거나 반박할 수 있는 믿을 만한 기록들을 보유하지 못하기 때문에, 종종 자신들의 추측에 따라 그리고 거의 언제나 경이로운 내용을 크게 뒤섞어서 이야기를 만들어낸다.

이상과 같은 특수한 경우에는 비록 근거는 전혀 없어도 경이로운

---

28) 디오게네스 라에르티우스의 기록에 따르면, 페르사에우스(Persaeus)는 제논이 22세에 아테네에 와서 72세에 죽었다고 전한다. 한편 같은 사가에 따르면, 아폴로니우스(Apolonius)는 (페르사에우스가 언급한 숫자와는 달리) 제논이 자신의 학파를 58년 동안 주도했다고 말했다. 하지만 그는 제논이 98세의 나이에 죽었다는 설명을 아폴로니우스가 전했다고 명시적으로 말하지 않는다.

내용을 담은 설명이 최고의 근거에 따라 뒷받침되고 있는 개연성 있는 설명을 압도한 듯하다. 디오게네스 라에르티우스가 아폴로니우스의 이야기를 선호한 것은 분명하다. 루키아노스와 락탄티우스는 모두 제논이 고령에 사망하거나 끔찍한 죽음을 맞이했다는 이야기를 믿은 듯하다.[29]

32

이런 자발적인 죽음의 관행은 활기차고 솔직하며 융통성이 있던 그리스인들 사이에서 만연하기보다는 자부심이 강했던 로마인들 사이에서 훨씬 더 널리 유행하고 있었다. 그러한 유행은 로마인들 사이에서조차도 용맹이 넘친 시대라고 불리는 공화국의 초기에는 확립되지 못했던 것 같다.

레굴루스의 죽음에 관한 일상적 이야기는 비록 우화인 듯하지만,[30] 카르타고 사람들이 그에게 가했다고 전해지는 고문에 묵묵히

---

29) 글래스고 판본 편집인에 따르면, 기원후 2세기경 로마 작가인 루키아노스(Lucian)의 『장수한 사람들』(Macrobioi, 160경)은 제논이 98세에 횡사한 것이 아니라 스스로 아사했다는 견해를 지지한다. 한편 로마 신학자인 락탄티우스(Lactantius, 240경~320경)는 자신의 저서에서 제논이 자살했다고 말하고 있다.

30) 마르쿠스 아틸리우스 레굴루스(Marcus Atilius Regulus, BC 307~BC 250)는 로마제국의 정치가이자 군인으로서 기원전 267년과 기원전 256년에 집정관을 지냈다. 그는 제1차 포에니 전쟁(BC 264~BC 241)에서 지휘관으로 카르타고에 대항해 활약했지만, 기원전 255년 패배하여 포로가 되었다. 그는 카르타고 사람들에 의해 포로교환 조건 협상을 위해 기원전 250년 로마로 파송되었다. 하지만 원로원의 제안 수용을 만류하면서 그는 자발적으로 카르타고로 귀환한 후 고문으로 사망했다. 그런데 이 같은 영웅적 행위를 뒷받침하는 분명한 사료는 존재하지 않는다. 단지 이러한 업적의 미화는 당시 로마인들이 어느 시기보다 영웅적 인내력을 한층 더 희구했음을 추정해볼 수 있는 우화라고 볼 수 있다.

굴복했다는 점 때문에 그 영웅에게 불명예가 생길 수 있다고 상상이라도 했다면 결코 꾸며질 수 없었을 것이다. 내가 이해하기로는 로마 공화국 말기에 이러한 식의 굴복에는 불명예가 일부 수반되었을 것 같다. 로마제국이 붕괴하기 전에 벌어진 다양한 내전에서 서로 경합하는 당파의 많은 저명한 인사는 적들의 손에서 멸망하기보다는 차라리 자결을 선택했다.

키케로의 칭송을 받은 반면에 카이사르에게는 혹평을 받으면서 아마 세계가 그때까지 지켜본 가장 걸출한 그 두 주창자 사이에서 매우 진지한 논쟁의 주제가 된 카토의 죽음은 이런 방법에 의한 죽음 위에 영광의 특성을 새기고 그 후 수세대 동안 지속된 듯하다.[31] 키케로의 웅변은 카이사르의 웅변보다도 탁월했다. 카토의 죽음을 칭송하는 당파가 이를 혹평하는 당파를 능가했고, 그 후 수세대 동안 자유의 애호가들은 카토를 공화당의 가장 존경할 만한 순교자로 우러러보았다.

레츠 추기경이 주목했듯이, 어느 정당의 지도자는 그가 원하는 바를 추구해도 좋을 것이다. 그가 친구들의 신임을 계속하여 받는 한, 그는 결코 그릇된 일을 할 수가 없다. 이것은 추기경 스스로가 수차례 그 진리를 경험하는 기회를 가졌던 격언의 하나다.

카토는 자신이 지닌 여러 다른 덕목만이 아니라 뛰어난 술친구가 되는 덕목을 겸비한 것처럼 보인다. 그의 적대자들은 그의 알코올중독을 비난했지만, 세네카가 말하듯이, 카토의 이런 악덕을 반대의 증

---

31) 마르쿠스 포르시우스 카토 우티켄시스(Marcus Porcius Cato Uticensis, BC 95~BC 46)는 (대 카토의 증손자인) 소 카토로 불리며, 고대 로마 공화정의 전통을 유지하기 위해 지속적으로 카이사르 일파와 대립했다. 기원전 46년 아프리카에서 공화주의 세력인 폼페이우스가 카이사르에게 패전하면서 자살한다. 키케로는 추도연설로 『카토』(*Cato*)를 쓴 반면에 카이사르는 『카토에 반대함』(*Anticato*)으로 응수했다.

거로 제시하는 사람은 어느 누구든지 그가 어떤 악덕에나 빠질 수 있음을 입증하기보다는 알코올중독이 덕목임을 입증하는 편이 훨씬 더 수월함을 깨닫게 될 것이다.[32]

33

로마 황제들의 지배하에서 이런 방법으로 죽는 것이 오랜 기간 더할 나위 없이 유행한 듯하다. 플리니우스의 서간체 작품에서 우리는 이런 식으로 죽음을 선택한 일부 사람들에 관한 설명을 발견할 수 있다.[33] 그런데 그들의 자살은 분별 있고 신중한 스토아학파의 일원에게조차 적절하거나 필연적인 이유가 있는 것처럼 보이기보다는 오히려 허영심과 과시에서 비롯된 것처럼 보였다.

유행을 따르는 데 좀처럼 뒤지지 않는 여성들마저 매우 불필요하게 이런 방식으로 죽음을 선택하는 일이 종종 있었으며, 어떤 경우에는 벵골 여성들처럼 그녀들의 남편을 따라 무덤에 같이 순장되기까지 했다. 이러한 유행이 널리 퍼지게 되어 그렇지 않았다면 일어나지 않았을 것 같은 많은 죽음이 야기되었다. 그러나 이처럼 인간의 허영과 주제넘은 행위가 최고도로 발휘됨으로써 야기될 수 있는 모든 대혼란은 아마 어떠한 시기에도 그리 크지는 않을 것이다.

---

32) 세네카의 『대화록』 가운데 「마음의 평안」 편에 나온다.

33) 고대 로마의 문인이자 정치가인 플리니우스(Gaius Plinius Caecilius Secundus, 61~113경)는 『편지』(Letters)에서 당시 자살에 관한 몇몇 사례를 기술하고 있다. 루푸스(Corellius Rufus)는 불치병으로 고통받아 자살했다. 아리아(Arria)는 그녀의 남편 파에투스(Paetus)가 사형을 선고받았을 때 남편에게 "파에투스, 아프지 않아요"라고 말하며 자신을 따를 것을 촉구하며 자결했다. 또한 남편이 은밀한 부위에 궤양으로 고통받는 중에 아내의 부추김으로 노부부가 투신해 익사했다.

34

자살의 원리, 즉 어느 경우에 이러한 폭력적 행위를 찬사와 승인의 대상으로 생각하도록 우리에게 가르치는 원리는 전적으로 철학의 정교한 고안물인 듯하다. 자연은 견고하고 건강한 상태에서 결코 우리에게 자살하도록 촉구하지 않는다.

(인간 본성이 겪게 되는 여러 다른 재앙 가운데서 불행히도 겪게 되는) 일종의 질병인 우울증이 사실상 존재하고, 이것은 소위 자멸을 향한 억누를 수 없는 욕구와 동반되는 것 같다. 흔히 외부적인 번영이 절정에 달한 상황에서, 때로는 가장 엄숙하고 깊은 감명을 받은 종교적 감정에도 불구하고, 이 질병은 빈번히도 불행한 희생자들을 파괴적인 극단적인 상황으로 내몬다고 알려져왔다.

이런 비참한 방식으로 소멸하는 불행한 사람들은 책망의 적절한 대상이 아니라 연민의 적절한 대상이다. 그들이 모든 인간적 처벌의 범위를 넘는 상황에 있을 때 그들을 처벌하려고 시도하는 것은 터무니없는 일이며, 적어도 그 이상으로 부당한 일이다. 그러한 처벌은 언제나 완전히 결백할 뿐만 아니라 이처럼 수치스러운 방식으로 친구들이 사망하여 항상 매우 극심한 재앙을 틀림없이 겪을 수밖에 없는 그런 생존 중인 친구와 친척에게 오로지 귀속될 뿐이다.

자연은 견고하고 건강한 상태에서 언제나 우리에게 고난을 회피하도록 촉구하며, 많은 경우에 설령 위험을 무릅쓰고라도, 심지어 방어 중에 확실히 사망할 때조차, 그 고난으로부터 우리 자신을 방어하도록 촉구한다. 그러나 우리가 그러한 고난에서 스스로 방어할 수도 없고, 이러한 방어 중에 사망하지도 않을 때에는, 어떠한 자연의 원리나, 가상의 공정한 관찰자의 승인이나 마음속의 중재인의 판단에 대한 어떠한 고려도 우리에게 자멸함으로써 고난에서 벗어나도록 결코 요구하지는 않는 듯하다.

오로지 우리 자신의 나약함에 대한 인식만이, 그리고 적절한 남성 다움과 확고부동의 마음으로써 그 재앙을 견뎌낼 능력이 결여되어 있다는 인식만이 우리로 하여금 그러한 결단으로 내몰 수 있다.

나는 어느 아메리카의 미개인이 일부 적대적인 종족에게 포로로 체포된 경우에 후일 고문이나 적들의 모욕과 조롱 가운데 죽는 것을 피하기 위해 미리 자결한다는 점에 대해서 읽어보지도 들어본 적도 없다. 그는 남자답게 이런 고문을 참아내고, 그러한 모욕을 열 배의 경멸과 조롱으로 응수하는 것을 영광으로 생각한다.

35

하지만 삶과 죽음을 이렇듯이 경멸하는 동시에 신의 명령에 가장 완전히 복종하는 것, 인생사의 조류에서 밀어닥칠 수 있는 모든 사건에 가장 철저히 만족하는 것은 스토아학파의 도덕철학 전체가 기초하고 있는 두 가지의 근본적인 학설로 판단할 수 있다.

자립심이 강하고 기백은 있었지만 종종 성격이 모질게 보였던 에픽테토스는 이 두 가지 학설 가운데 첫 번째 학설의 위대한 사도였으며, 온화하고 인정이 많고 자애로운 안토니우스(마르쿠스 아우렐리우스)는 두 번째 학설의 사도로 간주될 수 있다.

36

에파프로디토스의 노예였다가 나중에 자유민이 된 에픽테토스는 젊은 시절, 어느 오만하고 잔혹한 주인에게 예속되었다. 그리고 한층 원숙한 연배가 되어서는 도미티아누스 황제의 질투와 변덕 때문에 로마와 아테네에서 추방되어 니코폴리스에서 거주해야 했으며, 이 동일한 폭군 때문에 매 순간 야로스 섬으로 유배되거나 아마 사형을 당할 것이라고 예상하고 있었다.[34]

그는 마음속에 오로지 인생에 대한 최대한의 경멸을 품고 있었기 때문에 마음의 평정을 유지할 수 있었다. 그는 결코 미칠 듯이 그리 기뻐한 적이 없으며, 따라서 인생의 모든 쾌락과 모든 고통이란 무상하고 무익한 것임을 표출할 때만큼 그의 웅변이 그리 활기를 띤 적도 결코 없었다.

37

자신에게 할당된 관할지역에 대해 불평할 아무런 특별한 이유가 확실히 없었으며 세계의 문명화된 지역 전체의 절대 주권자로서 선량한 성품을 지녔던 그 안토니우스 황제는 사물의 통상적인 진행과정에 자신의 만족감을 표시하면서, 심지어 속류적인 관찰자들이 간과하기 쉬운 그런 부분 가운데서도 아름다움을 지적하는 것에 즐거움을 느낀다. 그가 보기에는,[35] 청년기뿐만 아니라 노년기에도 적정성과 심지어 매혹적인 품위가 존재하며, 노년 상태의 허약함과 노쇠는 청년 상태의 만개와 활력만큼 자연적인 것이다. 청년이 유년기의 종결이고, 성년이 청년의 종결인 것처럼, 죽음 역시 노년의 적절한 종결일 뿐이다.

그가 다른 경우에 발언한 바 있듯이, 우리는 의사가 어느 누구에게

---

34) 고대 스토아학파의 대표적인 철학자인 에픽테토스는 젊은 시절 네로 황제의 비서였던 에파프로디토스(Epaphroditus)의 노예였다가 자유를 찾았다. 글래스고 판본 편집인에 따르면, "잔혹한 주인"이라는 표현에서 스미스는 에픽테토스가 그의 주인에 의해 다리가 부러졌다는 켈수스(Celsus)의 이야기를 떠올리고 있다. 도미티아누스(Titus Flavius Domitianus, 51~96) 황제가 기원후 89년 로마에서 철학자들을 내쫓았을 때, 에픽테토스는 니코폴리스에 가서 살았다. 그가 거기에서 반드시 살도록 강제되었고, 로마뿐만 아니라 아테네에서 추방당했으며, 유배지로 사용되던 야로스 섬에 보내질 위기에 처했다고 생각할 만한 근거는 존재하지 않는다.

35) 이 부분은 마르쿠스 아우렐리우스의 『명상록』에서 거론된다.

말을 타거나 냉수욕을 하거나 맨발로 걸으라는 지시를 했다고 말하는 경우가 종종 있다. 이렇듯이 우리는 우주의 위대한 지휘자이며 의사인 자연이 어느 누구에게 질병, 수족의 절단이나 어느 자녀의 사망을 지시했다고 말해야만 한다. 평범한 의사의 처방에 따라서 그 환자는 여러 가지 쓴 약을 삼키고, 여러 고통스러운 수술을 받는다. 하지만 그 결과로 건강이 회복될 것이라는 지극히 불확실한 희망에 기초하여 그는 기꺼이 이 모든 일에 복종한다.

이와 마찬가지로 자연이라는 위대한 의사의 가장 가혹한 처방이 그 자신의 건강, 그 자신의 궁극적인 번영과 행복에 기여할 것이라고 그 환자는 희망할 수 있다. 또한 그는 그러한 처방이 우주의 건강, 번영과 행복 그리고 주피터 신의 위대한 계획의 추진과 진보에 기여할 뿐만 아니라 필수불가결하다는 점에 대해 완전히 확신할 수 있다. 그 처방이 그런 식으로 결과를 내지 않는다면, 우주는 결코 그것을 만들어내지 않았을 것이며, 우주의 전지한 건축가이며 지휘자는 그것이 생기는 것을 허용하지 않았을 것이다.

우주의 공존하는 모든 부분은 제아무리 작아도 모두 서로 정확하게 어울리고, 하나의 거대하고 연결된 체계를 구성하는 데 모두 기여한다. 이처럼 서로 뒤따라 일어나는 연속적 사건은 모두 제아무리 미미해도 시작과 끝이 없으며, 전체의 최초 배열과 고안에서 필연적으로 비롯된 것처럼 전체의 번영만이 아니라 그 존속과 보존을 위해서도 본래 필수적인 거대한 연쇄의 인과관계의 부분들, 불가결한 부분들을 구성하는 것은 분명하다.

자신에게 발생한 모든 일을 진심으로 포용하지 않는 사람, 자신에게 그런 일이 벌어진 것을 유감으로 생각하는 사람, 자신에게 그런 일이 발생하지 않았으면 좋겠다고 소망하는 사람은 어느 누구든지 가능하다면 우주의 운동을 정지시키고 연속적인 사건의 거대한 연쇄를 파괴하기를 바란다. 이러한 연쇄의 진행과정을 통해서만 우주의 전체 체계는 지속되고 보존될 수 있는데도 이런 사람은 자신의 일부 적은 편의를 위해서 세계라는 전체 기계를 교란시키고 혼란시키기를 바란다.

안토니우스는 다른 부분에서 다음처럼 말하고 있다.

"오! 세상이여, 그대에게 어울리는 모든 것은 나에게도 어울린다. 그대에게 시의적절한 모든 것은 나에게도 아주 이르거나 아주 늦은 것이 결코 아니다. 그대의 여러 절기에 소출되는 모든 것은 나에게도 과실이다. 그대에게서 모든 것이 나오고, 그대 속에 모든 것이 있으며, 그대를 위해 모든 것이 존재한다. 어떤 이는 말한다, 오! 사랑스러운 케크롭스 도시여![36] 그대는 말하지 않으려는가? 오! 사랑스러운 신의 도시여!"

38

스토아학파의 철학자들 또는 적어도 이 학파의 일부 학자들은 이와 같이 매우 숭고한 학설로부터 그들의 모든 역설을 도출하려고 했다.

39

스토아학파의 현인들은 우주의 위대한 감독자의 견해에 공감하여 신적인 존재가 사물들을 바라보는 것과 동일한 관점에서 그것들을 지켜보려고 노력했다. 그런데 우주의 최고 감독자에게는 섭리의 진전과정에서 나타나는 모든 서로 다른 사건, 즉 우리에게는 가장 사

---

36) 그리스 신화의 케크롭스(Cecrops)는 현 그리스 중동부 아테네 지방인 아티카(Attica)의 초대 왕이며, 아테네는 그가 건립했다고 전해진다.

소하거나 가장 위대한 것처럼 보이는 사안들, 포프(Pope)가 말한 것처럼,[37] 예컨대 거품이 꺼지는 것이나 세상의 파괴는 완전히 동등하다. 이것들은 신이 영원한 과거시점으로부터 예정했던 위대한 연쇄의 동일한 부분들이며, 마찬가지로 무오류의 지혜의 소산, 보편적이고 무한한 자혜의 소산이다.

이와 마찬가지로 스토아학파의 현인에게도 모든 서로 다른 사건은 완전히 동등하다. 사실 이러한 사건들의 진행과정에서 그는 작은 부문 하나를 할당받았으며, 여기에서 작으나마 일부 관리와 지시를 담당한다. 이 부문에서 그는 가능한 한 적절히 행동하는 동시에, 자기에게 지시된 것으로 이해되는 명령에 따라 처신하려고 노력한다. 자신의 가장 헌신적인 노력이 성공할 것인가 좌절할 것인가에 대해서는 전혀 염려하거나 애착을 보이지 않는다.

일정 부분 자신이 책임을 맡고 있는 그 작은 부문이나 체계의 최고도의 번영이나 완전한 파멸도 그에게는 전혀 대수롭지 않다. 만일 그러한 사건들이 그에게 의존하고 있었다면, 그는 번영을 선택하고 파멸을 거부했을 것이다. 그러나 그것들은 그에게 의존하지 않기 때문에, 그는 신의 탁월한 지혜를 믿으며, 무슨 사건이 발생하든 그 일이 그가 모든 사물의 관계와 의존성을 완전히 알았더라면 가장 열렬하고 독실하게 소망했을 바로 그 사건이라는 점에 완전히 만족한다. 그가 이러한 원리의 영향과 지도하에 수행한 모든 것은 그 무엇이든 마찬가지로 완전하다.

스토아철학자들이 흔히 활용하는 사례를 들어보면, 그가 자기 조국의 공무를 위해 생명을 내어놓은 경우와 마찬가지로 자신의 손가락을 쭉 뻗은 경우에도 그는 모든 점에서 가치 있고 칭찬과 찬사를

---

37) 포프의 『인간론』(*An Essay on Man*, 1733)에서 논의되는 부분이다.

받을 만한 행동을 수행한 것이다. 우주의 위대한 최고 감독자에게는 그가 자신의 능력을 가장 크거나 가장 적게 행사하는 것, 어떤 세계가 형성되거나 파괴되는 것, 어떤 거품이 형성되거나 파괴되는 것 등 이것들은 모두 똑같이 수월한 일이고, 똑같이 찬사받을 만한 일이며, 마찬가지로 똑같은 신의 지혜와 자혜의 소산이다.

이처럼 스토아학파의 현인에게는 우리가 위대한 행동이라고 부르는 것도 사소한 행위 정도의 노력을 요하는 일일 뿐이며, 똑같이 수월하고, 동일한 원리에서 엄밀하게 비롯되며, 어느 모로든 더 가치있거나 더 큰 칭찬과 찬사를 받을 만한 일이 전혀 아니다.

40

이러한 완성 상태에 도달한 사람들은 모두 똑같이 행복한 것처럼, 그 완성 정도에 근접한다고 해도 조금이라도 미치지 못하는 모든 사람은 똑같이 불행하다. 그 학자들의 말에 따르면, 물 표면에서 불과 1인치 아래에 있는 사람도 100야드 아래에 있는 사람과 마찬가지로 숨을 쉴 수 없다. 이처럼 자신의 모든 개인적이고 편파적이며 이기적인 모든 열정을 완전히 제압하지 못한 사람, 보편적인 행복의 욕구 이외의 다른 어떤 것에 대한 진지한 욕구를 가진 사람, 개인적이고 편파적이며 이기적인 열정을 충족하려는 갈망 때문에 말려든 고통과 혼란의 구렁텅이에서 완전히 벗어나지 못한 사람 등 이 모두는 그러한 상황으로부터 가장 멀리 떨어져 있는 사람과 마찬가지로 자유와 자립의 공기를 들이쉴 수 없고, 그러한 현인이 얻는 안도감과 행복을 누릴 수 없다.

그 현인의 모든 행위가 완전하고 모두 똑같이 완전한 것처럼, 이런 최상의 지혜에 도달하지 못한 사람의 모든 행위는 결함이 있고, 일부 스토아학파의 학자들이 주장한 것처럼, 모두 똑같이 결함이 있다. 그들이 말하기를, 하나의 진리는 다른 진리보다 더 진실일 수 없고, 하나의 허위는 다른 허위보다 더 거짓일 수 없다. 이와 마찬가지로 하나의 고결한 행위는 다른 고결한 행위보다 더 명예로운 행동일 수 없고, 하나의 부끄러운 행위는 다른 부끄러운 행위보다 더 수치스러울 수 없다.

과녁을 맞히는 경우에 1인치 정도 빗맞힌 사람은 100야드나 빗맞힌 사람과 마찬가지로 동일하게 그 과녁을 빗맞힌 것이다. 이와 마찬가지로 우리에게 가장 하찮아 보이는 일에서 부적절하고 충분한 이유 없이 행동한 사람은, 우리에게 가장 중요해 보이는 일에서 그렇게 행동한 사람과 똑같이 결함이 있다. 예를 들자면 부적절하고 충분한 이유 없이 수탉 한 마리를 죽인 사람은 자기 아버지를 살해한 사람과 똑같이 결함이 있다.

41

만일 이 두 가지 역설 가운데 첫 번째 역설이 충분히 억지스러워 보인다면, 두 번째 역설은 매우 불합리하여 진지하게 고려할 여지조차 없음이 분명하다. 사실 그것은 매우 불합리하여 우리는 그것이 어느 정도 오해이거나 부정확하게 전달된 것임에 틀림없다고 생각하지 않을 수 없다. 어쨌든 나는 제논이나 클레안테스처럼 가장 소탈하면서도 가장 숭고한 웅변가인 그런 인물들이 스토아학파의 이런 역설이나 또 다른 대다수 역설의 창안자라는 점을 차마 믿을 수 없다.

이 역설들은 일반적으로 주제넘은 궤변에 지나지 않으며, 그들의 체계에 명예를 거의 가져다주지도 못하는 것이므로, 나는 더 이상 이것들에 대해 설명하지 않을 것이다. 나는 이 역설들을 제안한 사람이 오히려 제논과 클레안테스의 제자이며 추종자였던 크리시포스라고

규정하고 싶다.[38)]

우리에게 전수된 그의 모든 자료를 통해 볼 때 그는 순전한 변증법적 공론가로서 어떤 종류의 취향이나 우아함도 지니지 않았던 듯하다. 그는 그들의 학설을 인위적인 정의, 분류, 세분화 등 형식에 치우친 체계 또는 기술적 체계로 환원시킨 최초의 인물이었을 것 같다. 아마도 이러한 체계는 어떤 도덕이나 형이상학의 학설 안에 어느 정도든 있을 수 있는 훌륭한 분별을 절멸시키는 데 가장 효과적인 수단을 가진 체계다. 이런 사람은 그의 스승들이 완전한 덕성을 가진 사람의 행복과 그런 성격을 결여한 모든 사람의 불행을 서술하는 데 동원한 일부 생기에 넘치는 표현들을 지나치게 문자 그대로 이해한 것으로 단정해볼 수 있다.

42

일반적으로 스토아학파는 완전한 덕성과 행복에까지 나아가지 못한 사람들에게도 어느 정도의 능숙함이 있을 수 있음을 인정한 듯하다. 스토아학파의 학자들은 그러한 숙련자를 진보의 정도에 따라 서로 다른 부류로 분류했다. 그들은 그런 유형의 사람들이 실천할 수 있을 것으로 상정한 불완전한 덕성을 올곧음(rectitude)이라 지칭하지 않고 적정성, 적합성, 품위 있고 인정할 만한 행동이라고 했다.

이에 대해서는 그럴듯하거나 개연성 있는 이유가 부여될 수 있는데, 키케로는 이것을 라틴어로 의무(officia)로, 세네카는 라틴어로 대상과의 합치(convenientia)로 각각 표현했는데, 내 생각으로는 세네

---

38) 스토아학파의 수장인 제논은 제자인 클레안테스(Cleanthes, BC 331~BC 232경)에게 자리를 계승했다. 크리시포스(Chrysippus, BC 280경~BC 206경)는 두 철학자에게서 수장의 직을 물려받아 스토아철학을 체계적으로 정리하고 발전시켰다.

카의 표현이 더 정확해 보인다.

이처럼 불완전하지만 도달 가능한 덕성들에 관한 학설이 소위 스토아학파의 실천도덕을 구성하고 있는 것 같다. 그것이 키케로의 『의무론』(De Officiis)의 주제이고, 마르쿠스 브루투스가 기술했으나 지금은 분실되어 존재하지 않는 또 다른 저서의 주제였다.[39]

43

자연이 우리의 행위를 위해 윤곽을 그려준 그런 계획과 체계는 스토아철학의 그것과는 전적으로 상이한 듯하다.

44

자연에 의해서, 우리 자신이 일부 관리하고 지도하는 작은 부문에 직접적으로 영향을 미치는 동시에 우리 자신, 친구, 조국에 직접적으로 영향을 주는 모든 사건은 바로 우리의 관심이 지대할 뿐만 아니라 우리의 욕구와 증오, 희망과 공포, 환희와 비애가 주로 야기되는 사건들이다.

실제로 그러하기가 매우 쉽지만, 이러한 열정들이 아주 격렬해지면, 자연은 적절한 교정수단과 징계수단을 마련한다. 실재하는 공정한 관찰자 또는 심지어 가상의 공정한 관찰자의 존재, 마음속의 동거인의 권위는 언제나 가까이 머물며 이것들을 위압해 중용이라는 적절한 성질과 기분이 되도록 만든다.

---

39) 마르쿠스 유니우스 브루투스(Marcus Junius Brutus, BC 85~BC 42)는 카이사르를 배반하고 그의 암살에 동참한 것으로 유명하다. 그가 스토아철학에 경도되어 서적을 썼다고 전해지지만 현존하는 것은 없고 키케로와 주고받은 서간 가운데 일부가 남아 있다.

45

만일 우리의 헌신적인 노력이 있었지만 이 작은 부문에 영향을 줄 수 있는 모든 사건이 결국 가장 불운하고 파괴적인 결과가 된다면, 자연은 우리를 어떠한 위안도 존재하지 않는 상태에 결코 방치하지는 않는다. 이러한 위안은 마음속의 동거인의 완전한 승인으로부터 도출될 수 있다. 또한 이 같은 위안은 가능하다면 훨씬 더 품위 있고 관대한 원리로부터, 즉 인생의 모든 사건을 지휘하는 동시에, 어떤 불운이 전체의 이익을 위해 반드시 필요한 경우가 아니라면 일어나도록 결코 허용하지 않았을 것임을 우리가 확신하는 바로 그런 자애로운 지혜에 대한 확고한 신뢰 및 이에 대한 경건한 순종으로부터도 도출될 수 있다.

46

자연은 이러한 숭고한 성찰을 우리의 삶의 거대한 사업과 업무로 지시하지는 않았다. 다만 자연은 우리의 불운에 대한 위안으로서 이를 우리에게 지시했을 따름이다. 그런데 스토아철학은 그것을 우리의 삶의 거대한 사업과 업무로 지시한다. 이 철학은 우리 마음의 질서정연함에 외부적이고, 우리의 선택과 거부의 적정성에 외부적인 그런 사건들에 대해서는 우리가 결코 진지하고 노심초사하지 않도록 가르치고 있다. 다만 우리가 어느 모로든 관리나 지도도 하지 못하고 그래서도 안 되는 어떤 부문, 즉 우주의 위대한 감독자의 부문에 연관된 사건들에 대해서만 관심을 갖도록 가르친다.

스토아철학이 우리에게 제시한 완전한 냉담함에 의해, 우리의 개인적이고, 편파적이며 이기적인 모든 성정을 절제하고 근절하기 위해 노력함으로써, 그리고 우리 자신, 친구, 조국에 일어난 일이 무엇이든 이에 대해 우리가 공정한 관찰자의 공감적이고 경감된 열정조차 느끼도록 허용하지 않음으로써, 스토아철학은 자연이 우리 삶의 적절한 사업과 업무로서 지시한 모든 일의 성공이나 실책에 대해 우리가 무관심하고 개의치 않도록 한다.

47

철학의 추론이 설령 이해력을 당황하게 하고 혼란시킬 수는 있어도 자연이 여러 원인과 그 결과 사이에 확립한 필연적인 관계를 결코 단절시킬 수는 없다고 말할 수 있다. 우리의 욕구와 혐오, 희망과 공포, 환희와 비애를 자연스럽게 야기하는 여러 원인은 스토아철학의 모든 추론에도 불구하고 각 개인에게 실제의 감수성 정도에 따라서 그 적절하고 필연적인 결과를 수반한다.

그러나 마음속의 동거인의 판단은 이러한 추론에 의해 많은 영향을 받을 수도 있고, 이 위대한 동거인은 이러한 추론을 통해 우리의 모든 개인적이고 편파적이고 이기적인 성정을 위압해 다소 완전한 평정심을 유지하도록 배울 수도 있다.

이 동거인의 판단을 지도하는 것이 모든 도덕체계의 위대한 목적이다. 스토아철학이 그 추종자들의 성격과 행위에 매우 큰 영향력을 행사했다는 것에는 의심할 여지가 없다. 설령 스토아철학이 때때로 그 추종자들을 자극하여 불필요한 폭력을 유발했을지도 모르지만, 이 철학의 일반적인 경향은 그들을 고무하여 가장 영웅적인 넓은 도량과 가장 광범위한 박애의 행위를 북돋아준 것이다.

48

IV. 이러한 고대의 도덕체계뿐만 아니라 덕성이 적정성, 즉 우리의 행위가 비롯되는 성정과 이러한 성정을 야기한 원인이나 대상 사이의 적합성에 있다고 보는 일부 현대적 도덕체계가 있다. 클라크 박사의 체계에서는 덕성은 사물의 관계에 따라서 행동하는 것, 즉 어떤 행동을 어떤 사물에 적용할 때 있을 수 있는 적합성이나 부조화에 따라서 우리의 행위를 규제하는 것에 있다.

울러스턴의 체계에서는 덕성은 사물의 진리에 따라서, 즉 사물의 고유한 본성과 본질에 따라서 행동하는 것에 있으며, 사물들을 피상적으로 다루지 않고 그것들의 진정한 실재대로 취급하는 것에 있다.[40]

섀프츠베리의 체계에서는 덕성은 모든 성정 사이에 적절한 균형을 유지하는 것에 있으며, 어떠한 열정도 그 고유의 영역을 넘어서는 것을 허용하지 않는 것에 있다.[41] 이러한 현대 도덕체계는 모두 동일한 근본적 관념을 다소간 부정확하게 기술한 체계들이다.

49

이러한 체계 가운데 어떤 체계도 성정의 적합성이나 적정성을 확인하거나 판단할 수 있는 어떤 정밀하고 명확한 척도를 제시하거나

---

40) 울러스턴(William Wollaston, 1660~1724)은 영국의 철학자이며 성공회 목사다. 『자연종교 개요』(*The Religion of Nature Delineated*, 1722)에서 뉴턴처럼 신의 계시에 의존함 없이 도덕세계의 수학모델을 통해 자명한 도덕법칙과 진리를 도출하고자 했다. 그에 따르면, 종교와 도덕성은 동일하며 이를 실재하는 대로 표현하는 것이 진리다. 자연종교와 도덕성은 이성과 진리의 실천을 통해 행복을 추구하는 것에 있다.

41) 섀프츠베리(Shaftsbury) 3세 백작인 애슐리 쿠퍼(Anthony Ashley Cooper, 1671~1713)는 영국의 철학자이며 정치가다. 섀프츠베리에 따르면, 모든 사람에게는 미적 판단과 도덕적 판단을 담당하고 있는 본유적이면서도 이성과 무관한 감정의 능력이 존재한다. (모든 사람이 천성적으로 선한 것은 아니지만) 이러한 생득적, 자연적 직관에 의거해서 선하게 행동하고 옳음과 그름을 구별할 수 있다. 그리고 덕성은 도덕 대상에 적절한 조응, 조화, 균형을 이루도록 열정을 조절하고 유지하는 것에 있다. 이것은 『덕성 또는 공로에 관한 탐구』(1699)에서 논의된다.

제시하는 것처럼 보이지 않는다. 정밀하고 명확한 척도는 공정하고
사정에 정통한 관찰자의 동감적인 감정 가운데를 제외하고는 어느
곳에서도 찾아볼 수 없다.

50

이뿐만 아니라 이러한 체계들이 각각 제공하거나 최소한 제공할
예정이거나 의도가 있는 덕성에 관한 기술은, 비록 일부 그런 현대
학자들이 표현 방식에서 그다지 성공적이지 못했을지라도, 그 자체
로서는 아주 타당하다는 점에는 의심할 여지가 없다.

적정성이 없는 덕성은 존재하지 않으며, 적정성이 있는 한 어느 정
도의 승인은 주어져야 마땅하다. 그러나 여전히 이런 식의 기술은 불
완전하다. 왜냐하면 적정성이 비록 모든 덕망 있는 행위의 본질적인
요소의 하나이기는 하지만, 그것이 항상 유일한 요소는 아니기 때문
이다. 자애로운 행위는 그 가운데 또 다른 자질을 가지고 있으며, 이
러한 자질에 의해서 승인뿐만 아니라 보상을 받을 가치가 있는 것
같다.

적정성을 강조한 이러한 체계들 가운데 어느 체계도 이러한 자애
로운 행위가 받을 가치가 있는 탁월한 정도의 존경이나 이 행위가 자
연스럽게 야기하는 감정의 다양성을 손쉽게 또는 충분히 설명하지
못한다. 또한 악덕에 대한 기술은 이보다 더 완전하지 못하다. 왜냐
하면 마찬가지로 부적정성은 비록 모든 악한 행위를 구성하는 하나
의 필요한 요소이기는 해도 그것이 반드시 유일한 요소는 아니기 때
문이다. 또한 전혀 침해가 없고 하찮은 행위 가운데서도 최고도의 불
합리와 부적정성이 종종 존재하기 때문이다.

우리와 함께 사는 사람들에게 유해한 경향을 갖는 고의적인 행위
들은 부적정성 이외에도, 승인받지 못할 뿐만 아니라 처벌받아 마땅

해 보이는, 혐오의 대상이 될 뿐만 아니라 분개심과 복수의 대상이 되는 그 자체의 고유한 특성을 가지고 있다. 이러한 체계들 가운데 어느 체계도 그와 같은 행동에 대해 우리가 느끼게 되는 그런 월등한 정도의 증오를 손쉽게 그리고 충분히 설명하지 못한다.

제2장 덕성을 신중에서 구하는 철학체계

1

덕성은 신중에 있다고 보는 도덕철학체계 가운데 가장 오래되고 그 상당한 유산이 우리에게 전승되고 있는 것은 에피쿠로스의 철학체계다. 그런데 에피쿠로스는 그의 철학의 주요한 원리들을 자신보다 앞선 일부 인물들, 특히 아리스티포스에게서 차용해왔다고 전해진다.[42] 하지만 그의 반대파의 이러한 근거 없는 주장이 있지만 적어도 그가 그 원리들을 적용하는 방식은 완전히 독창적인 것이라고 할 수 있을 것 같다.

2

에피쿠로스에 따르면, 육체적인 쾌락과 고통은 자연적인 욕구와 혐오의 유일하고 궁극적인 대상이다.[43] 그가 생각하기에 육체적인 쾌락과 고통이 언제나 이러한 열정들의 자연적인 대상이라는 것은

---

42) (아테네에서 소크라테스와 교우한 아리스티포스의 손자에 해당하는 동명의) 키레네의 아리스티포스(Aristipus)는 감각적이고 순간적인 쾌락을 만족시키는 것을 행동의 유일한 목적이라 간주한 키레네학파의 창립자다.

43) 원주: 키케로의 『최고선악론』(*De Finibus*) 제1권 및 디오게네스 라에르티우스의 『저명한 철학가들의 생애와 사상』 가운데 에피쿠로스를 논하는 제10권을 참조하라.

어떤 증명도 요하지 않는다. 사실 쾌락도 때로는 회피되어야 할 대상으로 보일지도 모른다. 그 이유는 그것이 쾌락이기 때문이어서가 아니라, 그것을 향유할 때 우리는 한층 더 큰 다른 쾌락을 상실해야만 하거나, 이 쾌락이 희구되는 정도와 비교해 회피되어야 할 다른 고통에 한층 더 노출되어야만 하기 때문이다.

마찬가지로 고통도 때로는 바람직스러운 대상으로 보일지도 모른다. 그 이유는 그것이 고통이기 때문이어서가 아니라, 그 고통을 감내하는 경우에 우리는 한층 더 큰 고통을 회피할 수 있거나 훨씬 더 중요한 쾌락을 얻을 수 있기 때문이다.

그러므로 그는 육체적 쾌락과 고통이 언제나 욕구와 혐오의 자연적 대상이라는 것은 아주 분명하다고 생각했다. 또한 그가 보기에 육체적 쾌락과 고통이 그러한 열정들의 유일하고 궁극적인 대상이라는 점은 결코 덜 명백하지 않았다.

에피쿠로스에 따르면, 소망되거나 회피되는 것은 그 무엇이든 그러한 감각들 중에서 하나의 감각이나 또 다른 감각을 수반하는 성향 때문에 그렇게 된다. 쾌락을 얻으려는 성향이 권력과 부를 바람직한 것으로 만들게 되며, 이와 마찬가지로 고통을 야기하는 그 반대의 성향이 빈곤과 비천함을 혐오의 대상으로 만들게 된다.

명예와 명성은 높이 평가되는 대상이다. 그 이유는 우리와 함께 사는 사람들에게 받는 존경과 애정은 쾌락을 얻는 동시에 고통으로부터 우리를 방어하는 데 지극히 중요하기 때문이다. 이와 반대로 불명예와 악명은 회피되어야만 하는 대상이다. 그 이유는 우리가 함께 사는 사람들이 갖는 증오, 경멸, 분개심은 모든 안전을 파괴하며, 우리를 반드시 육체적인 해악에 가장 크게 노출시키기 때문이다.

3

　에피쿠로스에 따르면, 마음의 모든 쾌락과 고통은 궁극적으로 육체의 쾌락과 고통에서 도출된다. 마음은 육체의 지나간 쾌락을 생각하거나 다가올 또 다른 쾌락을 기대할 때는 행복해진다. 반면에 마음은 육체가 이전에 감내한 고통을 생각하거나 미래에 겪게 될 동일한 고통이나 그 이상의 고통을 두려워할 때는 불행해진다.

4

　마음의 쾌락과 고통이 비록 육체의 쾌락과 고통에서 궁극적으로 도출된다고 해도 그 최초의 감각보다는 훨씬 더 크다. 육체는 오로지 지금 이 순간의 감각을 느낄 뿐이지만, 마음은 과거나 미래의 감각을 느끼게 되는데, 과거는 기억을 통해서, 미래는 예상을 함으로써 느낀다. 그러므로 마음은 육체보다도 고통과 쾌락을 한층 더 많이 느끼게 된다.

　에피쿠로스의 관찰에 따르면, 우리가 육체적 고통을 최대로 겪고 있을 때 주의를 기울여보면, 우리에게 주로 고통을 주는 것은 지금 이 순간의 괴로움이 아니라 과거의 괴로운 기억이나 미래에 벌어질 더 끔찍한 일에 대한 근심이라는 사실을 언제나 알게 된다. 매 순간의 고통을 그 자체로 생각하면서 과거의 고통 및 미래의 고통과 단절해버리면, 그 고통은 사소한 일이 되고 주의를 기울일 가치가 없는 것이 된다. 이것이 육체가 겪고 있다고 말할 수 있는 고통의 전부다.

　이와 마찬가지로 우리가 최대의 쾌락을 누리고 있을 때 지금 이 순간의 감각인 육체적 감각은 우리의 행복 가운데 작은 부분을 구성할 뿐이다. 우리의 쾌락은 주로 과거의 즐거운 일에 대한 회상이나 미래에 벌어질 훨씬 더 즐거운 일에 대한 예상에서 비롯되며, 마음은 언제나 그 즐거움 가운데 가장 최대의 몫을 도모하는 데 기여함을 알 수 있다.

5

그러므로 우리의 행복과 불행이 주로 마음에 의존하고 있기 때문에, 만일 우리 본성 가운데 이러한 부분이 호의적인 성향을 띠고 있고 우리의 사고와 견해가 당연히 조리에 맞는 상태에 있으면, 우리의 육체가 어떤 식으로 영향을 받든지 그것은 거의 중요하지 않다. 비록 육체적으로 큰 고통을 겪고 있을 때도, 우리의 이성과 판단이 그 탁월성을 유지하고 있으면 우리는 행복 가운데 상당한 몫을 여전히 누릴 수 있다.

우리는 과거의 쾌락에 대한 기억과 미래의 쾌락에 대한 희망으로 즐거움을 누릴 수 있다. 우리는 심지어 가혹한 고통의 상황에서조차 이를 당할 수밖에 없는 필연성이 무엇인가를 상기함으로써 우리의 고통의 혹독함을 완화할 수 있다. 예컨대 이것은 단순히 육체적인 감각이고, 그 자체로 아주 클 수는 없는 지금 이 순간의 고통일 뿐이라는 것을 상기함으로써 우리의 혹독한 고통은 완화될 수 있다.

이와 마찬가지로 그러한 고통이 지속되지 않을까 하는 두려움 때문에 우리가 겪는 몸부림은 그 무엇이든 마음이 갖는 생각의 효과라는 점을 상기함으로써 우리의 혹독한 고통은 완화될 수 있다. 그런데 마음이 갖는 그런 효과는 한층 더 올바른 감정에 의해서 교정될 수 있고, 우리의 고통이 격심하다면 아마 일시적일 것이며, 오래 지속된다면 아마 완화되거나 평온의 휴지기가 더욱 많아질 것일 뿐만 아니라 어쨌든 죽음은 언제나 곁에서 대기하다가 고통이나 쾌락의 모든 감각에 종지부를 찍어줄 것이기에 악으로 간주될 수 없다고 생각함으로써 교정될 수 있다. 우리가 존재하고 있는 경우에 죽음이 존재하지 않고, 죽음이 존재하는 경우에 우리는 존재하지 않는다고 그는 말한다. 그러므로 죽음은 우리에게 별것 아닌 일일 뿐이라는 것이다.

6

만일 현실적 고통의 실제적 감각이 그 자체로서 두려워할 만큼 그리 크지 않으면, 쾌락의 실제적 감각은 희구되기에는 정도 면에서 훨씬 더 적다. 본래 쾌락의 감각은 고통의 감각보다 훨씬 덜 자극적이다. 그러므로 만일 고통의 감각이 호의적인 성향을 띤 마음의 행복으로부터 앗아가는 것이 아주 적으면, 쾌락은 그러한 마음의 행복에 추가할 수 있는 것이 거의 없다. 육체가 고통에서 해방되고, 마음이 공포와 불안에서 해방될 때 육체적 쾌락의 감각이 추가된다고 해도 그 중요성이 거의 커지지 못한다. 그 추가된 쾌락이 설령 그 상황의 행복을 다양화할 수는 있어도 그것을 증가시킨다고 할 수는 없다.

7

에피쿠로스에 따르면, 인간 본성의 가장 완전한 상태, 즉 사람이 향유할 수 있는 가장 완전한 행복은 육체의 안락, 따라서 마음의 안정이나 평안에 있다. 자연적 욕구의 이 위대한 목적을 획득하는 것이 모든 덕성의 유일한 목표다. 그에 따르면, 이러한 덕성은 그 자체로서 바람직한 것이 아니라 그것이 이러한 상황을 수반하는 경향이 있기 때문에 바람직하다.

8

이 철학에 따르면, 예컨대 신중은 비록 모든 덕성의 원천이며 원리이기는 해도 그 자체로서 바람직하지는 않다. 모든 행동이 수반하는 가장 먼 결과에 대해서도 늘 조심하며 경계하는 면밀, 근면, 신중의 마음 상태는 그 자체로서 즐겁고 호감이 가는 것이 아니라, 최대의 선을 확보하고 최대의 악을 방지하는 경향 때문에 즐겁고 호감이 가는 것일 수 있다.

9

쾌락을 삼가는 것, 즉 향락을 즐기려는 자연적인 열정을 억제하고 구속하는 것은 절제의 임무이지만, 이것은 또한 그 자체로서 결코 바람직할 수는 없을 것이다. 이러한 덕목의 모든 가치는 그것이 가진 효용, 즉 미래의 한층 더 큰 향락을 위해서 현재의 향락을 연기할 수 있게 해주거나, 현재의 향락 때문에 일어날 가능성이 있는 한층 더 큰 고통을 회피할 수 있도록 하는 역량에서 생겨난다. 요컨대 절제는 쾌락에 관한 신중에 지나지 않는다.

10

노고를 참아내고 고통을 견디며 위험이나 죽음에 노출되는 일은 우리가 불굴의 정신으로 종종 맞게 되는 상황일지라도, 이것은 한층 덜한 자연적 욕구의 대상이 되는 일임이 분명하다. 이것들은 한층 더 큰 악덕을 회피하기 위해서만 선택된다. 우리는 빈곤이라는 한층 더 큰 치욕과 고통을 회피하기 위해서 노고를 감수한다. 그리고 쾌락과 행복의 수단이자 도구인 우리의 자유와 재산을 방어하기 위해서, 우리의 안전을 불가피하게 내포하고 있는 우리의 조국을 방어하기 위해서 위험과 죽음에 노출된다. 불굴의 정신은 우리로 하여금 이 모든 것을 현재의 상황에서 도모할 수 있는 최선의 것으로서 즐겁게 행할 수 있도록 만든다. 그리고 이러한 의연함은 사실상 고통, 노고, 위험을 적절히 평가한 후 훨씬 더 큰 고통을 회피하고 훨씬 더 적은 고통을 선택하는 데 존재하는 신중, 현명한 판단, 침착함과 다름이 없다.

11

정의의 경우에도 사정은 이와 마찬가지다. 타인들이 지닌 소유물의 절취를 금하는 것은 그 자체로서 바람직한 것은 아니다. 여러분이 내 소유물을 소유하는 것과 비교해서 내가 나의 소유물을 소유하는 것이 여러분에게 더 좋은 상황이 될 수 없음은 분명하다. 그러나 여러분은 내게 속한 것은 그 무엇이든 절취를 금해야 한다. 왜냐하면 그렇게 행동하지 않는 경우에 여러분은 세상 사람들의 분개심과 분노를 불러일으키기 때문이다. 그런 경우에 여러분의 마음의 안정과 평정은 완전히 파괴될 것이다.

사람들이 어느 때든 여러분에게 부가할 채비가 되어 있다고 상상하게 될 그런 처벌, 그리고 스스로 상상해보기에 어떤 권력, 어떤 기술, 어떤 은폐도 여러분을 보호하기에 충분하지 않을 그런 처벌을 생각하는 것만으로도 여러분은 공포와 경악의 감정으로 가득 찰 것이다.

서로 다른 사람들에게 그들이 우리와 맺고 있는 다양한 관계, 즉 이웃, 친척, 친구, 은인, 지배자, 동료라는 여러 관계에 부응하여 적절한 선행을 하는 것에서 정의를 찾는 또 다른 유형의 정의도 동일한 이유 때문에 권장된다. 이 모든 서로 다른 관계 가운데 적절하게 행동함으로써 우리는 더불어 살고 있는 사람들의 존경과 애정을 얻으며, 이와 다르게 행동함으로써 그들의 경멸과 증오를 불러온다. 우리는 전자의 행동에 의해서 모든 욕구의 위대하고 궁극적인 목적인 우리 자신의 안락과 평정을 자연스럽게 확보하며, 후자의 행동에 의해서는 불가피하게 이것을 위태롭게 한다. 그러므로 모든 덕성 가운데 가장 중요한 덕성인 정의라는 덕목 전체는 우리의 이웃에 관한 분별 있고 신중한 행동과 다름이 없다.

12

이상이 덕성의 성격에 관한 에피쿠로스의 학설이다. 다른 사람들에게 가장 호감이 가는 태도를 지닌 인물로 묘사된 이 철학자가 다음과 같은 점에 주목하지 못했다는 것은 놀라울지도 모른다. 즉 우리의 육체적인 안락과 안전에 관한 그 덕성이나 그 반대의 악덕이 야기하는 경향이 무엇이든 간에 그것들이 자연스럽게 타인에게 야기하는 감정들은 그것들이 수반하는 다른 모든 결과와 비교해서 한층 더 열정적인 욕구나 혐오의 대상이 된다는 것, 타인에게 호감, 존경, 존중의 적절한 대상이 되는 것은 애정, 존경, 존중이 우리에게 부여할 수 있는 안락과 안전과 비교해 훌륭한 성향을 가진 모든 사람에 의해서 한층 더 높이 평가된다는 것, 이와는 반대로 혐오, 경멸, 분노의 적절한 대상이 되는 것은 증오, 경멸이나 분노 때문에 우리의 육체가 당할 수 있는 모든 것과 비교해서 한층 더 불쾌하다는 것, 결국 전자의 성격에 대한 우리의 욕구와 후자의 성격에 대한 우리의 혐오는 이들 성격이 각각 육체에 미칠 것 같은 효과를 어떤 식으로든 고려함으로써 생길 수 없다는 것이 그것이다.

13

에피쿠로스의 철학체계가 내가 확립하려고 노력해온 체계와 전적으로 양립하지 않는 것에는 의심할 여지가 없다. 그러나 사물에 대한 이러한 설명이 자연의 어떠한 양상, 이런 표현이 가능하다면, 자연에 관한 어떤 특정의 관점이나 측면으로부터 그 개연성을 도출하는가를 발견하는 것은 어렵지 않다. 자연의 조물주의 현명한 고안에 따라서, 덕성은 모든 통상적인 경우에, 심지어 현세의 삶과 관련해서조차 진정한 지혜이며, 안전과 편익 모두를 얻기 위한 가장 확실하고 손쉬운 수단이 된다.

우리의 사업에서 성공이나 실패는 우리에 대해 흔히 견지되는 좋은 인상이나 나쁜 인상, 그리고 우리와 함께 사는 사람들이 우리를 돕거나 저지하려는 일반적인 성향에 매우 많이 의존하고 있음에 틀림없다. 다른 사람들의 우호적인 판단을 얻거나 비우호적인 판단을 회피하기 위한 가장 우수하고, 가장 확실하며, 가장 손쉽고, 가장 용이한 방법은 의심할 여지없이 우리를 전자의 대상으로 만들고 후자의 대상으로 만들지 않는 것이다.

소크라테스는 다음처럼 말한다.[44]

"그대는 훌륭한 음악가의 명성을 바라는가? 그것을 얻는 유일하고 확실한 방법은 훌륭한 음악가가 되는 것이다. 마찬가지로 그대는 장군이나 정치가로서 조국에 봉사할 수 있다고 생각되기를 바라는가? 이때에도 역시 가장 좋은 방법은 전쟁과 통치의 기술과 경험을 실제로 획득하고, 장군이나 정치가에 진정으로 적합하도록 하는 것이다. 그리고 동일한 방식으로 만일 그대가 진지하고 절제하며 정의롭고 공정한 인물로 간주되기를 바란다면, 이런 명성을 얻는 가장 좋은 방법은 진지하고 절제하며 정의롭고 공정한 사람이 되는 것이다. 만일 그대가 스스로 진정으로 호감을 주고 존경받을 만하며 존중의 적절한 대상이 될 수 있다면, 그대와 함께 사는 사람들의 애정, 존경, 존중을 조만간 얻지 못해서 우려하는 일은 없을 것이다."

그러므로 일반적으로 덕성의 실천은 우리의 이해관계에 유리한 반면에 악덕의 실천은 그것에 상반되기 때문에, 이처럼 서로 상반되는 경향을 고려할 때 전자에는 추가적인 아름다움과 적정성이 각인되고, 후자에는 새로운 추함과 비적정성이 각인된다. 따라서 절

---

44) 그리스 역사가인 크세노폰(Xenophon)의 『회고록』(*Memorabilia*) 제1편 7장에 나오는 부분이다.

제, 넓은 도량, 정의, 자혜는 그것 특유의 특성만이 아니라, 최고의 지혜와 가장 진정한 신중이란 추가적인 특성 때문에 승인을 얻을 수 있다.

마찬가지로 이와 대조적인 악덕들인 무절제, 소심함, 불의, 악의나 야비한 이기심은 그 특유의 특성만이 아니라, 가장 근시안적인 우둔함과 나약함이라는 추가적인 특성 때문에 부인된다. 에피쿠로스는 모든 덕성에서 오로지 이러한 유형의 적정성에만 주의를 기울였던 듯하다.

이것은 다른 사람들을 설득해 규칙적인 행동을 하도록 시도하는 사람들에게 가장 일어나기 쉬운 일이다. 세상 사람들이 자신들의 관행과 자신들의 행동원리를 통해서 덕성의 자연적인 아름다움은 자신들에게 큰 영향을 줄 것 같지 않다는 점을 명백히 표명하는 경우에, 그들 행동의 우매함과 아울러 그 우둔한 행동 때문에 결국 그들이 얼마나 큰 고통을 겪게 될 것인지를 표현하는 방법이 아니라면 그들의 생각을 바꾸는 것이 어떻게 가능하겠는가?

14

서로 다른 모든 덕목을 이러한 한 가지 유형의 적정성으로 과도하게 통합함으로써 에피쿠로스는 모든 사람에게 자연스럽게 나타나지만, 특히 철학자들이 자신들의 재간을 보여주는 큰 수단으로서 특별한 애호를 가지고 몰두하기 쉬운 어떤 성향에 빠지고 있다. 그것은 모든 현상을 가능한 한 소수의 원리로 설명하려는 성향이다.

의심할 여지없이 그는 이러한 성향에 한층 더 몰입하면서, 자연적 욕구와 혐오를 주는 제일차적인 모든 대상을 육체의 쾌락과 고통에서 비롯되는 것으로 귀속시켰다. 육체의 모든 힘과 성질을 가장 명백하고 친숙한 원리, 즉 물질의 미립 부분들의 형상, 운동, 배열로부터 도출하는 것에서 아주 큰 즐거움을 느끼고 있는 원자론 철학의 그 위대한 옹호자는 이와 마찬가지로 마음의 모든 감정과 열정을 가장 명백하고 친숙한 그러한 원리들로 설명하면서 동일한 만족을 느꼈다는 점을 의심할 여지가 없다.

15

에피쿠로스의 철학체계는 그러한 자연적 욕구의 제일차적인 대상들을 얻는 데 가장 적절한 방법으로 행동하는 것에 덕성이 존재한다고 본 점에서는 플라톤, 아리스토텔레스 및 제논의 철학체계와 일치한다.[45] 그런데 그것은 이들 모두와 두 가지 측면에서 서로 다르다. 첫째, 그것은 자연적 욕구의 제일차적인 대상에 관한 설명에서, 둘째, 덕성의 탁월성에 관한 설명, 또는 왜 그러한 자질이 존중받아야 하는가에 관한 설명에서 서로 다르다.

16

에피쿠로스에 따르면, 자연적인 욕구의 제일차적인 대상들은 육체적 쾌락과 고통에 있으며 그 밖의 다른 어떤 사물에 있는 것은 아니다. 그러나 앞의 세 철학자에 따르면, 그 자체로서 궁극적으로 바람직한 다른 많은 대상, 예컨대 지식이나, 우리의 친척이나 친구의 행복 및 조국의 행복과 같은 것들이 있다.

17

에피쿠로스에 따르면, 덕성 역시 그 자체로서는 추구할 만한 가치도 없고, 그 자체로서 자연적인 욕구의 궁극적인 대상 가운데 하나도

___

45) 원주: Prima naturae(제1의 성질).

아니다. 그것은 단지 고통을 방지하고 안락과 쾌락을 수반하는 경향이 있기 때문에 소망스럽다.

이와 반대로 앞의 세 철학자의 견해에 따르면, 덕성은 자연적 욕구의 다른 제일차적인 대상들을 획득하는 수단으로서 바람직할 뿐만 아니라, 그 자체로서 다른 모든 사물보다 한층 더 가치 있기 때문에 바람직하다. 그들은 인간이 행동하기 위해 태어났기 때문에 인간의 행복은 수동적인 감각의 쾌적함뿐만 아니라 능동적인 노력의 적정성에 있음에 틀림없다고 생각했다.

제3장 덕성을 자혜에서 구하는 철학체계

1

덕성을 자혜에 있다고 보는 도덕철학체계는 앞서 설명한 모든 도덕체계만큼 오래되지는 않은 것으로 보이지만 상당히 오래된 것이다. 이것은 아우구스투스 시대 및 그 이후 시대에 자신들을 절충학파라고 불렀던 철학자들의 대다수의 학설이었던 듯하다. 그들은 주로 플라톤과 피타고라스의 견해를 추종한다고 자처했고, 이 때문에 후기 플라톤주의자라는 명칭으로 흔히 알려진 인물들이다.

2

이 학자들에 따르면, 신의 속성에서 자혜나 사랑이 행동의 유일한 원리이며, 이것이 다른 모든 속성의 발동을 지배하게 된다. 신의 지혜는 그의 선량함이 암시하는 여러 목적을 실현하기 위한 수단들을 발견하는 데 이용되며, 마찬가지로 신의 무한한 힘은 이와 같은 수단을 집행하기 위해 발휘된다.

하지만 자혜는 여전히 최고의 지배적인 속성이다. 그러므로 이것에 대해서는 다른 여러 속성은 보조수단에 지나지 않고, 이런 표현이 허용된다면, 신의 작용에서 드러나는 모든 탁월성과 모든 도덕성은 궁극적으로 이 자혜로부터 도출된다.

인간 정신의 전반적 완성과 덕목은 신의 완전성을 어느 정도 닮거나 동참하는 데 있으며, 따라서 그것은 신의 모든 행위에 영향을 미치는 자혜와 사랑의 동일한 원리로 채워지는 것에 있다. 이러한 동기에서 비롯되는 인간의 행위만이 오로지 진정으로 칭찬받아 마땅하고, 신의 관점에서도 어떤 공로를 주장할 수 있다.

오로지 자선과 사랑의 행위를 통해서만 우리는 신의 행동을 모방할 수 있고, 그의 무한한 완전성에 대한 우리의 소박하고 독실한 찬사를 표현할 수 있으며, 우리의 마음속에 그 동일한 신의 원리를 육성함으로써 우리의 성정을 신의 신성한 속성과 훨씬 더 유사하게 만들고, 이를 통해 한층 더 그의 사랑과 존중의 적절한 대상이 될 수 있다. 이렇게 함으로써 우리는 마침내 신과의 직접적인 대화와 소통의 상태에 도달하게 된다. 우리를 이러한 상태까지 드높이는 것이 이러한 도덕철학의 커다란 목적이다.

3

고대 기독교 교회의 많은 교부가 이 도덕철학체계를 높이 평가했듯이, 종교개혁 이후에는 가장 탁월한 신앙심과 학식을 지녔고 가장 호감을 주는 자세를 견지한 일부 신학자에 의해 이 체계가 채택되었다. 그들 가운데 특히 커드워스 박사, 모어 박사 그리고 케임브리지의 존 스미스를 들 수 있다.[46] 그러나 고대와 현대에 걸쳐 이 도덕체

---

46) 세 학자는 모두 케임브리지 대학교 출신으로 플라톤학파에 속하는 17세기

계의 모든 후원자 가운데 비교할 수 없을 정도로 가장 예리하고, 가장 독특하며, 가장 철학적이고, 무엇보다도 가장 중요한 요소인 가장 진지하고 분별 있는 속성을 지닌 인물이 고 허치슨 박사였음은 의심할 여지가 없다.

4

덕성이 자혜에 있다는 것은 인간 본성의 여러 현상에 의해 지지되는 개념이다. 앞서 이미 지적했듯이, 적절한 인애는 모든 성정 가운데 가장 품위 있고 가장 호감을 주며, 그것은 이중적인 동감에 의해서 우리에게 권장되고, 그것이 불러오는 경향은 반드시 자비를 수반하므로 감사와 보상의 적절한 대상이 되며, 이러한 모든 이유 때문에 그것은 우리의 자연적인 감정에게 다른 어떠한 덕목보다도 탁월한 공로를 지닌 것으로 나타난다.

마찬가지로 이미 지적했듯이, 다른 모든 열정의 약점은 항상 지극히 역겨운 반면에, 인애가 갖는 나약함조차도 우리에게는 아주 불쾌하지 않다. 어느 누가 과도한 악의, 과도한 이기심, 과도한 분개심을 혐오하지 않겠는가? 하지만 편파적인 우정에서 비롯되는 가장 과도한 관대함조차 그리 무례하게 느껴지지 않는다. 적정성에 대한 어떠한 고려나 주의 없이 발휘될 수 있고 그런 와중에서도 매력적인 그

철학자 그룹의 일원이다. 케임브리지 플라톤학파에 따르면, 선악은 고정불변이며 인간의 의지에 따라 결정되는 것은 아니다. 그리고 이성은 도덕적 진리, 덕과 악덕, 행위의 옳고 그름을 확인하게 만드는 본능적 원천이다. 도덕성을 판단하는 기준은 진리와 일치하는가의 여부를 파악하는 것이며, 선악의 도덕적 구별은 이성의 판단에 따라 자명하게 이루어진다. 커드워스(Ralph Cudworth, 1617~88)의 『영원불변의 도덕성에 관한 논고』(*A Treatise Concerning Eternal and Immutable Morality*), 모어(Henry More, 1614~87)의 『덕성의 설명』(*An Account of Virtue*), 존 스미스(John Smith, 1618~52)의 『엄선된 담화』(*Select Discourses*)가 대표적인 윤리학 저서다.

무엇을 간직할 수 있는 것은 오로지 인애의 열정에 불과하다.

어떤 행위의 결과로서 그것이 비난이나 승인의 적절한 대상인가를 전혀 성찰하지 않고서도 꾸준히 선행을 베푸는 순전히 본능적인 선의 속에서조차 우리를 유쾌하게 하는 어떤 것이 있다. 하지만 여타 열정들은 이와 사정이 다르다. 그것들이 방기되거나 적정성의 감각을 동반하지 않는 순간에, 그것들은 호감을 주는 것을 멈추게 된다.

5

자혜가 그것에서 비롯되는 여러 행동에 다른 모든 행동보다도 탁월한 아름다움을 부여하는 것처럼, 자혜의 결여, 특히 자혜와는 반대되는 기질은 그러한 성향을 드러내 보이는 어느 행위에 대해서 어떤 독특한 추악함을 전달한다. 유해한 행위는 다른 이유가 없이 이웃의 행복을 위해 기울일 필요가 있는 충분한 주의를 결여하고 있음을 드러내는 이유만으로도 종종 처벌의 대상이 될 수 있다.

6

그 이외에 허치슨 박사는 자애로운 성정에서 비롯된 것으로 상정된 어떤 행위에서 다른 어떤 동기가 발견될 때에는 그 행위에 관한 우리의 공로감은 그 동기가 그것에 영향을 미쳤다고 믿어지는 것만큼 줄어든다고 보았다.[47]

만일 감사에서 기인한 것으로 상상된 어떤 행위가 어떤 새로운 후의를 기대한 것에서 비롯되었다는 점이 발견되거나, 만일 공공정신에서 기인한 것으로 이해된 어떤 행위가 어떤 금전적인 보상을 받으

---

47) 원주: 허치슨의 『미와 덕성에 관한 관념의 원형에 관한 연구』(1725) 제1편 및 제2편을 보라.

려는 희망에 그 근원이 있다는 것이 알려지면, 그러한 발견은 그 행위들이 지닌 공로나 칭찬받을 만하다는 모든 관념을 완전히 파괴한다.

그러므로 합금에 훨씬 더 조악한 금속이 혼합되는 것처럼 어떤 이기적인 동기가 혼합되면 그렇지 않은 경우에 이 행위에 귀속되었을 공로가 감소하거나 완전히 없어지기 때문에, 그는 덕성이 오직 순수하고 이해관계가 없는 자혜에 있다고 생각했음이 분명하다.

7

이와 반대로 흔히 이기적 동기에서 비롯된 것으로 간주되는 행위들이 자애로운 동기에서 생긴 것으로 발견되는 경우 그것은 그 행위에 관한 우리의 공로감각을 크게 고양한다. 만일 우리가 어떤 인물이 다른 목적 없이 오로지 은인에게 우호적인 일을 하고 적절히 보답하려는 목적만으로 자신의 재산을 증식시키려 한다고 믿는다면, 우리는 그를 한층 더 사랑하고 존중하게 될 것이다. 이러한 관찰은 어떤 행위에 덕성의 성격을 각인할 수 있는 것은 오로지 자혜일 뿐이라는 결론을 한층 더 확립하는 듯하다.

8

마지막으로, 그는 행동의 엄정함이나 올곧음에 관해 전개된 결의론자와의 모든 논쟁에서 덕성에 관한 이와 같은 설명의 정당성을 명백하게 입증한 것이 공공선이라고 생각했는데, 공공선은 결의론자들이 끊임없이 의거했던 기준이었다. 공공선의 기준에 의거해서 세상 사람들의 행복을 증진시키는 것은 그 무엇이든 옳고, 칭찬받을 만하며, 덕망 있는 것이 되고, 그 반대의 것은 그릇되고, 비난받을 만하며, 사악한 것이라는 점이 보편적으로 인정되었다.

수동적인 복종과 저항권에 관한 근자의 논쟁에서 분별 있는 사람들 사이의 논의의 유일한 초점은, 특권이 침해받았을 때 보편적 복종은 일시적인 저항과 비교해서 한층 더 큰 해악을 수반하는 것이 아닌가의 여부였다. 허치슨에 따르면, 대체로 세상 사람들의 행복에 가장 많이 기여하는 것이 도덕적으로 선하지 않을 수 있지 않은가의 여부는 한 번도 의문의 대상이 된 적이 없었다.

9

그러므로 자혜는 어떤 행위에 덕성의 성격을 부여할 수 있는 유일한 동기이기 때문에, 어떤 행위를 통해 입증된 자혜가 크면 클수록 그 행위에 틀림없이 귀속되어야 하는 칭찬은 더욱 크게 된다.

10

어느 거대한 공동체의 행복을 목적으로 하는 행위는 어느 규모가 작은 조직체의 행복만을 목적으로 한 행위와 비교해서 더욱 확대된 자혜를 증명하고 있는 것인 만큼, 그러한 행위는 비례적으로 한층 더 덕망이 있는 행위가 된다. 그러므로 모든 성정 가운데 가장 덕망 있는 성정은 모든 지성적 존재의 행복을 그 목적으로 포함하는 것이다.

이에 반해서 어느 모로든 덕성의 성격을 조금이라도 내포한 성정 가운데 최소한도의 덕성만을 포용하고 있는 성정은 특정한 아들, 형제, 친구 같은 어느 개인의 행복을 제외하고는 어느 누구의 어떠한 행복도 목적으로 삼지 않은 성정이다.

11

덕성의 완성은 가능한 최대의 선을 촉진하도록 우리의 모든 행위를 지도하는 것, 모든 하급의 성정을 세상 사람들의 일반적인 행복에 관한 욕구에 종속시키는 것, 한 사람의 자아를 다수의 자아 가운데 하나에 불과하다고 간주하며 그 자신의 번영은 전체의 번영과 일치하거나 오로지 이것에 이바지하는 것만을 추구하는 데에 있다.

12

자기애는 어떤 정도로도 또는 어떤 방향에서도 결코 덕목이 될 수가 없었던 원리였다. 그것이 일반적인 선을 가로막을 때에는 언제나 사악한 것이다. 그것이 각 개인에게 자신의 행복을 배려하도록 만드는 것을 제외한 어떠한 다른 효과도 지니지 못할 때에는 단순히 결백한 것이고, 비록 그것이 어떠한 칭찬을 받을 자격을 지니지는 못해도 어떠한 비난을 받아서도 안 된다. 자기애에서 비롯된 어떤 강력한 동기가 있음에도 자애로운 행위가 수행될 때에는 그 행위는 그러한 이유로 한층 더 덕성을 지니게 된다. 그러한 행위는 자애로운 원리가 갖는 강력함과 활기를 입증한다.

13

허치슨 박사는 자기애가 어느 경우에도 덕망 있는 행위의 동기가 될 수 있음을 결코 인정하지 않는다.[48] 이 때문에 그에 따르면 자기 승인의 쾌락에 관한 고려나 우리 자신의 양심이 주는 쾌적한 갈채에 관한 고려마저도 어떤 자애로운 행위의 공로를 감소시킨다. 그는 이것이 이기적 동기라고 생각했다. 만일 이것이 어떤 행동에 이바지하는 한, 이것은 인간의 행동에 오로지 덕성의 성격을 각인시켜줄 수 있는 그런 순수하고 사심 없는 자혜의 나약함을 확실하게 드러낸다.

---

48) 원주: 허치슨의 『미와 덕성에 관한 관념의 원형에 관한 연구』 제2편 4항을 보라. 또한 『도덕감각에 관한 해설』(1728) 제5편 마지막 문단을 참조하라.

하지만 세상 사람들의 통상적 판단에서는 이처럼 우리 자신의 마음의 승인을 고려하는 것이 어떤 행위의 덕성을 어느 모로나 감소시킬 수 있는 것으로서 결코 간주되지 않으며, 오히려 그것은 덕망 있다는 명칭을 받을 만한 유일한 동기로 간주된다.

14

이처럼 호감을 주는 도덕철학체계에서 덕성의 본질에 대해 주어진 설명은 이상과 같다. 이 체계는 마음속의 모든 성정 가운데 가장 고상하고 쾌적한 성정을 배양하고 지지하는 특유한 경향을 지닌다. 또한 그것은 자기애의 영향을 받은 사람들에게는 어떠한 명예도 결코 부여할 수 없다는 것을 제시함으로써 자기애의 불의를 억제할 뿐만 아니라, 어느 정도 자기애의 원리를 전체적으로 좌절시키는 특유한 경향도 가지고 있다.

15

내가 이미 설명했던 일부 다른 도덕철학체계들이 자혜라는 최고의 덕성의 특유의 탁월성이 어디에서 기인하는가를 충분히 설명하지 못하고 있는 것처럼, 이 도덕철학체계는 그 반대되는 결점, 즉 신중함, 조심성, 경계심, 절제, 부동심, 단호함 같은 하급의 덕성들에 대한 우리의 승인이 어디에서 비롯되는가를 충분히 설명하지 못하는 결점을 지니고 있는 듯하다.

우리의 성정들에 관한 견해와 이들의 목적, 그리고 이것들이 수반하는 경향이 있는 자애로운 효과와 유해한 효과가 이 철학체계에서 주목하고 있는 유일한 특성이다. 이 성정들이 이것들을 자극한 원인에 대해 적정성이나 부적정성을 지니고 있으며, 적합한지 부적합한지에 관한 여부는 전적으로 무시되고 있다.

16

우리 자신의 개인적인 행복과 이해관계에 대한 고려 역시 많은 경우에 매우 칭찬받을 만한 행위의 원리인 듯하다. 절약, 근면, 분별, 주의, 심사숙고의 습관은 일반적으로 자기애의 동기에서 배양되는 것이라고 생각되며, 그와 동시에 모든 사람의 존중과 승인을 받을 가치가 있는 매우 칭찬받을 만한 자질이라고 이해된다.

하나의 이기적인 동기가 혼합된 경우에 자애로운 성정에서 비롯되게 마련인 행위의 아름다움이 종종 손상되는 것으로 보이는 것은 사실이다. 그러나 그 원인은 자기애가 결코 덕망 있는 행위의 동기가 될 수 없기 때문이 아니라, 이 특정의 경우에 자애로운 원리가 마땅히 지녀야 할 적절한 정도의 힘을 결여하고, 그 대상에 대해 전적으로 부적합한 듯이 보이기 때문이다. 따라서 그러한 특성은 분명히 불완전하고 대체적으로 칭찬보다는 비난을 받아 마땅한 듯이 보인다.

자기애만으로도 우리가 어떤 행동을 촉발하도록 하기에 충분한 그런 행위에 자애로운 동기가 혼합되어도, 그것이 그 행위의 적정성이나 그 행위자의 덕성에 관한 우리의 감각을 경감시키는 경향은 실로 존재하지 않는다. 우리는 어떤 사람이 이기심을 결여하고 있다고 의심하지 않는다. 이기심은 인간 본성의 취약한 측면도 아니고, 그것의 결여에 대해 우리가 의심을 갖기 쉬운 사안도 아니다.

자기보존 욕구만으로도 누구나 자신의 건강, 생명이나 재산에 대해 적절히 배려하도록 촉구하기에 충분하기 때문에, 우리가 만일 어떤 인물이 자신의 가족이나 친구를 배려한 경우가 아닌데도 그 자신을 위한 이런 적절한 주의에 소홀하고 있음을 실로 믿을 수 있다면, 그것은 설령 호감을 주는 결점일지라도 의심할 여지없이 하나의 결점이며, 그를 경멸이나 증오의 대상보다는 연민의 대상으로 만든다. 그러나 그것은 여전히 그의 성격의 품위와 고상함을 다소간 감소시킬 것이다. 그러나 부주의 및 절약정신의 결여가 보편적으로 부인되는 것은 인애심의 결여 때문이 아니라 자기애의 대상에 관한 적절한 주의가 결여되어 있기 때문이다.

17

설령 결의론자가 인간의 행위에서 무엇이 옳고 그른지를 흔히 결정하는 데 활용하는 기준이 사회의 후생이나 혼란에 미치는 그 행위의 경향일지라도, 사회의 후생에 대한 고려가 덕망 있는 행위의 유일한 동기여야만 한다는 것이 당연히 동반되는 결론은 아니다. 이는 다만 다른 모든 동기와 경쟁 상태에 있을 때 그것이 그 모든 동기에 견주어 균형을 깨뜨릴 정도로 압도적이어야만 한다는 것에 지나지 않는다.

18

아마 자혜는 신에게 유일한 행위원리일 수가 있으며, 이것이 그러함을 우리가 믿도록 설득하는 경향이 있는 일부 개연성 있는 주장이 있다. 외부적인 어떤 것도 필요로 하지 않고 행복이 자신의 내부에서 완벽하게 마련된 독립적이고 완전한 존재가 다른 무슨 동기로부터 행동할 수 있을지에 대해 상상하기는 쉽지 않다.

그러나 신에 관한 사정이 어떻든지 간에 자신의 생존을 유지하기 위해서는 자신의 외부에 존재하는 다수의 사물을 필요로 하는 인간과 같은 어쨌든 불완전한 피조물은 많은 다른 동기에 근거해서 행동할 수밖에 없는 경우가 흔하다. 존재의 바로 그 본성에 따라서 흔히 우리의 행동에 영향을 주는 것이 당연한 그러한 성정들이 어떤 경우에도 덕망 있게 보일 수 없거나 어느 누구에게도 존중과 칭찬을 받을 가치가 없으면, 인간 본성의 상태는 특별히 곤란해질 것이다.

19

덕성을 적정성에 두는 체계, 신중에 두는 체계, 그리고 자혜에 있다고 보는 세 가지의 도덕철학체계는 덕성의 본질에 관해 지금까지 주어졌던 주요한 설명들이다. 덕성에 관한 다른 모든 기술은 아무리 서로 다르게 보일지라도 이 세 가지 설명 가운데 어느 하나로 쉽게 환원될 수 있다.

20

덕성을 신의 의지에 복종하는 것에 있다고 보는 도덕철학체계는 덕성이 신중에 있다고 보는 체계나, 덕성이 적정성에 있다고 보는 체계 가운데 포함될 수 있다. 우리가 신의 의지에 복종해야 하는 이유에 대해 질문을 받았을 때, 만일 그것이 우리가 그에게 복종해야 한다는 점을 의심하고 제기된 것이면 극히 불경스럽고 불합리한 질문이 될 터인데, 여기에 대해서는 두 가지의 서로 다른 답변만이 있을 수 있다.

우선 우리가 신의 의지에 복종해야만 하는 이유는 그가 무한한 힘을 가진 존재여서, 우리가 그렇게 한다면 그는 영원히 우리에게 보상할 것이고, 그렇지 않으면 영원히 우리를 처벌할 것이기 때문이라고 말해야만 한다. 또는 우리 자신의 행복에 대한 고려나 어떤 유형의 보상과 처벌에 대한 고려와는 관계없이, 피조물은 창조자에게 복종해야 한다는 것, 그리고 유한하고 불완전한 존재는 무한하고 불가해한 완전성을 가진 존재에 순종해야만 한다는 것에 적합성과 적절함이 존재하기 때문이라고 말해야만 한다.

이러한 두 가지 답변을 제외하고는 이 질문에 대해 또 다른 답변이 제시될 수 있다고 생각하는 것은 불가능하다. 만일 첫 번째 답변이 적절한 것이라면, 덕성은 신중, 즉 우리 자신의 궁극적 이익과 행복을 적절하게 추구하는 데에 있다. 왜냐하면 이러한 이유로 우리가 신의 의지에 복종하지 않을 수 없기 때문이다. 만일 두 번째 답변이 적절한 것이라면, 덕성은 적정성에 있음에 틀림없다. 왜냐하면 우리가 복종할 의무를 갖는 근거가 겸양과 순종의 감정을 야기하는 대상의 우월성에 대해 이들 감정이 지니는 적절성이나 적합성이기 때문이다.

21

마찬가지로 덕성을 효용에 두는 도덕철학체계는 덕성이 적정성에 있다고 보는 체계와도 일치한다.[49] 이 체계에 따르면, 본인이나 타인에게 호감을 주거나 유익한 마음의 모든 자질은 덕망 있는 것으로 승인되고, 그 반대의 것은 악덕인 것으로 부인된다. 그러나 어떤 성정의 유쾌함이나 효용은 그 성정이 존재하도록 허용되는 정도에 의존한다. 모든 성정은 그것이 일정 정도 절제되는 경우에 유용하고, 모든 성정은 적절한 한도를 넘어서는 경우에는 유익하지 못하다.

그러므로 이 철학체계에 따르면 덕성은 어느 하나의 성정에 있는 것이 아니라 모든 성정의 적절한 정도에 있다. 이 철학체계와 내가 확립하려고 시도한 철학체계의 유일한 차이는, 그 체계가 동감 또는 관찰자의 상응하는 성정이 아니라 효용을 이 적절한 정도의 자연적이고 본원적인 척도로 삼고 있다는 것이다.

---

49) 이는 흄의 윤리학체계를 의미한다.

제4장 방종의 철학체계

1

내가 지금까지 설명한 모든 도덕철학체계는 그것의 특성이 무엇이든 간에 악덕과 미덕 사이에는 실질적이고 본질적인 차이가 존재하고 있음을 상정한다. 어떤 성정의 적정성과 부적정성 사이에, 자혜와 그 밖의 다른 행위원리 사이에, 진정한 신중과 근시안적 우매함 내지는 성급한 경솔함 사이에 실질적이고 본질적인 차이가 존재한다는 것이다. 또한 대체로 이러한 모든 철학체계는 칭찬받을 만한 성향을 격려하는 반면에 비난받아 마땅한 성향을 좌절시키는 데 기여한다.

2

이들 가운데 일부 체계는 여러 성정의 균형을 어느 정도 깨뜨리고, 그것들에 적합한 균형을 초과하여 일부 행위원리에 어떤 특정한 편향을 부여하는 경향이 있음이 사실일 것이다. 덕성을 적정성에 두는 고대의 철학체계는 주로 위대하고 외경심을 일으키며 존중할 만한 덕성, 자기규제와 자기통제의 덕성, 즉 불굴의 정신, 넓은 도량, 운명으로부터의 독립, 모든 외부의 사건에 대한 경멸, 고통, 빈곤, 망명 및 죽음에 대한 경멸 등을 권장하는 것으로 보인다. 이런 위대한 노력 가운데서만 행동의 가장 고귀한 적정성이 표출된다고 본다.

반면에 부드럽고 호감을 주며 다정다감한 덕성들, 관대한 인간애의 모든 덕성은 거의 강조되지 않는다. 이와 반대로 특히 스토아학파는 이와 같은 덕성들은 현명한 사람이 가슴속에 간직하지 말아야 할 필요가 있는 순전한 약점으로 간주했던 듯하다.

3

다른 한편 자혜를 중시하는 철학체계는 그러한 한층 더 온화한 모든 덕성을 최고도로 배양하고 격려하는 반면에, 한층 더 외경심을 불러일으키고 존중할 만한 마음의 자질들을 완전히 무시하는 것으로 보인다.

이 체계는 심지어 이런 자질들에 덕성의 명칭을 부여하는 것조차 거부한다. 이 체계는 그것들을 도덕적 능력이라고 부르면서, 적절하게 덕성으로 지칭되는 내용에 걸맞는 그런 동일한 유형의 존중과 승인을 받을 가치가 없는 자질들로 취급하고 있다. 이 체계는 오로지 우리 자신의 이해관계만을 목적으로 하는 모든 행위원리를 한층 더 열등한 것으로 취급한다.

이 체계의 공언에 따르면, 이러한 행위원리들이 그 자체로 어떤 공로를 가지기는커녕, 자혜와 협력할 때에 오히려 자혜의 공로를 경감시킨다. 그리고 신중도 단지 개인적 이익을 도모하는 목적으로만 활용될 때에는 결코 덕성으로 상상조차 할 수 없다고 단언한다.

4

덕성을 단순히 신중에만 있는 것으로 보는 도덕철학체계는 주의, 경계심, 침착, 사려 깊은 절제의 관습을 최고도로 장려하는 반면에, 호감을 주는 덕목과 존경할 만한 덕목 두 가지를 동일하게 격하시키고 있는 듯하다. 이러한 체계는 호감을 주는 덕목으로부터는 그것이 지닌 모든 아름다움을 박탈하고, 존경할 만한 덕목으로부터는 그것이 지닌 모든 위엄을 박탈하는 것으로 보인다.

5

하지만 이러한 결함이 있음에도 이 세 가지 도덕철학체계 각각이

가지는 일반적 경향은 인간의 마음에 가장 좋고 가장 칭찬할 만한 습관을 조성하는 것이다. 그리고 만일 세상 사람 일반이나, 스스로 어떤 철학적 원칙에 의거해서 생활한다고 공언하는 몇몇 사람들마저도 자신들의 행위를 이러한 철학체계 가운데 어느 하나의 교훈에 따라 규제하려 한다면, 그것은 사회를 위해 좋은 일이다.

우리는 이들 각각의 체계로부터 귀중하면서도 독특한 그 무언가를 배울 수 있을 것이다. 교훈과 권고에 의해 마음속에 불굴의 정신과 넓은 도량을 고취하는 것이 가능하다면, 적정성을 중시하는 고대의 철학체계들은 이러한 역할을 수행하기에 충분할 것으로 보인다.

동일한 수단에 의해 마음을 인간애로 부드럽게 만들고 우리와 함께 사는 사람들을 향한 친절과 일반적인 애정의 성정을 일깨우는 것이 가능하다면, 자혜를 중시하는 철학체계가 우리에게 제시하는 일부 심상들은 이러한 효과를 수반할 수 있을 것 같다. 비록 의심할 여지없이 에피쿠로스 철학체계는 이 세 가지 체계 가운데 가장 불완전할지라도, 이로부터 우리는 호감을 주고 존경할 만한 덕성을 실천하는 일이 우리 자신의 이해관계에, 그리고 현세의 삶에서 안락, 안전, 무사태평에 어느 정도 크게 이바지하는가를 배울 수 있다.

에피쿠로스는 행복을 안락과 안전의 성취에 두고 있기 때문에, 그는 덕성이 이러한 귀중한 소유물을 얻기 위한 가장 좋고 가장 확실하며 유일한 수단임을 특유의 방법으로 드러내려고 노력했다. 덕성이 우리의 내면의 평정과 마음의 평화에 미치는 선량한 효과들은 다른 철학자들이 주로 찬미했던 내용이다. 에피쿠로스는 이러한 주제를 무시하지는 않으면서, 호감을 주는 자질이 우리의 외부적인 번영과 안전에 미치는 영향에 대해 주로 역설하고 있다.

이러한 이유로 그의 저술들은 고대 세계에서 모든 서로 다른 철학 유파의 학자들에 의해 많이 연구되었다. 에피쿠로스 철학체계의 강력한 적수인 키케로가 덕성만이 행복을 확보하기에 충분하다는 자신의 가장 유쾌한 논증을 차용한 것은 바로 에피쿠로스에게서였다. 세네카는 비록 에피쿠로스 철학체계에 가장 적대적인 학파인 스토아학파의 일원이었음에도 다른 어떤 철학자보다도 훨씬 더 빈번하게 에피쿠로스를 인용한다.

6

그러나 악덕과 미덕의 구분을 전적으로 제거한 것처럼 보이는 또 다른 철학체계가 있다. 이러한 이유로 이 철학체계가 수반하는 경향은 전면적으로 유해하다. 나는 맨더빌 박사의 철학체계를 지칭하고 있다.[50] 이 학자의 여러 의견이 거의 모든 측면에서 잘못된 것이기는 해도, 인간 본성의 일부 현상들은 어떤 식으로 보면 처음에는 그 의견을 지지하는 것처럼 보인다. 고상하지 않고 조야하지만 활기 넘치고 해학적인 맨더빌의 수사법에 의해 묘사되고 과장된 이 현상들은 그의 학설에 미경험자를 속이기 매우 쉬운 진리와 개연성의 외견을 드리워주었다.

7

맨더빌 박사는 적정성의 감각으로부터, 즉 어떤 것이 추천할 만하고 칭찬받을 만한 것인가에 대한 고려로부터 수행된 것은 무엇이든지 간에 칭찬과 추천에 대한 애호 또는 그가 허영심이라고 부르는 것

---

50) 맨더빌(Bernard Mandeville, 1670~1733)은 네덜란드 태생의 신경과 의사로서 청년 시절에 영국에 정착했다. 그의 『꿀벌의 우화: 사악은 공익』(*The Fable of the Bees: Private Vices, Public Benefits*, 1714)은 동시대의 여러 사상가에게 뜨거운 논쟁의 대상이었고, 이후에도 문학, 철학, 심리학, 정치학, 사회학 등의 분야에서 지속적인 관심을 불러일으켰다.

에 의거해서 이행된 것으로 판단한다. 그는 사람이 본질적으로 다른 사람의 행복보다는 자신의 행복에 훨씬 더 큰 관심을 가지고 있으며, 가슴속에서 자신의 번영보다는 타인의 번영을 선호하는 것이 진정으로 불가능하다고 관찰한다. 어떤 사람이 마치 그렇듯이 보이는 것은 언제나 그가 우리를 속이는 것이며, 다른 경우와 마찬가지로 동일한 이기적인 동기에 근거해서 행동하고 있다고 우리는 확신해도 좋다.

사람이 지닌 또 다른 이기적인 열정 가운데 허영심은 가장 강렬한 열정 중의 하나이며, 그는 언제나 자신의 주변 사람들의 박수갈채에 따라 쉽게 우쭐해하고 큰 기쁨을 느낀다. 그가 자신의 동료들의 이익을 위해 자신의 이익을 포기하는 것처럼 보일 때, 그는 자신의 행동이 그들의 자기애에 상당히 호감을 준다는 것과, 그들이 자신에게 가장 과도한 찬사를 해줌으로써 그들의 만족감을 표현하지 않을 수 없음을 알고 있다.

그의 판단으로는 이로부터 그가 기대하는 쾌락은 그가 이것을 획득하기 위해서 포기하는 이익을 벌충하고도 남음이 있다. 그러므로 이 경우에 그의 행동은 실제 다른 경우와 마찬가지로 이기적이고, 순전히 천박한 동기에서 비롯된다. 그러나 그는 자신의 행위에 완전히 사심이 없다는 신념을 가지고 기뻐해하고 우쭐거린다. 왜냐하면 이렇게 생각하지 않으면 그러한 행위는 그 자신의 눈에나 다른 사람의 눈에나 아무런 칭찬받을 가치가 있는 것으로 보이지 않기 때문이다.

따라서 그에 따르면 모든 공공정신, 즉 사익보다는 공익을 선호하는 모든 행위는 단지 인류에 대한 단순한 속임수이자 사기행위와 다름이 없다. 그리고 사람들이 대단한 자랑으로 여기고 그들 사이에서 상당히 많은 경쟁을 유발하고 있는 인간의 미덕이라는 것은 아첨과 자부심이 야합하여 낳은 단순한 자손에 지나지 않는다.

8

가장 관대하고 공공심이 풍부한 행위가 어떤 의미에서 자기애에서 비롯된 것으로 간주될 수 없는가에 대해서는 나는 현재 검토하지 않을 것이다. 내가 이해하기로는, 자기애는 종종 행위의 덕망 있는 동기의 하나가 될 수 있기 때문에, 이 문제를 해결하는 것은 미덕의 실체를 확립하는 데 전혀 중요한 일이 아니다. 나는 다만 명예롭고 숭고한 것을 수행하려는 욕구, 우리 스스로가 존중과 승인의 적절한 대상이 되고 싶다는 욕구를 허영심으로 지칭하는 것은 결코 어떠한 적정성도 지닐 수 없음을 밝히기 위해 노력할 것이다. 심지어 충분한 근거가 있는 명성과 평판에 대한 애호, 진정으로 존경할 만한 행위에 의해 존중을 얻고자 하는 욕구마저도 그러한 명칭을 들을 만하지 않다.

전자는 미덕에 대한 애호, 즉 인간의 본성에서 가장 고귀하고 가장 선한 열정이다. 후자는 진정한 영예에 대한 애호로서, 이것은 전자에 비해서는 분명히 열등한 열정이지만, 품위에서는 전자를 바로 뒤따르는 열정이다.

어느 정도로도 칭찬받을 만한 가치가 없거나, 칭찬받기를 기대하는 만큼 칭찬받을 만한 가치가 없는 자질에 대해서 칭찬을 바라는 사람, 그리고 의복이나 장신구의 천박한 장식이나 마찬가지로 일상적인 행위의 천박한 성취결과에 의존하여 자신의 성품을 유지하려는 사람은 허영의 책임이 있다. 진정으로 매우 칭찬받을 만하지만 자신에게 귀속되지 않음을 그 자신이 완전히 알고 있는 것에 대해서 칭찬을 바라는 사람은 허영의 책임이 있다.

어떤 자격도 없으면서 스스로 중요한 시늉을 하는 내실 없고 겉멋 든 사람, 결코 겪은 적이 없는 모험에 대한 공로를 가장하는 어처구니없는 거짓말쟁이, 자부할 자질이 전혀 없는 저술의 저자를 자처하는 우매한 표절자 등은 이러한 감정을 지닌다고 비난받아 마땅하다.

마찬가지로 존중과 승인의 과묵한 감정에 만족하지 않는 사람, 그런 무언의 감정보다는 떠들썩한 표현과 환호를 한층 더 좋아하는 사람, 자신에 대한 칭찬이 귀에 쟁쟁하는 경우를 제외하고는 결코 만족하지 않는 사람, 모든 외면적인 존경의 표시를 노심초사와 애걸복걸로 간청하는 사람, 직위, 찬사, 방문받기, 시중받기, 공공장소에서 존경과 관심을 받는 모양새를 통해 주목받기 등을 좋아하는 사람도 허영의 책임이 있다.

이처럼 천박한 열정은 앞서 말한 두 가지 열정과는 사뭇 다르며, 세상 사람 가운데 가장 미천하고 가장 하찮은 사람이 갖는 열정이다. 이와 달리 앞의 두 가지 열정은 가장 고귀하고 가장 위대한 사람이 갖는 열정이다.

9

이 세 가지 열정, 즉 우리 스스로가 명예와 존중의 적절한 대상이 되는 욕구 내지는 명예롭고 존중받을 만한 대상이기를 바라는 욕구, 진정으로 이들 감정을 받을 만한 자격이 됨으로써 명예와 존중을 획득하려는 욕구 및 어떠하든지 간에 칭찬을 바라는 천박한 욕구는 대부분 서로 다르다. 전자의 두 가지는 언제나 승인되는 데 반해, 후자는 반드시 경멸받지 않을 수 없다. 하지만 그들 사이에는 어떤 먼 유사성이 존재하는데, 이것이 이 활기찬 저자의 익살스럽고 재미있는 수사법에 의해 과장됨으로써 자신의 독자들을 속일 수 있게 만들었다.

허영심과 진정한 영예에 대한 애호 사이에는 하나의 유사성이 있는데, 이들 두 가지 열정 모두는 존중과 승인을 획득하는 것을 목표로 하고 있다. 그러나 이들 가운데 하나는 정당하고 합당하며 공평한 열정인 반면, 다른 하나는 부당하며 터무니없고 어리석은 열정이라는 점에서 서로 다르다.

진정으로 존경받을 만한 것에 대해 존중을 원하는 사람은 스스로가 정당하게 그럴 자격을 갖는 것과 어떤 유형의 침해 없이는 거부할 수 없는 그런 것만을 희구한다. 이와 반대로 다른 어떠한 조건에서도 그것을 바라는 사람은 자신이 요구할 정당한 권리가 전혀 없는 그런 것을 희구한다.

전자는 쉽사리 만족해하고, 우리가 그를 충분히 존중하지 않는 것에 대해 질투하거나 의심하는 경향이 없으며, 우리의 관심을 드러내는 많은 외부적인 표식을 얻으려고 걱정하는 경우가 거의 없다. 반대로 후자는 결코 만족하지 않으며, 자기가 바라는 대로 우리가 그를 존중해주지 않는 점에 대해 질투와 의구심으로 가득 차 있다. 왜냐하면 그는 자기가 받아 마땅한 가치보다도 더 많은 것을 바라고 있다는 의식을 일부 은밀하게 하고 있기 때문이다.

의례를 조금이라도 소홀히 하는 경우에 그는 이것을 치명적인 모욕이나 가장 결연한 경멸의 표현으로 간주한다. 그는 우리가 그에 대한 존경심을 모두 상실하지 않았을지 여부에 대해 불안해하고 초조해하면서 부단히 두려워한다. 그는 이러한 이유로 언제나 존중의 새로운 표현을 얻기 위해 노심초사하고, 끊임없는 주목과 아첨을 받지 못하면 침착성을 유지할 수 없다.

10

또한 명예롭고 존경받을 만한 대상이 되고자 하는 욕구와 명예와 존경에 대한 욕구 사이에는, 그리고 덕성에 대한 애호와 진정한 영예에 대한 애호 사이에는 유사성이 있다. 이것들은 모두 진정으로 명예롭고 고귀한 대상이 되기를 목표로 한다는 점에서 서로 유사성을 지닐 뿐만 아니라, 진정한 영예에 대한 애호는 허영심으로 적절히 불리는 것, 즉 타인들의 감정을 일부 준거로 삼는 것과 비슷하다는 점에서조차 서로 유사성을 보인다.

도량이 넓은 사람은 그 자체로 미덕을 희구하며, 자신에 관한 세상 사람들의 실제 평판이 어떤지에 대해서는 지극히 무관심하다. 하지만 그렇더라도 그는 그들의 당연한 의견이 무엇인가를 생각하고는 기뻐한다. 또한 그가 비록 존경과 갈채를 받지 못한다고 하더라도 그 자신은 여전히 존경과 갈채의 적절한 대상이라는 의식으로 기뻐하며, 만일 세상 사람들이 냉정하고 솔직하며 일관성을 지니면서 그의 행동의 동기와 상황을 충분히 알고 있다면 그들은 그에게 존경과 갈채를 보내지 않을 수 없을 것이라는 의식으로 기뻐한다.

그는 비록 자신에 대해 사람들이 실제로 품고 있는 의견은 경멸하더라도, 자신에 대해 당연히 품게 마련인 의견에 대해서는 최고의 가치를 갖고 있다. 자신이 그러한 명예로운 감정들을 받을 자격이 있다고 생각하는 것, 다른 사람들이 자신의 성품에 대해 무슨 생각을 하든지 간에 그가 그들의 처지에 서서 그들의 실제 의견이 아니라 그들의 지당한 의견이 무엇이어야 하는지를 생각하는 경우에, 그는 언제나 그것에 대해 최고의 관념을 가져야 한다는 것이 그의 행동의 위대하고 숭고한 동기다. 그러므로 덕성에 대한 애호에서조차 타인의 실제 의견이 아니라 이성과 적정성으로 볼 때 다른 사람들의 의견이 무엇이어야 하는가에 대해 일정 준거가 여전히 존재하는 것처럼, 이러한 점에서도 덕성에 대한 애호와 진정한 영광에 대한 애호 사이에는 일부 유사성이 있다.

그러나 동시에 이것들 사이에는 매우 큰 차이가 존재한다. 오로지 무엇이 옳고 적합한 행동인가에 관한 고려, 무엇이 존중과 승인의 적절한 대상인가에 대한 고려에 근거해서만 행동하는 사람은, 설령 이들 감정이 그에게 주어지는 일이 결코 없다고 해도, 인간 본성이 품을 수 있는 가장 숭고하고 신에 어울리는 동기에 따라 행동한다.

다른 한편 승인받아 마땅하기를 바라면서 동시에 그것을 얻는 데 노심초사하는 사람은 비록 대체적으로는 역시 칭찬받을 만해도, 그의 동기에는 인간적인 약점이 한층 더 많이 혼합되어 있다. 그는 세상 사람들의 무지와 불의에 의해 굴욕감을 느낄 위험에 노출되어 있고, 그의 행복은 경쟁자들의 시기와 대중들의 우매함에 노출되어 있다.

이와는 반대로 전자의 행복은 전적으로 안전하며, 운명이나 함께 사는 사람들의 변덕과는 무관하다. 그는 세상 사람들의 무지 때문에 자신에게 쏟아질지도 모르는 경멸과 증오를 자신에게 귀속되지 않는 것으로 간주하면서, 그것 때문에 조금도 굴욕감을 느끼지 않는다. 세상 사람들은 그의 성격과 행동에 대한 그릇된 생각에 기초해서 그를 경멸하거나 증오한다. 그들이 그를 충분히 알게 되면 그들은 그를 존중하고 사랑할 것이다. 적절히 표현하자면, 그들이 증오하고 경멸하는 대상은 그가 아니라 그를 오해한 데서 비롯된 별개의 인물이다.

우리가 가면무도회에서 적군의 복장을 한 친구를 만난 후 변장을 한 그에게 우리의 분노를 표출한다면, 그는 굴욕감을 느끼기보다는 한층 더 재미있어할 것이다. 진정으로 도량이 넓은 사람이 부당한 비난에 처할 때에 갖게 되는 감정은 바로 이것이다.

하지만 인간 본성이 이런 정도의 확고부동함에 도달하는 경우는 거의 없다. 비록 세상 사람들 가운데 가장 나약하고 가장 무가치한 사람만이 얼토당토않은 영광에 큰 기쁨을 느낄지라도, 그러나 기묘한 모순에 의해서 까닭 없는 불명예는 종종 가장 결연하고 단호하게 보이는 사람들에게 굴욕감을 줄 수 있다.

11

맨더빌 박사는 허영심이라는 천박한 동기를 흔히 덕망 있는 것으로 간주되는 모든 행위의 원천으로 표현하는 것에 만족하지 않는다. 그는 인간의 미덕의 불완전성을 다른 여러 측면에서 지적하려고 노력한다. 모든 경우에서 인간의 덕성은 그것이 자처하는 정도의 완전한 자기부정에 미치지 못하고, 우리 열정의 정복이 아니라 흔히 그것의 숨겨진 탐닉과 다름없다고 그는 주장한다. 쾌락에 관한 우리의 자제가 고행의 금욕 수준에 미치지 못하는 한, 그는 그것을 천박한 사치와 호색으로 취급한다.

그에 따르면, 인간 본성을 유지하는 데 절대적으로 필요한 수준을 넘어서는 모든 것은 사치이며, 그러므로 깨끗한 셔츠나 편리한 거주지의 사용에서마저도 악덕이 존재한다. 그는 가장 합법적인 결혼생활 가운데 성욕의 탐닉도 그러한 열정을 가장 유해한 정도로 충족시키는 것과 마찬가지의 호색으로 간주하며, 그는 아주 큰 노력 없이 실행될 수 있는 그런 절제나 정절을 조소한다.

다른 많은 경우와 마찬가지로 여기서도 그의 추론의 독창적인 궤변은 언어의 애매모호함으로 은폐되어 있다. 우리의 열정 가운데는 불쾌하고 감각에 거슬리는 정도를 표시하는 명칭 이외에는 다른 어떤 명칭도 갖지 않은 일부 열정들이 있다. 관찰자는 다른 무엇보다도 이 정도에 의해 표시된 열정들에 주목하기 더욱 쉽다.

그것들이 그의 감정에 충격을 주고, 그에게 일종의 반감과 불안감을 줄 때는, 그는 반드시 그것들에 주목하지 않을 수 없고, 여기서부터 자연스럽게 그것들에게 어떤 명칭을 부여하게 된다. 그것들이 그의 마음의 자연적인 상태와 일치할 때, 그는 그것들을 전적으로 간과하기 매우 쉽다. 따라서 그는 그것들에 어떠한 명칭도 부여하지 않거나, 만일 어떤 명칭을 부여한다면 그것은 이 열정이 종속되고 억제된 이후에 그것이 여전히 존속하고 있는 정도를 표시하는 명칭보다는 오히려 그것의 종속과 억제를 표시하는 명칭이다. 그러므로 쾌락에 대한 애호나 성욕에 대한 애호에 부여된 공통된 명칭[51]은 그러한 열정이 지닌 어떤 비난할 만하고 비위에 거슬리는 정도를 표시한다.

다른 한편, 절제와 정절이라는 단어는 그 열정들이 여전히 존속하고 있는 정도를 나타내기보다는 오히려 그것들이 유지되고 있는 억제와 종속 상태를 나타내는 듯이 보인다.

따라서 관찰자가 이 열정들이 아직 어느 정도 존속하고 있음을 보여줄 수 있는 경우에, 그는 절제와 정절이라는 덕성의 실재를 완전히 타파하고, 이 덕성들이 세상 사람들의 부주의와 단순성에 대한 단순한 기만이었음을 입증했다고 생각한다. 그러나 이러한 덕성들은 이것들이 통제하고자 의도하는 그 열정의 대상에 대한 완전한 무감각을 요구하지 않는다. 이 덕성들은 그 개인을 해치지 않는 한, 사회를 혼란스럽게 하거나 침해하지 않는 한, 그 열정들의 격렬함을 억제하는 목적만을 지닐 뿐이다.

12

모든 열정을 어떠한 정도나 어떠한 방향에서도 전적으로 악덕인 것으로 표현하는 것이 맨더빌 박사의 저서[52]가 지닌 거대한 오류다. 이 때문에 그는 타인들의 실제 감정과 그들이 당연히 갖게 마련인 감정 모두에 준거를 갖게 됨으로써 적정성을 지닌 모든 것을 허영심으로 취급하고 있다. 바로 이러한 궤변으로 그는 사적인 악덕은 공공의 이익과 같은 그가 자신 있게 내세우는 결론을 확립한다.

---

51) 원주: Luxury and lust(사치와 색욕).
52) 원주: 『꿀벌의 우화』.

웅대함에 대한 애호, 삶의 우아한 기예품과 개량에 대한 취향, 호감이 가는 의복, 가구나 장식품에 대한 취향, 건축, 조각, 미술과 음악에 대한 취향이 심지어 여건상 아무런 불편 없이 이러한 열정을 마음껏 누릴 수 있는 사람들에게조차 사치, 호색, 허식으로 간주되어야한다면, 사치, 호색 및 허식이 공공의 이익이 된다는 것은 확실하다. 왜냐하면 그가 이처럼 상스러운 명칭을 부여하는 것이 적절하다고 판단하는 그런 자질들이 없다면 세밀히 고안된 기예품은 결코 장려될 수 없을 것이고, 사용처가 없어서 틀림없이 활기가 없어지기 때문이다.

맨더빌 시대 이전에 통용하고 있으면서 덕성이라는 것을 우리의 모든 열정을 완전히 근절하고 절멸하는 데 있다고 보았던 일부 대중적인 금욕주의 학설들이 이러한 방종의 철학체계의 실질적인 기초다. 맨더빌 박사가 첫째로 이러한 열정의 완전한 정복이 사람 사이에서는 실제로는 일어나지 않는다는 점을 입증하기는 용이한 일이었다. 그리고 둘째로 만일 이런 일이 보편적으로 발생한다면, 그것은 모든 산업과 상업을 파괴하고, 어떤 의미에서 삶의 모든 영업을 파괴함으로써 사회에 유해함을 입증하기는 손쉬웠다.

이 명제 가운데 첫 번째 명제에 의해서 그는 진정한 덕성이란 존재하지 않으며, 그렇듯이 자처하는 모든 것은 인류에 대한 단순한 사기이고 기만일 뿐이며, 두 번째 명제에 의해서는 사적인 악덕이 없으면 어떠한 사회도 번영하고 발전할 수 없기 때문에 사악은 공익이라는 점을 입증하는 것처럼 보인다.

13
세상을 한때 떠들썩하게 만들었던 맨더빌의 철학체계는 이상과 같다. 그것은 비록 아마 그것 없이도 발생했을 악덕보다 더 많은 악덕을 야기하지는 않았다고 해도, 적어도 다른 원인에서 비롯된 악덕이 더욱 후안무치한 모양으로 보이도록 가르쳤으며, 이전에는 결코 들은 적이 없는 품행이 나쁘고 무례한 태도로 그러한 여러 동기의 타락을 용인하도록 가르쳤다.

14

그러나 이러한 철학체계가 아무리 파괴적으로 보인다고 해도, 만일 그것이 어떤 측면에서 진리와 경계를 접하고 있지 않다면, 그렇게 많은 사람을 결코 속일 수도 없었고, 훨씬 더 훌륭한 여러 원리의 지지자 사이에서 그처럼 일반적인 경종을 불러일으키지도 않았을 것이다. 어떤 자연철학체계는 아주 그럴듯해 보이고 오랜 기간 세상에서 매우 일반적으로 수용될 수도 있지만, 그것은 자연의 원리에 기초한 어떤 토대도 없고 어떠한 식의 조그마한 진리도 담고 있지 않을 수도 있다.

거의 한 세기 가까운 기간 아주 독창성이 풍부했던 어떤 국민이 데카르트의 소용돌이 이론을 천체의 회전에 관한 설명으로는 매우 만족스러운 것으로 간주했다. 그러나 지금 모든 인류가 확신하건대, 그 경이로운 효과의 원인으로 단정된 것들은 실제로는 존재하지 않을 뿐만 아니라 완전히 불가능하며, 만일 그것들이 존재한다면 그것들에 기인하는 그런 경이로운 효과도 수반할 수 없다는 것이 입증되었다.

하지만 도덕철학체계에 대해서는 사정이 다르다. 우리의 도덕감정의 기원을 설명한다고 자처하는 학자가 우리들을 그토록 철저하게 속일 수도 없고, 진리와의 모든 유사성에서 그토록 멀리 빗나갈 수도 없다.

어느 여행자가 먼 나라에 대해 설명할 때, 그는 우리의 고지식함을 활용해 가장 근거도 없고 터무니없는 허구를 가장 확실한 사실로 속일 수 있다. 어떤 사람이 우리 이웃 지역에서 벌어지고 있는 일, 우리가 살고 있는 교구의 일을 알려주려고 할 때, 비록 여기서도 마찬가지로 만일 우리가 부주의해서 우리 자신의 눈으로 그것들을 조사하지 않는다면, 그는 여러 측면에서 우리를 속일 수 있다. 그러나 그가 우리에게 믿게끔 조장하는 가장 큰 거짓조차도 진실과의 유사성이 약간 있거나 심지어는 상당한 정도의 진실조차 분명히 그 안에 섞여 있다.

자연철학을 다루면서 우주의 거대한 현상들의 여러 원인을 규명하거나 먼 나라에서 벌어지고 있는 일을 설명한다고 자처하는 저자는 이에 대해 자기가 원하는 대로 말을 해도 되고, 그의 이야기가 개연성이 있는 범위 내에 있는 한 우리의 믿음을 얻는 데 절망할 필요가 없다. 그러나 우리의 욕구와 감정, 승인과 부인의 감정의 기원을 설명하려고 제안할 때 그는 우리가 살고 있는 교구의 여러 일뿐 아니라 우리 가정 내의 여러 관심사에 대해서도 설명하려고 자처하는 것이다.

비록 여기서도 역시 자신들을 속이는 집사를 신뢰하는 나태한 주인들처럼 우리는 속임을 당하기 매우 쉽겠지만, 그러나 어떤 식으로든 진실이 전혀 고려되지 않은 설명을 우리는 그냥 넘길 수 없다. 일부 항목들은 적어도 정당함에 틀림없고, 심지어 매우 과대 계상된 항목들마저도 틀림없이 약간의 근거를 가지고 있다. 그렇지 않으면 그 사기행위는 우리가 대충 살펴보고자 하는 정도의 감사로도 발각될 것이다. 어떤 자연적 감정의 원인으로서 그것과 아무런 관계가 없거나 일부 그런 관계가 있는 다른 원리와 전혀 유사하지 않은 어떤 원리를 제시하는 학자는 가장 분별없고 경험도 없는 독자에게도 터무니없고 어리석게 보일 것이다.

제3편 승인의 원리에 관해 형성된 다양한 도덕철학체계

서론

1

덕성의 본질에 관한 연구 다음으로 도덕철학에서 중요한 과제는 승인의 원리에 관한 것이다. 이것은 우리에게 어떤 특성을 유쾌하거나 불쾌하게 만들고, 어떤 행동방침을 다른 행동방침보다 우선하도록 하며, 전자는 옳고 후자가 그른지를 규정함으로써 전자를 승인, 존경, 보상의 대상으로, 후자를 비난, 책망, 처벌의 대상으로 간주하게 만드는 마음의 힘이나 능력에 관한 과제다.

2

이러한 승인의 원리에 관해서는 서로 다른 세 가지 설명이 제시되어 왔다. 어느 설명에 따르면, 우리가 우리 자신의 행위와 타인들의 행위를 승인하거나 부인하는 것은 오로지 자기애에서, 즉 그 행위들이 우리 자신의 행복이나 불이익에 기여하는 바에 관한 어떤 관점에서 비롯된다. 또 다른 설명에 따르면, 이성, 즉 진리와 거짓을 구분하는 것과 마찬가지의 능력이 우리로 하여금 행위와 성정의 적합한 것과 부적합한 것을 구분할 수 있게 한다. 또 다른 세 번째 설명에 따르면, 이러한 구분은 전적으로 직접적인 감정과 기분의 결과이며, 어떤 행위나 성정에 관한 관점이 우리에게 고취하는 만족이나 혐오에서 생겨난다. 그러므로 자기애, 이성 및 감정은 승인의 원리로 규정된 서로 다른 세 가지 원천이다.

3

이들 서로 다른 체계에 관한 설명을 하기에 앞서서 이 두 번째 과제를 해결하는 것은 성찰의 측면에서는 가장 중요할지라도, 실천의 측면에서는 아무런 중요성도 없다는 점을 언급할 필요가 있다.

덕성의 본질에 관한 문제는 많은 특정한 경우에 옳고 그름에 대한 우리의 관념에 필연적으로 어떤 영향을 미친다. 승인의 원리에 관한 문제는 아마 이와 같은 영향을 줄 수는 없을 것이다. 우리의 마음의 내부에서 어떠한 장치나 메커니즘에 의거하여 그러한 서로 다른 관념이나 감정이 생기는가를 검토하는 것은 철학적 호기심에 따른 단순한 문제다.

제1장 승인의 원리를 자기애로부터 도출하는 철학체계

1

자기애에 근거하여 승인의 원리를 설명하는 사람들이 모두 동일한 방법으로 이를 설명하는 것은 아니며, 그들의 서로 다른 모든 체계 가운데에 대단히 많은 혼동과 부정확함이 존재한다. 홉스와 그의 여러 추종자에 다르면,[53] 인간이 사회로 피난하도록 작용하는 것은 인간이 동류의 사람에게 갖고 있는 자연적인 사랑 때문이 아니라, 타인의 도움 없이는 안락하고 안전하게 존속할 수 없기 때문이다.

이러한 이유로 사회는 인간에게 필요한 것이 되고, 사회의 유지와 복지에 기여하는 것은 그 무엇이든지 자신의 이익과도 간접적으로 부합하는 것으로 간주된다.

이와 반대로, 사회를 혼란시키거나 파괴하는 것은 그 무엇이든지 그 자신에게 어느 정도 유해하고 파멸적인 것으로 간주된다. 미덕은 인간사회의 커다란 지지자이며, 악덕은 인간사회의 커다란 방해자다. 그러므로 전자는 모든 사람에게 호감을 주고 후자는 모든 사람의 비위에 거슬린다. 왜냐하면 전자로부터는 그 자신의 존립의 안락과 안전을 위해 매우 불가결한 것의 번영을 예상하고, 후자로부터는 그것의 파멸과 혼란을 예상하기 때문이다.

2

사회질서를 촉진시켜주는 미덕의 경향과 이를 방해하는 악덕의 경향은, 우리가 이것을 냉정하고 철학적으로 고찰할 때, 전자에 대해서는 매우 큰 아름다움을, 후자에 대해서는 매우 큰 추함을 초래한다는 사실에는, 내가 앞서 언급했듯이,[54] 의문의 여지가 있을 수 없다. 인간사회는 어떤 추상적이고 철학적인 관점에서 고찰될 때에 규칙적이고 조화로운 운동이 무수하고 유쾌한 효과를 창출하는 위대하고 거대한 기계처럼 보인다.

인간 기예의 산물인 어떤 아름답고 고귀한 기계에서 그 운동을 더욱 부드럽고 용이하게 하는 것은 그 무엇이든 이러한 효과로부터 아름다움을 도출하며, 반대로 그 운동을 저해하는 것은 그 무엇이든 그

---

53) 원주: 푸펜도르프, 맨더빌.
54) 이 책 423~424쪽(1~2) 참조.

러한 이유로 불쾌감을 준다.

이와 마찬가지로 미덕은 말하자면 사회의 수레바퀴에 바르는 윤활유로서 필연적으로 우리를 즐겁게 해주는 반면에, 악덕은 사회의 수레바퀴들이 서로 부딪쳐 삐걱거리게 만드는 나쁜 녹처럼 필연적으로 우리를 불쾌하게 한다. 그러므로 승인과 부인의 근원에 관한 이러한 설명은, 승인과 부인을 사회의 질서에 관한 고려에 근거해 도출하는 한, 내가 앞서 설명한 바 있는 효용에 아름다움을 부여하는 그런 원리와 합류하게 되는데,[55] 이로부터 이 체계는 그것이 지닌 모든 개연성의 외형을 도출한다.

이러한 저자들이 야만적이고 고립된 생활에 비해 문명화된 사회적 생활의 무수히 많은 편익을 묘사할 때, 그들이 문명사회의 유지를 위한 덕목과 선량한 질서의 필요성을 상세하게 설명하고, 악덕과 법에 대한 불복종의 횡행이 얼마나 명확하게 야만사회로 회귀시키는 경향이 있는가를 입증할 때, 독자는 그들이 공개하는 그러한 견해의 참신함과 웅장함에 매료된다.

독자는 분명히 미덕 가운데서 새로운 아름다움과 악덕 가운데서는 새로운 추함을 발견한다. 이것들은 그가 이전에는 결코 주목하지 않았던 점이다. 그리고 그는 흔히 이러한 발견에 매우 기뻐하면서, 이전에는 결코 경험한 적이 없는 이러한 정치적 견해가, 미덕과 악덕의 서로 다른 자질을 고찰할 때 언제나 습관적으로 검토되던 승인과 부인의 근거가 될 수는 없다는 점을 성찰하는 데 시간을 거의 투입하지 않는다.

---

55) 이 책 408쪽(2) 참조.

3

다른 한편 이 저자들이 사회의 번영에 대한 우리의 관심 및 이 때문에 우리가 덕성에 부여하는 존경을 자기애에 근거하여 도출하는 경우에, 우리가 현 시대에 카토의 덕목을 찬미하고 카틸리나의 악행을 혐오할 때 전자로부터 우리가 받는 어떤 편익이나 후자로부터 입게 되는 손해의 관념 때문에 우리의 감정이 영향을 받는다는 사실을 그들이 의미한 것은 아니다.

이 철학자들에 따르면, 우리가 덕망 있는 성격을 존중하고 무질서한 성격을 비난하는 것은 훨씬 앞선 시대 및 멀리 떨어진 나라의 번영이나 전복이 현재 우리의 행복이나 불행에 어떤 영향을 미치는 것으로 이해되기 때문이 아니다.

그들은 이 두 가지 성격 가운데 어느 하나 때문에 실제로 우리에게 초래되었다고 가정하는 어떤 편익과 손해에 의해 우리의 감정이 영향을 받는다고는 결코 상상하지 않는다. 그러나 그들은 우리가 그보다 훨씬 앞선 시대 및 멀리 떨어진 나라에서 산다면 우리에게 초래할지도 모르는 편익이나 손해에 의해서, 우리가 현 시대에 동일한 유형의 성격들을 조우한다면 우리에게 역시 초래할지도 모르는 이익이나 손해에 의해서 우리의 감정이 영향을 받는다고는 상상한다.

요컨대 이 저자들이 암중모색하고는 있지만 그들이 결코 명확하게 해명할 수 없던 관념은, 서로 상반되는 성격에서 비롯된 편익 수혜자나 손실 피해자의 감사나 분개심에 대해 우리가 느끼는 간접적인 동감이다. 우리의 찬사나 분노를 자극하는 것은 우리가 무엇을 얻었거나 피해를 입었다는 생각이 아니라, 만일 우리가 그 같은 사람들로 구성된 사회에서 함께 활동한다면 우리가 이득을 얻거나 피해를 입을 내용이 무엇인가에 관한 개념이나 상상이라고 그들이 언급할 때, 그들이 막연하게 지적하고 있는 것은 바로 이 간접적인 동감이다.

4

그러나 동감은 어떤 의미에서도 어떤 이기적인 원리로 간주될 수 없다. 내가 여러분의 슬픔이나 분노에 동감하는 경우에, 사실 나의 정서가 자기애에 근거하고 있다고 주장할 수도 있다. 왜냐하면 그 정서는 여러분의 사정을 나 자신에게 이전해서 나 자신을 여러분의 처지에 두고 그 후 그와 유사한 상황에서 내가 무엇을 느낄지를 상상하는 데에서 생기기 때문이다.

비록 동감이 주요 당사자와 상상으로 상황을 전환하는 데에서 비롯된다고 말하는 것이 아주 적절하다 해도, 이 상상에 의한 전환은 아직 나 자신의 신상과 성격 속의 내가 아니라 내가 동감하는 인물의 신상과 성격 속의 나에게 발생한다고 가정되고 있다.

내가 여러분의 외아들의 사망을 위로할 경우에, 내가 여러분의 슬픔에 공감하기 위해서 현재의 성격과 직업을 가진 인물로서의 내가, 만일 아들 하나가 있고 그 아들이 불행하게 죽는다면 어떤 고통을 겪을 것인가를 생각하는 것은 아니다. 그것은 만일 내가 실로 여러분이고, 여러분과 상황뿐만 아니라 신상과 성격까지도 전환하는 경우에 내가 어떤 고통을 겪게 될 것인지를 생각하는 것이다. 그러므로 나의 슬픔은 전적으로 여러분에게서 기인한 것이며 나에게서 비롯된 것은 결코 아니다. 따라서 이때의 슬픔은 전혀 이기적이지 않다.

고유한 신상과 성격체로서의 나 자신에게 생기거나 연관된 어떤 일에 관한 상상으로부터 발생하는 열정이 아니라, 전적으로 여러분과 연관된 일에 관한 상상에서 비롯되는 열정이 어떻게 이기적인 열정으로 간주될 수 있을 것인가? 어느 남성이 분만 중에 있는 여성에 대해 동감할 수는 있다. 하지만 그가 그 자신의 고유한 신상과 성격으로 그녀의 고통을 겪고 있다고 상상하는 것은 불가능하다.

그러나 모든 감정과 성정을 자기애에 근거하여 추론하는 인간 본성에 관한 그 모든 설명은 세상을 그토록 소란스럽게 만들었지만, 내가 아는 한 아직까지 완전하고 명확하게 설명된 적은 결코 없었다. 그것은 내 생각으로는 동감의 체계에 관한 일부 혼란스러운 오해에서 비롯된 듯하다.

제2장 승인의 원리를 이성으로 보는 철학체계

1

자연의 상태가 전쟁 상태이고, 시민정부 제도의 성립 이전에는 사람들 사이에 안전하고 평화로운 사회가 존재할 수 없었다는 것이 홉스의 학설이라는 점은 잘 알려져 있다. 그러므로 그에 따르면, 사회를 보존하는 것은 시민정부를 지지하는 것이고, 시민정부를 파괴하는 것은 사회를 종식시키는 것과 동일한 것이다. 그러나 시민정부의 존재는 최고통치자에게 향하는 복종에 의존한다. 그가 자신의 권위를 상실하는 순간에는 모든 통치는 종식된다.

따라서 자기보존의 욕구가 사람들에게 사회의 번영을 증진하는 경향이 있는 모든 것에 찬사를 보내고 그것을 손상시키는 경향이 있는 모든 것을 비난하도록 가르치는 것처럼, 만일 그들이 생각과 언어에서 시종일관하다면, 그 동일한 원리는 그들에게 시민정부의 통치자에 대한 복종에는 어떤 경우라도 찬사를 보내고 모든 불복종과 반란을 비난하도록 가르쳐야만 한다.

칭찬받을 만한 것 그리고 비난받을 만한 것에 관한 바로 이러한 관념은 복종과 불복종에 관한 관념과 동일한 것이어야 한다. 그러므로 시민정부의 통치자의 법은 정의와 불의, 옳고 그름이 무엇인가에 관한 유일하고 궁극적인 기준으로 간주되어야 한다.

2

이러한 개념을 보급함으로써 사람들의 양심을 교회의 권력이 아니라 시민의 권력에 직접적으로 예속하려는 것이 홉스가 공언한 의도였다. 그는 그 당시의 선례를 통해 교회 권력의 소란과 야심이 사회적 무질서의 주요 원천으로 간주된다고 배웠다. 이러한 이유 때문에 그의 학설은 특히 신학자들에게 불쾌감을 주었으며, 이들은 심한 적의에 차서 매우 신랄하게 그에게 분노를 표출하지 않을 수 없었다. 마찬가지로 그의 학설은 모든 건전한 도덕주의자의 비위에 거슬렸다.

홉스의 가정에 따르면, 옳고 그름 사이에 어떠한 자연적인 구별이 존재하지 않고, 옳고 그름은 변덕스럽고 가변적이며, 이것들은 시민정부의 통치자의 자의적 의지에 순전히 의존한다. 그러므로 사물에 대한 이러한 설명은 모든 진영으로부터 또한 모든 유형의 무기가 동원되어서, 즉 격렬한 연설뿐만 아니라 냉철한 이성의 공격도 받았다.

3

이렇듯 몹시 불쾌한 어느 학설을 논박하려면 모든 법률이나 실정적인 제도에 선행하여 마음은 본래 일정한 행위와 감정 속에서 옳고 칭찬할 만하고 덕망 있는 자질을 구분하고, 또 다른 행위와 성정 속에서 그르고 비난받을 만하고 악의 있는 자질을 구분해내는 어떤 능력을 부여받았다는 점을 입증하는 것이 필요하다.

4

법이 이러한 구분의 본원적인 원천일 수 없다는 사실을 커드워스 박사가 옳게 지적했다.[56] 왜냐하면 그러한 법을 전제하게 되면, 이것을 준수하는 것이 옳고 그것에 복종하지 않는 것은 그르거나, 우리가 그것을 준수하든 위반하든지 간에 차이가 전혀 없는 사안 가운데 하나여야 하기 때문이다. 우리가 그것을 준수하든 위반하든지 간에 아무런 상관이 없는 그런 법은 앞서 말한 그러한 구분의 원천이 될 수 없다는 것이 분명하다.

준수하는 것이 옳고 위반하는 것이 그른 그런 법 역시 그러한 구분의 원천이 될 수 없다. 왜냐하면 이것마저도 여전히 옳고 그름에 대한 선행적인 개념이나 관념을 전제로 하고 있기 때문이며, 그 법을 준수하는 것은 옳음에 관한 관념과 합치하고, 그 법을 위반하는 것은 그름에 관한 관념과 합치한다고 전제하고 있기 때문이다.

5

그러므로 마음이 모든 법에 선행해 이러한 구분의 관념을 갖고 있는 한, 마음은 이 관념을 이성으로부터 도출하며, 이성은 진실과 거짓의 차이를 지적하는 것과 동일한 방식으로 옳고 그름의 차이를 지적해준다는 결론이 필연적으로 뒤따르는 듯하다.

그런데 비록 어떤 측면에서는 진실이라고 해도 또 다른 측면에서는 오히려 성급하게 내려진 이러한 결론은, 인간의 본성에 관한 추상적 과학이 단지 유년에 머무르는 시기에, 그리고 마음의 서로 다른 능력이 갖는 명백한 직무와 역량들이 세심하게 검토되고 상호 구분되기 이전에 훨씬 더 손쉽게 수용되었다.

---

56) 원주:『영원불변의 도덕성에 관한 논고』제1권 참조.

홉스와 벌인 이러한 논쟁이 최대로 달아오르고 예민하게 수행될 당시에는 그와 같은 관념들이 비롯되는 원천으로 상정될 수 있는 무슨 능력으로서 어떤 다른 것은 생각조차 되지 못했다. 그러므로 그 당시에 인기가 있는 학설은, 미덕과 악덕의 본질은 인간 행동이 통치자의 법과 합치 또는 불합치하는가에 있는 것이 아니라, 그것이 이성과 합치 또는 불합치하는가에 있다는 것이었다. 이런 식으로 이성은 승인과 부인의 본원적인 원천이자 원리라고 간주되었다.

6

덕성이 이성과의 합치에 있다는 것은 어떤 측면에서는 진실이며, 이러한 능력이 어떤 의미에서 승인과 부인의 원천이자 원리로서, 그리고 옳고 그름에 관한 모든 견고한 판단의 원천이자 원리로서 간주되는 것은 매우 타당하다고 생각될 수 있다. 바로 이성에 의해서 우리는 행위를 규제해야만 하는 정의의 일반규칙을 발견해낸다.

또한 이 동일한 능력에 의해서 우리는 신중한 것, 예의에 맞는 것, 관대하거나 고상한 것과 같이 한층 더 막연하고 불확정적인 관념들을 형성한다. 그리고 우리는 이와 같은 관념들을 끊임없이 지니고 다니면서, 이에 따라서 가능한 한 우리의 행동방침을 만들기 위해 노력한다.

도덕의 일반적 준칙은 다른 모든 일반적 원칙과 마찬가지로 경험과 귀납에 근거해 형성된다. 우리는 지극히 다양한 개별 사례 가운데서 무엇이 우리의 도덕적 능력을 기쁘게 하거나 불쾌하게 하고, 이 도덕적 능력이 무엇을 승인하거나 부인하는가를 관찰하며, 이러한 경험으로부터 귀납에 의해서 우리는 도덕의 일반원칙을 수립한다. 그런데 귀납은 언제나 이성의 여러 가지 작용 가운데 하나로 간주된다. 따라서 이성에 근거해서 우리는 모든 일반준칙과 관념을 도출한다고 말하는 것은 매우 적절하다. 바로 이 일반준칙과 관념에 의해서 우리는 도덕적 판단의 대부분을 규제하게 된다.

만일 우리의 도덕적 판단이 서로 다른 건강과 기분의 상태가 근본적으로 변화시킬 수 있는 직접적인 감정과 기분 같은 매우 다양한 변화를 일으키기 쉬운 것에 전적으로 좌우된다면, 그것은 지극히 불확실하고 불안정하게 될 것이다.

그러므로 옳고 그름에 관한 우리의 가장 견고한 판단은 이성의 귀납에 근거해 도출된 준칙과 관념에 의해 규제되기 때문에, 덕성이 이성과의 합치에 있다고 말하는 것은 매우 적절할 수 있고, 그러한 정도로 이 능력은 승인과 부인의 원천이자 원리로 간주될 수 있다.

7

하지만 비록 이성이 의심할 여지없이 도덕의 일반적 규칙들의 원천이고, 우리가 이 일반적 규칙들을 활용해 내리는 모든 도덕적 판단의 원천이라고 해도, 심지어 일반적 규칙이 그 경험을 토대로 형성되는 개별 사례들에서조차 옳고 그름에 관한 최초의 지각이 이성으로부터 도출될 수 있다고 상정하는 것은 전적으로 불합리하고 이해하기 힘든 일이다.

일반적 규칙이 기초하고 있는 모든 다른 실험과 마찬가지로, 이러한 최초의 지각은 이성의 대상이 될 수 없고, 직접적인 감각과 감정의 대상이 된다. 엄청나게 다양한 사례 가운데서 일정한 행동방향은 어떤 식으로 끊임없이 마음을 기쁘게 하고, 또 다른 행동방향은 부단히 마음을 불쾌하게 한다는 점을 비로소 발견함으로써 우리는 도덕의 일반적 규칙을 형성한다.

그런데 이성은 어느 특정 대상을 그 자체로서 마음에 호감을 주거나 불쾌한 것으로 만들 수는 없다. 이성은 이러한 대상이 본래 기쁘게 하거나 불쾌하게 하는 성질을 가진 또 다른 어떤 대상을 획득하기 위한 수단임을 보여줄 수 있다. 이렇듯이 이성은 그 대상이 또 다른 어떤 대상에 호감이나 불쾌감을 주는 것으로 판단할 수는 있다. 그러나 직접적인 감각과 감정에 의해 호감이 가거나 불쾌감을 느끼지 않고 그 자체로서 그렇게 될 수 있는 것은 아무것도 없다.

그러므로 만일 미덕이 모든 개별 사례에서 그 자체로서 반드시 마음을 기쁘게 하고 악덕이 분명히 마음을 불쾌하게 한다면, 이런 식으로 우리를 미덕과 조화시키고, 우리를 악덕과 소원하게 하는 것은 이성이 될 수는 없고 직접적인 감각과 감정일 수밖에 없다.

8

쾌락과 고통은 욕구와 혐오의 거대한 대상이다. 그러나 이것들은 이성이 아니라 직접적인 감각과 감정에 의해 구별된다. 따라서 만일 미덕이 그 자체로서 바람직하고, 악덕이 마찬가지 방식으로 혐오의 대상이 된다면, 이 서로 다른 자질을 본원적으로 구별하는 것은 이성일 수는 없으며 직접적인 감각과 감정일 수밖에 없다.

9

하지만 이성이 승인과 부인의 원리로서 간주되는 것은 어떤 의미에서 정당할 수도 있기 때문에, 부주의를 통해서 이러한 감정들이 이성의 능력의 작용에서 본원적으로 기인하는 것으로 오랫동안 간주되었다. 허치슨 박사는 어떤 점에서 모든 도덕적 구별이 이성에 기인한다고 말할 수 있으며, 어떤 점에서 이것이 직접적인 감각과 감정에 기초하는가를 어느 정도 정확하게 구분한 최초의 인물이라는 공로가 있다.

도덕감각에 관한 그의 설명 가운데 그는 이것을 매우 충분히, 그리고 내 견해로는, 어떤 반론을 할 수 없을 정도로 설명하고 있다. 따라서 만일 이 주제에 관한 논쟁이 여전히 지속되고 있다면, 나는 그 이유가 그 신사가 기술해놓은 것에 주의하지 않거나 일정한 표현형태에 대한 미신적인 집착에 있다고 판단하지 않을 수 없다.

그런데 이러한 집착은 특히 현재 논하는 것처럼 매우 흥미있는 주제들에서 학식 있는 사람들 사이에서 극히 드물지 않은 약점이기도 하다. 이러한 주제에서는 덕성을 구비한 인물이 심지어 자신이 종래 익숙해진 어느 단일 문구의 적정성마저도 포기하기를 싫어하는 경우가 종종 있다.

제3장 승인의 원리를 감정으로 보는 철학체계

1

감정을 승인의 원리로 보는 도덕철학체계들은 두 가지 서로 다른 유형으로 분류될 수 있다.

2

I. 어떤 학자들의 견해에 따르면, 승인의 원리는 어떤 특수한 성질을 갖는 감정, 즉 어떤 행위나 성정을 지켜볼 때 마음에 의해 발휘되는 특정한 지각능력에 기초하고 있다. 이 행위나 성정 가운데 일부는 이 지각능력에 호감이 가는 방식으로 영향을 미치고, 다른 것들은 불쾌한 방식으로 영향을 미친다.

여기서 전자는 옳고 칭찬받을 만하며 덕망 있는 성격이라는 인상이 심어지고, 후자는 그르고 비난받을 만하며 악덕한 성격이라는 인상이 새겨진다. 이 감정은 다른 모든 것과 구별되는 하나의 특수한 성질을 갖고 있으며, 어떤 특정한 지각능력의 소산이기 때문에, 그들은 이것에 특정한 명칭을 부여하고 이를 도덕감각으로 지칭한다.

3

II. 또 다른 학자들의 견해에 따르면, 승인의 원리를 설명하기 위해 이전에는 전혀 들어본 적이 없는 어떤 새로운 지각능력을 상정할 필요는 없다. 그들이 상상하기에, 자연은 다른 모든 경우와 마찬가지로 여기서도 가장 엄격한 경제성에 입각해 움직이고 하나의 동일한 원인으로부터 수많은 효과를 낳는다. 그리고 사람들에 의해 항상 주목을 받아왔으며 마음이 선천적으로 부여받은 것임에 틀림없는 역량인 동감은 그러한 특정한 지각능력에 귀속된 모든 효과를 설명하기에 충분하다고 그들은 생각한다.

4

I. 허치슨 박사는 승인의 원리가 자기애에 기초하지 않음을 입증하고자 대단히 애를 썼다.[57] 그는 또한 승인의 원리가 이성의 작용에서 기인할 수 없다는 것도 입증했다. 승인의 원리가 이 하나의 특수하고 중요한 효과를 창출하기 위해서 자연이 마음에 부여한 특수한 종류의 어떤 능력임을 상정하는 방법 이외에 어떤 것도 남지 않는다고 그는 생각했다. 자기애와 이성이 모두 제외되는 경우에, 어떤 점에서든 이러한 목적에 합치할 수 있는, 이미 알려진 다른 마음의 능력이 있다는 점이 그에게 상기되지 않았다.

---

57) 원주:『미와 덕성에 관한 관념의 원형에 관한 연구』 참조.

5

그는 이 새로운 지각능력을 도덕감각이라고 지칭하고, 그것을 외부감각과 어느 정도 유사한 것으로 생각했다. 우리 주변의 여러 물체가 일정한 방식으로 이 외부감각에 영향을 미침으로써 소리, 맛, 냄새, 색 등의 다양한 자질을 갖는 것처럼 보이듯이, 인간 마음의 다양한 성정도 일정한 방식으로 이 특정한 능력을 촉발함으로써 호감과 혐오, 미덕과 악덕, 옳음과 그름 등 서로 다른 자질을 갖는 것처럼 보인다.

6

이 철학체계에 따르면, 인간 마음이 모든 단순한 관념을 도출해온 근원인 다양한 감각 또는 지각능력은 서로 다른 두 가지 종류가 있다.[58] 하나는 직접적 감각 또는 선행적 감각이라고 불리고, 다른 하나는 반성적 감각 또는 후속적 감각이라고 불린다.

직접적 감각은 다른 어떤 사물에 대한 선행적인 지각을 전제하지 않는 그런 부류에 속하는 사물을 지각하는 경우에 마음이 그 근원으로 활용하는 그러한 능력이다. 그러므로 음향과 색깔은 직접적인 감각의 대상이다. 소리를 듣거나 색깔을 보는 것은 어떤 다른 성질이나 대상물에 대한 선행적 지각을 전제하지 않는다.

반성적 또는 후속적 감각이란 다른 어떤 사물에 대한 선행적인 지각을 전제하는 그런 부류에 속하는 사물을 지각하는 경우에 마음이 그 근원으로 활용하는 그러한 능력이다. 그러므로 조화와 아름다움

---

58) 원주: 허치슨의 『열정과 성정의 본질과 행위에 대한 논고』 참조. [직접적 감각과 반성적 감각에 관한 허치슨의 논의는 원주에서 소개된 책이 아니라, 후일 라틴어 원본에서 영어로 출간된 『도덕철학 개론』(*A Short Introduction to Moral Philosophy*, 1747) 제1편 1절에 있다.]

은 반성적 감각의 대상이다. 음향의 조화나 색채의 아름다움을 지각하려면 우리는 먼저 그 소리나 색을 필히 지각해야만 한다. 도덕감각은 이러한 종류의 능력이라고 생각되고 있다.

허치슨 박사에 따르면, 로크가 반성(reflection)이라고 지칭하면서 인간 마음의 서로 다른 열정과 정서에 관한 단순한 관념들을 도출해 온 근원인 이 능력은 직접적 내부감각이다. 그러므로 우리가 서로 다른 열정과 정서의 아름다움과 추함, 미덕과 악덕을 지각하는 근원인 그런 능력 역시 반성적 내부감각이다.

7

허치슨 박사는 더 나아가서 이 학설은 자연현상과 유추에도 적합하다는 점과, 도덕감각과 정확하게 유사한 여러 다른 반성적 감각이 마음에 부여되고 있다는 점을 밝히려고 함으로써 이 학설을 지지하려고 노력했다. 예를 들면 외부 대상들에서 아름다움과 추함의 감각, 우리가 동료들의 행복이나 불행에 동감하는 경우에 활용되는 사회적 감각, 수치와 명예의 감각, 조롱의 감각 등이 그것이다.

8

그러나 승인의 원리가 외부감각과 어느 정도 유사한 특정한 지각능력에 기초한 것임을 입증하기 위해 이 재능이 탁월한 철학자가 온갖 노력을 했음에도, 이 학설로부터 도출되었다고 그도 인정하는 약간의 결론이 있다. 이러한 결론은 아마도 많은 사람에게 이 학설을 논파하기에 충분한 것으로 간주될 것이다. 모든 감각의 대상에 속하는 성질을 그러한 감각 자체에 귀속시키는 것은 최대의 논리적 모순 없이는 불가능함을 그는 인정하고 있다.[59] 시각이 검거나 희다, 청각이 높거나 낮다, 미각이 달거나 쓰다고 부르는 것에 대해 생각한 사람이 도대체 있었는가?

다시 그의 견해에 따르면, 우리의 도덕적 능력을 미덕이나 악덕이라고 부르는 것, 도덕적으로 선하거나 악하다고 부르는 것은 마찬가지로 논리적으로 모순된다. 이러한 자질들은 그러한 능력의 대상에 속하는 것일 뿐 능력 자체에는 속하지 않는다.

그러므로 만일 어떤 사람이 잔학과 불의를 최고의 미덕으로 승인하고, 공정과 인간애를 가장 비참한 악덕으로 부인할 정도로 그의 마음이 불합리하게 구성되어 있다면, 그러한 마음구조는 실제로 그 자신과 사회 모두에게 불편하고, 마찬가지로 그 자체로서 기묘하고 놀랄 만하며 부자연스러운 것으로 간주될 것이다. 그러나 우리는 최대의 모순 없이는 그러한 마음구조를 악덕이라든가 도덕적으로 사악하다고 부를 수 없다.

9

그러나 분명히 어떤 오만한 폭군이 명령한 야만적이고 부당한 사형집행을 보며 찬사와 갈채를 소리 높여 외치는 어떤 사람을 목격한다면, 우리가 그의 이러한 행위를 최고로 악덕하며 도덕적으로 사악한 것으로 지칭하더라도 우리가 커다란 불합리를 범하고 있다고 생각하지 않을 것이다. 비록 그의 이런 행위가 타락한 도덕능력을 나타내는 것에 불과하며, 고상하고 관대하며 위대한 행위에 대한 승인처럼 이 참담한 행위의 불합리한 승인을 표현한 것에 불과하다고 해도 그러하다.

그러한 방관자를 보면 우리의 마음은 잠시 동안 그 고통을 겪고 있는 사람에 대한 동감은 잊고 그토록 증오스럽고 비열한 인간에 대한

---

59) 원주: 허치슨의 『도덕감각에 관한 해설』 제1편 237쪽 참조.

생각으로 공포와 혐오만을 느끼게 될 것이라고 나는 생각한다. 따라서 우리는 그를 폭군보다도 훨씬 더 혐오할 수밖에 없을 것이다.

그 폭군은 질투, 공포, 분개심 같은 강렬한 열정에 의해 그러한 행위를 하도록 자극되었으며, 이러한 이유 때문에 그 비열한 방관자보다도 한층 더 용서할 수 있을지도 모른다. 그러나 그 방관자의 감정들은 아무런 원인이나 동기도 전혀 갖지 않으며, 따라서 완전하고 철저하게 혐오할 만한 것인 듯하다.

이런 유형의 타락보다 우리의 마음이 공감하기 더 싫어하거나 한층 더 큰 증오와 분노로 거부할 것 같은 감정과 성정의 타락은 없다. 그리고 이러한 마음의 구조를 단순히 기묘하거나 불편한 것일 뿐이며 어떤 점에서도 악덕이나 도덕적으로 사악한 것은 아니라고 간주하기는커녕, 오히려 우리는 이것을 도덕적 타락의 바로 최종 단계이자 가장 가공할 단계로 간주해야만 한다.

10

이에 반해서 올바른 도덕감정들은 자연히 어느 정도 칭찬받을 만하고 도덕적으로 선한 것처럼 보인다. 모든 경우에 최대의 정확성으로 그 대상의 가치와 무가치에 적합하게 비난과 칭찬을 부여하는 사람은 심지어 어느 정도의 도덕적 승인마저 받을 만한 것으로 보인다. 우리는 그의 도덕감정들의 섬세한 정확성에 감탄한다. 이것들은 우리 자신의 판단을 선도하며, 놀라울 정도로 흔치 않은 정당성을 지니고 있기 때문에 우리의 경이와 찬사를 자아내기까지 한다.

그러나 그러한 인물의 행위가 다른 사람들의 행동에 대한 그의 판단의 정밀성과 정확성에 어느 모로든지 대응할 것인가에 대해서 우리는 진정으로 언제나 확신할 수는 없다.

미덕은 감정의 섬세함뿐만 아니라 마음의 습관과 결단력을 필요로 한다. 불행하게도 전자는 최고도로 완전한 상태에 있는 반면에 후자가 결핍된 경우가 종종 있다. 그러나 마음의 이러한 성향은 비록 때때로 불완전함을 동반하기는 해도 대단히 범죄적인 것과는 양립하지 않으며, 그 위에 완전한 미덕이라는 상부구조가 놓일 수 있는 가장 행복한 기초다. 많은 사람이 좋은 뜻을 품고 있고 자신의 의무라고 생각하는 것을 실행하려고 진지하게 의도하는데도 그들의 도덕감정들의 조잡함 때문에 타인에게 불쾌한 느낌을 주게 된다.

11

비록 승인의 원리가 어느 모로나 외부감각과 비슷한 지각능력에 기초하고 있지는 않다고 해도, 그것은 다른 목적이 아니라 바로 이 특정한 목적에만 합치하는 어느 특수한 감정에 여전히 기초하고 있다고 아마도 말할 수 있다. 승인과 부인은 서로 다른 성격과 행위를 지켜볼 때 마음속에서 생기는 일정한 감정이나 정서라고 생각할 수도 있다. 분개심이 침해의 감각이며 감사가 은혜의 감각인 것처럼, 이 감각들도 역시 옳고 그름에 관한 감각이나 도덕감각의 명칭을 받는 것이 매우 적절할지도 모른다.

12

하지만 사안에 대한 이 같은 설명은, 비록 앞서 이루어진 설명과 동일한 반대에 직면하는 일은 없다고 해도, 마찬가지로 반박할 수 없는 또 다른 반대들에 노출되어 있다.

13

우선 첫째, 어느 특정한 정서는 그것이 어떤 식으로 다양한 변화를 겪는다고 해도, 그것을 그런 유형의 정서로 구분해주는 일반적인 특징들을 여전히 보유하며, 그 일반적인 특징들은 그 특정한 정서가 개별적인 경우에 겪는 어떠한 변화보다도 언제나 한층 더 두드러지고 현저하다. 그러므로 분노는 특정 유형의 정서이며, 따라서 그것의 일반적인 특징들은 그것이 개별적인 경우에 겪는 모든 변화보다도 언제나 한층 더 구분하기 수월하다.

어떤 남자에 대한 분노는 어떤 여자에 대한 분노와는 어느 정도 다르며, 어린아이에 대한 분노와도 다르다는 것이 분명하다. 세심한 사람들이 손쉽게 파악할 수 있는 것처럼, 이 세 가지 경우의 각각에서 분노의 일반적인 열정은 그 대상의 특정한 성격으로부터 서로 다른 변이를 경험한다. 그러나 이러한 열정의 일반적 특징들은 이 모든 경우에서 여전히 두드러진다. 이 일반적인 특징들을 구분하는 데는 어떤 세심한 관찰도 필요하지 않다.

이에 반해서 그것의 변화를 발견하려면 매우 섬세한 주의가 필요하다. 누구나 전자를 쉽게 주목하지만, 어느 누구도 후자를 주목하는 경우는 거의 없다. 그러므로 만일 감사와 분개심과 마찬가지로, 승인과 부인이 다른 모든 것과 구분되는 하나의 특정 유형의 정서라고 하면, 그들 가운데 어느 것이 겪을 수 있는 모든 변화에서 이것이 그러한 특정 유형의 정서로 명료하고 간결하며 쉽사리 구분될 수 있도록 표시되는 일반적인 특징을 그대로 보유할 것이라고 우리는 기대할 것이다. 그러나 실제로는 아주 다른 일이 일어난다.

만일 우리가 승인하거나 부인하는 서로 다른 경우에서 실제로 어떤 감정을 갖는가에 주의한다면, 어느 한 경우에서 우리의 정서는 다른 경우에서 우리의 정서와 종종 전적으로 상이하며, 그것들 사이에서 어떤 공통적인 특징을 전혀 발견할 수 없다는 점을 알게 될 것이다. 그러므로 우리가 상냥하고 섬세하며 인간애를 지닌 감정을 바라보는 경우에 내리는 승인은 위대하고 대담하며 도량이 큰 것처럼 보이는 감정에 사로잡힌 경우에 우리가 내리는 승인과는 아주 상이하다.

이 두 가지 경우에 관한 우리의 승인은 각각의 상황에서는 완전무결할 것이다. 그러나 우리는 전자에 의해서는 기분이 온화해지고 후자에 의해서는 고양되지만, 그것들이 우리의 내부에서 자극하는 정서 사이에는 어떠한 유형의 유사성도 존재하지 않는다. 내가 지금까지 확립하려고 노력해온 체계에 따르면, 이것은 필연적으로 사실임에 틀림없다.

우리가 승인하는 사람의 정서들은 두 가지 경우에서 서로 아주 정반대이고, 그리고 우리의 승인은 이들 상반되는 정서에 대한 동감에서 비롯되기 때문에 우리가 전자의 경우에 느끼는 것은 후자의 경우에 느끼는 것과 어떤 유형의 유사성도 가질 수 없다. 그러나 만일 승인이라고 하는 행위가 우리가 승인하는 감정들과 전혀 공통점이 없는 하나의 특정한 정서에 있는 것이라면, 승인의 행위가 그 적절한 대상을 볼 때 생기는 다른 어떤 열정처럼 우리가 승인하는 감정을 볼 때 생기는 그런 특정한 정서에 있는 것이라면, 이런 일은 발생할 수 없다.

이상과 같은 동일한 설명이 부인의 경우에도 여전히 해당된다. 우리가 잔혹함에 대해 느끼는 공포는 우리가 비열함에 대해 느끼는 경멸과 어떤 유사성도 지니지 않는다. 이 두 가지 서로 다른 악덕을 바라보는 경우에 우리가 느끼는 불일치, 우리 자신의 마음과 그의 감정과 행동을 우리가 고찰하고 있는 사람의 마음 사이에 존재하는 불일치는 전혀 종류가 다른 것이다.

14

둘째, 내가 이미 지적했듯이, 승인되거나 부인되는 마음속의 서로 다른 열정이나 성정이 도덕적으로 선하거나 악하게 보일 뿐만 아니라, 적절한 승인이나 부적절한 승인 역시 우리의 자연적 감정에는 마찬가지의 성격을 띠는 것으로 보인다. 그러므로 이 철학체계에 따를 때, 적절한 승인이나 부적절한 승인을 우리가 어떻게 승인하거나 부인하는가에 대해 질문이 제기될 것 같다. 이 질문에 대해서 주어질 수 있는 합당한 해답은 아마 하나밖에 없다고 나는 생각한다.

우리의 이웃이 제삼자의 행동을 본 후 갖게 되는 승인이 우리 자신의 승인과 일치할 때는, 우리는 그의 승인에 대해 승인하고 그것을 어느 정도 도덕적으로 선한 것이라고 생각한다. 반대로 그것이 우리 자신의 감정들과 일치하지 않을 때, 우리는 그것에 대해 부인하고 그것을 어느 정도 도덕적으로 악한 것이라고 생각한다고 분명히 말할 것이다. 그러므로 적어도 이 한 가지 사례에서는 관찰자와 관찰대상자 사이에 감정의 일치나 대립이 도덕적 승인이나 부인을 구성하고 있음을 우리는 분명히 인정해야 한다.

그리고 만일 그것이 이 한 가지 사례에서 그러하다면, 다른 모든 사례에서는 왜 그렇지 않은 것인가? 또는 어떤 목적에서 그러한 감정들을 설명하기 위해 하나의 새로운 인식능력을 상상하는 것인가를 나는 묻고 싶다.

15

승인의 원리가 다른 모든 감정과는 독특하게 구별되는 하나의 특수한 감정에 의존한다고 보는 모든 설명에 대해 나는 다음처럼 반대하고 싶다. 신의 섭리에 의해 의심할 여지없이 인간 본성의 지배원리로 의도된 이러한 감정이 이제까지 어떤 언어에서도 명칭조차 갖지 못할 정도로 거의 주목받지 못한 점은 기묘한 일이다. 도덕감각이라는 단어도 극히 최근에 형성된 것으로, 아직은 영어의 일부를 이룬다고 간주될 수 없다.

승인이라는 단어는 겨우 최근 수년 내에 특히 이런 종류의 어떤 것을 나타내기 위해서 용인된 것에 불과하다. 언어의 타당성 가운데서 우리가 완전히 만족스럽도록 하는 모든 것, 즉 건축물의 형태, 어떤 기계장치, 한 접시의 고기 요리의 풍미에 대해 우리는 승인한다.

양심이라는 단어는 우리가 승인하거나 부인하는 데 활용되는 어떤 도덕적 능력을 직접적으로 표현하지 않는다. 실제로 양심은 그와 같은 능력의 존재를 전제하고 있으며, 그것의 지시에 합치하거나 반대로 행동한다는 우리의 의식을 적절히 의미하고 있다.

이 원리의 신민으로 상정되는 그렇게 많은 다른 열정과 더불어 사랑, 증오, 기쁨, 슬픔, 감사, 분개심이 스스로 구별되는 명칭을 얻을 정도로 자신들을 주목할 만한 존재로 만들고 있을 때, 이것들 모두의 주권자는 이제까지 거의 주목받지 못했고, 소수의 철학자들을 제외하고는 어느 누구도 이것에 이름을 부여할 만한 가치가 있다고 생각조차 하지 않은 것은 놀라운 일이 아닌가?

16

앞서 논의한 철학체계에 따르면, 우리가 어떤 성격이나 행위를 승인할 때 느끼는 감정들은 몇 가지 점에서 서로 다른 네 가지 원천으로부터 도출된다. 첫째, 우리는 행위자의 동기에 동감한다. 둘째, 우리는 그의 행위로부터 혜택을 받은 사람들의 감사에 공감한다. 셋째, 우리는 그의 행동이 이상의 두 가지 동감이 일반적으로 작용하는 경우에 활용되는 일반원칙과 합치하는 것을 관찰한다. 마지막으로, 우리가 그러한 행위를 개인이나 사회의 행복을 증진하는 경향을 갖는 어떤 행위 체계의 일부를 구성하는 것으로 생각할 때, 그러한 행위는 우리가 모든 잘 고안된 기계에 귀속시키는 것과 마찬가지의 아름다움을 이러한 효용으로부터 도출하는 것처럼 보인다.

어떤 특정한 경우에 이 네 가지 원리 가운데 어느 하나 또는 다른 원리로부터 생긴다고 인정할 수밖에 없는 모든 것을 제외한 후에 무엇이 남는지를 알게 되면 나는 기쁨을 느끼게 될 것이다. 그리고 만일 누군가가 이 잉여부분이 무엇인지를 정확히 확인한다면, 나는 이 잉여부분이 도덕감각이나 어떤 다른 특수한 능력에 귀속되는 것을 기꺼이 용인할 것이다.

만일 이러한 도덕감각이 그러하다고 상정되는 바와 같은 어떤 특수한 원리가 존재한다면, 어떤 개별 사례들에서 우리는 그것을 다른 모든 정서로부터 분리되고 단절된 것으로 느끼는 것이 당연하다고 아마 기대할 수도 있다. 이것은 우리가 종종 기쁨, 슬픔, 희망, 공포를 순수하게 다른 어떤 정서와 혼합하지 않고 느끼는 것과 마찬가지일 것이다.

하지만 내가 상상하기에 이것은 심지어 가장할 수조차 없다. 나는 동감이나 반감과 혼합되지 않고, 감사나 분개심과 혼합되지 않고, 어떤 확립된 준칙에 대한 어떤 행위의 일치나 불일치의 지각과 혼합되지 않고, 마지막으로 생명체뿐만 아니라 무생물체가 불러일으키는 아름다움과 질서에 대한 일반적 취향과 혼합되지 않고 이러한 원리가 단독으로 행사되었다고 말할 수 있는 어떤 사례가 진술되는 것을 전혀 들어본 적이 없다.

17

II. 우리의 도덕감정의 기원을 동감으로부터 설명하려고 시도하면서도 내가 지금까지 확립하려고 노력해온 체계와는 구분되는 또 다른 철학체계가 있다. 그것은 덕성을 효용에 두고, 관찰자가 어떤 자질이 갖는 효용을 바라볼 때 느끼는 쾌감을 그러한 자질에 영향을 받는 사람들의 행복에 대한 동감에 근거해 설명하는 체계다.

　이러한 동감은 우리가 행위자의 동기에 공감할 때 갖는 동감과도 다르고, 그 행위자의 행위 때문에 혜택을 받는 사람의 감사에 공감할 때 갖는 그런 동감과도 다르다. 그러한 동감은 우리가 잘 고안된 기계를 승인할 때 활용되는 것과 동일한 원리다. 그러나 어떤 기계도 지금 언급한 마지막 두 가지 동감 가운데 어느 것의 대상이 될 수 없다. 나는 이미 이 책의 제4부에서 이 철학체계에 관해 어느 정도 설명을 한 바 있다.[60]

---

60) 이 책 제4부 2장에서 이루어진 흄의 윤리이론에 관한 검토와 비판을 의미한다.

제4편 실천적 도덕규칙에 관한 다양한 학자들의 논의 방식

1

이 책의 제3부에서 다음과 같은 것들이 거론된 바 있다.[61] 정의의 준칙만이 엄밀하고 정확한 도덕규칙이며, 그 밖의 다른 모든 덕목의 규칙은 느슨하고 막연하고 불확실하다. 전자의 준칙은 문법상의 여러 규칙에 비유될 수 있고, 후자의 규칙은 작문에서 숭고하고 우아한 목적을 달성하기 위해서 비평가들이 설정한 규칙에 비유될 수 있다. 따라서 후자의 규칙은 완전성의 획득을 위해서 어떤 확실하고 절대적으로 옳은 지침을 우리에게 제공하기보다는 오히려 목적으로 삼아야 하는 그 완전성에 대한 일반적인 관념을 제시한다.

2

서로 다른 도덕규칙이 이와 같이 상이한 정도의 정확성을 허용하기 때문에, 이것을 수집하고 소화해서 체계화하려고 시도한 학자들

---

61) 이 책 396~400쪽(9-11) 참조.

은 이것을 두 가지 서로 다른 방법으로 달성해왔다. 어느 일군의 학자들은 한 가지 부류의 덕목을 고찰할 때 자연히 일정 방향으로 인도되는 그 같은 느슨한 방법을 시종일관 추구한 반면에, 다른 일군의 학자들은 일반적으로 그들의 계율 가운데 단지 일부 계율만이 수용 가능한 그런 부류의 정확성을 모든 계율에 도입하고자 시도했다. 전자는 비평가처럼 글을 썼으며, 후자는 문법학자처럼 글을 썼다.

3

I. 첫 번째 부류에 우리는 고대의 모든 도덕가를 포함시킬 수 있다. 그 학자들은 서로 다른 미덕과 악덕을 일반적인 방법으로 기술하면서 미덕의 적정성과 행복뿐만 아니라 악덕의 추함과 불행을 지적하는 데 만족했지만, 모든 개별적인 경우에 예외 없이 유효한 많은 엄밀한 규칙을 규정하려는 태도를 취하지는 않았다. 그들은 언어가 확인할 수 있는 한, 단지 다음의 두 가지를 확인하려고 시도했다.

첫째, 각 개별 덕목의 기초를 이루는 마음의 감정은 어디에 있으며, 우정, 인간애, 관용, 정의, 넓은 도량 및 다른 모든 미덕의 본질을 구성하는 것, 그리고 이 미덕들과 상반되는 악덕의 본질을 구성하는 것은 어떤 종류의 내부적 감정이나 정서인가를 확인하는 것이다. 둘째, 이러한 각각의 감정이 우리를 이끄는 바의 일반적인 행동양식, 즉 통상적인 행위의 경향과 기조는 무엇이며, 친절하며, 관대하고, 용감하며, 정의롭고 인정미가 넘치는 사람들은 평소에 어떻게 행동선택을 하는가를 확인하는 것이다.

4

각각의 개별 덕목의 기초를 이루는 마음속의 감정의 특징을 밝히려면 섬세하면서도 정밀한 화법이 필요하지만, 이것은 일정 정도 정확하게 진행될 수 있는 과제다. 모든 가능한 정황의 변화에 따라 각각의 감정이 겪고 있거나 당연히 겪어야만 하는 모든 변화를 표현하는 것은 사실상 불가능하다. 그러한 변화는 무한하고, 언어에는 그것들을 표시할 명칭이 결여되어 있다.

예컨대 우리가 노인에게 느끼는 우정의 감정은 우리가 청년에게 느끼는 그것과 다르다. 우리가 엄숙한 사람에게 품는 우정의 감정은 한층 더 상냥하고 다정한 태도를 지닌 사람에게 품는 그것과 다르며, 우리가 쾌활한 태도와 정열을 지닌 사람에게 품는 그것과도 다르다. 우리가 남성에게 품는 우정은, 설령 어떤 한층 더 저속한 열정이 전혀 혼합되어 있지 않더라도, 여성이 우리의 마음을 움직이도록 하는 우정과는 다르다.

도대체 어떤 학자가 이 우정의 감정이 겪을 수 있는 이러한 모든 무한한 변이를 열거하고 확인할 수 있을 것인가? 그렇지만 이것들 모두에 공통적인 우정과 친밀한 애착이라는 일반적인 감정은 여전히 충분한 정도로 정확하게 확인될 수 있다. 이것에 대해 그려진 그림은 비록 여러 측면에서 항상 불완전할지라도 우리가 그것과 조우했을 때 그 원형을 이해하고, 심지어 그것과 상당히 유사한 다른 감정들, 예를 들면 호의, 존경, 존중, 감탄과도 구별할 수 있을 만큼 어떤 유사성을 지닌다.

5

각각의 덕목이 우리에게 행하도록 촉구하는 일상의 행동양식이 무엇인가를 일반적인 방법으로 기술하는 일은 훨씬 더 용이하다. 실제로 이런 유형의 일을 전혀 수행하지 않은 채 그 행동양식의 기초를 이루는 내부적 감정이나 정서를 기술하는 것은 거의 불가능하다. 말하자면 열정이 지닌 모든 서로 다른 변이의 보이지 않는 모습을 그것들이 마음속에서 나타나는 그대로 언어로써 표현하는 것은 불가능하다. 그러한 다양한 변이를 표시하고 서로 구별하려면 그것들이 외면에서 산출하는 여러 효과, 즉 그것들이 용모, 태도 내지 외부적 행동에서 일으키는 여러 변화, 그것들이 암시하는 결의, 그것들이 촉구하는 행동들을 기술하는 방법 이외에는 다른 방도가 없다.

따라서 키케로는 그의 『의무론』의 제1권에서 네 가지 기본 덕목의 실천 방향을 제시하려 하고 있다. 또한 아리스토텔레스도 그의 『니코마코스 윤리학』의 실천 부분에서 우리의 행동을 규제할 수단이 되기를 바라는 서로 다른 관행, 즉 공평무사함, 웅장함, 넓은 도량, 심지어 익살과 싹싹함마저 우리에게 제시하고 있다. 그런데 이러한 익살과 싹싹함은 저 관대한 철학자가 여러 덕목의 목록 안에 포함시킬 만한 가치가 있다고 생각한 자질이고 우리는 자연스럽게 그것들을 승인하기는 하지만, 그러한 승인의 가벼움 때문에 그것들은 그처럼 존경할 만한 명칭을 받을 자격이 있는 것처럼 보이지는 않는다.

6

이러한 저술들은 우리에게 유쾌하고 인상적인 예의범절의 풍경을 제시하고 있다. 그 생생한 기술로 그것들은 미덕에 관한 우리의 자연적인 애정을 타오르게 하고, 악덕에 관한 우리의 혐오를 증대시킨다. 그 관찰의 정당성과 섬세함으로 그것들은 행동의 적정성에 관한 우리의 자연적 감정을 교정하고 확인하는 데 종종 유익할 수 있다. 그리고 그것들은 세련되고 섬세한 주의사항을 제시하고 있기 때문에 그러한 지시가 없을 때 우리가 생각하는 경향이 있었던 것보다도 한층 더 엄밀하게 정당한 행동을 도모하도록 한다. 윤리학으로 적절히 부르는 과학은 이런 식으로 도덕규칙들을 취급하는 데에 있다.

윤리학이라는 과학은 비록 비평처럼 가장 정확한 정밀성을 용인하지는 않지만, 매우 유용하고 호감을 준다. 그것은 다른 모든 과학 가운데 웅변을 통한 윤색의 여지가 가장 크고, 가능한 경우에 그러한 윤색에 의해 가장 사소한 의무의 규칙에도 새로운 중요성을 부여할 여지가 가장 크다.

이처럼 마무리되고 장식이 이루어진 윤리학의 계율들은 청년들의 유연성을 배경으로 가장 고상하고 지속적인 인상을 창출할 수 있다. 그리고 그것들이 관대한 연령대의 자연적인 담대함과 일치하는 이 상, 적어도 어느 기간 가장 영웅적인 단호함을 고취할 수 있고, 이로 써 인간의 마음이 수용할 수 있는 가장 훌륭하고 가장 유용한 관행을 확립하고 강화하는 경향이 있다. 우리를 고무하여 덕성을 실천하도 록 하기 위해서 계율과 권고가 무엇을 하든지 간에 그것은 이와 같은 방식으로 전달되는 이 과학에 의해서 수행되고 있다.

7

II. 두 번째 부류의 도덕가 가운데는 중세 및 근대의 기독교 교회의 모든 결의론자와 함께 현 18세기와 지난 17세기에 소위 자연법학을 취급한 모든 학자가 포함될 수 있다. 그들은 앞서와 같은 일반적인 방식으로 우리에게 권고하고자 하는 행동방침의 특징을 밝히려는 데 만족하지 않고, 모든 상황에서 우리 행동의 방향제시를 위한 정확 하고 엄밀한 규칙을 규정하려고 시도했다. 정의는 이러한 정확한 규 칙이 적절히 규정될 수 있는 유일한 덕목이기 때문에, 바로 이 덕목 을 서로 다른 이들 두 부류에 속하는 저자들이 주로 고찰의 대상으로 삼았다. 그러나 그들은 그것을 아주 다른 방식으로 취급했다.

8

법학의 원리를 연구하는 사람들이 오로지 성찰하는 것은, 타인에게 의무를 정당하게 요구할 수 있는 사람은 무엇을 강제로 요구할 자격이 있다고 생각해야만 하는가, 모든 공정한 관찰자는 그가 강제로 요구하는 어떤 내용을 승인할 것인가, 그가 자신의 사건을 맡기고, 그를 위해 사건을 정의롭게 처리할 임무를 맡은 재판관이나 중재자가 소송 당사자로 하여금 의무로서 감수하거나 실행하도록 해야 할 것은 무엇인가 하는 것뿐이다.

다른 한편, 결의론자들은 강제로 요구해도 적절한 것은 무엇인가를 검토하기보다는, 오히려 의무를 지고 있는 사람이 정의의 일반적인 규칙에 관한 가장 신성하고 성실한 고려에 근거해서, 그리고 자신의 이웃을 침해하거나 자신의 성격의 고결함을 위반하는 데서 비롯되는 가장 양심적인 두려움에 근거해서, 스스로 수행해야 하는 의무라고 생각해야만 하는 것은 무엇인가를 검토한다. 법학의 목적은 재판관과 중재자의 판결에 필요한 준칙을 규정하는 것이다. 결의론의 목적은 선량한 사람의 행동에 필요한 규준을 제시하는 것이다.

법학의 모든 규칙이 아주 완벽하다고 상정한다면, 그것들을 준수하는 경우에 우리가 외부적 형벌을 모면하는 것을 제외하고는 어떤 보상도 받을 가치가 없다. 그런데 결의론의 규칙들이 그 규범적 타당성을 지니고 있다고 상정한다면, 그것들을 준수하는 경우에 우리는 자신의 행동이 드러내는 정확하고 면밀한 섬세함 때문에 상당한 칭찬을 받을 자격을 갖게 마련이다.

9

선량한 사람은 정의의 일반적인 규칙에 대한 신성하고 양심적인 고려에 근거해서 많은 것을 스스로 수행해야 하는 의무가 있다고 생각한다. 그런데 그에게 그것을 강요하거나, 재판관이나 중재자가 그에게 그것을 강제로 부과하는 것이 최고의 불의가 되는 일이 빈번하게 일어날 수 있다. 진부한 예를 들면, 어느 노상강도가 죽음의 공포에 근거해서 어느 여행자에게 일정한 금액의 돈을 지불하겠다는 약속을 하도록 강제한다. 불의한 폭력을 이용해 이와 같은 방식으로 강요된 그런 약속도 이행의무가 있는 것으로 간주되어야 하는가의 여부는 아주 많이 논의되어온 문제다.

10

만일 우리가 그것을 오로지 법학의 문제로만 고찰한다면, 이 결정에는 의심할 여지가 없다. 노상강도가 그 당사자에게 약속을 이행하도록 강요하기 위해 폭력을 사용할 자격이 있다고 허용하는 것은 불합리하다. 그러한 약속을 강요하는 것은 최고의 형벌을 받아 마땅한 일종의 범죄며, 그 약속의 실행을 강요하는 것은 전자의 범죄에 또 하나의 새로운 범죄를 추가하는 것일 뿐이다. 그 노상강도는 여행객에게 정당하게 살해당할 수 있는데, 여행객이 노상강도를 기만한 일에 따른 침해쯤으로는 전혀 호소할 수가 없다.

어떤 재판관이 그러한 약속의 의무를 강제해야 한다거나, 위정자가 소송의 유지를 허용해야 한다고 가정하는 것은 모든 불합리 가운데 가장 터무니없는 일이다. 그러므로 우리가 이 문제를 법학의 문제로 고찰할 때, 우리는 그 판결을 내리는 데 당황할 여지가 전혀 있을 수 없다.

11

그러나 만일 우리가 이것을 결의론의 문제로 고찰한다면 그 판결은 그처럼 용이하게 이루어지지 않을 것이다. 어느 선량한 사람이 모든 진지한 약속의 준수를 명하는 가장 신성한 정의의 규칙에 대한 양심적인 고려에 근거해서, 스스로 그 약속을 이행할 의무를 지닌다고 생각할 것인가의 여부는 앞의 경우에 비교해서 적어도 훨씬 더 불확실하다.

그 선량한 사람을 이러한 상황에 이르게 한 그 악인의 낙담에 관해서는 어떠한 고려도 타당하지 않다는 점, 그 노상강도에게 어떠한 침해도 발생하지 않았고, 따라서 아무것도 강제될 수 없다는 점에 대해서는 어떤 유형의 논쟁도 허용되지 않는다.

하지만 이러한 경우에 그 선량한 사람의 품위와 명예와 관련해서, 그리고 그의 성격 가운데 진리의 법칙을 존중하는 동시에 기만과 허위에 근접하는 모든 것을 혐오하도록 만드는 그런 부분이 갖는 불가침의 신성함과 관련해서, 일정 정도의 고려가 마땅하지 않은가의 여부는 아마도 더 합당하게 논의할 문제가 될 수 있다.

따라서 결의론자들은 이 문제를 두고 크게 나뉜다.

한 분파로는 고대인 가운데 키케로, 현대인 가운데 푸펜도르프와 그의 주해자인 바르베이락, 그리고 누구보다도 대부분의 경우에 결코 느슨한 결의론자는 아니었던 고 허치슨 박사가 거론될 수 있다.[62] 이 분파는 일체의 주저 없이 그런 약속에는 어떤 유형의 고려도 마땅하지 않으며, 이와 다른 식으로 생각하는 것은 단지 나약함과 미신일 뿐이라고 결정한다.

다른 분파로는 고대의 일부 교부철학자와 근대의 매우 탁월한 일부 결의론자가 거론될 수 있다.[63] 이들은 앞의 분파와는 견해를 달리

---

62) 푸펜도르프(Samuel Pufendorf, 1632~94)는 그로티우스를 계승해 근대적 자연법학을 발전시킨 독일의 법학자다. 바르베이락(Jean Barbeyrac, 1674~1744)은 프랑스 법률가로서 푸펜도르프 저작을 프랑스어로 번역하는 작업과 편집을 담당했다.

63) 원주: 성 아우구스티누스(St. Augustine) 및 라 플라세테(La Placette). [아우구스티누스(Sanctus Aurelius Augustinus, 354~430)는 4세기 이탈리아에서 활동한 대표적 교부철학자이자 주교로서 『서간집』 125번째 서간에서 이를

하며, 그런 모든 약속을 마땅히 이행해야 할 의무로 판단한다.

12

만일 우리가 세상 사람들의 일상적인 감정에 따라서 이 문제를 고찰한다면, 우리는 이러한 종류의 약속에 대해서조차 어느 정도 고려를 하는 것이 마땅하다고 생각한다. 그러나 모든 경우에 예외 없이 적용되는 어떤 일반규칙에 따라서 어느 정도 고려할 것인가를 결정하는 것은 불가능함을 알게 될 것이다. 이런 종류의 약속을 아주 공공연하고 손쉽게 하며, 그 약속을 간단한 의식만큼이나 가볍게 위반하는 사람을 우리는 우리의 친구나 동료로서 선택하지 않게 마련이다.

노상강도에게 5파운드를 주겠다고 약속하고 이를 이행하지 않는 어느 신사는 약간의 비난을 받을 것이다. 그런데 만일 약속한 금액이 매우 크다면, 무엇을 하는 것이 적절한지가 한층 더 불확실해질 수 있다. 예컨대 만일 지불액이 약속한 사람의 가정을 완전히 파멸시킬 정도의 금액이거나, 가장 유용한 목적을 촉진하는 데 충분할 정도로 크다면 격식 준수에 얽매여 그것을 무가치한 사람에게 던져주는 것은 어느 정도 범죄이고 적어도 극히 부적절한 듯하다. 약속한 금액을 지불하고 빈털터리가 될 사람이나, 비록 거액을 지불할 여유가 있다고 해도 도둑과의 약속을 지키기 위해서 수십만 파운드를 내던지는 사람은 세상 사람들의 상식에 비추어 최고도로 불합리하고 과도하게 보인다.

그러한 과도한 낭비는 그의 의무, 그가 자기 본인과 타인 모두에게 마땅히 지고 있는 것, 따라서 이런 식으로 강제된 약속임을 고려해보

거론하고 있다. 한편 라 플라세테(Jean La Placette, 1639~1718)는 프랑스 신학자이자 윤리학자로서『서약론』(1701) 제2편에서 결의론을 언급한다.]

면 결코 정당한 것으로 인정될 수 없는 그런 의무와는 양립하지 않는 것으로 보인다.

그런데 어떤 정밀한 규칙에 따라서 이러한 약속에 어느 정도의 고려가 주어져야 할 것인가, 이 약속에 지불해야 마땅한 최대의 금액은 무엇인가를 결정하는 것은 분명히 불가능하다. 이것은 해당 인물의 성격, 그들이 처한 상황, 그 약속의 엄숙성, 심지어 우연히 만나는 부수적인 여러 사건 등에 따라서 변할 것이다.

만일 약속한 사람이 가장 거리낌 없는 성격의 인물 사이에서 때때로 주어져야 하는 그런 종류의 상당히 화려한 분위기에서 환대받았다면, 다른 경우들과 비교해서 지불 액수가 더 큰 것이 당연한 것으로 보일 것이다. 예를 들면 공공의 이해에 관한 고려, 감사, 자연적인 애정, 적절한 자혜의 법률 등이 우리로 하여금 배려하도록 촉구하는 사람들에 대한 고려 등과 같이 한층 더 신성한 다른 어떤 의무들과 상충하지 않는 경우라면 엄밀한 적정성은 그러한 모든 약속의 준수를 요구한다고 일반적으로 말할 수 있다.

그러나 앞서 이미 주목한 바 있듯이, 그와 같은 동기들에 대한 고려에 근거해서 어떤 외부적 행위가 마땅히 이행되어야 하는가를 결정하는 엄밀한 규칙을 우리는 전혀 갖고 있지 않으며, 결과적으로 어느 경우에 그러한 덕성들이 그 약속의 준수와 상충하는가를 결정하기 위한 엄밀한 규칙을 우리는 전혀 갖고 있지 않다.

13

그러나 그러한 약속이 위반되는 때에는 비록 어쩔 수 없는 불가피한 이유 때문이라고 해도, 약속한 사람에게는 언제나 어느 정도의 불명예가 동반됨을 지적할 필요가 있다. 약속이 이루어진 후에 우리는 그 약속을 준수하는 것이 부적절함을 확신할 수도 있다. 하지만 여전히 그런 약속을 한 점에 어떤 결함이 있다. 그것은 적어도 가장 탁월하고 고귀한 담대함과 명예의 계율에서 벗어난 하나의 일탈이다.

용감한 사람은 우둔함 없이는 준수할 수 없거나 치욕 없이는 침해할 수 없는 그러한 약속을 하기보다는 차라리 죽음을 택하는 것이 당연하다. 왜냐하면 이러한 종류의 상황에 어느 정도의 치욕이 항상 동반되기 때문이다.

기만과 허위는 매우 위험하고 두려운 악덕이며, 동시에 매우 쉽사리 그리고 많은 경우에 매우 안심하며 빠져드는 악덕이기 때문에, 우리는 다른 어떤 것과 비교해서 이것들에 대해 한층 더 경계한다. 따라서 우리의 상상력은 모든 상황과 모든 경우에서 서약의 위반에 수치심의 관념을 부여한다. 이러한 측면에서 서약의 위반은, 마찬가지 이유로 우리가 극도로 경계심을 갖고 있는 여성의 정절이라는 덕목의 위반과 유사하다. 그리고 우리의 감정은 두 가지 덕목 가운데 어느 일방에 치우치지 않을 정도로 똑같이 민감하다.

정절의 파기는 회복할 수 없을 정도로 불명예를 준다. 어떤 상황이나 어떤 유혹도 변명거리가 되지 못하며, 어떠한 슬픔이나 어떠한 참회도 그것을 속죄하지 못한다. 이러한 측면에서 우리는 매우 까다롭기 때문에, 심지어 강간당한 것조차도 명예 실추로 여기며, 마음의 순결도 우리의 상상 속에서 더럽혀진 육체를 씻어줄 수 없다. 심지어 가장 무가치한 인간에게 행해진 것이라도 약속이 엄숙하게 서약된 것이면, 그 서약의 위반에 대해서도 사정은 마찬가지다.

약속의 엄수는 매우 필요한 덕목이기 때문에, 일반적으로 우리는 그 아무것도 배려할 가치가 없는 사람이나, 우리가 합법적으로 처형하거나 섬멸하는 것이 가능하다고 생각되는 그런 사람에게조차 이것이 마땅히 지켜져야 하는 것으로 이해하고 있다. 신의의 파기에 책임 있는 사람이, 자신의 생명을 구하기 위해서 약속했던 것이며, 그러한 약속은 다른 어떤 존경할 만한 의무의 준수와 양립하지 않기 때문에 파기되었다고 강조해도 그것은 소용없는 일이다. 이러한 사정은 그 불명예를 경감시킬지는 모르나 그것을 완전히 불식시킬 수는 없다. 그는 사람들의 상상 가운데 어느 정도의 수치심과 불가분하게 맺어져 있는 어떤 행동을 저지른 것처럼 보인다.

그는 스스로 엄숙하게 준수하겠다고 공언했던 어떤 약속을 위반했다. 그리고 그의 성격은 비록 회복할 수 없을 정도의 오점으로 더럽혀지지는 않을지라도, 적어도 이에 동반되는 조소를 받으며, 그것을 완전히 씻어버리기는 매우 어려울 것이다.

그리고 내 생각으로는 이런 유형의 희한한 체험을 한 적이 있는 사람은 어느 누구나 그런 이야기하는 것을 좋아하지 않을 것이다.

14

이러한 사례는 결의론과 법학 모두가 정의의 일반적인 규칙에 따른 의무를 고찰하는 때조차, 이 두 학문분야의 차이가 어디에 있는가를 제시하는 데 유용할 것이다.

15

그러나 비록 이러한 차이가 실질적이고 본질적이라고 해도, 이 두 가지 과학이 완전히 상이한 목적들을 추구하고 있다고 해도, 그 주제의 동일성은 양자 사이에 유사점을 만들어냈다. 그 결과로서 법학을 취급하는 것을 자신들의 목적으로 공언하는 대부분의 저자들은 자신들이 검토하는 서로 다른 의문을 때로는 법학이라는 과학의 원리에 따라서, 때로는 결의론의 원리에 따라서 결정했다. 이때 그들은 언제 전자를 따르고 언제 후자를 따랐는지 구별하지도 않았으며, 아마 스스로 인식하지도 못한 듯하다.

16

그런데 결의론자의 학설은 정의의 일반적 규칙에 대한 양심적인 고려가 우리에게 무엇을 요구하는지에 대한 성찰에만 결코 한정하지 않는다. 그것은 기독교적인 의무와 도덕적 의무의 다른 많은 부분을 포함하고 있다. 이와 같은 부류의 과학이 양성된 주요 계기로 생각되는 것은 야만과 무지몽매의 시대에 로마 가톨릭의 미신에 의해 도입된 비밀참회의 관습이다.

이 관습에 따르면, 기독교적 순결의 규칙에서 조금이라도 후퇴했다고 의심할 수 있는 각자의 가장 내밀한 행동과 심지어는 생각마저도 고해신부에게 밝혀져야만 했다. 그 고해신부는 자신의 고해자들에게 그들이 의무를 위반했는지 여부와 어떤 측면에서 위반했는지, 그들이 분노한 신의 이름으로 죄의 사함을 받기 전에 먼저 어떤 속죄 행위를 할 의무가 있는가를 알려주었다.

17

나쁜 행위를 했다는 의식이나 혐의조차도 각자의 마음에 하나의 무거운 짐이 되며, 오랜 기간의 부정한 관행 때문에 마음이 굳어 있지 않은 모든 사람에게는 그것은 불안과 공포를 동반한다. 사람들은 다른 고통에서처럼 이러한 고통 가운데서도 비밀 준수와 사리분별에 능한 사람으로 신뢰하는 어떤 인물에게 자신들이 가진 정신적 고민을 털어놓음으로써 자신들의 생각을 억누르는 압박감을 덜어내려고 자연히 열망한다.

이러한 고백 때문에 받는 수치심은 그의 불안감이 경감됨으로써 충분히 보상받는데, 이것은 그들이 신뢰하는 사람의 동감에 따라서 거의 수반될 수밖에 없는 것이다. 그들은 자신들이 고려할 가치가 전혀 없지 않다는 것, 그들의 과거 행동이 아무리 비난을 받을지라도 그들의 현재적 성향은 적어도 승인되고 아마 그 과거를 보상하고도 남으며, 적어도 어느 정도 친구의 존경을 유지할 수 있다는 것을 알게 되면, 그들은 안도감을 갖는다.

저 미신의 시대에는 다수의 교묘한 성직자는 거의 모든 사적인 가족들의 신뢰를 받았다. 그들은 그 시대가 제공할 수 있는 모든 자잘한 학식을 소유했으며, 그들의 태도는 비록 여러 측면에서 거칠고 혼란스러웠으나 동시대인들과 비교하면 세련되고 정연한 모습을 갖추었다. 따라서 그들은 모든 종교적 의무뿐만 아니라 모든 도덕적 의무의 위대한 안내자로 간주되었다. 그들과의 친밀성은 이러한 친분관계를 갖출 정도로 행운을 지닌 어느 누구에게나 좋은 평판을 부여했던 반면에, 그들이 내린 모든 비난의 표시는 이에 처한 모든 불운한 사람에게는 가장 깊은 치욕을 각인시켰다.

성직자들은 옳고 그름에 대한 위대한 재판관으로 간주되었기 때문에, 사람들은 양심의 가책이 될 만한 일이 생기면 자연스럽게 그들과 상담을 했다. 어떤 사람이 그처럼 신성한 사람을 모든 비밀을 상담할 수 있는 절친한 친구로 삼고 있고, 그의 조언이나 승인 없이는 중요하거나 미묘한 어떤 행동 방안도 취하지 않는다는 점을 세상에 알리는 것은 평판을 좋게 만들었다.

따라서 성직자들이 자신들에게 위임하는 것이 이미 일반화된 일과, 비록 그런 규칙이 확립되어 있지 않더라도 일반적으로 위임되었어야 할 일을 자신들이 위임받아 담당해야만 한다는 것을 하나의 일반규칙으로 확립하는 것은 어렵지 않았다. 그러므로 스스로 고해신부의 자격을 갖는 것은 성직자와 신학자가 담당해야 할 연구에서 필요불가결한 일부분이 되었다.

이로부터 그들은 행동의 적정성이 어디에 있는가를 결정하기가 어려울 뿐만 아니라 미묘하고 섬세한 상황으로서 양심의 사례로 불리는 것을 수집하게 되었다. 그러한 작업은 양심의 지도자들에게도, 지도받아야 할 사람에게도 모두 유용하다고 판단되었다. 이것이 결의론의 저서들이 유래한 기원이다.

18

결의론자들이 고찰의 대상으로 삼은 도덕적 의무는 주로 최소한 어느 정도는 일반적 규칙 내에서 한정될 수 있는 것들이며, 그것의 침해는 자연히 일정 정도의 회한 및 처벌의 공포를 동반한다. 결의론의 저서들이 유래한 그 제도의 목적은 그러한 의무의 침해에 뒤따르는 양심의 두려움을 진정시키는 것이었다. 그런데 모든 덕목이 그 일탈 때문에 이런 유형의 엄격한 양심의 가책을 수반하지는 않으며, 어느 누구도 자신이 처한 여건에서 최대로 가능한 행위, 즉 가장 관대하고 가장 우호적이며 가장 도량이 넓은 행위를 수행하지 않은 점 때문에 고해신부에게 사면을 요청하지는 않는다.

이러한 유형의 실책에서 위반되는 규칙은 흔히 매우 확정적이지 않고, 그것은 또한 비록 이를 준수하면 명예와 보상을 받을 자격이 생길지도 모르지만 이를 위반한다고 해서 적극적인 비난이나 견책 또는 처벌에 노출되지는 않는 그런 성격을 일반적으로 가지고 있다. 결의론자들은 그러한 덕목의 실천을 일종의 의무 이상의 과제로 간주한 것으로 보이며, 따라서 이것은 매우 엄격하게 강제될 수 없고, 그들이 이를 취급할 필요가 없었다.

19

그러므로 고해신부의 법정에 서게 되고, 이러한 이유 때문에 결의론자의 관할권에 속하는 도덕적 의무의 침해에는 주로 다음과 같은 세 가지 종류가 있다.

20

첫 번째 그리고 주로, 정의의 규칙의 위반이 있다. 여기서의 규칙은 모두 명시적이고 명문화된 것이며, 이것의 위반은 신과 인간 모두에게서 처벌받아 마땅하다는 의식 및 처벌을 받는 공포가 동반된다.

21

두 번째, 정절의 규칙의 위반이 있다. 비교적 중대한 모든 사례에서 이것은 정의의 규칙의 실질적인 위반이며, 어떤 사람도 다른 누군가에게 가장 용서받을 수 없는 침해를 끼치지 않는다면 이것에 대한 유죄의 책임을 질 수는 없다.

남녀 사이의 대화에서 준수되어야 하는 그런 엄격한 예법의 침해에 불과한 경우처럼 비교적 경미한 사례에서는 그것이 정의의 규칙의 위반으로 간주되는 것은 실로 정당성을 지닐 수 없다. 그러나 그러한 위반은 일반적으로 상당히 명백한 어떤 규칙의 침해이며, 적어도 남녀 가운데 어느 당사자 사이에서 유죄의 책임을 지고 있는 사람에게 불명예를 수반하는 경향이 있고, 그 결과로서 양심적인 사람에게는 어느 정도의 수치심과 통회를 수반하는 경향이 있다.

22

셋째로, 진실성의 규칙의 위반이 있다. 진실성의 위반은 비록 많은 경우에 정의의 위반일지라도 반드시 그러한 것은 아니며, 따라서 반드시 외부적 처벌의 대상이 될 수 없다는 것은 주목할 만하다. 거짓말을 습관적으로 하는 악덕은 비록 가장 절망적이고 비열한 행위일지라도 어느 누구도 침해하지 않는 경우가 빈번하다. 그리고 이러한 경우에는 속은 사람이나 다른 사람들에게 복수나 배상의 청구권이 정당하게 주어질 수 없다. 그러나 비록 진실성의 위반이 반드시 정의의 위배는 아니라고 해도, 그것은 언제나 매우 평범한 규칙의 위반이며, 그러한 결함이 있는 사람을 수치심으로 가득 차게 하는 경향이 있다.

23

어린아이들에게는 들은 것은 무엇이든지 믿는 본능적인 성향이 있는 것 같다. 자연은 유년기 그리고 교육과정의 가장 앞선 시기에 어린아이들의 가장 필요한 부분을 맡아서 양육하는 사람들이 적어도 일정 기간은 맹목적으로 신뢰받는 것이 그들의 보존을 위해서 필요하다고 판단한 듯하다. 따라서 그들이 너무 쉽사리 믿는 성향은 지나칠 정도이며, 그들이 합당한 정도의 불신과 의혹에 이르게 하고자 하면 인간의 기만을 오랫동안 많이 경험할 필요가 있다.

성인의 경우에 남을 쉽사리 믿는 정도는 의심할 여지없이 매우 다르다. 가장 현명하고 경험이 많은 사람은 일반적으로 남을 쉽사리 믿지 않는다. 그렇지만 마땅히 믿게 마련인 내용을 쉽게 믿지 않거나, 많은 경우 곧 완전히 거짓으로 판명될 뿐만 아니라 조금만 생각하고 주의를 기울이면 충분히 진실일 수 없음이 드러나는 그런 풍문을 믿지 않는 사람은 극히 드물다.

자연적인 성향은 언제나 믿는 것이다. 불신을 가르치는 것은 오로지 습득된 지혜와 경험뿐인데 이것들이 불신을 충분히 가르치는 경우는 아주 드물다. 우리 가운데 가장 현명하고 신중한 사람도 자신이 한때나마 믿으려고 생각한 사실 때문에 후일 수치스러움과 놀라움을 드러낼 그런 이야기들을 빈번히 믿는다.

24

우리가 신뢰를 부여하는 사람은 우리가 그를 믿게 된 여러 사건에서 필연적으로 우리의 지도자이며 지휘자다. 우리는 그를 어느 정도 존중과 존경의 마음으로 쳐다본다. 그러나 우리가 다른 사람들을 감탄하다가 그에게서 우리 스스로가 감탄을 받고 싶다고 바라게 되는 것처럼, 다른 사람들의 지도와 지휘를 받다가 그에게서 우리 스스로가 지도자와 지휘자가 되기를 소망하게 된다.

그리고 우리가 어느 정도 진정으로 감탄할 만한 가치가 있다고 스스로를 설득할 수 없으면, 우리가 단순히 감탄을 받고 있는 사실에 만족할 수 없는 것처럼, 우리가 진정으로 신뢰받을 만한 가치가 있다는 점을 인식하지 못하면, 단순히 신뢰받는 것만으로는 우리는 언제나 만족할 수 없다.

칭찬받기를 바라는 욕구와 칭찬받을 만한 가치를 바라는 욕구는 매우 유사하면서도 서로 독특한 별개의 욕구인 것처럼, 신뢰받기를 바라는 욕구와 신뢰받을 만한 가치를 바라는 욕구노 역시 유사하면서도 마찬가지로 서로 독특한 별개의 욕구다.

25

신뢰받기를 바라는 욕구, 다른 사람들을 설득하고 지도하며 지휘하기를 바라는 욕구는 우리의 모든 자연적인 욕구 가운데 가장 강력한 욕구 중의 하나인 듯하다. 그것은 아마도 인간 본성에서 특징적 능력인 언어 능력의 근거가 되는 본능일 것이다. 다른 어떤 동물도 이 능력을 보유하고 있지 않으며, 우리는 다른 어떤 동물 가운데서도 자기 동료들의 판단과 행동을 지도하고 지휘하기를 바라는 어떤 욕구도 찾을 수 없다. 원대한 야심, 진정한 우월성으로 지도하고 지휘하기를 바라는 욕구는 전적으로 인간에게 특유한 것으로 보인다. 언어는 야심을 위한, 진정한 우월성을 위한, 다른 사람들의 판단과 행동을 지도하고 지휘하기 위한 거대한 수단이다.

26

신뢰받지 못하는 것은 언제나 굴욕적인 일이다. 그리고 우리가 신뢰할 가치가 없으며, 진지하고 계획적으로 타인을 기만할 수 있다고 생각되기 때문에 그런가 하는 의구심이 들 때, 그 굴욕감은 두 배로 커진다.

어떤 사람에게 거짓말을 한다고 말하는 것은 모든 모욕 가운데서 가장 치명적이다. 그러나 진지하고 계획적으로 기만하는 사람은 누구든지 자신은 이런 모욕을 당해 마땅하고, 신뢰받을 만한 가치가 없으며, 동료 사회에서 어떤 유형의 안락, 위안, 만족을 이끌어낼 수 있는 그런 종류의 신용을 기대할 모든 자격을 상실한다는 것을 필연적으로 자각하고 있다.

어느 누구도 자신의 한마디 말도 믿지 않는다고 상상하는 불행한 사람은 스스로 인간 사회에서 버림받은 자처럼 느낄 것이고, 그 안으로 들어가서 그 앞에 나선다고 생각하는 것만으로도 공포를 느낄 것이다. 내가 생각하기에는 그런 사람은 절망감 때문에 죽지 않을 수 없다. 그런데 아마도 자신에 대해 이와 같은 굴욕적인 의견을 견지할 정당한 이유를 가진 사람은 결코 없을 것이다.

가장 악명 높은 거짓말쟁이도 진지하고 의도적인 거짓말을 한 번 할 때마다 적어도 스무 번은 선명한 진실을 말한다고 나는 믿고 싶다. 가장 신중한 사람의 경우에 신뢰하려는 성향이 의심과 불신의 성향보다 우세한 것처럼, 진실에 가장 구애되지 않는 사람의 경우에도 진실을 말하려는 자연적 성향은 남을 기만하거나 어느 모로나 진실을 바꾸고 은폐하려는 성향보다 우세한 경우가 대부분이다.

27

비록 본의가 아닐지라도, 또한 우리 자신이 기만당한 일 때문일지라도, 우리가 다른 사람을 속이게 될 때 우리는 굴욕감을 느낀다. 비록 이러한 본의 아닌 거짓말이 진실성의 결여의 표지나 진리에 대한 가장 완전한 애호 결여의 표지는 아닌 경우가 흔할지라도, 그것은 항상 일정 정도 판단력 결여의 표지, 기억력 결여의 표지, 부적절하게 쉽게 속는 성향의 표지, 일정 정도의 조급함과 당황의 표지다.

그것은 다른 사람들을 설득할 때 우리의 권위를 늘 감소시키고, 지도하고 지휘하는 우리의 적합성에 대해 일정 정도의 의구심을 늘 수반한다. 그러나 실수로 때때로 잘못 지도하는 사람은 계획적으로 기만할 수 있는 사람과는 대부분 상이하다. 전자는 많은 경우에 신뢰해도 안전하지만, 후자는 어떤 경우에도 거의 그렇지 못하다.

28

마음의 솔직함과 개방성은 신뢰를 도모하게 만든다. 우리는 기꺼이 우리를 신뢰하는 것으로 보이는 사람을 신뢰한다. 우리는 그가 우리를 인도하려고 생각하는 길을 명확히 안다고 생각하고, 즐거이 우리 스스로를 그의 안내와 지도에 내맡긴다.

이와는 반대로 침묵과 은폐는 불신을 초래한다. 그가 어디로 가는지 우리가 알지 못하는 그런 사람을 따르는 것을 우리는 두려워한다. 그뿐만 아니라 대화와 사교의 크나큰 즐거움은 감정과 의견이 어느 정도 일치하고, 그리 많은 악기처럼 서로 어울려서 박자가 맞는 마음들이 어느 정도 조화를 이루는 것으로부터 생겨난다. 그러나 감정과 의견의 자유로운 교환이 없으면 이처럼 가장 기쁨을 주는 조화는 달성될 수 없다.

이러한 이유로 우리는 모두 각자가 어떤 감정을 갖는가를 느끼고 싶어 하고, 서로의 가슴을 통찰하고 싶어 하고, 그곳에 실제로 존재하는 감정과 성정을 관찰하고 싶어 한다. 이 자연적인 열정에서 우리를 충족시키는 사람, 자신의 마음속으로 우리를 초대하는 사람, 말하자면 자신의 마음의 문을 개방하는 사람은 다른 어떤 것보다도 훨씬 더 즐거운 일종의 환대를 베푸는 듯하다.

통상 기분 좋은 상태에 있는 사람이, 만일 그가 자신의 진실한 감정을 느끼는 대로, 그리고 그가 이를 느끼고 있기 때문에, 이를 그대로 말로 표현할 용기를 지니고 있다면 즐겁지 않을 수 없다. 바로 이러한 스스럼없는 진실성이 어린아이의 재잘거림조차 유쾌하게 만든다.

그처럼 솔직한 사람들의 견해가 아무리 미약하고 불완전하다고 해도, 우리는 그들과 동감하는 데 기쁨을 느끼며, 우리 자신의 이해력을 최대한 그들이 가진 능력 수준으로 끌어내려서 그들이 고찰한 것처럼 보이는 특정한 관점에서 모든 대상을 보려고 한다. 다른 사람들의 진실한 감정을 발견하고자 하는 이러한 열정은 자연히 매우 강해서, 그것은 우리 이웃들이 아주 합당한 이유로 숨기려는 그들의 비밀을 들춰내고자 하는 성가시고 무례한 호기심으로 전락하는 경우가 종종 있다.

그러므로 많은 경우에, 인간 본성의 다른 모든 열정만큼 충분히 이 호기심을 통제하며, 공정한 관찰자가 승인할 수 있는 정도로 이것을 끌어내리기 위해서는 신중과 강력한 적정성의 감각이 요구된다. 그러나 이러한 호기심이 적절한 범위 내에서 통제되고 있고, 합당한 이유로 은폐할 어떤 것도 노리지 않는 경우에, 이러한 호기심마저 실망시키는 행위는 반대로 마찬가지로 불쾌한 일이다.

우리의 가장 선량한 질문을 회피하는 사람, 우리의 가장 무해한 문의에 만족을 주지 못하는 사람, 관통할 수 없는 애매모호함 속에 스스로를 명백하게 둘러싸고 감춘 사람, 이런 사람들은 말하자면 자신의 마음 주변에 장벽을 쌓은 것처럼 보인다. 우리는 악의 없는 호기심과 열정으로 그 장벽 안으로 들어가려고 달려가지만, 우리 자신이 즉시 가장 무례하고 가장 불쾌감을 주는 난폭함에 부딪혀 뒤로 떠밀리는 것을 느끼게 된다.

29

침묵과 은폐 가운데 있는 사람이 비록 성격이 상냥한 경우가 거의 없지만, 존경받지 못하거나 경멸의 대상이 되는 성격은 아니다. 그는 우리에게 냉정하게 느끼는 것처럼 보이고, 우리도 그에게 마찬가지로 냉정하게 느낀다. 그는 많은 칭찬이나 애정을 받지는 못하지만, 반대로 미움을 받거나 비난을 받는 일도 그만큼 적다. 하지만 그는 자신의 경계심을 유감으로 여길 계기는 거의 갖지 않으며, 오히려 일반적으로 자신의 침묵의 신중함을 스스로 높이 평가하는 성향을 보인다. 따라서 비록 그의 행동이 도덕적으로 매우 불완전하고, 때로는 남에게 침해를 주기까지 하는 것일지라도, 그가 자신의 사례를 결의론자들의 면전에 내어놓거나, 그들의 무죄방면이나 승인을 구할 어떤 이유가 있다고 생각하는 그런 성향은 거의 지닐 수 없다.

30

그런데 그릇된 정보에 근거해서, 부주의에 따라서, 황급함이나 성급함 때문에 본의 아니게 기만당한 사람의 경우에는 언제나 그렇지는 않다. 비록 그것이 거의 중요하지 않은 문제인 때에도, 예컨대 일상적인 뉴스 한 토막을 말하는 때에도, 만일 그가 진정으로 진실을 애호한다면, 그는 자신의 부주의를 창피스럽게 여기고 이를 완전히 인정할 최초의 기회를 선택하지 않을 수 없다. 만일 그것이 어느 정도 중요한 문제일 때에는 그의 통회하는 마음은 훨씬 더 커진다.

그리고 만일 그의 그릇된 정보 때문에 무언가 불운하거나 치명적인 결과가 뒤따른다면, 그가 스스로를 용서하는 경우는 거의 있을 수 없다. 그는 비록 죄책감은 아니라고 해도, 스스로 고대인들이 속죄라고 부른 것을 최고도로 느끼고, 자신의 능력 안에서 모든 유형의 보상을 하고자 노심초사하며 노력한다.

이러한 사람은 빈번히 자기의 사례를 일반적으로 자신에게 매우 우호적인 결의론자들의 면전에 내어놓는 성향이 있을 수도 있다. 비록 그 결의론자들이 그의 성급함을 정당하게 비난한 경우가 때때로 있었지만, 보편적으로 그들은 그에게서 기만이라는 불명예의 혐의를 벗겨주었다.

31

그러나 결의론자들과 상담할 이유가 가장 많았던 사람은 애매한 언사를 구사하거나 심중유보(心中留保) 행위를 하는 사람이었다. 이런 사람은 진지하고 의도적으로 속이려는 의도가 있으면서도, 동시에 자신은 진정으로 진실을 말했다고 자만하고 싶어 한다. 결의론자들은 이러한 사람을 매우 다양하게 다루었다. 그들이 그의 기만의 여러 동기를 아주 많이 승인할 때에는 그의 혐의를 벗겨주는 경우가 종종 있었지만, 그 동기를 올바르게 평가할 때에는 그들이 그의 과실을 책망하는 경우가 일반적이었고 훨씬 더 빈번했다.

32

그러므로 결의론자들의 저서의 주된 주제는 정의의 여러 준칙에 마땅히 기울여야 할 양심적인 고려였다. 즉 어느 정도로 우리는 우리 이웃의 생명과 재산을 존중해야만 하는가, 손해배상의 의무, 정절과 겸양의 법칙, 결의론의 언어로 음욕의 죄로 칭하는 것은 어디에 있는가, 진실성의 원칙, 모든 종류의 서약, 약속, 계약의 의무 등이 그것이다.

33

결의론자들이 감성과 감정만이 판단하는 영역에 속하는 것을 엄밀한 규칙에 의거해서 지도하려고 부질없는 시도를 했다는 점이 그들의 저서에 관해 일반적으로 말할 수 있는 내용이다. 모든 경우에 섬세한 정의의 감각이 하찮고 나약한 양심의 면밀함 속으로 빠져들기 시작하는 정확한 지점을 규칙들에 의해 확인하는 것이 가능한가? 비밀과 침묵이 위선으로 바뀌는 것은 언제인가? 유쾌한 풍자는 어느 정도 수행 가능하며, 어떤 점에서부터 정확히 그것은 증오할 만한 거짓말로 전락하기 시작하는가? 품위 있고 적절한 것으로 간주될 수 있는 행동의 자유와 안락함의 최고 한도는 무엇이며, 어느 시점에 처음으로 그것은 부주의하고 경솔한 방종에 빠지기 시작하는가? 이러한 모든 문제와 관련해 어느 경우에 합당한 사항이 또 다른 경우에도 그렇게 정확히 합당한 일은 드물다. 그리고 행동의 적정성과 적절함을 구성하는 것은 모든 경우에 상황이 조금만 변해도 바뀌게 마련이다.

그러므로 결의론자의 저서들은 흔히 지루한 만큼 일반적으로 유용하지도 않다. 그것은 때로 그것을 참조해야만 하는 사람에게도, 설령 그들의 판결이 정당하다고 해도 거의 도움이 될 수 없다. 왜냐하면 그 책들 가운데 수집된 수많은 사례가 있음에도 존재 가능한 사정들은 훨씬 더 다양하기 때문에, 만일 그런 모든 사례 가운데 고찰 대상과 정확히 일치하는 것을 발견한다면 그것은 우연일 뿐이다.

진정으로 자신의 의무이행을 열망하는 사람이 만일 그 저서들을 필요로 하는 상당한 이유가 있다고 생각한다면, 그는 매우 나약한 인물임에 틀림없다. 의무이행에 소홀한 사람과 관련해, 그 저서들의 문체는 그로 하여금 의무이행에 더 주목하도록 고무할 만한 것이 되지 못한다. 이들 가운데 어떤 것도 우리를 고무해 관대하고 고상한 존재로 이끌지 못한다. 이들 가운데 어떤 것도 우리를 순화해 온화하고 인정 있는 존재로 이끌지 못한다. 오히려 이와 반대로, 이들 가운데 대부분은 우리 자신의 양심을 가지고 발뺌하도록 가르쳐주며, 쓸데없는 미묘함에 의해서 우리 의무의 가장 본질적인 항목들에 관해 무수히 책임회피적인 치밀함을 정당화하는 데 기여한다.

그들은 하찮은 정확성을 이를 용인하지 않는 주제에 도입하려고 했으며, 이 때문에 거의 필연적으로 위험한 오류를 범하는 잘못을 저질렀다. 동시에 그들의 저서는 무미건조하고 불쾌하며 난해하고 형이상학적인 특성으로 풍성하지만, 정서를 자극하는 것이 도덕성에 관한 저서들이 가진 주요 효용임에도 마음속에서 그 어떤 정서도 자극할 수 없다.

34

그러므로 도덕철학의 두 가지 유용한 부분은 윤리학과 법학이며, 결의론은 전적으로 거부되어야 한다. 고대의 도덕철학자들이 훨씬 더 훌륭한 판단을 한 것처럼 보인다. 그들은 동일한 주제를 다루면서 그와 같은 까다로운 정확성을 가장하지 않고, 정의, 겸양, 진실성이 기초하고 있는 감정은 무엇이며, 그러한 덕목들이 흔히 우리로 하여금 촉구하는 일상적인 행동양식은 무엇인가를 일반적인 방법으로 기술하는 데 만족했다.

35

몇몇 고대철학자가 결의론자의 학설과 다르지 않게 보이는 무언가를 시도한 것이 사실이다. 키케로의 저서 『의무론』의 제3권에 이런 유형의 내용이 실려 있다. 여기서 결의론자들처럼 그는 적정성의 기준점이 어디에 위치하는가를 결정하기가 어려운 여러 미묘한 경우에 우리의 행동을 위한 규칙을 제시하려고 시도하고 있다.

또한 동일한 책의 여러 구절로부터 다른 몇몇 철학자가 그에 앞서 똑같은 유형의 무언가를 시도했음이 드러난다. 그러나 키케로도 그들도 이런 유형의 완전한 체계를 제시하는 것을 목표로 삼지는 않은 것처럼 보인다. 다만 그들은 일상적인 경우에 행동의 최고의 적정성이 의무의 규칙을 준수하는 데 있는지, 그로부터 물러나는 데 있는지가 의심스러운 그러한 상황들이 어떻게 발생하는지를 보여줄 의도만을 지니고 있었다.

36

모든 실정법의 체계는 자연법학의 체계를 지향한, 또는 정의의 개별적 규칙들의 열거를 지향한 다소 불완전한 시도로 간주될 수 있다. 정의의 침해는 사람들이 상호 간에 결코 수용하지 않으려는 사안이기 때문에, 통치자는 이 덕성의 실천을 강제하기 위해 국가권력을 사용할 필요성에 직면한다. 이러한 예방수단이 없으면 시민사회는 각자가 침해받았다고 생각할 때마다 언제든지 자기 손으로 보복하는 그런 유혈과 무질서의 무대가 될 것이다.

사람들 각자가 자기를 위해 정의를 집행하는 행위에 수반될 혼란을 방지하기 위해, 이미 상당한 권위를 획득한 모든 정부통치에서 통치자는 모든 사람을 위해 정의를 수행하는 것을 임무로 삼아, 침해에 대한 모든 불평을 듣고 그것을 교정할 것을 약속한다. 또한 훌륭하게 통치되고 있는 모든 국가에서는 개개인의 분쟁을 해결하기 위해 재판관들이 임명될 뿐만 아니라, 그들의 판결을 규제하기 위해 여러 규칙이 사전에 제정된다.

일반적으로 이 규칙들은 자연적 정의의 준칙들과 부합하도록 의도되고 있다. 사실 이들 규칙이 자연법의 준칙과 일치하는 일이 항상 생기는 것은 아니다. 때로는 국가의 기본구조라고 부르는 것, 즉 통치의 이해관계, 때로는 그 통치를 전제정치화하려는 특정 계층 사람들의 이해관계가 그 나라의 실정법을 자연적 정의가 규정하는 내용으로부터 왜곡하고 있다.

일부 국가에서는 국민들의 미개함과 야만성이 작용해 한층 더 문명화된 국가에서 자연적 정의감이 자연스럽게 도달할 수 있는 그런 정확성과 정밀성에 도달하는 것을 방해하고 있다. 그들의 풍습과 마찬가지로 그들의 법률은 거칠고 세련되지 못하며 서로 분간이 되지 않는다.

다른 어떤 국가에서는 설령 사람들의 개선된 풍습이 가장 정확한 법체계를 용인할 수 있는 그런 수준일 수도 있겠지만, 그 국가의 법원의 불행한 기본구조 때문에 질서가 잡힌 법률체계가 법정 가운데 스스로 확립되는 것이 저해받고 있다.

어느 국가에서나 실정법의 판결이 자연적 정의감이 지시하는 준칙과 모든 경우에 엄밀히 일치하지는 않는다. 그러므로 실정법 체계들은, 비록 서로 다른 시대와 국민 사이에서 세상 사람들의 감정의 기록으로서 최대의 권위를 지닐 가치가 있지만, 자연적 정의의 준칙의 정확한 체계로는 결코 간주될 수 없다.

37

서로 다른 국가의 법이 갖는 각기 다른 정도의 불완전성과 개량에 대해 시도된 법률가들의 추론이 모든 실정적인 제도와는 무관한 정의의 자연적인 준칙이 무엇인지에 대한 탐구를 촉발했어야만 했다고 기대할지도 모른다. 법률가들의 이러한 추론은 그들로 하여금 자연법학으로 적절히 부를 수 있는 체계나 모든 국가의 법률을 관통하고 그 기초가 되어야 하는 일반원리에 관한 이론의 확립을 목표로 하도록 했어야만 했다고 기대할지도 모른다.

하지만 비록 법률가들의 그러한 추론이 이런 유형의 무언가를 산출하기는 했을지라도, 비록 자신의 저작 가운데 이런 종류의 여러 관찰을 혼입하지 않고 특정 국가의 법을 체계적으로 취급한 사람은 한 사람도 없다고 할지라도, 세상에서 그러한 일반적 체계를 생각해낸 것은, 또는 법철학이 어느 국가의 특정 제도를 고려하지 않고 그 자체로 취급된 것은 아주 최근의 일이다.

고대 도덕철학자 어느 누구에게서도 정의의 준칙들이 개별적으로 열거되는 식의 시도를 했음을 우리는 찾지 못한다. 키케로는 그의 『의무론』에서, 아리스토텔레스는 그의 『니코마코스 윤리학』에서 다른 모든 덕목을 취급하는 것과 마찬가지의 일반적인 방식으로 정의를 다루고 있다. 키케로와 플라톤의 법에 관한 논의 가운데 모든 국가의 실정법이 강제해야 할 자연적인 형평성의 준칙들을 열거하려는 일부 시도를 우리는 자연히 기대할 수도 있겠지만, 그들 저서에는 그런 종류의 것은 존재하지 않는다. 그들이 취급한 법은 행정일반의 법률이며, 정의의 법률은 아니다.

그로티우스는 세계 각국의 법률을 관통하고 그 기초가 되어야 하는 원리들로 구성된 하나의 체계 같은 것을 세상에 제시하려고 시도한 최초의 인물이었던 것으로 보인다. 그리고 그의 전쟁과 평화의 법률에 관한 논문은 불완전한 결함이 있지만 아마 오늘날에도 이 주제에 대해 지금까지 제시된 연구 가운데 가장 완벽한 저작인 듯하다.

나도 추후 별도의 저술에서 법과 통치의 일반원리들, 사회의 서로 다른 시대와 시기에 정의와 관련된 법뿐만 아니라 행정일반, 세입, 군비와 관련된 법률 및 기타 법률의 대상이 되는 모든 주제에서 이 일반원리들이 겪어온 다양한 변혁에 대해 설명하고자 한다. 그러므로 나는 지금 법제의 역사에 관해서는 더 이상 상세하게 고찰하지 않을 것이다.

애덤 스미스 연보

1723년(출생) 스코틀랜드의 커콜디(Kircaldy)에서 유복자로 출생하다.

1726년(3세) 스트라센드리 외조부 집 부근에서 집시들에게 끌려갔으나 구조되다.

1730~37년(7~14세) 커콜디 시립학교(Burgh School)에 입학해 라틴어, 문학, 드라마, 수학, 역사 등을 배우다.

1737~40년(14~17세) 1737년 목사직을 목표로 장로교 본산인 글래스고 대학교에 입학해 학업을 마치다.

1740~46년(17~23세) 1740년 성공회가 선교를 위해 제공하는 스넬 장학금을 통해 옥스퍼드 대학교 베일리얼 칼리지(Balliol College)에 입학하다. 1746년 옥스퍼드를 중퇴하고 고향인 에든버러로 돌아가다.

1748~51년(25~28세) 1748년 케임즈 경(Lord Kames)의 후원 아래 에든버러 대학교에서 매년 공개강의를 행하다.

1750년(27세) 10년 연상의 경험론 철학자인 흄과 조우해 평생 우정을 나누다.

1751~52년(28~29세) 에든버러 공개 강의의 성공에 힘입어 1751년 1월 모교인 글래스고 대학교의 논리학 및 수사학 교수로 임명되다.

1752~64년(29~41세) 도덕철학 담당 교수의 사망에 따라 도덕철학 교수직으로 전임되어 1764년까지 봉직하다.

1759년(36세) 『도덕감정론』을 발간해 유럽 대중 사회에서 큰 호평을 얻다.

1762년(39세) 글래스고 대학교 명예이사(Lord Rector)에 의해 지명되는 부명예이사(vice-rector)로서 이사회를 통해 대학행정에 참여하다.

1764~66년(41~43세) 의회 지도자인 찰스 타운센드의 의붓아들 버클루 공작 (Duke of Buccleuch)의 개인 가정교사를 위해 글래스고 대학교에 사표를 제출하다. 그 후 2년 반을 프랑스에 머물며 볼테르, 루소, 달랑베르, 디드로 등 프랑스 계몽주의자들의 사상과 교류하고, 케네와 튀르고 등 중농주의자의 저작을 접하다.

1767~73년(44~50세) 귀국 후 고향에서 본격적으로 『국부론』의 집필에 착수하다.

1773~76년(50~53세) 1773년 런던의 왕립협회 펠로(Fellow of Royal Society; FRS) 자격을 부여받다. 이후 약 4년간 런던에서 『국부론』 퇴고를 계속하다.

1776년(53세) 『국부론』 발간 후 6개월 만에 초판이 매진되는 등 당시 예상을 뛰어넘어 즉각적인 성공을 거두다.

1778년(55세) 『국부론』에서 세제(稅制) 아이디어의 도움을 받은 영국 정치인들의 추천을 통해 스코틀랜드 에든버러의 세관위원에 임명되다.

1784년(61세) 『국부론』 제3판을 펴내며 대폭적인 개정 증보를 행하다.

1787~89년(64~66세) 재학생 투표로 대학교 명예이사(Lord Rector)로 선출되어 2년간 봉사하다.

1790년(67세) 『도덕감정론』 제6판을 개정해 펴낸 후 지병으로 세상을 떠나다.

옮긴이의 말

우문을 던져본다. 도덕성은 우리의 일상생활과 무관한 것인가? 도덕과 덕목은 매우 고상한 외부 잣대일 뿐, 평범한 인간의 본성, 범부들이 희망하는 생존과 번영, 행복과 좋은 삶의 추구에는 별 도움이 안 되는 이상일 뿐인가? 한때 대선을 치르는 와중에서 '도덕성보다는 능력이 우선'이라는 말이 떠돈 적이 있다. 경우는 조금 다르지만 우리나라의 졸업생에게는 학교의 윤리교과목조차도 인성계발과 좋은 삶을 위한 수단보다는 난해한 윤리학지식 암기를 위한 교육으로 기억되곤 한다. 그런데 지금 우리 사회에서는 인성교육이 절실하다는 우려가 여기저기서 심각하게 들린다. 이러한 우려가 이 땅의 청소년과 젊은이에게만 해당되는 것은 아니다. 우리 사회의 정치인은 말할 것도 없고, 지도층과 전문가 그룹마저도 도덕성 평가에서 좋은 점수를 받지 못한다는 점은 잘 알려진 사실이다.

학계에서는 이와는 사정이 다를까? 세인은 말할 것도 없겠지만 대부분의 전문가 그룹마저도 경제학의 고전으로서 『국부론』이 도덕과는 관계없이 오로지 이기심과 시장의 힘만으로 물질적 풍요를 가능하게 할 것이라는 학설을 제공했다고 믿고 있다. 세상사에서 도덕성, 정의와 법이 제대로 서지 않는다면 그 어디서든 경제와 시장은 제대로 돌아갈 수 없다. 이러한 이유 때문인지 요즈음 세계 학계는 물론 우리나라에서도 학문의 파편화에 대한 반성과 그 상호소통 및 융합 학문화가 강조되곤 한다.

예부터 동서양의 도덕철학자들은 시대별로 강조점은 조금 달랐을지라도 덕목을 실천하라고 꾸준히 권고해왔다. 물론 이것은 사회공동체의 안녕과 평화를 위한 것일 뿐만 아니라, 개인의 안전과 행복을 도모하기 위해서다. 동시에 부유함에 대한 과도한 욕망을 경계하려는 차원에서 맹자는 "부자 가운데 어진 사람이 없고, 어진이가 되려면 부자가 되어서는 안 된다"고 했다. 소크라테스 역시 "사람들이 돈벌이에 한층 더 가치를 부여할수록 미덕으로부터 등을 돌리게 되어 있다"고 했다. 그렇다면 생존과 번영의 목적에 기여하는 물질적 부유함은 도덕성과 양립할 수 없는 것인가? 현대 세계는 고대와 중세 같은 전근대사회와 비교해서 도덕적으로 퇴보하거나 불행한 사회인가?

그런데 (아리스토텔레스에게 그런 것처럼) 도덕철학자로서의 스미스에게 도덕적 선(善)은 사람들의 본성이나 일상생활과 분리된 것이 아니다. 도덕적 선은 평범한 인간의 자질을 초월한 그 무엇이 아니라 각 개인의 본성에 내재되어 있으며 성장성을 지닌 것이다. 그러므로 도덕적 선의 원리는 인간의 본성을 철학적으로 탐구하는 가운데 발견될 수 있고, 덕목은 일상생활에서 현실적인 행동과 내면화를 통해 실현될 수 있다. 세상 사람들의 일상생활 가운데 구현되는 것인 만큼 덕목은 낮은 차원의 미덕에서부터 높은 차원의 최고선까지 위계를 지닌다. 훨씬 더 많은 노력과 수양이 필요한 최고선과 숭고한 도덕성은 가장 큰 행복을 주지만 그것만이 유일한 덕목은 아니다. 범부들이 각각의 처지와 환경에 걸맞은 덕목을 실천하는 것이 세상사에서 필요하고 나름대로 중요한 의의를 지닌다.

그러므로『도덕감정론』의 가장 명시적 목적은 도덕의 세계를 인간 본성에 의거해서 과학적으로 설명하는 것이다. 인간 본성과 세상사를 인과관계에 따라 이해하려는 과학적인 태도를 취했을 때 세상이 비로소 제대로 이해될 수 있을 뿐만 아니라, 더 나아가 덕목을 배양하고 도덕성을 우아하게 가다듬는 데도 유용하다.

널리 알려져 있듯이 스미스에게 자기애와 이기심은 사람들의 행동을 좌우하는 매우 본원적이고 지배적인 힘이다. 생존을 위한 물질 추구와 사회 속의 서로 다른 많은 행위는 이 같은 자기중심적 본능이 주로 작용한 결과로 볼 수 있다. "항산이 있어야 항심을 누릴 수 있다"는 맹자의 말처럼, 경제라는 살림살이가 제대로 돌아가지 않으면 선(善)한 시민의 공동체마저 적정하게 유지, 발전하기 어렵다. 스미스에 따르면, 바로 이 때문에 (남을 해치지 않는 선에서) 개인 각자가 자신의 물질적 후생을 적정하고 합당하게 돌보려고 하는 신중은 비록 낮은 차원의 미덕일지라도 선이다.

이와 동시에 인간의 보편적 본성 가운데 하나인 사회성의 원리 및 이타심은 정의감, 정직, 신의, 상호 배려, 선행 등 한층 더 상위에 위치한 도덕성과 사회덕목이 사회구성원 간에 뿌리박고 배태되도록 돕는다. 그리고 신중의 덕목을 토대로 하여 이처럼 최고선과 숭고성을 궁극적으로 지향하는 상급의 덕목이 세상 사람들에게 점차 배태되고 확산되면 개인의 행복과 좋은 삶, 더 나아가 지속 가능한 사회 번영이 보장된다.

여러 고차적인 덕목은 신뢰를 조성함으로써 경제적, 정치적 차원에서 불필요한 사회적 비용과 갈등을 줄이는 데 기여할 것이며, 이때 정의의 가치는 물질생활의 편의를 증진하고 교육, 법률, 학문, 예술, 문명의 발전을 이끄는 데 큰 역할을 할 것이다. 따라서 스미스에 따르면, "정의, 자유, 평등을 확립하는 것이 모든 구성원이 누릴 수 있는 최고의 번영을 가장 효과적으로 보증한다."

그런데 시간과 동행하는 역사 속에서는 상호 인과관계가 작용한다. 물질적 풍요와 경제성장은 다양한 사람과 세계를 연결하고 소통과 설득의 폭을 넓혀서 덕목과 관련된 민도와 품격을 높인다. 이때 자유, 평등은 물론이고 상호 배려, 인간애와 선행의 도덕성마저도 증진한다. 결국 덕목, 정의감, 번영은 역사 속에서 상호 보완적이다.

물론 스미스가 지적했듯이, 동서고금을 막론하고 세상사에서 인간 고유의 열정이 중용의 습관보다는 과다한 만족을 추구함으로써 수많은 소란스러움과 악덕이 일어났다. 예컨대 세상 사람들은 여전히 기품 있는 덕을 실천하는 사람보다는 재산과 권력을 보유한 사람을 더 부러워하고 승인하며 존경한다. 이러한 비대칭적 승인과 숭배의 인간 성향이 주변의 빈곤과 약자에게 경멸과 무시를 남발하는 태도를 이끌고, 수단과 방법을 가리지 않고 세속적, 물질적 경쟁에서 앞서려는 도덕감정의 타락을 만들어낸다.

스미스의 도덕철학체계와 윤리학에서 적정성(propriety)의 철학은 도덕적 선과 현실을 초월적인 것으로 이상화하거나 악덕으로 비하하지 않는다. 이 철학은 우리의 일상생활과 상식을 존중하면서 상위 덕목을 계기적으로 그리고 중첩적으로 실현해가는 일상적 단면을 보여준다. 사람의 본성은 사회 속의 생존과 번영에 합당하도록 주어졌다. 그러므로 일상생활에서 인간 본성의 정상적 수행과 적정한 만족이 이루어질 때 덕목은 체계적으로 내면화되고 그 위계적 구조를 완성해간다. 자기애와 물질의 추구도 적정성을 이루면 악덕이 아니라 덕목이 된다. 그리고 적정성 철학 속에서는 물질과 관념이 상호 대립하기보다는 역사와 인문환경의 진화 가운데 중첩적으로 조화롭게 작용하여 개인의 행복과 사회의 존속을 보장하는 데 기여한다.

일반 독자에게 『도덕감정론』이 매우 딱딱한 학문적 논쟁과 현학적 논리로 가득 차 있는 것처럼 연상된다면 이는 오해다. 스미스는 세상 사람들의 도덕심리를 일상생활의 수많은 사례를 통해 알기 쉽게 풀어서 어느 누구보다 대중과의 거리를 좁히려고 했다. 윤리학의 의미를 무겁고 버겁게 받아들일 수도 있는 일반 대중들이 이 책을 통해 삶의 지침을 얻고 지혜와 행복을 구했으면 하는 마음이다.

마지막으로 이 책의 번역 완성도 역시 그 역사 속에서 성취될 수밖에 없었음을 새삼 느끼게 된다. 이 자리를 빌려서 이 책의 교정과 출간을 위해 큰 도움을 주신 한길사 편집부의 여러 선생님께도 깊은 감사를 드린다.

2016년 1월
김광수

찾아보기

지은이 애덤 스미스

스미스는 경제학 저술인 『국부론』과 "보이지 않는 손"의 은유로 유명한
스코틀랜드의 도덕철학자다. 그는 글래스고 대학교에서 학부과정을 마치고
옥스퍼드 대학교에서 독학으로
그리스 및 로마의 고전, 언어학, 근대영문학 등을 공부했다.
이후 에든버러에서 수사학, 문예비평, 법의 역사 등을 강의했고,
1751년에 모교의 논리학 교수, 1752년부터는 도덕철학 교수로 활동했다.
스미스는 전 생애에 걸쳐 두 권의 저서를 출간했다.
도덕철학 교수로 재임하는 동안 윤리학 저술로 『도덕감정론』을 출간해
당시 유럽 대중에게 호평을 받았다.
스미스의 윤리 이론은 도덕적 선(善)과 좋은 삶이 평범한 인간의 내재적 본성,
사회적 본능인 동감의 작용에 따라 실현되고 점차 고도화된다고 본다.
한편 『국부론』은 교수생활을 정리하고
프랑스에서 개인교사 활동을 마친 후 귀국해 집필했다.
이 책이 서양사상사에서 주목받은 이유는 물질문명의 원인과 성격을
어느 누구보다 정밀하게 파헤쳤기 때문만은 아니다.
그는 이를 통해 근대 이전 시기의 반물질적이고 반상업적 정서와는 달리
빈곤보다는 경제적 풍요가 훨씬 더 인간적이고 좋은 삶을 수반한다는
교의를 제공했다.
스미스의 유고집인 『철학논집』 그리고 19세기 말 이후 발견된
수강생들의 강의노트에 근거해 출간된
『법학강의』와 『수사학강의』를 종합해 고찰해보면,
세상의 일과 본질은 중층적이고 중첩적으로 얽혀 있다.
따라서 외부세계를 합당하게 이해하는 데
현대 학자들에게 익숙한 과도한 전문화보다는
분석과 종합의 방법을 함께 활용하는 융합학문화가 바람직하다.
마찬가지로 개인이 사회 속에서 좋은 삶과 행복을 누리기 위해서는
사회공동체-법과 정치-경제와 시장의 세 가지 영역에서 적정한 힘의 작용과
상호 협력이 필요하다.
『도덕감정론』은 도덕의 세계가 나머지 두 세계를
포괄하고 조율하는 가장 핵심적인 영역임을 보여준다.

옮긴이 김광수

성균관대학교 경제학과를 졸업한 후, 영국 글래스고 대학교 경제학과에서
"애덤 스미스의 형이상학과 과학"에 관한 연구로 1994년 경제학 박사학위를 받았다.
2000년 이후 현재까지 성균관대학교 경제학과 교수로 재직하고 있다.
국내 주요 저술로는 『애덤 스미스의 학문과 사상』(2005)과
『애덤 스미스: 정의가 번영을 이끈다』(2015),
『국부론과 애덤 스미스의 융합학문』(2019)이 있고 공저로는
『정치경제학과 경제주의』(1997)와 『융합 인지과학의 프런티어』(2010)가 있다.
국내 주요 논문으로는 「맨더빌의 경제 및 사회분석과 자연관에 대한 연구」
「데이비드 흄: 방법론, 경제분석 및 현대경제학에 대한 공헌」
「더글라스 노스의 경제사 이론체계와 인지적 제도주의」「애덤 스미스의 법과 경제」
「현대 과학철학 및 경제철학의 흐름과 스미스의 과학 방법론에 관한 연구」 등이 있다.
해외 논문으로는 "Adam Smith's Natural Theology and Its Method" (*Review of Social
Economy*, 1997), "Adam Smith's Theory of Economic History and Development"
(*European Journal of the History of Economic Thought*, 2009), "Adam Smith's
History of Astronomy and View of Science" (*Cambridge Journal of Economics*,
2012), "Adam Smith's and Douglass North's Multidisciplinary Approach to Economic
Development" (*American Journal of Economics and Sociology*, 2014), "Demand and
Structural Change in Adam Smith's Theory of Economic Progress" (*Cambridge Journal
of Economics*, 2015), "Philosophy and Science in Adam Smith's History of Astronomy:
A Metaphysico-scientific View" (*History of the Human Sciences*, 2017) 등이 있다.

도덕감정론

지은이 애덤 스미스
옮긴이 김광수
펴낸이 김언호

펴낸곳 (주)도서출판 한길사
등록 1976년 12월 24일 제74호
주소 10881 경기도 파주시 광인사길 37
홈페이지 www.hangilsa.co.kr
전자우편 hangilsa@hangilsa.co.kr
전화 031-955-2000~3 **팩스** 031-955-2005

부사장 박관순 **총괄이사** 김서영 **관리이사** 곽명호
영업이사 이경호 **경영이사** 김관영 **편집주간** 백은숙
편집 박희진 노유연 김지수 최현경 강성욱 이한민 김영길
마케팅 정아린 **관리** 이주환 문주상 이희문 원선아 이진아
디자인 창포 **CTP출력·인쇄** 예림 **제본** 경일제책사

제1판 제1쇄 2016년 2월 5일
제1판 제6쇄 2022년 2월 25일

값 35,000원
ISBN 978-89-356-6446-7 94080
ISBN 978-89-356-6427-6 (세트)

• 잘못 만들어진 책은 구입하신 서점에서 바꿔드립니다.

• 이 도서의 국립중앙도서관 출판시도서목록(CIP)은 서지정보유통지원시스템 홈페이지(seoji.nl.go.kr)와
국가자료공동목록시스템(www.nl.go.kr/kolisnet)에서 이용하실 수 있습니다.
(CIP제어번호: CIP2016000175)

한길그레이트북스 인류의 위대한 지적 유산을 집대성한다